UTB 2677

Eine Arbeitsgemeinschaft der Verlage

Böhlau Verlag · Wien · Köln · Weimar
Verlag Barbara Budrich · Opladen · Farmington Hills
facultas.wuv · Wien
Wilhelm Fink · München
A. Francke Verlag · Tübingen und Basel
Haupt Verlag · Bern · Stuttgart · Wien
Julius Klinkhardt Verlagsbuchhandlung · Bad Heilbrunn
Mohr Siebeck · Tübingen
Nomos Verlagsgesellschaft · Baden-Baden
Orell Füssli Verlag · Zürich
Ernst Reinhardt Verlag · München · Basel
Ferdinand Schöningh · Paderborn · München · Wien · Zürich
Eugen Ulmer Verlag · Stuttgart
UVK Verlagsgesellschaft · Konstanz, mit UVK / Lucius · München
Vandenhoeck & Ruprecht · Göttingen · Oakville
vdf Hochschulverlag AG an der ETH Zürich

MARTIN EBNER / BERNHARD HEININGER

Exegese des Neuen Testaments

Ein Arbeitsbuch für Lehre und Praxis

2., verbesserte und erweiterte Auflage 2007

FERDINAND SCHÖNINGH

Martin Ebner, geb. 1956, Studium der kath. Theologie in Würzburg, Tübingen und an der École Biblique in Jerusalem. 1991 Promotion zum Dr. theol., 1997 Habilitation. Seit 1998 Direktor des Seminars für Exegese des Neuen Testaments in Münster. Wichtige Veröffentlichungen: *Leidenslisten und Apostelbrief* (1991); *Jesus – ein Weisheitslehrer?* (1998); *Jesus von Nazaret* (2007).

Bernhard Heininger, geb. 1958, Studium der Volkswirtschaftslehre, der kath. Theologie und Pädagogik an der Universität Würzburg. 1989 Promotion zum Dr. theol., 1995 Habilitation. 1996–1999 Lehrstuhlvertretung für Katholische Theologie an der Kulturwissenschaftlichen Fakultät, Universität Bayreuth. Seit 1999 Ordinarius für Neutestamentliche Exegese an der Universität Würzburg. Wichtige Veröffentlichungen: *Metaphorik, Erzählstruktur und szenisch-dramatische Gestaltung in den Sondergutgleichnissen bei Lukas* (1991); *Paulus als Visionär* (1996); *Reich Gottes* (2002; gemeinsam mit G. Vanoni).

Umschlagabbildung: Mk 2,4f. aus Papyrus 84 ($\mathfrak{P}^{84}$)
$\mathfrak{P}^{84}$ wird in das 6. Jh. n. Chr. datiert. Der Papyrus, der sich in der Universitätsbibliothek Löwen (Belgien) befindet, umfasst die Stellen Mk 2,2–5.8f.; 6,30f.33f.36f.39–41 und Joh 5,5; 17,3.7f.

Bibliografische Information der Deutschen Nationalbibliothek

Die Deutsche Nationalbibliothek verzeichnet diese Publikation in der Deutschen Nationalbibliografie; detaillierte bibliografische Daten sind im Internet über http://dnb.d-nb.de abrufbar.

Gedruckt auf umweltfreundlichem, chlorfrei gebleichtem Papier (mit 50 % Altpapieranteil)

2., verbesserte und erweiterte Auflage 2007

(Verlag Ferdinand Schöningh GmbH & Co. KG, Jühenplatz 1, D-33098 Paderborn)

Internet: www.schoeningh.de

Printed in Germany.
Herstellung: Ferdinand Schöningh, Paderborn
Einbandgestaltung: Atelier Reichert, Stuttgart

UTB-Bestellnummer: ISBN 978-3-8252-2677-0

Vorwort zur ersten Auflage

Die Idee, gemeinsam ein Methodenbuch zu schreiben, geht auf unseren Lehrer zurück und datiert in eine Zeit, da wir noch Assistenten in Würzburg waren. Seither ist viel Wasser den Main hinuntergeflossen, wir haben die Geduld unseres Lehrers strapaziert, eine Lektorin und einen Lektor verbraucht, und der dritte hätte uns vermutlich am liebsten in den Vorhof der Hölle verbannt. Dennoch gab er uns eine Chance zur Umkehr, für die wir ihm sehr dankbar sind. So war es möglich, über viele Jahre hinweg einen Methodendiskurs zu verfolgen, der niemals im exegetischen Streit stecken blieb, sondern uns stets aufs Neue inspirierte und kreative Prozesse freisetzte. Deren Ergebnisse legen wir hiermit vor.

Dieses Buch wäre aber trotzdem nicht möglich gewesen, wenn uns nicht ein ganzes Heer von Mitarbeiterinnen und Mitarbeitern unterstützt hätte. Wir danken: den Sekretärinnen der Lehrstühle in Münster, Würzburg und Bayreuth, Angelika van Dillen, Hannelore Ferner und Irene Goldfuß, der Assistentin Katharina Boll, den Assistenten Markus Lau und Heinz Blatz sowie mehreren Generationen von Hilfskräften: Jörg Bee, Melanie Feld, Stefan Gloßner, Miriam Hecht, Stefan Kube, Tobias Lübbers, Julia Otto, Christoph Paetzold, Birgit Pottler, Thomas Plodek, Michael Randelhoff, Agnes Rosenhauer und Manuel Verhufen. Dr. Uta Poplutz war bei der Erstellung der Graphiken behilflich, Dr. Martin Schmidl hat die Druckformatvorlage erstellt, Stefan Mayer schließlich das endgültige Typoskript. Unser größter Dank gilt aber unserem gemeinsamen Lehrer Hans-Josef Klauck, der unseren eigenständigen Weg in der Exegese von Anfang an entscheidend gefördert hat. Ihm widmen wir dieses Buch.

Martin Ebner und Bernhard Heininger
Münster und Würzburg, im Februar 2005

Vorwort zur zweiten Auflage

Die zweite Auflage unseres Methodenbuches trägt ein neues Gesicht: Diesmal ist – hoffentlich – der von uns gewählte Papyrus auf der Umschlagseite zu sehen. Außerdem wurden viele Kleinigkeiten verändert: Druckfehler und gelegentliche falsche Seitenangaben ausgemerzt, die Trennungen verbessert, ein weiteres Aktuelles Lexikon ergänzt, Literatur aktualisiert, – und vor allem ein Register hinzugefügt.

Wiederum war eine große Crew von Mitarbeiterinnen und Mitarbeitern in Würzburg und Münster daran beteiligt. Korrekturen haben gelesen: Michael Hölscher, Christoph Paetzold, Thomas Plodek, Milva Reinhold, Agnes Rosenhauer, Bettina Singer, Manuel Verhufen sowie Wiss. Mitarbeiter Markus Lau, der zugleich die Endkorrekturen geprüft und das Register erstellt hat. Das Typoskript hat Simon Gahr angefertigt. Die Gesamtregie lag in den Händen von Wiss. Mitarbeiter Heinz Blatz. Ihnen allen sei für ihre selbstständige Arbeit und ihr Engagement herzlich gedankt. Nicht zu vergessen die vielen Kolleginnen und Kollegen, die unmittelbar nach dem Erscheinen des Buches uns überaus positive Rückmeldungen gegeben und auf den ein oder anderen Fehler hingewiesen bzw. Verbesserungsvorschläge eingebracht haben.

Bernhard Heininger und Martin Ebner
Würzburg und Münster, im Februar 2007

Legende

Lesetipp
Auf den laufenden Text bezogener Lektürevorschlag, der die angeschnittenen Themen vertieft bzw. benutzte Begriffe erklärt.

Spielerische Hinführung
Hilfe zur eigenen Vertiefung und didaktischer Vorschlag für die praktische Umsetzung.

Memo
Merksatzartige Zusammenfassung, die auf jeden Fall beherrscht werden muss.

Aktuelles Lexikon
Erklärung von wichtigen Begriffen und Sachverhalten. Ein Index dazu findet sich auf S. 415.

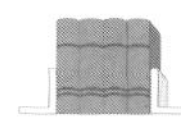

H.-J. KLAUCK, Gemeinde*	Der volle Buchtitel der mit * abgekürzten Literaturangaben findet sich in der Literaturliste am Ende des Buches (S. 416).
C. MAIER, Frau**	Der volle Buchtitel der mit ** markierten Literatur findet sich am Ende des jeweiligen Paragraphen.
Q 3,9	Mit dem Sigel „Q" ist der rekonstruierte Text der Logienquelle in der Zählung des Lukasevangeliums gemeint. Q 3,9 bedeutet also: der rekonstruierte Text des Q-Stoffes, der sich in Lk 3,9 findet.

Inhaltsverzeichnis

§ 0 Einleitung

1 Probeessen gefällig? – oder: Ein dreifacher Test zu Beginn

Sie haben ein Methodenbuch gekauft. Das ehrt Sie. Vermutlich haben Sie verschiedene Methodenbücher in die Hand genommen, ein wenig darin herumgeschnuppert, verglichen – und sich dann für unseres entschieden. Das freut uns. Vielleicht sind Sie auch einfach der Empfehlung Ihrer Dozentin gefolgt – oder haben sich gegen die Empfehlung Ihres Dozenten entschieden. Wer weiß? Auf jeden Fall haben Sie eine Wahl getroffen.

Die Auswahl eines Methodenbuches ist letztlich Geschmackssache. Der eine mag es kurz und bündig, pfiffig und leidenschaftlich, die andere lieber ausführlich und tiefschürfend, nordisch kühl und distanziert. Wir halten es mit den alten Lateinern: *de gustibus non disputandum.* Worum es sich wirklich zu streiten lohnt, das sind die Methoden selbst. In jedem Methodenbuch und in jeder exegetischen Auslegung unterliegen sie selbst einem Test: Was leisten sie eigentlich? Bewähren sie sich in der praktischen Arbeit an den Texten? Welchen Methoden gelingt es, den Text selbst zum Leuchten zu bringen oder fragwürdig werden zu lassen? Führen sie von den Meinungen *über* den Text zum Text selbst? Geben sie klare Kriterien an die Hand, sodass sich die exegetischen *Meinungen* überprüfen lassen? Machen die Methodenschritte mich auf den Text und seine Sinnmöglichkeiten neugierig, sodass ich ihn immer wieder lese und jedes Mal Neues entdecke?

Das ist der eigentliche Test, um den es in einem Methodenbuch geht: Das exegetische Besteck wird getestet – sowie die Anleitungen, damit umzugehen. Leitet es mich an, gekonnt und elegant die biblischen Speisen zum Mund zu führen? Lerne ich, sie intensiver zu genießen? Wird mein Gaumen für die feinen Geschmacksnuancen sensibilisiert? Mit einem Wort: Bekomme ich Appetit auf Bibel? Damit Sie nicht unnötig aufgehalten werden, laden wir Sie zu einem Probeessen ein: An kleinen Appetithäppchen können Sie selbst einige Teile des exegetischen Bestecks ausprobieren und auf seine Leistungsfähigkeit hin testen.

Dabei werden Sie allerdings selbst einem Test unterzogen. Diesen Test führen nicht wir als Autoren durch, sondern ein biblischer Text selbst, genauer gesagt: zwei Damen, die um Ihre Aufmerksamkeit werben. Doch lesen Sie selbst. Der Text steht im Sprüchebuch, Kapitel 9:

1a (Die) Weisheit hat ihr Haus gebaut,
b ihre sieben Säulen behauen.
2a Sie hat ihr Vieh geschlachtet, ihren Wein gemischt
b und schon ihren Tisch gedeckt.
3a Sie hat ihre Mägde ausgesandt
b und lädt ein auf der Höhe der Stadtburg:
4a Wer unerfahren ist, kehre hier ein.
b Zum Unwissenden sagt sie:
5a Kommt, esst von meinem Mahl,
b und trinkt vom Wein, den ich mischte.
6a Lasst ab von der Torheit, dann bleibt ihr am Leben,
b und schreitet gerade auf dem Weg der Einsicht!
7a Wer den Spötter tadelt, erntet Schimpf,
b wer den Frevler rügt, erntet Schande.
8a Rüge den Spötter nicht; sonst hasst er dich.
b Rüge den Weisen, dann liebt er dich.
9a Unterrichte den Weisen, damit er noch weiser wird;
b belehre den Gerechten, damit er dazulernt.
10a Anfang der Weisheit ist die Gottesfurcht,
b die Kenntnis des Heiligen ist Einsicht.
11a Ja, durch mich werden deine Tage zahlreich,
b nehmen die Jahre deines Lebens zu.
12a Bist du weise, so bist du weise zum eigenen Nutzen,
b bist du aber ein Spötter, hast du allein es zu tragen.
13a Frau Torheit fiebert nach Verführung;
b das ist alles, was sie versteht.
14a Sie sitzt vor der Tür ihres Hauses
b auf einem Sessel bei der Stadtburg,
15a um die Vorübergehenden einzuladen,
b die geradeaus ihre Pfade gehen:
16a Wer unerfahren ist, kehre hier ein.
b Zum Unwissenden sagt sie:
17a Süß ist gestohlenes Wasser,
b heimlich entwendetes Brot schmeckt lecker.
18a Und er weiß nicht, dass Totengeister dort hausen,
b dass ihre Gäste in den Tiefen der Unterwelt sind.

Um die Studierenden die sinnvolle Korrespondenz von Einzel- bzw. Teamarbeit, Konsultation von Kommentaren und eigenständiger methodischer Arbeit unmittelbar erleben zu lassen, werden folgende Schritte für die Einführungsstunde in ein Methodenseminar vorgeschlagen:

Schritt 1: Stillarbeit an Spr 9,1–18

Lesen Sie den Text aufmerksam! Was sagt Ihnen dieser Text? Machen Sie sich Notizen!

Schritt 2: Gruppenarbeit zu Spr 9,1–18

Diskutieren Sie Spr 9,1–18 gemeinsam! Versuchen Sie, den anderen gegenüber Ihre Meinung bzw. Ihre Einwände *aus dem Text heraus* zu begründen!

Schritt 3: Metareflexion im Plenum

Gemeinsamer Austausch über folgende Fragen: Welche Unterschiede zwischen der Stillarbeit und der Gruppenarbeit können Sie feststellen? Wie ist es Ihnen bei der Stillarbeit ergangen? Zu welchen Ergebnissen sind Sie gekommen? Was ist dann in der Gruppenarbeit „passiert“? In welcher Phase waren Sie dem Text näher? Wo sind mehr Fragen entstanden? Wo sind die Ergebnisse „sicherer“?

Der Leiter/die Leiterin kann auf die Notwendigkeit der Verzahnung von Einzelbeschäftigung und Gruppenarbeit hinweisen. Letztere ist eigentlich nur dann fruchtbar, wenn vorher schon eine persönliche Auseinandersetzung mit dem zu behandelnden Text bzw. einer bestimmten Frage stattgefunden hat. In diesem Fall allerdings kann, wie die Studierenden hoffentlich gerade selbst erlebt haben, ein Gruppengespräch ungeheuer fruchtbar und weiterführend sein, weil Extrempositionen hinterfragt und Einseitigkeiten vermieden werden, vor allem aber neue Fragehorizonte entstehen. Es ist einfach so: Vier oder fünf Köpfe kommen zu besseren und sichereren Ergebnissen als ein einziger – ganz abgesehen vom Erlebniswert! Warum werden eigentlich nicht mehr Seminararbeiten im Team geschrieben?

Schritt 4: Konsultation von Kommentaren und eigenständige methodische Arbeit

Nicht jederzeit hat man, wenn man (später) über einem biblischen Text für eine Religionsstunde oder eine Predigt brütet, die entsprechend interessierten und informierten GesprächspartnerInnen zur Hand. Deshalb sollte man sich rechtzeitig mit stets griffbereiten, ungeheuer kompetenten, aber sehr geduldigen und pflegeleichten Gesprächspartnern anfreunden: den Kommentaren zu den biblischen Büchern. Hier ist präzise Information und im Grunde das Wissen von Jahrhunderten zu jeder biblischen Stelle zusammengetragen. Es ist sinnvoll, die bekanntesten Reihen mit ihren spezifischen Merkmalen (z. B. der Einarbeitung der Wirkungsgeschichte im EKK) kurz vorzustellen und auf den Standort in der Bibliothek hinzuweisen.

Wenn Sie als Studierende diesen gelehrten Gesprächspartnern, die die Kommentare verfasst haben, nicht hilflos ausgeliefert sein wollen, müssen Sie sich präparieren. Wie ein Gruppengespräch, für das Sie sich nicht vorbereitet haben, vermutlich an Ihnen vorbei rauscht, wird das Lesen eines Kommentars schnell langweilig, wenn Sie nicht schon bestimmte Fragen zum Text im Kopf haben und einen bestimmten Standpunkt vertreten. Wer mit exegetischen Koryphäen, wie es die Verfasser von Kommentaren sind, auf Augenhöhe ins Gespräch treten will – und das ist möglich –, der muss sich natürlich auf einem entsprechend höheren Niveau vorbereiten: methodengeleitet.

Methoden: Zufahrtswege zum Text

Methoden, von griechisch μετὰ ὁδοῦ („mit einem Weg"), sind bestimmte Zufahrtswege zu einem Text. In der Einführung wurden sie mit dem Besteck beim Essen verglichen. Um die verschiedenen Sinnebenen und Perspektiven eines Textes herauszuschälen, braucht es daher verschiedene Zufahrtswege – wie bei einem exquisiten Menü mit vielen Gängen ein ganzes Sortiment von Besteckteilen bereit liegt, deren Auswahl und Anwendung man beherrschen muss, wenn man das Essen genießen und z. B. auch die delikaten Stückchen eines Hummers elegant verspeisen möchte.

Die folgenden Arbeitsaufgaben repräsentieren jeweils eine unterschiedliche Methode. Bearbeiten Sie den Text Spr 9 in diesem Sinn, halten Sie Ihre Ergebnisse fest und beauftragen Sie einen Sprecher/eine Sprecherin, die sie dann vorträgt. Wenn Sie den Text „methodisch" bearbeitet haben, können Sie sich überlegen, welche Bezeichnung für diese Methode zutreffen würde, deren „Besteck" Sie gerade erprobt haben.

Innerhalb einer Seminarsitzung können die Arbeitsaufgaben auf verschiedene Gruppen verteilt werden. Die Benutzer dieses Buches können die Arbeitsaufgaben je für sich bearbeiten – und dann mit den unmittelbar folgenden „Lösungen" vergleichen. Sie werden merken: Sobald Texte unter bestimmten Kriterien analysiert werden, sind Sie sozusagen „aus dem Stand" in der Lage, auch mit anerkannten Experten auf Augenhöhe zu diskutieren und deren Meinung mit Verweis auf den Text gegebenenfalls zu widersprechen. Das sollten Sie von allem Anfang an trainieren!

Noch besser wäre es allerdings, wenn Sie sich ein paar interessierte Leute einladen, mit denen zusammen Sie die Arbeitsaufgaben bearbeiten. Das ist sicher nicht nur viel unterhaltsamer, sondern auch viel effektiver. Außerdem könnte dabei ein exegetisches Team entstehen …

2 *Arbeitsaufgaben*

Aufgabe/Gruppe 1

Strukturieren Sie den Text! Unterteilen Sie ihn in größere und kleinere Sinneinheiten und geben Sie jeder Sinneinheit eine Überschrift! Kriterien für die Strukturierung sind Wechsel von Personen bzw. Orten, von Thema und Sprachstil.

Lösung 1

Segmentierung (vgl. § 2/2.2.2a)

Wir haben zwei erzählende Passagen vorliegen, die völlig parallel aufgebaut sind: Frau Weisheit (V. 1–6) und Frau Torheit (V. 13–18), die jeweils in ihr Haus einladen. Dazwischen stehen Sprichwörter über den Spötter/Frevler bzw. Weisen/Gerechten (V. 7–12). Damit ergibt sich eine Dreiteilung, präzise ein Triptychon: Die erzählenden Teile rahmen den Mittelteil und stehen sich spiegelbildlich gegenüber. Dabei ist der Mittelteil auch noch einmal in sich konzentrisch gebaut: Er beginnt mit drei Sprüchen über den Spötter/ Frevler (V. 7–8a), um dann über den Weisen/Gerechten zu reden (V. 8b–9). Die letzten beiden Sprüche in V. 12 drehen diese Reihenfolge um: Zunächst ist vom Weisen, dann vom Spötter die Rede. In der Mitte dieser Spruchreihe steht so etwas wie ein theologischer Grundsatz: „Anfang der Weisheit ist die Gottesfurcht …" (V. 10), der durch eine Verheißung der Weisheit begründet wird: „Ja, durch mich werden deine Tage zahlreich …" (V. 11). Wenden sich die vorausgehenden Sprüche an den Lehrenden nach dem Motto: Ohne eine entsprechende Prädisposition beim Schüler hat eine Belehrung überhaupt keinen Zweck, so haben die letzten beiden Sprüche in V. 12 den betroffenen Schüler selbst im Blick nach dem Motto: Du bist für dein Verhalten und dessen Konsequenzen selbst verantwortlich!

In den beiden erzählenden Teilen folgen jeweils auf die Schilderung der Aktivitäten von Frau Weisheit bzw. von Frau Torheit deren Einladung, die zum Teil mit völlig gleichem Wortlaut wiedergegeben ist (vgl. V. 4 mit V. 16). V. 18 am Ende der Passage über Frau

Torheit ist deutlich als ein Kommentar zum erzählten Geschehen zu erkennen. Aus diesem Grund ist zu überlegen, ob nicht auch der letzte Vers in der Passage über Frau Weisheit als Kommentar des Erzählers zu verstehen ist. Lädt nämlich Frau Weisheit zu einem Mahl in ihr Haus ein, so rät V. 6, die Torheit fahren zu lassen und den Weg der Einsicht zu gehen. Es ergibt sich also folgende Strukturierung:

A Frau Weisheit (V. 1–6)
  a Schilderung ihrer Aktivitäten (V. 1f.)
  b Einladung (V. 3–5)
    Ausschicken der Mägde (V. 3)
    Einladungstext (V. 4a)
    Spezielle Einladung des Unwissenden (V. 4b)
    Motivation (V. 5)
  c Kommentar (V. 6)

B Spruchweisheit (V. 7–12)
  a Ratschläge an den Lehrer (V. 7–9)
    Zurechtweisung von Spöttern/Frevlern und die Folgen (V. 7–8a)
    Zurechtweisung von Weisen/Gerechten und die Folgen (V. 8b–9)
  b Theologischer Grundsatz mit Verheißung (V. 10f.)
  c Ratschläge an den Schüler (V. 12)
    Weisesein und die Folgen (V. 12a)
    Spöttersein und die Folgen (V. 12b)

A' Frau Torheit (V. 13–18)
  a Schilderung ihrer Aktivitäten (V. 13f.)
  b Einladung (V. 15–17)
    Eigenes Zurufen (V. 15)
    Einladungstext (V. 16a)
    Spezielle Einladung des Unwissenden (V. 16b)
    Motivation (V. 17)
  c Kommentar (V. 18)

Aufgabe/Gruppe 2

Wie werden die beiden Frauengestalten in unserem Text charakterisiert? Achten Sie dabei besonders auf die von ihnen jeweils erzählten Handlungen und Worte! Welche Eigenschaften verkörpern sie, welche Kapazitäten werden ihnen zugeschrieben (vgl. bes. V. 1f. 13f.), lässt sich etwas über ihre soziale Stellung aussagen (vgl. bes. V. 3.14)? Welche Absichten verfolgen sie mit ihren Einladungen?

Lösung 2

Charakterisierung (vgl. § 2/2.2.1c)

Die Weisheit ist eine fleißige Frau. Sie beherrscht nicht nur typisch hausfrauliche Tätigkeiten wie Tischdecken und Weinmischen, sondern verfügt auch über Kompetenzen, die gewöhnlich eher der Männerdomäne zugeschrieben werden: Hausbau, Behauung von Säulen und Schlachten. Frau Torheit ist dagegen einfach faul. Ihr einziges, aber dafür mit besonderer Verve praktiziertes Metier ist – so sagt es unser Text – die Kunst der Verführung. Ist das typisch weiblich? Von der Sozialstellung her verfügt die Weisheit über Mägde, die sie ausschickt: Sie ist also eine vornehme, begüterte Frau, die allerdings auch selbst Hand anlegt. Frau Torheit dagegen hat keine Bediensteten, sie selbst muss einladen. Das tut sie, indem sie auf einem „(Thron)sessel" (V. 14) sitzt, wo normalerweise nur Könige, hochgestellte Persönlichkeiten oder gar Jahwe selbst platziert werden.[1] Die hohe Stellung, die Frau Weisheit bescheiden genießt, stellt Frau Torheit anmaßend[2] zur Schau.

Beide Frauen laden zwar mit den völlig gleichen Worten ein (V. 4.16: „Wer unerfahren ist, kehre hier ein."), aber ihre Absichten sind total verschieden, wie die Motivationen in V. 5.17 zeigen. Frau Weisheit lädt zu einem „hausbackenen" Mahl ein, auch bei Frau Torheit gibt es etwas zu „vernaschen", aber es handelt sich um „gestohlenes Wasser" und „heimlich entwendetes Brot" (V. 17). Nehmen wir die Erwähnung der besonderen Kompetenz von Frau Torheit hinzu, nämlich die Verführungskunst (V. 13), dann ist klar, was bei Frau Torheit vom Unerfahrenen gelernt werden soll ... Der mit antiken Gepflogenheiten Vertraute sowie der eifrige Leser alttestamentlicher Bücher kennt diese Frauen, die *vor der Tür des Hauses* sitzen, zur Genüge (vgl. Gen 38,13–18; Ez 16,25f.; Spr 7,10f.). Im Lateinischen werden sie *prosedae* („vor der Tür Sitzende") genannt.[3] Aber es ist nicht das Gewerbe, das in unserem Text Frau Torheit in Verruf bringt, sondern ihr Werbeslogan für den Seitensprung, also ihre Interpretation des „Mahles", das sie anzubieten hat, mit einem Wort: dass sie Gestohlenes und Fremdes als besondere Köstlichkeit anpreist.

1 Vgl. z. B. Spr 16,12; 20,28; 25,5, wo das gleiche Wort für den Königsthron steht; ein Statthalter sitzt auf dem „Sessel" in Neh 3,7, Jahwe selbst in Jes 6,1.

2 Vielleicht will der Text sogar zum Ausdruck bringen, dass Frau Torheit eine hohe Stellung vorzutäuschen versucht. Immerhin wohnt Frau Weisheit „auf der Stadtburg" (V. 3b), also im Viertel der Einflussreichen und Wohlhabenden, während das Haus von Frau Torheit „bei der Stadtburg" (V. 14b) steht.

3 So vor allem beim römischen Komödiendichter Plautus.

In Frau Weisheit und Frau Torheit stehen sich also eine ehrbare, vielseitig begabte und zudem bescheidene Hausherrin und eine verführerische Dirne, deren Aufmachung und Worte trügerisch sind, gegenüber.

Aufgabe/Gruppe 3

Arbeiten Sie das Beziehungsgeflecht der handelnden Personen heraus! Wer sind die beiden entscheidenden *handelnden Personen* in Spr 9,1–18? An wen richten sie sich jeweils? Was wollen sie erreichen? In welchem Verhältnis stehen die beiden Hauptpersonen zueinander? Versuchen Sie, das Beziehungsgeflecht von Spr 9,1–18 in einer einfachen Graphik darzustellen.[4]

Lösung 3

Analyse der handelnden Personen (vgl. § 2/2.1.2)

Die beiden entscheidenden handelnden Personen sind Frau Weisheit und Frau Torheit. Sie wenden sich, zum Teil mit identischen Formulierungen zum Ausdruck gebracht (vgl. V. 4.16),[5] an die gleiche Klientel, nämlich die Unerfahrenen, die sie jeweils zu sich einladen wollen. Sie sind also Konkurrentinnen. Unser Text erweckt sogar den Eindruck, dass sie sich gegenseitig die Klientel abzujagen versuchen: Die Torheit hat es auf diejenigen abgesehen, „die geradeaus ihre Pfade gehen" (V. 15b), also genau das tun, wozu Frau Weisheit (bzw. der Erzähler, der ihre Worte kommentiert) auffordert: „und schreitet gerade auf dem Weg der Einsicht!" (V. 6b), während Frau Weisheit ihrerseits die Klientel von der Torheit[6] abspenstig zu machen versucht (V. 6a).

Graphisch dargestellt sieht das Beziehungsgeflecht also folgendermaßen aus:

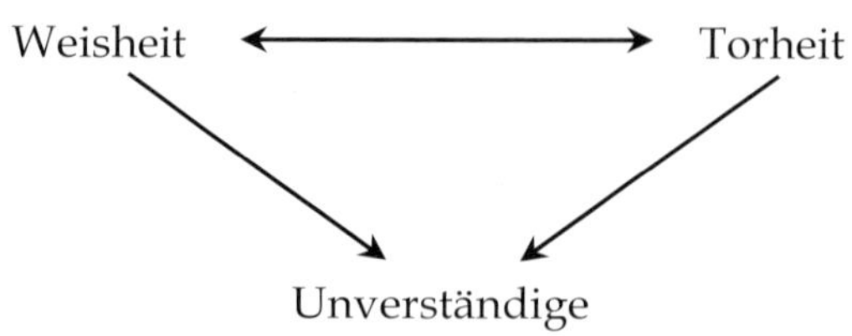

4 Vorschlag für die Skizze: ←→ = Opposition; ⟶ = gerichtet auf.

5 Das ist dem Autor offensichtlich so wichtig, dass er dafür sogar die Ungereimtheit in Kauf nimmt, dass im Fall der Frau Weisheit gemäß V. 3a die Mägde zur Einladung ausgeschickt werden, gemäß V. 4b die Weisheit aber dann doch selbst die Einladung ausspricht.

6 Hier gibt es ein kleines Übersetzungsproblem: Im hebräischen Text ist von „den Unerfahrenen/Einfältigen" die Rede, erst die griechische Übersetzung des Alten Testaments spricht eindeutig von der „Torheit".

Aufgabe/Gruppe 4

Versuchen Sie herauszuarbeiten, was der Autor/Erzähler mit seinem Text bei den Hörern erreichen will! Überprüfen Sie dazu, mit welcher der beiden Figuren, die als Hauptrollen auftreten, unser Erzähler sympathisiert, mit welchen Mitteln er seine Hörer zu lenken, also anzulocken bzw. abzuschrecken versucht! An einer Stelle verlässt er sogar den Gang seiner Geschichte, um sich – die ganze Sache kommentierend – indirekt an den Hörer zu wenden. Mit welcher Figur soll sich der Hörer vermutlich identifizieren – oder anders gefragt: Welche Adressaten hat der Autor vor Augen? In welchem Verhältnis stehen Erzähler und Hörer zueinander? Gibt es vielleicht eine Analogiebeziehung innerhalb unseres Textes?

Lösung 4

Text-pragmatik (vgl. § 2/2.3.2c)

Unser Erzähler sympathisiert eindeutig mit der Figur der Weisheit. Was für männliche Hörer vielleicht zunächst begehrenswert sein könnte, ein kleines Abenteuer mit einer verführerischen Dame, wird sofort in ein negatives Licht getaucht, weil es sich um Frau *Torheit* handelt. Der Erzählerkommentar in V. 18 muss auf jeden, der der süffisanten Einladung vielleicht noch zögernd gegenüber steht, schockierend wirken: Demnach gehört er zu denjenigen, die nicht „durchblicken". Wenn er Frau Torheit folgt und ihr Haus betritt, geht er schnurstracks in die Unterwelt. Wo er meint, das Leben zu finden, ist er dem sicheren Untergang geweiht. Aber wer will schon zu denjenigen gehören, die nicht „durchblicken", d. h. zu den Spöttern/Frevlern, die unbelehrbar sind und deshalb die Folgen ihres Tuns selbst zu tragen haben (vgl. V. 7–8a.12b)?

O. KEEL, Die Welt der altorientalischen Bildsymbolik und das Alte Testament. Am Beispiel der Psalmen, Darmstadt [3]1984, 13–48 (zur „Unterwelt" im Rahmen des altorientalischen Weltbildes). – B. JANOWSKI/B. EGO (Hrsg.), Das biblische Weltbild und seine altorientalischen Kontexte (FAT 32), Tübingen 2001 (bes. die Beiträge von Janowski, Keel und Gulde).

Die Hörer müssen sich also zwischen der Einladung der Weisheit und Frau Torheit entscheiden. Gedacht ist offensichtlich an junge Männer als Adressaten. Der Autor nimmt ihnen gegenüber die Rolle eines Lehrers ein. Er verkörpert geradezu das Programm von Frau Weisheit, indem er mit seinem Text auf der Adressatenebene genau das praktiziert, was die Weisheit auf der Textebene durch ihr Mahl, zu dem sie einlädt, erreichen will: dass die Hörer die Torheit fahren lassen und auf Wegen der Einsicht gehen.

Aufgabe/Gruppe 5

In Spr 9,1 beginnt mit der Schilderung des Hausbaus eine Geschichte. Wo wird diese Geschichte unterbrochen? Beachten Sie besonders den Übergang von V. 6 zu V. 7! Ab welchem Vers wird die Geschichte weitererzählt? Inwiefern unterscheidet sich die „Unterbrechung“ von der eigentlichen Geschichte? Was wird durch die „Unterbrechung“ bewirkt? Wie kann es dazu gekommen sein?

Lösung 5

Literarkritik (vgl. § 4)

Die Geschichte von der Weisheit, die in ihr neu gebautes Haus einlädt, wird in V. 7 von einer Reihe von Sprüchen unterbrochen, ab V. 13 aber durch eine analoge Geschichte von Frau Torheit fortgesetzt. Den beiden Werbekampagnen für ein weiter nicht spezifiziertes Publikum („Unverständige“), durchgeführt von Weisheit und Torheit als Protagonistinnen, stehen Merksätze gegenüber, in denen nun die Adressaten polarisiert werden („Spötter/Frevler“ bzw. „Weise/Gerechte“), allerdings jetzt im Blick auf nur ein einziges Ziel: sie zur *Weisheit* zu führen. Die Blickrichtungen haben gewechselt. Geht es den Geschichten darum: Wie erreiche ich eine möglichst große Klientel, so geht es in der Spruchreihe darum: Wie erreichen unterschiedlich disponierte Klienten die Güter der Weisheit?

Was wird dadurch erreicht? Geht es in den rahmenden Kontrastgeschichten um die offene Wahl der Adressaten, so reflektieren die Sprüche in der „Unterbrechung“ den Umgang mit dem *nicht erreichten* Adressatenkreis, also denjenigen, die auf der Textebene doch ins Haus von Frau Torheit gehen, auf der Adressatenebene sich von der Moral der erzählten Geschichte nicht treffen lassen. Die Antwort: Es handelt sich eben um „Spötter/Frevler“, die zu belehren ohnehin keinen Sinn hat (V. 7–8a). Die erfolglosen Lehrer beruhigen sich selbst! Außerdem muss jeder die Folgen seiner Entscheidung selbst tragen (V. 12). Die Adressaten sind also für ihre Wahl selbst verantwortlich, mehr als warnen können die Lehrer nicht. Es gilt also das Sprichwort: Wer nicht hören will, muss fühlen! Vielleicht besteht der Clou des Einschubs darin, dass dieser „Trost“ für die Lehrer so platziert ist, dass er aus dem Mund von Frau Weisheit persönlich gesprochen erscheint. Frau Weisheit selbst also sagt den unbelehrbaren Schülern, was der Lehrer ihnen schon längst einmal hätte sagen wollen.

Vielleicht spielt auch noch ein theologischer Grund mit: Der Grundsatz in V. 10 hält gegenüber der sehr offen formulierten Rahmengeschichte eindeutig fest, dass das *Gottesverhältnis* („Gottesfurcht") Anfang der Weisheit ist.

Aufgabe/Gruppe 6

Traditionskritik (vgl. § 7)

Texte aller Zeiten rekurrieren auf kulturelles Wissen. Im Hintergrund unseres Textes steht der im Grunde bis heute übliche Brauch, nach der Fertigstellung eines großen Baues eine Einweihungsfeier zu veranstalten. Dieser Usus findet sich schon in uralten Texten verschriftlicht. In die Sphäre der Götter versetzt wird der Brauch z. B. in einem ugaritischen Epos,[7] wo es der Wetter- und Sturmgott Baal ist, der zur Einweihung seines Palastes seine Götterkolleginnen und -kollegen zu einem Festbankett einlädt. Ein anderes Epos erzählt von einer Königin, die für ihren Gatten ein Festmahl vorbereitet, und dazu – in der Abfolge völlig gleich wie in Spr 9,1–6 – Mastvieh schlachtet, Weinkrüge öffnet und die Mächtigen der Stadt zum Essen und Trinken einlädt.[8] Obwohl sich in der hebräischen Urfassung unseres Textes auffallend viele Begriffsparallelen zu ugaritischen Texten feststellen lassen,[9] ist eine literarische Abhängigkeit sowohl wegen des zeitlichen als auch geographischen Abstandes kaum anzunehmen. Aber wie in der alttestamentlichen Tradition der Gott Baal generell gut bekannt ist und bekämpft wird (vgl. 1 Kön 18), können auch die *Stoffe* und manche *Motive* ugaritischer Epen in Israel wenigstens umrisshaft bekannt gewesen sein. Vielleicht wurde der Eindruck von einem vornehmen Festbankett auch durch Bilder vermittelt, wie sie auf Vasen und Trinkschalen zu sehen waren. Für das perserzeitliche Juda (5./4. Jh. v. Chr.) – etwa in dieser Epoche wird die Entstehung unseres Textes angesetzt – lässt sich die Einfuhr von Keramik aus Attika in Griechenland archäologisch nachweisen. Soziologisch gesehen betrifft das natürlich die Oberschicht.

📖 Welt und Umwelt der Bibel 23 (2002): Themenheft „Ugarit. Stadt des Mythos" (zum ugaritischen Götterpantheon: 42). – C. MAIER, Frau** 234–247 (Exkurs zu den Bankettszenen in der Ikonographie).

Innerhalb der alttestamentlichen Literatur ist zumindest ein Festbankett nach der Einweihung eines wichtigen Gebäudes besonders

---

7 Ugarit ist eine nordsyrische Hafenstadt, deren Blütezeit zwischen 1400 und 1200 v. Chr. lag. 1928 wurden ihre Ruinen zufällig entdeckt – und in den Ruinen eine riesige Bibliothek aus Keilschrifttafeln: außer Verwaltungsdokumenten vor allem mythische und kultische Dichtungen über El und Baal, die Hauptgottheiten dieser „kanaanäischen" Theologie.

8 Die beiden Texte finden sich in Übersetzung leicht zugänglich bei G. BAUMANN, Weisheitsgestalt** 214–217, sowie C. MAIER, Frau** 223f.

9 Eine schöne Auflistung findet sich bei C. MAIER, Frau** 221f.

bekannt, nämlich der große Opferschmaus, der von König Salomo nach der Einweihung des Tempels veranstaltet wird und zu dem *alle* Israeliten eingeladen sind (1 Kön 8,62–66). Im Vergleich zum offensichtlich typischen Motivinventar bei der Erzählung, Darstellung (und Durchführung) von Festbanketten fällt dabei eine gewisse Demokratisierung ins Auge. Eingeladen werden nicht nur die standesmäßig Gleichen, sondern alle, die in der gleichen religiösen Tradition stehen. In dieser Perspektive werfen wir einen Blick auf Spr 9: Weder Mächtige, noch das *ganze* Volk werden hier eingeladen, sondern speziell die „Unwissenden", also alle, die noch etwas zu *lernen* haben. Entsprechend ist in unserem Text auch von einem *besonderen Mahl* die Rede. Dazu gilt es, die Werbeslogans der beiden Damen in V. 5.17 genau unter die Lupe zu nehmen und sie im Kontext der vorausgehenden Schilderung bzw. des unmittelbar folgenden Kommentars zu lesen. Vergleichen Sie dazu auch folgende Stellen aus der alttestamentlichen Tradition: Spr 24,13f.; Sir 15,1–3 sowie Hld 5,1; Spr 5,15–20; 30,20. Wenn Sie diese Stellen sorgfältig lesen, mit unserem Text im Hinterkopf, werden Sie eine präzise Antwort darauf geben können, was bei Frau Weisheit bzw. Frau Torheit eigentlich „verspeist" wird.

Lösung 6

Das ist schnell ersichtlich: Was Frau Torheit zum „Verspeisen" anbietet, ist letztlich ihr Körper selbst, ihr Haus ist ein Bordell. Hinter der Redewendung vom „gestohlenen Wasser" steht die Vorstellung vom Ehebruch, also vom Gang zur „fremden" Quelle. Was dagegen die Weisheit anbietet, ist Bildung. Bis heute ist uns diese Metaphorik vertraut, wenn wir z. B. sagen, wir hätten ein Buch „gefressen", den Stoff noch nicht so recht „verdaut" oder an einer Vorlesung noch keinen rechten „Geschmack" gefunden.[10] Es ist ein Bildungsmahl, wozu die Weisheit einlädt.

Redaktionsgeschichte (vgl. § 10)

In dieser Fluchtlinie können nun auch verschiedene andere Motive des Textes entschlüsselt werden, z. B. die sieben Säulen in V. 1.

10 Im Neuen Testament findet sich die Metaphorik z. B. in 1 Kor 3,1f. Sehr schön ausgeführt wird die Metaphorik auch vom jüdischen Religionsphilosophen Philo (um die Zeitenwende), der in seinem Traktat „Über die Landwirtschaft" in § 9 schreibt: „... da nun aber das Kind sich von Milch ernährt, der Erwachsene von Weizenbackwerk, so gibt es wohl auch eine Milchnahrung der Seele im Kindesalter, nämlich die Vorschule der enkyklischen Wissenschaften (damit sind die sieben [!] Fächer Grammatik, Geometrie, Astronomie, Rhetorik, Musik, Dialektik und Arithmetik als „Vorschule" der Philosophie gemeint), als vollkommen und für Männer geziemend aber die Unterweisung in Vernunft, Besonnenheit und jeder anderen Tugend ..."

Wer nämlich im Sprüchebuch weiter liest, stößt unmittelbar nach unserem Text, in 10,1, auf einen Bucheinschnitt, der durch eine neue Überschrift gekennzeichnet ist: „Sprichwörter Salomos". Wer weiterblättert, wird fünf weitere solcher Buch(zwischen)überschriften finden (22,17; 24,23; 25,1; 30,1; 31,1). Insgesamt ergeben sich also sieben deutlich markierte Buchteile. Im Gesamtkontext des Sprichwörterbuchs gelesen sind also *das* die sieben Säulen, die Frau Weisheit aufgerichtet hat. Alle Unerfahrenen werden in den gerade fertig gestellten „Proverbienpalast"[11] eingeladen, um dort, eben in diesem Buch mit seinen sieben Teilen, zu studieren. Konkret gemeint ist damit offensichtlich das Gesamtwerk des Sprichwörterbuches in seiner Endredaktion.

Inhaltlich wird in diesem „Proverbienpalast" ein solidarischer, an der patriarchalisch geführten Großfamilie orientierter Lebensstil erlernt. Vor einem Verhalten, das die Gemeinschaft und vor allem den Ruf der eigenen Familie schädigt, wird gewarnt. Dazu gehört z. B. der Anschluss an Banden, die gewaltsame Übergriffe auf andere planen, um sich an deren Hab und Gut zu bereichern (vgl. Spr 1,10–19). Solche Leute essen nach Spr 4,17 „das Brot des Unrechts und trinken den Wein der Gewalttat". Im Gesamtkontext des Sprüchebuches gelesen, ist offensichtlich genau das die Nahrung, die Frau Torheit so verführerisch anpreist und vor der der Autor unseres Textes so eindringlich warnt. Nach Ansicht unseres Autors führt derartiges Verhalten zum sozialen Tod (vgl. Spr 9,18).[12]

---

11 Diese schöne Formulierung habe ich bei G. BAUMANN, Weisheitsgestalt** 221, entliehen.

12 Man könnte versuchen, die gesellschaftliche Situation hinter Spr 1–9 sozialgeschichtlich noch präziser zu fassen. Folgende Textphänomene sind dafür ausschlaggebend: Die fremde Frau (Spr 7,5–23) erscheint mit Frau Torheit (Spr 9,13–17) parallelisiert. Der Gatte der fremden Frau ist offensichtlich ein Großhändler, denn er ist für längere Zeit außer Haus und hat den Geldbeutel mitgenommen, wie es in Spr 7,19f. heißt. Es handelt sich also um einen Fernhändler im internationalen Geschäft. Das deutet auf phönizische Herkunft hin. Die jungen Leute, an die sich Spr 1–9 richtet, stehen sowohl bei der fremden Frau als auch bei Frau Torheit vor der Versuchung des Ehebruchs. „Ehebruch" gilt innerhalb der jüdischen Bibel als Metapher für Untreue gegenüber Jahwe. Zusätzlich werden die jungen Männer davor gewarnt, sich den Banden anzuschließen, die anderen Gewalt antun und sie „lebendig verschlingen" (vgl. Spr 1,10–19). Nimmt man nun die verschiedenen Sinnebenen (Frau Torheit/Ehebruch bzw. fremde Frau/phönizischer Großhandel) zusammen, könnte das auf folgendes Globalisierungsphänomen hinweisen: Junge Judäer stehen in der Versuchung, in den Großhandel phönizischen Stils einzusteigen, machen damit kleinere Familienbetriebe kaputt, fressen sie sozusagen auf – und verstoßen gerade damit gegen die Tora Israels, die ein Lebensrecht für alle garantiert.

Aufgabe/Gruppe 7

Lesen Sie (miteinander) die sogenannte Prodikosfabel, so benannt nach ihrem Autor, einem griechischen Sophisten des 5. Jh. v. Chr., und achten Sie dabei auf folgende Punkte: Wer sind die handelnden Personen? Wie werden sie charakterisiert? Was wollen sie erreichen? Wer tritt mit wem in Kontakt?

> (21) ... Als Herakles vom Kind zum jungen Manne heranwuchs, in welchem Alter die Jünglinge bereits selbstständig werden und offenbaren, ob sie sich für ihr Leben dem Weg der Tugend zuwenden werden oder dem des Lasters, da sei er in die Einsamkeit gegangen und habe sich niedergesetzt und unschlüssig überlegt, welchen von beiden Wegen er einschlagen solle. (22) Und es seien ihm zwei Frauen von großer Gestalt erschienen und auf ihn zugekommen, die eine schön anzusehen und edel in ihrem Wesen, deren Schmuck Reinheit der Haut, Schamhaftigkeit der Augen und Sittsamkeit der Haltung waren, und in weißem Gewande; die andere dagegen wohlgenährt bis zur Fülle und Üppigkeit, die Haut geschminkt, sodass sie sich weißer und rosiger darzustellen schien, als sie war, die Haltung so, dass sie aufrechter zu sein schien als von Natur, die Augen weit geöffnet, und in einem Kleid, in dem ihre jugendlichen Reize besonders vorteilhaft in Erscheinung treten sollten; und sie habe wiederholt sich selbst betrachtet und auch darauf geachtet, ob ein anderer sie anschaue, und oft habe sie nach ihrem Schatten geblickt. (23) Als sie nun näher zu Herakles gekommen waren, da sei die zuerst Genannte in derselben Weise weiter gegangen, die andere dagegen sei vorausgeeilt, um ihr bei Herakles zuvorzukommen, und habe gesprochen: Ich sehe dich, Herakles, unentschlossen, welchen Lebensweg du einschlagen sollst. Wenn du nun mich zur Freundin wählst, dann werde ich dich auf dem angenehmsten und bequemsten Wege geleiten, und keine Lust soll dir unbekannt sein, und von Beschwerden sollst du dagegen dein Leben lang nichts erfahren. (24) Denn vor allem sollst du dich nicht um Kriege und Geschäfte kümmern, sondern du sollst fortwährend überlegen, was du Angenehmes zum Essen oder zum Trinken findest, was dir Freude macht zu sehen oder zu hören, was zu riechen oder zu betasten dir gefällt, mit welchen Jünglingen zu verkehren dir am meisten Genuss bereitet, und wie du am weichsten schlafen und am mühelosesten zu all dem gelangen kannst. (25) Wenn dich aber jemals irgendwie die Sorge beschleichen sollte, es könnte Mangel daran eintreten, so brauchst du nicht zu befürchten, ich würde dich veranlassen, dies durch Anstrengungen und Mühen

für Leib und Seele zu beschaffen, sondern was die anderen erarbeiten, das sollst du genießen, indem du nichts zurückweist, woraus man irgendwie Gewinn ziehen kann; denn ich gebe meinen Freunden die Möglichkeit, aus allem Nutzen zu ziehen. (26) Als Herakles dies hörte, fragte er: Wie ist dein Name, Weib? Sie erwiderte: Meine Freunde nennen mich Glückseligkeit, die aber, welche mich hassen, geben mir, um mich schlecht zu machen, den Namen Lasterhaftigkeit. (27) Währenddessen war die andere Frau hinzugetreten und sprach: Auch ich komme zu dir, Herakles, ich kenne bereits deine Eltern und dein eigenes Wesen habe ich bei der Erziehung kennen gelernt, und daher hoffe ich, wenn du den Weg zu mir wählen solltest, du wirst dich eifrig um das Gute und Heilige bemühen, und ich werde noch viel geehrter und reicher an Gütern in Erscheinung treten. Ich will dich aber nicht durch das Vorgaukeln von Genüssen täuschen, sondern dir wahrheitsgemäß erklären, wie die Götter alles, was es gibt, eingerichtet haben. (28) Denn von dem wirklich Guten und Schönen geben die Götter den Menschen nichts ohne Mühe und Anstrengung, sondern wenn du willst, dass dir die Götter gnädig seien, so musst du die Götter verehren, wenn du von deinen Freunden geliebt werden willst, so musst du deinen Freunden Gutes tun, wenn du vom Staat irgendwie geehrt zu werden wünschest, dann musst du dem Staat nützen, wenn du von ganz Griechenland wegen deiner Tugend bewundert zu werden verlangst, dann musst du versuchen, dich um Griechenland verdient zu machen; und willst du, dass die Erde dir reichliche Früchte trage, so musst du die Erde pflegen, glaubst du, du müssest durch Viehherden reich werden, so musst du dich um die Viehherden kümmern, reizt es dich, im Kriege groß zu werden, und wünschest du die Macht zu besitzen, deine Freunde zu befreien und deine Feinde zu überwinden, so musst du auch die Kriegskunst selbst von den Kundigen erlernen wie auch dich in ihrem Gebrauch üben; willst du aber auch körperlich kräftig sein, so musst du den Körper daran gewöhnen, dem Verstand dienstbar zu sein und ihn üben unter Mühen und Schweiß … (33) … Wenn du Herakles, Sohn rechtschaffener Eltern, dich solchen Mühen unterzogen hast, dann ist es dir möglich, die vollkommene Glückseligkeit zu gewinnen.

Welche Analogien zur Figurenkonstellation in Spr 9,1–18 fallen Ihnen auf, inhaltlich wie formal? Für welche Art von Publikum sind derlei Geschichten wohl gedacht? Vielleicht finden Sie unmittelbare Anhaltspunkte innerhalb des Textes. Überlegen Sie sich auch, mit wem sich der Hörer der Geschichte wohl identifizieren soll? Lässt sich Ihre Vermutung erhärten, wenn Sie zusätzlich auf die Situation schauen, in der die Prodikosfabel erzählt wird, genauer: in die Xenophon (5./4. Jh. v. Chr.), selbst ein Sokratesschüler, die Prodikosfabel in seiner Schrift *Erinnerungen an Sokrates* (II 1,21–34), versetzt?

> (21) (Sokrates spricht im Kreis seiner Schüler) Im Übrigen spricht sich der weise Prodikos in seiner Schrift über Herakles, die er bekanntlich auch sehr vielen vorträgt, ebenso über die Tugend aus und sagt etwa Folgendes, soweit ich mich erinnern kann. Er erzählt nämlich: (Heraklesfabel) … (34) So etwa schildert Prodikos die Belehrung des Herakles durch die Tugend; allerdings schmückte er seine Gedanken mit noch prächtigeren Worten aus als ich jetzt. Für dich aber, Aristippos, ist es nun wünschenswert, dies zu beherzigen und zu versuchen, auch für die Zukunft deines Lebens zu sorgen.

Lösung 7

Gattungskritik (vgl. § 5)

Die auffälligste Analogie in der Handlungsstruktur ist jeweils der Auftritt eines Damen-Duos. Als Konkurrentinnen werben sie für ihre Sache – vor der gleichen Klientel: Im Sprüchebuch ist es der „Unwissende“, in der Prodikosfabel eine aus dem Mythos bekannte Person: Herakles. Was auf der einen Seite Weisheit/Tugend, auf der anderen Seite Torheit/Laster zu bieten haben, ist zwar gleichermaßen verlockend, wird jedoch auf unterschiedliche Weise erreicht: Einmal ist harte Arbeit vorausgesetzt nach dem Motto: „Vor die Tugend haben die Götter den Schweiß gesetzt“,[13] das andere Mal kommt man durch reine Lust zum Ziel seiner Wünsche. Damit die Wahl nun trotz dieser angenehmen Konditionen auf keinen Fall für Torheit/Laster entschieden werden kann, haben die Autoren in beiden Fällen Sicherungen eingebaut. Sie sympathisieren eindeutig mit der Dame, die jeweils die bürgerlichen Werte vertritt und schon von ihrem Namen her vorzuziehen ist: Weisheit/Tugend. Dazu kommt die Charakterisierung: Soll in der Prodikosfabel die geschminkte Fassade der Torheit abstoßend wirken, so in Spr 9 das dirnenhafte Gebaren der Torheit. Wenn der Erzähler der Prodikosfabel die negativ gezeichnete Figur, die Lasterhaftigkeit, als erste an ihr „Opfer“ herantreten lässt, so wohl nur deshalb, um sie in Kontrast zu setzen zur besonnen und bescheiden agierenden Tugend, die allein auf Ar-

13 Im Fall des Sprüchebuchs fungiert die Weisheit selbst als Paradigma dafür, wie man zu „Haus“ und „Brot“ kommt.

gumente setzt, während die Lasterhaftigkeit ihre Schritte beschleunigt, um ihrer Konkurrentin einen „Kunden" wegzuschnappen.

In beiden Geschichten bleibt der Ausgang völlig offen: Wir erfahren weder, wie sich der „Unwissende", noch, wie sich Herakles entschieden hat. Allerdings ist es im Fall des Herakles so, dass wir aufgrund der Taten, die ihn berühmt gemacht haben (z. B. Kampf mit dem Nemeischen Löwen, Säuberung der Ställe des Augias), folgern können, dass er sich für den Weg der Tugend entschieden hat. Im Umkehrschluss ergibt sich daraus ein ganz eigener Werbeeffekt, der besagt: So groß kann man werden, wenn man sich für die Tugend entscheidet.

F. GRAF u. a., Art. Herakles, in: DNP V (1998) 387–394. – E. PANOFSKY, Hercules am Scheidewege und andere Bildstoffe in der neueren Kunst. Mit einem Nachwort zur Neuauflage von Dieter Wuttke (SBW XVIII), Berlin 1930.

„Sitz im Leben" (vgl. § 6)

Als Adressaten haben Geschichten wie die Prodikosfabel, die auch „Herakles am Scheideweg" genannt wird, bzw. die Geschichte von Frau Weisheit und Frau Torheit in Spr 9 junge Männer vor Augen, die wie Herakles „vom Kind zum jungen Mann" herangewachsen sind und in einem Alter stehen, in dem „die Jünglinge bereits werden", aber „unentschlossen" sind, welchen Lebensweg sie einschlagen sollen, oder in der Diktion von Spr 9 gesagt: (noch) unwissend sind. Diese Vermutung wird sehr schön bestätigt durch die Rahmenerzählung der Prodikosfabel, wie sie Xenophon zeichnet: Sokrates als Lehrer im Kreis seiner Schüler, der einen von ihnen, Aristippos, direkt anspricht und dazu ermahnt, „dies zu beherzigen" – gemeint ist „die Moral" der Prodikosfabel.

Derartige Texte, die in erzählender (wie Spr 9 oder die Prodikosfabel) oder diskursiver Form (wie ein leider nicht überlieferter Traktat von Aristoteles) für ein bestimmtes Lehrsystem werben, das seinerseits wiederum zu einem bestimmten Lebensstil anleitet,[14] nennt man Protreptikos, was wörtlich „Antriebstext" bedeutet und für unsere Ohren wohl adäquat mit „Werbeschrift" zu übersetzen wäre. Typisch für einen Protreptikos ist die Alternative zwischen zwei Wegen mit unterschiedlichem Ausgang. Die Entscheidung wird gewöhnlich nicht erzählt, weil sie ja vom Hörer getroffen werden soll.

H. GÖRGEMANNS, Art. Protreptik, in: DNP X (2001) 468–471.

14 Ziel der antiken Philosophie generell ist es, zum Glück zu führen, sie ist insofern völlig lebenspraktisch ausgerichtet – parallel zur jüdischen Weisheit, die zum „Leben" führen will (vgl. Spr 9,11).

3 Testergebnisse

3.1 LeserInnentest

Wenn Sie sich den sieben vorangehenden Arbeitsaufgaben gestellt und sich mit den Lösungsvorschlägen auseinandergesetzt haben, wenn Sie also dieses Buch noch nicht beiseite gelegt haben, dann haben Sie zugleich den ersten Test bestanden: Sie haben den Studienpalast der Exegese betreten. Vermutlich haben Sie sich von den gleich mitgelieferten Lösungen etwas unter die Arme greifen lassen. Das war auch so gedacht! Wie Frau Weisheit haben wir für das erste Treffen alles vorbereitet, also selbst vorgearbeitet - allerdings im Sinn eines vorbildhaften Beispiels für alle, die eintreten und den Gepflogenheiten des „Hauses" gemäß und mit Hilfe der Anleitungen, die ihnen gegeben werden, selbstständig weiter zu arbeiten gewillt sind, auch wenn das manchmal mühevoll werden kann.

In jedem der folgenden Paragraphen werden Sie immer wieder Arbeitsaufgaben finden, die wir teils in den laufenden Text eingearbeitet, teils bewusst „selbstständiger Versuch" genannt haben. Ihre Handfertigkeit soll trainiert und Ihr Selbstbewusstsein dahingehend gestärkt werden, dass Sie an sich selbst erleben: Methodisches Arbeiten befähigt, sehr schnell in den wissenschaftlichen Diskurs einsteigen und eine eigenständige Meinung begründen zu können. Aufgrund Ihrer Einarbeitung in den Text von Spr 9 können Sie das jetzt schon testen. Schlagen Sie einen der Kommentare oder eine der Spezialarbeiten zu Spr 9 auf (Angaben am Ende dieses Paragraphen) - und Sie werden überrascht sein, wie gut informiert Sie inzwischen sind und wie kontrolliert Sie sogar den Experten auf die Finger schauen können …

Damit Sie in Zukunft nicht, wie ziemlich sicher bei diesem „Probeessen" geschehen, die Lösungen der Aufgaben gleich *lesen,* anstatt sie sich selbstständig zu *erarbeiten* - und sich dann mit einer gewissen Enttäuschung immer wieder sagen müssen: Das hätte ich auch herausgefunden!, haben wir die Lösungen der ab jetzt folgenden Aufgaben an das Ende des Buches gestellt, hoffentlich eine gewisse Hemmschwelle, die dazu animieren soll, selbst Hand anzulegen. Denn Selbstgebackenes schmeckt nun einmal besser; von der Arbeit anderer zu leben ist so, wie mit dem „gestohlenen Wasser bzw. heimlich entwendeten Brot" in Spr 9,17f.: Es schmeckt zunächst süß, ist aber auf Dauer der Tod des Studiums.

3.2 Methodentest

Haben in Ihren Augen auch die Methoden den Test bestanden? Gaben die Fragestellungen (die von den einzelnen Methoden gesteuert wurden) Anleitungen, den Text gezielter zu analysieren, Facetten zu entdecken, die vorher nicht gesehen wurden? Mit einem Wort: Hat Sie das methodische Besteck samt der entsprechenden Anleitungen in die Lage versetzt, versteckte und deshalb besonders delikate „Leckerbissen" zu genießen?

Die Marginalien ordnen die Lösungen immer entsprechenden Methoden bzw. Methodenschritten zu und geben zudem den Paragraphen an, unter dem diese Methode besprochen und vorgestellt wird. Sie werden schnell merken: Nicht jede Methode, die in diesem Buch behandelt wird, wurde auch vorgeführt. Das hängt zum einen ganz einfach mit dem paradigmatischen Charakter dieses Einstiegs zusammen, aber zum anderen gilt auch in der Exegese: Nicht jede Erbse, die gezählt wurde, muss auch sofort schriftlich dokumentiert werden. Selbstverständlich haben wir und werden Sie in Zukunft bei jedem Text alle wichtigen Methodenschritte durchführen. Aber nicht jeder Methodenschritt führt bei jedem Text zu gleichermaßen erhellenden Ergebnissen. Methoden sind kein Selbstzweck, sondern ein Instrumentarium, eben ein Besteck, das dazu dient, für das Besondere an einem Text aufmerksam zu werden.

Sie werden auch schnell merken: nicht alle Methoden, die auf einen Text anwendbar sind, werden in diesem Buch dargestellt. Besondere Feineinstellungen, also Spezialbesteck wie die feministische, materialistische oder tiefenpsychologische Exegese, werden in diesem Buch – so interessant und anregend sie sein mögen – nicht explizit besprochen.

C. MAIER, Das Buch der Sprichwörter. Wie weibliche Weisheit entsteht ..., in: L. Schottroff/M.-T. Wacker (Hrsg.), Kompendium Feministische Bibelauslegung, Gütersloh [2]1999, 208–220 (feministische Auslegung unseres Textes im Rahmen des Sprichwörterbuches). 🕮

Die vorgestellten und exemplarisch durchgeführten Methodenschritte verfolgen – grob gesagt – zwei unterschiedliche Grundtendenzen, die Ihnen vielleicht aufgefallen sind: Die einen gehen eher der Geschichte des Textes nach, treten dafür sozusagen aus dem Text heraus, zerlegen ihn und suchen nach „Vorbildern" für den vorliegenden Text, die anderen dagegen bleiben ganz im Text („close reading"), haben ihn so im Blick, wie er jetzt vorliegt. Die biblischen Texte in ihrer Entstehungsgeschichte zu sehen, ist die Perspektive der von daher auch „historisch-kritisch" genannten Exegese. Die einzelnen Analyseschritte wurden im Zusammenhang mit der Leben-Jesu-Forschung, also der Frage nach dem historischen Jesus, entwickelt – gemäß dem Motto: von den Quellen (synoptische Frage), ihren Vorstufen (Literarkritik) und ihrer strukturellen Prägung (Gattungskritik) hin zum historischen Jesus (Rückfrage).

G. THEISSEN/A. MERZ, Jesus* 21–31 (für die Entwicklung der einzelnen Analyseschritte bes. 24–26). – F.-J. ORTKEMPER, Wie können wir von Jesus wissen? Die Geschichte der Leben-Jesu-Forschung, in: BiHe 141 (2000) 20–22.

Natürlich können die genannten Methoden auch unabhängig von dieser einseitig auf die „Rückfrage nach Jesus" konzentrierten Fragerichtung angewendet werden. Ja, es ist sogar so, dass sich das momentane Forschungsinteresse vor allem auf die Entwicklung und Weiterschreibung, also die ständigen Neuauflagen der christlichen Traditionen, und das Milieu, in dem sie entstanden sind, richtet. Damit sind Traditionsgeschichte und Redaktionsgeschichte ganz stark in den Vordergrund getreten. Nachdem insbesondere in den späten 60er Jahren viele exegetische Arbeiten die klassischen Methoden extensiv nutzten, um nicht zu sagen: „missbrauchten", um in atomistischer Manier literarische Vorstufentexte heraus zu operieren, die dann als Ergebnis in einer komplizierten Schichtentheorie dargeboten wurden, und über der Freude an den Schichten die Frage nach dem Sinn verloren zu gehen drohte, wurden – fast könnte man sagen: in Gegenbewegung dazu – Anleihen von Analysemodellen aus der Linguistik gemacht, deren prinzipielle Perspektive es ist, in der Textwelt den Versuch einer Sinnkonstruktion zu sehen. Verschiedenste Modelle der strukturalen Erzählforschung wie der Erzähltextanalyse (samt Rezeptionsästhetik) haben sich inzwischen geradezu als zweites Standbein der Exegese etabliert. Im Unterschied zu den klassischen, auf die Entwicklungsgeschichte des Textes gerichteten und deshalb *diachron* („durch die Zeit") genannten Methoden, werden die aus der Linguistik entlehnten, auf die Endgestalt des Textes konzentrierten Methoden als *synchron* („mit der Zeit") bezeichnet. Nachdem die synchronen Analysemodelle in den entsprechenden linguistischen Methodenbüchern weit gründlicher und originärer dargestellt werden, als das von „Zweitbenutzern" wie den Exegeten je geschehen könnte, wird hier in diesem Buch in einer eigenständig erarbeiteten konstruktiven Zusammenschau nur das für unsere Texte Wesentliche und Erprobte knapp vorgestellt (vgl. § 2).[15]

15 Der „Nachteil" der linguistischen Methodenbücher besteht für den Benutzer im Blick auf biblische Texte darin, dass die einzelnen, oft sehr unterschiedlichen Ansätze nicht miteinander koordiniert werden (sollen).

A. REICHERT, Fragen** (zur Zuordnung synchroner und diachroner Analyseschritte).

Gerade bei der Anwendung synchroner Analysemodelle, die im Blick auf die moderne Literatur des 19. und 20. Jh., insbesondere der großen Romanwerke, entwickelt wurden, müssen wir uns immer wieder vor Augen halten, dass wir es bei unseren biblischen Texten mit Kleinliteratur aus der Welt des antiken Mittelmeerraums zu tun haben, wo andere literarische Techniken, eine andere Vorstellung von Originalität und insbesondere ein völlig unterschiedliches Codesystem herrschten. Selbst wenn wir die semantischen Zeichen (Wörter) aus dem Griechischen oder Hebräischen mühelos ins Deutsche übersetzen können, haben wir damit noch lange nicht die gleiche Vorstellung oder Wertung vor Augen, wie sie die Erstleser bzw. -hörer hatten: Beim Wort „Sessel" denkt ein Mensch der antiken Mittelmeerraumkultur eben nicht an gemütliche Wohnzimmeratmosphäre, sondern an ein Statussymbol. Wer dem Geheimnis der biblischen Texte auf die Spur kommen will, wer also diese Texte mit Respekt vor ihrer Fremdheit wahrnehmen will, wird sich von erster Stunde an darum bemühen, in den kulturellen Horizont der antiken hellenistischen Welt bzw. des Frühjudentums einzutauchen, um die Texte aus diesem Horizont heraus zu verstehen. Das war auch das eigentliche Interesse bei der Geburtsstunde der modernen historisch-kritischen Exegese, wie es Immanuel Kant in unübertroffener Formulierung den „Auslegern der heiligen Schrift" ins Stammbuch geschrieben hat:

> „Aber nicht bloß die Beurkundung, sondern auch die Auslegung der heiligen Schrift bedarf aus derselben Ursache Gelehrsamkeit. Denn wie will der Ungelehrte, der sie nur in Übersetzungen lesen kann, von dem Sinne derselben gewiß sein? *daher* der Ausleger, welcher auch die Grundsprache inne hat, doch noch ausgebreitete historische Kenntnis und Kritik *besitzen muß*, um aus dem Zustande, den Sitten und den Meinungen (dem Volksglauben) der damaligen Zeit die Mittel zu nehmen, wodurch dem kirchlichen gemeinen Wesen das Verständnis geöffnet werden kann."[16]

Im Übrigen wäre damit ein Idealziel erreicht: Aus demjenigen, der als Unwissender ins Haus der Weisheit eingekehrt ist, ist selbst ein Gelehrter geworden, der nun seinerseits die Unwissenden belehrt …

---

16 I. KANT, Die Religion innerhalb der Grenzen der bloßen Vernunft, in: Ders., Werke in zehn Bänden, hrsg. von W. Weischedel, Bd. 7, Darmstadt [5]1983, 774f.

3.3 Autorentest

Wenn Sie bisher bei der Stange geblieben sind, dann haben Sie auch uns als Autoren getestet. Denn das gesamte Buch ist genauso angelegt wie dieses Einleitungskapitel.

Alle in den folgenden zehn Paragraphen vorgestellten Methoden werden an der gleichen Textpassage, nämlich Mk 2,1–3,6, erprobt. Auch der Aufbau der einzelnen Paragraphen ist dabei jeweils gleich: Vorstellung der Methode – Arbeitsschritte/Kriterien – Demonstration an Mk 2,1–3,6 oder einer Textpassage daraus – theologischer Ertrag – selbstständiger Versuch – Literaturhinweise. Zusätzlich finden Sie – wie auch in diesem einleitenden Kapitel – gewöhnlich eine spielerische Hinführung zur Methode, Lesetipps, außerdem Memos (das ist Lernstoff) sowie Erklärungen zu wichtigen Stichwörtern im „Aktuellen Lexikon".

Und nun: Treten Sie ein und lassen sich's schmecken!

4 Literaturhinweise

4.1 Kommentare zum Sprüchebuch

A. MEINHOLD, Die Sprüche. Teil 1: Sprüche Kapitel 1–15 (ZBK.AT XVI/1), Zürich 1991, 149–159.

O. PLÖGER, Sprüche Salomos (Proverbia) (BK XVII), Neukirchen-Vluyn 1984, 99–109.

4.2 Spezialarbeiten zu Spr 9

G. BAUMANN, Die Weisheitsgestalt in Proverbien 1–9 (FAT 16), Tübingen 1996, 199–224 (Theorien zu den „sieben Säulen": 202–209).

C. MAIER, Die „fremde Frau" in Proverbien 1–9. Eine exegetische und sozialgeschichtliche Studie (OBO 144), Freiburg (Schweiz) 1995, 215–251.

J. E. MCKINLAY, To Eat or Not to Eat. Where is Wisdom in this Choice?, in: Semeia 86 (1999) 73–84 (intertextuelle Lektüre).

F. MIES, „Dame sagesse" en Proverbes 9 une personnification féminine?, in: RB 108 (2001) 161–183 (männliche Tätigkeiten der Weisheit).

R. TOURNAY, Rezension zu G. von Rad, Weisheit in Israel, in: RB 80 (1973) 129–131 (die „sieben Säulen" werden hier erstmals mit den sieben Buchüberschriften in Beziehung gesetzt).

4.3 Alternative Zugänge

H.-J. KLAUCK, Neue Zugänge zur Bibel. In Auseinandersetzung mit Eugen Drewermann, in: H.-J. Fabry u. a. (Hrsg.), Bibel und Bibelauslegung. Das immer neue Bemühen um die Botschaft Gottes, Regensburg 1993, 89–116.

U. LUZ (Hrsg.), Zankapfel Bibel. Eine Bibel - viele Zugänge, Zürich ²1993 (an der Speisungsgeschichte Mk 6,30–44 werden hier außer dem historisch-kritischen Zugang verschiedene Spezialzugänge im Vergleich erprobt).

U. SCHNELLE, Die historisch-kritische Methode und ergänzende Zugänge zur Bibel. Leistung und Grenzen, in: H.-J. Fabry u. a. (Hrsg.), Bibel und Bibelauslegung. Das immer neue Bemühen um die Botschaft Gottes, Regensburg 1993, 74–88.

4.4 Methodenbücher im Vergleich

C. CLAUSSEN/R. ZIMMERMANN, Wie kann ich (verstehen), wenn mich niemand anleitet? (Apg 8,31). Neuere Methodenbücher zur neutestamentlichen Exegese, in: ThBeitr 33 (2002) 290–301.

A. REICHERT, Offene Fragen zur Auslegung neutestamentlicher Texte im Spiegel neuerer Methodenbücher, in: ThLZ 126 (2001) 993–1006.

§ 1 Konstituierung des Textes: Textkritik

1 Das Problem und die Aufgabe

Gab es in der frühen Kirche Frauen, die zum Kreis der Apostel zählten? Manchmal liegt die Antwort auf derlei Fragen in einem einzigen, simplen Federstrich. Wenn nämlich Paulus am Ende seines Römerbriefs neben vielen anderen auch Ἀνδρόνικον καὶ Ἰουνιᾶν grüßen lässt, seine „Stammverwandten und Mitgefangenen, die berühmt sind unter den Aposteln" (Röm 16,7), dann hängt die Entscheidung darüber, ob mit der zweitgenannten Person ein Mann oder eine Frau gemeint ist, schlicht und ergreifend an der Akzentsetzung. Folgt man nämlich den gängigen griechischen Textausgaben des Neuen Testaments und setzt – wie wir es bislang getan haben – über das α einen Zirkumflex, dann liegt dem Akkusativ Ἰουνιᾶν der Männername *Junias* zugrunde. Verlegt man hingegen den Akzent in Form eines Akuts auf das ι (Ἰουνίαν), dann lautet der zugrunde liegende Nominativ *Junia*, und das ist ein in der Antike gar nicht so seltener Frauenname.

Die Frage nach dem Original

Man mag einwenden: Das alles seien doch eher akademische Spitzfindigkeiten, und im Übrigen genüge doch ein Blick ins Original! Aber genau hier liegt das Problem: Denn weder vom Römerbrief noch von einer einzigen anderen der insgesamt 27 neutestamentlichen Schriften ist uns das Original, die Urschrift (griech. αὐτόγραφος) erhalten geblieben, im Fall des Römerbriefs also jenes Exemplar, das Paulus an die Gemeinden in Rom verschickte. Erhalten sind lediglich Abschriften, viel mehr übrigens als von jedem anderen Literaturwerk der Welt (ca. 5400 Handschriften sind heute bekannt).

Von den ersten Abschriften zum Codex

Schon früh dürften die christlichen Gemeinden damit begonnen haben, untereinander Abschriften der Paulusbriefe auszutauschen. So zitiert der gegen 96 n. Chr. in Rom verfasste 1. Clemensbrief nicht nur aus dem rund 35 Jahre früher an die römischen Gemeinden gerichteten Paulusbrief, sondern auch dessen erster Korintherbrief sowie den Hebräerbrief, was auf eine Sammlung von Paulusbriefen in Rom bereits gegen Ende des 1. Jh. n. Chr. schließen lässt. Spätestens ab Mitte des 2. Jh. n. Chr. multipliziert sich die Zahl der neutestamentlichen Handschriften um ein Vielfaches, weil man nun im Gottesdienst nicht mehr nur das Alte Testament vorliest, sondern auch auf die eigene Überlieferung (Evangelien, Briefe) zurückgreift. Wo immer nun eine neue christliche Gemeinde entsteht, führt das zugleich zur Entstehung neuer neutestamentlicher Handschriften. Dabei schrieb man den Text, wenn ihn der Gemeindegründer nicht schon mitbrachte, von dessen Exemplar oder dem nächst erreichbaren ab.

Einen neuen und mächtigen Schub erhielt die Produktion neutestamentlicher Handschriften durch die diokletianische Verfolgung und die darauf folgende konstantinische Wende. Durch die systematische Zerstörung der Kirchengebäude und die öffentliche Verbrennung der Handschriften entstand ein großer Mangel an neutestamentlichen Handschriften, der sich durch die konstantinische Wende und die dadurch gewonnene Freiheit zur Mission noch vergrößerte. Damit brach die Zeit der *Skriptorien* (Sg. *Skriptorium*) an, d. h. großer Schreibzentralen, welche die Produktion neutestamentlicher Handschriften in größerem Umfang ermöglichten. In diese Epoche fällt auch die Abfassung der großen Pergamenthandschriften wie z. B. des *Codex Sinaiticus*, des *Codex Alexandrinus* oder des *Codex Vaticanus* (dazu später mehr).

Die „Unfälle" unterwegs

Angesichts dessen lässt es sich leicht denken, dass das unzählige Male wiederholte Kopieren neutestamentlicher Schriften durch Abschreiber (Kopiergeräte gibt es erst im 20. Jh., und auch bis zur Erfindung des Buchdrucks dauert es noch eine ganze Weile) zu zahlreichen Veränderungen am ursprünglichen Text führt. Um auf unser eingangs gewähltes Beispiel zurückzukommen: Im Fall von Röm 16,7 gibt es Handschriften, die die Lesart Ἰουνιᾶν bezeugen (dann wäre die betreffende Person ein Mann); es gibt andere, die Ἰουνίαν lesen (dann wäre die eingangs gestellte Frage positiv zu beantworten); und es gibt zu allem Überfluss auch noch eine Reihe von Textzeugen sehr hohen Alters, die überhaupt keine Akzente setzen, weil sie durchweg in Großbuchstaben geschrieben sind (die sog. *Majuskeln*), also ΙΟΥΝΙΑΝ überliefern.

Unterschiedliche Lesarten und ihre Gründe …

Das Vorhandensein solcher *Textvarianten*, d. h. von einer oder mehreren Handschriften bezeugten unterschiedlichen *Lesarten* in der Überlieferung des neutestamentlichen Textes geht im Wesentlichen auf zwei Arten von Fehlern zurück. Je nachdem, ob eine schriftliche Vorlage abgeschrieben oder die neue Kopie auf Diktat hin entstand (was effektiver war, weil auf diese Weise eine höhere Anzahl von Abschriften hergestellt werden konnte), kommt es zu *unabsichtlichen Lese- und Hörfehlern*. Weil im Griechischen bestimmte Vokale und Diphthonge (ι, υ, η, ει, οι) als ι ausgesprochen wurden, unterliefen vorwiegend ungebildeten Schreibern leicht Verwechslungen (z. B. von ἡμεῖς und ὑμεῖς). Dieses Phänomen nennt man *Itazismus*. Die sehr häufig auftretenden Wortvertauschungen erklären sich am besten durch *Gedächtnisfehler*. Vielfach macht sich auch der *Einfluss von Parallelen* bzw. bei alttestamentlichen Zitaten der *Einfluss der Septuaginta* (= LXX), d. i. die griechische Übersetzung des Alten Testamentes, bemerkbar. Ein schönes Beispiel für Paralleleinfluss liefert die Eröffnung des Vaterunsers in seiner Version bei Lukas (vgl. Lk 11,2), wo die Mehrzahl der Handschriften das ur-

… Lese- und Hörfehler

sprüngliche πάτερ unter Einfluss der möglicherweise liturgisch gebräuchlicheren matthäischen Fassung (vgl. Mt 6,9) in πάτερ ἡμῶν ὁ ἐν τοῖς οὐρανοῖς umändert. *Homoioteleuton* („gleiches Ende") und *Dittographie* („Doppeltschreibung") gehen auf ungenaues Lesen oder undeutliche Vorlagen zurück. Näherhin bezeichnet Homoioteleuton eine Auslassung, die durch die Wiederholung des gleichen Wortes oder Ausdrucks in kurzem Abstand veranlasst wird. Anschauungsunterricht vermittelt Lk 10,31f.: Beide Verse enden nahezu identisch („und [ihn] sehend ging er vorüber"), wodurch das Auge des Schreibers leicht vom Ende des V. 31 zum Ende des V. 32 abirren konnte. Das ist offensichtlich im *Codex Sinaiticus* geschehen, wo Lk 10,32 fehlt. Eine Dittographie liegt vermutlich im *Codex Vaticanus* zu Apg 19,34 vor. Dort ertönt der Schrei der Volksmenge „Groß ist die Artemis von Ephesus!" wohl aus Versehen zweimal.

… Absichtliche Korrekturen

Davon zu unterscheiden sind die *absichtlich vorgenommenen Korrekturen*, wie sie vor allem im 2. und 3. Jh. n. Chr., aber auch noch später als Folge bestimmter dogmatischer Entwicklungen und dadurch ausgelöster theologischer Streitigkeiten auftreten. So dürfte die zunehmende Reflexion über die Gottheit Jesu Christi u. a. dazu geführt haben, dass einige wenige Handschriften in Mk 13,32 die Worte οὐδε ὁ υἱός streichen, denen zufolge auch der Sohn weder den Tag noch die Stunde seiner Wiederkunft kennt. Das Theologumenon von der jungfräulichen Empfängnis sahen wohl die Schreiber berührt, die in Lk 2,27.41.43 durchgängig die Bezeichnung Josefs und Marias als „Eltern Jesu" und in Lk 2,33.48 die Bezeichnung Josefs als „Vater" Jesu beseitigten. Das so genannte *Comma Johanneum* (wörtl. „johanneisches Satzstück") in 1 Joh 5,7f. ist ein Musterbeispiel dafür, wie Fragen um die ursprüngliche Textgestalt und damit verbundene theologische Vorentscheidungen katholischerseits sogar lehramtliche Äußerungen durch die damals (1897) noch so genannte Kongregation für die Inquisition (heute: Glaubenskongregation) provozieren konnten (dazu der Lesetipp).

H.-J. KLAUCK, Der erste Johannesbrief (EKK XXIII/1), Zürich/Neukirchen-Vluyn 1991, 303–311.

Texttypen und Kirchenprovinzen

Eine Folge der absichtlich vorgenommenen Korrekturen, die in engem Zusammenhang mit dem durch die diokletianische Verfolgung und konstantinische Wende hervorgerufenen Bedarf nach neutestamentlichen Handschriften steht, ist die Ausbildung provinzeinheitlicher *Texttypen*. Diese resultieren aus dem Bemühen, in der jeweils eigenen Kirchenprovinz einen einheitlichen Text zur Verfügung zu haben, der dann in den Skriptorien für die Vervielfältigung zugrunde gelegt werden konnte. Auf diese Weise entstand in Ägypten der *alexandrinische* (auch: *neutrale*) Text, den z. B. die oben schon genannten großen Pergamenthandschriften (Sinaiticus, Vaticanus) repräsentieren, in Antiochia der wegen seiner allgemeinen (= κοινή) Verbreitung so genannte *Koinetext* (auch: byzantinischer Reichstext), der sich relativ rasch in der byzantinischen Kirche durchsetzte und deshalb auch von der überwältigenden Mehrheit der Handschriften bezeugt wird. Daneben rechnet die Textkritik noch mit einem *westlichen* oder (heute nach seinem Hauptvertreter benannten) *D-Text*, der ebenfalls irgendwo im Osten des Reiches entstanden sein muss.

Wenden wir uns nach diesem Ausflug in die mit Fehlern behaftete neutestamentliche Textgeschichte jetzt aber wieder unserem Ausgangsproblem zu: Welche der drei genannten Lesarten zu Röm 16,7 ist denn nun die richtige (denn nur eine kann im Brief des Paulus an die Römer gestanden haben)? Fragen dieser oder ähnlicher Art fallen in den Kompetenzbereich der *Textkritik*.

Die Aufgabe der Textkritik

Die Textkritik hat die Aufgabe, auf der Grundlage aller vorhandenen Textzeugen den ursprünglichen Wortlaut des Neuen Testaments wiederherzustellen. Das geschieht in drei Schritten:

- Sammlung und Sicherung der vorhandenen Handschriften
- Kritische Sichtung und Bewertung der Handschriften
- Feststellung der ursprünglichen Lesart auf der Grundlage objektiver Kriterien

Fachleute der Textkritik

Angesichts der hohen Zahl der heute bekannten neutestamentlichen Handschriften und des für die Bewertung der einzelnen Manuskripte notwendigen Spezialwissens können die beiden ersten Arbeitsschritte von Einzelnen jedoch nicht mehr geleistet werden. Glücklicherweise existiert mit dem „Institut für neutestamentliche Textforschung" in Münster/Westfalen eine Institution,[1] die es sich zur Aufgabe gemacht hat, sämtliche verfügbaren Handschriften des Neuen Testaments zu sammeln, sie auf Mikrofilm oder Foto festzuhalten und sie auf diese Weise den Spezialisten zu eingehender Prüfung und Bewertung zur Verfügung zu stellen.

Textausgaben

Die Resultate dieser Arbeit fließen u. a. in das *Novum Testamentum Graece*, eine früher von Eberhard und Erwin Nestle und seit der 26. Auflage von Kurt Aland verantwortete kritische Textausgabe des Neuen Testaments (deshalb auch: Nestle-Aland) ein, die einen auf der Basis aller verfügbaren Handschriften rekonstruierten grie-

1 Das Institut wurde 1959 von seinem langjährigen Leiter, dem inzwischen verstorbenen protestantischen Neutestamentler und Kirchenhistoriker Kurt Aland gegründet.

chischen *Text* des Neuen Testaments bietet und in einem unter den Text gesetzten *Apparat* die wichtigsten Informationen über das Zustandekommen des Textes hinzufügt, d. h. mögliche Alternativlesarten und die Zeugen, die für den Text eintreten, verzeichnet. Diese Textausgabe stellt – im Verein mit ihrem angelsächsischen Pendant, dem *Greek New Testament* (GNT) – die Grundlage aller gängigen Übersetzungen des Neuen Testaments, seien es nun die Einheitsübersetzung, die revidierte Lutherübersetzung oder auch das Münchener Neue Testament, dar.

Wozu Textkritik lernen?

Wozu aber dann noch Textkritik? Bei allen Vorzügen, welche die aktuelle 27. Auflage des Nestle-Aland auszeichnen, muss man sich doch vor Augen halten, dass auch der von Nestle-Aland in der 27. Auflage (NA^{27}) vorgelegte griechische Text des Neuen Testaments nicht der Urtext selbst, sondern lediglich eine hypothetische Rekonstruktion desselben darstellt. Zwar ist die Wahrscheinlichkeit groß, dass wir mit dem vorgelegten griechischen Text schon relativ nahe an die Originale herankommen, doch kann man im Einzelfall durchaus zu anderen Entscheidungen gelangen. Das stellt nicht zuletzt unser „Dauerbrenner“ Röm 16,7 unter Beweis: Warum NA^{27} die Lesart Ἰουνιᾶν in den Text aufgenommen haben und zu allem Überfluss es auch noch versäumen, im Apparat auch nur einen einzigen Zeugen für diese Textvariante anzugeben, ist kaum einzusehen. Das Mindeste wäre es in diesem Fall gewesen, auf jegliche Art von Akzentsetzung zu verzichten (so die Lesart der ältesten Zeugen) und die Entscheidung darüber, ob der Name einen Mann oder eine Frau bezeichnet, der weiteren Interpretation zu überlassen. Deshalb: Für jeden, der sich ernsthaft mit der Auslegung neutestamentlicher Texte beschäftigt, bleibt die Kenntnis der Textkritik oder zumindest die Fähigkeit, textkritische Methoden und Entscheidungen nachvollziehen zu können, unabdingbar.

2 Vorstellung der Methode

2.1 Arbeitsgrundlage: Das Novum Testamentum Graece

Kollation von Handschriften und die Konstituierung eines hypothetischen Textes

Wenn NA^{27} (und nicht minder das GNT^{4}) sich deshalb im Einzelfall Kritik gefallen lassen müssen, so ändert das dennoch nichts daran, dass mit dem *Novum Testamentum Graece* ein vorzügliches Handwerkszeug für die textkritische Arbeit am Neuen Testament vorliegt. Grundsätzlich beruht jede textkritische Ausgabe, sei sie nun für das Neue Testament, sei sie für eine andere antike Schrift erstellt, auf einer *Kollation* (von lat. *collatio* = Vergleichung) der vorhandenen Handschriften. D. h., man legt die Handschriften nebeneinander und geht sie Zeile für Zeile durch. Solange der Text in allen Handschriften übereinstimmt, fällt die Konstituierung des Textes relativ leicht. Ernsthafte Probleme ergeben sich hingegen, wenn die Handschriften voneinander abweichen, d. h. verschiedene *Lesarten* oder *Varianten* vorliegen. Dann muss entschieden werden, welche Lesart die ursprüngliche und welche als sekundär einzustufen ist. Diejenige Lesart, die für ursprünglich angesehen wird, findet Aufnahme in den *Text*, während Alternativlesarten in den *Apparat* verwiesen werden. Im Fall von Mk 2,1–3,6, also dem Textstück, das im weiteren Verlauf unseres Durchgangs durch die neutestamentlichen Methoden stets das Anschauungs- und Übungsmaterial liefert, sieht das Resultat der Handschriftenkollation so aus:[2]

2,1 Und hineinkommend wieder nach Kafarnaum nach Tagen, wurde gehört, dass er ⸂im Haus⸃ ist. **2** Und ⸆ zusammenkamen viele, sodass es nicht mehr Raum gab, auch nicht an der Tür, und er redete zu ihnen das Wort. **3** Und ⸂sie kommen, bringend zu ihm einen Gelähmten, getragen von Vieren⸃. **4** Und da sie (ihn) nicht ⸀hinbringen konnten zu ihm wegen der Volksmenge, abdeckten sie das Dach, wo er war ⸆, und (es) aufgrabend, hinablassen sie die Bahre, ⸁wo der Gelähmte daniederlag. **5** ⸂Und sehend⸃ Jesus ihren Glauben, sagt er dem Gelähmten: Kind, ⸀erlassen werden deine Sünden. **6** (Es) waren aber einige der Schriftkundigen dort sitzend und überlegend in ihren Herzen: **7** ⸀Was dieser so redet⸁? Er lästert; wer kann erlassen Sünden, wenn nicht einer, Gott? **8** Und sofort erkennend Jesus mit seinem Geist, dass sie °so ⸆ überlegen bei sich, sagt er °¹ihnen: Was überlegt ihr dieses in euren Herzen? **9** Was ist müheloser, zu sprechen zu dem Gelähmten: ⸀Erlassen werden deine Sünden, oder zu sprechen: ⸁Steh auf ⸂und trag deine Bahre⸃ und ⸀¹geh umher? **10** Damit ihr aber wisst, dass Vollmacht hat der Sohn des Menschen, ⸂zu erlassen Sünden auf der Erde⸃, sagt er dem Gelähmten: **11** Dir sage ich, steh auf, trag deine Bahre und geh fort in dein Haus. **12** Und er stand auf, und sofort, tragend die Bahre, hinausging er ⸀vor allen, sodass alle sich entsetzten und Gott verherrlichten, °sagend: ⸉So (etwas) sahen wir niemals⸊.

2 Um auch denen, die des Griechischen nicht (mehr) mächtig sind, einen Eindruck vom Charakter einer textkritischen Ausgabe des Neuen Testaments zu vermitteln und auf diese Weise einen Zugang zu den Prinzipien textkritischer Arbeit zu ermöglichen, werden Text und Apparat des *Novum Testamentum Graece* in möglichst wörtlicher deutscher Übersetzung geboten. Die Idee geht auf W. KIRCHSCHLÄGER, Einführung in das Neue Testament, Stuttgart [2]1995, 137, zurück. Wir übernehmen an dieser Stelle den Text des Münchener Neuen Testaments, da er in Wiedergabe und Satzstruktur dem griechischen Original am nächsten kommt.

2,1 ⸂in (das) Haus A C 0130 *f*$^{1.13}$ 𝔐 ¦ *txt* 𝔓^{88} ℵ B D L W Θ 33. 892. 2427 *pc* • **2** ⸆sogleich A C D 0130 *f*$^{1.13}$ 𝔐 it sy^{h} ¦ *txt* 𝔓^{88vid} ℵ B L W Θ 33. 579. 700. 892. 2427 *pc* lat sy^{p} co • **3** ⸂*1 3–5 2 6–8* 𝔓^{84vid} A C^{3} 𝔐 ¦ *1 3 4 2 5–8* C* D Θ *f*$^{1.13}$ (565). 579. 700. 1241. 2427 *al* a ff^{2} (q vg^{cl}) sy$^{(p).h}$ ¦ siehe, Männer kommen zu ihm, tragend auf der Bahre einen Gelähmten W ¦ *txt* 𝔓^{88} ℵ B (L) 33. 892. (*l* 2211) *pc* vg$^{st.ww}$ • **4** ⸀annähern A C D *f*$^{1.13}$ 𝔐 it? ¦ hinkommen W sa^{ms} it? ¦ *txt* ℵ B L Θ (33). 892. 2427 *pc* lat sy^{h} co | ⸆ der Jesus D Δ Θ 0130. 700. 1424 *pc* it vg^{mss} sy^{p} | ⸀ worauf 𝔓^{84vid} A C *f*^{1} 𝔐 ¦ wohin Θ *f*^{13} 33. 565 *pc* ¦ auf welche W ¦ *txt* ℵ B (D) L 892. 2427 a vg^{ms} • **5** ⸂ sehend aber A D W 0130 *f*^{1} 𝔐 lat sy sa^{mss} ¦ *txt* 𝔓^{88} ℵ B C L Θ *f*^{13} 28. 33. 565. 700. 892. 2427 *pc* e sa^{ms} bo | ⸀erlassen worden sind 𝔓^{88} ℵ A C D L W 0130 *f*$^{1.13}$ 𝔐 b f q sy ¦ erlassen werden mögen (Δ) Θ ¦ *txt* B 28. 33. 565. 1241. 2427. *l* 2211 *pc* lat • **7** ⸀dass B Θ | ⸀ *p)* Lästerungen A C W Θ (0130) *f*$^{1.13}$ 33 𝔐 c e f sy$^{(p)}$ ¦ *txt* 𝔓^{88} ℵ B D L 2427 lat • **8** ° B W Θ 2427 it sy^{p} sa^{ms} | ⸆ sie 𝔓^{84vid} A C *f*^{13} 33 𝔐 sy^{h} ¦ *txt* 𝔓^{88vid} ℵ B D L W Θ *f*^{1} 28. 565. 579. 700. 892. 2427. 2542 *al* | °1 B Θ ff^{2} • **9** ⸀erlassen worden sind A C (D) L W Θ 0130 *f*$^{1.13}$ 33 𝔐 b sy ¦ *txt* ℵ B 28. 565. 2427 lat | ⸀erhebe dich B L Θ 28. 2427 | ⸂ *1 2 5 3 4* Γ Δ 0130. 2542 *pm* ¦ *2–5* C (D) L *f*^{1} (33). 579. 700^{c}. 1424 (*l* 2211) *pc* f l q vg^{cl} ¦ *p)* – W *f*^{13} *pc* b c e ¦ *txt* 𝔓^{88} ℵ A B K Θ 28. 565. 892. 1241. 2427 *pm* lat; Epiph | ⸀1 geh 𝔓^{88} ℵ L Δ 892 bo? ¦ (11) geh in dein Haus D (33) a ff^{2} r^{1} ¦ *txt* A B C W Θ *f*$^{1.13}$ 2427 𝔐 lat sy sa; Epiph • **10** ⸂ *3–5 1 2* 𝔓^{88} ℵ C D L Δ 0130. 33. 579. 700. 892. 1241. 1424. 2542 *l* 2211 *pm* lat sy^{p} sa^{ms} bo ¦ *1 3–5 2* A K Γ *f*$^{1.13}$ 28. 565 *pm* sy^{h} ¦ *1 2* W *pc* b q ¦ *txt* B Θ 2427 *pc* • **12** ⸀ gegenüber A C D 0103^{vid} *f*$^{1.13}$ 𝔐 ¦ vor den Augen Θ 28. 33. 1241. 1424 *pc* ¦ *txt* 𝔓^{88} ℵ B L (⸉ W) 579. 700. 892. 2427 *pc* |° B W 2427 b | ⸉ A C Θ 0130 *f*$^{1.13}$ 33 𝔐 lat sy ¦ *txt* 𝔓^{88} ℵ B D L W 892. 2427. *l* 2211 *pc*

So genannte *textkritische Zeichen* (nach dem System von NA^{27}: ⸂ ⸃; ⸆; ⸀; usw.) zeigen an, dass es zu der in den Text aufgenommenen Lesart Varianten gibt. Letztere sind im Apparat unter dem jeweiligen Vers und dem entsprechenden textkritischen Zeichen vermerkt, gefolgt von der Reihe der Textzeugen (in Form der für sie üblichen Sigel), die für die Alternativlesart eintreten.

Textvarianten und Apparat

> **2,1** Und hineinkommend wieder nach Kafarnaum nach Tagen, wurde gehört, dass er ⸂im Haus⸃ ist.
>
> **2,1** ⸂in (das) Haus A C 0130 *f*$^{1.13}$ 𝔐 ¦ txt 𝔓^{88} ℵ B D L W Θ 33. 892. 2427 *pc*

Anhand von Mk 2,1 (s. Kasten) lässt sich das Gesagte wie folgt konkretisieren: Die textkritischen Zeichen ⸂ ⸃ signalisieren, dass zu „im Haus“ noch eine andere Lesart vorliegt; sie findet sich im Apparat des Verses (**2,1**) nach dem korrespondierenden textkritischen Zeichen („⸂in [das] Haus“). Unmittelbar darauf werden die Zeugen genannt, die für die Variante „in (das) Haus“ eintreten (die Handschriften A C 0130 *f*$^{1.13}$ 𝔐). Nach dem ¦ eröffnet *txt* die Liste derjenigen Handschriften, welche die in den Text aufgenommene Lesart bezeugen. D. h. in unserem Beispiel: „im Haus“ wird durch den Papyrus 𝔓^{88}, die Majuskeln ℵ B D L W Θ und die Minuskeln 33. 892. 2427 *pc* (= *pauci*: wenige [Handschriften]) gestützt.

Das richtige „Lesen“ und Verstehen einer kritischen Textausgabe des Neuen Testaments wie des NA[27] setzt demnach wenigstens zweierlei voraus: Man muss um die Bedeutung der textkritischen Zeichen wissen und braucht eine gewisse Kenntnis der im Apparat für die einzelnen Textzeugen verwendeten Siglen.

2.1.1 Die textkritischen Zeichen

- ° Das im Text nachfolgende *Wort* wird in den angegebenen Handschriften *ausgelassen*. Folglich fehlt Mk 2,12 „sagend“ in den Handschriften B W 2427 b. Kommt es in einem Vers mehrfach zur Auslassung einzelner Wörter, wird das Auslassungszeichen durchnummeriert (°, °1, °2).
- ⸋ ⸌ Die im Text auf solche Weise eingeschlossenen *Wörter, Satzteile* oder *Sätze* werden in den angeführten Handschriften *ausgelassen*. Das trifft in unserem Beispieltext für Mk 2,19 zu, wo die Handschriften D W 28. 1424 usw. „der Jesus“ nicht bezeugen. Eine größere Auslassung desselben Typs findet sich im Schlussteil des Verses. Wieder sind es die Zeugen D W und einige andere, die „Solange Zeit sie den Bräutigam bei sich haben, können sie nicht fasten“ auslassen. Um die zweite von der ersten Auslassung im Apparat auseinander halten zu können, wird auch hier durchnummeriert (⸋1 ⸌).
- ⸀ Das im Text nachfolgende *Wort* wird in den angegebenen Handschriften durch ein anderes oder mehrere andere *ersetzt*. Solches ist der Fall in Mk 2,4: Anstelle von „hinbringen“ lesen die Handschriften A C D usw. „annähern“, die Handschrift W „hinkommen“.
- ⸆ An der durch dieses Zeichen markierten Stelle werden von den im Apparat genannten Handschriften *ein Wort oder mehrere Wörter*, manchmal auch ganze Verse *eingefügt*. So fügen A C D 0130 und eine Reihe von anderen Textzeugen in Mk 2,2 nach „und“ zusätzlich ein „sogleich“ ein. In Mk 2,4 präzisieren die Majuskeln D Δ Θ und beispielsweise auch die lateinischen Übersetzungen it vg[mss] das unbestimmte Subjekt „er war“, indem sie hinter ἦν (bzw. *erat*) ὁ Ἰησοῦς/*der Jesus* einsetzen, sodass man statt „wo er war“ im Deutschen dann „wo Jesus war“ übersetzen müsste.
- ⸉ ⸊ Mit diesen Zeichen umschlossene *Wörter* werden in den angegebenen Handschriften *umgestellt*. Falls nötig, wird die Reihenfolge der umgestellten Wörter im Apparat durch kursive Ziffern angegeben, die jeweils der Stelle des Wortes im gedruckten Text entsprechen. Anschauungsunterricht erteilt in diesem Fall Mk 1,45: Nach der Mehrheit der Handschriften konnte Jesus „nicht

mehr ˢöffentlich in (die) Stadt hineingehen²"; eine andere Abfolge der Wörter („*1 4 2 3*") findet sich nach Ausweis des Apparats hingegen in der Handschrift D, die das vierte Wort des gedruckten Textes („hineingehen") schon an zweiter Stelle bringt. Würde man dieser singulären Lesart folgen, müsste die Übersetzung lauten: er konnte nicht mehr „öffentlich hineingehen in (die) Stadt".

- ⸂ ⸃ Wie früher bereits anhand von Mk 2,1 demonstriert, werden die auf diese Weise im Text umschlossenen *Wörter* von den angegebenen Handschriften durch anderen Text *ersetzt*. Gegebenenfalls werden damit aber auch die o. g. Umstellungen erfasst. Das geht z. B. aus Mk 2,3 hervor, wo der Apparat für „sie kommen, bringend zu ihm einen Gelähmten, getragen von Vieren" nicht nur die Alternativlesart der Handschrift W („siehe, Männer kommen zu ihm, tragend auf der Bahre einen Gelähmten"), sondern auch Wortumstellungen durch die Handschriften $\mathfrak{P}^{84vid}$ A C^3 𝔐 (*1 3–5 2 6–8*) bzw. C* D Θ $f^{1.13}$ usw. (*1 3 4 2 5–8*) ausweist.

Stehen bei den angegebenen textkritischen Zeichen Punkte (wie z. B. Mk 2,4: ⸀·, möglich auch: ⸆· bzw.: ⸂·) oder Exponenten (°1 °2), so werden auf diese Weise mehrere Varianten der gleichen Art im selben Apparatabschnitt unterschieden. Ein fett gedruckter Punkt (•) trennt die einzelnen Apparatabschnitte voneinander, die im Allgemeinen nicht mehr als einen Vers umfassen. Doch können, wie z. B. in Mk 2,15f., auch mehrere Verse einen Abschnitt bilden. Innerhalb eines Apparatabschnitts trennt | Varianten zu *verschiedenen* Stellen des Textes (geht also stets einem neuen textkritischen Zeichen voraus), während ¦ verschiedene Varianten zur selben Stelle trennt (weshalb auf das ¦ entweder eine weitere alternative Lesart oder *txt* folgt).

2.1.2 Die handschriftliche Bezeugung

Die Angabe der Handschriften, die für den Text bzw. für die im Apparat vermerkte Variante eintreten, folgt stets dem gleichen Muster: Zuerst werden die *griechischen Zeugen* genannt, dann die *Versionen*, das sind die alten Übersetzungen aus dem Griechischen ins Lateinische, Syrische, Koptische, Äthiopische usw., schließlich die *Kirchenväterzitate*, soweit solche zu einer bestimmten Stelle überhaupt vorliegen. Ein einigermaßen vollständiges Bild liefert in unserem Textstück Mk 2,9: Eine ganze Reihe von Handschriften nimmt an der Aufforderung Jesu „und trag deine Bahre" Wortumstellungen vor; für den Text weist der Apparat folgende Zeugenliste aus:

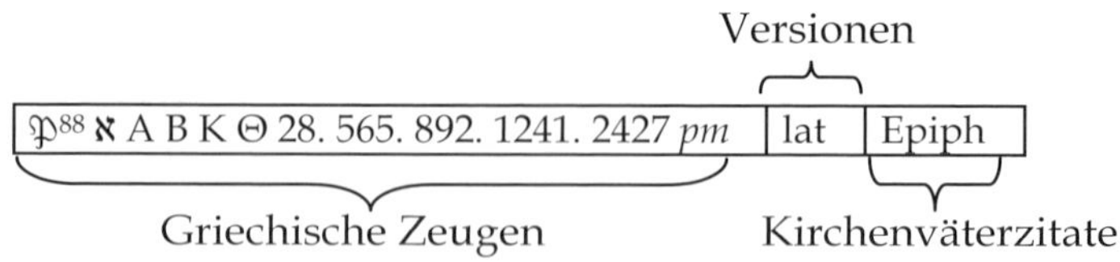

Nicht nur optisch, sondern auch faktisch dominieren die griechischen Zeugen; zu den Versionen und Zitaten der Kirchenväter deshalb im Folgenden nur so viel:

Kirchenväterzitate

Kirchenväterzitate haben vor allem für die Textgeschichte eine Bedeutung, insofern sie Rückschlüsse auf die Zeit und den Raum erlauben, in denen die zitierte Textform im Gebrauch war. Auf diese Weise lässt sich beispielsweise das Eindringen des *Comma Johanneum*, von dem oben schon einmal die Rede war, in den Text des 1. Johannesbriefes spätestens im 4. Jh. n. Chr. wahrscheinlich machen. Eine Liste mit den Abkürzungen der verzeichneten Kirchenväter - in Mk 2,9 handelt es sich um *Epiphanius* (gest. 403) - findet sich bei NA^{27} auf den Seiten 33*–35*. Von den *Versionen* verdienen besonders die lateinischen, syrischen und koptischen Übersetzungen Beachtung. Das Sigel it (= Itala) steht für die altlateinischen Übersetzungen, die schon im 2. Jh. n. Chr. einsetzen, vg (= Vulgata) für die im 4./5. Jh. durchgeführte und mit dem Namen des Hieronymus verbundene Revision der lateinischen Übersetzung nach dem griechischen Text; lat(t) fasst die gesamte lateinische Überlieferung zusammen, lat repräsentiert Lesarten, die von der Vulgata und einem Teil der altlateinischen Überlieferung bezeugt werden. Diverse Exponenten unterscheiden bei den Lateinern ebenso wie bei den Syrern (sy^{h}; sy^{p}) verschiedene Ausgaben oder bezeichnen einzelne abweichende Handschriften ($vg^{ms,\ mss}$). Schließlich existieren für die koptischen Versionen aufgrund der Vielfalt der Dialekte neben dem Sammelsigel co, das alle zur Stelle vorhandenen koptischen Versionen in sich vereinigt, verschiedene Einzelsigel: bo (= bohairisch), sa (= sahidisch).

Unser Hauptaugenmerk gilt im Folgenden aber den griechischen Textzeugen, deren Notation ebenfalls einem festen Schema gehorcht: Den Anfang machen stets die *Papyri*, an zweiter Stelle folgen die *Majuskeln* (Handschriften in Großschreibweise), an dritter Stelle die *Minuskeln* (Kleinschreibung) und den Schluss bilden die *Lektionare*. Anhand einer Variante zu Mk 2,10 - die nachfolgend angeführten Handschriften ändern die Wortfolge „zu erlassen Sünden auf der Erde“ in „auf der Erde zu erlassen Sünden“ um - lässt sich der Sachverhalt graphisch wie folgt darstellen:

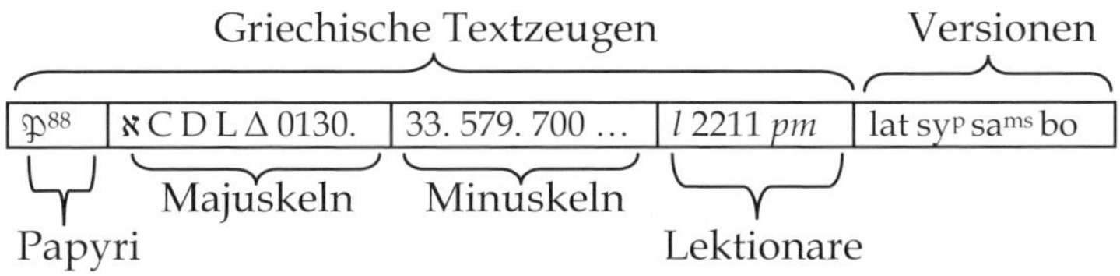

Diese Untergliederung ist insofern wenig konsequent, als sie einmal nach dem Beschreibstoff (Papyrus), dann nach der Schreibweise (Majuskeln [= Großbuchstaben], Minuskeln [= Kleinbuchstaben]) und endlich nach dem Inhalt (Lektionare) vorgenommen wird.[3] Doch handelt es sich auch bei den Papyri um Handschriften in Großbuchstabenschreibweise, sind Majuskeln, Minuskeln und Lektionare praktisch ausnahmslos auf Pergament geschrieben und praktizierten die Lektionare ebenso wie die Minuskeln die Kleinschreibung.

Papyri

Papyrushandschriften sind wegen ihres hohen Alters und ihrer guten Textqualität für die neutestamentliche Textkritik von großer Bedeutung. Im Apparat erscheinen sie in Form eines stilisierten P (𝔓); die hochgestellten Ziffern ermöglichen ihre präzise Erfassung. Insgesamt sind bislang 99 neutestamentliche Papyri bekannt. Vielfach handelt es sich dabei allerdings lediglich um Fragmente geringen Umfangs, weshalb man bei der Konstituierung des neutestamentlichen Textes schon allein aus diesem Grund auf die im Allgemeinen zwar späteren, dafür aber vollständiger erhaltenen Majuskeln und Minuskeln zwingend angewiesen bleibt.

Papyri: 𝔓 + hochgestellte Ziffer

So ließe sich unser Textstück Mk 2,1–3,6 allein auf der Basis der Papyri nicht konstituieren. Nur zwei Papyri kommen als Textzeugen überhaupt in Frage. Von diesen bezeugt der ins 6. Jh. n. Chr. zu datierende 𝔓^{84} (neben Passagen aus dem 6. Kapitel des Markusevangeliums und einigen Versen aus Joh) lediglich Mk 2,2–5.8f., der noch um zwei Jahrhunderte früher anzusetzende 𝔓^{88} immerhin Mk 2,1–26 – womit der gesamte Umfang des Papyrus im Übrigen schon genannt wäre.

Die wahrscheinlich älteste Handschrift des Neuen Testaments ist ein Papyrusfragment, das Joh 18,31–33.37f. auf Vorder- und Rückseite enthält (𝔓^{52}; um 125 n. Chr.). Aufgrund ihres hohen Alters und verhältnismäßig großen Umfangs besonders wichtig sind die *Chester-*

3 Das nach „*l* 2211" gebotene Kürzel *pm* steht für *permulti* (= sehr viele Handschriften bei einer gespaltenen Mehrheitstextbezeugung). – Allgemein sind Kürzel wie *pm*, *pc* (s. o.) etc. Pauschalangaben, die einen Eindruck von der Verbreitung geben sollen.

Beatty-Papyri ($\mathfrak{P}^{45}$, $\mathfrak{P}^{46}$, $\mathfrak{P}^{47}$) und die *Bodmer-Papyri* ($\mathfrak{P}^{66}$, $\mathfrak{P}^{72}$, $\mathfrak{P}^{73}$, $\mathfrak{P}^{74}$, $\mathfrak{P}^{75}$), deren früheste Exemplare ($\mathfrak{P}^{46}$, $\mathfrak{P}^{66}$) gegen 200 n. Chr. datiert werden.

Majuskeln

Majuskeln: 0+Ziffer oder Großbuchstabe

Komplexer als die Notation der Papyri fällt die Verzeichnung der Majuskelhandschriften im Apparat aus. Seit Gregory (1908) werden diese mit einer vorangestellten Null durchgezählt (in unserem Beispiel: 0130), daneben hat sich aber das bereits von Wettstein (1751/52) grundgelegte alphabetische System (mit der zusätzlichen Differenzierung in hebräische [א], lateinische [C D L] und griechische [Δ] Lettern) weiter gehalten. Nominell sind gegenwärtig 305 solcher Majuskeln bekannt, doch liegt die faktische Zahl um einiges niedriger (ca. 275), weil kontinuierlich bisher als selbst ständig betrachtete Handschriften als Teile anderer identifiziert werden. Die älteste Pergamenthandschrift (0189; ein Fragment mit Apg 5,3–21) stammt aus dem 2./3. Jh., weitere frühe Fragmente liegen für das 3./4. Jh. vor (0162, 0171, 0212, 0220). Kennen sollte man die großen Pergamenthandschriften aus dem 4./5. Jh., die für die Konstituierung des neutestamentlichen Textes bis weit ins 20. Jh. hinein eine dominierende Rolle spielten:

א (01): *Codex Sinaiticus*
Eine Volllbibel aus dem 4. Jh. (Teile des Alten Testamentes sind verloren), die 1844 von Tischendorf im Katharinenkloster auf dem Sinai (daher die Bezeichnung) entdeckt und 1859 dem russischen Zaren übereignet wurde. 1933 verkaufte die Sowjetregierung den Codex für £ 100.000 an England. Er befindet sich heute im British Museum.

A (02): *Codex Alexandrinus*
Ebenfalls eine Vollbibel, der im Neuen Testament vorne allerdings 26 Blätter fehlen (bis Mt 25,6), dann noch einmal zwei Blätter (Joh 6,50–8,52) und drei Blätter (2 Kor 4,14–12,6). Weil der Schreiber offensichtlich unterschiedliche Vorlagen benutzte, ist der Text von unterschiedlichem Wert (in den Evangelien niedrig, am höchsten in der Offb). Alexandrinus heißt der Codex, weil er seit dem 11. Jh. in der Bibliothek des Patriarchen von Alexandrien nachweisbar ist.

B (03): *Codex Vaticanus*
Die um 350 n. Chr. geschriebene und seit 1475 in der Bibliothek des Vatikans nachgewiesene Pergamenthandschrift enthält fast das gesamte Alte Testament und das Neue Testament bis Hebr 9,14a. B stellt die mit Abstand bedeutendste Majuskel dar und ist eng mit $\mathfrak{P}^{75}$ verwandt.

Papyrus

Das „Papier" der Antike ist der *Papyrus* (davon auch unser Wort Papier). Gewonnen wird er aus dem armdicken Stängel der gleichnamigen Pflanze, die im Altertum entlang des Nils und vor allem im Nildelta massenhaft wuchs. Über den Weg von der Pflanze zum Papier berichtet der römische Sachbuchautor Plinius (gest. 79 n. Chr.): „Man stellt daraus das Schreibblatt (lat. *charta;* griech. χάρτης, vgl. 2 Joh 12, unsere „Karte") her, in dem man die Pflanze mit einer Nadel in sehr dünne, aber möglichst breite Häute trennt ... (Dann wird der Papyrus) auf einer mit Nilwasser befeuchteten Tafel bereitet: die trübe Flüssigkeit hat die Wirkung eines Leimes. Zuerst klebt man die Streifen auf der Rückseite in der ganzen Länge des Papyrus, soweit möglich, in gerader Richtung auf die Tafel, nachdem man auf beiden Seiten die überstehenden Enden entfernt hat, und vollendet dann durch quer gelegte Streifen die Schichtfolge. Nun kommt alles unter die Presse, und man trocknet die Bogen an der Sonne ..." (Naturgeschichte XIII 74.77). Nach der Glättung der einzelnen Blätter mit Bimsstein wurden in der Regel 20 der auf solche Weise entstandenen Bogen mit Hilfe eines Klebstoffes aus Mehl und Essig zu einer Rolle zusammengeklebt.

Beschrieben wurde normalerweise nur die Innenseite der Rollen (= *recto,* im Unterschied zum *verso,* d. i. die Außenseite), wo die Richtung der Papyrusfasern horizontal verlief und das Schreibrohr (griech. κάλαμος, vgl. 3 Joh 13) den geringeren Widerstand fand. Als Tinte (griech. τὸ μέλαν, das Schwarze, vgl. 2 Kor 3,3; 2 Joh 12) diente ein Gemisch aus Ruß und Gummi. Hatte man sich verschrieben, so ließ sich die Stelle mit einem Schwämmchen wieder löschen. Man begann links auf dem zweiten Blatt – das erste, das sog. πρωτόκολλον (wörtlich „das zuerst Geleimte"), blieb frei, weil es der Rolle als Schutzhülle diente – und schrieb in einzelnen, senkrechten Kolumnen. Wurde nicht die ganze Rolle benötigt, so schnitt man den Rest ab; war sie zu kurz, konnte noch ein Stück angeklebt werden. War die Rolle ganz beschrieben, wurde ein dünner Stab auf den rechten Rand des letzten Blattes geklebt und um diesen herum die Rolle zusammengewickelt.

C (04): *Codex Ephraemi Syri rescriptus*

Der Name dieser Vollbibel aus dem 5. Jh. verdankt sich dem Umstand, dass die Handschrift im 12. Jh. abgewaschen und mit 38 Traktaten Ephraems in griechischer Übersetzung neu beschrieben wurde. D. h., es handelt sich um einen Palimpsest, und zwar den berühmtesten des Neuen Testaments. Der Codex weist erhebliche Lücken auf und zeigt in den Evangelien auch viele Eigenheiten, weshalb der Textwert eher als mäßig einzustufen ist. Heutiger Aufbewahrungsort ist Paris.

D (05): *Codex Bezae Cantabrigiensis*
Diese griechisch-lateinische Bilingue, d. i. eine zweisprachige Ausgabe mit dem griechischen Text auf der linken Seite, ist nach ihrem früheren Besitzer, Theodor Beza, benannt, der die Handschrift 1581 der Universität Cambridge vermachte. Sie enthält den größten Teil der Evangelien, die Apostelgeschichte und ein Bruchstück des 3. Johannesbriefs, nimmt aber insbesondere bei Lukas und in der Apg viele Zufügungen, Streichungen und Neuformulierungen vor, sodass ihr Textwert begrenzt ist.

Beachte: Das Sigel D wird auch für den Codex Claromontanus verwendet (= 06), wie D (05) eine griechisch-lateinische Bilingue und früher ebenfalls im Besitz Bezas. Zur Unterscheidung werden dem Sigel manchmal Exponenten hinzugefügt: D^{ea} (= 05), D^{p} (= 06).

Minuskeln

Minuskeln: Ziffer

Minuskelhandschriften setzen im 9. Jh. mit Einführung der Minuskel als Buchschrift ein. Aus der Majuskel unter Anlehnung an die Kursivschreibweise entwickelt, verwendet sie reichlich Ligaturen (= Buchstabenverbindungen) und Abbreviaturen (= Abkürzungen), besonders in den Vor- und Endsilben, was das Lesen von Minuskelhandschriften zuweilen außerordentlich erschwert. Worttrennung, Satzzeichen und Akzente sind jetzt die Regel. Die Zählung der Minuskelhandschriften erfolgt in arabischen Ziffern (1, 2, 3 …), wobei auch zwei Gruppensigel Verwendung finden: f^{1} (= 1, 118, 131, 209, 1582 u. a.) für die Lake-Gruppe, f^{13} (= 13, 69, 124, 174, 230, 346, 543 u. v. m.) für die Ferrar-Gruppe. Die älteste Minuskelhandschrift ist die Evangelienminuskel 461 aus dem Jahr 835; für die Textkritik von hoher Bedeutung sind die Minuskeln 33, 1739 und 2427.

Lektionare

Lektionare: *l* + Ziffer

Eher gering ist dagegen das textkritische Gewicht der Lektionare einzuschätzen. Hierbei handelt es sich um Handschriften, die von vornherein für den gottesdienstlichen Gebrauch konzipiert sind und den neutestamentlichen Text in der Reihenfolge bieten, wie sie durch die Leseordnung der Kirche vorgegeben ist. Es gibt sowohl

Codices

Obwohl praktisch die gesamte Literatur der damaligen Zeit auf Rollen geschrieben wurde, wählten die Christen für ihre Schriften offensichtlich von Anfang an die Form des *Codex*. In seiner einfachsten Form bestand der Vorläufer unseres heutigen Buches aus mehreren Papyrusbögen, die in der Mitte gefaltet, ineinandergelegt und in der Falzlinie miteinander vernäht wurden. Die berühmtesten Exemplare dieser Form sind der um 200 n. Chr. zu datierende Chester Beatty Papyrus II (= $\mathfrak{P}^{46}$) und der ins 3. Jh. n. Chr. gehörige Papyrus Bodmer XIV-XV (= $\mathfrak{P}^{75}$). Bald begann man aber mit der Herstellung von Codices aus mehreren Einzellagen. D. h. man begnügte sich damit, nur mehr eine bestimmte Zahl von Bögen ineinander zu legen (durchgesetzt hat sich schließlich die 4-Blatt-Lage, die 16 Seiten umfasst und bis heute den Buchdruck bestimmt), sie jeweils für sich zu heften, aufeinander zu schichten und am Rücken des auf diese Weise entstehenden Buchblocks zu vernähen. Beschrieben wurde jedes Blatt, also *recto* und *verso*, was zwar mühsamer, aber billiger war, da man so Papier sparte. Die großen neutestamentlichen Codices sind allerdings nicht mehr auf Papyrus, sondern auf Pergament geschrieben.

H. BLANCK, Das Buch in der Antike (Beck's Archäologische Bibliothek), München 1992

Lektionare mit den Leseabschnitten für die Sonn- und Feiertage wie Lektionare für die Gottesdienste an anderen Wochentagen. Im Apparat werden Lektionare durch ein vorangestelltes *l* kenntlich gemacht (vgl. Mk 2,3.5.10: *l* 2211).

2.2 Kriterien: Die Regeln der Textkritik

Weiß man einmal um die Bedeutung der textkritischen Zeichen und versteht wenigstens einigermaßen die im Apparat verzeichneten Sigel der Handschriften zu lesen, fällt der Umgang mit einer kritischen Textausgabe des Neuen Testaments nicht mehr so schwer. Zu klären bleibt allerdings noch die Frage nach den Kriterien oder Regeln der Textkritik: Was spricht denn im Einzelfall dafür oder dagegen, diese Lesart für den ursprünglichen Text zu halten und jene nicht? Den Ausschlag geben die *äußere Bezeugung* (Regel 1–5) und so genannte *innere Kriterien* (Regel 6–10).

1. Regel: Die bestbezeugte Lesart ist ursprünglich

Diese Regel besagt: Nicht automatisch diejenige Lesart ist ursprünglich, für die die meisten Zeugen ausfindig gemacht werden können; entscheidendes Gewicht hat vielmehr die Qualität der Zeugen („Die Handschriften sind zu wägen, nicht zu zählen"). Im Allgemeinen wird man deshalb die Papyri und Majuskeln wegen ihres Alters höher bewerten als die jüngeren Minuskelhandschriften, doch kann auch eine junge Minuskelhandschrift eine alte Textform aufbewahrt haben (wenn die Vorlage, die der Schreiber benutzte, dementsprechend gut war). In diesem Zusammenhang stellt das von Aland entwickelte Kategoriensystem eine große Hilfe dar, das die Handschriften nach fünf Wertigkeitsstufen beurteilt (I = ganz besondere Qualität; V = ohne Bedeutung).[4]

2. Regel: Die Verwandtschaft der Handschriften untereinander ist zu beachten

Lässt sich eine Handschrift als unmittelbare Abschrift einer anderen erweisen, scheidet die jüngere Handschrift aus der Reihe der Zeugen aus. Beide haben dann sozusagen nur noch eine Stimme. Offenbar wird die Verwandtschaft von Handschriften in den gemeinsamen Fehlern. Im Fall der neutestamentlichen Handschriften sind die Verwandtschaftsverhältnisse aufgrund der Masse der Zeugen jedoch derart komplex, dass die in der Textkritik sonst übliche Erstellung eines Stammbaums (= *Stemma*) ausfallen muss. Wohl aber lassen sich noch Zeugengruppen erkennen wie z. B. die Minuskelfamilien f^1 und f^{13} (s. o.). Hierher gehört auch das Gruppensigel 𝔐 (= Mehrheitstext), hinter dem sich eine Unmenge an Majuskel- und Minuskelhandschriften verbirgt.[5] Vermag man die Zeugengruppen gegeneinander abzuwägen, fällt die Entscheidung zu einer fraglichen Stelle oftmals weniger schwer.

3. Regel: Die einzelnen Zeugengruppen sind gegeneinander abzuwägen

Zur Erinnerung: Drei Textformen haben sich bis zum 5. Jh. herausgebildet: der alexandrinische oder ägyptische Text, der im Gefolge

4 Näheres zum Kategoriensystem von Aland und eine Übersicht über die Gliederung der Texthandschriften nach Kategorien: Vgl. K. ALAND/B. ALAND, Der Text des Neuen Testaments. Einführung in die wissenschaftlichen Ausgaben sowie in Theorie und Praxis der modernen Textkritik, Stuttgart ²1989, 116f.167–171. 342–348.

5 𝔐 bezeichnet die Variante, die von der Mehrheit aller Handschriften bezeugt wird. Dazu gehören immer die Handschriften des byzantinischen Koinetextes, womit einer der o. g. drei Texttypen über das Sigel 𝔐 stets erfasst ist.

der konstantinischen Wende entstandene Koine-Text und der D-Text. Weiß man um die Zugehörigkeit der vorliegenden Zeugen zu einem der genannten Texttypen fällt die Entscheidung oft leichter. In der Regel verdienen die Vertreter des alexandrinischen Texttyps den Vorzug; das gilt erst recht dann, wenn einer der beiden übrigen Texttypen mit dem alexandrinischen korrespondiert und somit gegen den dritten Texttyp steht.

4. Regel: Paralleleinfluss und (bei alttestamentlichen Zitaten) Einwirkung des LXX-Textes müssen beachtet werden

Insbesondere bei den synoptischen Evangelien ist zu überprüfen, ob eine Alternativlesart nicht auf das Einwirken der entsprechenden Parallelstelle bei Matthäus, Markus oder Lukas zurückgeht. Solches ist z. B. in Mk 2,7 der Fall, wo eine Reihe von Zeugen (A C W Θ $f^{1.13}$ usw.) offensichtlich unter Einfluss von Lk 5,21 („Wer ist dieser, der *Lästerungen* redet?") das Selbstgespräch der Schriftgelehrten mit der Frage „Was dieser so redet *Lästerungen*?" eröffnet, während die übrigen Zeugen hier auf die „Lästerungen" verzichten. Ein weiteres Beispiel für Paralleleinfluss findet sich am Schluss der Zöllnerperikope Mk 2,17. Dort ist das Wort Jesu „Nicht kam ich, zu rufen Gerechte, sondern Sünder" in den Handschriften C f^{13} 33. 1006. 1506 𝔐 mit dem Zusatz „zur Umkehr" versehen (vgl. Lk 5,32!).

5. Regel: Zusammenhängende Lesarten sind zu berücksichtigen

Was damit gemeint ist, geht aus einem Blick auf Mk 2,5 und 2,9 hervor. Innerhalb des Vergebungszuspruchs Jesu, nach der Anrede des Gelähmten, bieten eine Reihe von Handschriften statt des Präsens ἀφίενται („[deine Sünden] werden erlassen") das Perfekt ἀφέωνται („[deine Sünden] sind erlassen worden"), eventuell aufgrund von Paralleleinfluss seitens Lk 5,20 (dasselbe passiert im Übrigen in Mt 9,2.5). Weil der Sündenvergebungszuspruch in Mk 2,9 noch einmal im Munde Jesu begegnet, „müssen" die betreffenden Handschriften nun nachziehen (jedenfalls tun das fast alle): Mit Ausnahme von $𝔓^{88}$ und א lesen A C (D) L W 0130 $f^{1.13}$ 33 𝔐 b sy auch in V. 9 ἀφέωνται.

6. Regel: Die schwierigere Lesart ist ursprünglich (lectio difficilior)

Diese Regel geht von folgender Überlegung aus: Eine ursprünglich schwierigere Lesart dürfte nachträglich eher vereinfacht als eine ursprünglich leichtere Lesart nachträglich in eine schwierigere verwandelt worden sein. Anschauungsunterricht bietet Mk 2,26: In den Handschriften D W *pc* it sy^{s} fehlt die Zeitangabe „zur Zeit des Hohenpriesters Abiatar", was zweifellos eine Erleichterung darstellt, da die geschilderte Begebenheit nicht unter dem Hohenpriester Abiatar, sondern unter seinem Vater Abimelech (vgl. 1 Sam 21,1–7) stattfand. Die genannte Lesart ist als die schwierigere also im Text zu belassen. Darüber hinaus macht sich in der Auslassung der Zeugen D W *pc* it sy^{s} Paralleleinfluss bemerkbar (vgl. Mt 12,4; Lk 6,4).

7. Regel: Die kürzere Lesart ist ursprünglich (lectio brevior)

Diese Regel folgt einer ähnlichen Logik wie die vorherige Regel: Es ist wahrscheinlicher, dass ein kürzerer Text nachträglich erweitert wurde, als dass man einen längeren Text nachträglich gekürzt hätte. Dementsprechend dürfte beispielsweise das Markusevangelium ursprünglich mit der Geschichte vom leeren Grab (Mk 16,1–8) geschlossen haben (so die Handschriften ℵ B 304), wohingegen der längere, so genannte kanonische Markusschluss (Mk 16,9–20) trotz einer beachtlichen Zeugenliste (A C D W Θ f^{13} 33. 2427 𝔐 lat usw.) sekundär sein dürfte.[6]

8. Regel: Die bevorzugte Lesart muss mit dem Kontext in Einklang stehen

Wenn eine Textvariante im Widerspruch zu der betreffenden Stelle oder zu dem ganzen Buch steht, in dem sie sich befindet, kann sie nicht den ursprünglichen Wortlaut bieten. Positiv formuliert verdient eine Lesart dann den Vorzug, wenn sie besser zum Kontext passt. Unter diesem Aspekt sollte man sich vielleicht noch einmal Röm 16,7 zuwenden: Der Umstand, dass Röm 16,7 vom Satzbau her Röm 16,3f. exakt widerspiegelt – es ergeht jeweils der Auftrag, ein Paar zu grüßen (V. 3: ἀσπάσασθε Πρίσκαν καὶ Ἀκύλαν; V. 7: ἀσπάσασθε Ἀνδρόνικον καὶ Ἰουνιαν), dann folgt eine substantivische Näherbestimmung (V. 3: τοὺς συνεργούς μου; V. 7: τοὺς συγγενεῖς μου καὶ συναιχμαλώτους μου), an die sich – wiederum parallel konstruiert – ein Relativsatz anschließt (V. 4 und V. 7 jeweils οἵτινες) – und in Röm 16,3 eindeutig von einer Frau und einem Mann die Rede ist, spräche jedenfalls im Sinne der genannten Regel für das Verständnis von Ἰουνιαν als Frau!

9. Regel: Aus der bevorzugten Lesart müssen sich die anderen Varianten erklären lassen

Die Regel dient der Gegenprobe. Die Entscheidung für eine bestimmte Lesart ist dann richtig, wenn die anderen Textvarianten

6 Kanonisch werden diese Verse deshalb genannt, weil sie auf dem Konzil von Trient auf der Basis der Vulgata als Bestandteil des neutestamentlichen Kanons definiert wurden (8. April 1546).

sich aus der bevorzugten Lesart erklären lassen. Zur Illustration greifen wir auf Mk 2,23 zurück. Anstelle des in den Text genommenen παραπορεύεσθαι bezeugen B D und die wichtige Minuskel 2427 διαπορευεσθαι, die Minuskel 565 παραπορευομενον und die Majuskel W πορευεσθαι. Würde man beispielsweise das ebenfalls nicht schlecht bezeugte διαπορευεσθαι als ursprüngliche Lesart favorisieren, erklärte sich der Wechsel der Konjunktionen (von δια zu παρα) sowie der Wechsel vom Infinitiv zum Partizip παραπορευομενον schwerer als umgekehrt. Stand hingegen παραπορευεσθαι im Text, fällt die Bildung des Partizips als Angleichung an das vorausgehende Personalpronomen leichter und kann das διαπορευεσθαι als sprachliche Glättung verstanden werden, da es besser mit διὰ τῶν σπορίμων harmoniert. Darüber hinaus liegt vermutlich Paralleleinfluss seitens Lk 6,1 vor.

10. Regel: Nur im äußersten Fall darf man die Konjektur zu Hilfe nehmen

Konjektur nennt man eine Lesart, die in der handschriftlichen Überlieferung keinen Anhalt hat (d. h. für die es keinen Textzeugen gibt!) und demnach vom Herausgeber oder von den Herausgebern des Textes erschlossen ist. Konjekturen sind stets als *ultima ratio* anzusehen: Sie dürfen erst dann angewandt werden, wenn jede andere Möglichkeit sinnvoller Textrekonstruktion ausgeschlossen ist. Während man in der außerbiblischen antiken Literatur aufgrund der schlechteren Textüberlieferung ausgesprochen häufig auf Konjekturen stößt, kommen sie im Bereich des Neuen Testaments faktisch nicht mehr vor.

Die zehn Regeln der Textkritik

1. Die bestbezeugte Lesart ist ursprünglich.
2. Die Verwandtschaft der Handschriften untereinander ist zu beachten.
3. Die einzelnen Zeugengruppen sind gegeneinander abzuwägen.
4. Paralleleinfluss und (bei alttestamentlichen Zitaten) Einwirkung des LXX-Textes müssen beachtet werden.
5. Zusammenhängende Lesarten sind zu berücksichtigen.
6. Die schwierigere Lesart ist ursprünglich (*lectio difficilior*).
7. Die kürzere Lesart ist ursprünglich (*lectio brevior*).
8. Die bevorzugte Lesart muss mit dem Kontext in Einklang stehen.
9. Aus der bevorzugten Lesart müssen sich die anderen Varianten erklären lassen.
10. Nur im äußersten Fall darf man die Konjektur zu Hilfe nehmen.

3 Praktische Übung

Die folgende praktische Übung will am Modell einen Einblick in die textkritische Arbeit mit neutestamentlichen Handschriften verschaffen. Als Beispiel dienen uns die ersten vier Verse der lukanischen Version der Perikope vom Ährenraufen am Sabbat (Lk 6,1–4; vgl. Mk 2,23–27), die neben einer breiten Bezeugung durch Majuskeln und Minuskeln auch in Gestalt zweier Papyri (fragmentarisch) überliefert sind. Modellhaft ist die Übung deshalb, weil wir die Masse der auszuweisenden Handschriften bewusst auf fünf Textzeugen reduzieren (was noch genug Mühe macht) und diese darüber hinaus in möglichst wörtlicher deutscher Übersetzung bieten. In die Auswahl aufgenommen wurden der Papyrus Bodmer XIV, der ins 3. Jh. n. Chr. datiert und in der Nomenklatur Alands das Sigel $\mathfrak{P}^{75}$ trägt, sowie vier der bedeutendsten Majuskelhandschriften (Sinaiticus, Alexandrinus, Vaticanus, Codex Bezae), die allesamt aus dem 4./5. Jh. stammen. Dabei macht gerade die Einbeziehung des sehr fragmentarischen Papyrus aus der *Bibliotheca Bodmeriana* deutlich, dass die Rekonstruktion des neutestamentlichen Textes allein auf der Basis der (meist älteren) Papyri gar nicht möglich ist und man zwingend auf die jüngeren Majuskelhandschriften angewiesen ist.

3.1 Die Kollation der Handschriften

Unsere Aufgabe besteht darin, die genannten Handschriften für Lk 6,1–4 zu *kollationieren* (s. die Handschriftensynopse), sie untereinander zu vergleichen, abweichende Lesarten festzustellen und mit Hilfe der soeben erklärten Regeln der Textkritik die ursprüngliche Lesart herauszufinden. Ziel ist die Erstellung eines kritischen Textes samt Apparat nach dem Vorbild des *Nestle-Aland*. Um den Eindruck der Originale in der deutschen Wiedergabe wenigstens ansatzweise nachempfinden zu können, wurde nicht nur eine wortwörtliche Übersetzung gewählt, die grammatische Härten bis hin zu sprachlichen Fehlern bewusst in Kauf nimmt, sondern wurden auch die für Bibelhandschriften typischen Abkürzungen der *nomina sacra* (IS = Jesus; GS = Gottes; DAD = David) beibehalten. Dass die Übersetzung den griechischen Text dennoch an manchen Stellen „glättet" und zu einem vom griechischen Original leicht abweichenden textkritischen Ergebnis führen kann, war nicht zu vermeiden. Für den auf Papyrus überlieferten Text ist im Übrigen zu beachten, dass nur das „zählt", was nicht in eckigen Klammern steht; alles andere ist (unter Berücksichtigung der Zeilenbreite und der von daher zu errechnenden Buchstabenzahl) von anderen Handschriften her eingetragen und darf folglich bei der Rekonstruktion des lukanischen Textes keine Rolle spielen.

Schon nach dem ersten Lesen steht fest: Keine Handschrift ist mit einer anderen exakt identisch. Wenn auch die Unterschiede z. T. nur gering ausfallen, kommen wir um das mühselige Geschäft der Textkritik doch nicht herum. Um die Angelegenheit einigermaßen praktikabel zu halten, geben wir zunächst den unseres Erachtens ursprünglichen Text versweise wieder und diskutieren jeweils im Anschluss daran die Varianten.

Papyrus 75 ($\mathfrak{P}^{75}$)	Codex Sinaiticus (א)	Codex Alexandrinus (A)	Codex Vaticanus (B)	Codex Bezae (D)
[1 Es geschah aber am Sabbat, dass er durch die Saat]felder wanderte, und es rupf[ten seine Jünger u]nd aßen [die Äh]r[en zerreibend] mit den Hän[den 2 Einige aber] d[er] Ph[arisäer] sagt[en: Was t]ut [ihr, was nicht] erlaub[t ist an den Sabba]t[en]? 3 U[nd ant]wort[end sp]r[a]ch der IS [zu ihnen: [Habt ihr nicht] auch d[ies] [gelesen, was Da- vid tat,] [als er einmal hungerte] [und die mit ihm Seienden,]	1 Es geschah aber am Sabbat, dass durchwan- derte er durch die Saatfelder und seine Jünger rupften Äh- ren und aßen zerreibend mit den Händen. 2 Einige aber der Phari- säer sagten: Was wird getan, was nicht zu tun erlaubt ist an den Sabbaten. 3 Und antwortend der IS zu ihnen sprach er: Habt ihr nicht auch dies gelesen, was DAD tat, als er hungerte und die mit ihm,	1 Es geschah aber am zweitersten Sab- bat, dass durchwanderte er durch die Saatfelder und es rupften seine Jünger die Ähren und aßen zer- reibend mit den Händen. 2 Einige aber der Phari- säer sagten ihnen: Was wird getan, was nicht zu tun erlaubt ist an den Sabbaten. 3 Und antwortend der IS sprach er zu ihnen: Habt ihr nicht dies gele- sen, was David tat, als er hungerte und die mit ihm Seienden,	1 Es geschah aber am Sabbat, dass durchwan- derte er durch die Saatfelder und es rupften seine Jünger und aßen die Ähren zer- reibend mit den Händen. 2 Einige aber der Phari- säer sagten: Was tut ihr, was nicht er- laubt ist an den Sabba- ten. 3 Und antwortend zu ih- nen sprach IS: Habt ihr nicht gelesen, was David tat, als er hungerte und die mit ihm.	1 Und es geschah, dass er am zweitersten Sabbat durchwanderte durch die Saatfelder. Seine Jün- ger aber fingen an zu rupfen die Ähren und zerreibend mit den Händen aßen sie. 2 Einige aber der Phari- säer sagten ihm: Siehe, was tun deine Jünger an den Sabbaten, was nicht erlaubt ist. 3 Antwortend aber der IHS sagt er zu ihnen: Wird niemals dies gele- sen, was David tat, als er hungerte und die zu- sammen mit ihm
[4 als er hineinging i]n d[as Haus Gottes und die] [Brote d]er Schau[stellung] [neh- mend aß …] […]	4 als er hineinging in das Haus des GS und die Brote der Schaustel- lung aß und gab auch denen mit ihm, de- nen nicht erlaubt ist zu essen.	4 als er hineinging in das Haus GS und Brote der Schaustellung nahm und aß und gab auch denen mit ihm, welche nicht erlaubt sind zu essen außer den Priestern.	4 Er ging hinein in das Haus GS und die Brote nehmend aß er und gab denen mit ihm, welche nicht er- laubt sind zu essen außer allein den Priestern.	4 hineingehend in das Haus des GS und die Brote der Schaustellung aß und gab auch denen mit ihm, denen nicht er- laubt war zu essen außer allein den Priestern.

3.2 Versweise Rekonstruktion

V. 1: „Es geschah aber[a] am Sabbat[b], dass durchwanderte er durch die Saatfelder[c], und es rupften seine Jünger[d] und aßen die Ähren zerreibend mit den Händen[e].

[a] Die in den Text genommene Lesart hat die bessere Bezeugung für sich (א A B), nur D liest „und es geschah". Beachte: 𝔓[75] kommt an dieser Stelle als Zeuge nicht in Betracht, der gebotene Text ist rekonstruiert und steht deshalb in eckigen Klammern! – [b] „am Sabbat" lesen א und B, A und D dagegen „am zweitersten Sabbat", d. h. die äußere Bezeugung ist gleich gut oder gleich schlecht. Auch die inneren Kriterien helfen in diesem Fall nicht weiter: Als *lectio brevior* verdient „am Sabbat" den Vorzug, als *lectio difficilior* „am zweitersten Sabbat". Vermutlich handelt es sich bei dem Hapaxlegomenon δευτεροπρώτῳ um eine spätere Glosse (= Randbemerkung), die den Zeitpunkt der Getreidereife kalendarisch genauer zu bestimmen sucht (etwa im Sinn von: „am zweiten Sabbat des ersten Monats"). – [c] Hier hat D umgestellt („dass er am zweitersten Sabbat durchwanderte"); die in den Text genommene Lesart hat die bessere Bezeugung für sich. – [d] Der Text folgt der Lesart von B, die vermutlich auch von 𝔓[75] vertreten wurde (der rudimentäre Erhaltungszustand des Papyrus lässt immerhin noch erkennen, dass das Verb vor dem Subjekt gestanden haben muss). Die von D vertretene Variante („fingen an zu rupfen") ist singulär und kommt deshalb für den ursprünglichen Text nicht in Betracht. – [e] Wiederum orientiert sich die Rekonstruktion des ursprünglichen Textes am Vaticanus (und dem Papyrus Bodmer). Sinaiticus und Alexandrinus stellen dagegen um und ziehen „die Ähren" als Akkusativobjekt zu „rupfen" nach vorne, was eine Erleichterung zu sein scheint (man muss die Ähren erst rupfen, bevor man sie essen kann). Der Codex Bezae folgt א und A hinsichtlich des Akkusativobjekts „die Ähren" und stellt darüber hinaus die Partizipialkonstruktion „zerreibend mit den Händen" vor das Verb (stilistische Verbesserung).

V. 2: „Einige aber der Pharisäer sagten[a]: Was tut ihr[b], was nicht erlaubt ist[c] an den Sabbaten?"

[a] A („ihnen") und D („ihm") fügen an dieser Stelle ergänzend ein Dativobjekt hinzu; die von 𝔓[75], א und B bezeugte Variante ist als *lectio brevior* auch am besten bezeugt. – [b] An Stelle von „Was tut ihr" (B) bezeugen א und A übereinstimmend die Lesart „Was wird getan", während D stark abweichend formuliert: „Siehe, was tun deine Jünger an den Sabbaten?" Im Fall des Codex Bezae liegt höchstwahrscheinlich Paralleleinfluss seitens Mk 2,24 („Sieh, was sie tun an den Sabbaten") und Mt 12,2 („Siehe, deine Jünger tun ...") vor, d. h. der Schreiber hat den lukanischen Text an den Text der beiden übrigen Synoptiker angeglichen. Schwieriger fällt die Beurteilung der übrigen Textvarianten. Von der äußeren Bezeugung her müsste man eigentlich א A („Was wird getan") vorziehen, da 𝔓[75] aufgrund des schlechten Erhaltungszustands an dieser Stelle als Zeuge nicht in Frage kommt und von B her rekonstruiert ist. Für die Lesart „Was tut ihr" kann man eventuell ins Feld führen, dass sie etwas besser zum Kontext passt (Regel 8). Im Übrigen

erklären sich die Varianten wahrscheinlich durch einen Hörfehler: ποιεῖτε /„was tut ihr" unterscheidet sich in der Aussprache kaum von ποιεῖται/„was wird getan". – [c] א und A fügen an dieser Stelle noch ein „zu tun" ein, vermutlich aufgrund von Paralleleinfluss, vgl. Mt 12,2: „was nicht zu tun erlaubt ist am Sabbat".

V. 3: „Und antwortend[a] zu ihnen sprach [der] Jesus[b]: Habt ihr nicht auch dies[c] gelesen, was David tat, als er hungerte und die mit ihm[d],"

[a] Mit der Mehrheit der Zeugen ist „und antwortend" zu lesen; nur D bietet „antwortend aber". – [b] Bei im Wesentlichen gleichen Textbestand (nur B lässt den Artikel vor Jesus weg) variieren die Handschriften in der Reihenfolge der Wörter: Während 𝔓[75] und B das Prädikat jeweils vor das Subjekt platzieren (in 𝔓[75] rekonstruiert), stellen die drei übrigen Zeugen das Subjekt jeweils an den Beginn und lassen dann das Verb (A D) bzw. das Objekt mit dem Verb am Ende (א) folgen. Das ist das bessere Griechisch und somit als Erleichterung zu betrachten. – [c] „dies" ist von B ausgelassen, sonst aber gut bezeugt und selbst in 𝔓[75] noch zu erkennen. – [d] Der Text folgt den Handschriften א B; D variiert leicht („die zusammen mit ihm"). Dagegen fügt A (und vermutlich auch 𝔓[75], der Text ist aber rekonstruiert) noch „Seienden" hinzu. Die kürzere Lesart ist zugleich die besser bezeugte.

V. 4: „als er hineinging[a] in das Haus Gottes und die[b] Brote der Schaustellung aß[c] und gab auch[d] denen mit ihm, welche nicht erlaubt sind[e] zu essen außer allein den Priestern[f]".

[a] „als er hineinging" hat die bessere Bezeugung für sich, B lässt die Konjunktion „als" aus, D wählt einen Partizipialanschluss. – [b] Der Artikel wird von A ausgelassen. – [c] A („nahm und aß") und B („nehmend aß") bieten an dieser Stelle den längeren Text: Da die äußere Bezeugung also unentschieden ausgeht („2:2"), gelangt Regel 6 (*lectio brevior*) zur Anwendung. – [d] Mit den Handschriften א A und D; B lässt wieder aus („auch"). – [e] Anstelle von „welche nicht erlaubt sind" (so A B) lesen die Handschriften א und D „denen nicht erlaubt ist/war", beziehen also das Verbot, die Schaubrote zu essen, auf die Begleiter. Sprachlich und sachlich korrekter ist die von uns in den Text genommene Lesart; die von א und D gebotene Variante ist aber zweifellos die *lectio difficilior*. Eine sichere Entscheidung lässt sich deshalb nicht treffen. [f] Die Lesart „außer allein (von A ausgelassen) den Priestern" bieten A B und D, während die Passage in א fehlt. 𝔓[75] kommt hier als Zeuge nicht mehr in Frage, da von V. 4 (und V. 5) weiter nichts mehr erhalten ist. Darüber hinaus hat nur D im Anschluss an „den Priestern" noch die Fortsetzung „Am selben Tag betrachtend einen ..." parat. Diese singuläre Lesart ist sicher sekundär, illustriert aber den ausschmückenden Stil des Codex Bezae sehr schön.

3.3 Der rekonstruierte Text mit Apparat

Unter Anwendung der von Nestle-Aland vorgeschlagenen textkritischen Zeichen (s. o.) müsste der von uns auf der Basis einer sehr fragmentarischen Papyrushandschrift und vier Majuskelhandschriften destillierte Text samt Apparat folgendermaßen aussehen:

Der rekonstruierte Text

6,1 ⸀Es geschah aber⸁ ⸉am ⸆ Sabbat, dass durchwanderte er⸊ durch die Saatfelder, ⸀und es rupften seine Jünger und aßen die Ähren zerreibend mit den Händen⸁. **2** Einige aber der Pharisäer sagten ⸆ : ⸀Was tut ihr⸁, was nicht erlaubt ist ⸆ an den Sabbaten? **3** Und antwortend ⸀zu ihnen sprach [der] Jesus⸁: ⸀Habt ihr nicht auch dies gelesen⸁, was David tat, als er hungerte und die mit ihm ⸆ , **4** ⸀als er hineinging⸁ in das Haus Gottes und °die Brote ⸋der Schaustellung⸌ ⸆ aß und gab °¹auch denen mit ihm, ⸀welche nicht erlaubt sind⸁ zu essen außer °²allein den Priestern. ⸆

Der Apparat

6,1 ⸀ Und es geschah D ¦ *txt* ℵ A B | ⸉ *3 5 1 2 4* D ¦ *txt* ℵ A B | ⸆ zweitersten A D ¦ *txt* ℵ B | ⸀ 1 4–5 3 9 6–7 10–13 ℵ ¦ 1–5 8–9 6–7 10–13 A ¦ Seine Jünger aber fingen an zu rupfen die Ähren und zerreibend mit den Händen aßen sie. D ¦ *txt* 𝔓75vid B • **2** ⸆ ihnen A ¦ ihm D ¦ *txt* ℵ B | ⸀ was wird getan ℵ A ¦ Siehe, was tun deine Jünger D ¦ *txt* 𝔓75vid B | ⸆ zu tun ℵ A ¦ *txt* B | • **3** ⸀ *4 5 1–3* ℵ ¦ *4 5 3 1 2* A D ¦ *txt* 𝔓75vid B | ⸀ Wird niemals dies gelesen D ¦ *txt* ℵ A (om. auch) B (om. auch dies) | ⸆ Seienden A ¦ *txt* ℵ B D • **4** ⸀ er ging hinein B ¦ hineingehend D ¦ *txt* ℵ A | ° A | ⸀ ⸋ B | ⸆ nahm und A ¦ nehmend B ¦ *txt* ℵ D | °¹ B | ⸀ denen nicht erlaubt ist/war ℵ D ¦ *txt* A B | °² A | ⸆ Am selben Tag betrachtend einen, der am Sabbat arbeitete, sagte er ihm: Wenn du weißt, was du tust, glückselig bist du; wenn du (es) aber nicht weißt, verflucht bist du und ein Übertreter des Gesetzes. D[7]

Ein Vergleich unserer Lösung mit dem von NA²⁷ gebotenen Text zu Lk 6,1–4 zeigt, dass wir davon so weit nicht entfernt sind. Das liegt natürlich an der Qualität der von uns herangezogenen Textzeugen, unter denen der *Vaticanus* mit Fug und Recht eine Spitzenstellung beanspruchen kann.

H. KLEIN, Am ersten Sabbat. Eine Konjektur zu Lk 6,1, in: ZNW 87 (1996) 290–293. – T. NICKLAS, Das Agraphon vom „Sabbatarbeiter" und sein Kontext: Lk. 6:1–11 in der Textform des Codex Bezae Cantabrigiensis (D), in: NT 44 (2002) 160–175.

7 Aus satztechnischen Gründen konnte die an dieser Stelle von D gebotene längere Lesart nicht mit in die Textsynopse aufgenommen werden.

4 Resümee und Ausblick

Wer bis hierher ausgehalten hat, wird vermutlich – wie der Verfasser dieser Zeilen – einen Stoßseufzer zum Himmel schicken. Textkritik ist wahrlich ein mühseliges Geschäft, und wahrscheinlich scheiden sich hier schon die Geister: Viele werden diesem Methodenschritt für immer Lebewohl sagen, einige wenige haben vielleicht ihre Berufung entdeckt und können fortan nicht mehr von der Textkritik lassen. Bei aller Mühe, die sie macht – lohnend und spannend ist sie eigentlich immer. Die zweifellos wichtigste Erkenntnis, die wir aus der Beschäftigung mit der Textkritik mitnehmen, ist jedenfalls von kaum zu überschätzender Bedeutung: Der Text, der unseren Bibelausgaben und damit auch allen religiösen Vollzügen (in der Liturgie usw.) zugrunde liegt, ist ein *wissenschaftliches Konstrukt*, ein sehr gutes zwar, aber eben doch ein Konstrukt. Das muss man sich stets vor Augen halten, vor allem dann, wenn es um solch kniffflige Fragen wie die eingangs gestellte nach dem Apostolat der Frau geht. Sie ist im Übrigen selbst für Röm 16,7 nicht nur von der Textkritik her zu beantworten, sondern bedarf auch eines historischen Wissens um die Verbreitung und Häufigkeit antiker Namen. Das sollte Motivation genug sein, nach der Bearbeitung der nachfolgend gestellten Aufgaben weitere Methodenschritte in Angriff zu nehmen.

P. ARZT, Iunia oder Iunias? Zum textkritischen Hintergrund von Röm 16,7, in: Liebe zum Wort. Beiträge zur klassischen und biblischen Philologie (FS L. Bernhard), Salzburg/Wien 1993, 83–102. – U.-K. PLISCH, Die Apostelin Junia: Das exegetische Problem in Röm 16,7 im Licht von Nestle-Aland[27] und der sahidischen Überlieferung, in: NTS 42 (1996) 477f.

5 Selbstständiger Versuch

Im Folgenden bieten wir Ihnen einige Aufgaben an, mit deren Hilfe Sie Ihr frisch erworbenes textkritisches Knowhow einmal testen können. Sie berühren allesamt Streitfragen, die in der textkritischen Arbeit am Neuen Testament noch keineswegs endgültig ausdiskutiert sind und somit zeigen, dass Textkritik zuweilen nicht nur lohnend, sondern auch für „Otto Normalverbraucher" unverzichtbar ist.

Aufgabe 1

Liest man Lk 23,34 in der Fassung der Einheitsübersetzung, dann zeigt Jesus selbst in seiner bittersten Stunde, der Kreuzigung, noch eine Menschenliebe, die selbst seine Henker miteinschließt: „Jesus aber betete: Vater, vergib ihnen, denn sie wissen nicht, was sie tun. Dann warfen sie das Los und verteilten seine Kleider unter sich." Die Einheitsübersetzung versäumt gleichwohl nicht, in einer Anmerkung darauf hinzuweisen, dass der erste Teil des Verses (also die Bitte für die Henker) bei einigen alten Textzeugen fehlt. Das Urteil der Kommentatoren fällt deshalb auch nicht eindeutig aus: Für J. Fitzmyer ist der Halbvers eher sekundär,[8] für W. Wiefel gehört er aus „inhaltlichen Gründen"[9] zum ursprünglichen Bestand. Was ist Ihre Meinung, nachdem Sie sich den Apparat zur Stelle in NA^{27} vorgenommen haben?

Aufgabe 2

In 1 Kor 14,34f. steht zu lesen: „Die Frauen sollen in den Gemeindeversammlungen schweigen. Denn es geziemt sich nicht für sie zu reden, sondern sie sollen sich unterordnen, wie auch das Gesetz sagt. Wenn sie aber etwas lernen wollen, sollen sie im Haus die eigenen Männer fragen. Schändlich ist es nämlich für eine Frau in der Gemeindeversammlung zu reden." Viele Exegetinnen und Exegeten sind davon überzeugt, dass die beiden Verse gar nicht von Paulus stammen, weil dieser in Gal 3,28 die Gleichheit von Mann und Frau im Raum der christlichen Gemeinde postuliert und diese nach 1 Kor 11,4f. u. a. darin ihren Ausdruck findet, dass Frauen wie Männer in der Gemeindeversammlung reden, d. h. in diesem Fall beten und prophezeien. Inwieweit vermag die Textkritik eine solche Argumentation zu unterstützen?

Aufgabe 3

2 Kor 5,3 weist als Text (nach NA^{27}) aus: εἴ γε καὶ ἐκδυσάμενοι οὐ γυμνοὶ εὑρεθησόμεθα, was man etwa so übersetzen kann: „... zumal wir auch als Entkleidete nicht nackt gefunden werden (werden)". In der Einheitsübersetzung heißt es dagegen: „So bekleidet, werden wir nicht nackt erscheinen." Haben die Übersetzer der Einheitsüber-

8 J. A. FITZMYER, The Gospel According to Luke (X–XXIV). Introduction, Translation, and Notes (AncB 28A), Garden City (NY) 1985, 1503.
9 W. WIEFEL, Das Evangelium nach Lukas (ThHK 3), Berlin 1987, 396.

setzung hier Be- und Entkleidetwerden miteinander verwechselt? Was gibt der Apparat zur Stelle her?

6 *Textkritisches Handwerkszeug*

6.1 Textausgaben

Novum Testamentum Graece, 27. Auflage, hrsg. von B. ALAND/E. NESTLE et al., Stuttgart 2001 (= NA^{27}).

NOVUM TESTAMENTUM GRAECUM EDITIO CRITICA MAIOR, hrsg. vom Institut für neutestamentliche Textforschung Münster (bislang erschienen sind die Lieferungen von Bd. IV: Die katholischen Briefe, hrsg. Von B. Aland, K. Aland†, G. Mink, K. Wachtel, Stuttgart 1997–2003 [zu Jak, 1/2 Petr, 1 Joh]).

The Greek New Testament, 4. Auflage, hrsg. von B. ALAND, Stuttgart 1993 (= GNT^{4}).

6.2 Einführungen, Methodik, Hilfsmittel

K. ALAND/B. ALAND, Der Text des Neuen Testaments. Einführung in die wissenschaftlichen Ausgaben sowie in Theorie und Praxis der modernen Textkritik, Stuttgart ²1989 (das deutsche Standardwerk zum Thema).

K. ALAND, Kurzgefaßte Liste der griechischen Handschriften des Neuen Testaments (ANTT 1), Berlin ²1994.

B. M. METZGER, The Text of the New Testament. Its Transmission, Corruption, and Restoration, New York (NY) ³1992.

–, A Textual Commentary on the Greek New Testament, Stuttgart ²1994 (erläutert Pro und Contra der jeweils in den Text genommenen bzw. verworfenen Lesarten).

6.3 Zum aktuellen Forschungsstand

C.-B. AMPHOUX/J. K. ELLIOTT (Hrsg.), The New Testament Text in Early Christianity. Proceedings of the Lille Colloquium, July 2000 / Le texte du Nouveau Testament au début du christianisme. Actes du colloque de Lille, juillet 2000 (Histoire du Texte Biblique 6), Lausanne 2003.

B. D. EHRMAN/M. W. HOLMES (Hrsg.), The Text of the New Testament in Contemporary Research. Essays on the „Status Quaestionis“ (FS B. M. Metzger) (StD 46), Grand Rapids (MI) 1995.

G. D. KILPATRICK, The Principles and Practice of New Testament Textual Criticism. Collected Essays (BEThL 96), Leuven 1990.

7 Übersetzung von Mk 2,1–3,6

1a Und als er wieder nach Kafarnaum hineinkam,
b wurde nach Tagen gehört,
c dass er im Haus ist.
2a Und es versammelten sich viele,
b sodass nicht mehr Platz war, nicht einmal bei der Türe,
c und er redete ihnen das Wort.
3a Und sie kommen
b und bringen zu ihm einen Gelähmten,
c getragen von Vieren.
4a Und weil sie (ihn) nicht zu ihm bringen konnten wegen der Menge,
b deckten sie das Dach ab,
c wo er war.
d Und nachdem sie (es) aufgegraben haben,
e lassen sie die Pritsche hinab,
f worauf der Gelähmte lag.
5a Und als Jesus ihren Glauben sah,
b sagt er dem Gelähmten:
c Kind, erlassen werden deine Sünden.
6a Es saßen aber dort einige der Schriftgelehrten
b und überlegten in ihren Herzen:
7a Was redet dieser so?
b Er lästert.
c Wer kann Sünden erlassen, wenn nicht der einzige Gott?
8a Und sogleich, als Jesus in seinem Geist erkannte,
b dass sie so bei sich überlegen,
c sagt er ihnen:
d Was überlegt ihr dieses in euren Herzen?
9a Was ist leichter,
b zu sagen dem Gelähmten:
c Erlassen werden deine Sünden,
d oder zu sagen:
e Steh auf
f und nimm deine Pritsche
g und geh umher!
10a Damit ihr aber wisst,
b dass Vollmacht hat der Menschensohn,
c zu erlassen Sünden auf der Erde,
d sagt er dem Gelähmten:
11a Dir sage ich,
b steh auf,

c nimm deine Pritsche
d und geh weg in dein Haus!
12a Und er stand auf
b und sogleich, nachdem er seine Pritsche aufgehoben hatte,
c ging er weg vor aller Augen,
d sodass alle außer sich gerieten
e und Gott verherrlichten,
f indem sie sagten:
g So (etwas) haben wir noch nie gesehen.
13a Und er ging wieder hinaus am Meer entlang.
b Und die ganz Menge kam zu ihm,
c und er lehrte sie.
14a Und als er vorbeiging,
b sah er Levi, den (Sohn) des Alfäus,
c wie er bei der Zollstelle saß,
d und er sagt ihm:
e Folge mir nach!
f Und nachdem er aufgestanden war,
g folgte er ihm nach.
15a Und es geschieht,
b dass er zu Tisch liegt in seinem Haus,
c und viele Zöllner und Sünder lagen am Tisch dabei
mit Jesus und seinen Jüngern.
d Es waren nämlich viele,
e und sie folgten ihm nach.
16a Und die Schriftgelehrten der Pharisäer,
b als sie sahen,
c dass er isst mit den Sündern und Zöllnern,
d sagten seinen Jüngern:
e Dass er mit den Zöllnern und Sündern isst?
17a Und als Jesus hörte,
b sagt er ihnen:
c Nicht nötig haben die Gesunden einen Arzt,
sondern die Kranken.
d Und nicht kam ich, zu rufen Gerechte, sondern Sünder.
18a Und die Jünger (des) Johannes und die Pharisäer fasteten.
b Und sie kommen
c und sagen ihm:
d Weshalb fasten die Jünger (des) Johannes und die Jünger
der Pharisäer,
e deine Jünger aber fasten nicht?
19a Und es sagte ihnen Jesus:

b Können etwa die Söhne des Brautgemachs,
c während der Bräutigam bei ihnen ist,
b′ fasten?
d Solange Zeit sie den Bräutigam bei sich haben,
e können sie nicht fasten.
20a Es werden aber Tage kommen,
b wann von ihnen entrissen wurde der Bräutigam,
c und dann werden sie fasten
d an jenem Tag.
21a Niemand näht einen Flicklappen eines ungewalkten Stoffes auf einen alten Mantel,
b wenn aber doch, wegnimmt das Füllstück von ihm, das neue vom alten,
c und es entsteht ein schlimmerer Riss.
22a Und niemand wirft jungen Wein in alte Lederschläuche,
b wenn aber doch,
zerreißen wird der Wein die Lederschläuche,
c und der Wein geht zugrunde und die Schläuche.
d Sondern jungen Wein in neue Schläuche.
23a Und es geschah,
b dass er an den Sabbaten entlangging durch die Saaten,
c und seine Jünger begannen einen Weg zu machen,
d indem sie die Ähren abrissen.
24a Und die Pharisäer sagten ihm:
b Siehe,
c was sie an den Sabbaten machen,
d was nicht erlaubt ist.
25a Und er sagt ihnen:
b Habt ihr niemals gelesen,
c was David machte,
d als er Bedarf hatte
e und er selbst hungerte und die mit ihm?
26a Wie er hineinging in das Haus Gottes
zur Zeit (des) Hohenpriesters Abiatar
b und die Brote der Schaustellung aß,
c Die zu essen nicht erlaubt ist außer den Priestern,
d und denen, die mit ihm waren, gab?
27a Und er sagte ihnen:
b Der Sabbat ist wegen des Menschen da und nicht der Mensch wegen des Sabbats,
28a sodass der Menschensohn Herr auch des Sabbats ist.
3,1a Und er ging wiederum in die Synagoge hinein.

b Und es war dort ein Mensch,
c der eine vertrocknete Hand hatte.
2a Und sie beobachteten ihn,
b ob er an den Sabbaten ihn heilen werde,
c damit sie ihn anklagten.
3a Und er sagt dem Menschen,
b der die trockene Hand hat:
c Stelle dich in die Mitte!
4a Und er sagt ihnen:
b Ist es erlaubt,
c an den Sabbaten Gutes zu tun oder Böses zu tun,
d ein Leben zu retten oder zu töten?
e Die aber schwiegen.
5a Und er schaute sie der Reihe nach voll Zorn an,
b betrübt über die Verhärtung ihres Herzens,
c sagt er dem Menschen:
d Strecke die Hand aus!
e Und er streckte sie aus,
f und seine Hand wurde wieder hergestellt.
6a Und nachdem die Pharisäer hinausgegangen waren,
b fassten sie sogleich mit den Herodianern
einen Beschluss gegen ihn,
c damit sie ihn vernichteten.

§ 2 Textbeschreibung: Die Sprachliche Analyse

Die Rekonstruktion der ursprünglichen Textgestalt durch die Textkritik und die darauf aufbauende Übersetzung führen zu einem Text, der sich, rein äußerlich betrachtet, zunächst noch als unstrukturiertes Ganzes, als eine konturenlose Ansammlung von Wörtern präsentiert. Dennoch lässt sich ein solcher Text lesen und verstehen, solange er sinnvoll ist, was bei biblischen Texten im Allgemeinen der Fall ist. Sinnvolle Texte zeichnen sich nicht nur dadurch aus, dass der Autor die Regeln der Grammatik beherrscht, also z. B. ein Subjekt von einem Objekt unterscheiden kann oder mit dem Gebrauch der Tempora und Fälle einigermaßen vertraut ist, sondern verfügen auch über eine innere Ordnung bzw. Logik, die ebenfalls auf gewissen Regeln beruht. Die Textbeschreibung oder sprachliche Analyse ist eine Methode, die Einblicke in diese innere Ordnung von Texten ermöglicht, d. h. die narrative und argumentative Struktur von Texten aufdecken will.

1 *Annäherung an die Methode – oder: Was Fußball und Exegese miteinander gemeinsam haben*

1.1 *„Ein Spiel lesen"*

Eine Zeit lang war es unter den deutschen Bundesligatrainern und der sie begleitenden schreibenden Zunft üblich, die Qualität eines Fußballspielers danach zu bemessen, ob er *ein Spiel lesen* könne. Da staunte die Fachfrau, und der Laie wunderte sich: Geht das denn überhaupt, ein Spiel lesen? Gemeint war damit freilich nicht ein Lektürevorgang im klassischen Sinn – was angesichts von Spielern, die zwar auf dem Platz eine gute Figur machen, aber bereits im Interview nach dem Spiel kaum über Allgemeinplätze und Floskeln hinauskommen („Äh, ich sag' mal ..."), auch eine heillose Überforderung gewesen wäre. Gemeint war damit vielmehr, dass besonders begabte Vertreter dieser Zunft die *Mechanismen* des Spiels besser durchschauen als ihre Mitspieler: Weil sie z. B. wissen, wann das Tempo aus dem Spiel zu nehmen ist und es bei Bedarf auch wieder erhöhen können, weil sie die Laufwege des eigenen Mitspielers ebenso wie diejenigen des gegnerischen Spielers kennen und dementsprechend wissen, wann durch die Mitte und wann über die Außen gespielt werden muss, weil sie bei Bedarf in der Lage sind den öffnenden Pass zu schlagen, kurz: weil sie wissen, was in dieser oder jener Spielsituation zu tun ist, ja potenziell sogar Spielsituationen im Voraus zu erahnen vermögen.

Was ist ein Text?

Die Qualifizierung dieser Fähigkeiten als *Lesen eines Spiels* setzt unter der Hand voraus, dass man das Fußballspiel als *Text* begreift, der nach gewissen Regeln – ich meine hier nicht *nur* die Spielregeln – gebaut ist, bzw. über bestimmte, wiederkehrende Strukturen verfügt. Das mag uns theologischen „Textfreaks", die wir uns hauptsächlich mit literarischen Texten auseinandersetzen, zunächst eher spanisch vorkommen, hat aber in *kultursemiotischer Sicht* durchaus etwas für sich: In dieser Perspektive gelten *alle* Hervorbringungen einer Kultur als *Text*.[1] Gleichwohl werden auch Kultursemiotiker nicht bestreiten, dass es einen Unterschied macht, ob ich ein Fußballspiel „lese" oder einen biblischen Text wie z. B. das Markusevangelium. Selbst unter der Voraussetzung, dass beide Phänomene als Texte anzusprechen sind, handelt es sich dennoch um sehr unterschiedliche Gebilde. Erforderlich ist deshalb zuallererst ein Textmodell bzw. eine Texttheorie, die das eigene Textverständnis offen legt, vielleicht auch solche unterschiedlichen Textphänomene wie Fußballspiel und Markusevangelium zu integrieren vermag und zugleich die Basis für den methodischen Umgang mit den jeweiligen Texten und für die darauf aufbauende Interpretation legt.

O. WISCHMEYER/E.-M. BECKER (Hrsg.), Was ist ein Text? (Neutestamentliche Entwürfe zur Theologie 1), Tübingen 2001.

1.2 *Vom Event zur Erzählung*

Kehren wir noch einmal zum Fußballspiel zurück. Dieses Spiel lebt davon, dass zwei Mannschaften gegeneinander antreten und „etwas passiert", d. h. dass das „Objekt der Begierde", der Ball, so oft wie möglich im gegnerischen Tor landet. Aber selbst wenn ein Spiel torlos endet, bedeutet das nicht zwangsläufig Langeweile. Latten- und Pfostentreffer, nicht gegebene oder verschossene Elfmeter sorgen noch Tage nach dem Spiel für Gesprächsstoff, gelbe und rote Karten, d. h. Verwarnungen und Hinausstellungen verleihen auch einem torlosen Spiel Farbe. Sind die Angriffsbemühungen erfolglos, versuchen Trainer dem Spiel in der Regel dadurch eine Wende zu geben, dass sie einen oder mehrere Spieler (maximal drei) gegen andere austauschen. Und nützt auch das nichts, nimmt man nach dem Spiel häufig Zuflucht zur Religion („Die Fußballgötter waren heute gegen uns") oder greift auf Alltagsweisheiten vom Schlage

1 M. SCHERNER, Art. Text, in: HWP X (1998) 1038–1044, hier: 1043.

Kohelets zurück: „Erst hatten wir kein Glück, und dann kam auch noch Pech dazu“ (Jürgen „Kobra“ Wegmann). Die wichtigsten Ereignisse eines jeden Spiels werden vom Schiedsrichter auf dem so genannten *Spielberichtsbogen* vermerkt bzw. lassen sich, wie es die Fachinformationsdienste oder Fachmagazine tun, in eine Art Stenogramm des Spielverlaufs bringen. Das sieht dann ungefähr so aus:[2]

Stenogramm des Spielverlaufs

Aufstellung:
VfL Bochum: Vander – Colding, Kalla, Fahrenhorst, Meichelbeck – Gudjonsson, Schindzielorz – Freier, T. Christiansen, Graulund – Hashemian – Trainer: Neururer
TSV 1860 München: Jentzsch – Cerny, Ehlers, Votava, Hoffmann – Stranzl, Meyer, Häßler, Weissenberger – Lauth, Schroth – Trainer: Pacult

Spielverlauf:
15:32 Anpfiff
15:46 0:1 **Lauth (14., Kopfball, Meyer)**
15:52 Häßler (22.)
16:01 Cerny (30.)
16:17 Halbzeit
16:33 Anpfiff 2. Halbzeit
16:45 Stranzl (59.)
16:52 Graulund (65.)
16:52 Velardi Graulund (65.)
16:53 Borimirov Häßler (65.)
16:57 Meichelbeck (71.)
17:00 Reis Meichelbeck (74.)
17:01 Pürk Stranzl (74.)
17:03 1:1 **T. Christiansen (76., Kopfball, Reis)**
17:08 Bemben Gudjonsson (81.)
17:19 Schlusspfiff

Schiedsrichter: Fandel
Zuschauer: 18000

Mit einem typisch neudeutschen Ausdruck ließe sich besagtes Fußballspiel als *Event* (Ereignis, Geschehen) bezeichnen, der seinerseits wiederum - das geht aus dem *Spielverlauf* sehr schön hervor - aus

2 Die folgenden Informationen beziehen sich auf das Bundesligaspiel zwischen dem VfL Bochum und dem TSV 1860 München, die am 17. Spieltag der Bundesligasaison 2002/03 (14.12.2002) in Bochum aufeinander trafen. Alle Angaben dazu habe ich der Internetausgabe des Fußballfachmagazins *Kicker* (http://www.kicker.de) entnommen. Dass die Wahl ausgerechnet auf dieses Spiel zweier so genannter „grauer Mäuse“ fiel, hat mit der Sympathie des Verfassers dieser Zeilen für die Auswärtsmannschaft zu tun, ist aber in der Sache unerheblich. Was hier und im Folgenden ausgeführt wird, gilt nicht nur für die Fußball-, sondern für jede Sportberichterstattung, und lässt sich selbstverständlich auch auf andere Gebiete der Produktion und Weitergabe von Nachrichten übertragen.

einer Serie von *Events* (Anpfiff; 1:0 für München durch einen Kopfball des Spielers Lauth auf Vorlage des Spielers Meyer in der 14. Minute; danach zwei gelbe Karten für die Spieler Häßler [22. Minute] und Cerny [30. Minute]; usw.) und den daran beteiligten *Akteuren* besteht.

Die „Textwerdung" des Fußballspiels

Entscheidend ist: Zum *Text* wird das Fußballspiel erst dann - und an dieser Stelle unterscheiden wir uns von den Kultursemiotikern -, wenn der *Event* in das Medium der Sprache transformiert wird, also (im wahrsten Sinne des Wortes) eine *Fußballübertragung* stattfindet. Wir assoziieren damit heute vor allem die Liveübertragung oder die Aufzeichnung in Radio und Fernsehen (auch in Ausschnitten).

Besagte Bundesligabegegnung wurde z. B. an jenem Samstagnachmittag (wie üblich, wenn Bundesligaspiele stattfinden) vom *Bayerischen Rundfunk* (BR) in Form von *Liveeinblendungen* übertragen, d. h. der Sender klinkte sich in bestimmten zeitlichen Abständen in das Spiel ein und ein „Reporter vor Ort" - bis zur so genannten Schlusskonferenz *Günther Koch* vom BR, dann *Manni Breuckmann* vom *Westdeutschen Rundfunk* - berichtete live vom Spiel. Adressaten dieser Übertragung waren vornehmlich die Zuhörer im Sendegebiet des BR, also Einwohner des Bundeslandes Bayern und angrenzender (Bundes)Länder (Baden-Württemberg, Hessen, Thüringen, Sachsen, Tschechien, Slowakei, Österreich, Schweiz, abhängig von der Reichweite des Senders). Einer der Zuhörer war der Autor dieser Zeilen.

Vom Event zum Bericht

Aber nicht nur Radio- und Fernsehübertragungen, auch der oben bereits erwähnte Spielbericht des Schiedsrichters stellt eine solche Übertragung dar und führt im Ergebnis zu einem, wenn auch rudimentären *Text*. Erst recht gilt dies für die Sportberichterstattung der Presse, die - entweder auf der Basis eines Korrespondenten einer Presseagentur (*Sportinformationsdienst* [sid]; *Deutsche Presseagentur* [dpa]) oder eines eigenen Reporters vor Ort - nicht mehr nur „nackte Daten" präsentiert, sondern die *Events* des Spiels in die Form eines *Berichts* oder einer *Erzählung* gießt und sie in der Regel mit Kommentaren zur Qualität des Spiels bzw. einzelner Spieler versieht:[3]

Ein Spielbericht

> „Mit dem 1:1 (0:1) gegen 1860 München blieben die Westfalen auch das fünfte Spiel in Folge ohne Sieg, während die „Löwen" das Ende der schwarzen Auswärtsserie im Ruhrstadion, wo noch nie in der Vereinsgeschichte ein Erfolg gelang, verpassten. Denn nach dem Führungstreffer der Gäste durch Benjamin Lauth (14.) gelang den Bochumern in der 76. Minute durch das elfte Saisontor von Thomas Christiansen zumindest noch der Ausgleich.

3 Der folgende Bericht ist der Internetausgabe der *Süddeutschen Zeitung* vom 14.12.2002 entnommen (http://www.sueddeutsche.de).

Vor 18.229 Zuschauern hatte der VfL ohne die verletzten Offensivspieler Dariusz Wosz und Delron Buckley von Beginn an große Probleme. Torjäger Christiansen füllte die Rolle von Spielmacher Wosz zwar ansprechend aus, im Sturm fehlte ohne den Dänen mit spanischem Pass allerdings die Durchschlagskraft.
Die Münchener, die wieder auf Thomas Häßler zurückgreifen konnten, präsentierten sich dagegen im Vergleich zur 0:3-Niederlage gegen Bayer Leverkusen stark verbessert. Nach der Führung durch Lauth, der nach einer Flanke von Remo Meyer mit einem wuchtigen Kopfball traf, vergaben Markus Weissenberger (21.) und Häßler (30.) aus aussichtsreicher Position bereits die mögliche Vorentscheidung. Die beste VfL-Chance vor der Pause verpasste Peter Graulund (45.), der mit seinem Schuss am glänzend parierenden Gäste-Torwart Simon Jentzsch scheiterte.
Nach der Pause drängten die Gastgeber auf den Ausgleich, zeigten aber nach wie vor keine strukturierten Angriffsbemühungen. Zwei weitere Chancen von Christiansen kamen eher zufällig zustande. Zunächst scheiterte der 29-Jährige in der 52. Minute aus kurzer Distanz an Jentzsch, neun Minuten später verfehlte er mit einem Kopfball das Tor nur knapp, bevor ein weiterer Versuch zum 1:1 führte. Beste Spieler bei den abgeklärt spielenden Gästen waren Torhüter Jentzsch und Torben Hoffmann, der Nationalspieler Paul Freier nie zur Entfaltung kommen ließ. Bei den erst in der Schlussphase überzeugenden Bochumern konnten nur Ersatzkapitän Sebastian Schindzielorz und Christiansen ansatzweise überzeugen."
(sueddeutsche.de/sid)

Obwohl der Text auf dasselbe Ereignis Bezug nimmt wie das *Stenogramm* (es geht immer um die Bundesligabegegnung VfL Bochum – TSV 1860 München), also *dieselbe Geschichte* erzählt, sind die Unterschiede doch unverkennbar. Ganz abgesehen davon, dass der Spielbericht der *Süddeutschen Zeitung* in textlinguistischer Perspektive überhaupt erst als *Text* anzusprechen ist, weil er aus einer Verkettung von Sätzen besteht – auch die Art und Weise, wie die Ereignisse des Spiels von der *Süddeutschen* präsentiert werden, unterscheidet sich von der Darstellung im *Kicker* erheblich. Das beginnt schon damit, dass die Begegnung zwischen beiden Vereinen mit Hilfe eines „Rückblicks" in einen größeren geschichtlichen Zusammenhang gestellt wird: Im Fall des VfL Bochum ist das die laufende Bundesligasaison („das fünfte Spiel in Folge ohne Sieg"), im Fall des TSV 1860 München ist das sogar die *Vereinsgeschichte* („wo noch nie in der Vereingsgeschichte ein Erfolg gelang"). Derartige Rückblicke in

Analyse des Spielberichts

Rückblick in die Vereinsgeschichte

die „Vereinsgeschichte" kennen wir auch aus dem Neuen Testament: aus 1 Kor 11,23–26 etwa, wo Paulus anlässlich der Wirren bei der Feier des Herrenmahls auf die Anfänge des Vereinsmahls zurückblickt, oder aus den umfänglichen heilsgeschichtlichen Retrospektiven der Apostelgeschichte (vgl. Apg 2,22–36 in der „Pfingstpredigt" des Petrus; Apg 13,26–41 in der Synagogenpredigt des Paulus im pisidischen Antiochia).

Freiheiten in der Berichterstattung

Darüber hinaus fällt auf, dass der Text der *Süddeutschen Zeitung* sich in der Darstellung der Ereignisse gewisse Freiheiten herausnimmt. Zum einen geht der Berichterstatter der *Süddeutschen* offenbar *selektiv* vor, d. h. er teilt nicht alle Ereignisse mit - von den Verwarnungen der Spieler Häßler, Cerny, Stranzl, Graulund und Meichelbeck erfahren wir nichts, ebenso bleiben uns die Auswechslungen (Velardi für Graulund, Borimirov für Häßler, Reis für Meichelbeck, Pürk für Stranzl, Bemben für Gudjonsson) verborgen -, zum anderen hält er auch den chronologischen Ablauf der Ereignisse keineswegs sklavisch ein. Die beiden Tore - der Führungstreffer der Gäste in der 14. Minute durch Lauth und der Ausgleich der Heimmannschaft in der 76. Minute durch Christiansen - werden jedenfalls einleitend vorweggenommen, ehe der eigentliche Spielbericht in chronologisch richtiger Reihenfolge beginnt. Narratologisch ließe sich in diesem Fall von einer *Prolepse* sprechen, einem „narrative(n) Manöver, das darin besteht, ein späteres Ereignis im voraus zu erzählen oder zu evozieren".[4] Und noch etwas sticht im Vergleich zum *Stenogramm* des *Kicker* in die Augen: Zwar erfahren wir dort auch, *wer* am Spiel beteiligt war, und können mit etwas Fußballsachverstand und Phantasie die *Funktionen* der einzelnen Spieler erschließen (also wer im Tor steht, in der Verteidigung, im Mittelfeld oder im Angriff spielt), näher *charakterisiert* werden die Spieler (jedenfalls einige) aber erst im Text der *Süddeutschen Zeitung*. Erst dort lesen wir, dass der Spieler Christiansen den Vornamen Thomas trägt, ein 29-jähriger Däne mit spanischem Pass und der etatmäßige Torjäger des Vereins ist, in diesem Spiel aber lediglich ansatzweise überzeugen konnte. Ähnliche Informationen gibt der Bericht für andere Spieler an die Hand (Jentzsch, Hoffmann ...).

📖 D. SCHÜMER, Gott ist rund. Die Kultur des Fußballs (Suhrkamp Taschenbuch 2851), Frankfurt a. M. 1998.

4 G. GENETTE, Erzählung** 25.

1.3 Das Textmodell

Ereignis und Berichterstattung

Brechen wir an dieser Stelle unseren Streifzug durch die deutsche Sportberichterstattung ab und versuchen wir, die anhand eines Einzelbeispiels gesammelten Beobachtungen in den Rahmen einer übergreifenden Texttheorie zu stellen. Den Anfang macht eine zunächst banal erscheinende Erkenntnis: Klar zu unterscheiden war zwischen den Ereignissen selbst (dem Fußballspiel) und ihrer Berichterstattung (im Radio, im Fernsehen, auf dem Spielberichtsbogen des Schiedsrichters, in den Zeitungen). Etwas vereinfacht und in Anlehnung an Gerard Genette und Shlomith Rimmon-Kenan wollen wir fortan „das, was geschieht bzw. geschehen ist", in unserem Fall das Fußballspiel, die *Story* (dt. *Geschichte*; franz. *histoire*) nennen. Näherhin kann die *Story* als eine Serie von *Events*, d. h. eine Serie von Ereignissen oder Aktionen definiert werden, die eine Veränderung des Ausgangszustandes zur Folge haben.[5] Unverzichtbarer Bestandteil der *Story* sind darüber hinaus die an den *Events* beteiligten Akteure, sei es, dass sie den neuen „Aggregatzustand" aktiv herbeiführen, sei es, dass sie ihn „erleiden".

Story und *fabula*

Mieke Bal differenziert in ihrer Erzähltheorie noch einmal zwischen *story* und *fabula*. Letztere bezeichnet bei Bal, ganz im aristotelischen Sinn und im Sinn der russischen Formalisten, den *plot* eines Textes; er ist ihr zufolge durch die vier Elemente *events, actors, location* und *time* charakterisiert. Im Unterschied zur *fabula* bestimmt sie die *story* als eine „fabula that is presented in a certain manner".[6] Dazu gehört u. a. die Transformation eines *actors* in einen *character*, indem den Personen der Handlung gewisse Züge beigelegt werden. U. E. ist dieser Prozess erst auf der Textebene verifizierbar, weshalb wir anders als Bal nicht *vier*, sondern lediglich *drei* Ebenen des Erzählens unterscheiden (mit Genette, Rimmon-Kenan).

Konstruktion der *Story*?

Für *faktuale Erzählungen* (s. § 2/1.1.5) stellt sich darüber hinaus die Frage, inwieweit deren Story sozusagen schon fertig „auf der Straße" liegt, sodass sie der Erzähler nur aufzugreifen braucht. Unser Beispiel aus der Welt des Sports könnte einen solchen Eindruck nahe legen. Von der Liveübertragung abgesehen erzählt aber niemand die ganze Geschichte des Spiels; vielmehr konzentrieren sich Spielberichtsbogen und Zeitungsreportage auf die wesentlichen und daher erwähnenswerten Ereignisse. Ob dafür nur die bei der Genese des Textes stattfindenden Selektionsprozesse verantwortlich sind (s. o.) oder schon die Konstruktion der Story durch die Wahrnehmung des Betrachters bzw. durch andere Einflüsse gefiltert ist, ist eine spannende Frage, der wir hier aber nicht weiter nachgehen können.

---

5 S. RIMMON-KENAN, Fiction** 15: „… when something happens, the situation usually changes. An event, then, can be said to be a change from one state of affairs to another." Also in unserem Beispiel: Der Anpfiff durch den Schiedsrichter, das 1:0 durch den Gästespieler Lauth, usw.

6 M. BAL, Narratology** 5.

Die Berichterstattung selbst lässt sich nach zwei Seiten hin analysieren. Auseinander zu halten sind die *Übertragung* (des Fußballspiels im Radio, im Fernsehen, auf Papier etc.) im strengen Sinn des Wortes, also der produzierende Akt oder Erzählvorgang, den wir mit Genette u. a. *Narration* (= Erzählvorgang) nennen wollen,[7] und das, „was dabei heraus kommt“, die Reportage, die Aufzeichnung, der Spielbericht. Nur für letzteres reservieren wir den Begriff *Text* (engl. *text*; franz. *récit*). Graphisch stellt sich das wie folgt dar:

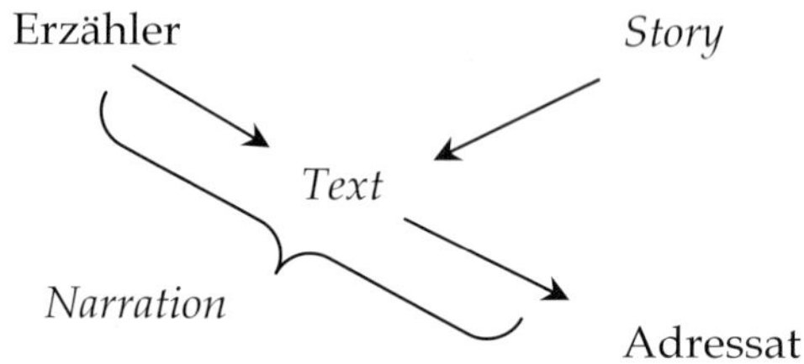

Doppelter Übertragungsprozess

Texte der vorgestellten Art sind demnach das Ergebnis eines *doppelten Übertragungsprozesses*. Zum einen wird das, „was sich abspielt“, werden „Ereignisse des Lebens“ oder „Geschichten, die das Leben schreibt“, in Sprache transformiert, sei es nun mündlich wie im Fall der Radioreportage, schriftlich wie im Fall der Berichterstattung durch die Presse, oder – bei einem etwas weiteren Sprachbegriff – visuell wie im Fall der Fernsehübertragung. Und zum anderen werden diese Transformationen kommuniziert, d. h. es wird ein Text von einem Erzähler an einen oder mehrere Adressaten übertragen. Beides, den Transformations- und Kommunikationsprozess, wollen wir uns noch etwas genauer ansehen.

Transformationsprozess

Eine erste Beobachtung bezüglich des *Transformationsprozesses* lautet: Dieselbe *Story* kann offensichtlich unabhängig voneinander mehrere *Texte* generieren (theoretisch x-beliebig viele). Sei es die genannte Radioreportage, seien es das Stenogramm des *Kicker* oder der Spielbericht der *Süddeutschen Zeitung*, alle zitierten Texte beziehen sich auf dasselbe Spiel bzw. dessen *Story*. Dabei fällt auf, dass besagte Texte denselben *Event* sehr unterschiedlich wiedergeben. Im vorliegenden Fall mag das an den unterschiedlichen Medien (Radio, Internetausgabe von Zeitungen) liegen und auch daran, dass die Texte *zu verschiedenen Zeiten* erstellt wurden – Günther Koch berichtet live, das Stenogramm wird unmittelbar nach Spielschluss erstellt,

7 Der Begriff ist im Englischen und Französischen identisch, im Deutschen wird er häufig mit *Erzählung* wiedergegeben. Da es diesbezüglich zu Verwechslungen mit dem *Text* kommen kann, wählen wir als deutsches Äquivalent für *Narration* den eindeutigeren Begriff *Erzählvorgang*.

der Spielbericht ist ca. eine halbe Stunde nach Beendigung des Spiels im Internet zu lesen. Aber auch wenn wir Spielberichte desselben Mediums im selben Zeitrahmen zusammenstellen und miteinander vergleichen wie z. B. die am Montag erscheinenden Druckausgaben der überregionalen Tageszeitungen (FAZ, FR, Welt, SZ), stoßen wir mit einiger Wahrscheinlichkeit auf unterschiedliche Texte. Schematisch sieht das dann so aus:

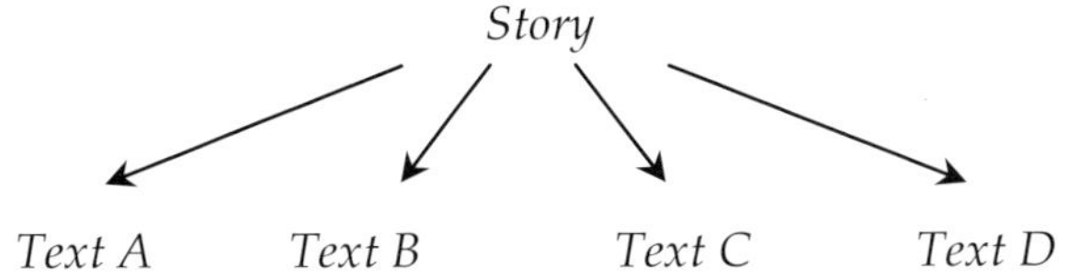

Weiterverarbeitung von Texten

Eine zweite Beobachtung betrifft die Weiterverarbeitung von Texten. Wie die Unterschrift des Spielberichts aus der *Süddeutschen Zeitung* noch erkennen lässt („sueddeutsche.de/sid"), stammt der abgedruckte Text in (wesentlichen?) Teilen gar nicht von der *Süddeutschen Zeitung* bzw. einem ihrer Reporter, sondern ist offenkundig vom *Sportinformationsdienst* – dafür steht das Kürzel „sid" – übernommen und für die Internetausgabe der SZ von deren Redakteur lediglich bearbeitet worden.[8] Ähnliches gilt auch für die anderen, oben bereits genannten überregionalen Tageszeitungen: Die Nachrichtenagenturen mögen wechseln – an die Stelle des *Sportinformationsdienstes* kann auch die *Deutsche Presseagentur* (dpa) treten –, die Genese des Textes bleibt in ihren Grundzügen gleich. Aus alten werden neue Texte. Das führt zu folgender Modifikation unseres Schemas:

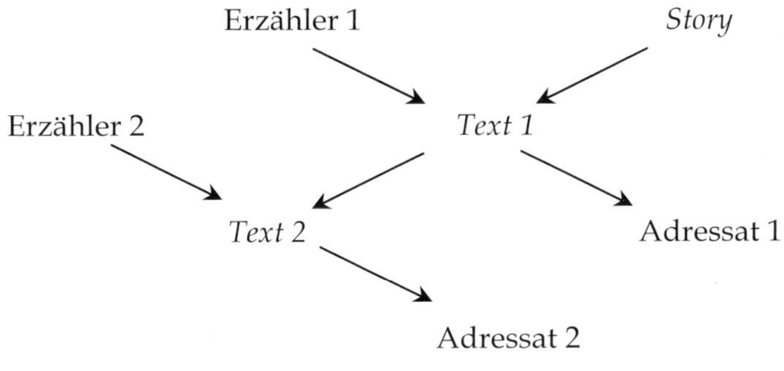

8 Eine Vermutung geht dahin, dass der oben als *Prolepse* identifizierte Vorspann auf das Konto des Redakteurs, der übrige Text aber auf das Konto des Berichterstatters des Sportinformationsdienstes geht.

Schließen wir noch eine dritte Beobachtung zum Transformationsprozess an. Nur in Ausnahmefällen wie bei der Liveübertragung im Radio oder im Fernsehen werden die Ereignisse (jedenfalls theoretisch) im Verhältnis 1:1 wiedergegeben. Normalerweise sind Berichte oder Erzählungen einem gewissen *Selektionsdruck* ausgesetzt. Manches wird knapp oder gar nicht erzählt (wie z. B. im Bericht der *Süddeutschen Zeitung* die Verwarnungen), anderes dafür umso ausführlicher. Wie umfangreich letztlich eine Erzählung oder ein Bericht ausfällt bzw. wie nahe sie an den wirklichen Ereignissen „dran" ist, hängt entscheidend davon ab, wie viel Raum (im Fall schriftlicher Texte) oder Zeit (im Fall von Radio- oder Fernsehreportagen) zur Verfügung steht, d. h. – in medienwissenschaftlicher Terminologie – für welches *Format* der jeweilige Bericht gedacht ist. Solche „Formate", das sei hier nur schon einmal angedeutet, gibt es auch im Neuen Testament, nur heißen sie dort *Gattungen*.

Kommunikationsprozess

Eine letzte Anmerkung gilt dem *Kommunikationsprozess*. Denn: Die Art und Weise, wie eine *Story* textliche Gestalt annimmt, hängt nicht zuletzt davon ab, *wer* mit *wem* kommuniziert. Anhänger des TSV 1860 München werden das 1:0 für „ihre" Mannschaft anders erzählen und kommentieren als Anhänger des VfL Bochum (etwa: „wir sind in Führung gegangen" vs. „wir sind in Rückstand geraten"), besonders deutlich werden die darin aufscheinenden unterschiedlichen *Perspektiven* dann, wenn umstrittene Spielszenen Anlass zur Diskussion geben: Geschah das Foul im Strafraum oder nicht, hatte der Ball die Linie überschritten oder war es doch kein Tor (wie im Fall jenes berühmten 3:2 für England im WM-Endspiel gegen Deutschland 1966) usw.?

Perspektive

Dass die *Perspektive* stets mitspielt, ist nirgends besser zu besichtigen als in der Kriegsberichterstattung, für die der Irakkrieg nur das jüngste, aber keineswegs einzige Beispiel liefert. Offensichtlich war: Es machte einen Unterschied, ob die Bilder von einem amerikanischen Fernsehsender (CNN; Fox) oder vom irakischen Fernsehen stammten, ob die amerikanische und britische Truppen begleitenden Journalisten (man schuf dafür den neuen Begriff „embedded journalism") vom raschen Vormarsch der sogenannten „Koalition der Willigen" oder „neutrale" Reporter der ARD oder des ZDF vom Bombardement auf Bagdad berichteten. So verkündete z. B. die amerikanische Seite die Einnahme zweier Städte (Basra; Umm Kasr), während die irakische Seite das Gegenteil behauptete. Gerade in der Kriegsberichterstattung macht die *Propaganda* einen wesentlichen Teil der Nachrichten aus.

1.4 Anwendung auf das Neue Testament

Es liegt auf der Hand, dass die *Perspektive* bzw. *Optik* auch bei der „Jesusberichterstattung" (*sit venia verbo*) eine zentrale Rolle spielt; ein „Fan" Jesu, d. h. einer seiner Anhänger wird die Ereignisse anders erzählen als einer seiner Gegner wie z. B. ein Pharisäer oder Sadduzäer (wenn sie die Ereignisse überhaupt erzählten) oder ein „neutraler" Beobachter wie z. B. der räumlich und zeitlich weit entfernte römische Historiker Tacitus, der die Passion Jesu in seinen Annalen mit einem einzigen Satz abtut: „Der Mann, von dem sich dieser Name (sc. Chrestianer) herleitet, war unter der Herrschaft des Tiberius auf Veranlassung des Prokurators Pontius Pilatus hingerichtet worden" (Tacitus, Ann XV 44).

Aber nicht nur im Detail, auch generell erweist sich das Beispiel aus der Sportberichterstattung (bzw. dem Nachrichtenwesen überhaupt) und seine analytische Erschließung mit Hilfe narratologischer Modelle als hilfreich, wenn es um die Darstellung der Prozesse geht, mit Hilfe derer die Jesusgeschichte in den Evangelien Gestalt gewann. Nicht nur lassen sich die drei grundlegenden Kategorien des Genette'schen Textmodells ohne Schwierigkeiten auf unsere Texte übertragen – das Jesusgeschehen bzw. die Geschichte Jesu bildet die *Story*, die Evangelien stellen vier verschiedene Weisen des *Textes* dar, der Erzählvorgang bzw. die *Narration* kommt in den Blick, wenn wir vom Evangelisten Markus (Matthäus, Lukas, Johannes) und seinen Adressaten, der markinischen (matthäischen, lukanischen, johanneischen) Gemeinde sprechen (obwohl das erzähltheoretisch nicht ganz korrekt ist) –, auch die von der modernen Narratologie für Erzählungen bereitgestellten Analysemittel können mit Gewinn herangezogen werden, wenngleich sich sicherlich nicht alles 1:1 auf das Neue Testament übertragen lässt.

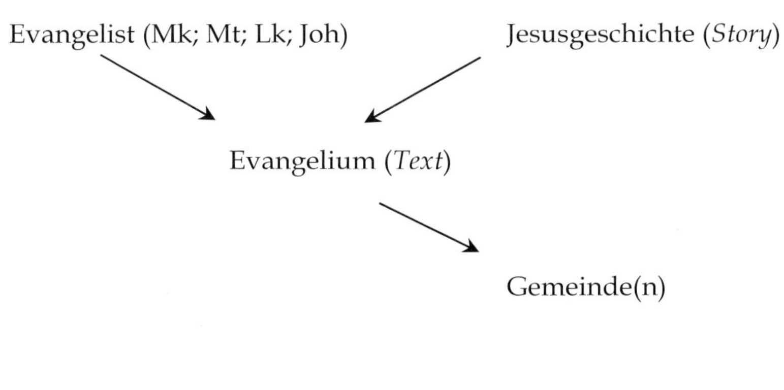

Drei Aspekte des Erzählens: *Story, Text, Narration*

Mit der neueren Erzähltheorie unterscheiden wir drei Aspekte des Erzählens: die Story, den Text und die Narration. Dabei bezeichnet die Story den Gegenstand des Erzählens, die Jesusgeschichte, die aus einer Serie von Events (Auftreten des Täufers, Taufe Jesu, Versuchung ...) und den daran beteiligten Akteuren (Täufer, Jesus, Geist, Satan ...) besteht. Die Story ist eine Art virtuelle Größe und nur über den Text zugänglich bzw. rekonstruierbar. In unserem Fall sind das die vier Evangelien nach Matthäus, Markus, Lukas und Johannes. Nur sie können – als Text – einer textuellen Analyse unterzogen werden. Mit Erzählvorgang oder Narration bezeichnen wir den Akt des Erzählens bzw. dessen kommunikativen Aspekt. An ihm sind der Erzähler und die Adressaten der Erzählung beteiligt, die wir vorläufig und erzähltechnisch nicht ganz korrekt, mit den Evangelisten und den Gemeinden, für die sie schreiben, in eins setzen wollen.

1.5 Offene Fragen

Faktuales vs. fiktionales Erzählen

Mit der Sportberichterstattung bzw., verallgemeinert, dem Nachrichtenwesen haben wir ein Beispiel aus dem Bereich des *faktualen Erzählens* gewählt, weil es u. E. die Genese und Eigenart der Jesusüberlieferung besser zu illustrieren vermag als ein rein an einer Theorie des *fiktionalen Erzählens* orientiertes Textmodell. Während fiktionale Texte Ereignisse darstellen, die keinen Wirklichkeitsbezug bzw. keine „Referenzialisierbarkeit" beanspruchen, d. h. nicht behaupten, dass das, was erzählt wird, sich auch „wirklich" so ereignet habe, erwarten wir von faktualen Texten gerade das Gegenteil. Sie müssen einer Wirklichkeitsprüfung standhalten (dann sind sie „wahr"); tun sie das nicht, bezeichnen wir ihre Information als „falsch".

Damit ist noch nicht gesagt, dass Evangelien und Apostelgeschichte auch wirklich *faktuale* Texte sind, sondern nur, dass wir als Leserinnen und Leser gewöhnlich mit dieser Erwartungshaltung an die Texte herangehen. Zumindest in einem Fall wird diese Erwartungshaltung von Autorenseite aus auch bestätigt. Lukas weist nämlich in seinem Vorwort (Lk 1,1–4) explizit darauf hin, dass er allen Ereignissen (πράγματα), „die unter uns in Erfüllung gegangen sind und wie sie uns die Augenzeugen (!) und Diener des Wortes überlieferten", von Anfang an nachgegangen sei und sie der Reihe nach aufgeschrieben habe, damit der Widmungsträger seines Evangeliums (und der Apostelgeschichte), ein „hochverehrter Theophilus", die „Sicherheit der Worte", über die er unterrichtet wurde, erkennen könne.

Es liegt folglich auf der Hand, dass der methodische Zugriff auf faktuale Erzähltexte in einer Reihe von Punkten anders ausfällt, als wenn es sich um fiktionale Texte handeln würde. Wir wollen im Folgenden die wichtigsten nennen:

Synchronie und Diachronie

(1) Synchronie und Diachronie: Während sich die Analyse fiktionaler Erzähltexte im Wesentlichen auf *synchrone* Methoden (von σὺν χρόνῳ = mit der Zeit) beschränken kann (aber nicht muss), d. h. den Text so nimmt, wie er sich zu einem bestimmten Zeitpunkt, etwa dem Zeitpunkt der Erstveröffentlichung, darstellt, wird die Analyse faktualer Erzähltexte um die Einbeziehung *diachroner* Methodenschritte (von διὰ χρόνου = durch die Zeit) nicht herumkommen, d. h. sich auch für die Vorgeschichte bzw. die Quellen eines Textes interessieren. Im Fall des Lukasevangeliums bedeutet das: Wer sind z. B. die „Augenzeugen und Diener des Wortes", auf die sich der dritte Evangelist in seinem Proömium beruft, wer sind die „vielen", die bereits eine Erzählung der unter uns in Erfüllung gegangenen Ereignisse verfasst haben? Und: Inwieweit sind die Informationen der in Lk 1,1–4 genannten Gewährsleute – vergleichbar den Vorlagen der *Deutschen Presseagentur* oder des *Sportinformationsdienstes* als Grundlagen der Zeitungsartikel – in das Lukasevangelium eingegangen. Die Literarkritik (s. § 4) hat hier ihren „Sitz im Leben" (s. § 6).

Historische Rückfrage

(2) „Historische Rückfrage": Die Narratologie schreibt sich die Analyse der *Story*, d. h. der Ereignisfolge und der an den Handlungen beteiligten Akteure, ausdrücklich auf die Fahnen; sie interessiert sich auch dafür, wie die *Events* im jeweiligen Text zur Darstellung gebracht sind und wie die Relation von Erzähler und Adressaten in Szene gesetzt ist. All das gilt auch für die Untersuchung faktualer Texte. Nur geht diese noch einen Schritt weiter, indem sie sich dafür interessiert, ob die berichteten *Events* auch wirklich stattgefunden haben. Während fiktionale Texte die stillschweigende Übereinkunft zwischen Autor und Leser voraussetzen, auf die Verifikation des Erzählten zu verzichten, gilt für faktuale Texte das Gegenteil. Wir erwarten, dass die Informationen „stimmen". Methodisch reagiert darauf die „historische Rückfrage" (s. § 8).

R. J. EVANS, Fakten und Fiktionen. Über die Grundlagen historischer Erkenntnis (Übers. U. Speck), Frankfurt a. M. 1999.

Weitere Dokumente

(3) „Weitere Dokumente": Eng damit verknüpft ist ein Umstand, auf den wir einführend schon eingegangen sind und in dem Genette einen wesentlichen Differenzpunkt zwischen fiktionalem und faktualem Erzählen sah. Wo Fakten berichtet werden, besteht stets die Möglichkeit, dass derselbe Vorfall *mehrfach* Erwähnung findet. Wir

haben also (zumindest theoretisch) die Möglichkeit, die Historizität des Erzählten mit Hilfe weiterer Dokumente bzw. Quellen zu sichern. Für die Rekonstruktion der Geschichte Jesu liegt es z. B. nahe, nicht nur die vier kanonischen Evangelien miteinander zu vergleichen und sie auf die gemeinsamen *Events* hin zu befragen („synoptischer Vergleich"; s. § 3), sondern - soweit vorhanden - auch außerneutestamentliche Quellen zum Vergleich heran zu ziehen.

Dieses Verfahren hat in jüngerer Zeit wieder an Dynamik gewonnen, insofern vor allem einige angelsächsische Forscher sogenannte *apokryphe Evangelien*, d. h. Jesusstoffe z. T. sehr fragmentarischen Charakters, die keinen Eingang in das Neue Testament gefunden haben wie etwa das „Geheime Markusevangelium", den Papyrus Egerton 2 und besonders das Thomasevangelium, wieder verstärkt für die Rückfrage nach dem historischen Jesus heranziehen. Außerchristliche Quellen geben dagegen so gut wie keine Auskunft über Jesus; sieht man von einigen Notizen bei den römischen Historikern Tacitus und Sueton ab, die immerhin den Tod Jesu unter Pontius Pilatus bestätigen, bleibt eigentlich nur das so genannte *Testimonium Flavianum*, das der jüdische Historiker Flavius Josephus (s. Aktuelles Lexikon) im 18. Buch seiner Altertümer überliefert, dessen Echtheit allerdings mehr als umstritten ist.

📖 H.-J. KLAUCK, Apokryphe Evangelien. Eine Einführung, Stuttgart 2002.

Briefliteratur

(4) „Briefliteratur": Ein Großteil der neutestamentlichen Schriften wird durch dieses Textmodell allerdings gar nicht erfasst, nämlich die Briefliteratur (die Offenbarung stellt einen Sonderfall dar). Das Textmodell passt auf erzählende, aber nicht auf argumentative Texte, was für die Briefe des Paulus ja weitgehend zutrifft. Ihnen geht das für erzählende Texte konstitutive Element, die *Story*, in der Regel ab.[9] Das nötigt methodisch zu der Konsequenz, dass sich die sprachliche Beschreibung von Texten, soweit sie jedenfalls das Neue Testament betrifft, nicht in narratologischen Methoden erschöpfen kann, sondern auch weitere Verfahrensweisen bzw. Analysemittel mit einbeziehen muss. Wie diese genauer aussehen, wird im Folgenden noch zu zeigen sein.

9 Natürlich können Briefe auch narrative Passagen enthalten (das extremste Beispiel ist der Briefroman); für Paulus ließe sich etwa auf den biographischen Teil des Galaterbriefs verweisen (Gal 1–2), für den man durchaus so etwas wie eine *Story* rekonstruieren kann.

2 Vorstellung der Methode

Auf der Basis des oben vorgestellten Textmodells lassen sich (erzählende) Texte auf drei Ebenen analysieren: auf der Ebene der *Story*, des *Textes* und der *Narration*. Wir beginnen mit der *Story*.

2.1 Die Analyse der Story

2.1.1 Die Rekonstruktion der Ereignisfolge (Beschreibung der Motive)

Deutlich war: Die beiden entscheidenden Komponenten einer *Story* sind die Ereignisse und die daran beteiligten Akteure. Der erste Schritt zur Rekonstruktion der *Story* einer Erzählung besteht demnach darin, die *Ereignisfolge* zu analysieren, d. h. die *Events* in chronologischer Reihenfolge zu notieren (das ist wichtig, zuweilen aber schwerer als es auf den ersten Blick scheint). Zu diesem Zweck wird der *Text* auf seine kleinsten unselbstständigen Erzähleinheiten hin untersucht, die oft als einfache Sätze begegnen oder sich als solche wiedergeben lassen. Ereignisfolge

In Anlehnung an den russischen Formalisten Boris Tomaševskij kann dieser Methodenschritt auch als *Motivanalyse* bezeichnet werden,[10] weil für Tomaševskij das Ereignis als kleinste elementare Einheit der Handlung ein *Motiv* darstellt. Die Vorgehensweise Gerd Theißens unterscheidet sich davon insofern, als bei ihm Motive aus wiederkehrenden, stereotypen *Erzählmomenten* gewonnen werden, d. h. Geschichten derselben Gattung nebeneinander gelegt und dann die Erzählmomente x, y, z zum Motiv A zusammengefasst werden. In der Systematik Theißens sind Motive demnach durch Vergleich und Abstraktion gebildete Einheiten, die in den konkreten Texten als *Motivvarianten* (= Erzählmomente) vorkommen. Motivanalyse

Wir treffen folgende Vereinbarung: Das Ereignis bzw. das, was in der realen (im Falle faktualen Erzählens) oder gedachten Wirklichkeit (im Falle fiktionalen Erzählens) geschieht, bezeichnen wir als *Event*. Die textuelle oder literarische Repräsentation eines *Events* nennen wir hingegen ein Motiv. Die entscheidende Bezugsgröße für die Analyse von Motiven auf der Textebene ist der Satz, wobei die These Tomaševskijs, jeder Satz verfüge über ein eigenes Motiv, dahingehend zu modifizieren ist, dass ein Satz auch mehrere Motive enthalten bzw. *Events* schildern kann. Für die konkrete Arbeit empfiehlt es sich, die Liste der *Events* anhand der im Text vorkommenden Tätigkeitswörter zu erfassen und diese mit einem *Label* bzw. einer Etikettierung zu versehen. Mit Vladimir Propp, einem weiteren *Event* und Motiv

10 B. TOMAŠEVSKIJ, Theorie der Literatur. Poetik. Nach dem Text der 6. Aufl., hrsg. und eingel. von K.-D. Seemann (Slavistische Studienbücher NF 1) (Übers. U. Werner), Wiesbaden 1985.

Vertreter des russischen Formalismus, kommen dafür drei Vorgehensweisen in Betracht (als Referenztext dient uns wieder das eingangs referierte Bundesligaspiel zwischen Bochum und München), die entweder alternativ oder komplementär angewendet werden können:

(1) Beschreibung in Form eines einfachen Satzes
(der Schiedsrichter pfeift an; der Spieler XY schießt ein Tor; der Spieler XY wird verwarnt [oder: der Schiedsrichter spricht eine Verwarnung aus] …)

(2) Kurze Definition durch ein Wort oder eine Wortverbindung
(Anpfiff; Tor [alternativ: Führung; Ausgleich]; Verwarnung …)

(3) Symbol (optional)
(; ; ; …)

Wie das Beispiel aus der Welt des Fußballs zeigt, können identische Motive („ein Spieler schießt ein Tor") durchaus unterschiedliche *Funktionen* haben bzw. macht es einen Unterschied, *wann* das Ereignis stattfindet oder an welcher Stelle in der Erzählung das Motiv platziert ist: Im Fall der Bundesligapartie VfL Bochum – TSV 1860 München handelte es sich bei den Toren einmal um den Führungstreffer für den Gastverein, dann um den Ausgleich für die Heimmannschaft. Darüber hinaus ist auch die zeitliche Abfolge der *Events* nicht immer exakt zu eruieren, wie das folgende neutestamentliche Beispiel deutlich macht.

Motive von Mk 2,14

Die Berufung des Zöllners Levi erzählt Markus in 2,14 so: „Und als er (am Meer) vorbeiging, sah er Levi, den (Sohn) des Alfäus, wie er bei der Zollstelle saß, und er sagt ihm: Folge mir nach! Und nachdem er aufgestanden war, folgte er ihm nach." Bleibt man eng am Text und wählt für die Beschreibung der Motive die erste Vorgehensweise („Beschreibung in Form eines einfachen Satzes"), könnte die Motivreihe folgendermaßen aussehen: 1. Jesus geht weiter. 2. Jesus sieht. 3. Jesus ruft in die Nachfolge. 4. Levi steht auf. 5. Levi folgt nach. Eingefangen sind damit die *dynamischen Motive* des Verses, d. h. solche Motive, die die Situation verändern. Der Vers verfügt aber noch über ein weiteres, *statisches Motiv* (statische Motive sind entweder Zustände oder Eigenschaften), nämlich das „Sitzen Levis", das chronologisch kaum exakt unterzubringen sein dürfte: Dass Levi schon sitzt, bevor Jesus ihn sieht, liegt auf der Hand; aber sitzt er auch schon, bevor Jesus am Meer entlang geht oder hat er sich zwischenzeitlich erst niedergelassen?[11]

---

11 Die Frage erscheint spitzfindig, hat aber für die Interpretation Relevanz: Wäre letzteres der Fall, könnte Levi als Teil der in Mk 2,13 präsenten Volksmenge begriffen werden, die Adressat der Lehre Jesu geworden war. Das würde dann auf die Nachfolge Levis ein anderes Licht werfen!

Motivrepertoire einer Gattung

Besondere Relevanz gewinnt die Analyse der Motive auf dem Gebiet der Gattungsforschung (s. auch § 5). Hier kann man z. B. fragen, welche Motive für eine Gattung charakteristisch sind bzw. welche Motive überhaupt realisiert sein müssen, damit eine bestimmte Gattung vorliegt.[12] Eine weitere Möglichkeit besteht darin, das gesamte Motivrepertoire einer Gattung zu erheben. Auf neutestamentlichem Gebiet hat diesbezüglich Theißen in seiner wegweisenden Studie zur Formgeschichte der Wundergeschichten Pionierarbeit geleistet. Die Analyse solcher Erzählungen aus dem Neuen Testament und seiner Umwelt hatte Theißen zur Annahme eines virtuellen Pools von insgesamt 33 Motiven (1. Kommen des Wundertäters; 2. Auftreten der Menge; 3. Auftreten von Hilfsbedürftigen usw.) geführt, die – technisch gesprochen – für die Produktion von Wundergeschichten zur Verfügung stehen. Keine Wundergeschichte realisiert selbstverständlich alle Motive, doch bedarf es für eine komplette Wundergeschichte sowohl einleitender (Kommen des Wundertäters; Auftreten des Hilfsbedürftigen) wie auch expositioneller (Charakterisierung der Not), zentraler (wunderwirkendes Wort) und finaler Motive (Entlassung).

G. THEISSEN, Wundergeschichten* 57–89.

Das Motivgerüst der Wundergeschichten

Das von Theißen herausgearbeitete Motivgerüst erfuhr in der Folgezeit diverse Modifikationen und Erweiterungen. Rudolf Pesch und Reinhard Kratz listen in ihrem Gemeinschaftswerk „So liest man synoptisch" insgesamt 45 Motive auf. Damit dürfte im Bereich der Wundergeschichten ein vorläufiger Endpunkt erreicht sein, auch wenn kleinere Korrekturen nach wie vor möglich bleiben.[13]

A. EINLEITUNG:
1. Auftritt des Wundertäters
2. Auftritt des (der) Hilfsbedürftigen
3. Auftritt einer Volksmenge
4. Auftritt von Begleitern des Wundertäters
5. Auftritt von Begleitern des Hilfsbedürftigen
6. Auftritt von Stellvertretern des Hilfsbedürftigen
7. Auftritt von Gesandtschaften

12 Z. B. gehören, wenn man so will, zur Gattung *Ballspiele* notwendig die Motive Anpfiff und Schlusspfiff sowie das Bewegen eines Balls dazu, nicht aber Tor, Verwarnung etc. Die Art und Weise, wie der Ball bewegt wird – durch Treten oder Werfen – ermöglicht die Differenzierung in Fußball, Handball usw.

13 Vgl. S. M. FISCHBACH, Totenerweckungen. Zur Geschichte einer Gattung (FzB 69), Würzburg 1992, 26f., mit den „neuen" Motiven *Auftritt eines Leichenzugs, Feststellung des Todes, Aufbahrung, Auftauchen von Trauernden* usw.

	8. Auftritt von Gegnern/Dämonen
	9. Motivation des Auftretens von Gegnern
	10. Begegnung/Herstellung von Kontakt
B. EXPOSITION:	11. Charakterisierung der Not (ggf. Exploration)
	Annäherung an den Wundertäter
expositionelle Motive	12. Erschwernis
	13. Niederfallen, Kniefall
	14. Hilferufe
	15. Bitten
	16. Vertrauensäußerung
Spannung	17. Information des Wundertäters
	Verhalten von Zwischen- und Gegenspielern
	18. Missverständnis
	19. Skepsis
	20. Spott
	21. Kritik
	22. Gegenwehr des Dämons: a) Lautes Schreien b) Abwehrzauber c) Namenszauber
	Verhalten des Wundertäters
	23. Pneumatische Erregung, Klage
	24. Mitleid
	25. Zuspruch
	26. Argumentation
	27. Sich-Entziehen
	28. Anweisungen des Wundertäters (Initiative)
C. ZENTRUM:	29. Szenische Vorbereitung a) Zurüstung b) Absonderung c) Anweisungen des Wundertäters
	Wunderhandlung
	30. Berührung (Heilgeste)
	31. Heilende Mittel (Manipulation)

32. Wunderwirkendes Wort (Heilwort)
    a) Anrede
    b) Machtwort
    c) Heilwort
    d) Demonstrationsbefehl
    e) Entlassungsbefehl
33. Unauffälliger Vollzug des Wunders
34. *Apopompe* (Ausfahrbefehl an Dämonen)
    a) mit Verbot der Einfahrt
    b) mit *Epipompe* (Einfahrbefehl)
35. Gebet
36. Exploration (Erkundigung nach Heilerfolg)
37. Konstatierung des Wunders
38. Ausfahrt des Dämons

D. SCHLUSS:
39. Demonstration
40. Entlassung
41. Geheimhaltungsgebot
42. Admiration
43. Akklamation
44. Ablehnende Reaktion
45. Ausbreitung des Rufes

R. PESCH/R. KRATZ, So liest man synoptisch. Anleitung und Kommentar zum Studium der synoptischen Evangelien, Bd. 2: Wundergeschichten. Teil 1: Exorzismen, Heilungen, Totenerweckungen, Frankfurt a. M. ²1982.

R. PESCH/R. KRATZ, So liest man synoptisch. Anleitung und Kommentar zum Studium der synoptischen Evangelien, Bd. 3: Wundergeschichten. Teil 2: Rettungswunder, Geschenkwunder, Normenwunder, Fernheilungen, Frankfurt a. M. ²1982.

2.1.2 Die Analyse der handelnden Personen (Aktantengerüst)

Wir kommen ein letztes Mal (versprochen!) auf den Fußball zurück. Seine Faszination dürfte zu einem Gutteil daher rühren, dass die Grundkonstellation stets dieselbe ist: Zwei Mannschaften stehen einander unter der Leitung eines Schiedsrichters gegenüber, nach dessen Pfeife alle tanzen müssen. Er eröffnet und beendet das Spiel, erkennt Tore an oder verweigert ihnen die Anerkennung, spricht Verwarnungen aus und verweist Spieler des Feldes. Theologisch gesprochen ist ihm alle Macht übergeben, in der Terminologie der Literaturwissenschaft könnte man ihn als *Handlungssouverän* bezeichnen. Zusammen mit den beiden gegnerischen Mannschaften bildet er eine Art Dreiecksbeziehung aus:

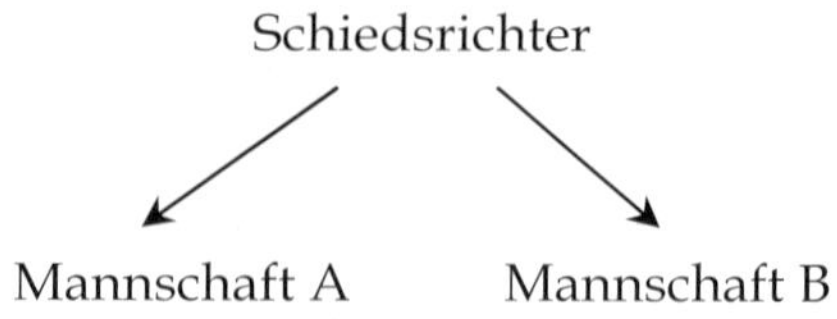

Figurenkonstellationen

Solche oder ähnliche *Figurenkonstellationen* bilden den erzählerischen Nukleus jeder Geschichte. Sie lassen sich folglich auch im Neuen Testament verifizieren. Gerade so großen und bekannten neutestamentlichen Gleichniserzählungen wie der Parabel vom verlorenen Sohn (Lk 15,11–32) oder dem Gleichnis vom reichen Prasser und armen Lazarus (Lk 16,19–31), aber auch „Gleichnisskizzen" wie dem Gleichnis vom Gläubiger und den beiden Schuldnern (Lk 7,41f.) oder vom Vater und den beiden Söhnen (Mt 21,28–31) liegt eine Figurenkonstellation zugrunde, die der obigen Skizze sehr nahe kommt, wenn nicht gleicht. Gerhard Sellin hat dafür den Ausdruck *dramatisches Dreieck* geprägt.[14] Damit ist gemeint: In den genannten und einer Reihe weiterer Gleichnisse (Mt 20,1–15; 25,14–30 etc.) sind es im Wesentlichen drei *Personentypen*, die das Figural, d. h. die in der Erzählung vorkommenden Figuren,[15] bilden. Die Szenerie wird gewöhnlich vom *Handlungssouverän* (HS) beherrscht, der alle Macht in den Händen hält und als König, Vater, Gläubiger oder Weinbergsbesitzer in Erscheinung tritt. Ihm gegenüber steht ein *antithetisches Zwillingspaar,* das vom Status her an sich gleich gestellt ist (zwei Söhne, zwei Schuldner etc.), dessen Relation zum Handlungssouverän aber unterschiedlich ausgeprägt ist (älterer und jüngerer Sohn, mehr oder weniger Schulden). Weil deren Schicksal im Verlauf der Erzählung eine unterschiedliche Wendung nimmt, differenziert man zwischen *dramatischer Hauptfigur* (dHF) und *dramatischer Nebenfigur* (dNF). Je nachdem, ob der Handlungssouverän die gesamte Erzählung präsent ist oder lediglich die Handlung eröffnet, ob er zu beiden Beziehungen unterhält oder nur zu einer Person, ob die antithetischen Zwillinge unabhängig voneinander

Dramatisches Dreieck

14 G. SELLIN, Lukas als Gleichniserzähler. Das Gleichnis vom barmherzigen Samariter (Lk 10,25–37), in: ZNW 65 (1974) 166–189; ZNW 66 (1975) 19–60.

15 Erzählfiguren müssen keineswegs immer menschlicher Natur sein, sondern können auch Tiere (wie in der Fabel) oder transzendente Wesen (Engel, Dämonen) sein. Auch Naturgewalten (vielleicht in der Erzählung vom Seesturm Mk 4,35–41) können in den Rang von Erzählfiguren rücken.

auftreten (Lk 7,41f.) oder miteinander Kontakt haben (Mt 18,23–35), ergeben sich unterschiedliche Formen des dramatischen Dreiecks. Wolfgang Harnisch macht zwei grundlegende Typen aus:

Typ I: *Dreierformation mit antithetischem Zwillingspaar.* Zu diesem Typ zählen neben den bereits genannten Gleichnissen Mt 21,28–31; Lk 7,41f.; 15,11–32; 16,19–31 auch die Gleichnisse vom großen Gastmahl (Mt 22,1–14 par Lk 14,16–24), von den Talenten (Mt 25,14–30 par Lk 19,12–27) und aus dem matthäischen Sondergut die Parabeln von den Arbeitern im Weinberg (Mt 20,1–15) sowie von den klugen und törichten Jungfrauen (Mt 25,1–13). Der Handlungssouverän unterhält in der Mehrzahl der genannten Texte zu *beiden* Gliedern des antithetischen Zwillingspaars eine Beziehung – z. B. kommuniziert der Vater in Lk 15,11–32 mit beiden Söhnen oder handelt der Weinbergbesitzer in Mt 20,1–15 mit allen Tagelöhnern Arbeitszeit und Löhne aus. In Lk 16,19–31 und, mit Abstrichen, in Mt 25,1–13 fungiert jedoch nur *ein* Opponent als Partner des Handlungssouveräns, die antithetischen Zwillinge kommunizieren aber im Gegenzug *miteinander* (die törichten Jungfrauen reden mit den klugen, der reiche Prasser mit dem armen Lazarus im Hades). Daher kann man mit Harnisch noch einmal zwei Typenvarianten unterscheiden. Schematisch stellt sich dies folgendermaßen dar:

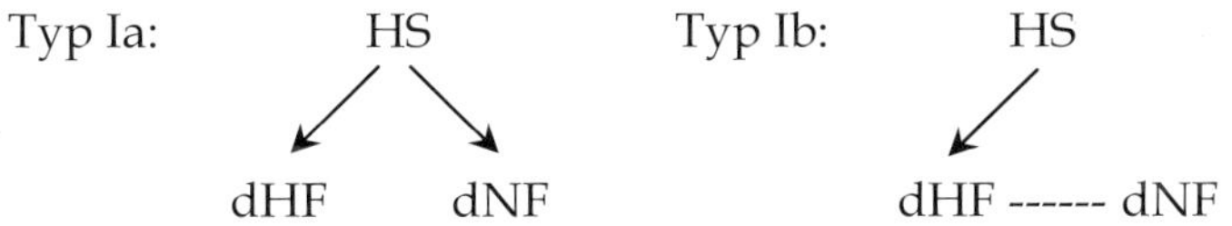

Beide Typen sind auch dadurch unterschieden, dass im ersten Fall (Typ Ia) der Handlungssouverän zuerst in der Exposition genannt wird (Lk 15,11: „Ein Mann hatte zwei Söhne.“), im zweiten Fall (Typ Ib) die antithetischen Zwillinge die Erzählung eröffnen (Mt 25,1: „Das Himmelreich gleicht zehn Jungfrauen …“).

Typ II: *Dreierformation mit abfallender Rangfolge der Personen und Rollenwechsel der Mittelfigur.* Charakteristisch für diesen Typ ist eine Korrespondenz von Beziehungen zwischen dem Handlungssouverän und der Mittelfigur auf der einen und zwischen der Mittelfigur und der Drittfigur auf der anderen Seite. Paradebeispiel für diesen Typ ist das Gleichnis vom Schalksknecht (Mt 18,23–35): Der Initiator und Garant der Handlung, der „Königliche Mann“ (= HS), tritt einem ihm untergeordneten Partner – d. h. einem Sklaven – entgegen, der bei ihm mit der unvorstellbar hohen Summe von 10.000 Talenten in der Schuld steht (= dHF). Letzterer kommuniziert seinerseits wieder mit einem „Mitsklaven", der ihm die vergleichsweise lächerliche Summe von 100 Denaren schuldet (= dNF). Eine analoge Personenkonstellation weist das Gleichnis vom ungerechten Verwalter Lk 16,1–8 auf. Das Aktantenschema des Typs II muss daher etwas modifiziert werden:

Typ II:

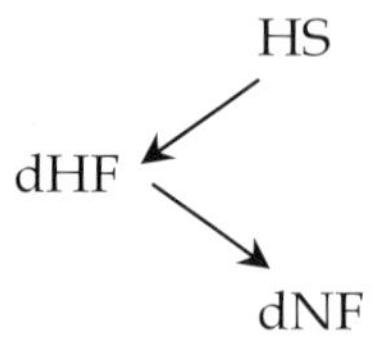

W. Harnisch, Die Gleichniserzählungen Jesu. Eine hermeneutische Einführung (UTB 1343), Göttingen ^{4}2001, 71–84.

In der Analyse der handelnden Personen geht es nun darum, solchen und ähnlichen Figurenkonstellationen bzw. der Figurenkonstellation von Erzählungen überhaupt auf die Schliche zu kommen. In welcher Beziehung stehen die innerhalb einer Erzählung auftretenden Personen bzw. Erzählfiguren zueinander: Wer hat die Zügel in der Hand, wer steht sich (feindlich) gegenüber, wer gibt den Helden, wer greift helfend ein und wem kommt schließlich die Rolle des Schurken zu? In Anlehnung an Vladimir Propp, der auf der Basis einer synchronen Analyse russischer Zaubermärchen insgesamt sieben „Handlungskreise" ausgemacht und daraus „sieben allgemeine Rollen" abgeleitet hatte[16] und in Anlehnung an das von Algirdas Julien Greimas entwickelte Aktantenschema, das die Zahl der in einer Erzählung präsenten *Aktanten*[17] auf drei Paare reduziert – Subjekt und Objekt auf der Ebene des Wollens (Wer will was?), Sender und Empfänger auf der Ebene der Kommunikation (Wer gibt wem was?), Helfer und Widersacher auf der Ebene der Umstände (Wer hilft, wer hindert?) –, kann folgendes Modell als heuristisches Hilfsmittel für die Analyse der Figurenkonstellation herangezogen werden:

16 Als da sind: (1) der *Gegenspieler/Schadensstifter*, (2) der *Schenker*, (3) der *Helfer*, (4) die *Zarentochter* (= *gesuchte Person*), (5) der *Sender* (mit der einzigen Funktion: Aussendung des Helden), (6) der *Held* und (7) der *falsche Held*.

17 Unter *Aktanten* versteht Greimas die handelnden Personen in ihren Beziehungen zueinander (im Unterschied zu den Akteuren); Bal definiert sie als handelnde Instanzen in der Erzählung, die entweder ein Ereignis verursachen oder erleben.

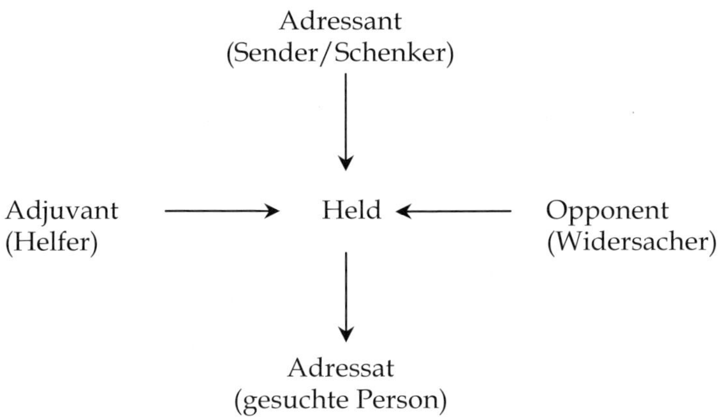

> Das vorgestellte Aktantenmodell leuchtet sofort ein, wenn die Seminarteilnehmer/innen es anhand eines bekannten außerbiblischen Beispiels einüben können. Kein Text eignet sich dafür besser als das Märchen vom Rotkäppchen. Befragen Sie die Teilnehmer/innen Ihres Seminars also danach, wer in diesem Märchen den Platz des Adressanten (Mutter), des Helden (Rotkäppchen), des Adressaten (Großmutter) sowie des Adjuvanten (Jäger) bzw. des Opponenten (Wolf) einnimmt. Denselben Erfolg erzielen Sie, wenn Sie einen aktuellen Kinofilm als Übungsbeispiel wählen. Vergewissern Sie sich aber vorher, dass das Aktantenmodell auch funktioniert! Gehen Sie ins Kino!

V. PROPP, Morphologie des Märchens, hrsg. von K. Eimermacher (stw 131), Frankfurt a. M. ^{2}1982.

Die Analyse der *Story*
Die Analyse der Story setzt sich aus zwei Komponenten zusammen. Zum einen listet sie die die Events repräsentierenden Motive eines Textes in chronologischer Reihenfolge auf und rekonstruiert auf diese Weise die Ereignisfolge der dem Text zugrundliegenden Geschichte. Zum anderen untersucht sie die im Text vorkommenden Erzählfiguren nach ihren Funktionen und gegenseitigen Relationen. Ziel ist die Erarbeitung eines Aktantengerüsts.

2.2 Die Analyse des Textes

Die im strengen Sinn des Wortes *textuelle Analyse* erfolgt mit Hilfe narratologischer und linguistischer Verfahren. Dabei haben die erzähltheoretisch inspirierten Methodenschritte vornehmlich den Gesamttext im Auge (Makroebene), während linguistisch ausgerichtete Verfahrensweisen eher dann am Platz sind, wenn es um die eingehende Analyse eines Textsegments bzw. Einzeltexts geht (Mikroebene), ohne dass das eine vom anderen strikt zu trennen wäre. Selbstverständlich lassen sich auch ganze Evangelien und Briefe mit den beiden hauptsächlichen Spielformen linguistischen Arbeitens, der syntaktischen und semantischen Analyse, untersuchen; der Aufwand ist allerdings immens. Deshalb wird man die syntaktische und semantische Analyse in der Regel auf den Einzeltext oder auch auf einen Cluster von Einzeltexten beschränken.

2.2.1 Narratologische Verfahren

a) Zeit

Erzählte Zeit und Erzählzeit

Die narratologische Leitfrage bei der Analyse des *Textes* lautet: *Wie* präsentiert der Erzähler die *Story*? Erzählt er der Reihe nach (Lk 1,3!) oder nimmt er bestimmte Ereignisse vorweg bzw. bringt er sie erst nachträglich ein? Decken sich *erzählte Zeit*, d. h. die Dauer der erzählten Geschichte - also im Fall Jesu die Zeit vom Auftreten des Täufers bis zu seinem Tod am Kreuz, die man auf der Basis des Markusevangeliums auf ein knappes Jahr bemessen wird -, und *Erzählzeit*, d. h. die Zeit, die ein Erzähler für das Erzählen seiner Geschichte benötigt? Weil das praktisch nur bei der Liveübertragung der Fall ist und der Normalfall des literarischen Erzählens die *Anisochronie* darstellt (erzählte Geschichte [*Story*] und Erzählung [*Text*] weisen unterschiedliche „Zeiten" auf), schließen sich weitere Fragen an: Wo lässt der Erzähler aus, wo fasst er zusammen, wo dehnt er aber vielleicht auch die *Story* aus, indem er ein und dasselbe Ereignis mehrfach erzählt oder in Form sogenannter Erzählerkommentare reflektiert, wie es häufig im Johannesevangelium der Fall ist (vgl. Joh 2,21f. u. ö.). Solche und ähnliche Fragen behandelt die Erzähltheorie unter den Rubriken *Ordnung*, *Dauer* und *Frequenz*.

Ordnung

Die (rekonstruierte) Ereignisfolge der *Story* muss mit der Abfolge der *Events* auf der Textebene keineswegs übereinstimmen. Gerade die biblische Literatur arbeitet häufig mit *Prolepsen*, also der erzählerischen Vorwegnahme erst später stattfindender Ereignisse in Form von Prophezeiungen, Visionen und Träumen. Das Markusevangelium weist eine ganze Reihe solcher Prolepsen auf, etwa in Mk 3,19, wo die erst in Mk 14,10f.43–46 realisierte Auslieferung Jesu durch

Prolepsen und Analepsen

Judas vorweggenommen ist, oder in den Leidenssummarien Mk 8,31; 9,31; 10,33f., welche die Passion Jesu bereits andeuten. Das Gegenstück einer Prolepse ist die *Analepse*. Diese zweite Spielform der so genannten narrativen Anachronien liegt dann vor, wenn ein Ereignis vom Erzähler nachgetragen wird, also zu einem früheren Zeitpunkt als dem stattgefunden hat, den die Erzählung inzwischen erreicht hat. Das ist in Mk 6,17–29 der Fall. Die in Mk 6,14 kolportierte Meinung, Johannes der Täufer sei von den Toten auferweckt worden, setzt dessen Tod notwendig voraus; seine Enthauptung durch Herodes Antipas wird freilich erst jetzt erzählt. Die genannten Belege sind Beispiel für *interne* Pro- bzw. Analepsen; eine *externe* Ana- bzw. Prolepse liegt vor, wenn ein Ereignis anvisiert ist, das außerhalb der Erzählung liegt wie im Fall der vorausgesagten Tempelzerstörung Mk 13,2 (externe Prolepse).

D. S. DuToit, Prolepsis als Prophetie. Zur christologischen Funktion narrativer Anachronie im Markusevangelium, in: WuD 26 (2001) 165–189.

Dauer

Beim Lesen durchmessen wir oft Zeiträume von mehreren Jahren, Jahrzehnten und manchmal sogar von Jahrhunderten in wenigen Sekunden, Stunden oder Tagen. Eine dramatische Lesung des Markusevangeliums z. B. nimmt etwas über zwei Stunden in Anspruch;[18] die Zeit des Wirkens Jesu, die es abdeckt, dürfte sich dagegen auf ca. ein Jahr belaufen. Erzählzeit und erzählte Zeit gehen also deutlich auseinander, sind – wie man in der Fachsprache sagt – *anisochron*. Die Analyse der Erzähldauer geht solchen *Anisochronien* nach.

Szene

Zeitlich relativ nahe beieinander liegen Erzählzeit und erzählte Zeit bei der (1) *Szene*, die sich von anderen Formen des Erzählens durch den hohen Anteil an Figurenrede unterscheidet. Sie erweckt den Eindruck, als sei der Leser „live" dabei (vgl. Mk 1,23–27). **Summarium** Das (2) *Summarium* (auch: *summarisches Erzählen*) hingegen erhöht die Erzählgeschwindigkeit, gehört also zu den Formen zeitraffenden Erzählens. Längere Zeiträume werden mit wenigen Worten oder in wenigen Zeilen überbrückt. Mk 1,13 illustriert dies sehr schön: Der vierzigtägige Rückzug Jesu in die Wüste beansprucht nicht mehr als

18 Mündliche Information meines Kollegen M. Ebner, der einer szenischen Lesung des Markusevangeliums in Wien beiwohnte. Für das Johannesevangelium gibt es ähnliche Auskünfte, vgl. L. Schenke, Das Johannesevangelium. Einführung – Text – dramatische Gestalt. Übersetzung des Johannesevangeliums aus dem Griechischen von Ludger Schenke, Rainer Feige und Johannes Neugebauer (UB 446), Stuttgart 1992, 227 (drei Stunden).

einen Vers![19] Im Unterschied zur *Szene* bewirkt das *Summarium* eine größere Distanz.

Ellipse und Dehnung

Wird ein Zeitraum übersprungen, liegt eine (3) *Ellipse* (auch: Aussparung) vor. Die *explizite* Ellipse gibt die Spanne der ausgesparten Zeit exakt an (Mk 9,2: „sechs Tage danach"), implizite Ellipsen lassen dies offen (Mk 4,1: „und wieder lehrte er am Ufer des Sees"). Aus neutestamentlicher Perspektive etwas vernachlässigen können wir dagegen (4) die *Dehnung*, eine Art Erzählen in Zeitlupe, bei dem die Erzählzeit deutlich länger währt als die Zeit, die das Ereignis selbst beansprucht. Bedeutend wichtiger ist dagegen eine weitere Spielform des Erzählens, die (5) *Pause* – die als „Gegenstück" zur Ellipse verstanden werden kann. Die Pause verringert das Erzähltempo bis hin zu einem Extremwert, d. h. die Geschichte und damit die erzählte Zeit stehen still. Erreicht wird das durch eingeschobene Beschreibungen, Kommentare oder Reflexionen des Erzählers (nicht aber einer handelnden Figur!). Das Markusevangelium macht von solchen Pausen eher selten (Mk 7,3f.), das Johannesevangelium dafür umso häufiger in Form von Erzählerkommentaren Gebrauch.

Pause

Frequenz

Ereignissen kann der Erzähler dadurch eine besondere Bedeutung beimessen, indem er sie mehrfach erzählt. Das ist z. B. bei der Bekehrung des Paulus der Fall, die in der Apostelgeschichte insgesamt dreimal erzählt wird: Apg 9,1–19 aus der Perspektive des neutralen Beobachters, Apg 22 und 26 aus der Sicht des Betroffenen (Paulus). Das Gegenstück zum *repetitiven Erzählen* ist das *iterative Erzählen*: Es wird nur einmal berichtet, was sich mehrfach zugetragen hat, etwa dass die Familie Jesu „alljährlich" nach Jerusalem zum Passahfest hinaufzieht (Lk 2,41). In der Regel dominiert natürlich das *singulative Erzählen*: Es wird ein- oder mehrmal erzählt, was sich ein- oder mehrmals zugetragen hat.

Singulatives, repetitives und iteratives Erzählen

b) Modus

Distanz und Fokalisierung

Die Analyse des Modus untersucht, wie mittel- oder unmittelbar etwas erzählt wird (*Distanz*) bzw. aus welcher Perspektive oder von welchem Standpunkt aus etwas erzählt wird (*Fokalisierung*; der klassische *point of view*). Also: Wie nahe kommen wir als Leserinnen oder Leser an die Ereignisse heran? Die ehrliche Antwort muss lauten: Eine gewisse Distanz bleibt immer, weil der Erzähler als vermit-

19 Die summarische Notiz im selben Vers, Jesus sei in der Wüste vom Satan versucht worden, bauen die Seitenreferenten mit Hilfe von Q-Stoff zu einer *Szene* um, vgl. Mt 4,1–11 par Lk 4,1–13.

telnde Instanz stets „dazwischen" ist. Seine „Anwesenheit" kann aber mehr oder weniger stark wahrgenommen werden; wir differenzieren zwischen einem *dramatischen* (ohne Distanz) und einem *narrativen Modus* (mit Distanz). Wo *Ereignisse* geschildert werden, entsteht der Eindruck einer unmittelbaren Präsenz durch das Zusammenspiel mehrerer Faktoren. Dazu gehört, dass der Erzähler auf jegliche Kommentare und Reflexionen verzichtet, aus der Perspektive einer unmittelbar am Geschehen beteiligten Figur berichtet und möglichst kein Detail in seiner Schilderung auslässt, auch wenn es für die eigentliche Handlung der erzählten Geschichte belanglos ist.

Erzählerische Details sorgen für Unmittelbarkeit

Obwohl der Erzähler des Johannesevangeliums mit seinen Erzählerkommentaren häufig auf „Distanz" zu seiner Geschichte „geht" (s. o.), gelingen ihm andererseits Szenen von großer Unmittelbarkeit. Dafür sorgen gerade die meist überlesenen Details. Bei der Salbung von Bethanien etwa wird das ganze Haus vom Duft des Öls erfüllt (Joh 12,3), wie bei Lukas ist es das *rechte* Ohr, das Petrus dem Knecht des Hohenpriesters, Malchus, abschlägt (Joh 18,10; vgl. Lk 22,50). Joh 18,18 wärmt sich Petrus an einem *Kohlenfeuer* und nicht nur an einem Licht (Mk 14,54) oder Feuer (Lk 22,55). Solche für den Fortgang der Handlung an sich überflüssigen Details finden sich freilich auch im Markusevangelium. Die Erwähnung „anderer Boote" in der Geschichte von der Stillung des Seesturms (vgl. Mk 4,36), deren weiteres Schicksal offen bleibt und den Auslegern folglich große Rätsel aufgegeben hat, versteht man vor diesem Hintergrund jedenfalls besser. Sie dient dem Eindruck unmittelbarer Präsenz ebenso wie die Erwähnung des Jünglings, der bei der Verhaftung Jesu sein Hemd fallen lässt und nackt flieht (Mk 14,51f.).

Bei der Erzählung von *Worten* führt der direkte Weg zur Unmittelbarkeit natürlich über die Figurenrede; den Extremfall gibt hier die so genannte autonome direkte Figurenrede ab, wo sogar auf die Verba dicendi (Redeeinleitungen) verzichtet ist. Schon auf die Seite des narrativen Modus gehört dagegen die indirekte Rede, die allerdings im Neuen Testament praktisch nicht vorkommt. Ungleich häufiger dagegen begegnet eine Form der Raffung, die den sprachlichen Akt erwähnt, ohne den Inhalt zu spezifizieren (Mk 1,21: „er lehrte" [in der Synagoge von Kafarnaum]; Apg 19,8: „er [= Paulus] redete freimütig drei Monate lang, sich auseinandersetzend und überzeugend in Bezug auf das Reich Gottes").

Point of view

Wir kommen ein allerletztes Mal auf den Fußball (oder eine andere beliebige Ballsportart) zurück: Der präzise Sinn eines Satzes wie: „Das Geschehen spielt sich in der gegnerischen Hälfte ab" wird nur dann adäquat erfasst, wenn der *point of view*, d. h. der Standpunkt oder die Perspektive seines Sprechers bekannt ist. Je nachdem, ob ein Spieler, Betreuer, Funktionär oder Fan des VfL Bochum oder des TSV 1860 München den Satz äußert, bezeichnet er entweder die Münchener oder die Bochumer Spielhälfte. *Wie* erzählt oder präsentiert wird, ist deshalb nicht zuletzt eine Sache der Perspektive. Oder mit den Worten Mieke Bals: „... whenever events are presented, they are always presented from within a certain ‚vision'."[20]

Wer spricht? Wer sieht?

Diese an sich triviale Erkenntnis gewinnt narratologisch insofern an Bedeutung, als die neuere Erzähltheorie die Frage nach dem Erzähler oder der Stimme (Wer spricht?) von der Frage nach der Perspektive oder Fokalisierung (Wer sieht?) methodisch trennt. Das macht im Blick auf die Romanliteratur des 19. und 20. Jahrhunderts auch Sinn, weil dort häufig Erzähler (*narrator*) und Betrachter (*focalizer*) auseinander fallen, also z. B. dasselbe Ereignis aus der Perspektive verschiedener Erzählfiguren erzählt wird – man spricht dann von einer *multiplen internen Fokalisierung* – oder die Fokalisierung im Rahmen eines chronologisch fortlaufend präsentierten Geschehens zwischen verschiedenen Personen wechselt, der Erzähler aber immer derselbe bleibt. Inwieweit solche Differenzierungen auch an das Neue Testament bzw. die biblische und antike Literatur generell mit Gewinn herangetragen werden können, ist allerdings noch offen, da eingehendere Untersuchungen auf diesem Sektor fehlen. Wir beschränken uns deshalb auf die Darstellung der grundlegenden Sachverhalte.

Je nachdem, ob man dem System Genettes oder dem System von Bal und Shlomith Rimmon-Kenan folgt, sind drei bzw. zwei Weisen der Fokalisierung zu unterscheiden.

Auktoriale Fokalisierung

(1) Die *auktoriale Fokalisierung* (auch: *Nullfokalisierung*) ist dadurch charakterisiert, dass der Erzähler mehr weiß bzw. mitteilt, als irgendeine seiner Erzählfiguren weiß bzw. wahrnimmt. Sein „Blickfeld" unterliegt keinerlei Beschränkung, er hat die *Übersicht*. Das Tobitbuch illustriert diesen Sachverhalt sehr schön: Am selben Tag, an dem Sara in Ekbatana in Medien von den Mägden ihres Vaters verhöhnt wird (Tob 3,7), erinnert sich Tobit in Ninive an das Geld, das er in Medien hinterlegt hat (Tob 4,1). Damit nicht genug: Neben der „Fähigkeit", geographisch weit voneinander entfernte Räume zu überblicken, sieht der Erzähler auch in die Figuren hinein.[21]

Aktoriale oder interne Fokalisierung

(2) Wenn die Dinge aus der „Sicht" oder „mit den Augen" einer Erzählfigur präsentiert werden, die Erzählung also von deren Wahrnehmungshorizont bestimmt ist, liegt eine *interne* (auch: *aktoriale*) *Fokalisierung* vor. Der Erzähler sagt nicht mehr, als die Figur

20 M. BAL, Narratology** 142.

21 Vgl. die in direkter Rede Tob 3,10; 4,2 mitgeteilten Gedanken bzw. inneren Monologe Saras bzw. Tobits!

weiß, er verfügt lediglich über eine *Mitsicht*. Zu erkennen ist der Wechsel von einer nullfokalisierten zu einer intern fokalisierten Erzählweise an der Präsenz von *Verben der Wahrnehmung*: „Und sofort, heraufsteigend aus dem Wasser, *sah* er die Himmel sich spalten und den Geist wie eine Taube auf sich herabsteigen; und eine Stimme wurde aus den Himmeln: Du bist mein geliebter Sohn; an dir habe ich Gefallen gefunden" (Mk 1,10f.). D. h.: Mit V. 10c nehmen wir die Dinge nicht mehr mit den Augen des (außerhalb der Erzählung angesiedelten) Erzählers (auktoriale Fokalisierung), sondern mit den Augen Jesu wahr (aktoriale Fokalisierung), was zugleich bedeutet, dass allein die Erzählfigur Jesus für die Richtigkeit der in V. 10f. geschilderten Vorgänge garantiert (das Spalten des Himmels; das Herabsteigen des Geistes; das Hören der Stimme), während in der entsprechenden Lukasparallele die Geschehnisse auktorial fokalisiert sind[22] und damit der Erzähler selbst für Richtigkeit der Ereignisse einsteht. Man könnte auch sagen: Die lukanische Darstellung wirkt objektiver. Dem korrespondiert die gattungsmäßige Bestimmung der Verse: Bei Markus liegt ein Visionsbericht vor, bei Lukas nicht.

J. MARCUS, Jesus' Baptismal Vision, in: NTS 41 (1995) 512–521.

Perspektivenwechsel

Solche Perspektivenwechsel von der auktorialen Fokalisierung weg hin zu einer aktorialen Fokalisierung und wieder zurück begegnen im Markusevangelium noch öfter. In Mk 1,16.19 sehen wir die erstberufenen Brüderpaare Andreas und Simon sowie Jakobus und Johannes jeweils mit den Augen Jesu bei der Arbeit; dasselbe gilt für Levi in Mk 2,14. Auch die Gegnerperspektive gelangt zur Darstellung: Mk 2,16; 3,2 sind es jeweils Schriftgelehrte, die Jesus bzw. sein Verhalten kritisch beäugen! In der Gerasenergeschichte wechselt die Perspektive einmal kurz zum Besessenen (Mk 5,6a) und dann in 5,14f. zu den aus der Stadt und den umliegenden Dörfern Herbeigeeilten; sie „erblicken den Besessenen dasitzend, bekleidet und bei Sinnen". Derartige Beobachtungen ließen sich im Markusevangelium noch vermehren, z. B. in der auf die Gerasenergeschichte folgenden Erzählung von der Heilung der blutflüssigen Frau.

Inwieweit damit interpretatorisch etwas gewonnen ist, müssen weitere Untersuchungen freilich erst noch zeigen. Das in anderem Zusammenhang schon einmal erwähnte dreifach erzählte Damaskuserlebnis Pauli in der Apostelgeschichte böte sich diesbezüglich als Studienobjekt durchaus an. Schon auf den ersten Blick fällt ja auf, dass nur die erste Fassung auktorial fokalisiert ist (mit wenigen „internen" Einsprengseln wie etwa dem „Gesicht" des Paulus Apg 9,12), die beiden übrigen Fassungen indes aus der

22 Vgl. Lk 3,21f.: „Es geschah aber, als das ganze Volk getauft wurde und als Jesus getauft wurde und betete, öffnete sich der Himmel, und der heilige Geist stieg herab in leiblicher Gestalt wie eine Taube auf ihn, und eine Stimme aus dem Himmel kam: Du bist mein geliebter Sohn, an dir habe ich Wohlgefallen gefunden."

Perspektive des Paulus präsentiert werden, der dem Erzähler darüber hinaus seine Stimme leiht (vgl. Apg 22,3–21; 26,2–23). Die beiden „paulinischen" Fassungen sind nicht nur gute Beispiele für die *Erinnerung* als vorzügliches Mittel charaktergebundener oder aktorialer Fokalisierung, sondern weichen mit Blick auf die *Story* des Damaskusgeschehens auch erheblich von der auktorial fokalisierten Fassung in 9,1–19a ab. Erzähltheoretisch betrachtet ist das gerade kein Problem, da es der Wechsel in der Fokalisierung dem Actaverfasser ermöglicht, unterschiedliche Sichtweisen des Damaskuserlebnisses unterzubringen: Apg 9 betrachtet es eher unter dem Blickwinkel der Bekehrung, Apg 22 und 26 unter dem Blickwinkel der Berufung!

Externe Fokalisierung

(3) Eine *externe Fokalisierung* ist nach Genette dann gegeben, wenn aus der neutralen *Außensicht* erzählt wird, der Erzähler also weniger sagt als die Figur weiß. Wir sehen die Figuren sprechen und handeln, ohne dass ihr Wahrnehmungshorizont durch entsprechende Mitteilungen des Erzählers deutlich erkennbar überschritten würde, aber auch ohne dass wir jemals einen direkten Einblick in ihr Denken und Fühlen bekämen.

Subjekt und Objekt der Fokalisierung: *focalizer* und *focalized*

Bal hat die Genette'sche Dreiteilung u. E. zu Recht in die Distinktion von externer (darin gehen die Genette'schen Kategorien Nullfokalisierung und externe Fokalisierung auf) und interner Fokalisierung überführt und darüber hinaus die Unterscheidung von Subjekt (*focalizer*) und Objekt der Fokalisierung (*focalized*) eingeführt. Dabei schreibt sie dem *focalizer* nicht nur die Rolle des Betrachters auf den Leib, sondern auch die der Auswahl und der Darstellung des Materials. Daher legt die Analyse der Fokalisationsstruktur einer Erzählung auch den Standpunkt eines Erzählers im weitesten Sinne offen: Nicht nur die (räumliche) Position wird sichtbar, sondern auch Einstellungen und Vorauswissen. Abschließend sei der Prozess der Fokalisierung noch einmal schematisch dargestellt:

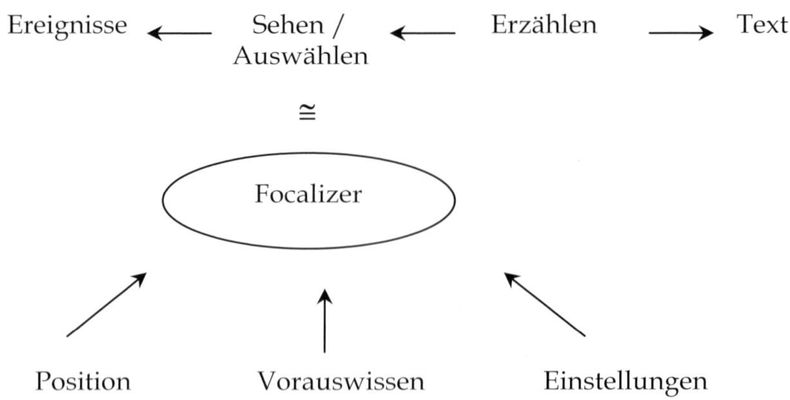

M. BAL, Narration and Focalization, in: Dies., On Story-Telling. Essays in Narratology, hrsg. von D. Jobling (Foundation & Facets), Sonoma (CA) 1991, 75–108.

c) *Charakterisierungen*

Der vielleicht wichtigste Beitrag narratologischer Theoriebildung zur Analyse neutestamentlicher bzw. biblischer und antiker Texte betrifft die Techniken zur Charakterisierung von Personen. Strategien dazu gibt bereits die antike Rhetorik unter dem Stichwort *Ethopoiie* an die Hand; es ist aber zweifelsohne das Verdienst neuerer erzähltheoretischer Überlegungen, hier zu noch differenzierteren Instrumentarien gekommen zu sein. Grundsätzlich sind drei Weisen der Charakterisierung voneinander zu unterscheiden: direkte und indirekte Charakterisierungen sowie die Charakterisierung qua Analogie. Wir stellen sie der Reihe nach vor.

Direkte Charakterisierungen

Eine direkte Charakterisierung (*direct definition*) liegt dann vor, wenn „(the) naming of a character's qualities … proceeds from the most authoritative voice in the text".[23] Also nicht, was z. B. Jesus über Natanael äußert (vgl. Joh 1,47: „ein Israelit, in dem keine List ist") interessiert an dieser Stelle, sondern nur, was der *Erzähler* einer *Erzählfigur* an Eigenschaften zuschreibt, geht als direkte Charakterisierung durch. Solche direkten Charakterisierungen sind in den neutestamentlichen Erzählwerken nicht gerade häufig, kommen aber hin und wieder vor.

Fündig wird man vor allem im lukanischen Doppelwerk. Elisabeth und Zacharias sind „gerecht vor Gott" (Lk 1,6), Simeon ist „gerecht und gottesfürchtig" (Lk 2,25), die Frau, die Jesus salbt, „eine Sünderin" (Lk 7,37). Stephanus wird als „Mann voll Glaubens und heiligen Geistes" bzw. „voller Gnade und Kraft" vorgestellt (Apg 6,5.8), Kornelius als „fromm und Gott fürchtend mit seinem ganzen Haus" (Apg 10,2).

Indirekte Charakterisierungen

Während also direkte Charakterisierungen im Neuen Testament eher die Ausnahme sind, begegnen indirekte Charakterisierungen (*indirect presentations*) ungleich häufiger. Das hat nicht zuletzt damit zu tun, dass – wie bereits angedeutet – die antike Rhetorik der Charakterzeichnung „in Handlungen und in Worten" (*in factis et in dictis*) den Vorzug gibt und auf diese Weise zwei wesentliche Bestandteile literaturwissenschaftlicher Beschreibungsmodelle, nämlich die Charakterisierung durch *action* und *speech*, vorwegnimmt.[24]

23 S. RIMMON-KENAN, Fiction** 60.
24 Vgl. Quintilian, Institutio Oratorae X 2,58 (zur Ethopoiie).

Action

(1) *Action*: Im Blick auf die Handlungen lässt sich noch einmal zwischen *one-time actions* und *habitual actions* differenzieren.[25] Erstere betonen den dynamischen Aspekt eines Charakters und kommen häufig dann zum Einsatz, wenn in der Erzählung ein Wendepunkt erreicht wird. Im Unterschied dazu deuten *habitual actions* eher die unveränderlichen oder statischen Aspekte im Portrait einer Erzählfigur an.

In der Szene mit der namenlosen Sünderin Lk 7,36–50 stört eine *one-time action* die Ruhe des Mahls erheblich: Ein Alabastergefäß mit Öl im Gepäck tritt die Sünderin von hinten an Jesus heran, weint und benetzt mit ihren Tränen seine Füße; dann trocknet sie diese mit ihren Haaren ab, küsst und salbt sie mit dem mitgebrachten Öl (Lk 7,37f.). Das Resultat dieser einmaligen Aktion ist ein Statuswechsel bzw., narratologisch formuliert, eine Revision der in V. 37 ausgesprochenen direkten Definition: Als Folge des Vergebungszuspruchs Jesu V. 48 („Deine Sünden sind vergeben worden"; Perfekt!) geht die „Sünderin" nun genauso gerechtfertigt nach Hause wie der sich als Sünder bekennende Zöllner in Lk 18,13f.! Treffliche Beispiele für *habitual actions* liefert der Paulus der Apostelgeschichte, der auf seinen Missionsreisen stets dieselbe Taktik anwendet: Wohin immer es ihn auch verschlägt, er begibt sich stets zunächst in eine Synagoge, um dort das Wort Gottes zu verkünden (Apg 13,5.14; 14,1; 16,13; u. ö.), sodass Apg 17,1f. sogar von einer *Gewohnheit* sprechen kann: In Thessalonich „war eine Synagoge der Juden. Nach seiner Gewohnheit (κατὰ δὲ τὸ εἰωθός) ging Paulus zu ihnen hinein und redete mit ihnen an drei Sabbaten, wobei er von den Schriften ausging." Bei Bedarf oder auf äußeren Druck hin kann Paulus das Lehrlokal selbstverständlich auch wechseln (vgl. Apg 18,4.7).

Speech

(2) *Speech*: Neben den Taten sind es vor allem die Worte, die offen legen, „wes Geistes Kind" jemand ist. Selbstverständlich gilt dies nicht nur für die offen geäußerten Aussprüche oder vor Publikum gehaltenen Reden, auch und gerade die heimlichen Gedanken, Selbstgespräche und Entscheidungsmonologe, wie wir sie in einigen lukanischen Sondergutgleichnissen finden (Lk 12,17; 15,17–19; 16,3f.; 18,4f.), geben wichtige Hinweise auf den Charakter der jeweiligen Figur.

Schon die Analyse der Reden Jesu in den vier kanonischen Evangelien signalisiert deutliche Verschiebungen im Jesusbild der Evangelisten. Während Jesus diesbezüglich im Markusevangelium noch vergleichsweise sparsam agiert – neben der Gleichnisrede in Mk 4 findet sich nur noch die apokalyptische Rede in Mk 13 –, weiten die Seitenreferenten den Redeanteil deutlich aus und setzen auch inhaltlich andere Akzente. Bei Matthäus weist bereits der Umstand, dass Jesus vergleichbar den fünf Büchern Mose fünf große

25 S. RIMMON-KENAN, Fiction** 61f.

Reden hält,[26] auf die Stilisierung des Mannes aus Nazaret als neuer Mose hin; Lukas profiliert Jesus mit Hilfe der über Markus hinaus eingebrachten Gleichniserzählungen als vollendeten Gleichniserzähler. Das Bild ändert sich noch einmal wesentlich, wenn wir auf die großen Offenbarungsreden und die ausgefeilten Dialoge des Johannesevangeliums blicken. Hier tritt uns dann eine Offenbarergestalt entgegen, deren Bedeutung für die Menschheit schlechthin nicht unterschätzt werden kann und die in den so genannten Ich-bin-Worten noch einmal auf den Punkt gebracht wird: „Ich bin das Brot des Lebens" (Joh 6,35), „Ich bin das Licht der Welt" (Joh 8,12), „Ich bin die Tür" (Joh 10,9), „Ich bin der gute Hirt" (Joh 10,11), … „In ihnen sagt Jesus aus, wer er ist, was er für die Menschen sein will und wie sie ihn verstehen sollen."[27]

(3) *External appearance*: Die äußere Erscheinung einer Erzählfigur, insbesondere die Haartracht und die Kleidung, aber auch das Aussehen, gibt häufig einen Hinweis darauf, mit wem wir es bei der entsprechenden Person zu tun haben. So ist z. B. der Umstand, dass Johannes der Täufer einen Mantel aus Kamelhaar und einen ledernen Gürtel trägt (Mk 1,6), nicht nur Ausdruck einer asketischen Lebensweise, sondern zugleich Indiz für die prophetische Identität des Täufers.[28] Und man erkennt den kynischen Wanderphilosophen an Mantel, Proviantsack und Stock (Epiktet, Diss III 22,10). Die frühchristlichen Wanderprediger suchen sich davon abzuheben, indem sie gerade keinen Geldbeutel, keine Tasche und, nach einem Teil der Überlieferung, keinen Stock mitnehmen.[29]

External appearance

(4) *Environment*: Schließlich haben auch Faktoren wie Landschaft, Wohnung, Familie oder Schicht Einfluss darauf, wie wir eine Figur im Leseprozess wahrnehmen. Solche „Umgebungsvariablen" unterstützen z. B. die schon erwähnte direkte Charakterisierung von Zacharias und Elisabeth als „untadelig und gerecht vor Gott" in der lukanischen Kindheitsgeschichte: Zacharias wird explizit als Priester eingeführt, Elisabeth stammt „aus den Töchtern Aarons" (Lk 1,5); darüber hinaus tut Zacharias am Tempel Dienst (Lk 1,8–23). In ähnlicher Weise wirft das dauernde Verweilen am Tempel ein be-

Environment

26 Vgl. Mt 5–7 (Bergpredigt); 10 (Aussendungsrede); 13 (Gleichnisrede); 18 (Gemeinderede) und 23–25 (Weherede gegen Schriftgelehrte und Pharisäer und eschatologische Rede). Gegen die manchmal vertretene Zählung von sechs Reden (man zählt dann Mt 23–25 als zwei Reden) spricht der Umstand, dass die weitgehend gleichlautende Schlussformel „und es geschah, als Jesus diese Worte vollendet hatte" fünfmal vorkommt (Mt 7,28; 11,1; 13,53; 19,1; 26,1).

27 U. SCHNELLE, Das Evangelium nach Johannes (ThHK 4), Leipzig ³2003, 124.

28 Vgl. 2 Kön 1,8, wo der Prophet Elija als ein Mann beschrieben wird, „der ein zottiges Fell trug und einen ledernen Gürtel um die Lenden".

29 Vgl. Mt 10,10; Lk 9,3; 10,4. Dagegen gestattet die Aussendungsregel in Mk 6,8 das Mitnehmen eines Stocks.

sonderes Licht auf die Frömmigkeit Simeons und Hannas (Lk 2,25–38).

Charakterisierung durch Analogie

Aus neutestamentlicher Perspektive ist es angebracht, die Charakterisierung mittels *Analogie* auf demselben Level anzusiedeln wie die beiden vorher genannten Größen.[30] Von den drei Weisen der Charakterisierung mittels Analogie, die die israelische Literaturwissenschaftlerin Rimmon-Kenan ins Spiel bringt, verdient vor allem die *analogy between characters* besondere Aufmerksamkeit: „When two characters are presented in similar circumstances, the similarity or contrast between their behaviour emphasizes traits characteristic of both."[31]

Interne Analogie

Innerhalb der erzählenden Literatur des Frühjudentums und des Neuen Testaments werden solche Analogien auf zweierlei Weise realisiert. Eine *interne Analogie* liegt vor, wenn innerhalb derselben Schrift Erzählfiguren in gleichen oder ähnlichen Umständen dargestellt werden. Das ist z. B. in Joh 12 und 13 der Fall. Beide Male handelt es sich um Mahlszenen: In Joh 12,2 liegt Jesus mit Lazarus zu Tisch, ab Joh 13,2 werden wir Zeugen des Abschiedsmahls Jesu mit seinen Jüngern. Beide Szenen erhalten ihr besonderes Profil durch eine außergewöhnliche Aktion (Charakterisierung durch eine *one-time-action*). Joh 12,3 zufolge nahm *Maria*, die Schwester der Marta und des Lazarus „ein Pfund echtes, kostbares Nardenöl, salbte Jesus die Füße und trocknete sie mit ihrem Haar". Das macht in dieser Abfolge eigentlich keinen Sinn: Wozu die Füße erst mit teurem Öl salben, nur um es anschließend mit den Haaren wieder „wegzutrocknen"? Der tiefere Sinn genau dieser Reihenfolge erschließt sich durch einen Blick auf Joh 13,5: Hier ist es *Jesus*, der sich beim Mahl erhebt, den Jüngern die Füße wäscht und sie abtrocknet. D. h.: Der johanneische Jesus begibt sich mit seiner Aktion in die „Nachfolge" Marias (nicht umgekehrt!) bzw. ratifiziert ihr Handeln an ihm als eine Praxis, die im Raum der johanneischen Gemeinde Vorbildcha-

30 Anders S. RIMMON-KENAN, Fiction** 67, welche die Charakterisierung mittels *Analogie* nicht als eigenständigen *character-indicator* betrachtet.

31 S. RIMMON-KENAN, Fiction** 70. Neben der *analogy between characters* kennt die israelische Literaturwissenschaftlerin als weitere Modi der Charakterisierung qua Analogie *analogous names* und *analogous landscape* (ebd. 68–70). Während letzteres für das Neue Testament weniger relevant sein dürfte – es geht darum, dass z. B. eine „wilde Landschaft" einen „wilden Charakter" unterstreicht; als neutestamentliches Beispiel käme wieder der Täufer in Frage, dessen asketischer Charakter durch den Aufenthalt in der Wüste (vgl. Mk 1,4) unterstrichen wird –, könnte man bei den „sprechenden Namen" an die im NT gar nicht so seltene Praxis denken, gewisse Personen mit Beinamen zu versehen. Das ist z. B. der Fall in Mk 3,16f., wo Simon den Beinamen Petrus (Fels) und die beiden Zebedaiden den Beinamen Boanerges erhalten, was der Evangelist als „Donnersöhne" auflöst.

rakter hat, wie die paradigmatische Deutung der Fußwaschung in Joh 13,14f. belegt.

Externe Analogie

Eine *externe Analogie* ist dann gegeben, wenn eine Erzählfigur nach dem *Vorbild* einer anderen, der eigenen kulturellen oder religiösen Tradition entstammenden Figur modelliert ist. Gerade in biblischen Texten, die in einem bestimmten Traditionskontinuum stehen, ist das häufig der Fall (vgl. § 7). Wir begnügen uns mit einem neutestamentlichen Beispiel: *Eine* Folie der matthäischen Jesusdarstellung ist die Figur des Mose. Schon die Magiergeschichte (Mt 2,1–12) und die anschließende Flucht der Familie Jesu nach Ägypten (Mt 2,13–15) wecken Assoziationen zum Schicksal des Mosekindes;[32] die bereits erwähnten fünf Reden Jesu, deren erste darüber hinaus auf einem Berg (!) gehalten wird, untermauern diese Analogie noch. In gleicher Weise dürfte der Evangelist den Kontrast zu den *zehn* ägyptischen Plagen im Auge haben, wenn er in Mt 8–9 *zehn* Wunder Jesu zusammenstellt!

C. G. MÜLLER, Mehr als ein Prophet. Die Charakterzeichnung Johannes des Täufers im lukanischen Erzählwerk (Herders biblische Studien 31), Freiburg i. Br. 2001, 12–48.

Narratologischer Merkzettel zur Analyse des *Textes*

Narratologisch interessiert ein *Text* unter drei Gesichtspunkten: unter dem Aspekt der *Zeit*, des *Modus* und der *Charakterisierungen*. Folgende konkrete Fragen helfen hier weiter:

- Hält der Erzähler die Ordnung der *Story* ein, d. h. erzählt er linear, oder arbeitet er mit Vor- und Rückblenden (Prolepse/Analepse)?
- Wie steht es um das Verhältnis von erzählter Zeit und Erzählzeit? Wo finden sich Szenen, wo Summarien usw.?
- Wie häufig wird etwas erzählt?
- Geht der Erzähler auf Distanz zum Erzählten oder sorgen erzählerische Details für Unmittelbarkeit?
- Ist die Erzählung auktorial (extern) oder aktorial (intern) fokalisiert? Gibt es Perspektivenwechsel?

---

32 Vgl. U. LUZ, Das Evangelium nach Matthäus. 1. Teilband: Mt 1–7 (EKK I/1), Zürich/Neukirchen-Vluyn ^{2}1989, 114 (zu Mt 2,1–12): „Von den verwandten Geschichten vom Königskind steht unserer Geschichte und 2,13–22 die Mosehaggada am nächsten: Magier (TgJ zu Ex 1,15; ExR 1,18 zu Ex 1,22) bzw. Schriftgelehrte (Jos Ant 2,205) weissagen dem Pharao die Geburt des Mose; dieser erschrickt (Jos Ant 2,206) und faßt den Plan des Kindermords."

- Wie sind die Erzählfiguren charakterisiert: direkt oder indirekt (durch Handlungen und Worte, ihre äußere Erscheinung oder die physische und soziale Umgebung) oder durch interne und externe Analogien?

2.2.2 Linguistische Verfahren

Da narratologische Verfahren quasi *per definitionem* auf erzählende Texte beschränkt sind, das Neue Testament aber neben narrativen (Evangelien; Apostelgeschichte) auch und vor allem argumentative Texte (Briefe; Offenbarung des Johannes) beinhaltet, reicht eine allein erzähltheoretisch ausgerichtete Textbeschreibung nicht aus. Gerade in der Paulusexegese, aber nicht nur dort, haben linguistische Methoden Tradition. Sie sind, wie bereits erwähnt, besonders dann am Platz, wenn es um die Analyse eines Textsegments oder einer Perikope geht; umfangreichen Texten wie etwa dem Römer- oder den Korintherbriefen als Ganzen lässt sich zwar ebenfalls linguistisch „beikommen", der Arbeitsaufwand ist aber zweifelsohne enorm und nur im Rahmen einer größeren Arbeit, etwa einer Dissertation, zu leisten. Wir unterscheiden drei Arbeitsschritte: als vorbereitenden Schritt die *Abgrenzung der Texteinheit*, als zweiten und dritten Schritt dann die *syntaktische* und *semantische Analyse*. Die ebenfalls der Linguistik entstammende und deshalb von der Mehrzahl der Methodenbücher im Verein mit Syntax und Semantik behandelte *pragmatische Analyse* stellen wir noch ein wenig zurück (s. 2.3.2).

a) Abgrenzung der Texteinheit und Neuschreiben des Textes

Perikopenordnung

Neutestamentliche Textausgaben und Übersetzungen haben es häufig an sich, dass sie den Text in kleinere „Lesehäppchen", die sogenannten *Perikopen* (vom griech. περικόπτειν = rings herum abhauen oder beschneiden), aufteilen. Die Einheitsübersetzung etwa fasst die ersten dreizehn Verse des Markusevangeliums unter der Überschrift „Die Vorbereitung des Wirkens Jesu: 1,1–13" zusammen und dividiert diese Verse noch einmal in drei kleinere Textsegmente: „Johannes der Täufer: 1,1–8"; „Die Taufe Jesu: 1,9–11"; „Die Versuchung Jesu: 1,12–13". In der Regel werden wir derartige Perikopenanordnungen ohne größeres Nachdenken akzeptieren, doch sollten wir uns stets vor Augen halten, dass der Urtext weder irgendwelche Zwischenüberschriften noch Perikopen, ja nicht einmal Kapitel- und Verseinteilung kennt. Die vorgestellte Segmentierung und daraus resultierende Gliederung des Anfangs des Markusevangeliums ist also das Werk der Herausgeber oder Übersetzer. Bei der *Abgrenzung der Texteinheit*, d. h. der Feststellung von Anfang und Ende einer Sinneinheit, vollziehen wir diesen Schritt praktisch noch einmal nach, d. h. wir versuchen Gründe namhaft zu machen, die die gewählte Segmentierung bzw. Gliederung der Texte plausibel erscheinen lassen.

Texttrenner

Entscheidende Bedeutung kommt hier dem Aufspüren von sogenannten *Texttrennern* zu. In erzählenden Texten sind das vor allem *Zeit- und Ortsangaben* (vgl. Mk 1,16: „am Meer"; 1,21: „in Kafarnaum, am Sabbat"), das *Auftreten neuer Personen* (Mk 1,16: Simon und Andreas; 1,19: Jakobus und Johannes) oder auch der *Wechsel von Erzählung und direkter Rede*, und das vor allem dann, wenn er mit einem Sprecherwechsel verbunden ist. Nicht nur in narrativen, sondern mehr noch in argumentativen Texten kommt insbesondere *Wiederholungen* eine stark gliedernde Funktion zu (vgl. 1 Joh 2,1.7. 12–14: γράφω ὑμῖν; außerdem in 2,1.28 und 2,18 die Anrede „Kindlein" bzw. „Kinder"). In gleicher Weise tragen sogenannte *metanarrative* bzw. *metakommunikative Wendungen* (wie Zitationsformeln „dies aber ist geschrieben, damit sich das Wort des Propheten erfüllt", vgl. Mt 1,22; 2,5f.15.17; 3,3 u. ö.) zur Gliederung eines Abschnitts bei.

Neuschreiben des Textes

Unter der Voraussetzung, dass sich der Umfang des zu bearbeitenden Textes in Grenzen hält, empfiehlt sich als weiterer vorbereitender Schritt das *Neuschreiben des Textes* mit einem Zeilenumbruch hinter jedem Satz und Nebensatz, wobei als Faustregel gilt, dass nur *ein* Verb pro Zeile vorkommen darf. Die Teilverse werden mit a, b, c usw. durchnummeriert. Zu welchen Ergebnissen dies führt, lässt sich z. B. an Mk 2,13 besichtigen:

Beispiel

13a Und er ging wieder hinaus am Meer entlang.
b Und die ganze Menge kam zu ihm,
c und er lehrte sie.

b) Die syntaktische Analyse

Das griechische Wort σύνταξις (= „Zusammenordnung, Zusammenstellung, Anordnung"), galt den antiken Grammatikern als Terminus technicus für „die sprachrichtige Verbindung der Wörter untereinander und zu ganzen Sätzen, die Wortfügung und Lehre davon".[33] Es wurde aber auch für die Aufstellung der Soldaten oder des Heeres in Reihen und Glieder, d. h. für die Schlachtordnung gebraucht. Die syntaktische Analyse hat es folglich mit der „Schlacht-

33 F. PASSOW, Handwörterbuch der griechischen Sprache II/2, Leipzig [5]1857, Repr. Darmstadt 1983, 1744.

ordnung" von Texten zu tun, mit der Aufstellung von Wörtern zu Sätzen und Satzreihen. Oder anders ausgedrückt: In der syntaktischen Analyse wird „die konkrete sprachliche Gestalt eines Textes untersucht: die Beziehungen zwischen den verwendeten sprachlichen Mitteln und die Regeln, nach denen diese Elemente sprachlich verknüpft sind".[34] Im Einzelnen kommen folgende Arbeitsschritte in Frage:

Untersuchung von Wortarten und Wortformen

(1) *Untersuchung von Wortarten und Wortformen*: Auf der Wortebene lassen sich die vorhandenen Wortarten (Substantive, Verben, Adjektive etc.) und Wortformen (Kasus, Tempus) untersuchen. Dominieren eher die Substantive und Adjektive und ist der Text somit eher beschreibend-statisch oder ist er reich an Verben (s. *Events*!) und somit eher dynamisch? Wer es diesbezüglich ganz exakt machen will, fertigt eine Tabelle an, deren eine Zeile die benutzten Wortarten und deren andere Zeile die Häufigkeit der benutzten Wortarten ausweist. Das folgende Beispiel wertet Lk 1,1–4 aus:

Wortarten	Artikel	Substantive	Pronomen	Verben
Häufigkeit	4	9	4	10

Wortarten	Adjektive	Adverbien	Präpositionen	Konjunktionen
Häufigkeit	3	3	4	6

Weitere Fragen schließen sich an: Ist der Wortschatz variabel oder wiederholt sich der Autor häufig? In welchem Maß verwendet er Komposita? Die Beantwortung solcher Fragen sagt etwas über das literarische Niveau eines neutestamentlichen Schriftstellers aus.

Im Blick auf die Wortformen sind vor allem die Modi der Verben (Indikativ, Konjunktiv, Imperativ) von Interesse. So ist z. B. die Häufung von Imperativen ein typisches Charakteristikum von paränetischen und forensischen Texten (Dekalog!).

Indikativ und Imperativ bei Paulus

In der Exegese der Paulusbriefe kommt der Unterscheidung von Indikativ und Imperativ geradezu programmatische Bedeutung zu. So zeigt etwa eine sorgfältige Analyse des wichtigsten Tauftextes des Neuen Testaments, Röm 6,1–14, eine klare Verteilung von indikativischen und imperativischen Verbformen. Während in den V. 1–11 eindeutig der Indikativ dominiert (mit Ausnahme von V. 4: περιπατήσωμεν, was theologisch deshalb umso bedeutsamer ist), gewinnen ab V. 11 imperativische Verbformen die Oberhand: λογίζεσθε, βασιλευέτω, παριστάνετε, παραστήσατε. Diese Abfolge in Indikativ und Imperativ ist für Paulus typisch, sie lässt sich sowohl auf der

34 W. EGGER, Methodenlehre* 77.

Ebene einzelner Sätze (Gal 5,1: „Zur Freiheit hat uns Christus befreit; steht nun und lasst euch nicht wieder durch ein Joch von Sklaven festhalten") als auch in der Anlage ganzer Briefe verifizieren.

Verknüpfung von Wörtern und Sätzen

(2) *Verknüpfung von Wörtern und Sätzen:* Die Kohäsion von Texten, d. h. der Zusammenhalt der einzelnen Wörter und Sätze zu einem „Textgewebe", wird vorwiegend über *Proformen, Partikeln* und *Konjunktionen* sowie *Wiederholungen* realisiert. Die im Neuen Testament am häufigsten begegnende Proform ist das Pronomen (als Personal-, Relativ- und Demonstrativpronomen), wie bereits der Blick auf ein kleines Stück Markusevangelium zeigt: Mk 1,17 wird Jesus namentlich erwähnt (am Anfang der Berufungsgeschichten); sein Name fällt erst wieder in 1,24f. (linguistisch nennt man diese Art von Kohäsion eine *Rekurrenz*). Dazwischen sorgen Personalpronomina für die Kohäsion (V. 19.20.21.22: „er").

Wesentlich differenziertere Möglichkeiten zur Verknüpfung einzelner Wörter und Sätze bieten die Partikeln und Konjunktionen (auch: *Konnektive*). Während Partikeln die Modalität eines Satzes hervorheben (ἆρα: Frage; εἰ μέν: Versicherung; usw.), bezeichnet man mit den Konjunktionen Bindewörter, die einzelne Satzglieder oder Sätze miteinander verbinden. Es gibt koordinierende (beiordnende) und subordinierende (unterordnende) Konjunktionen, die noch einmal funktional unterschieden werden können:

Koordinierende Konjunktionen		Subordinierende Konjunktionen	
kopulativ:	καί, τέ, οὔτε, οὐδέ – οὐδέ	komparativ:	ὡς, ὥσπερ, καθάπερ, καθώς
disjunktiv:	ἤ, ἤ – ἤ, εἴτε – εἴτε	hypothetisch:	εἰ, εἰ μήν, εἰ δέ
adversativ:	δέ, μέν, ἄλλα, πλήν	temporal:	ὡς
konsekutiv:	οὖν, ἄρα, τοιγαροῦν, διό	kausal:	ὅτι, ἐπεί(δηπερ)
kausal:	γάρ		

Die Seligpreisungen Mt 5,3–12

Schließlich können auch Wiederholungen (*Rekurrenz*) als „Bindemittel" dienen. Besonders eindrücklich demonstrieren dies die Seligpreisungen Mt 5,3–12, wo durch die stete Wiederaufnahme des μακάριος am Beginn des jeweiligen Makarismus eine Reihenbildung von insgesamt neun Makarismen zustande kommt und durch die Wiederholung des Stichworts „Gerechtigkeit“ in V. 10 (das erste Mal fällt der Begriff δικαιοσύνη in V. 6) bereits so etwas wie eine Gliederung der ersten acht Makarismen in zwei Strophen (I–IV; V–VIII) sichtbar wird. Diese ersten acht Makarismen werden darüber hinaus durch eine weitere Wiederholung noch einmal in besonderer Weise zusammengehalten: Der Nachsatz der ersten („Selig, die arm im Geiste sind“) sowie der achten Seligpreisung („Selig, die um der Gerechtigkeit willen verfolgt werden“) fällt identisch aus: „denn ihnen gehört das Himmelreich“. Damit liegt in Mt 5,3.10 eine *inclusio* (Rahmung) vor.

📖 W. STENGER, Biblische Methodenlehre (LeTh 18), Düsseldorf 1987, 233–253.

Aufspüren von Stilmerkmalen

(3) *Aufspüren von Stilmerkmalen*: Mit der *inclusio* kommt bereits der dritte Arbeitschritt der syntaktischen Analyse, das Aufspüren von Stilmerkmalen, in den Blick. Stilfiguren wie *Litotes* (die Negation des Gegenteils statt einer positiven Aussage), *Ironie* (Behauptung einer Tatsache, um das Gegenteil auszudrücken) oder *Hyperbel* (Übertreibung) sagen ebenso etwas über die stilistischen Eigenheiten eines Autors aus wie häufig wiederholte Wörter oder Wendungen, die freilich auch ein Indiz für das Vorhandensein einer bestimmten Gattung sein können.

Geschichten, die mit „Es war einmal ...“ beginnen, erkennen wir sofort als Märchen; heißt es „man nehme ...“, verifizieren wir den Text als Kochrezept. Ähnliches gibt es auch im Neuen Testament. Die schon erwähnten Seligpreisungen bzw. Makarismen, wie sie in griechischer Nomenklatur genannt werden, fangen immer mit „Selig ist/sind ...“ an (vgl. Ps 1,1; Mt 5,3–12 par Lk 6,20–23; Röm 4,7f. [= Ps 32,1f.]), und einige lukanische Gleichnisse haben darin ein besonderes Charakteristikum, dass die zu Beginn auftretende Erzählfigur jeweils mit einem indefiniten τίς eingeführt wird: der unter die Räuber gefallene Reisende Lk 10,30 (ἄνθρωπός τις), im Genitiv der reiche Kornbauer Lk 12,16 (ἀνθρώπου τινός), mit bloßem τίς der Feigenbaumbesitzer Lk 13,6, wiederum mit ἄνθρωπός τις der Gastgeber des Mahlgleichnisses Lk 14,16 und der Vater der beiden Söhne Lk 15,11. Diese Gleichnisse werden deshalb in der Forschung als ἄνθρωπός τις-Gleichnisse bezeichnet und markieren innerhalb der lukanischen bzw. jesuanischen Gleichnisse einen eigenen Typ. *Cum grano salis* gilt dies auch für die Fragegleichnisse, die einheitlich mit τίς ἐξ ὑμῶν einsetzen (vgl. Mt 7,9–11 par Lk 11,11–13; Lk 11,5–8; 14,28–32; 15,3–10; 17,7–10).

parallelismus membrorum

Eine weitere Stilfigur ist etwa der *parallelismus membrorum*, eine Art Gedanken- oder Bilderreim, der in zwei oder mehreren aufeinander folgenden Zeilen Gleiches (= synonymer Parallelismus), Ergänzendes (= synthetischer Parallelismus) oder Gegensätzliches (= antithetischer Parallelismus) aneinander fügt. Mit der *inclusio* verwandt, aber stärker auf die Textebene bezogen, ist das *sandwiching*, bei dem nach Art des kulinarischen Vorbilds ein Text gleichsam in der Mitte durchgeschnitten und ihm als „Belag“ ein anderer, zusätzlicher Text verpasst wird. Weil dieses Verfahren häufiger bei Markus zu besichtigen ist, spricht man auch von „markinischer Schachteltechnik“; das klassische Beispiel ist Mk 5,21–24.25–34.35–43, wo die Heilung der blutflüssigen Frau in die Geschichte von der Heilung der Jairustochter eingefügt ist. *sandwiching*

(4) *Aufbau und Gliederung des Textes*: Die mit Hilfe der bisher vorgestellten Methodenschritte erarbeiteten Beobachtungen sollten schließlich in die Darstellung des Aufbaus oder der Gliederung des Textes münden. Von besonderer Bedeutung sind diesbezüglich die im Zusammenhang mit der Abgrenzung des Textes genannten *Texttrenner* (Auftreten neuer Personen, Wechsel von Ort und Zeit, Wechsel von Erzählung und direkter Rede), aber auch strukturelle Beobachtungen wie *inclusio*, *sandwiching* oder Chiasmus. Auch inhaltliche Kriterien wie der Wechsel des Themas sind für die Gliederung eines Textes relevant; sie setzen aber einen weiteren Arbeitsschritt voraus, nämlich die *semantische Analyse*, der wir uns im Folgenden zuwenden wollen. Aufbau und Gliederung des Textes

c) Die semantische Analyse

Semantik (von griech. σημαίνω = bedeuten) lautet der Name für die Lehre von der Bedeutung sprachlicher Zeichen und Zeichenfolgen. Im Unterschied zur syntaktischen Analyse, die die *Beziehungen* der Wörter und Sätze untersucht, betrachtet die semantische Analyse demnach Wörter, Sätze und ganze Texte auf ihren *Bedeutungsaspekt* hin. Damit ist aber nicht der Akt des Übersetzens und das damit verbundene Nachschlagen in Wörterbüchern gemeint, auch nicht die Vergewisserung mit Hilfe dicker Lexika, wie ein Wort in diesem oder jenem Kontext verwendet wird (s. § 7), sondern viel schlichter eine Art methodisch reflektierter Inhaltsangabe, die auf der Textoberfläche den thematischen Schwerpunkten nachspürt (Wortsemantik). D. h., es geht in der semantischen Analyse darum, Bedeutungen und Bedeutungsbeziehungen zu beschreiben. Dafür stehen im Wesentlichen zwei Arbeitsgänge zur Verfügung: das Erstellen eines *semantischen Inventars* und die Herausarbeitung der in einem Text vorhandenen *semantischen Oppositionen*.

(1) Erstellen eines semantischen Inventars: Bedeutungsgleiche (z. B. „anfangen“ und „beginnen“) und bedeutungsähnliche Wörter („Bach“; „Fluss“; „feucht“; „nass“) werden zu Gruppen, so genann- Erstellen eines semantischen Inventars

ten Wortfeldern, zusammengefasst. Ziel ist die Herausarbeitung von *Sinnlinien* oder *Isotopien*.

1 Kor 3,1–17

Als Exempel soll uns 1 Kor 3,1–17 dienen, wo Paulus sein (angespanntes) Verhältnis zu den Korinthern und dem nach ihm in der Gemeinde wirkenden Apollos mit Hilfe mehrerer Wort- bzw., weil metaphorisch eingesetzt, Bildfelder beschreibt. Der besseren Übersichtlichkeit halber nummerieren wir sie im Folgenden einfach durch und benennen sie mit einem übergreifenden Begriff:

1. Erziehungswesen: Diesem Wort- bzw. Bildfeld zugeordnet werden können „Unmündige" (V. 1), „Milch", „trinken" und „Speise" (alle V. 2). Paulus kommt darauf in 1 Kor 4,14–21 wieder zurück bzw. führt es fort, wenn er von „Kindern" (4,14), „Zuchtmeistern" (4,15; im Griechischen παιδαγωγούς) und „Vätern" (V. 15) spricht und in 4,21 mit dem „Stock" droht.
2. Ackerbau: V. 6–9 dominiert Vegetationsmetaphorik, abzulesen an den drei Verben „pflanzen", „gießen" und „wachsen lassen". Hinzu kommt noch das „Ackerfeld" V. 9.
3. Hausbau: Mit V. 9 („Bau") deutet sich ein weiteres Wortfeld bereits an, das in den folgenden Versen dann vorherrscht. Ihm zuzuordnen sind: „Baumeister" (V. 10; im Griechischen ἀρχιτέκτων), „Fundament" (V. 10.11.12), „legen" (V. 10.11), „aufbauen" (V. 10.12) und die z. T. sehr seltsam anmutenden Baumaterialien „Gold, Silber, wertvolle Steine, Hölzer, Heu, Stroh" in V. 12. Dazu gehört schließlich auch noch der „Tempel" V. 16f.
4. Lohnmetaphorik: Die Wortfelder „Ackerbau" und „Hausbau" sind durch ein drittes Wortfeld miteinander verknüpft, das einen besonderen Aspekt des Arbeitslebens, nämlich die Besoldung aufgreift. V. 8 und V. 14 ist übereinstimmend vom „Lohn empfangen" die Rede; dessen komplementäres Gegenstück ist das „Bestraftwerden" V. 15, das freilich auch dem Wortfeld „Erziehungswesen" zugeschlagen hätte werden können. Ähnliches gilt für die beiden Substantive „Mühe" (V. 8) sowie „Werk" (V. 13.14.15), die ob ihrer breiten Verwendbarkeit auch zu den Bildfeldern „Ackerbau" oder „Hausbau" passen würden. Ähnlich vielseitig ist „Mitarbeiter" V. 9.
5. „Enthüllung": Schließlich erregt noch eine Wortgruppe Aufmerksamkeit, deren Kern die Wörter φανερός („offenbar", V. 13), δηλόω („aufdecken", V. 13) und ἀποκαλύπτομαι („enthüllen", V. 13) bilden. Ihr Spezifikum haben sie darin, dass der „Tag" aufdeckt bzw. „im Feuer" enthüllt wird (V. 13; vgl. auch das „verbrennen" in V. 15).

Semantische Oppositionen

(2) Semantische Oppositionen: Selbstverständlich ist es von Interesse, worauf Paulus mit dem „Tag", der „aufdeckt", und mit dem „Feuer", das „offenbar macht" bzw. „prüft", anspielt. Doch bleiben Antworten auf derlei Fragen, wie schon angedeutet, der Erhebung des ideellen und gesellschaftlichen Hintergrundes (s. § 7) vorbehalten. Als synchroner Methodenschritt belässt es die semantische Analyse bei der Beschreibung von Wortfeldern, überprüft gegebenenfalls deren Beziehungen zueinander und arbeitet, soweit vorhanden, die *semantischen Oppositionen* (wie z. B. arm – reich; Erde – Himmel) heraus.

Oppositionen werden in unserem Beispieltext - von der eingangs skizzierten Frontstellung zwischen „Geistigen" und „Fleischlichen" (V. 1) abgesehen - allenfalls unterschwellig sichtbar (V. 4: einer - ein anderer; Paulus - Apollos; V. 10: ich - ein anderer; V. 14f.: Bleiben vs. Verbrennen des Werkes; außerdem ist wohl ein Gegensatz zwischen „aufbauen" [V. 10.12] und „zerstören" [V. 17] impliziert). Das lässt darauf schließen, dass Paulus mit diesem Abschnitt des ersten Korintherbriefs vorhandene Gegensätze gerade überwinden möchte, Gegensätze, die sich nicht zuletzt im Phänomen der korinthischen Parteien (vgl. 1 Kor 1,12: „Ich gehöre zu Paulus, ich zu Apollos, ich zu Kephas, ich zu Christus.") dokumentieren, bzw. in der Gegenüberstellung von Weltweisheit und göttlicher Weisheit 1 Kor 2,6–16 ihren Ausdruck finden.

Merkzettel für die linguistische Analyse des Textes

Die linguistische Analyse hilft bei der Gliederung eines Textes und der Erarbeitung seines Aufbaus; darüber hinaus will sie die Tiefenstruktur von Texten aufdecken. Drei Arbeitsschritte sind dafür nötig:

- Abgrenzung der Texteinheit durch Aufspüren von Texttrennern wie Zeit- und Ortsangaben, Auftreten neuer Personen, Wechsel von Erzählung und direkter Rede;
- syntaktische Analyse: Untersuchung von Wortarten und Wortformen, der Verknüpfung von Wörtern und Sätzen, das Aufspüren von Stilmerkmalen (*inclusio*, Ironie, *parallelismus membrorum*, „sandwiching");
- semantische Analyse: Erstellen eines semantischen Inventars durch Wortfeldanalyse (Herausarbeiten von Sinnlinien/Isotopien); Aufdecken von semantischen Oppositionen.

M. REISER, Syntax und Stil des Markusevangeliums im Licht der hellenistischen Volksliteratur (WUNT II/11), Tübingen 1984.

2.3 Die Analyse der Narration

2.3.1 Subjekte und Objekte des Erzählens

Die sprachliche Beschreibung des Erzählvorgangs nimmt die an der Textentstehung bzw. Textentwicklung beteiligten „Personen" in den Blick, d. h. konzentriert sich auf den kommunikativen Aspekt des Textes: Wer ist es eigentlich, der die Geschichte erzählt? War er/sie als Augenzeuge dabei oder berichtet er/sie aus der zeitlichen und räumlichen Distanz? Wie steht es um die Relation zwischen Erzähler und Leser? Wendet sich der Erzähler direkt an den Leser, und wenn ja, wie tut er das: Spricht er weise Ratschläge aus, gibt er Belehrungen oder wendet er sich z. B. in Gestalt einer Bitte an seine

Adressaten? Und schließlich: Welche Art von Leser hat der Erzähler vor Augen? Lässt sich so etwas wie ein Leserprofil, eventuell über die in den Text eingezeichneten Erzählfiguren (Jünger!) erheben?

Bevor wir diese Fragen einer methodischen Antwort zuführen, bedarf es der Verständigung über einige in den Textwissenschaften gängige terminologische Differenzierungen. Wie gelegentlich schon angeklungen, unterscheidet die Narratologie zwischen dem *Autor* und dem *Erzähler* einer Erzählung, der als eine Art verlängerter Arm des Autors *in* der Erzählung verstanden werden kann.

Unterschiede zwischen fiktionalen und faktualen Erzählungen

Diese in der Erzähltheorie übliche Unterscheidung von Autor und Erzähler gilt allerdings nur für *fiktionale Erzählungen*. Denn: Vom realen Kontext einer fiktionalen Erzählung aus betrachtet sind sowohl der Erzähler als auch sein Erzählen eine Fiktion, d. h. stellen nicht mehr als die text- und fiktionsinterne pragmatische Dimension des Diskurses dar. Oder mit den Worten Jean-Paul Sartres: „Der Autor erfindet und der Erzähler erzählt, was geschehen ist … Der Autor erfindet den Erzähler und den Stil der Erzählung, welcher der des Erzählers ist."[35] *Faktuale Erzählungen* zeichnet dagegen die *Identität* von Autor und Erzähler aus: In unserem eingangs gewählten Fußballbeispiel ist Günther Koch sowohl der Autor als auch der Erzähler der Reportage. Wenn wir in unserem „exegetischen Slang" den Erzähler häufig ohne größeres Nachdenken mit dem Evangelisten gleichsetzen, dann ist das narratologisch vielleicht nicht ganz korrekt, aber auch nicht ganz falsch, je nachdem, ob man die Evangelien als fiktionale oder faktuale Erzählungen einstuft (vermutlich sind sie etwas „dazwischen"). Dennoch macht die Unterscheidung von Autor und Erzähler Sinn, wie sich schon allein an unserer liturgischen Praxis ablesen lässt: Wenn das Evangelium im Gottesdienst verlesen wird, ist der Erzähler des Evangeliums nicht Markus, sondern der jeweilige Lektor.

📖 G. GENETTE, Fiktion und Diktion (Übers. H. Jatho) (Bild und Text), München 1992, 65–94.

Beim Autor handelt es sich demnach um eine *textexterne*, beim Erzähler hingegen um eine *textinterne Größe*. Damit nicht genug. Neben dem *realen Autor* kennt die Textwissenschaft auch den *impliziten Autor*; beiden Größen entsprechen auf Rezeptionsseite der *implizite* und der *reale Leser*. Schließlich hat auch der Erzähler im *Adressaten der Erzählung* (engl. *narratee*) ein Pendant. Schematisch stellt sich das Ganze folgendermaßen dar:

35 J.-P. SARTRE, Annexe: Notes sur ‚Madame Bovary', in: Ders., L'Idiot de la famille. Gustave Flaubert de 1821 à 1857. Nouvelle édition revue et complétée, Bd. 3, Paris 1988, 661–812, hier 774.

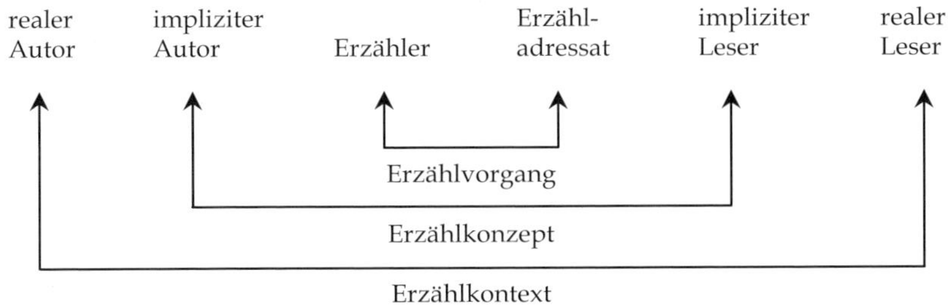

Nicht alle ErzähltheoretikerInnen „glauben“ an die Existenz des impliziten Autors,[36] und auch die Vorstellungen, die man mit dem impliziten Leser verbindet, differieren z. T. erheblich. Dennoch macht es Sinn, die skizzierten „Erzählgrößen“ eingehender vorzustellen:[37]

Der Erzählvorgang: Erzähler und Erzähladressat

(1) Erzähler (*narrator*) und Erzähladressat (*narratee*): Wir illustrieren den Sachverhalt mit Hilfe des Sämannsgleichnisses in Mk 4,1–9: Der Erzähler ist derjenige, der das Gleichnis erzählt, also Jesus; die Adressaten sind diejenigen, die ihm ihr Ohr leihen, also das Volk bzw., wenn wir noch ein Stück weiterlesen, die Jünger, da ab V. 10 das Publikum wechselt. Die Analyse des Erzählvorgangs dieser *Binnenerzählung* des Markusevangeliums gelingt demnach leicht. Schwieriger wird die Sache schon, wenn wir auf die Rahmenerzählung, also das Markusevangelium selbst blicken. Hier bleibt der Erzähler anonym, wiewohl wir seine *Stimme* hören – ein Ausdruck, den Gerard Genette für die narrative Instanz geprägt hat und der vermutlich passender ist: „Irgendjemand“ ist es ja, der die Geschichte Jesu mit den Worten „Anfang des Evangeliums von Jesus Christus“ beginnen und mit der panischen Flucht der Frauen weg vom leeren Grab in Mk 16,8 enden lässt. Manchmal ist der Erzähler aber auch deutlicher erkennbar. Im Prolog des Lukasevangeliums (Lk 1,1–4) stellt sich der Erzähler zwar nicht namentlich vor – es bleibt bei einem anonymen „ich“ –, gibt aber über die Art und Weise seines Erzählens „der Reihe nach“ Auskunft und nennt auch seinen Adressaten („Theophilus“). Eine andere Möglichkeit, des Erzählers habhaft zu werden, sind die so genannten *Erzählerkommentare*, also Textpassagen, in denen die Erzählung gleichsam auf Distanz zu sich selbst geht, wie es z. B. in Joh 20,30f. der Fall ist: „Noch viele andere Zeichen tat Jesus vor den Augen seiner Jünger, die nicht in diesem

36 Vgl. die fundierte Kritik bei G. GENETTE, Erzählung** 283–295, der einen impliziten Autor nur für zwei literarische Fälle zugesteht: Für die *Apokryphe* und das *Ghostwriting*!

37 Vgl. zum Folgenden H.-J. KLAUCK, Rolle** 139–141.

Buch aufgeschrieben sind. Diese aber sind aufgeschrieben, damit ihr wisst, dass Jesus der Messias ist, der Sohn Gottes, und damit ihr als Glaubende Leben habt in seinem Namen".

Das Gegenüber zum Erzähler ist der Adressat des Erzählens (*narratee*), d. h. die „Person", an die sich der Erzähler mit seiner Erzählung wendet. Diese verfügt über die grammatikalische, semantische und narratologisch-rhetorische Kompetenz (Kenntnis relevanter Erzähltechniken), um der Erzählung sinnvoll folgen zu können. Gerald Prince[38] unterscheidet drei Formen des Erzähladressaten: den unerwähnten Erzähladressat, den direkt oder implizit angesprochenen Erzähladressat und den Erzähladressat als Handlungsträger. In Joh 20,30f. kommen die Erzähladressaten über das „ihr" bzw. „ihr als Glaubende" in den Blick; häufig manifestieren sie sich auch in einer direkten Hinwendung an den „Leser" (vgl. Mk 13,14: „Der Leser begreife"!).

Erzählkonzept: Impliziter Autor und impliziter Leser

(2) Impliziter Autor und impliziter Leser: Wenn der Adressat der Erzählung keine Figur der erzählten Welt ist, fällt er praktisch mit dem so genannten *impliziten Leser* zusammen. Der Begriff geht auf Wolfgang Iser zurück und bezeichnet eine im Akt des Lesens zu realisierende Leserrolle, in Form des *intendierten Lesers* auch die historisch zu verortende „Leseridee", die ein Autor vor Augen hat.[39] Umgekehrt verbindet sich mit dem *impliziten Autor* jene Vorstellung, die sich der Leser während eines Textes von dessen Autor macht. Der implizite Autor ist demnach eine aus dem Text zu erschließende und zwischen historischem oder realem Autor und Erzähler anzusiedelnde Instanz, der den Integrationspunkt aller erzählerischen Verfahrensweisen bildet und auch als Anwesenheit des Autorbewusstseins („second self") im Text begriffen werden kann.

Erzählkontext: Autor und Leser

(3) Realer/historischer Autor und realer/historischer Leser: Trotz der personalisierenden Ausdrucksweise handelt es sich weder beim Erzähler noch beim impliziten Autor und ebenso wenig bei deren Gegenstück, dem Erzähladressaten und dem impliziten Leser, um Personen aus Fleisch und Blut, sondern um textuelle Größen, die vom realen Verfasser eines Textes und seinen wirklichen Lesern streng zu unterscheiden sind. Da es sich bei beiden um Größen

38 G. PRINCE, Introduction to the Study of the Narratee, in: J. P. Tompkins, Reader-Response-Criticism: From Formalism to Post-Structuralism, Baltimore (MD) 1980, 7–25.

39 „Ein Text wird immer für eine bestimmte Leserschaft geschrieben, er wird vom Verfasser entsprechend seiner Erwartung darüber gestaltet, in welcher die angestrebte Leserschaft ihn aufnehmen wird" (R. J. EVANS, Fakten und Fiktionen. Über die Grundlagen historischer Erkenntnis [Übers. U. Speck], Frankfurt a. M. 1999, 105).

handelt, die außerhalb des Textes zu lokalisieren sind, interessieren sie eine ganz und gar auf die Analyse des Textes fokussierte Erzähltheorie eigentlich nicht. Für die Exegese der Evangelien macht es dennoch Sinn, die Frage nach der Identität ihrer Verfasser zu stellen bzw., da sich diese kaum zuverlässig beantworten lässt, ihre historische und geographische Verortung mindestens zu versuchen. Gleiches gilt für die Frage nach den historischen bzw. ursprünglichen Lesern; schließlich macht es einen Unterschied, ob z. B. das Markusevangelium an eine Gemeinde in Galiläa gerichtet oder im benachbarten Syrien oder in Rom lokalisiert ist, um nur drei gängige Hypothesen zu nennen.

2.3.2 Methodisches Vorgehen

Weil sich die sprachliche Analyse eines Textes *a priori* auf *textinterne* Phänomene beschränkt, bleiben Fragen nach dem Autor und dem historischen Leser zu diesem Zeitpunkt noch außen vor. Sie gehören exegetisch in den Bereich der Redaktionsgeschichte (s. § 10) bzw. allgemeiner in den Bereich der Literatursoziologie. Was aber dem Text mit Hilfe der sprachlichen Analyse abgelauscht werden kann, sind Hinweise auf eine mögliche Leserlenkung. Die Analyse des Erzählvorgangs sucht daher im Wesentlichen drei Fragen zu beantworten, nämlich

Drei Fragen

(1) die Frage nach dem Profil des Erzählers (oder der Erzähler) bzw., wenn man an die Existenz des impliziten Autors glaubt, die Frage nach dem im Text wahrnehmbaren Autorbewusstsein;
(2) die Frage nach den in den Text eingeschriebenen Leserrollen (in Gestalt von Erzähladressaten bzw. des impliziten Lesers) und
(3) die Frage, inwieweit der Text Anhaltspunkte für eine vom Autor beabsichtigte Leserlenkung hergibt.

a) Das Profil des/der Erzähler(s) erheben

Die Identität des Erzählers

Die erste Frage gilt der Identität des Erzählers: Stellt er sich explizit vor, wie es beispielsweise Flavius Josephus im Proömium seines Jüdischen Krieges tut,[40] meldet er sich zumindest in Form eines „Ich"

40 Jos., Bell I 3: „Aus diesem Grunde habe ich, Josephus, Sohn des Matthias, aus Jerusalem, ein Priester, der ich anfänglich die Römer bekämpft und an den späteren Ereignissen notgedrungen teilgenommen habe, mir vorgenommen, denen, die unter römischer Herrschaft leben, in griechischer Übersetzung das darzulegen, was ich schon früher für die innerasiatischen Nichtgriechen in der Muttersprache zusammengestellt und übersandt habe."

bzw. von Erzählerkommentaren zu Wort, wie es in Lk 1,3 und bei Johannes der Fall ist oder bleibt er ganz und gar im Hintergrund, wie es im Markusevangelium zu sein scheint? Damit eng verknüpft ist die Frage nach den Erzählebenen, die uns in Gestalt von Rahmen- und Binnenerzählung schon begegnet war: Haben wir es mit einem *extradiegetischen Erzähler* (auch: Erzählung erster Ebene) oder mit einem *intradiegetischen Erzähler* zu tun? Ein extradiegetischer Erzähler ist jemand, „who is ‚above' or superior to the story he narrates",[41] d. h. der Erzählvorgang spielt sich „außerhalb" der Erzählung ab bzw. liegt ihr voraus (das gilt im Neuen Testament für die Evangelien und die Apostelgeschichte); von einem *intradiegetischen Erzähler* sprechen wir dann, wenn eine Figur innerhalb einer Erzählung eine neue Erzählung vorträgt (also z. B. Jesus ein Gleichnis erzählt wie in Mk 4,3–8).[42]

Extradiegetischer oder intradiegetischer Erzähler?

Dass dieselbe Geschichte im Neuen Testament einmal extradiegetisch und einmal intradiegetisch erzählt werden kann, belegt die Überlieferung vom Tod des Judas. Während Matthäus die Geschichte selbst erzählt (erzähltheoretisch korrekt: der Erzähler oder die narrative Instanz des Matthäusevangeliums), ist es in der Apostelgeschichte die *Erzählfigur Petrus*, die vom Tod des Judas erzählt. Anders formuliert: Der Erzähler der Apostelgeschichte leiht in Apg 1,16–22 seine Stimme Petrus, der für ihn das Geschäft des Erzählens übernimmt. Und auch im Fall der Bekehrung des Paulus greift die Unterscheidung von extra- und intradiegetischem Erzählen: In Apg 9,1–19 wird extradiegetisch, in Apg 22 und 26 intradiegetisch, nämlich von Paulus selbst erzählt.

Metadiegetisches Erzählen

Hin und wieder wird im Neuen Testament noch eine dritte Erzählebene sichtbar, im narratologischen Fachjargon die *meta-* oder *hypodiegetische* Ebene. Das ist etwa in Lk 15,27 der Fall, wo einer der Knechte den von der Feldarbeit heimgekehrten älteren Sohn über die Rückkehr seines jüngeren Bruders informiert: „Dein Bruder ist gekommen und dein Vater hat das gemästete Kalb geschlachtet, weil er ihn gesund wiedererhalten hat." Der Knecht ist ein *metadiegetischer* Erzähler, weil sein Bericht in das Gleichnis vom verlorenen Sohn (Lk 15,11–32) des *intradiegetischen Erzählers* Jesus eingebettet ist; dieses Gleichnis stellt wiederum eine Binnenerzählung des Lukasevangeliums dar, dessen extradiegetischer Erzähler sich im Proömium ja eigens zu Wort meldet.

41 S. RIMMON-KENAN, Fiction** 94.

42 Die Betonung liegt auf dem Begriff *Erzählung*, denn nicht jede Äußerung einer Erzählfigur stellt den Tatbestand einer Erzählung dar. So aber offensichtlich H.-J. KLAUCK, Vorspiel** 40–42, der die wörtliche Rede des Täufers (V. 7f.) und Jesu (V. 15) innerhalb des Markusprologs (Mk 1,1–15) als „second degree narrative" einstuft.

Stellung des Erzählers

Eine andere Frage ist die nach der *Stellung* des Erzählers: In welchem Maß ist der Erzähler am Geschehen beteiligt? Erzählt er als Augenzeuge, ist er gar selbst in die Geschichte involviert oder bleibt er völlig außen vor? Erzählungen, in denen der Erzähler in der von ihm erzählten Geschichte selbst vorkommt und in denen dementsprechend die erste Person dominiert („Ich-Erzählung"), heißen *homodiegetisch*; Erzählungen, in denen der Erzähler nicht zu den Figuren seiner Geschichte gehört und in denen dementsprechend die dritte Person dominiert, heißen *heterodiegetisch*. Bezieht man die Möglichkeit unterschiedlicher Erzählebenen mit ein, ergeben sich maximal vier Erzähltypen:

Extradiegetisch-heterodiegetisch

(1) Extradiegetisch-heterodiegetischer Erzähler: Zu diesem Erzähltyp gehören unsere synoptischen Evangelien. Markus, Matthäus und Lukas erzählen jeweils eine Geschichte, in der sie selbst nicht vorkommen.[43] Sie haben ihren Standort außerhalb der Erzählung (extradiegetisch) und erzählen die Geschichte von anderen (heterodiegetisch).

Extradiegetisch-homodiegetisch

(2) Extradiegetisch-homodiegetischer Erzähler: Bezeichnung für einen Erzähler erster Stufe (Rahmenerzählung), der eine Geschichte erzählt, in der er selbst vorkommt, sei es als Neben-, sei es als Hauptfigur. Innerhalb der frühchristlichen Literatur erfüllt das so genannte Petrusevangelium diese Bedingung, für die antike Literatur insgesamt könnte man auch auf Cäsars *Bellum Gallicum* verweisen.

Intradiegetisch-heterodiegetisch

(3) Intradiegetisch-heterodiegetischer Erzähler: Meint einen Erzähler zweiter Stufe (Binnenerzählung), der eine Geschichte erzählt, in der er selbst nicht vorkommt. In den Evangelien deckt praktisch Jesus allein mit seinen Gleichniserzählungen diesen Typ ab.

43 Die Einschätzung als extradiegetisch-heterodiegetische Erzählwerke wäre für das Matthäus- und das Markusevangelium freilich dann zu revidieren, wenn es sich bei dem Zöllner in Mt 9,9, der wenig später in den Kreis der Zwölf aufgenommen wird (vgl. Mt 10,3: „Matthäus, der Zöllner"), tatsächlich um den Verfasser des Matthäusevangeliums handeln würde (so R. GUNDRY, Matthew. A Commentary on his Literary and Theological Art, Grand Rapids [MI] 1982, 609–622). Dasselbe gälte für das Markusevangelium, falls die Episode von dem Jüngling, der sein Leinengewand fallen lässt und nackt flieht (Mk 14,51f.), als versteckter Hinweis auf den Erzähler des Evangeliums gelesen werden dürfte. Vgl. J. GNILKA, Das Evangelium nach Markus. 2. Teilband: Mk 8,27–16,20 (EKK II/2), Zürich/Neukirchen-Vluyn [5]1999, 271: „Haben wir es mit einer detaillierten historischen Reminiszenz zu tun, mit der Erinnerung an eine Person, die der frühesten Gemeinde noch bekannt war, oder gar mit dem Erzähler selbst, der sich hier versteckte, wie sich alte Maler auf ihren Bildern in einem Winkel unterbrachten?" Gnilka lehnt beides ab.

Intradiegetisch-homodiegetisch

(4) Intradiegetisch-homodiegetischer Erzähler: Das klassische antike Beispiel für einen am Geschehen selbst beteiligten Erzähler zweiter Stufe ist Odysseus, der innerhalb der Odyssee (Gesänge IX–XII) den Phäaken die Geschichte seiner *eigenen* Irrfahrten vorträgt (die der Leser zuvor schon einmal von „Homer" gehört hat). Unter den neutestamentlichen Erzählern benutzt allein Lukas in der Apostelgeschichte diese Technik: Nachdem das Damaskuserlebnis des Paulus in Apg 9,1–19 zunächst extradiegetisch erzählt wird, erfahren wir in Apg 22,1–21 und 26,2–23 Näheres darüber aus dem Mund des intradiegetisch-homodiegetischen Erzählers Paulus.

b) Das Leserprofil erheben

Theophilus und die intendierten Leser des Lukasevangeliums

Wie kommen wir dem unerwähnten Erzähladressaten bzw. intendierten Leser auf die Spur? Nicht immer scheint die Sache so einfach zu sein wie im Lukasevangelium, wo mit Theophilus (Lk 1,3; vgl. Apg 1,1) der Adressat der Erzählung ja explizit genannt ist. Allerdings liegen die Dinge auch hier ein wenig komplizierter, als es zunächst der Fall zu sein scheint. Denn dass Theophilus der einzige intendierte Leser des Lukasevangeliums sein soll, ist kaum anzunehmen; das wäre doch etwas viel Arbeit für eine einzige Person! Deshalb ist man seit den Zeiten des Origenes auf eine andere Idee verfallen: Da es sich bei Theophilus ja um einen sprechenden Namen handelt („Gottlieb"), seien als intendierte Leser all jene im Blick, die Gott lieben, besonders aber die so genannten „Gottesfürchtigen" (s. Aktuelles Lexikon), d. h. Heiden, die sich im Umkreis der Synagoge aufhielten, den Übertritt zum Judentum aber offensichtlich scheuten und deshalb zu einer bevorzugten Zielgruppe der frühchristlichen Mission wurden (vgl. Apg 16,14; 17,4; 18,7). Theophilus würde dann sozusagen stellvertretend für die Gruppe in der Widmungsadresse stehen. Eine andere Lösung hat aber mehr für sich: Ganz abgesehen davon, dass Lukas mit der Widmung an den „hochverehrten Theophilus" einer antiken literarischen Konvention folgt, könnte auch ein handfestes Interesse dafür verantwortlich sein. Als hochgestellte und vor allem finanziell potente Persönlichkeit soll Theophilus für die Verbreitung des Werkes sorgen, sodass wir bei der Suche nach den intendierten Lesern des Lukasevangeliums wieder dort angelangt sind, wo wir angefangen haben: Wie kommen wir diesem unbekannten Wesen auf die Spur? Anhand welcher Indizien lässt sich das vom Autor intendierte Leserprofil erheben? Drei Fragen weisen hier den Weg:

Drei Fragen zum Leserprofil

1. Welche sprachliche Kompetenz setzt der Autor voraus?
2. Welche kulturelle Kompetenz lässt der Text erkennen?
3. Gibt es Hinweise auf die zeitliche Einordnung der Leserschaft?

Sprachliche Kompetenz

(1) Sprachliche Kompetenz: Es mag banal erscheinen, und dennoch ist dies die erste grundlegende Beobachtung zur Profilierung der Leserschaft, die im Übrigen für alle neutestamentlichen Schriften gilt: Wer das Lukas- oder das Markusevangelium lesen will, muss Griechisch verstehen! Lateinische Übersetzungen, das wissen Sie vielleicht noch aus der Textkritik, kommen erst ab Mitte des 2. Jh. auf; Aramäisch, die Sprache Jesu, oder Hebräisch, die Sprache des Kultes und vieler Schriften in Qumran, kam für die Evangelisten als Schreibsprache offenbar nie in Frage.[44]

Anhand der literarischen Produktion des *Flavius Josephus* (s. Aktuelles Lexikon) ist noch zu beobachten, wie die intendierte Leserschaft im Lauf der Zeit wechseln kann. Sein Kriegsopus *De bello Judaico* erschien zunächst in aramäischer Sprache „für die innerasiatischen Nichtgriechen" und später in einer überarbeiteten griechischen Version für diejenigen, „die unter römischer Herrschaft leben" (Bell I 3) – eine Praxis, die übrigens auch heute noch beherzigt wird (z. B. von Kollegen, die ihren angestammten Wohnort verlassen haben und in der Neuen Welt in neuer Sprache lehren und schreiben). Sein zweites großes Werk, die „Altertümer", hat Josephus dann gleich in Griechisch verfasst, „weil ich allen Griechen damit etwas Bedeutendes bieten zu können glaubte" (Ant I 5).

Der Umstand, dass etwa Markus seinen Lesern die Bedeutung aramäischer Worte ausdrücklich erklärt – Mk 5,41: „Talitha kum, was übersetzt heißt: Mädchen, ich sage dir, steh auf!"; Mk 15,22: „Golgotha, was übersetzt heißt: Schädelstätte"; Mk 15,34 „Eloi eloi sabachthani, was übersetzt heißt: Mein Gott, mein Gott, warum hast du mich verlassen?" – lässt sogar den Schluss zu, dass die Leser, die Markus im Auge hat, aramäisch gar nicht mehr verstehen.

Kulturelle Kompetenz

(2) Kulturelle Kompetenz: Bleiben wir noch etwas bei Markus. Möglicherweise lassen sich die intendierten Leser des Markusevangeliums noch etwas präziser bestimmen. Der Weg dorthin führt über die *kulturelle Kompetenz*: Welche Rückschlüsse lassen die Erklärungen, die ein Autor seinen Lesern etwa hinsichtlich der sozialen, religiösen und wirtschaftlichen Institutionen an die Hand gibt, auf

44 Jedenfalls ist bis dato keine Handschrift in aramäischer oder hebräischer Sprache gefunden worden; Versuche, die Evangelien ins Aramäische zurückzuübersetzen und dadurch so etwas wie die „Urfassung" erreichen zu wollen, gehen an den Intentionen der Evangelisten völlig vorbei.

deren Kulturkreis zu? Vergegenwärtigen wir uns diesen Sachverhalt wieder an zwei Beispielen: In Mk 7,1–5 stößt das Essen der Jünger mit „unreinen“, d. h. nicht rituell abgespülten Händen bei Pharisäern und Schriftgelehrten auf Kritik. Offensichtlich wäre diese Kritik bei den Lesern, die Markus im Auge hat, auf Unverständnis gestoßen. Anders erklärte sich kaum, dass Markus in 7,3 hastig eine Erklärung in parenthetischer Form nachschiebt – „denn die Pharisäer und alle Juden essen nicht, wenn sie sich nicht gemäß der Überlieferung der Alten die Hände gewaschen haben“. Das ist ganz offensichtlich für *heidenchristliche Leser* gedacht, die über die jüdischen Reinheitsvorschriften nicht im Bilde sind und diesbezüglich Nachhilfeunterricht brauchen.

Das zweite Beispiel entstammt Mk 12,42. Dort ist von einer armen Witwe die Rede, die „zwei *Lepta*, das ist ein *Quadrans*“ in den Opferkasten hineinwirft. Das Lepton ist eine griechische, aus Kleinasien bekannte Währungseinheit, die vermutlich auch von den Herodianern geprägt worden ist (im Neuen Testament noch Lk 12,59; 21,2). Es handelt sich um eine Kupfermünze, deren Wert sehr gering war. Offenbar, und nur darauf kommt es im vorliegenden Zusammenhang an, war dieser Umstand den intendierten Lesern des Markusevangeliums aber nicht mehr bekannt, sodass sich der Evangelist genötigt sieht, auch an dieser Stelle erklärungstechnisch nachzubessern und die griechische Währungseinheit in das *römische Münzsystem* zu übersetzen.[45] Damit sind wir bei der Bestimmung der intendierten Leserschaft des Markusevangeliums ein gutes Stück weiter: Markus hat griechisch sprechende Heidenchristen vor Augen, denen offenbar das römische Münzsystem vertrauter als das griechische ist. Können wir diese auch noch zeitlich einordnen?

Zeitliche Einordnung

(3) Zeitliche Einordnung: Am besten wäre es natürlich, Markus hätte an den Anfang oder an das Ende seines Evangeliums das Datum gesetzt, sodass wir nicht nur ihn bzw. die Abfassungszeit seines Werkes, sondern auch seine „historische Leseridee“ zeitlich präzise verorten könnten. Leider ist das aber nicht der Fall (oder es ist uns einfach nicht das richtige Manuskript erhalten), sodass wir auch in

45 Zu Ihrer Information und Hilfe: Die gängigen römischen Münzen, die im 1. Jh. im Umlauf waren, sind der *aureus*, eine Goldmünze, deren Wert mit 25 Silberdenaren aufgewogen wurde, dann der *denarius*, der im Neuen Testament häufig Erwähnung findet, vgl. Mt 18,28; 20,1–15; 22,19; Mk 6,37; 12,15; 14,5, Lk 10,35 u. ö. Das griechische Äquivalent dazu ist die Drachme (vgl. Lk 15,8). Die gebräuchlichste römische Kupfermünze ist der *assarius* (vgl. Mt 10,29; Lk 12,6); 16 Asse haben einen Wert von einem Denar. Der *semis* hat den Wert von einem halben As, der *quadrans* (vgl. Mk 12,42; Mt 5,26) den Wert von einem Viertel des As. Er ist die kleinste römische Münzeinheit.

diesem Fall nicht auf das mühselige, zuweilen aber auch recht spannende Geschäft der exegetischen Beweisaufnahme verzichten können. Im Fall des Markusevangeliums gibt aller Wahrscheinlichkeit nach Mk 13,2 einen Blick auf die zeitgeschichtliche Situation hinter dem Text frei. Als den Jüngern angesichts der großartigen Pracht des Tempels die Augen übergehen, wendet sich Jesus an einen von ihnen: „Du siehst diese großen Bauten? Kein Stein wird hier auf dem anderen bleiben, der nicht zerstört werden wird.“ Zwar ist es grundsätzlich nicht ausgeschlossen, dass Jesus einen prophetischen Spruch zum Tempel äußerte, der dessen Auflösung verbunden mit einem Neuanfang voraussah, wahrscheinlicher liegt aber doch ein *vaticinium ex eventu* vor, eine Prophezeiung vom Ausgang her: Zu deutlich schildert Mk 13,2 den Zustand, den das Tempelgebäude nach dem Jüdischen Krieg (66–70 n. Chr.) bot. Titus, der römische Feldherr an der Spitze der Eroberungstruppen und spätere Kaiser, hatte nach der Eroberung den Tempel, die Stadt und den größten Teil der Ringmauer schleifen lassen (Jos., Bell VII 1–4).

c) Textpragmatik (Autor → Leser)

Sprechhandlungen/ Sprechakte

Texte werden selten um ihrer selbst willen produziert, sondern meist mit einer bestimmten Intention verfasst: Ein Zeitungsbericht will z. B. informieren, ein Roman will (sicher nicht immer und nicht nur) unterhalten, ein Strafzettel fordert Sie zur Zahlung einer bestimmten Summe auf (und sollten Sie dieser Aufforderung nicht folgen, hat das weitreichende Konsequenzen), und wenn wir dieses Buch schreiben, so möchten wir, dass Sie unsere Ergüsse nicht nur einfach zur Kenntnis nehmen, sondern nach der Lektüre methodisch verantwortet mit biblischen und vielleicht auch anderen Texten umgehen können. Texte wollen also immer auch etwas bewirken, d. h. stellen eine Weise des Handelns dar, sind, um einen Ausdruck der „Väter“ der Textpragmatik zu gebrauchen, *Sprechakte* oder *Sprechhandlungen*: Einstellungen, Gefühle und Verhaltensweisen können mit Hilfe von Texten entstehen, beeinflusst oder verändert werden. Genauer hin unterscheidet die Textwissenschaft zwischen *illokutionären* und *perlokutionären* Sprechakten:

(1) *Illokutionen* sind Sprechakte, in denen der Sprecher sich selbst ausdrückt, indem er z. B. etwas verspricht oder verweigert, ein Gefühl oder einen Wunsch ausdrückt, lobt oder tadelt.
(2) *Perlokutionen* sind Sprechakte, in denen der Sprecher auf den Hörer einwirken, eine Reaktion hervorrufen will.

J. R. SEARLE, Sprechakte. Ein sprachphilosophischer Essay (stw 458), Frankfurt a. M. ^{7}1997.

Textpragmatik und antike Rhetorik

Die Methode, die sich mit der dynamischen Funktion von Texten beschäftigt, ist die *Textpragmatik*. Sie spürt Handlungsanweisungen in Texten nach und sucht nach Indizien für die Leserlenkung, indem sie danach fragt, was der jeweilige Text bewirken will und welche Mittel er dafür einsetzt. Dabei unterscheidet die pragmatische Analyse zwischen Aussagekraft (*propositionaler Gehalt*), Verwendungszweck (*funktionaler Gehalt*) und Wirkung eines Textes. Im Blick auf den Verwendungszweck und die Wirkung eines Textes sind verschiedene Systematisierungen vorgeschlagen worden; plausibel scheint diesbezüglich immer noch ein Modell, das der antiken Rhetorik entstammt und von Augustinus etwas modifiziert auf die Begriffe *docere, movere* und *delectare* gebracht worden ist (kann man sich leichter merken):[46]

Symbouleutische Rede

(1) Symbouleutische/beratende Rede: Sie zielt darauf ab, den Hörer zum Handeln oder Unterlassen zu bewegen. Der Name kommt von συμβουλεύομαι („zu etwas raten"). Augustinus siedelt hier das philosophische Gespräch oder den Lehrvortrag an und belegt diesen Typ von Rede mit dem Verb *docere*. Der antike „Sitz im Leben" für dieses Redegenus ist die Rede in der politischen Versammlung, auf der Agora, auf dem Forum oder im Senat.

Dikanische Rede

(2) Dikanische/anklagende bzw. verteidigende Rede: Sie will dem Hörer/Leser die Entscheidung in einer strittigen Sache nahelegen. Es geht um Ja oder Nein. Dikanisch ist ein Text, der zur Parteinahme für oder gegen eine Sache hinführt. Wie der zugrunde liegende griechische Begriff anzeigt (δικανικός [„zum Prozess gehörend"]), ist der „Sitz im Leben" dieser Redegattung die Gerichtsrede, sei es als Anklage, sei es als Verteidigungsrede. Augustinus benutzt für diesen Redetyp das lateinische Verb *movere*.

Epideiktische Rede

(3) Epideiktische/lobende bzw. tadelnde Rede: Epideiktisch (von gr. ἐπιδείκνυμι [„aufweisen, aufzeigen"]) sind Texte, die Sachen, Personen oder Geschichten darstellen. Sie sind beschreibend und erzählend, zeichnen nach und lassen ein Bild von etwas entstehen. Sie sind immer dann am Platz, wenn es darum geht, jemanden zu loben oder auch zu tadeln, ja zu verdammen. Ein klassischer „Sitz im Leben" für diese Art von Rede ist die *laudatio funebris*, die Leichenrede, in der die/der Verstorbene vom Ehegatten oder einem der Kinder gerühmt wird. Augustinus belegt diesen Typ von Rede mit dem Verb *delectare*.

46 Vgl. R. ZERFASS, Grundkurs Predigt 1: Spruchpredigt. Unter Mitarbeit von K. Roos, Düsseldorf [2]1989, 104.

Inwieweit sich die neutestamentlichen Texte in ein solches, von der antiken Rhetorik vorgegebenes Raster einordnen lassen, ist durchaus die Frage und in der exegetischen Diskussion auch dementsprechend umstritten. Die antike Rhetorik gewinnt ihr Studienmaterial an (ursprünglich) mündlich vorgetragenen Reden und bereitet für die Abfassung und den Vortrag von Reden in den drei typischen Verwendungssituationen vor (mit einem deutlichen Schwerpunkt auf der Gerichtsrede), aber keine der 27 neutestamentlichen Schriften ist eine Rede.[47] Dennoch kann das Studium der antiken Rhetorik für die neutestamentliche Exegese durchaus mit Gewinn herangezogen werden, wie es Hans Dieter Betz beispielhaft für die Auslegung des Galaterbriefs vorgemacht hat.

H. D. BETZ, Galatians. A Commentary on Paul's Letter to the Churches in Galatia (Hermeneia 55), Philadelphia (PA) 1979.

Die Durchführung der pragmatischen Analyse zielt gewöhnlich auf die Bestimmung des Sprechakts, sucht also die Absichten des Autors offen zu legen und fragt danach, welche sprachlichen Mittel er einsetzt, um den Leser zu einer Reaktion zu bewegen. In argumentativen Texten wie z. B. den paulinischen Briefen ist das sehr deutlich an den direkten Hinwendungen zu den Lesern und an den Imperativen abzulesen, die den jeweiligen Adressaten direkte Handlungsanweisungen an die Hand geben: „Ich ermahne euch aber, Brüder, durch den Namen unseres Herrn Jesus Christus, dass ihr alle dasselbe sagt und dass es nicht unter euch Spaltungen gibt, sondern dass ihr in demselben Sinn und in derselben Meinung vollendet seid" (1 Kor 1,10); „Werdet meine Nachahmer" (1 Kor 4,16); „Ich tue euch aber kund, Brüder, das Evangelium" (1 Kor 15,1); „Nicht also herrsche die Sünde in eurem Leib" (Röm 6,12). Gerade bei der Analyse der neutestamentlichen Briefe dürfte eine Systematisierung hilfreich sein, die auf Jürgen Habermas zurückgeht und die Sprechakte in vier Gruppen aufteilt[48]:

Systematisierung der Sprechakte

(1) Kommunikativa: sagen, fragen, antworten, zugeben, zitieren;
(2) Konstativa: beschreiben, erklären, voraussagen, deuten, versichern;
(3) Repräsentativa: offenbaren, gestehen, preisgeben, vorspiegeln, verleugnen;

47 Hin und wieder wird für die Briefliteratur überlegt, ob es sich in einzelnen Fällen um niedergeschriebene Predigten handelt. Als Kandidaten kommen etwa der 1. Johannesbrief oder der Hebräerbrief in Frage.
48 Vgl. W. EGGER, Methodenlehre* 141.

(4) Regulativa: befehlen, bitten, ermahnen, sich weigern, versprechen, vereinbaren.

Pragmatische Analyse von Erzählungen durch *pointer*

Nicht ganz so einfach gelingt die pragmatische Analyse bei Erzählungen wie im Fall unserer Evangelien und der Apostelgeschichte, da Erzählungen nicht als direkte Weisungen aufzufassen sind. Dennoch gibt es auch hier in Gestalt von *„pointern"* die Möglichkeit, der Leserlenkung von Erzähltexten auf die Spur zu kommen. Solche „pointer" können z. B. die direkte Hinwendung an die Leser sein, wie wir sie in Erzählerkommentaren gelegentlich wahrnehmen; neben Joh 20,30f. ist hier insbesondere auf Mk 13,14 zu verweisen, wo sich der Autor direkt an den Leser wendet: „Der Leser begreife!" Andere Möglichkeiten der Leserlenkung sind das Anbieten von Problemlösungen, die der Leser nachvollziehen kann oder Rollenangebote in Form von Erzählfiguren, die zur Identifikation einladen.

Rollenangebote in Lk 15,11–32

Im Gleichnis vom verlorenen Sohn des intradiegetischen Erzählers Jesu (Lk 15,11–32) wird die Frage verhandelt, wie man mit Sündern umgehen soll. Zwei Modi des Umgangs mit solchen „Gefallenen", im Gleichnis vom jüngeren, „verlorenen" Sohn verkörpert, werden vorgestellt: Auf der einen Seite der Vater, der bedingungslos vergibt und das vom jüngeren Sohn vorbereitete Sündenbekenntnis abwürgt, noch ehe dieses ausgesprochen ist, indem er ihm um den Hals fällt, ihn abküsst und gleich ein großes Fest veranstaltet; auf der anderen Seite der ältere Sohn, der über so viel Nachsicht zornig wird und dem Vater die Rechnung präsentiert: „Siehe, so viele Jahre diene ich dir und niemals habe ich ein Gebot von dir übertreten, aber nie gabst du mir ein Böckchen, damit ich mit meinen Freunden feiere. Als aber dein Sohn kam, der deinen Besitz mit Dirnen durchgebracht hat, hast du ihm das Mastkalb geschlachtet" (Lk 15,29f.). Im Evangelium verteidigt Jesus mit dieser Gleichniserzählung gegenüber den Pharisäern und Schriftgelehrten seine Tischgemeinschaft mit den Sündern (vgl. Lk 15,1f.); doch darf man mit gutem Grund davon ausgehen, dass der Evangelist Lukas dieses Gleichnis seinen realen Lesern nicht umsonst erzählt. Gerade der Umstand, dass das Gleichnis offen endet, also eine erzählerische Leerstelle hat, lässt darauf schließen, dass auch die historischen Leser des Lukasevangeliums noch vor denselben Problemen standen wie die Pharisäer und Schriftgelehrten. Ihnen werden mit der Vaterfigur und der Figur des älteren Sohnes Identifikationsfiguren an die Hand gegeben, mit Hilfe derer sie ihr eigenes Handeln überdenken und neu ausrichten können.

Die pragmatische Analyse

Die pragmatische Analyse widmet sich der dynamischen Funktion von Texten, d. h. sie befragt einen Text nach Instruktionen und Erzählstrategien, die etwas über die dem Text eingeschriebene Leserlenkung verraten: Was will der Text bewirken, und welche sprachlichen Mittel setzt er dafür ein? *Textinterne* Indizien werden also für die *textexterne* Relation zwischen Autor und Leser ausgewertet (Erzählkontext). Dabei behilflich sind:

- die Zuordnung des zu untersuchenden Textes/Textsegments zu Sprechakten;
- direkte Hinwendungen des Erzählers an den Leser;
- Imperative, Drohungen und Warnungen, Ermahnungen (bes. in der Briefliteratur);
- Erzählfiguren, die positiv oder negativ konnotiert sind und in ihrem Verhalten bzw. durch die Werte, die sie verkörpern, als Vorbilder oder abschreckende Beispiele für den Leser fungieren.

3 Praktisches Beispiel: Sprachliche Analyse von Mk 2,1–3,6

Abgrenzung des Textes

Wir haben nun das technische Know-how, um unseren Basistext Mk 2,1–3,6 einer gründlichen sprachlichen Analyse zu unterziehen. Bevor wir damit beginnen, müssen wir uns allerdings noch Rechenschaft über die Abgrenzung dieser Texteinheit geben: Warum haben wir ausgerechnet Mk 2,1–3,6 als Beispieltext ausgewählt und z. B. nicht 1,43–3,9? Zur Beantwortung dieser Frage ziehen wir einen Methodenschritt aus der linguistischen Abteilung vor („Abgrenzung der Texteinheit") und suchen nach Texttrennern (Zeit und Ort; Auftreten neuer Personen), die unsere Auswahl rechtfertigen. Blicken wir deshalb zunächst auf den Anfang: Hier berechtigt der mit einer Zeitangabe („nach Tagen") verknüpfte Ortswechsel in 2,1 - Jesus geht wieder (vgl. Mk 1,21) nach Kafarnaum hinein; zuvor befand er sich an einem „einsamen Ort" (vgl. 1,35.45) - dazu, mit Mk 2,1 ein neues Textsegment beginnen zu lassen. Ähnlich liegt die Sache am Schluss unseres Textabschnitts, in 3,6 bzw. 3,7. Nach der Heilung der verdorrten Hand am Sabbat in der Synagoge entweicht Jesus mit seinen Jüngern zum Meer (Mk 3,7; Ortswechsel); zugleich bildet sich ein neues Publikum in Gestalt der Menge, die nun aus Galiläa, Judäa, Jerusalem, Idumäa, Transjordanien, Tyros und Sidon zusammenkommt und Jesus aufsucht (Auftreten neuer Personen). Damit korrespondiert, dass die bisherigen Gegner, die Pharisäer, von der Bühne abtreten (3,6: sie gehen hinaus und fassen zusammen mit den Herodianern den Todesbeschluss), sich aber ab Mk 3,22 mit den Schriftgelehrten aus Jerusalem eine neue Gegnerfront aufbaut. Der sprachlichen Beschreibung von Mk 2,1–3,6 steht nun nichts mehr im Wege.

3.1 Die Analyse der Story

3.1.1 Die Rekonstruktion der Ereignisfolge

Der Evangelist erzählt linear

Zur Erinnerung: Gefragt ist an dieser Stelle eine chronologische Rekonstruktion der Abfolge der Ereignisse. Das fällt im vorliegenden Fall nicht schwer, weil der Evangelist praktisch linear erzählt. Dabei gehen wir etwas großzügiger vor, d. h. fassen eine Reihe von einzelnen *Events* zu einem größeren *Event* zusammen („Motivsequenz"), weil die Darstellung der Ergebnisse ausladend breit ausfallen würde und kaum noch informativ wäre.[49] Unter diesen Prämissen ergibt sich für Mk 2,1–3,6 folgende Ereignisfolge:

Heilung des Gelähmten (2,1–12)
  Belehrung des Volkes am Meer (2,13)
    Berufung Levis in die Nachfolge (2,14)
      Gastmahl mit Zöllnern und Sündern (2,15)
        Diskussion mit den Schriftgelehrten der Pharisäer (2,16f.)
          Streitgespräch über das Fasten mit Schülern des Johannes und den Pharisäern (2,18–22)
            Wanderung durch die Felder am Sabbat (2,23)
              Streitgespräch mit den Pharisäern über das Ährenraufen am Sabbat (2,24–28)
                Synagogenbesuch (3,1)
                  Auseinandersetzung mit Schriftgelehrten über das Heilen am Sabbat (3,2–4)
                    Heilung der verdorrten Hand (3,5)
                      Todesbeschluss der Pharisäer und Herodianer (3,6)

3.1.2 Die Analyse der Figurenkonstellation

Jesus als Held

Gegner und Helfer

Legt man das oben vorgestellte Aktantenmodell (s. 2.1.2) zugrunde und geht mit diesem Hilfsmittel zunächst die beiden Wundergeschichten in Mk 2,1–12 und Mk 3,1–6 an, fällt die Analyse relativ leicht. Der „Held" ist durchgängig Jesus (weil er stets im Mittelpunkt des Geschehens steht und die beiden Kranken heilt), die Gegnerfront speist sich aus Schriftgelehrten, Pharisäern und Herodianern bzw. – wenn man die übrigen Perikopen noch mit einbezieht – aus den Schriftgelehrten der Pharisäer und den Schülern des Johannes. Aber Jesus erfährt auch Hilfe: von irgendwelchen Leuten z. B., die den Gelähmten zu ihm bringen; bezieht man das übrige Textma-

49 Das sei am Beispiel der Heilung des Gelähmten Mk 2,1–12 paradigmatisch vorgeführt. Bei eingehender Analyse kommt man auf 19 Events bzw. Motive, wenn wir richtig gezählt haben: 1. Jesus kommt nach Kafarnaum. 2. Die Leute hören davon. 3. Viele versammeln sich. 4. Jesu lehrt. 5. Leute bringen einen Gelähmten. 6. Sie decken das Dach ab. 7. Sie graben das Dach auf. 8. Sie lassen die Bahre hinab. 9. Jesus spricht die Vergebung der Sünden zu, usw.

terial ein, eventuell auch von Levi, der sich bereitwillig in seine Nachfolge begibt. Bezüglich der Jünger, die mehrfach genannt werden (2,15.16.18.23), fällt das Ergebnis ambivalent aus: Wenn man das Ausreißen der Ähren, um sich einen Weg zu bahnen, als Unterstützungsmaßnahme werten will, könnte man sie unter die Adjuvanten reihen; an den übrigen Belegstellen sieht es aber eher so aus, als ob Jesus für sie seinen Kopf hinhält. Adressaten des heilenden Handelns Jesu sind der Gelähmte und der Mann mit der verdorrten Hand. Ein Stück weit offen muss die Frage nach dem Adressanten bleiben. Zwar ließe sich von einem gewissen theologischen Vorverständnis her (das sich wesentlich aus der paulinischen und johanneischen Christologie speist) Gott als Sender ausmachen;[50] im markinischen Text hat eine solche Vorstellung allerdings nur wenig Anhalt. Allenfalls Mk 2,12, wo die Menge *Gott* die Ehre gibt anstatt dem Wundertäter selbst vor die Füße zu fallen, wäre in diesem Sinn auszuwerten. Weitet man den Blick über Mk 2,1–3,6 aus bzw. blättert konkret in das erste Kapitel des Markusevangeliums zurück, so liefert die Taufe Jesu (Mk 1,9–11) und die anschließende Versuchung Jesu in der Wüste (Mk 1,12f.) doch einen gewissen Anhalt für die These, dass auch im Markusevangelium Gott der Adressant Jesu ist: Bei der Taufe empfängt Jesus den Geist (Gottes) und wird als „Sohn" identifiziert. Im Anschluss an die Taufe „treibt" ihn der Geist dann in die Wüste (Mk 1,12). Wenn man so will, ist Jesus also ein „Getriebener Gottes"! Im Aktantenschema stellt sich die Figurenkonstellation von Mk 2,1–3,6 demnach so dar:

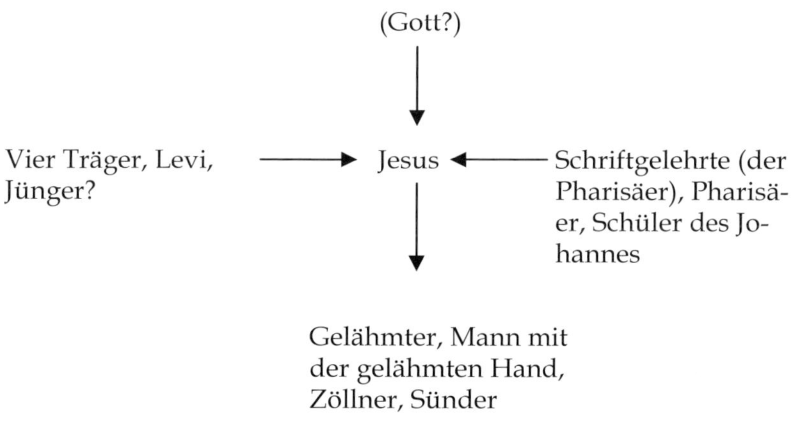

50 Vgl. Röm 8,3; Gal 4,4; Joh 6,44.57; u. ö.

3.2 Die Analyse des Textes

3.2.1 Die narratologische Analyse

Prolepsen

Wie ist die Story erzählerisch gestaltet? Schon beim ersten Lesen legt sich der Eindruck nahe, dass der Erzähler weitgehend der Reihe nach erzählt. Lediglich am Ende unseres Textabschnitts in Mk 3,6 weist er in Form einer *internen Prolepse* auf den Tod Jesu voraus – die Pharisäer und Herodianer beschließen Jesus zu vernichten – und verknüpft damit das vorher Erzählte mit dem Ende Jesu. Das bringt nicht nur Spannung in die Erzählung, sondern hat auch theologisches Format. Jesus hat in den vorausgegangenen Streitgesprächen für seine Schüler den Kopf hingehalten – und das wird ihn den Kopf kosten. Die Jünger werden auf den Tod Jesu reagieren – erzählerisch eingefangen durch die *externe Prolepse* in 2,20, die auf eine christliche Fastenpraxis vorausblickt, die im Evangelium nicht mehr erzählt wird. *Externe Analepsen* liegen vielleicht in 2,25f. und 2,27 vor, insofern in beiden Fällen auf weit zurückliegende Ereignisse der Geschichte Israels angespielt wird: in V. 25f. auf eine Begebenheit zu der Zeit, da David noch als Guerillakämpfer unterwegs war, in V. 27 auf die Schöpfung, die selbstverständlich „außerhalb" der Geschichte liegt.

Erzähltempo

Hinsichtlich des Erzähltempos ist durchaus eine gewisse Variabilität zu erkennen: Das Textsegment setzt mit einer *unbestimmten Ellipse* ein (2,1: „nach Tagen"), um dann *summarisch* das Zusammenströmen der Menge vor der Türe des Hauses zu schildern (2,2). In der Schilderung der Gelähmtenheilung verlangsamt sich das Erzähltempo dann deutlich; wir haben hier eine *Szene* vorliegen, die mit Hilfe der ab 2,5 einsetzenden Figurenrede erzählte Zeit und Erzählzeit nahezu zur Deckung bringt. In diesem Stil geht es bis 3,6 weiter, d. h. es wechseln sich summarisches (2,13.15.18a.23; 3,1.6) und szenisches Erzählen (2,14.16–17.18b–22.24–27; 3,2–5) in schöner Regelmäßigkeit ab. Das ist Ausdruck einer inhaltlichen Option: Immer dann, wenn eine Handlung oder eine Aussage Jesu zu erzählen ist, wird das Tempo heruntergefahren (Szene); die Aktionen der übrigen Erzählfiguren werden weitgehend summarisch dargestellt. Durchweg wird singulativ erzählt.

Distanz

Der hohe Anteil der Figurenrede (2,5–11.12g.16e.18d–22.24–28; 3,3c–4) sorgt dafür, dass die im narrativen Modus gehaltene Erzählung mehrfach dramatische Qualität gewinnt und so für ein hohes Maß an Unmittelbarkeit sorgt. In den genannten Passagen hat der Leser den Eindruck, als sei er unmittelbar an den Ereignissen „dran". Dazu trägt auch bei, dass der Erzähler weitgehend auf Reflexionen verzichtet (einzige Ausnahme: 2,15d–e) und in der ersten

Wundergeschichte eine Reihe von erzählerischen Details präsentiert, die Unmittelbarkeit erzeugen: dass kein Platz mehr war, *nicht einmal mehr bei der Türe*, dass der Gelähmte *von Vieren* getragen wurde, dass sie das Dach *aufgraben* (2,2–4).

Auktoriale und aktoriale Fokalisierung

Die auktoriale Fokalisierung der Erzählung tritt besonders deutlich in 2,6f. zutage, wo der Erzähler den Lesern einen Blick in die Herzen der Schriftgelehrten zugesteht; darüber übersieht man allerdings leicht, dass die Perspektive im Verlauf des Textes mehrfach wechselt. In 2,5 *sehen* wir die Dachaktion mit den Augen Jesu (= Wechsel zu einer *aktorialen Fokalisierung*) und lernen sie dadurch als Ausdruck des Glaubens verstehen, in 2,8 wiederholt sich der Blick in die Herzen der Schriftgelehrten, aber nun in aktorialer Fokalisierung (wiederum mit Jesus als *focalizer*). Mit den Augen Jesu sehen wir auch Levi an der Zollstelle sitzen (2,14), seine Sicht der Dinge prägt die Wahrnehmung der Schriftgelehrten in 3,5 („Und er schaute sie der Reihe nach voll Zorn an"). Gelegentlich wird auch einmal aus der Sicht der Schriftgelehrten erzählt: Sie sehen Jesus mit den Zöllnern und Sündern essen (2,16b–c) und sie beobachten ihn, um ihn anzuklagen (3,2).

Charakterisierungen

Direkte Charakterisierungen kommen im vorliegenden Textabschnitt, wie häufig in neutestamentlichen Erzähltexten, nicht vor, selbst bei der Hauptfigur Jesus nicht (s. Aktantenanalyse). Die bevorzugte Art ihn zu charakterisieren bzw., aus der Leserperspektive, ihn näher kennen zu lernen, sind seine Taten und Worte (= indirekte Charakterisierung). Er tritt als Lehrer auf (Mk 2,2.13) bzw., damit eng verbunden, als schlagfertiger Diskussionspartner (2,17.19–22.25–28; 3,4), als Heiler (2,5–12; 3,2–5), als jemand, der einerseits mit den religiösen Traditionen seines Volkes souverän umgeht (in der Fasten- und Sabbatfrage), andererseits die Verbindung zu eben jenen Traditionen keineswegs abreißen lässt (vgl. 3,1: „und er ging wiederum in die Synagoge hinein")! Den Kontakt mit Außenseitern, dargestellt an der Berufung Levis sowie am Zu-Tisch-Liegen mit Zöllnern und Sündern, scheut er nicht. Über sein Äußeres erfahren wir nichts (*external appearance*); auch unsere vierte Kategorie *environment* trägt im vorliegenden Kontext nicht soviel aus, mit Ausnahme des oben schon erwähnten *Synagogenbesuchs*. Externe Analogien sehen wir in Mk 2,1–3,6 genauso wenig wie interne Analogien.

Zum Abschluss noch ein Wort zu den Jüngern: Sie bleiben durchgängig stumm; selbst dort, wo sie direkt angesprochen werden wie in 2,16, redet Jesus für sie. Etwas an Profil gewinnen sie durch ihre „Ährenaktion", die sie mit dem Gesetz in Konflikt bringt, sowie durch ihr Nicht-Fasten, von dem wir aber nur aus dem Mund anderer Erzählfiguren erfahren (2,18; *characterization by speech*).

3.2.2 Die linguistische Analyse

a) Segmentierung der Texteinheit

Wir hatten eingangs bei der Abgrenzung der Texteinheit notiert, dass Mk 2,1 eine Zeitangabe („nach Tagen“) mit einem Ortswechsel verknüpft. Eine ähnliche Beobachtung lässt sich zu 2,22 und 2,23 anstellen, weil auch dort der erneute Ortswechsel der erzählerischen Hauptfigur (Jesus) mit einer Zeitangabe verbunden ist (2,23: *„an den Sabbaten* ging er *durch die Saaten* entlang“). Rein zeitlich betrachtet, zerfällt unser Beispieltext demnach in zwei Teile, die sich folgendermaßen überschreiben ließen:

I. „Nach Tagen“: 2,1–22
II. „An den Sabbaten“: 2,23–3,6

Nun erlauben aber eine Reihe weiterer Ortsangaben, die jeweils eine Bewegung Jesu anzeigen und z. T. mit dem Auftreten neuer Personen einhergehen, eine noch feinere Segmentierung des Gesamttextes. Nach Mk 2,13 befindet sich Jesus am *Meer*, nach 2,14 an der *Zollstelle* und 2,15 zufolge in seinem *Haus*, wobei es uns an dieser Stelle gleichgültig sein kann, wessen Haus damit gemeint ist. Mit jedem Ortswechsel Jesu kommen zugleich neue Personen in den Blick: V. 13 ist das die Volksmenge, V. 14 der Zöllner Levi und V. 15 sind es „viele Zöllner und Sünder“ sowie die Jünger Jesu, zu denen in V. 16 (d. h. immer noch im Haus) dann noch die Schriftgelehrten der Pharisäer hinzustoßen. V. 18 verzeichnet zwar keinen Ortswechsel, aber eine neue Gruppe von Personen: Es kommen Schüler des Johannes und (weitere) Pharisäer. Nehmen wir schließlich noch zur Kenntnis, dass auch der zweite Teil („An den Sabbaten“) durch einen mit dem Auftreten einer neuen Person verbundenen Ortswechsel eine weitere Differenzierung zulässt: Laut Mk 3,1 begibt sich Jesus wieder in die Synagoge, wo er auf einen Menschen mit einer vertrockneten Hand trifft. Auf der Basis der bisher zusammengetragenen Orts- und Zeitangaben sowie dem Auftreten neuer Personen können wir deshalb unsere oben begonnene Gliederung des Abschnitts wie folgt weiterschreiben:

Gliederung

I. „Nach Tagen“ (2,1–22)
   1. Im Haus in Kafarnaum (2,1–12)
   2. Am Meer (2,13)
   3. An der Zollstelle (2,14)

4. Im Haus (2,15–17)
5. Die Ankunft der Johannesjünger und der Pharisäer (2,18–22)

II. „An den Sabbaten" (2,23–3,6)
1. Durch die Saaten (2,23–28)
2. In der Synagoge (3,1–6)

Vergleicht man die auf diese Weise gewonnene Gliederung beispielsweise mit der Perikopenordnung einer der gängigen Synopsen, stellt man im Wesentlichen Übereinstimmung fest; Differenzen bestehen lediglich in der Einschätzung von Mk 2,13–17, das bei sämtlichen Herausgebern als eine Einheit betrachtet wird.

Erzählung und direkte Rede

Ob dies zu Recht geschieht, kann man durchaus fragen. Denn auch die Verteilung von erzählenden Passagen und wörtlicher Rede, die nach unseren theoretischen Ausführungen ja ebenfalls Anhaltspunkte für die Gliederung eines Textes bereitstellt, führt in eine andere Richtung. Grundsätzlich handelt es sich bei Mk 2,1–3,6 um einen Text, in dem Erzählung und direkte Rede häufig wechseln. Von V. 15 an geschieht dies nach einer gewissen Systematik: auf ein Stück Erzählung (E) folgt stets eine zwei oder mehrere Verse umfassende Passage direkter Rede (R), die sich bei genauerem Hinsehen als ein Paar aus Frage (F) und Antwort (A) erweist. Dabei werden die Fragen von den Pharisäern bzw. ihren Schriftgelehrten gestellt, die Antwort gibt jeweils Jesus:

	2,15–17	2,18–22	2,23–28
Erzählung	V. 15–16d	V. 18a–c	V. 23
Frage	V. 16e	V. 18d–e	V. 24
Antwort	V. 17	V. 19–22	V. 25–28

Hingegen bestehen die V. 13f., mit Ausnahme des Nachfolgerufs V. 14e („Folge mir nach!"), durchweg aus Erzählung, sodass sich auch von der Verteilung von Erzählung und wörtlicher Rede her eine Zäsur zwischen 2,14 und 2,15 anbietet.

Die Rahmenstücke

Ist die Sensibilität für die Erzähl- und Redeteile der Texte erst einmal geweckt, lassen sich auch für die beiden Rahmenstücke unseres Abschnitts, Mk 2,1–12 und 3,1–6, interessante Details zutage fördern. *Cum grano salis* beginnen und enden beide Perikopen mit erzählenden Passagen,[51] die wiederum einen Mittelteil rahmen, in

51 Vgl. Mk 2,1–5b mit 3,1–3b und 2,12a–e mit 3,5c–6. Die Heilung des Gelähmten endet genau genommen mit einem Chorschluss (V. 12g: „So [etwas] haben wir noch nie gesehen"), wodurch die folgenden Überlegungen aber nicht entscheidend tangiert werden.

dem sich Erzählung und Rede abwechseln: V. 5c in Mk 2 bietet ein kurzes Stück Rede (R), V. 6a–b Erzählung (E), V. 7a–c wieder R, V. 8a–c E, V. 8d–11d R. Mk 3 bringt es aufgrund des geringeren Textumfangs dagegen nur auf R (V. 3c–4d) - E (V. 4e–5c) - R (V. 5d). Weil die Redestücke in 2,6–10 auf verschiedene Sprecher verteilt sind (Schriftgelehrte auf der einen, Jesus auf der anderen Seite), wollen wir das betreffende Textsegment - auch um des sprachlichen Vergnügens willen, wie noch zu sehen sein wird - als *Dialog* (Kürzel: D) bezeichnen.

Nimmt man den Dialog noch einmal genauer unter die Lupe, dann zeigt sich auch hier die bereits aus den Mittelstücken bekannte E - F - A-Struktur: V. 6 bietet, wie gesehen, reine *Erzählung*, V. 7 formuliert in Form eines Selbstgesprächs eine *Frage* der Schriftgelehrten, die Jesus in V. 8–10 mittels einer Gegenfrage, vergleichbar 2,19 und 2,25f., einer *Antwort* zuführt. Nicht dieselben, aber doch vergleichbare Beobachtungen lassen sich auch für Mk 3,1–6 anstellen. Zwar redet hier explizit nur Jesus, seine Frage an die Pharisäer (V. 4: „Ist es erlaubt, an den Sabbaten Gutes zu tun oder Böses zu tun, ein Leben zu retten oder zu töten?") kann aber ebenfalls als *Antwort* auf die von seinen Gegnern in indirekter Rede vorgebrachte *Frage* V. 2b verstanden werden, ob er am Sabbat heilen werde. Im Verein mit dem vorangehenden V. 2a („Und sie beobachteten ihn"), der strukturell 2,6 („und überlegten in ihren Herzen") korrespondiert, ließe sich dann auch für die Schlussperikope unseres Abschnitts eine Art *Dialog* von der Art E - F - A in den V. 2–4 konstatieren, der wiederum von erzählenden Passagen gerahmt ist.

Doppeltes *sandwiching*

Auf der Basis einer Analyse von Erzählung und direkter Rede ergibt sich demnach für Mk 2,1–3,6 ein doppeltes *sandwiching*:

EDE rahmt EFA

(1) Auf der Makroebene, d. h. Mk 2,1–3,6 gilt der Satz: EDE rahmt EFA. Drei Mittelstücke (Mk 2,15–17; 2,18–22; 2,23–28), die jeweils mit einem Erzählvers beginnen und dann in einen quantitativ umfangreicheren Redeteil mit Frage und Antwort ausmünden (EFA), werden von zwei Geschichten gerahmt, deren erzählende oder doch zumindest von Erzählung stark dominierte Textblöcke jeweils einen Dialog umschließen (EDE).

(2) Das Besondere ist nun, dass den Dialogen der beiden Rahmenstücke 2,1–12 und 3,1–6 die Struktur der Mittelstücke gleichsam noch einmal einverleibt ist. Schematisch kann dies auf folgende Weise dargestellt werden:

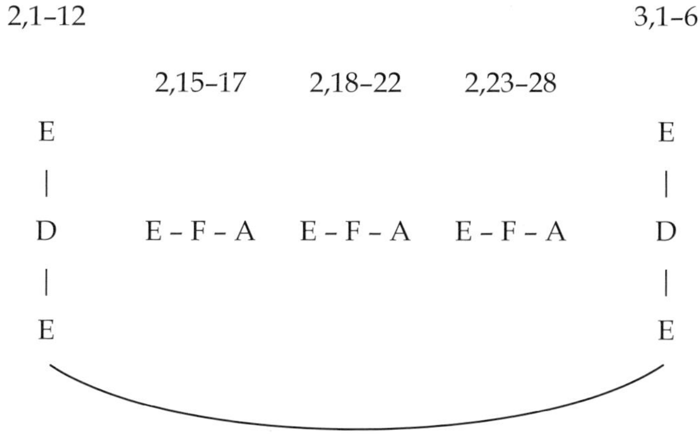

b) Syntaktische und semantische Beobachtungen

Mit dem auf der Basis der Verteilung von Erzählung und direkter Rede erarbeiteten Strukturschema konnten wir bereits eine innere Ordnung des Textes offenlegen, die den nicht-linearen Verknüpfungen zuzurechnen ist und insofern etwas über die *Tiefenstruktur* unseres Textes aussagt. Von da aus könnte man ohne Umwege zur semantischen Analyse weiterschreiten, doch steht – gemäß unseren methodischen Vorgaben – zunächst noch die Beantwortung der Frage an, was den Text auf der Textoberfläche zusammenhält (Kohäsionsmittel) und wie er sich stilistisch präsentiert.

Syntaktisch-stilistische Analyse

Rekurrenz, Substitution, Proformen: Die zentrale Figur des Evangeliums, Jesus, ist auch in dem von uns ausgegrenzten Textabschnitt Mk 2,1–3,6 nahezu in jedem Vers präsent und sorgt auf diese Weise entscheidend für den Zusammenhalt der einzelnen Textsegmente. Explizit mit Namen genannt wird Jesus erstmals in 2,5, dies wiederholt sich in 2,8.15.17.19 (Rekurrenz). Substitutionen für „Jesus“ kommen ebenfalls vor. In 2,10 und 2,28 sind das „der Menschensohn“, in 2,17 und 2,19f. die beiden Metaphern „Arzt“ bzw. „Bräutigam“. In der Hauptsache aber läuft die Verknüpfung über Proformen, die allerdings im Griechischen weitaus seltener anzutreffen sind als im Deutschen, da dort das Subjekt ja schon im Verb enthalten sein kann. Trotzdem findet sich αὐτός in pronominalem Sinn innerhalb unseres Textes mehrfach für Jesus (2,3.4.13.15[zweimal].18. 23.24; 3,2.6); einmal wird auch das Demonstrativpronomen οὗτος (2,7) verwendet.

Rekurrenz, Substitution, Proformen

In besonderer Weise illustriert Mk 3,1-6 die Verknüpfung durch Proformen mit dem vorausgehenden Textabschnitt. Der Eingangssatz lautet: „Und *er* ging wiederum in die Synagoge hinein“ (V. 1). Da es auch die folgenden Verse bis zum Schlussvers hin bei Proformen belassen (V. 2: „ihn“; V. 3-5: „er“; V. 6: „ihn“), bedarf es des Rückgriffs auf 2,19 („Und es sagte ihnen Jesus“), um die Identität jenes „er“ aufzudecken. Ganz ähnlich verhält es sich mit den Dialogpartnern Jesu, den Pharisäern (vgl. 2,24), auf die zumindest bis V. 5 in Form von Pronomina (V. 2: „sie“; V. 4: „ihnen“; V. 5: „sie“) bzw. mit Hilfe einer *Textdeixis* (vgl. V. 4e: „*Die* aber schwiegen“) Bezug genommen wird. Erst in 3,6 nennt sie der Erzähler wieder beim Namen (Rekurrenz).

Konnektive

Die „Hauptlast“ der Verknüpfung tragen aber die Konjunktionen, wobei die Dominanz des καί schon fast unerträglich ist. Sage und schreibe 62mal (wenn wir richtig gezählt haben) kommt dieses kleine Wörtchen in unserem Text vor![52] Dagegen nimmt sich die Liste der übrigen Konjunktionen, die für die Verbindung der Sätze und Satzteile sorgen, geradezu geringfügig aus:

<table>
<tr><td rowspan="5">Neben-ordnende Konjunk-tionen</td><td>kopulativ</td><td>und (καί)</td><td>2,1.2.3.4.5.6.8.9.11.12. u. ö.</td></tr>
<tr><td>disjunktiv</td><td>oder (ἤ)</td><td>2,9; 3,4 (zweimal)</td></tr>
<tr><td rowspan="2">restriktiv</td><td>aber (δέ)</td><td>2,6.10.18.20.21.22; 3,4</td></tr>
<tr><td>sondern (ἀλλά)</td><td>2,17 (zweimal); 2,22</td></tr>
<tr><td>kausal</td><td>nämlich (γάρ)</td><td>2,15</td></tr>
<tr><td rowspan="8">Unter-ordnende Konjunk-tionen</td><td rowspan="2">temporal</td><td>während (ἐν ᾧ)</td><td>2,19</td></tr>
<tr><td>wann (ὅταν)</td><td>2,20</td></tr>
<tr><td rowspan="2">modal</td><td>als (ὅτε)</td><td>2,25</td></tr>
<tr><td>wie (πῶς)</td><td>2,26</td></tr>
<tr><td rowspan="3">kausal</td><td>sodass (ὥστε)</td><td>2,2.12.28</td></tr>
<tr><td>wenn (εἰ)</td><td>2,7.21.22.26</td></tr>
<tr><td>damit (ἵνα)</td><td>2,10; 3,2</td></tr>
<tr><td>ohne eigene Bedeutung</td><td>dass (ὅτι)[53]</td><td>2,1.8.10.16</td></tr>
</table>

52 Unter diesen 62 Belegen finden sich nur zwei, wo das καί nicht als Bindepartikel, sondern adverbial gebraucht wird: 2,26.28!

53 Nicht aufgeführt sind die Stellen, an denen ὅτι den Beginn der direkten Rede anzeigt, also den Doppelpunkt im Deutschen vertritt: 2,12.16(.17).

Stilistische Beobachtungen

Der oben festgestellte inflationäre Gebrauch des καί deutet schon an, dass mit Mk 2,1–3,6 ein Erzähltext einfachen Stils vorliegt. Über weite Strecken reiht sich Aussage- an Aussagesatz, nur in den oben bereits markierten Dialogpartien treten Fragesätze an ihre Stelle (2,6.8 u. ö.). Aufs Ganze gesehen herrscht ein einfacher Satzbau vor, einzelne Satzglieder werden dabei vielfach mit Hilfe eines *participiums coniunctum* an das übergeordnete Verb angebunden (vgl. 2,3: ἔρχονται φέροντες … αἰρόμενον). Das vorherrschende Erzähltempus ist der Aorist, doch kommen auch Imperfekte (2,2: ἐλάλει; 2,13: ἐδίδασκεν; 3,2: παρετήρουν; 3,4: ἐσιώπων; 3,6: ἐδίδουν) vor. Eine markinische Spezialität ist das „historische (= erzählende) Präsens", das auch in unserem Beispieltext mehrfach zur Anwendung gelangt: 2,3 (ἔρχονται); 2,5.8.10.14.17.25; 3,3 (jeweils λέγει); 2,15 (γίνεται); 2,18 (ἔρχονται καὶ λέγουσιν).

Wortschatz

Was den Wortschatz betrifft, so dominieren die Verben und Substantive, Adjektive kommen in unserem Text praktisch nicht vor.[54] Gewisse Stereotypen gibt es vor allem am Beginn und – weniger signifikant – am Ende der Perikopen:

2,1: „Und als er *wieder* nach Kafarnaum hineinkam" (εἰσελθὼν πάλιν).

2,13: „Und er ging *wieder* hinaus am Meer entlang" (ἐξῆλθεν πάλιν).

3,1: „Und er ging *wiederum* in die Synagoge hinein" (εἰσῆλθεν πάλιν).

Analog gehen auch die Eröffnungsverse der Perikopen vom Zöllnergastmahl und vom Ährenraufen am Sabbat, wo auf das einleitende „Und es geschieht" (2,15) bzw. „Und es geschah" (2,23) jeweils ein AcI folgt. Das erwähnte Zöllnergastmahl hat darüber hinaus noch eine stilistische Finesse zu bieten: Im Rahmen der dreimaligen Nennung von „Zöllnern und Sündern" (2,15.16) erscheinen die Zöllner zunächst an erster Stelle, dann an zweiter und dann wieder an erster Stelle, sodass man von einer chiastischen Konstruktion reden kann. Mehrfach begegnen Bildworte: das erste Mal in 2,17 (Arztwort), dann gehäuft in 2,19–22, wo auf das Bildwort von der Hochzeit (2,19: „Können etwa die Söhne des Brautgemachs, während der Bräutigam bei ihnen ist, fasten?") noch das Doppelbildwort vom neuen Flicken auf dem alten Gewand und vom neuen Wein in alten Schläuchen folgt (2,21f.). Kein Bildwort, aber ebenfalls ein Begriff mit eingeführter Bedeutung scheint „der Menschensohn" zu sein (vgl. 2,10.28); es ist Aufgabe der Traditionskritik und Religi-

54 Das sei an Mk 2,1–12 paradigmatisch vorgestellt: Von den insgesamt 196 Wörtern sind z. B. 52 Verben, 34 Substantive (wenn man παραλυτικός mit hinzunimmt), aber nur eines ist ein Adjektiv (εὐκοπότερον, V. 9).

onsgeschichte (s. § 7), dessen Semantik in ihrer diachronen Entwicklung weiter nachzuspüren. Festhalten wollen wir schließlich noch, dass in 2,23 vermutlich ein Latinismus vorliegt. Das von Markus gebrauchte ὁδὸν ποιεῖν ahmt lateinisches *iter facere* nach.[55]

Wortfelder: Sünde

Das Wortfeld „Sünde" beherrscht vor allem die beiden ersten Textsegmente (wenn man 2,13f. als eine Art „Einsprengsel" einmal außer Acht lässt), genauer die V. 5–10 und 15–17 in Kap. 2. Mit dem Ausspruch „erlassen werden deine Sünden" gibt Jesus in 2,5 das Stichwort, an dem sich der nachfolgende Dialog entzündet; folglich wird die Rede von der Sündenvergebung mehrfach thematisiert: als Frage der Schriftgelehrten V. 7, in der Gegenfrage Jesu V. 9 und schließlich mit leichter Variation (*Vollmacht* zur Sündenvergebung) in V. 10. In der Perikope vom Zöllnergastmahl ist dann viermal (V. 15.16[zweimal].17) von ἁμαρτωλοί die Rede. Im weiteren Sinne hierher gehören aber auch die Fragen nach dem, was erlaubt bzw. nicht erlaubt ist (vgl. 2,24; 3,4), da die übergreifende Bezugsgröße (das „semantische Merkmal") der (potentielle) Verstoß gegen das Gesetz ist. Weil die Schriftkundigen (der Pharisäer) über dessen Befolgung wachen, könnte man sie ebenfalls noch diesem Wortfeld zuschlagen.

Essen

Zieht sich über das eben betrachtete Wortfeld „Sünde" eine Sinnlinie vom ersten bis zum letzten Textsegment durch, so beschränkt sich das Wortfeld „Essen" auf die Innenstücke unseres Beispieltextes. Es setzt in 2,15 ein („zu Tisch liegen" und „mitliegen") und erstreckt sich bis 2,26, wobei im Einzelnen zu nennen sind: „essen" (2,16.26), „fasten" (= nicht essen) (2,18.19.20), „Wein" (2,22), „Saaten" (2,23), „Ähren rupfen" (2,23), „hungern" (2,25) und „Brote der Schaustellung" (2,26). Realisiert wird dieses Wortfeld im Wesentlichen über Oppositionen, d. h. es stehen sich als Alternativen gegenüber: „essen" vs. „nicht-essen" (mit Zöllnern und Sündern, 2,15–17); „fasten" vs. „nicht-fasten" (2,18–22) und „Ähren rupfen" (am Sabbat, 2,23–28).

Krankheit/Heilung

Sozusagen korrespondierend zum Wortfeld „Essen", das die drei mittleren Perikopen 2,15–17; 2,18–22 und 2,23–28 semantisch zusammenhält, sind die beiden äußeren Stücke durch das Wortfeld „Krankheit/Heilung" miteinander verbunden. In 2,1–12 zählen dazu „der Gelähmte" (2,3.4.5.9.10), „die Pritsche" (2,4.9.11.12), „(darauf) liegen" (2,4) und das Heilungswort „Steh auf" (2,9) bzw. dessen Ausführung (2,11). Aus 3,1–6 wäre zu nennen: der „Mann mit der

55 Näheres bei R. H. GUNDRY, Mark. A Commentary on His Apology for the Cross, Grand Rapids (MI) 1993, 140.1044.

vertrockneten Hand“ (3,1.3), wieder das Heilungswort (3,5: „Strecke die Hand aus!“) mitsamt der Konstatierung des Heilerfolgs (3,5: „und seine Hand wurde wieder hergestellt“). Auch die von Jesus in 3,4 aufgeworfene Alternative „Gutes oder Böses tun“ bzw. „Leben retten oder töten“ gehört hierher.

3.3 Die Analyse des Erzählvorgangs

3.3.1 Das Erzählerprofil

Mk 2,1–3,6 verrät über den Erzähler des Markusevangeliums nur wenig. Dass wir es mit einer Erzählung extradiegetisch-heterodiegetischen Typs zu tun haben, d. h. mit einer Erzählung erster Ebene, in der der Erzähler nicht selbst als Erzählfigur vorkommt, sondern die Geschichte von anderen erzählt, ist evident. Als solcher bleibt er weitgehend im Hintergrund (unbeteiligtes Erzählen); allein im Erzählerkommentar 2,15d–e wird seine Stimme einmal etwas deutlicher vernehmbar.

Obwohl der Erzähler neben Jesus noch eine Reihe weiterer Stimmen zu Wort kommen lässt – die Schriftgelehrten, die Schüler des Johannes und die Pharisäer, die Pharisäer allein – schwingt sich doch nur Jesus in 2,25f. zu einem intradiegetischen Erzähler auf, als er den Pharisäern als Erzähladressaten von David und den Schaubroten erzählt. Im Unterschied zu allen anderen Äußerungen der Erzählfiguren in Mk 2,1–3,6 verfügt allein Mk 2,25f. über eine *Story* (mit den *Events*: David und seine Begleiter hungern; sie gehen in das Haus Gottes; David teilt die Brote aus; sie essen alle davon) und ist deshalb als Erzählung anzusprechen.[56]

3.3.2 Das Leserprofil

Das Profil des intendierten Lesers des Markusevangeliums wurde oben bereits erhoben; diesbezüglich finden sich in Mk 2,1–3,6 praktisch keine Anhaltspunkte. Nur vor dem Hintergrund der dort vorgetragenen Beobachtungen lassen sich einige weitere Daten hinzufügen. Der Umstand, dass im Mittelpunkt des Textsegments Auseinandersetzungen um das Essen stehen und durch die rahmenden Wundergeschichten eine Praxis gerechtfertigt werden soll, die in dezidiertem Widerspruch zu konkret benannten jüdischen Gruppen steht (Schriftgelehrte, Johannesjünger, Pharisäer), gibt der oben her-

56 Eventuell könnte man auch noch Mk 2,19f. als intradiegetisch-heterodiegetische Erzählung Jesu auffassen; immerhin wird auch hier so etwas wie eine *Story* greifbar: das Nicht-Fasten der Jünger, das Entreißen des Bräutigams, das Fasten danach.

ausgearbeiteten These, das Markusevangelium wende sich an eine heidenchristliche Leserschaft, weitere Unterstützung. Viel mehr lässt sich von Mk 2,1–3,6 her zu diesem Punkt nicht sagen.

3.3.3 Die Pragmatik des Textes

Die Ausführungen zur Leserlenkung können hier direkt anschließen. Obwohl der Text unter dem Aspekt der Zuordnung zu Sprechakten dem Erzählen zuzuordnen ist und Imperative, Drohungen und Warnungen oder wenigstens Ermahnungen selbst auf intradiegetischer Ebene fehlen, geht es doch um mehr, als „nur" einige Episoden aus dem Leben Jesu zum Besten zu geben und auf diese Weise ein Informationsdefizit späterer christlicher Generationen zu beheben. Direkte Hinwendungen an den Leser sind zwar nicht auf den ersten, vielleicht aber auf den zweiten Blick zu entdecken: Mk 2,10 („Damit ihr aber wisst, dass Vollmacht hat der Menschensohn, zu erlassen Sünden auf der Erde"), könnte sich über die Köpfe der intratextuellen Adressaten (die Schriftgelehrten) direkt an die Leser des Markusevangeliums wenden. Die Botschaft wäre dann: In religiösen bzw., allgemeiner, in lebenspraktischen Fragen steht die Definitionsmacht allein dem erhöhten Menschensohn zu und liegt nicht etwa auf Seiten des jüdischen Gesetzes. Mit wem ich esse, wie ich den Rhythmus von Essen und Fasten gestalte, schließlich was ich am Sabbat darf oder nicht, entscheidet nicht mehr das Gesetz, sondern der erhöhte Menschensohn! Damit weist die Pragmatik des Textes auf die sich mit der Zerstörung des Tempels verstärkt vollziehende Loslösung des Christentums vom Judentum.

G. THEISSEN, Die Religion der ersten Christen. Eine Theorie des Urchristentums, Gütersloh ^{3}2003, 236–241. – DERS., Evangelienschreibung und Gemeindeleitung. Pragmatische Motive bei der Abfassung des Markusevangeliums, in: Antikes Judentum und Frühes Christentum (FS H. Stegemann) (BZNW 97), Berlin 1999, 389–414.

4 Theologischer Ertrag

Sie haben im vergangenen Paragraphen nicht nur gelernt, dass Fußball und Exegese etwas miteinander zu tun haben können (wie überhaupt die Exegese vorzüglich mit den Texten und Kontexten des alltäglichen Lebens umgehen hilft; machen Sie deshalb unbedingt weiter und lesen Sie z. B. in § 5, dass Gattungen zum kulturellen Marschgepäck gehören [in Klammern: Das ist eine direkte Hinwendung an die intendierten Leser dieses Buches und dient ihrer

Lenkung, wobei die letze Äußerung narratologisch als eine Art Erzählerkommentar einzustufen wäre]), sondern auch: was ein Text ist und wie man ihn abgrenzt, dass man Texte unter verschiedenen Aspekten untersuchen kann (auf der Ebene der *Story*, des *Textes* und der *Narration*), wie man seine syntaktischen und semantischen Verknüpfungen offen legt und auf diese Weise zu Strukturen vordringt, von denen man vorher noch gar nichts ahnte (Stichwort: EDE rahmt EFA). Sie haben gelernt, den Autor vom Erzähler zu unterscheiden und die beiden Größen wieder miteinander zu identifizieren. Sie mussten sich mit Wortungetümen wie extra- und intradiegetisch, homo- und heterodiegetisch herumschlagen und Sie sind schon ein wenig in die Welt des Markusevangeliums eingetaucht. Als intendierte Leserschaft haben wir Heidenchristen ausgemacht, die ein römisches Setting haben und in die Zeit nach 70 n. Chr. gehören.

Ist das alles nur eine gelehrte, sehr akademische Spielerei, die sich ein Vergnügen daraus macht, Texte nach allen Regeln der Kunst auseinander zu nehmen und dem ohnehin schon aufgeblähten Methodenkanon noch ein paar weitere Methoden hinzuzufügen? Dieser Verdacht ist nicht völlig von der Hand zu weisen. Letztlich steht aber gerade hinter dem oftmals langweilig erscheinenden und mühselig durchzuführenden linguistischen Analyseverfahren ein theologisches Programm: dass nämlich das Wort Gottes nicht anders als in Wörtern zu haben ist und dem Wort Gottes nur auf die Spur zu kommen ist, wenn man die Wörter studiert! Wer das methodisch verantwortlich, d. h. auf der Basis syntaktischer und semantischer Untersuchungen tut, ist vor *Eisegese* jeglicher Art besser geschützt und stülpt dem Text nicht vorschnell sein Verstehensraster über, sondern lässt sich bei der Erhebung des Textsinns von den Wörtern helfen (das sind die von der Intertextualitätsforschung [s. Aktuelles Lexikon „Intertextualität"] betonten „Gegebenheiten der Texte"). Eine so praktizierte Auslegung der Bibel verliert ihre Beliebigkeit (weil sie methodisch kontrollierbar ist), ohne auf Pluralität zu verzichten (weil die Subjektivität der Ausleger gewahrt bleibt).

Ein Letztes. Gerade die narratologischen Verfahren vermitteln ja bereits eine Ahnung davon, wieviel die neutestamentlichen Erzähler sich bei der Abfassung der Evangelien gedacht haben. So stellt die Prolepse in Mk 3,6 einen direkten Zusammenhang zwischen dem Tod Jesu und dem Umstand her, dass der Galiläer die alternative Lebenspraxis seiner Jünger und deren Nachfolger, der intendierten (und wohl auch empirischen) Leser des Markusevangeliums, gegenüber den jüdischen Autoritäten sanktioniert. Mit Hilfe und aufgrund dieser einfachen Erzähltechnik bekommt das frühchristliche

Bekenntnis, dass Christus *für uns* gestorben ist, plötzlich einen ganz anderen Klang. Deshalb: Wer den biblischen Text mit Methode(n) studiert, sieht auch theologisch tiefer!

5 Selbstständiger Versuch

Aufgabe 4

Falls Sie Griechisch können: Übersetzen Sie Mk 1,29–31 und schreiben Sie die Übersetzung in Versen und Halbversen nieder! Falls Sie kein Griechisch können: Üben Sie das Neuschreiben des Textes mit Hilfe einer wörtlichen Übersetzung (Münchener Neues Testament o. ä.) ein!

Aufgabe 5

Zeichnen Sie die *Story* der Erzählung von der Heilung der Schwiegermutter des Petrus (Mk 1,29–31) nach, indem Sie die *Events* in Form kleiner Aussagesätze notieren (Vorgehensweise 1)! Nehmen Sie dann das Motivgerüst von Pesch/Kratz zu Hilfe und halten Sie die in Mk 1,29–31 vorkommenden Motive fest! Wo liegen die Unterschiede?

Aufgabe 6

Lesen Sie Joh 2,21f.24f.; 6,6.64.71; 7,5.39; 9,22; 11,13.51f.; 12,6.33; 20,9! Was erfahren wir aus diesen Erzählerkommentaren über den (zeitlichen) Standpunkt des Erzählers sowie über seine Einschätzung Jesu bzw. der Jünger?

Aufgabe 7

Nehmen Sie sich Martin Ebners und Holger Gzellas Übersetzung von Lukians Lügenfreunden zur Hand und analysieren Sie den Dialog auf die ihm eigenen Erzählebenen hin: Wer ist der extradiegetische Erzähler, wer darf sich das Etikett intradiegetischer Erzähler anheften, gibt es weitere Erzählebenen?

M. Ebner/H. Gzella/H.-G. Nesselrath/E. Ribbat, Lukian. Die Lügenfreunde, oder: Der Ungläubige. Eingeleitet, übersetzt und mit interpretierenden Essays versehen (SAPERE 3), Darmstadt [2]2002.

Aufgabe 8

Denken Sie ein wenig nach und nennen Sie dann drei Redeformen, die Ihnen in Ihrem Alltag begegnen und die Sie den in 2.3.2c (Textpragmatik) vorgestellten drei typischen Verwendungssituationen zuordnen können!

Aufgabe 9

Treiben Sie die in Mk 2,1–3,6 allenfalls rudimentär zu erkennende Charakterisierung der Jünger noch ein Stück weit voran, indem Sie folgende Texte aus dem Markusevangelium mit einbeziehen: Mk 6,32–44.52; 8,1–10.14–21!

6 Literaturhinweise

6.1 Ausgewählte Literatur zu Erzähltheorie, Textlinguistik etc.

6.1.1 Einführungen, Sammelbände

H. L. ARNOLD/H. DETERING, Grundzüge der Literaturwissenschaft (dtv 30171), München ^{5}2002.

J. CULLER, Literaturtheorie. Eine kurze Einführung (Übers. A. Mahler) (Reclam-UB 18166), Stuttgart 2002.

M. FLUDERNIK, Einführung in die Erzähltheorie (Einführung Literaturwissenschaft), Darmstadt 2006.

A. LINKE/M. NUSSMAUMER/P. R. PORTMANN, Studienbuch Linguistik. Ergänzt um ein Kapitel „Phonetik und Phonologie" von U. Willi (Reihe Germanistische Linguistik 121), Tübingen ^{5}2004.

M. MARTINEZ/M. SCHEFFEL, Einführung in die Erzähltheorie, München ^{6}2006.

H. PELZ, Linguistik. Eine Einführung, Hamburg ^{7}2002.

G. PRINCE, Narratology, in: R. Selden (Hrsg.), The Cambridge History of Literary Criticism. 8. From Formalism to Poststructuralism, Cambridge 1995, 110–130.421–425.

T. A. SCHMITZ, Moderne Literaturtheorie und antike Texte. Eine Einführung, Darmstadt 2002.

K. WAGNER (Hrsg.), Moderne Erzähltheorie. Grundlagentexte von Henry James bis zur Gegenwart (UTB 2248), Wien 2002.

P. WENZEL (Hrsg.), Einführung in die Erzähltextanalyse. Kategorien, Modelle, Probleme (WVT-Handbücher zum literaturwissenschaftlichen Studium 6), Trier 2004.

6.1.2 Zum Nachschlagen

H. GFREREIS (Hrsg.), Grundbegriffe der Literaturwissenschaft (Sammlung Metzler 320), Stuttgart 1999.

J. HAWTHORN, Grundbegriffe moderner Literaturtheorie. Ein Handbuch (Übers. W. Kolb) (UTB 1756), Tübingen 1994.

6.1.3 *Standardwerke*

M. BAL, Narratology. Introduction to the Theory of Narrative, Toronto [2]1997, Repr. 2002.
W. BOOTH, The Rhetoric of Fiction, Chicago (IL) [2]1983.
G. GENETTE, Die Erzählung (Übers. A. Knop) (UTB für Wissenschaft 8083), München [2]1998.
W. ISER, Der Akt des Lesens. Theorie ästhetischer Wirkung (UTB 636), München [4]1994.
–, Der implizite Leser. Kommunikationsformen des Romans von Bunyan bis Beckett (UTB 163), München [3]1994.
E. LÄMMERT, Bauformen des Erzählens, Stuttgart [8]1993 (ein Klassiker der deutschen Erzählforschung).
W. MARTIN, Recent Theories of Narrative, Ithaca (NY) [2]1987, Repr. 1991 (guter Überblick über die verschiedenen Ansätze).
S. RIMMON-KENAN, Narrative Fiction: Contemporary Poetics (New Accents), London 1983, Repr. 2003.
F. STANZEL, Theorie des Erzählens (UTB 904), Göttingen [7]2001.
J. VOGT, Aspekte erzählender Prosa. Eine Einführung in Erzähltechnik und Romantheorie (WV-Studium 145), Opladen [8]1998.

6.2 *Narratologie und Neues Testament*

6.2.1 *Allgemein*

D. MARGUERAT/Y. BOURQUIN, Pour lire les récits bibliques. Introduction à l'analyse narrative, Genf 2004.
J. ZUMSTEIN, Narrative Analyse und neutestamentliche Exegese in der frankophonen Welt, in: VuF 41 (1996) 5–27.

6.2.2 *Zum Markusevangelium*

J. C. ANDERSON/S. D. MOORE (Hrsg.), Mark & Method. New Approaches in Bilical Studies, Minneapolis (MN) 1992.
P. L. DANOVE, The Narrative Function of Mark's Characterization of God, in: NT 43 (2001) 12–30.
–, The Rhetoric of the Characterization of Jesus as the Son of Man and Christ in Mark, in: Bib. 84 (2003) 16–34.
U. E. EISEN, Das Markusevangelium erzählt. Literary Criticism und Evangelienauslegung, in: S. Alkier/R. Brucker (Hrsg.), Exegese und Methodendiskussion (TANZ 23), Tübingen 1998, 135–153.
F. HAHN (Hrsg.), Der Erzähler des Evangeliums. Methodische Neuansätze in der Markusforschung (SBS 118/119), Stuttgart 1985.
H.-J. KLAUCK, Die erzählerische Rolle der Jünger im Markusevangelium. Eine narrative Analyse, in: Ders., Gemeinde* 137–159.
–, Vorspiel im Himmel? Erzähltechnik und Theologie im Markusprolog (BThSt 32), Neukirchen-Vluyn 1997.

S. PELLEGRINI, Elija – Wegbereiter des Gottessohnes. Eine textsemiotische Untersuchung im Markusevangelium (Herders biblische Studien 26), Freiburg i. Br. 2000.

D. RHOADS/J. DEWEY/D. MICHIE, Mark as Story. An Introduction to the Narrative of a Gospel, Minneapolis (MN) ²1999.

M. STOWASSER, Das verheißene Heil. Narratologische und textpragmatische Überlegungen zur markinischen Motivation der Leidensnachfolge in Mk 8,22–10,52, in: SNTU.A 26 (2001) 5–25.

§ 3 Nachgeschichte: Synoptischer Vergleich

Die sprachliche Beschreibung konzentriert ihre Aufmerksamkeit auf die Analyse einzelner Texte oder auch ganzer Erzählwerke. Bei der Arbeit mit dem Neuen Testament ist es jedoch hin und wieder notwendig, über den Tellerrand eines einzelnen Textes hinaus zu schauen und andere, ähnlich gelagerte Texte mit in den Blick zu nehmen. Das gilt z. B. für die Paulusbriefe, die hinsichtlich ihres Aufbaus und auch hinsichtlich ihres Inhalts miteinander verglichen werden können, und das gilt natürlich erst recht für die Evangelien, die ja – wie nun vermutlich schon bis zum Überdruss bekannt – dieselbe *Story* erzählen. Wenn es darum gehen soll, die Gemeinsamkeiten und Unterschiede in der Erzählung der Geschichte Jesu *en detail* zu erheben, ist der synoptische Vergleich die Methode erster Wahl.

1 *Was ist ein synoptischer Vergleich?*

Übereinstimmungen und Unterschiede

Der *synoptische Vergleich* ist eine Technik bzw. ein Verfahren, bei dem zwei oder mehr Texte nebeneinander gelegt und Zeile für Zeile miteinander verglichen werden (*synoptisch* von griech. συνοράω = zusammensehen). Ziel ist es, Übereinstimmungen und Unterschiede der betreffenden Texte herauszuarbeiten. Grundsätzlich kann natürlich jeder beliebige Text mit irgendeinem anderen beliebigen Text verglichen werden, doch macht die spezielle Methode des synoptischen Vergleichs nur dort Sinn, wo zwischen den zu vergleichenden Texten Ähnlichkeiten von der Art herrschen, dass sie sich auch *sprachlich* im Text niederschlagen. Die Gegenüberstellung der Präskripte aus den beiden Briefen des Paulus an die Korinther zeigt, was gemeint ist (die gemeinsamen Wörter sind unterstrichen):

1 Kor 1,1–3	**2 Kor 1,1f.**
1 Paulus, berufener Apostel Christi Jesu durch den Willen Gottes, und Sosthenes, der Bruder, 2 an die Gemeinde Gottes, die in Korinth ist, die Geheiligten in Christus, die berufenen Heiligen, mit allen, die den Namen des Herrn anrufen an jedem Ort, dem ihren und dem unsrigen –	1 Paulus, Apostel Christi Jesu durch den Willen Gottes, und Timotheus, der Bruder, an die Gemeinde Gottes, die in Korinth ist, mit allen Heiligen, die in Achaia sind –
3 Gnade euch und Friede von Gott unserem Vater und Herrn Jesus Christus.	2 Gnade euch und Friede von Gott unserem Vater und Herrn Jesus Christus.

Die parallele, zeilengenaue Darstellung und die Unterstreichungen dienen als optische Hilfe: Schon der erste Blick lässt erkennen, dass Paulus in 2 Kor 1,1f. den expliziten Hinweis auf seine Berufung fallen lässt, der Mitabsender gewechselt hat (Timotheus ist an die Stelle von Sosthenes getreten) und die Prädikation der Adressaten weitaus weniger überschwänglich als im ersten Brief ausfällt. Die Unterpunktierung der „Heiligen" soll anzeigen, dass dasselbe Wort zwar in beiden Texten vorkommt, aber an unterschiedlicher Stelle platziert ist und dementsprechend auch einen anderen Sinn hat.

Der synoptische Vergleich hat also nicht so sehr die Aufdeckung von gemeinsamen Motiven und Strukturen im Sinn, wie es beim Textvergleich im Rahmen der Gattungskritik der Fall ist (s. dort), sondern untersucht, *welche Wörter* zwei oder mehr Texte miteinander gemeinsam haben bzw. an welchen Stellen sie voneinander abweichen. Dieses Verfahren, das gleichsam physikalisch der *gemeinsamen Textsubstanz bei gleichzeitiger Beachtung der Differenzen* nachspürt, ist stets dann die Methode erster Wahl, wenn annähernd gleiche Inhalte bzw. dieselbe Geschichte mehrmals berichtet oder erzählt, vielleicht auch fortgeschrieben und dabei unterschiedlich akzentuiert werden. Das ist z. B. häufig bei Märchen der Fall, die oft in mehreren, z. T. landesspezifischen Fassungen vorliegen,[1] gilt aber selbstverständlich auch für viele Texte der Bibel. So lassen sich nicht nur die beiden o. g. Präskripte, sondern gelegentlich ganze Briefe miteinander synoptisch vergleichen; geradezu ein Muss ist der synoptische Vergleich im Fall der beiden Dekalogtafeln Ex 20,1–17; Dtn 5,6–21 oder der dreifach überlieferten Geschichte von der „Ahnfrau" (Gen 12,10–20; 20,1–18; 26,1–11), um nur zwei alttestamentliche Beispiele anzuführen.

Aufgabe 10

Erstellen Sie mit Hilfe Ihres Textverarbeitungsprogramms (und der darin integrierten *Tabellenfunktion*) eine Textsynopse der beiden „kleinen" Johannesbriefe (2/3 Joh)! Achten Sie auf eine zeilengenaue Paralleldarstellung! Unterstreichen Sie dann die gemeinsamen Textelemente und halten Sie anschließend die Unterschiede schriftlich fest!

1 Vgl. das Märchen vom Rotkäppchen, bei dem französische, englische und deutsche Versionen vor allem am Schluss erheblich differieren; die Unterschiede sind festgehalten in dem Klassiker B. BETTELHEIM, Kinder brauchen Märchen, Stuttgart 1980, 182–211 (mit einer interessanten psychoanalytischen Deutung).

Synoptische Evangelien

Wie oben bereits erwähnt, gelangt der synoptische Vergleich im Neuen Testament vor allem in den Evangelien zur Anwendung. Weil sich aber das Johannesevangelium sowohl seiner Anlage nach als auch in der konkreten Ausgestaltung der einzelnen Jesusgeschichten erheblich von den drei übrigen Evangelien unterscheidet, liegt der eigentliche Schwerpunkt des synoptischen Vergleichs auf dem Matthäus-, dem Markus- und dem Lukasevangelium. Diese drei Evangelien werden deshalb auch *synoptische Evangelien* oder *Synoptiker* genannt.

Die Aufgabe des synoptischen Vergleichs

Der synoptische Vergleich untersucht Texte, die einen ähnlichen Stoff behandeln, speziell daraufhin, inwiefern sie im Wortmaterial übereinstimmen bzw. voneinander abweichen. Die Auswertung besteht darin, die Abweichungen nach Wortwahl, Stil und sachlichen Veränderungen zu klassifizieren.

2 Zur Methodik: Die einzelnen Arbeitsschritte

In der konkreten Arbeit am Text splittet sich der synoptische Vergleich in drei bzw. vier Arbeitsgänge auf. Am Anfang steht (1) die Präparation der Texte, sprich die *Herstellung einer Textsynopse*, wie wir es eingangs anhand von 1 Kor 1,1–3 und 2 Kor 2,1f. illustriert haben. Diese Textsynopse gibt die Basis für alles weitere Vergleichen ab. Darauf folgt (2) ein eher handwerklich-praktischer Arbeitsgang, das *Unterstreichen*. Ihm schließt sich (3) die *Auswertung* an, die nach *sprachlich-stilistischen* und *inhaltlich-sachlichen Kriterien* erfolgt. Den Abschluss bildet (4) ein *Gesamturteil*, das mindestens das Verhältnis der miteinander verglichenen Texte reflektieren und, wo möglich, den theologischen Ertrag des Vergleichs festhalten sollte. Weil Letzteres bereits in den Bereich der Redaktionsgeschichte verweist (s. § 10) und uns für den Vergleich der drei synoptischen Evangelien (Matthäus, Markus, Lukas) der erste Arbeitsgang, die zeilengenaue Paralleldarstellung der Texte, durch die diversen, einschlägig bekannten Synopsen abgenommen ist (s. Aktuelles Lexikon), konzentrieren wir uns im Folgenden vor allem auf die Schritte (2) und (3).

2.1 Das Unterstreichen

Farbenlehre

Als Faustregel gilt: Gemeinsame Textbestandteile werden unterstrichen oder sonstwie hervorgehoben.[2] Beim Vergleich der drei synoptischen Evangelien, und nur um diesen soll es im weiteren Verlauf noch gehen, hat sich darüber hinaus eine „Farbenlehre" bewährt und etabliert, die die optische Wahrnehmung der Gemeinsamkeiten und Unterschiede erheblich erleichtert (die folgenden Beispiele sind sämtlich Mk 1,40–45 parr Mt 8,1–4; Lk 5,12–16, der „unserem" Textblock unmittelbar vorausgehenden Perikope von der Heilung eines Aussätzigen entnommen):

Blau

Blau: Wörtliche *Übereinstimmungen* (das „wörtlich" ist zu beachten!) *zwischen Matthäus, Markus und Lukas* werden *blau* unterstrichen. In Mk 1,40 parr Mt 8,2; Lk 5,12 wären also beispielsweise das einleitende „und", dann der unbestimmte Artikel „ein" vor dem Aussätzigen (der Aussätzige selbst ist ein Sonderfall, s. u.), das Partizip „sagend" sowie die dadurch eingeleitete direkte Rede „Wenn du willst, kannst du mich reinigen" blau zu unterstreichen, entsprechend in Mk 1,41 parr Mt 8,3; Lk 5,13 „Und ... ausstreckend die Hand berührte er ihn ... Ich will, werde gereinigt".

Braun

Braun: Textteile, die sich dagegen *nur* (auf dieses Wörtchen kommt es an) *bei Matthäus und Markus* finden, die also kein Pendant bei Lukas haben, werden *braun* unterstrichen. Das ist z. B. in Mt 8,3 par Mk 1,42 der Fall, wo lediglich Matthäus das markinische „wurde gereinigt" bietet, Lukas aber nicht. Ebenso gibt es im folgenden Vers, Mt 8,4 par Mk 1,44, eine Reihe von Textelementen, die nur Matthäus und Markus gemeinsam haben: „sagt"; „Sieh, dass ... du"; „geh fort".

Orange

Orange: Entsprechend werden Wörter oder Satzteile, die *nur bei Markus und Lukas* vorkommen, bei Matthäus aber nicht zu lesen sind, *orange* unterstrichen. Auch dafür gibt es in der Perikope von der Heilung eines Aussätzigen einige Beispiele: In Mk 1,42 par Lk 5,13 gehen parallel „wegging von ihm" (Mk) bzw. „ging weg von ihm" (Lk; die Übersetzungsnuance ist durch eine Wortumstellung im Griechischen bedingt, die Textsubstanz ist aber die gleiche: ἀπῆλθεν ἀπ᾽ αὐτοῦ), außerdem haben nur Markus und Lukas den bestimmten Artikel vor „Aussatz" („*der* Aussatz"), während Matthäus das

2 Im Zeitalter des Computers sind die Möglichkeiten nahezu unbegrenzt: Man kann den gemeinsamen Textbestand fett oder kursiv setzen, einen anderen Schriftfont wählen oder, bei Vorhandensein eines Farbdruckers, die entsprechenden Textteile farblich auszeichnen.

Synopsen

Synopsen sind drucktechnisch speziell aufbereitete Hilfsmittel, die den synoptischen Vergleich erleichtern: und zwar durch die Zusammenschau (= σύνοψις) der zu vergleichenden Texte. In einer Synopse sind Texte mit ähnlichem Wortmaterial in Spalten so nebeneinander gedruckt, dass der vergleichbare Wortbestand sich jeweils auf gleicher Zeilenhöhe befindet. Im biblischen Bereich gibt es Synopsen z. B. für die Chronikbücher, denen die entsprechenden Erzählungen aus den Samuel- und Königsbüchern an die Seite gestellt sind; für die beiden Makkabäerbücher, denen zusätzlich die entsprechenden Texte aus den Werken des Josephus als Parallelen beigefügt sind; oder auch für die hebräische und griechische Version der Psalmen (samt deutschen Übersetzungsversionen).

Neutestamentler verstehen unter *der* Synopse ein Buch, in dem die drei ersten Evangelien so abgedruckt sind, dass (1) jedes Evangelium in seiner ursprünglichen Reihenfolge zu lesen ist und (2) gleichzeitig alle vergleichbaren Texte nebeneinander stehen. Um diese beiden Ziele zu erreichen, müssen viele Texte mehrfach abgedruckt werden. Um auf einen Blick auszuweisen, ob ein Text in der Reihenfolge des Evangeliums oder nur zu Vergleichszwecken abgedruckt ist, wechseln die Synopsen gewöhnlich zwischen Groß- und Kleindruck. Das Markusevangelium als ältestes Evangelium und Quelle für Matthäus und Lukas steht jeweils in der Mitte. In Fußnoten kann auf weitere Vergleichstexte hingewiesen werden. Die Kopfzeile hilft nicht nur zum Auffinden eines Textes, sondern zeigt durch unterschiedlichen Druck (Fettdruck oder Kleindruck) an, ob das jeweilige Evangelium auf dieser Seite nur zu Vergleichszwecken oder in seiner ursprünglichen Reihenfolge zu lesen ist bzw. an welcher Stelle (und auf welcher Seite) das fortlaufende Evangelium unterbrochen wurde und auf welcher Seite die Anschlussstelle zu finden ist.

Possessivpronomen bevorzugt („*sein* Aussatz").[3] „Operation Orange" wäre schließlich noch in Mk 8,44 par Lk 5,14 angesagt: „Für deine Reinigung" bieten wiederum nur Markus und Lukas, während es bei Matthäus fehlt.

Rot: Eine Variante unseres Spiels „Zwei gegen Eins" steht noch aus, die Variante, dass *Matthäus und Lukas gegen Markus übereinstimmen.* Gemeinsame Textbestandteile dieser Art werden *rot* unterstrichen. Das ist hauptsächlich dort der Fall, wo Matthäus und Lukas Texte Rot

3 Wer in den griechischen Text schaut, wird sehen, dass der Artikel zwar in allen drei Versionen steht, auch das Pronomen αὐτοῦ, aber nur Matthäus das Pronomen auf λέπρα bezieht.

präsentieren, die Markus offensichtlich gar nicht kennt oder aus anderen Gründen nicht überliefert: Bei der Umkehrpredigt des Täufers Mt 3,7–10 par Lk 3,7–9, bei den Seligpreisungen Mt 5,3–12 par Lk 6,20–23, beim Vaterunser Mt 6,9–13 par Lk 11,2–4 usw. Aber auch in Mk 1,40–45 parr Mt 8,1–4; Lk 5,12–16 wird man diesbezüglich fündig: Mt 8,2 par Lk 5,12 ergänzen die beiden Seitenreferenten markinisches „und" um ein „siehe"; darüber hinaus ist die wörtliche Rede des Aussätzigen im selben Vers um die Anrede Jesu als „Herr" erweitert. Weitere *minor agreements*, wie man diese „kleineren Übereinstimmungen" (im Unterschied zu den „großen Übereinstimmungen" wie Mt 3,7–10 par Lk 3,7–9) von Matthäus und Lukas gegen Markus nennt, finden sich noch in Mt 8,3 par Lk 5,13, wo einmal das Partizip an die Stelle des finiten Verbs tritt („sagend" anstelle von „sagt", Mk 1,41) und markinisches „sofort" (Mk 1,42) in „sogleich" umgewandelt wird (im Griechischen εὐθέως statt εὐθύς).

Grün

Grün: Die verbleibenden Textteile, also Material, das *entweder nur bei Matthäus oder nur bei Markus oder nur bei Lukas* vorkommt, werden *grün* unterstrichen. Davon betroffen ist etwa in Mt 8,1–4 der gesamte V. 1, der die Verbindung zwischen der unmittelbar vorher zu Ende gegangenen Bergpredigt (vgl. Mt 7,28) und der nun folgenden Heilungsgeschichte herstellt. Über ähnlich viele „Grünflächen" verfügt auch die lukanische Perikopeneinleitung: „Und es geschah, als er in einer der Städte war", „Mann voll" (das ist hier anders gemeint, als Sie vielleicht denken), „sehend aber den Jesus", „aufs Gesicht" und das Personalpronomen „er" sind in V. 12 grün zu unterstreichen. Im „grünen Bereich" bei Markus liegen: „ihm" V. 40, „ergriffen" und noch einmal „ihm" V. 41, der komplette V. 43 und nahezu der ganze V. 45, mit Ausnahme von „das Wort" und „war er", die – wie oben gesehen – orange zu markieren sind.

> Beim Unterstreichen empfiehlt es sich, immer in der angegebenen farblichen Reihenfolge und Zeile für Zeile vorzugehen, d. h. zunächst mit der Farbe Blau zu beginnen, um dann mit Braun, Orange etc. fortzufahren. Auch ist es angeraten, anfänglich noch nicht mit der eigenen Synopse, sondern mit einer Kopie zu üben. Das vermeidet unnötige „Farbradierungen".

Probleme im Detail

Schwierigkeiten stellen sich in der Regel dort ein, wo der Text zwar vom Sinn her und der Sache nach übereinstimmt, in der sprachlichen Realisierung aber dennoch Unterschiede auftreten, wie es beispielsweise Mk 1,40 parr Mt 8,2; Lk 5,12 demonstriert. Während bei Matthäus und Markus „ein Aussätziger" steht, ist bei Lukas „ein Mann voll Aussatz" zu lesen. Wie man hier unterstreicht, ist nicht zuletzt eine Frage des Charakters. Großzügige Geister sehen über derlei Nuancen vornehm hinweg und berücksichtigen Gemeinsamkeiten wie Unterschiede einfach dadurch, dass sie die zur Disposition stehenden Ausdrücke („ein Aussätziger"; „ein Mann voll Aussatz") *blau stricheln*. Detailverliebte Exegeten und Exegetinnen hingegen gehen hier aufs Ganze: Die Morpheme „Auss" und „tz" sowie das Wörtchen „ein" werden blau unterstrichen, „ä" und „igr" braun und „Mann voll" (was in diesem Fall wirklich keine alkoholisierte Person männlichen Geschlechts bezeichnet) grün. Dass es natürlich jede Menge Leute gibt, die ein derartiges Vorgehen für reichlich kleinkariert halten, versteht sich von selbst.

Weitere *frequently asked questions* (FAQ), wie man diese in Proseminaren häufig gestellten Fragen in Anlehnung an die Computerterminologie nennen könnte, gelten Wortumstellungen oder – bei Verben – Variationen des Tempus und/oder der Form. So hat man in Mk 1,40 par Lk 5,12 („bittend" vs. „bat") wieder die Alternative zwischen Stricheln (in der Farbe Orange) und exaktem Unterstreichen der Morpheme („b" und „t" orange, das Übrige grün). Ähnlich verhält es sich mit Mk 2,17 par Mt 9,13 diff Lk 5,32 („nicht kam ich" vs. „ich bin nicht gekommen") oder Mk 2,15 par Mt 9,10 diff Lk 5,29 („lagen" vs. „waren liegend"). Bezüglich der Umstellung einzelner Wörter oder ganzer Wendungen ist Mk 2,24 parr Mt 12,2; Lk 6,2 illustrativ: Während Markus die Zeitangabe τοῖς σάββασιν vor das ὃ οὐκ ἔξεστιν platziert, verfahren die beiden Seitenreferenten in diesem Fall genau umgekehrt, wobei Matthäus zu allem Überfluss auch noch den Singular (ἐν σαββάττῳ) anstelle des Plurals bietet und das formal ebenfalls veränderte Verb (ποιεῖν) (statt ποιοῦσιν [Mk] bzw. ποιεῖτε [Lk]) gleich mit nach hinten zieht.[4] Spätestens an dieser Stelle gelangt das Unterstreichen an seine Grenze: Wollte man die Umstellungen farblich erfassen, müssten die entsprechenden Textteile eigentlich grün unterstrichen werden, was aber den substantiellen Gemeinsamkeiten völlig zuwiderliefe. FAQ

4 Nebenbei bemerkt zeigt sich an diesem Beispiel auch der Vorzug des griechischen Textes bzw. einer möglichst wortgetreuen Übersetzung: Nimmt man die Schmid-Synopse zur Hand, ist die Wortumstellung nicht nur nicht mehr erkennbar, sondern werden auch Unterschiede konstruiert, wo im Griechischen keine sind: Das bei allen drei Evangelisten übereinstimmend überlieferte ὃ οὐκ ἔξεστιν wird bei Markus substantivisch, bei Matthäus und Lukas aber verbal wiedergegeben!

2.2 *Auswertung*

Auf das Unterstreichen folgt die Auswertung. Zunächst werden die Gemeinsamkeiten festgehalten: Wo stimmen alle drei Evangelisten miteinander überein, wo lediglich Matthäus mit Markus, wo Lukas mit Markus? Gibt es *minor agreements*? Danach gilt das besondere Augenmerk den Abweichungen, die nach folgenden Kriterien betrachtet werden können.

2.2.1 *Veränderungen im Wortschatz*

An erster Stelle stehen hier die *Veränderungen im Wortschatz*: Einzelne Wörter oder auch ganze Wendungen werden (aus unterschiedlichen Motiven) ersetzt oder variiert; vielfach kommt es auch zu Auslassungen oder Hinzufügungen von Lieblingsvokabeln. Einige Beispiele mögen den Sachverhalt erläutern: In Lk 5,31 diff Mk 2,17; Mt 9,12 ersetzt Lukas ἰσχύοντες („Starke") durch das für griechische Ohren besser klingende ὑγιαίνοντες („Gesunde"); ähnlich liegt der Fall, wenn er Lk 9,27 diff Mk 9,1; Mt 16,28 ἀληθῶς statt ἀμήν schreibt, oder in Lk 8,54 diff Mk 5,41, d. h. bei der Auferweckung der Jairustochter, *Talitha kum* im Munde Jesu einfach weglässt, weil er aramäische Fremdwörter grundsätzlich zu vermeiden sucht. Anders wiederum Matthäus, der gerade aufgrund des ihm durch seine jüdische Sozialisation überkommenen Respekts vor dem Namen Gottes βασιλεία τοῦ θεοῦ fast immer mit βασιλεία τῶν οὐρανῶν umschreibt (vgl. Mt 4,17 diff Mk 1,15 u. ö.). Eine weitere matthäische „Marotte" ist die Proskynese, das Niederfallen auf die Knie, das Matthäus mehrfach über Markus (und Lukas) hinaus in seine Geschichten einbringt (vgl. Mt 14,33 diff Mk 6,51; Mt 17,14 diff Mk 9,17; Mt 20,20 diff Mk 10,35). Lukanische Lieblingswörter sind z. B. ἐπιστάτης, „Meister", das in Lk 8,24 und 9,49 markinisches διδάσκαλος verdrängt und in der Heilung der blutflüssigen Frau speziell Petrus in den Mund gelegt wird (vgl. Lk 8,45 mit Mk 5,31; vgl. außerdem noch Lk 5,5; 9,33), oder ἰᾶσθαι, „heilen", das Lukas besonders häufig zur Beschreibung der therapeutischen Praxis Jesu einsetzt (vgl. nur Lk 8,47 diff Mk 5,33; Lk 9,2 diff Mk 6,7; Lk 9,11 diff Mk 6,34; Lk 9,42 diff Mk 9,27). Darüber hinaus zeigt Lukas eine ausgesprochene Vorliebe für Komposita.

Lukas

Matthäus

2.2.2 *Stilistische Veränderungen*

Die unter dieser Rubrik zu notierenden Abweichungen stellen sich vielfach als Glättungen, Verdeutlichungen oder Vereinfachungen dar, die – aus der Perspektive der Seitenreferenten – das Sprachniveau verbessern. Dazu gehören z. B. die Ergänzung des Subjekts durch Matthäus und Lukas, wo es sich bei Markus nur aus dem Zusammenhang ergibt (vgl. Mt 9,11 diff Mk 2,16: „euer Lehrer"; Lk 6,3 diff Mk 2,25: „Jesus"), oder das Hinzufügen eines Partizips zur Verdeutlichung, wie es besonders Matthäus liebt (Mt 9,8: „sehend", 9,10: „kommend"). Letzterer ersetzt auch das bei Markus so häufige Partizip mit εἶναι vielfach durch ein finites Verb bzw. einen substantivischen Ausdruck (vgl. etwa Mt 3,4 diff Mk 1,6: statt ἦν ὁ Ἰωάννης ἐνδεδυμένος schreibt Matthäus ὁ Ἰωάννης εἶχεν τὸ ἔνδυμα). Ebenso hierher gehören Veränderungen im Tempusgebrauch wie z. B. die Überführung des bei Markus als Erzähltempus üblichen Präsens („historisches Präsens") in den dem Griechischen angemesseneren Aorist (vgl. z. B. Mk 2,25 diff Mt 12,3; Lk 6,3: markinisches λέγει wird durch εἶπεν ersetzt). Syntaktische Änderungen liegen vor, wenn etwa Lukas, gerade am Perikopenanfang, mit *genitivus absolutus* formuliert (vgl. bes. Lk 4,42 diff Mk 1,35), oder beide Seitenreferenten die von Markus präferierte und schnell eintönig wirkende Beiordnung der Sätze durch καί (vgl. Mk 2,1–5: „Und als er wieder … hineinkam … Und es versammelten sich viele … Und sie kommen … Und weil sie ihn nicht zu ihm bringen konnten … Und als Jesus … sah …") auf verschiedene Weise aufzulockern versuchen. In Lk 6,6–11 par Mk 3,1–6 geschieht das z. B. dadurch, dass Lukas mehrfach dort, wo Markus zwei Sätze mit καί verbindet, den Satzanschluss eleganter mit δέ realisiert:

Tempus und Syntax

Mk 3,1–6	**Lk 6,6–11**
1 Und (καί) er ging wiederum in die Synagoge hinein.	6 Es geschah aber (δέ) an einem anderen Sabbat, dass er hineinkam in die Synagoge und lehrte.
Und es war dort ein Mensch, der eine vertrocknete Hand hatte.	Und (es) war ein Mensch dort, und seine rechte Hand war vertrocknet.
2 Und (καί) sie beobachteten ihn …	7 Es belauerten ihn aber (δέ) …

Eine andere Möglichkeit, der markinischen Beiordnung Herr zu werden, sind Relativsätze und Partizipialkonstruktionen. Während Lukas und Matthäus aber von ersterem kaum Gebrauch machen (vgl. immerhin Mt 21,24 diff Mk 11,29), sind die Beispiele für die zweite Alternative Legion: Mt 9,18 etwa schreibt Matthäus ἐλθὼν προσεκύνει für ἔρχεται … καὶ … πίπτει (vgl. Mk 5,22), 9,23f. ἐλθὼν … καὶ ἰδὼν … ἔλεγεν anstelle von ἔρχονται … καὶ θεωρεῖ … καὶ … λέγει (vgl. Mk 5,38f.; weitere Beispiele bei Wernle).

2.2.3 Auslassungen und Hinzufügungen/sachliche Änderungen

Vielfach ist zu beobachten, dass nicht nur einzelne Wörter, Wendungen und Halbsätze, sondern sogar ganze Sätze ausgelassen bzw. hinzugefügt werden. Oftmals geschieht dies zum Zweck einer strafferen, geschlosseneren Erzählführung, wie das nachfolgende, instruktive Beispiel zeigt:

Mt 8,14f.	**Mk 1,29–31**
14 Und kommend Jesus in das Haus von Petrus,	29 Und sofort, aus der Synagoge hinausgehend, kamen sie in das Haus von Simon und Andreas mit Jakobus und Johannes.
sah er dessen Schwiegermutter daniederliegend und fiebernd;	30 Die Schwiegermutter Simons aber lag da fiebernd, und sofort sprechen sie zu ihm über sie.
15 und er berührte ihre Hand …	31 Und hinzukommend richtete er sie auf, ergreifend die Hand …

Stilistisch hat die matthäische Version der Heilung der Schwiegermutter des Petrus durch den Verzicht auf einige erzählerische Details (das Herausgehen aus der Synagoge, die Nennung weiterer Jünger, die Information des Wundertäters etc.) zweifelsohne gewonnen. Während nämlich bei Markus das Subjekt viermal wechselt (Jesus und die Jünger, die Schwiegermutter, „sie", Jesus), bleibt es bei Matthäus konstant und wird die umständliche Information des Wundertäters bei Markus durch die Einfügung des εἶδεν („sah er") auf elegante Weise bewerkstelligt.

Inhaltliche Neuakzentuierungen

Nicht selten bzw. häufiger noch führen solche Auslassungen und Hinzufügungen zu inhaltlichen Neuakzentuierungen. Wenn beispielsweise in Lk 5,33 die Eingangszeile des markinischen Parallelverses „Und die Jünger (des) Johannes und die Pharisäer fasteten. Und sie kommen und sagen" nicht zu lesen ist, dann hat das Konsequenzen für das lukanische Setting der Perikope: Bei Lukas ist die Fastenfrage integraler Bestandteil des von Levi veranstalteten Gastmahls (vgl. Lk 5,27), bei Markus (und Matthäus) beginnt dagegen eine neue Szene. Änderungen in der Sache nimmt auch Matthäus vor, der in derselben Perikope „die Schüler der Pharisäer" konsequent tilgt (vgl. Mt 9,14 diff Mk 2,18). Deren Tötungsbeschluss wiederum (vgl. Mk 3,6 par Mt 12,14) erscheint in Lk 6,11 stark abgeschwächt („Sie aber wurden erfüllt von Unverstand und beredeten miteinander, was sie wohl täten mit Jesus") – auch das ist eine sachliche Änderung.

P. WERNLE, Die synoptische Frage, Freiburg i. Br. 1899.

3 *Praktisches Beispiel: Die Heilung des Gelähmten im synoptischen Vergleich (Mk 2,1–12 parr Mt 9,1–8; Lk 5,17–26)*

3.1 Unterstreichen

Weil alle Theorie grau ist, aber gerade beim synoptischen Vergleich Farbe ins Spiel kommt, wollen wir Sie im Folgenden mit einer kleinen Malübung belästigen. Das ruft nicht nur selige Grundschulzeiten in Erinnerung (und erfreut sich deshalb in Proseminaren ausgesprochener Wertschätzung), sondern hilft auch schusseligen Assistenten und Assistentinnen auf die Beine, die es in ihren Lehrveranstaltungen hin und wieder versäumen, die Studierenden rechtzeitig darauf hinzuweisen, für die anstehende Seminarsitzung zum Thema „Synoptischer Vergleich" Farbstifte in den Ausführungen *blau, braun, orange, grün* und *rot* mitzubringen und auf diese Weise der sprichwörtlichen professoralen Zerstreutheit einen neuen „Sitz im Leben" (dazu später, vgl. § 6) verschaffen (der Koautor, der für diesen Abschnitt verantwortlich ist, weiß, wovon er spricht).

Aufgabe 11

Besorgen Sie sich eine Kopie der entsprechenden Seiten in Ihrer Synopse (deutsch oder, noch besser, griechisch), die die Heilung des Gelähmten Mk 2,1–12 parr enthalten! Nehmen Sie dann ein Lineal sowie Farbstifte der Farben Blau, Braun, Orange, Rot und Grün zur Hand und führen Sie den synoptischen Vergleich gemäß den oben vorgestellten Regeln an diesem Text durch! Halten Sie anschließend die Gemeinsamkeiten fest und werten Sie die Unterschiede aus!

Zu Illustrationszwecken legen wir die Synopse zum Münchener Neuen Testament zugrunde. Aus drucktechnischen Gründen sind in der nachfolgend abgedruckten Textsynopse nur die Gemeinsamkeiten zwischen Markus, Matthäus und Lukas unterstrichen ausgezeichnet (das müsste bei Ihnen blau unterstrichen sein); darüber hinaus sind die Übereinstimmungen zwischen Matthäus und Lukas kursiv gesetzt (das müsste bei Ihnen rot unterstrichen sein):

Mt 9,1–8	Mk 2,1–12	Lk 5,17–26
1 Und einsteigend in ein Boot, fuhr er hinüber und kam in die eigene Stadt.	1 Und hineinkommend wieder nach Kafarnaum nach Tagen, wurde gehört, dass er im Haus ist. 2 Und zusammenkamen viele, sodass es nicht mehr Raum gab, auch nicht an der Tür, und er redete zu ihnen das Wort.	17 Und es geschah an einem der Tage, und er war lehrend, und (es) waren dasitzend Pharisaier und Gesetzeslehrer, die gekommen waren aus jedem Dorf der Galilaia und Judaia und (aus) Jerusalem. Und (die) Kraft (des) Herrn war (ihm gegeben), dass er heile.
2 Und *siehe*, hinbrachten sie ihm einen *auf ein Bett* gelegten Gelähmten.	3 Und sie kommen, bringend zu ihm einen Gelähmten, getragen von Vieren.	18 Und *siehe*, Männer, bringend *auf ein*em *Bett* einen Menschen, der gelähmt war, und sie suchten, ihn hineinzubringen und hinzulegen [ihn] vor ihm.
	4 Und da sie (ihn) nicht hinbringen konnten zu ihm wegen der Volksmenge, abdeckten sie das Dach, wo er war, und (es) aufgrabend, hinablassen sie die Bahre, wo der Gelähmte daniederlag.	19 Und nicht findend, wie sie hineinbrächten ihn wegen der Volksmenge, hinaufsteigend auf das Dach, durch die Ziegel herabließen sie ihn mit dem Bett in die Mitte vor Jesus.
Und sehend Jesus ihren Glauben, *sprach* er zu dem Gelähmten: Hab Mut, Kind, erlassen werden deine Sünden. 3 *Und* siehe, einige der Schriftkundigen sprachen bei sich: Dieser lästert.	5 Und sehend Jesus ihren Glauben, sagt er dem Gelähmten: Kind, erlassen werden deine Sünden. 6 (Es) waren aber einige der Schriftkundigen dort sitzend und überlegend in ihren Herzen: 7 Was dieser so redet? Er lästert; wer kann erlassen Sünden, wenn nicht einer, Gott?	20 Und sehend ihren Glauben, *sprach* er: Mensch, erlassen sind dir deine Sünden. 21 *Und* (es) begannen zu überlegen die Schriftkundigen und die Pharisaier, sagend: Wer ist dieser, der Lästerungen redet? Wer kann Sünden erlassen, außer allein Gott?
4 Und sehend Jesus *ihre* Gedanken, *sprach* er: Weshalb denkt ihr Böses in euren Herzen?	8 Und sofort erkennend Jesus mit seinem Geist, dass sie so überlegen bei sich, sagt er ihnen: Was überlegt ihr dieses in euren Herzen?	22 Erkennend aber Jesus *ihre* Überlegungen, antwortend *sprach* er zu ihnen: Was überlegt ihr in euren Herzen?
5 Was ist denn müheloser, zu sprechen: Erlassen werden deine Sünden, oder zu sprechen: Steh auf und geh umher? 6 Damit ihr aber wisst, dass Voll-	9 Was ist müheloser, zu sprechen zu dem Gelähmten: Erlassen werden deine Sünden, oder zu sprechen: Steh auf und trag deine Bahre und geh umher? 10 Damit ihr aber wisst, dass Voll-	23 Was ist müheloser, zu sprechen: Erlassen sind dir deine Sünden, oder zu sprechen: Steh auf und geh umher? 24 Damit ihr aber wisst, dass

macht hat der Sohn des Menschen, auf der Erde zu erlassen Sünden – da sagt er dem Gelähmten: Aufstehend, trag dein *Bett* und geh fort in dein Haus! 7 Und *aufstehend* *wegging* er *in sein Haus.* 8 (Es) sehend aber, *fürchteten* sich die Volksmengen und verherrlichten Gott, den gebenden solche Vollmacht den Menschen.	macht hat der Sohn des Menschen, zu erlassen Sünden auf der Erde, – sagt er dem Gelähmten: 11 Dir sage ich, steh auf, trag deine Bahre und geh fort in dein Haus! 12 Und er stand auf, und sofort, tragend die Bahre, hinausging er vor allen, sodass alle sich entsetzten und Gott verherrlichten, sagend: So (etwas) sahen wir niemals.	der Sohn des Menschen Vollmacht hat, auf der Erde zu erlassen Sünden – sprach er zum Gelähmten: Dir sage ich, steh auf und, tragend dein *Bett*, geh in dein Haus! 25 Und auf der Stelle *aufstehend* vor ihnen, tragend, worauf er daniederlag, *wegging* er *in sein Haus*, verherrlichend Gott. 26 Und Entsetzen erfasste alle, und sie verherrlichten Gott und wurden erfüllt von *Furcht*, sagend: Wir sahen Ungeheuerliches heute.

3.2 Gemeinsamkeiten

Mt – Mk – Lk (blau): Mit Ausnahme des einleitenden καί, „und“, fällt der Anfang der Geschichte bei den drei Evangelisten sehr unterschiedlich aus; Gemeinsamkeiten gibt es erst wieder ab V. 3 (die Versangaben beziehen sich im Folgenden immer auf Markus, die Seitenreferenten sind jeweils mitzulesen) und dann in V. 5 (Bringen des Gelähmten; Sehen ihres Glaubens; Zuspruch der Sündenvergebung). Allen drei gemeinsam ist weiter in V. 6f. der Vorwurf der Gotteslästerung seitens der Schriftgelehrten sowie in V. 8 die Fähigkeit Jesu zur Herzenserkenntnis. Nahezu identisch fallen auch die anschließende Frage Jesu an die Schriftgelehrten (V. 9: „Was ist müheloser …“) und die Ankündigung der Demonstration der Vollmacht des Menschensohnes V. 10 aus. Zumindest in der Substanz stimmt das nachfolgende Heilungswort zwischen Matthäus, Markus und Lukas überein (Aufforderung aufzustehen, die Bahre bzw. das Bett aufzuheben und nach Hause zu gehen), während sie am Ende der Erzählung wieder weiter auseinanderliegen (blau in V. 12 ist: „und“, „ging er“, „und Gott verherrlichten“). Blau

Zusammengefasst: Wörtliche Übereinstimmungen finden sich besonders im Zentrum der Geschichte bzw. dort, wo Jesus redet. An den Rändern, d. h. am Anfang und am Ende, ist die Variationsbreite signifikant größer.

Mt – Mk (braun): Über die bislang notierten Übereinstimmungen hinaus weist Matthäus noch eine Reihe von weiteren Gemeinsamkeiten mit Markus auf. Dazu gehören das Kommen in die Stadt (Mt 9,1), das Personalpronomen („ihm“) und der Gebrauch des Substan- Braun tivs „Gelähmter“ in Mt 9,2, die Renominalisierung Jesu sowie die Wiederaufnahme von „dem Gelähmten“ und dessen Anrede als Kind (τέκνον) im selben Vers (vgl. Mk 2,5). Wie bei Markus ergeht auch bei Matthäus der Vergebungszuspruch im Präsens (Mt 9,2 par Mk 2,5 diff Lk 5,20); beiden gemeinsam ist ferner, dass nur *einige* der Schriftgelehrten den Blasphemievorwurf äußern (Mt 9,3 par Mk 2,6). Nur im Griechischen ist zu erkennen, dass Matthäus für die Aufforderung Jesu an den Gelähmten, in sein Haus zu gehen, dasselbe Verb wie Markus benutzt (Mt 9,6 par Mk 2,11: καὶ ὕπαγε) und in 9,7 wie Markus (2,12) ἐγείρω für „aufstehen“ schreibt.

Orange

Mk – Lk (orange): Schon allein unter quantitativem Aspekt steht Lukas näher bei Markus als Matthäus, der die Geschichte stark verkürzt wiedergibt. Wörtliche Berührungen zwischen Markus und Lukas finden sich deshalb vor allem dort, wo die Synopse für Matthäus „weiße Flecken“ aufweist. Das ist vor allem in Lk 5,19 der Fall, wo Lukas wie Markus den Transport des Gelähmten hinauf aufs Dach mit der Volksmenge motiviert, und dann noch einmal in 5,21f. par Mk 2,6–8. Hier stimmt Lukas im Blasphemievorwurf mit Markus praktisch wörtlich überein, außerdem im mehrfachen Gebrauch des Wortstammes διαλογ-. Orange unterstreichen muss man in den betreffenden Versen außerdem noch „redet“ (λαλεῖ), „erkennend“ (ἐπιγνούς) und das Personalpronomen „ihnen“ (im Griechischen nur αὐτο-, weil Markus den Dativ, Lukas den Akkusativ verwendet). Im Heilungswort haben Markus und Lukas über Matthäus hinaus σοὶ λέγω, „Dir sage ich“ (Lk 5,24 par Mk 2,11), in der Demonstration das Partizip „tragend“ (ἄρας) (Lk 5,25 par Mk 2,12) und in der Reaktion Lk 5,26 par Mk 2,12 das Entsetzen aller sowie eine mit „sagend“ (λέγοντες/λέγοντας) eingeführte direkte Rede, die das Sehen (des soeben Geschehenen) zum Thema macht.

Rot

Mt – Lk (rot): Der Text weist einige *minor agreements* auf. In Mt 9,2 par Lk 5,18 erweitern die beiden Seitenreferenten übereinstimmend markinisches καί zu καὶ ἰδού am Versanfang, außerdem wird der Gelähmte jeweils (gegen Markus) *auf einem Bett* (ἐπὶ κλίνης) herbeigebracht. Zweimal verbessern sie sozusagen im Gleichschritt das historische Präsens des Markus (vgl. Mk 2,5.8 diff Mt 9,2.4; Lk 5,20.22: jeweils εἶπεν statt λέγει), kleinere Übereinstimmungen liegen auch im Fall des καί am Beginn von Mt 9,3 par Lk 5,21 und des αὐτῶν Mt 9,4 par Lk 5,22 vor. Hingegen täuscht die deutsche Übersetzung in Mt 9,6 par Lk 5,24 ein *minor agreement* vor, das zumindest im Griechischen so nicht existiert: Während Matthäus anstelle des markinischen κράβαττον κλίνην schreibt, bevorzugt Lukas κλινίδιον. Ähnlich irreführend ist auch das „aufstehend“ im darauf folgenden

Vers, das einmal ἐγερθείς (Mt 9,7), ein andermal ἀναστάς (Lk 5,25) wiedergibt. Ein echtes *minor agreement* liegt dagegen in Mt 9,7 par Lk 5,25 vor, wenn der Gelähmte gegen Markus *weg in sein Haus* (εἰς τὸν οἶκον) geht. Schließlich ist für Mt 9,8 par Lk 5,26 noch das Motiv der Furcht (Mt: ἐφοβήθησαν; Lk: φόβου) als gemeinsames Element zu notieren.

Hinzu kommen noch einige *negative minor agreements*, d. h. solche Stellen, an denen Matthäus und Lukas übereinstimmend Markusstoff auslassen. Das trifft z. B. für die Notiz zu, dass der Gelähmte „von Vieren getragen" wurde (vgl. Mk 2,3 diff Mt 9,2; Lk 5,18), oder für den an die Adresse der Schriftgelehrten gerichteten Vers Mk 2,9, wo die beiden Seitenreferenten in schöner Eintracht auf „zu dem Gelähmten" sowie „und trag deine Bahre" verzichten. Farblich sind diese negativen *minor agreements* nicht bzw. nur an den grünen Unterstreichungen im Markustext zu erkennen.

3.3 Unterschiede

Unterschiede zwischen Mt und Mk

Mt – Mk: Anders als bei Markus (und Lukas), wo der Heilung des Gelähmten die Heilung eines Aussätzigen vorausgeht (vgl. Mk 1,40–45 par Lk 5,12–16), folgt die Heilung des Gelähmten im matthäischen Aufriss auf die Heilung der zwei Besessenen von Gadara (Mt 8,28–34; vgl. Mk 5,1–20). Die sachliche Änderung am Beginn der Perikope („einsteigend in ein Boot, fuhr er hinüber") rührt daher: Weil das Land der Gadarener praktisch gegenüber von Kafarnaum an der Südostseite des Sees Gennesaret liegt, muss Jesus im Boot zu seiner „eigenen Stadt", wie Matthäus Kafarnaum nennt (Vokabeländerung), übersetzen.

Auslassungen

In der Folge fallen vor allem massive Auslassungen auf. Mk 2,2 und 2,4 haben überhaupt kein Pendant bei Matthäus, darüber hinaus fallen in Mt 9,1 par Mk 2,1 die Zeitangabe („nach Tagen") und die Lokalisierung im Haus („wurde gehört, dass er im Haus ist") unter den Tisch. In V. 3 (vgl. Mk 2,6f.) verzichtet Matthäus nicht nur auf das Sitzen der Schriftgelehrten, sondern auch auf ihre beiden, den Blasphemievorwurf rahmenden Fragen („Was dieser so redet? … wer kann erlassen Sünden, wenn nicht einer, Gott?"). Sämtliche bislang genannten Auslassungen dienen nicht nur einer strafferen Erzählführung, sondern führen auch zu Änderungen in der Sache: Hätte man nur die matthäische Version von der Heilung des Gelähmten zur Hand, wüsste man nicht, dass die Heilung in einem Haus stattfindet; vielmehr hat es den Anschein, als ob die Szene bei Matthäus irgendwo auf dem Weg spielt, nachdem Jesus an Land gegangen ist.

Sachliche Änderungen

Größere Eingriffe finden sich dann wieder in V. 8, wo Matthäus nicht nur die bei ihm bislang noch nicht präsenten Volksmengen hinzufügt („sehend aber ... die Volksmengen"), sondern auch am Ende der Geschichte noch einmal einen neuen theologischen Akzent setzt. Der Zusatz „den gebenden solche Vollmacht den Menschen" greift sprachlich auf V. 6, die Vollmacht des Menschensohnes zur Sündenvergebung, zurück und liegt mit der Auslassung von Mk 2,7c („wer kann erlassen Sünden, wenn nicht einer, Gott?") auf einer Linie. Bei Matthäus kann Jesus wie Gott Sünden vergeben und setzen Menschen „Jesu sündenvergebendes Wirken fort, und das ist das eigentlich Wunderbare".[5]

Weitere Änderungen stilistischer wie sachlicher Natur sind: In V. 2 bevorzugt Matthäus anstelle von φέρειν πρός (so Markus) das Kompositum προσφέρειν, außerdem wird der Gelähmte nur bei ihm auf ein Bett *gelegt* (βεβλημένον). Dem Sündenvergebungszuspruch im selben Vers stellt er noch ein „Hab Mut" (θάρσει), wie übrigens in Mt 9,22 auch, voran. V. 3 leitet er wieder wie V. 2 mit καὶ ἰδοὺ ein, in V. 4 ersetzt „sehend" (ἰδών) „erkennend" (ἐπιγνούς) und weicht die umständliche markinische Formulierung „dass sie so überlegen bei sich" dem eleganteren Substantivausdruck „ihre Gedanken" (τὰς ἐνθυμήσεις αὐτῶν). Daran angepasst ist das nachfolgende Verb ἐνθυμεῖσθε (statt markinisch διαλογίζεσθε), wobei zugleich das Denken der Schriftgelehrten im Unterschied zu Markus negativ qualifiziert wird (πονηρά statt ταῦτα). V. 5 schiebt Matthäus nach dem einleitenden „Was ist"(τί ἐστιν) noch ein „denn" (γάρ) ein, V. 6 sucht er den syntaktischen Bruch „Damit ihr aber wisst ... - sagt er dem Gelähmten" durch „da" (τότε) ein wenig zu mildern. Um einer strafferen Erzählführung willen ist „Dir sage ich" im selben Vers ausgelassen, außerdem verbessert er die im Griechischen nicht so gut klingende „Bahre" (κράβαττος) zu „Bett" (κλίνη) und überführt die bei Markus asyndetisch aufeinander folgenden Imperative ἔγειρε ἆρον in eine Partizipialkonstruktion (ἐγερθεὶς ἆρον). Ähnlich glättet er auch im folgenden V. 7 – statt ἠγέρθη καὶ ... ἄρας ... ἐξῆλθεν heißt es einfacher ἐγερθεὶς ἀπῆλθεν –, außerdem fällt das markinische „und sofort" unter den Tisch.

Unterschiede zwischen Mk und Lk

Veränderungen im Wortschatz

Mk – Lk: V. 19 schreibt Lukas „hineinbringen" (εἰσφέρω) an Stelle von „hinbringen" (προσφέρω) und „hinablassen" (καθίημι) an Stelle von „herablassen" (χαλάω), außerdem ersetzt δῶμα (Dach) markinisches στέγη. In der nachfolgenden Redeeinleitung (V. 20) verzichtet der dritte Evangelist auf die explizite Nennung des Adressaten („dem Gelähmten"; ebenso V. 23) und lässt ihn von Jesus mit „Mensch" (ἄνθρωπε) statt „Kind" (τέκνον) bei Mk/Mt angeredet sein. In V. 21 tilgt Lukas „in ihren Herzen" (vgl. Mk 2,6), vielleicht aus Gründen der sprachlichen Variation, weil der Ausdruck in V. 22

5 H.-J. KLAUCK, Die Frage der Sündenvergebung in der Perikope von der Heilung des Gelähmten (Mk 2,1–12 parr), in: Ders., Gemeinde* 311.

noch einmal erscheint. Im Gegenzug fügt er „sagend" (λέγοντες) unmittelbar vor Beginn der wörtlichen Rede hinzu und ersetzt markinisches εἷς („einer") (Mk 2,7) durch μόνος („allein"). Im folgenden Vers reduziert er die umständlich klingende markinische Formulierung „erkennend … mit seinem Geist" (ἐπιγνοὺς … τῷ πνεύματι) um den Geistanteil und stellt dem „sprach" noch ein „antwortend" (ἀποκριθεὶς εἶπεν) voraus, wie er es häufiger tut (vgl. Lk 1,19.35.60; 3,11; 4,8.12; 5,5; u. ö.). An weiteren Vokabeländerungen halten wir noch fest: Für den „Gelähmten" gebraucht Lukas statt des Substantivs παραλυτικός bei Markus und Matthäus das substantivierte Partizip Perfekt Passiv (παραλελυμένος; vgl. schon V. 18), das eher derbe κράβαττον („Bahre") weicht dem eleganteren κλινίδιον („Bett"; vgl. auch V. 18: κλίνη) und an Stelle von ὕπαγε („geh *fort*") verwendet Lukas πορεύου („geh"). In V. 25 ersetzt παραχρῆμα („auf der Stelle") markinisches εὐθύς („sofort"), tritt ἀνίστημι („aufstehen") für ἐγείρω („aufstehen") ein und ἀπέρχεσθαι („weggehen") für ἐξέρχεσθαι („hinausgehen"). Und während bei Markus alle in den Chorschluss ausbrechen „*So* (etwas) sahen wir *niemals*", verkünden sie bei Lukas, „heute Ungeheuerliches" (παράδοξα σήμερον) gesehen zu haben.

Stilistische Änderungen

Die Eröffnung der Perikope mit καὶ ἐγένετο („und es geschah"), der wie hier auch in Lk 7,11 und 8,1 eine Zeitangabe nachfolgt, ist eine lukanische Stileigentümlichkeit. Ebenso verfährt Lukas über die beiden genannten Stellen hinaus auch in Lk 2,15; 9,18; 11,1 u. ö. V. 18 präzisiert Lukas gegen Matthäus und Markus das Subjekt („Männer" statt unbestimmtes „sie"), wohingegen er dessen explizite Nennung in V. 20 aufgibt (Mt/Mk: „Jesus"), weil bei ihm zuvor von Jesus schon die Rede war (V. 19). Mehrfach korrigiert Lukas das historische Präsens des Markus (λέγει) zugunsten des Aorists (εἶπεν; in V. 20.22 mit Matthäus [s. o.], in V. 24 über Matthäus hinaus), im Zuspruch der Sündenvergebung V. 20 wird aus dem markinischen Präsens (ἀφίενται) bei Lukas ein Perfekt (ἀφέωνται). Häufig sind auch Veränderungen im Satzbau zu beobachten. So umschreibt Lukas die Notlage des Hilfsbedürftigen mit einem Relativsatz („einen Menschen, der gelähmt war"), überführt den schwerfälligen Konsekutivsatz Mk 2,8 („erkennend …, dass sie so überlegen bei sich") elegant in ein Akkusativobjekt (V. 22: „erkennend … ihre Überlegungen")[6] und verbindet die in Mk 2,11 asyndetisch aneinander ge-

6 Ähnlich geht er auch in V. 26 vor, wo Lukas den markinischen Konsekutivsatz („sodass alle sich entsetzten und Gott verherrlichten") in zwei einander beigeordnete Aussagesätze überführt („Und Entsetzen erfasste alle, und sie verherrlichten Gott").

reihten Imperative (ἔγειρε ἆρον) mit einem καί, wandelt den zweiten in ein Partizip um (ἄρας) und ordnet dieses dem nachfolgenden finiten Verb zu (πορεύου). Besondere Aufmerksamkeit verdient schließlich noch V. 19. Hier weicht der markinische Infinitiv προσενέγκαι bei Lukas einer Relativkonstruktion (ποίας εἰσενέγκωσιν), gefolgt von einem *participium coniunctum* (ἀναβάντες) und dem finiten Verb (καθῆκαν). Im Vergleich dazu wirkt die markinische Syntax kompliziert: Auf den schon genannten Infinitiv folgt das erste Hauptverb (ἀπεστέγασαν), an das sich noch ein Relativsatz anschließt („wo er war"). Danach setzt Markus noch einmal neu an (Verbindung mit καί), wobei nun nach der einleitenden Partizipialbestimmung (ἐξορύξαντες) gleich das finite Verb steht (χαλῶσι) und wiederum ein lokaler Relativsatz („worauf der Gelähmte daniederlag") den Vers beschließt.

Auslassungen und Hinzufügungen

Die massiven syntaktischen Veränderungen in Lk 5,19 gehen Hand in Hand mit Auslassungen und Hinzufügungen. So verzichtet die lukanische Darstellung auf das Abdecken und Aufgraben des Daches und fügt stattdessen – um der besseren Logik willen – das Motiv vom Hinaufsteigen auf das Dach hinzu, von wo aus die Träger den Gelähmten mitsamt seiner Liege „durch die Ziegel in die Mitte vor Jesus" hinablassen. Das „in die Mitte vor Jesus" wiederum korrespondiert V. 18, wo Lukas schon über Markus hinaus berichtet hatte, dass die Träger „ihn hineinzubringen und vor ihm (= Jesus) hinzulegen suchten". Der Verknüpfung beider Verse dient es auch, wenn Lukas das markinische „nicht können" (Mk 2,4) in „nicht finden" (V. 19) abändert. Wenn wir noch einen Vers weiter nach vorne blicken, dann zeigt sich, dass der Eingangsvers bei Lukas ein ganz anderes „Outfit" hat: Der dritte Evangelist verzichtet nicht nur auf die Lokalisierung (Kafarnaum) sowie das Motiv, dass kein Platz vor der Türe war, sondern definiert vor allem das Auditorium neu: Die bei Markus erst in V. 6 auftauchenden und dort wie nachgetragen wirkenden Schriftgelehrten zieht Lukas nach vorne[7] und kombiniert sie mit den „Pharisäern" (beide Gruppen auch in V. 21). Die markinische Angabe, dass es viele waren, die sich an der Türe versammelten, hält Lukas so ein, dass er die beiden Gruppen praktisch aus ganz Palästina anreisen lässt: „aus jedem Dorf der Galilaia und Judaia und (aus) Jerusalem". Der Eingangsvers schließt mit der Notiz – und auch das ist eine lukanische Eigenheit – „Und (die) Kraft (des) Herrn war (ihm gegeben), dass er heile".

7 Und nennt sie hier νομοδιδάσκαλοι, „Gesetzeslehrer". Dagegen bleibt er in V. 21 bei der Bezeichnung γραμματεῖς, die auch Matthäus und Markus bieten.

Neben diesen doch erheblichen Hinzufügungen und Auslassungen innerhalb der ersten drei Verse nehmen sich die übrigen Änderungen dieser Art geringfügig aus. In V. 25 hat Lukas den Lobpreis Gottes, der bei Markus von *allen* angesagt ist (2,12), gleichsam verdoppelt, indem ihn der Gelähmte schon vorwegnimmt (δοξάζειν τὸν θεόν). Eine sachliche Änderung ist schließlich noch für Lk 5,21 diff Mk 2,7 zu konstatieren: Während die Gedanken der Schriftgelehrten nach markinischer Lesart auf den Sachverhalt zielen („*Was* dieser so redet? Er lästert"), zielen sie bei Lukas auf die Person Jesu: „*Wer* ist dieser, der Lästerungen redet?"

4 Gesamturteil

4.1 Das Verhältnis der Texte zueinander

Halten wir fest: Matthäus, Markus und Lukas erzählen je für sich dieselbe Geschichte in annähernd derselben Abfolge. Ein Gelähmter wird zu Jesus gebracht, dieser spricht ihm die Vergebung der Sünden zu, was (im Stillen vorgebrachte) Einwände von Seiten der Schriftgelehrten und eine darauf reagierende Replik Jesu provoziert; es folgen noch, bei allen in derselben Reihenfolge, Heilungswort, Konstatierung der Heilung und Chorschluss.[8] Darüber hinaus gibt es zwischen den drei Evangelisten Gemeinsamkeiten bis in den Wortlaut hinein (blaue Unterstreichungen; vgl. besonders Mk 2,9f. parr). Ähnliche Beobachtungen lassen sich für die übrigen Perikopen unseres Textsegments (sowie für das gesamte Markusevangelium mit den entsprechenden Matthäus- und Lukasparallelen) anstellen. Andererseits hatten wir aber auch beträchtliche Unterschiede notiert. Erinnert sei nur noch einmal an die doch stark voneinander

8 Die Beobachtung, dass die einzelnen Teile der Geschichte in derselben Reihenfolge erzählt sind, ist keineswegs banal, wie ein Blick auf die in der Aland-Synopse als Parallele abgedruckte „Heilung des Gelähmten" in der johanneischen Version (Joh 5,1–9) zeigt. Obwohl das Heilungswort Jesu bei Johannes (vgl. 5,8: „Steh auf, heb deine Bahre auf und geh umher!") fast wörtlich mit der synoptischen Fassung übereinstimmt, erzählt Johannes doch eine andere Geschichte: Die Heilung spielt in Jerusalem, genauer am Teich Bethesda; anstelle des Hauses mitsamt der es umlagernden Menge schildert Joh 5,3f. die Details, welche die Heilungen am Teich Bethesda normalerweise begleiten. Die Charakterisierung der Not fällt ebenfalls anders aus (38-jähriges Leiden), und statt des Dialogs mit den Schriftgelehrten führt Jesus einen Dialog mit dem Kranken. Außerdem ist bei Johannes auf den Chorschluss verzichtet und liegt eine Sabbatheilung vor (Joh 5,9). Aus diesen Beobachtungen geht methodisch (!) zwingend hervor, dass das Verhältnis des johanneischen Texts zur synoptischen Fassung ein anderes sein muss als das der Synoptiker untereinander!

abweichenden Perikopeneinleitungen oder an den Umstand, dass Matthäus eine wesentlich kürzere Geschichte als Markus und Lukas erzählt. Der synoptische Vergleich führt somit geradewegs zum *synoptischen Problem*: Wie ist das Nebeneinander von enger Verwandtschaft (mit Gemeinsamkeiten bis in den Wortlaut hinein) und gleichzeitig bestehenden starken Unterschieden zu erklären?

Synoptisches Problem

Dass hier drei Augenzeugen unabhängig voneinander dasselbe Ereignis referieren, ist wenig wahrscheinlich: Wieso findet dann die Heilung bei Matthäus auf dem Weg, bei Markus und Lukas aber im Haus statt (das bei Lukas wiederum nicht in Kafarnaum steht)? Und was die wörtlichen Gemeinsamkeiten betrifft, so gilt immer noch Adolf Jülichers Urteil: „Diese Gleichheit ist aber auf keinem Punkte dadurch zu erklären, daß wir eben absolut genaue, authentische Berichte vor uns haben: so übereinstimmend wie hier würden auch zwei oder drei Augenzeugen über dieselbe Begebenheit nie referieren."[9] Viel wahrscheinlicher ist, dass ein Evangelist einen anderen als Quelle benutzt hat, also ein literarisches Abhängigkeitsverhältnis besteht. Dabei sprechen mehrere Indizien dafür, dass das Markusevangelium das älteste Evangelium ist und von den beiden Seitenreferenten als Quelle benutzt wurde:

Die Priorität des Markusevangeliums

a) Mehrfach erweisen sich Veränderungen im Wortschatz und in der Syntax als *stilistische Verbesserungen* der Seitenreferenten. Das ist z. B. der Fall, wenn Matthäus und Lukas das eher derbe κράβαττος (Mk 2,4.11) durch κλίνη (Mt) bzw. κλινίδιον (Lk) ersetzen.
b) Für die Priorität des Markusevangeliums spricht weiter, dass Matthäus einmal mit Markus gegen Lukas (in der Lokalisierung des Geschehens in Kafarnaum), ein anderes Mal Lukas mit Markus (etwa im Hinaufsteigen auf das Dach) übereinstimmt. Das gilt auch für die Reihenfolge der Einzelperikopen in den Evangelien insgesamt: Matthäus und Lukas weichen nie gemeinsam, an der gleichen Stelle, von der Markus-Akoluthie ab, sondern jeweils nur einer, während der andere mit Markus geht. So folgt auf die Heilung des Gelähmten bei allen Dreien die Berufung des Levi, Zöllnergastmahl und Fastenfrage (Mk 2,1–22 parr Mt 9,1–17; Lk 5,17–39), ehe Matthäus eigene Wege geht (9,18–11,30), während Lukas weiter mit Markus in der Abfolge übereinstimmt (Mk 2,23–3,6 par Lk 6,1–11). Erst in 12,22–37 läuft Matthäus wieder mit Markus parallel.

9 A. JÜLICHER, Einleitung in das Neue Testament (GThW III/1), Tübingen [7]1931, 323.

Die Zwei-Quellen-Theorie

Es ist kein Geheimnis: Die drei ersten Evangelien erzählen die gleiche Jesusstory. Viele Einzelgeschichten sind sich dabei verblüffend ähnlich, bis in den Wortlaut hinein. Über weite Strecken werden sie sogar in der gleichen Reihenfolge („Akoluthie") geboten. Deshalb spricht man auch von den „synoptischen" Evangelien. Man kann sie nebeneinanderschreiben und ihre Texte in der „Zusammenschau" (gr. „Synopsis") vergleichen.

Beim präzisen synoptischen Vergleich stellt man jedoch schnell fest: Es gibt auch markante Unterschiede. Wie in § 3/3 an einem praktischen Beispiel gezeigt, können innerhalb der gleichen Geschichte manche Passagen im Wortlaut völlig übereinstimmen – bis hin zu syntaktischen Fehlern (vgl. Mk 2,10) –, während andere Passagen im Wortlaut stark voneinander abweichen. Genauso ist es mit der Reihenfolge der Einzelgeschichten. Und das Verblüffende: Das Vaterunser, die Bergpredigt und viele andere wichtige und bekannte Jesussprüche finden sich nur im Matthäus- und Lukasevangelium, nicht dagegen im Markusevangelium.

Wie lassen sich diese starken Parallelen bei gleichzeitig erheblichen Unterschieden erklären? Die bis heute plausibelste Lösung dieses sogenannten „synoptischen Problems" ist die Zwei-Quellen-Theorie, die Mitte des 19. Jh. etabliert worden ist. Sie besagt: Matthäus und Lukas haben neben dem Markusevangelium noch eine zweite Quelle, vornehmlich bestehend aus Einzelsprüchen, deswegen auch „Logienquelle" genannt, für die Komposition ihrer Evangelien benutzt. Darüberhinaus lassen sie jeweils Sondergut einfließen.

Zwei-Quellen-Theorie

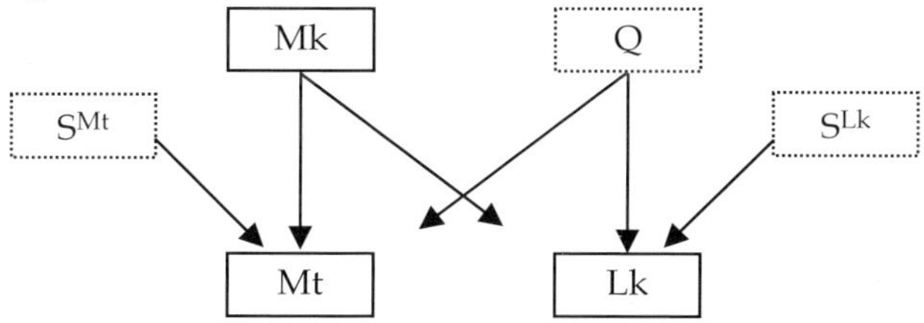

Die beiden Standbeine der Zwei-Quellen-Theorie sind (1) die Markuspriorität, also die Annahme, dass das Markusevangelium das älteste Evangelium ist, und (2) die hypothetische Quelle Q, die nicht mehr als eigenständiger Text greifbar, sondern in die beiden Großevangelien eingearbeitet worden ist.

Die Hauptargumente lauten: (1) Sowohl Matthäus als auch Lukas stimmen nur dann in der Reihenfolge ihrer Einzelperikopen überein, wenn sie der Akoluthie des Markusevangeliums folgen. Weichen sie davon ab, dann geht jeder der beiden Evangelisten eigene Wege. (2) Dass sowohl im Matthäus- als auch im Lukasevangelium viele Sprüche doppelt vorkommen („synoptische Dubletten"), lässt sich am einfachsten damit erklären, dass sich darin die Spuren von zwei Quellen spiegeln, die beide diese Sprüche überliefern:

Der Spruch vom Kreuztragen			
Mt	Mk	Lk	Quelle
16,24	8,34	9,23	Mk
10,38	-	*14,27*	*Q*

Natürlich gibt es Randunschärfen: In verschiedenen Perikopen, die Matthäus und Lukas gemäß der Zwei-Quellen-Theorie aus dem Markusevangelium schöpfen, weichen sie übereinstimmend von Markus ab (z. B. Mt 9,2 par Lk 5,18; vgl. Synopse S. 144f.). Wir sprechen von „minor agreements". A. Fuchs (Linz) versucht dieses Phänomen damit zu lösen, dass er annimmt, Matthäus und Lukas hätten eine Version des Markusevangeliums benutzt, die gegenüber derjenigen in unseren kanonischen Ausgaben bereits weiterentwickelt war („Deuteromarkus").

Ausgesprochene Alternativmodelle zur Zwei-Quellen-Theorie, die vor allem im englischsprachigen Raum diskutiert werden, sind die Two-Gospel-Hypothesis (W. R. Farmer) und die Mark-without-Q-Hypothesis (M. Goulder). Beide sind dadurch gekennzeichnet, dass sie dezidiert ohne die hypothetische Quelle Q auskommen wollen. Die Two-Gospel-Hypothesis greift auf eine bereits 1789 von J. J. Griesbach aufgestellte Theorie zurück und setzt, wie schon Augustinus, das Matthäusevangelium als ältestes Evangelium an: Hier ist es Markus, der das Matthäusevangelium sowie das davon abhängige Lukasevangelium als Quellen benutzt und ein Exzerpt aus beiden erstellt habe. Die Mark-without-Q-Hypothesis hält an der Markuspriorität fest. Allerdings wird behauptet, Lukas benutze neben dem Markusevangelium seinerseits das Matthäusevangelium als zweite Quelle. Die offene Frage nach Ursprung und Herkunft der Q-Stoffe im Matthäus- und Lukasevangelium wird in einer neueren Version dieser Theorie damit erklärt, dass beide Evangelisten (noch immer) mündlich überlieferte Jesustraditionen in ihr Evangelium aufgenommen und verschriftlicht hätten (W. Kahl).

Two Gospel-Hypothesis

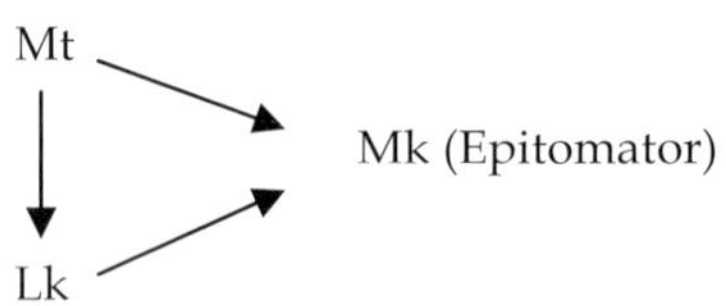

Mark-without-Q-Hypothesis

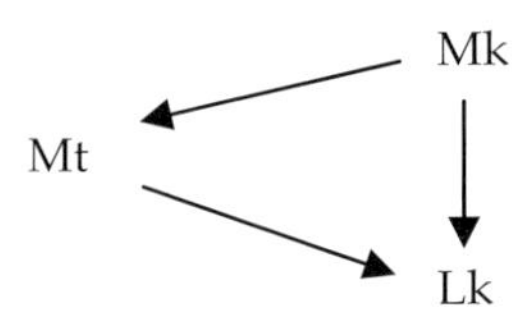

Literaturhinweise finden sich unter § 3/5.4.

Sofern das Matthäus- und Lukasevangelium außerhalb des von ihnen tradierten Markusstoffes übereinstimmen, also Überlieferungsstoffe bieten, die das Markusevangelium nicht hat (rot unterstrichen, ohne dass in diesen Texteinheiten blaue Unterstreichungen zu finden wären), geht die sogenannte Zwei-Quellen-Theorie, wie ihr Name schon sagt, davon aus, dass Matthäus und Lukas hier eine zweite Quelle, Spruchquelle oder auch Q genannt, benutzt haben (vgl. Aktuelles Lexikon „Major Agreements"). Schwieriger ist der Sachverhalt, wenn Matthäus und Lukas innerhalb des Stoffes, den sie aus dem Markusevangelium übernommen haben, Übereinstimmungen zeigen (*minor agreements*), also rot unterstrichene Wörter oder Wortpassagen innerhalb des blau grundierten Textes auftauchen, wie es in Mk 2,1–12 mehrmals der Fall ist. Will man nicht den Zufall bemühen,[10] muss man diesen Sachverhalt irgendwie erklären, zumal Mk 2,1–12 parr in Sachen „kleinere Übereinstimmungen" kein Einzelfall ist. Die nahe liegende Lösung besteht darin, dass Matthäus und Lukas eine andere Fassung des Markusevangeliums vorlag als wir sie heute besitzen. Ging man um die Wende vom 19. zum 20. Jh. noch von einem *Urmarkus* aus (Matthäus und Lukas benutzten eine *ältere* Gestalt des Markusevangeliums), so ist gegenwärtig die These vom *Deuteromarkus* en vogue. Ob es sich dabei um eine neue Evangelienausgabe (A. Fuchs) oder eine redaktionelle Schicht handelt, wird kontrovers diskutiert.

Minor agreements

A. FUCHS, Spuren von Deuteromarkus – Ein Überblick, in: Ders., Spuren von Deuteromarkus I (SNTU NF 1), Münster 2004, 7–32.

4.2 Theologischer Ertrag

4.2.1 Die matthäische Bearbeitung

Christologische und ekklesiologische Interessen

Charakteristisch für Matthäus sind die radikalen Striche, mit denen er den erzählerischen Rahmen auf ein Minimum reduziert. Dadurch nähert sich der Text einem reinen Streitgespräch an und tritt das, was Jesus *sagt*, noch deutlicher hervor (christologischer Akzent). Anders ausgedrückt: Bei Matthäus liegt das ganze Gewicht auf der Sündenvergebung; die Heilung ist fast nur mehr Beiwerk. Klarer als bei Markus (und erst recht bei Lukas) werden die Schriftgelehrten als Gegner Jesu negativ qualifiziert. Weil Matthäus das „Wer kann erlassen Sünden, wenn nicht einer, Gott?" aus Mk 2,7 in V. 3 tilgt,

10 Vgl. F. NEIRYNCK, The Minor Agreements and the Two-Source-Theory, in: Ders., Evangelica II. 1982–1991. Collected Essays (BEThL 99), Leuven 1991, 3–42, versteht sie als jeweils unabhängige redaktionelle Änderungen.

entbehrt ihr Vorwurf, Jesus lästere, einer Begründung und entlarvt die Schriftgelehrten bzw. deren Gedanken als bösartig. Das bringt V. 4 dann auch explizit auf den Punkt: „*Weshalb denkt* ihr *Böses* in euren Herzen?" (die matthäischen Besonderheiten kursiv).

Schießlich führt Matthäus in V. 8 ein ekklesiologisches Interesse die Feder. Der von ihm sehr eigenständig gestaltete Vers knüpft sprachlich an V. 6 an – „Gott, den gebenden solche Vollmacht den Menschen" ruft die Vollmacht des Menschensohns, auf der Erde Sünden zu vergeben (V. 6), wieder in Erinnerung –, weshalb sich das Erschauern und der Lobpreis der Menge bei Matthäus weniger auf die Heilung als vielmehr auf die Sündenvergebung bezieht. Dabei ist die sprachliche Differenz zwischen „den Volksmengen" (οἱ ὄχλοι) und „den Menschen" (τοῖς ἀνθρώποις) zu beachten: Mit „den Menschen" sind nicht alle Menschen, sondern die Glieder der matthäischen Gemeinde gemeint (vgl. Mt 18,15–20). Für Matthäus setzt demnach die Gemeinde das sündenvergebende Wirken des Menschensohns fort.

4.2.2 Die lukanische Bearbeitung

Exegetenkongress

Die für das Gesamtverständnis der Perikope maßgeblichen Änderungen nimmt Lukas gleich zu Beginn vor, indem er das Publikum neu definiert. Nur bei ihm findet eine Art Exegetenkongress statt, d. h. Gesetzeslehrer aus allen Teilen des Landes finden sich bei dem lehrenden Jesus ein. Lukas ruft damit eine ähnliche, an früherer Stelle erzählte Begebenheit ins Gedächtnis, nämlich die Episode vom zwölfjährigen Jesus im Tempel, „sitzend inmitten der Lehrer und ihnen zuhörend und sie befragend" (Lk 2,46). Kam allerdings dort Jesus zu den Lehrern (nach Jerusalem), so verläuft die Bewegung hier genau umgekehrt: Jetzt kommen die Lehrer zu Jesus (selbst aus Jerusalem!), als ob sie sich davon überzeugen wollten, was aus dem Wunderkind von damals (Lk 2,47: „es gerieten aber außer sich alle ihn Hörenden über sein Verstehen und seine Antworten") geworden ist – deshalb auch die Frage nach der Identität (V. 21: „*Wer* ist dieser?"), die die Schriftgelehrten und Pharisäer übrigens offen aussprechen, wie es sich für einen Exegetenkongress eben gehört. Die Antwort darauf gibt Lukas ebenfalls noch am Anfang: Jesus ist mit der Kraft Gottes ausgestattet (d. i. die Begabung mit Geist, vgl. 4,14), die neben der Befähigung zu heilen auch die Sündenvergebung umgreift. Deren Zuspruch ergeht bei Lukas im Perfekt (V. 20), vermutlich, um den Gegenwartscharakter der Zusage besonders hervorzuheben und gleichzeitig den Sündenerlass zu einer im Himmel bereits vollzogenen Tatsache zu machen.

Major Agreements – oder: Die Spruchquelle

Analog zum geprägten Begriff der *minor agreements* könnte man von *major agreements* sprechen, wenn Matthäus und Lukas im Wortlaut übereinstimmen, ohne dass es eine markinische Parallele gibt. Technisch gesprochen: wenn rot unterstrichene Wörter sich im zweispaltig angeordneten Text (Matthäus und Lukas) finden. Gemäß der Zwei-Quellen-Theorie handelt es sich bei diesen Texten um Stoffe aus der sogenannten Logien- oder Spruchquelle, die Matthäus und Lukas neben Markus als zweite Quelle für ihr Evangelium benutzten. Oft ist einfach auch von „Q" (für Quelle) die Rede.

Nur ganz selten allerdings stimmen Matthäus und Lukas im Wortlaut dieser Sprüche völlig überein (z. B. Mt 3,7–10; Lk 3,7–9). Meistens weisen grün unterstrichene Textteile auf kleine Unterschiede hin: der Text der Quelle wurde redaktionell überarbeitet. Dass Matthäus und Lukas die einzelnen Sprüche über längere Strecken hinweg in der gleichen Reihenfolge bieten, kommt ebenfalls nur selten vor (z. B. in der Bergpredigt bei Mt 5–7, bzw. in der Feldrede bei Lk 6,20–49). Sowohl der vermutliche Wortlaut der Spruchquelle als auch die ursprüngliche Reihenfolge müssen mühsam rekonstruiert werden. Folgende Faustregel hat sich etabliert: Lukas bietet die bessere Reihenfolge der Stoffe, Matthäus hat den besseren Wortlaut bewahrt. Im Jahr 2000 hat das internationale Q-Projekt eine sorgfältige Edition des (hypothetischen) Q-Textes vorgelegt, zwei Jahre später ist eine deutsche Studienausgabe erschienen. Innerhalb der Q-Forschung ist man dazu übergegangen, eine eigene Schreibweise einzuführen, wenn man sich auf Q-Stellen beziehen will. Q 3,7 bedeutet: Hier ist der rekonstruierte Q-Text gemeint, den Lukas in Lk 3,7 aufgegriffen hat.

Wie schon der Name sagt, finden sich in der Spruchquelle vor allem Sprüche Jesu (aber auch des Täufers). Sie sind sorgfältig zu größeren Reden mit gewöhnlich konzentrischen Strukturen komponiert, z. B. die so genannte programmatische Rede (Q 6,20–49), die Aussendungsrede (Q 10,2–16) oder die Endzeitrede (Q 17,23–37). Legt man prinzipiell die Reihenfolge des Lukas zugrunde, ergibt sich für das Dokument Q insgesamt eine wohl überlegte Komposition mit drei Teilen: Ein erster Teil (Q 3–7) schaut in die Vergangenheit zurück und lässt die beiden „Helden" von Q zu Wort kommen: Johannes den Täufer und Jesus. Der zweite Teil (Q 9–11) hat die Gegenwart der Gemeinde und ihre Auseinandersetzung mit Gegnern im Blick, der dritte Teil (Q 12–22) schaut auf das in naher Zukunft erwartete Gericht mit Mahnungen an die Gemeinde.

Weisheits-christologie

Dass Lukas die Annäherung an den Wundertäter (V. 18f.) im Schema von *Suchen* und (nicht) *Finden* darstellt und als Ziel dieser Suchbewegung explizit Jesus nennt (V. 18: „vor ihm"; V. 19: „in die Mitte vor Jesus"), könnte auf der Folie ähnlicher Suchbewegungen nach dem Ort der verborgenen Weisheit Gottes in der alttestamentlichen

Weisheitsliteratur (vgl. nur Weish 6,12–17) geschehen sein. Immerhin wird Weish 7,25 die Weisheit als „Hauch der *Kraft Gottes*" (τῆς τοῦ θεοῦ δυνάμεως, vgl. Lk 5,17!) bezeichnet. Doch bräuchten wir für die Bestätigung dieser Hypothese eine breitere Basis im Lukasevangelium. Das ist aber Aufgabe der Redaktionsgeschichte (s. § 10).

K. LÖNING, Das Geschichtswerk des Lukas. Bd. 1: Israels Hoffnung und Gottes Geheimnisse (Urban-Taschenbücher 455), Stuttgart 1997, 178–185.

5 Literaturhinweise

5.1 Synopsen

K. ALAND (Hrsg.), Synopsis Quattuor Evangeliorum, Stuttgart [15]1997.

J. HAINZ (Hrsg.), Synopse zum Münchener Neuen Testament, Düsseldorf [2]1998.

J. SCHMID (Hrsg.), Synopse der drei ersten Evangelien mit Beifügung der Johannes-Parallelen, Regensburg [13]2002.

5.2 Spruchquelle

P. HOFFMANN/C. HEIL (Hrsg.), Die Spruchquelle Q. Studienausgabe. Griechisch und Deutsch, Darmstadt/Leuven 2002.

J. S. KLOPPENBORG, Q Parallels. Synopsis, Critical Notes, and Concordance (Foundation and Facets Reference Series), Sonoma (CA) 1988.

J. S. KLOPPENBORG VERBIN, Excavating Q. The History and Setting of the Sayings Gospel, Edinburgh 2000.

J. M. ROBINSON/P. HOFFMANN/J. S. KLOPPENBORG (Hrsg.), The Critical Edition of Q. A Synopsis Including the Gospels of Matthew and Luke, Mark and Thomas with English, German, and French Translations of Q and Thomas (Hermeneia), Minneapolis (MN)/Leuven 2000.

D. ZELLER, Kommentar zur Logienquelle (SKK.NT 21), Stuttgart 1984.

5.3 Exemplarisch durchgeführter synoptischer Vergleich

H. MERKLEIN, Die Jesusgeschichte – synoptisch gelesen (SBS 156), Stuttgart 1994.

R. PESCH/R. KRATZ, So liest man synoptisch. Anleitung und Kommentar zum Studium der synoptischen Evangelien, Bd. 1, Frankfurt a. M. 1975.

R. PESCH/R. KRATZ, So liest man synoptisch. Anleitung und Kommentar zum Studium der synoptischen Evangelien, Bd. 2: Wundergeschichten. Teil 1: Exorzismen, Heilungen, Totenerweckungen, Frankfurt a. M. [2]1982.

R. PESCH/R. KRATZ, So liest man synoptisch. Anleitung und Kommentar zum Studium der synoptischen Evangelien, Bd. 3: Wundergeschichten. Teil 2: Rettungswunder, Geschenkwunder, Normenwunder, Fernheilungen, Frankfurt a. M. [2]1982.

R. PESCH/R. KRATZ, So liest man synoptisch. Anleitung und Kommentar zum Studium der synoptischen Evangelien, Bd. 4: Gleichnisse und Bildreden. Teil 1: Aus der dreifachen Überlieferung, Frankfurt a. M. 1978.

R. PESCH/R. KRATZ, So liest man synoptisch. Anleitung und Kommentar zum Studium der synoptischen Evangelien, Bd. 5: Gleichnisse und Bildreden. Teil 2: Aus der zweifachen Überlieferung, Frankfurt a. M. 1978.

R. PESCH/R. KRATZ, So liest man synoptisch. Anleitung und Kommentar zum Studium der synoptischen Evangelien, Bd. 6: Passionsgeschichte. Teil 1, Frankfurt a. M. 1979.

R. PESCH/R. KRATZ, So liest man synoptisch. Anleitung und Kommentar zum Studium der synoptischen Evangelien, Bd. 7: Passionsgeschichte. Teil 2, Frankfurt a. M. 1980.

5.4 Diskussion des synoptischen Problems

I. BROER, Einleitung in das Neue Testament, Bd. 1–2 (Studienausgabe), Würzburg 2006, 39–53 (Forschungsgeschichtliche Übersicht und intensive Auseinandersetzung mit der Griesbach-Hypothese, auch „Two Gospel Hypothesis" genannt: Lk habe Mt gekannt, Mk sei das Exzerpt aus beiden).

A. ENNULAT, Die „Minor Agreements". Untersuchungen zu einer offenen Frage des synoptischen Problems (WUNT II/62), Tübingen 1994 (Überprüfung der Deuteromarkushypothese).

A. FUCHS, Spuren von Deuteromarkus, Bd. I–IV (SNTU NF 1–4), Münster 2004.

M. S. GOODACRE, Goulder and the Gospels. An Examination of a New Paradigm (JSNT.S 133), Sheffield 1996 („Mark Without Q Hypothesis": Lk benutzt neben Mk, dem ältesten Evangelium, als zweite Quelle Mt).

W. KAHL, Vom Ende der Zweiquellentheorie oder: Zur Klärung des synoptischen Problems, in: Kontexte der Schrift, Bd. II: Kultur, Politik, Religion, Sprache – Text (FS W. Stegemann), Stuttgart 2005, 404–442 (die Stoffe, die das Matthäus- und Lukasevangelium über das Markusevangelium hinausgehend überliefern, stammen aus der mündlichen Überlieferung, Lukas greift teilweise auf das Matthäusevangelium zurück).

J. S. KLOPPENBORG, On Dispensing with Q? Goodacre on the Relation of Luke to Matthew, in: NTS 49 (2003) 210–236 (Auseinandersetzung mit Goodacre).

§ 4 Vorgeschichte: Literarkritik

1 Vorstellung der Methode

Aufgabe der Literarkritik ist es, die Vorgeschichte eines Textes zu erhellen. Wie der Name sagt, „scheidet" die Literarkritik (von κρίνειν = scheiden) die literarischen Schichten eines Textes voneinander. Für das Matthäus- und das Lukasevangelium ist diese Methode nicht notwendig. Denn nach der Zwei-Quellen-Theorie liegt einer ihrer beiden Vorstufentexte schriftlich und separat vor, eben das Markusevangelium. Mit Hilfe des synoptischen Vergleichs können die Veränderungen, die Matthäus bzw. Lukas an ihrer Textvorlage vorgenommen haben, unmittelbar festgestellt werden. Aber das ist ein seltener Sonderfall. Bei allen anderen Texten, deren Vorlagen weder bekannt noch zugänglich sind, wie es z. B. auch für das Markusevangelium gilt, müssen anhand des Endtextes erst einmal evtl. Vorlagen von späteren Bearbeitungen getrennt werden. Dafür braucht es ein eigenes Sensorium. Das liefert die Literarkritik.

Überprüfung der Einheitlichkeit

Ansatzpunkt ist die Überprüfung der Einheitlichkeit eines Textes. Negativ ausgedrückt sucht die Literarkritik nach Unebenheiten und Ungereimtheiten im vorliegenden Text. Denn sie geht von der Grundvoraussetzung aus: Wo immer es literarische Nähte und Unausgeglichenheiten gibt, müssen Teile zusammengesetzt worden sein, die ursprünglich selbstständig waren. Aus der Sicht der Literarkritik ist also die Nachfolgegeschichte Mk 2,14, welche die gewählte und ausgefeilte Struktur der konzentrisch angelegten Passage 2,1–3,6 empfindlich stört (vgl. § 2/3.2.2), nicht auf ein Versehen des Verfassers zurückzuführen, sondern stellt eine verräterische Spur dar, die aus der Überarbeitung dieser Textpassage durch einen späteren Redaktor resultiert. Ihm war sein eigenes Interesse, das er mit diesem Vers in den Textzusammenhang eingetragen hat, wichtiger als die literarische Ausgewogenheit seiner Vorlage.

Kleine Einheiten

Um solche Bearbeitungsspuren systematisch aufzudecken, setzt die Literarkritik ein Kriterienbündel ein, das den Unebenheiten des Textes in allen Facetten nachgeht. Ziel ist es, im vorliegenden Textgewebe *kleine Einheiten* so voneinander abzugrenzen, dass sie in sich keine literarkritischen Unebenheiten mehr aufweisen. Diese voneinander abgegrenzten Textteile lassen sich klassifizieren: Eine *ursprüngliche kleine Einheit* liegt vor, wenn sie (1) aus sich heraus verständlich, also auch isoliert tradierbar ist und (2) über einen erkennbaren Anfang und ein sinnvolles Ende verfügt. Eine *Erweiterung* liegt vor, wenn keine dieser beiden Bedingungen erfüllt ist, die Einheit also für ihre Verstehbarkeit auf den Kontext angewiesen ist und weder Erzählanfang noch -ende aufweist. Meistens ist es die vorliegende ursprüngliche kleine Einheit selbst, die durch Ergänzungen kommentiert und erzählerisch weitergeführt wird, was formal durch Einschübe, Rahmenkonstruktionen oder einfach auch durch kleinere Zusätze geschehen kann. Letzere können manchmal aus nur wenigen Worten bestehen. Ein *Fragment* liegt vor, wenn nur die erste Bedingung erfüllt ist. Das Textstück ist für sein Verständnis zwar nicht auf eine andere Texteinheit angewiesen, stellt aber keinen abgerundeten, für sich tradierbaren Text dar. Anfang, Ende oder andere texttragende Elemente können bei der Einarbeitung in den neuen Kontext weggebrochen worden sein.

Relative Chronologie

In einem letzten Schritt versucht die Literarkritik, die so klassifizierten Texteinheiten in eine relative Chronologie zueinander zu setzen und als stufenweise Bearbeitungen bzw. Weiterschreibungen einer ursprünglichen kleinen Einheit erklärbar zu machen. Das Ergebnis der Literarkritik, also die Geschichte der Textentwicklung, kann optisch vor Augen geführt werden, indem der Text gemäß seinen Entstehungsstadien abschließend in verschiedene Spalten geschrieben wird.

Die Aufgabe der Literarkritik

Die Literarkritik untersucht die Einheitlichkeit eines Textes. Ihr Ziel ist es, die Entwicklungsgeschichte des Textes offen zu legen. Der Text wird in diejenigen Elemente zerlegt, aus denen er entstanden und zusammengewachsen ist. Dabei werden folgende Textelementtypen unterschieden:

- ursprüngliche kleine Einheiten
- Ergänzungen
- Fragmente

Ein Freund von mir, er war damals Pfarrer in einer fränkischen Gemeinde, rief mich an und sagte: „Ich habe einen Text für meinen Pfarrbrief verfasst, bin aber damit nicht recht zufrieden. Ich faxe ihn Dir. Lies ihn doch bitte einmal durch!“ Folgendes Fax erreichte mich:

Das Fax

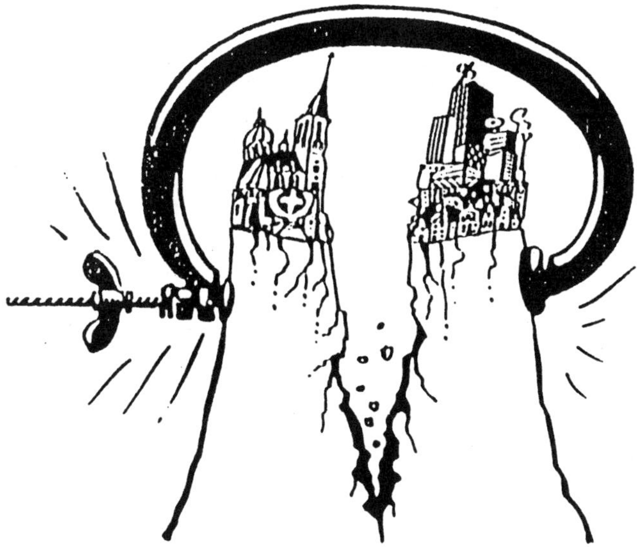

Kirche und Welt brechen auf dem Titelbild auseinander: *weltfremde Kirche – gottlose Welt. Die böse Welt – die scheinheilige Kirche.* Gerne wird diese Dialektik konstruiert. Wie gerne schimpfen und jammern Kirchgänger über alle, die keine Kirche mehr von innen sehen. Wie oft höre ich von Nichtkirchgängern das Argument: „Zu den scheinheiligen Kirchgängern, die im Leben ganz anders sind, als das, was sie in der Kirche beten und singen, möchte ich nicht gehören." Machen es sich aber nicht beide Positionen zu einfach? Sind nicht beide Positionen pharisäisch?

Auf unserem Titelbild werden Kirche und Welt, die beide in einer Zerreißprobe stehen, durch eine Klammer zusammen gehalten. Sie hat die Form eines Ohrs. Dieses Bild sagt mir: Kirche darf sich nicht abschotten wollen von der Welt. Die Kirche braucht den Dialog mit der Gesellschaft. Das Verhältnis der Kirche zur Gesellschaft ist also nicht in die Formel „Lehrer – Schüler" zu fassen, als ob die Kirche immer im aktuellen Besitz der ganzen Wahrheit und die Gesellschaft ihr gegenüber immer im Defizit wäre. Dialog heißt vielmehr: Auf den anderen hören, im gemeinsamen Bemühen die Wahrheit des Lebens finden.

Meine Reaktion

Ich schaute mir die Sache an, rief ihn zurück und meinte: „Irgendwie klingt dein Text am Ende sehr gespreizt ..." Und seine Reaktion darauf: „Weißt Du, ich habe mich da an eine Vorlage angelehnt, eine gerade veröffentlichte bischöfliche Verlautbarung ..."

Aufgabe 12
Spielen Sie jetzt Textvorlagendetektiv:
- Welche sprachlich-konzeptionellen Spannungen entdecken Sie im abgedruckten Text?
- Welche Textteile haben Bezug zum abgedruckten Bild, welche Textteile versprachlichen dagegen eine davon unterschiedliche Bildwelt?
- Wo beginnt also vermutlich die genannte Textvorlage?
- Versuchen Sie, den Entstehungsprozess dieses Textes zu rekonstruieren!

Die in diesem Fall eindeutig nachprüfbare Lösung finden Sie auf Seite 395.

2 Die Kriterien

Wie bereits angedeutet, sind es die Unebenheiten und Ungereimtheiten eines Textes, die auf seine Uneinheitlichkeit schließen lassen. Wenn schon beim ersten Lesen der Eindruck entsteht, dass mit dem Text „etwas nicht stimmt", also z. B. unübersehbare Härten in der Formulierung oder abrupte Sprünge in der Gedankenführung zu konstatieren sind, so muss das nicht immer ein Indiz für die mangelnde Qualität des Autors sein, sondern könnte auch als Hinweis auf eine längere Entwicklungsgeschichte des betreffenden Textes verstanden werden. Genauerhin sind es *fünf Kriterien*, die auf die Uneinheitlichkeit eines Textes hindeuten; sie werden im Folgenden in der Reihenfolge ihrer Gewichtigkeit vorgestellt. Nur in den seltensten Fällen werden sich an einem Text alle Kriterien nachweisen lassen, doch steigt die Wahrscheinlichkeit der Uneinheitlichkeit eines Textes mit der Anzahl der nachgewiesenen Kriterien.

2.1 Doppelungen und Wiederholungen

Doppelungen

Doppelungen und Wiederholungen sind zusammen mit den gleich noch zu nennenden Spannungen und Widersprüchen das wichtigste Kriterium der Literarkritik. *Doppelungen* können sowohl inhaltlicher wie auch formaler Art sein. Wenn also derselbe Sachverhalt zweimal erzählt wird wie das Erstaunen der Menge über die „neue Lehre in Vollmacht" in Mk 1,22 und 1,27 oder die Frage der Schriftgelehrten in Mk 2,17 mit dem Bildwort vom Arzt und dem ἦλθον-Spruch („Und nicht kam ich …") eine zweifache Antwort Jesu erfährt, liegen Doppelungen vor. Weitere Beispiele sind: der doppelte Chorschluss seitens der Menge als Reaktion auf die zuvor erfolgte Totenerweckung in Lk 7,16 („Ein großer Prophet ist unter uns aufgestanden, und: Gott hat sein Volk heimgesucht."), oder die beiden Deutungen der Fußwaschung in Joh 13: auf die erste „soteriologische" Deutung in V. 6–10 folgt noch eine zweite „paradigmatische" in V. 12–15.

Wiederholungen

Von *Wiederholungen* sprechen wir, wenn eine Wortverbindung, ein Satzteil oder ein ganzer Satz mehr oder weniger wörtlich wieder aufgenommen wird. Das ist z. B. in den beiden Anwendungen zum Gleichnis vom verlorenen Schaf und zum Gleichnis von der verlorenen Drachme Lk 15,7.10 der Fall, wo die Freude über einen umkehrwilligen Sünder nahezu unisono lautet: „Ich sage euch: So wird (mehr) Freude im Himmel sein über einen umkehrenden Sünder …" (Lk 15,7) bzw. „So, sage ich euch, entsteht Freude vor den Engeln Gottes über einen umkehrenden Sünder" (Lk 15,10). Ein anderes, sehr schönes Beispiel für eine Wiederholung findet sich innerhalb der johanneischen Version des Synhedrialprozesses Joh 18,12–27. Dort schließt die erste Verleugnung Petri Joh 18,18 mit dem Satz ἦν δὲ καὶ ὁ Πέτρος μετ᾽ αὐτῶν ἑστὼς καὶ θερμαινόμενος, was dann in Joh 18,25 eine beinahe wortwörtliche Wiederaufnahme findet.[1] In beiden Fällen sind die Wiederholungen Indizien für die Uneinheitlichkeit des jeweiligen Textes.

2.2 *Spannungen und Widersprüche*

Spannungen

Neben den Doppelungen und Wiederholungen sind es vor allem schlecht aufeinander abgestimmte (= Spannungen) oder miteinander unvereinbare Angaben (= Widersprüche), die auf die Uneinheitlichkeit eines Textes hinweisen. Wenn nach Mk 1,4 Johannes in der Wüste tauft, Jesus nach Mk 1,9 dorthin kommt, um sich taufen zu lassen, und es in Mk 1,12 heißt, dass der Geist Jesus in die Wüste treibt, wo er doch bei der Taufe schon war, dann liegt hier eine Spannung vor. Schlecht aufeinander abgestimmt sind die Verbfor-

1 Nur das καί und μετ᾽ αὐτῶν sind weggelassen, und anstelle des einfachen Πέτρος gebraucht V. 25 den Doppelnamen Σίμων Πέτρος: „Es war aber Simon Petrus stehend und sich wärmend."

men innerhalb des so genannten Tages von Kafarnaum: Nach Mk 1,21 geht Jesus zusammen mit den eben berufenen Jüngern nach Kafarnaum hinein (Pluralform), betritt die Synagoge aber scheinbar alleine (Singularform), nach Mk 1,29 jedoch kommen sie zusammen aus der Synagoge heraus (Pluralform). Und um noch ein weiteres Beispiel hinzuzufügen: Die oben erwähnten Anwendungen der beiden Gleichnisse Lk 15,4–7; 15,8–10 stehen ebenfalls in Spannung zu ihrem Kontext. Die in Lk 15,7 bzw. 15,10 gezogene Schlussfolgerung (beachte das οὕτως!), im Himmel herrsche Freude über einen umkehrenden Sünder, entspricht nämlich keineswegs der Gedankenbewegung der Gleichnisse: Weder das verlorene Schaf noch die verlorene Drachme „kehrten um", vielmehr werden beide wieder gefunden, und dieses Finden löst auf der Bildebene die Freude aus (vgl. Lk 15,5.9). Die beiden Anwendungen passen also gar nicht richtig zu den ihnen vorausliegenden Gleichnissen! Ein klares Indiz dafür, dass sie – zumindest in dieser Form – erst sekundär zu den beiden Gleichnissen hinzugefügt wurden.

Widersprüche

Auf eklatante *Widersprüche* stößt man zuweilen bei der Lektüre des Johannesevangeliums. So heißt es Joh 6,1, Jesus sei „danach" an das andere Ufer des Sees von Galiläa gegangen, was an und für sich voraussetzt, dass er sich zuvor am gegenüberliegenden Ufer aufhielt. Nach Joh 5 befindet sich Jesus aber in Jerusalem (vgl. 5,1)! Mehrere Ausleger (Bultmann, Schnackenburg, Becker) nehmen deshalb an, dass in den Kap. 4–6 des Johannesevangeliums die ursprüngliche Reihenfolge durcheinander geraten sein muss und Kap. 6 von Haus aus zwischen Kap. 4 und Kap. 5 stand. Diverse Widersprüche und Spannungen kennzeichnen auch die Erzählung von der Entdeckung des leeren Grabes durch Maria von Magdala Joh 20,1–18. Wir nennen nur die wichtigsten: Warum berichtet Maria Joh 20,2 von einem Grabraub, ohne vorher auch nur einen Blick in das Grab geworfen zu haben? Und weiter: Warum steht Maria gemäß V. 11 wieder oder immer noch am Grab, wo sie doch V. 2 zufolge zu den Jüngern gelaufen ist und sich folglich bei ihnen aufhalten müsste? Die Lösung: V. 2–10 sind von späterer Hand, der so genannten johanneischen Redaktion (die vom Evangelisten selbst zu unterscheiden ist und *nach* diesem noch einmal das JohEv überarbeitete), eingeschoben.

M. THEOBALD, Der Jünger, den Jesus liebte. Beobachtungen zum narrativen Konzept der johanneischen Redaktion, in: Geschichte – Tradition – Reflexion (FS M. Hengel), Bd. III: Frühes Christentum, Tübingen 1996, 219–255, hier: 234–239.

2.3 Stilistische Argumente

Syntaktische Brüche

Syntaktische Brüche oder der Wechsel von konkret-erzählenden zu abstrakt-wertenden Lexemen können ebenfalls Indizien für die Uneinheitlichkeit eines Textes sein. Besonders hart - und wohl deshalb in vielen Übersetzungen schon ausgeglichen - ist der syntaktische Bruch in Joh 20,18, wo Maria von Magdala nach ihrer Begegnung mit dem Auferweckten am Grab den Jüngern verkündet: „Ich habe den Herrn gesehen, und das hat er ihr gesagt." Manche Handschriften haben deshalb in den Text eingegriffen. Beide korrekten Alternativen finden sich: Auch der erste Satzteil steht in Erzählform („*Sie* hat den Herrn gesehen ...") bzw. der zweite Satzteil in wörtlicher Rede („... und das hat er *mir* gesagt").

Konkret – abstrakt

Den Wechsel von konkret-erzählenden zu Abstraktlexemen illustriert Joh 9,1–7: Während die Rahmenverse in kaum zu überbietender Anschaulichkeit von der Begegnung Jesu mit einem Blindgeborenen und dessen Heilung berichten (Spucken auf die Erde, Anfertigen eines Teigs, Bestreichen der Augen usw.), sind die V. 2–5 von theologischen Begriffen geradezu übersät: Sündigen, Offenbarwerden, Sendung, dann die Metaphorik von Licht und Finsternis und innerhalb dieser die Attribuierung Jesu als Licht der Welt dominieren nun. Das ist ein gewichtiges Argument dafür, die ursprüngliche Heilungsgeschichte auf die V. 1.6f. zu beschränken und in den V. 2–5 einen späteren, weitgehend der Hand des Evangelisten entstammenden sekundären Einschub zu sehen.

2.4 Dubletten und Parallelen

Parallelen

Bei der Suche nach *Parallelen*, d. h. vokabelmäßig verwandten Texten, zielt der Blick notwendig über den zu untersuchenden Einzeltext hinaus auf das Gesamtwerk. *Konkordanz*[2] und *Wortstatistik* sind dabei unerlässliche Hilfsmittel. Lässt sich beispielsweise aufzeigen, dass ein Wort, eine Wendung oder eine sonstige Ausdrucksweise innerhalb eines Evangeliums besonders häufig vorkommt, so kann dies als Indiz für besondere sprachliche Vorlieben des betreffenden Evangelisten und als Argument dafür gewertet werden, den betreffenden Vers oder Halbvers dem Redaktor letzter Hand zuzuweisen.

Beispiel: Mk 2,13 leitet der Satz „Und er ging wieder hinaus am Meer entlang ..." von der Heilung des Gelähmten zur nachfolgenden Berufung des Levi über. Dagegen ist prinzipiell nichts zu sagen, denn Kafarnaum liegt schließlich am See Gennesaret, der hier als „Meer" bezeichnet wird. Der

2 Eine Konkordanz „ist ein alphabetisches Verzeichnis von Wörtern oder Sachen zum Vergleich ihres Vorkommens und Sinngehalts eines Buches" (Duden).

Blick in die Konkordanz macht aber dann stutzig: Perikopeneinleitungen (und hin und wieder auch Perikopenausleitungen), die Jesus ans „Meer" führen, sind bei Markus ausgesprochen häufig:

1,16: „Und entlanggehend entlang dem Meer der Galilaia"
2,13: „Und er ging wieder hinaus am Meer entlang"
3,7: „Und Jesus mit seinen Schülern entwich zum Meer"
4,1: „Und wieder begann er zu lehren am Meer"
5,1: „Und sie kamen an das jenseitige Ufer des Meeres"
5,21: „... und er war am Meer"
7,31: „Und wieder hinausgehend ... kam er ... ans Meer der Galilaia"

Wortstatistik

Stellt man weiter in Rechnung, dass Markus das griechische Wort für „Meer", θάλασσα, auch in absoluten Zahlen häufiger gebraucht als seine „synoptischen Kollegen" – 16 Belegen bei Matthäus und 3 Belegen bei Lukas stehen 19 Belege auf Seiten des Markus gegenüber, was auch im Vergleich mit dem Matthäusevangelium ein gewisses Gewicht hat, da das Markusevangelium vom Umfang her nur ungefähr die Hälfte ausmacht –, und mit πάλιν, „wieder", ein weiteres markinisches Vorzugswort vorliegt (Statistik: 17/28/3), spricht im Fall von Mk 2,13 einiges für die Abfassung durch den Evangelisten. Allerdings eignet sich die Wortstatistik *allein* nicht als Basis für literarkritische Hypothesen; Sinn macht sie nur im Verein mit den bereits besprochenen und noch zu besprechenden Kriterien.

Dubletten

Eine besondere Form der Parallelen sind die *Dubletten*. Die damit bezeichnete Wiederholung ganzer Textstücke (nicht nur einzelner Worte oder Wendungen) spielt vor allem für den Nachweis der Logienquelle bzw. die Gültigkeit der Zwei-Quellen-Theorie eine bedeutende Rolle.[3] Eines der Paradebeispiele ist die von Lukas wiederholt und in geringem Abstand berichtete Aussendung der Jünger Lk 9,1–6 und 10,1–16. Während sich der dritte Evangelist bei seiner Schilderung im ersten Fall an Markus orientiert (vgl. Mk 6,7–13), bestehen im zweiten Fall wörtliche Parallelen zu Mt 10,1–16. Die Annahme liegt daher nahe, Lukas habe über das Markusevangelium hinaus noch eine zweite Quelle, eben die Logienquelle, benutzt. Das gilt natürlich auch für Matthäus. Jesu Wort von der Ehescheidung, das der erste Evangelist nach 5,31f. in 19,9 noch einmal bringt und folglich als matthäische Dublette anzusprechen ist, hat sowohl eine Parallele bei Lukas (Lk 16,18) als auch bei Markus (Mk 10,11f.), deutet also wiederum die Benutzung zweier Quellen an.

3 Was nicht heißt, dass Dubletten nur in der Wortüberlieferung vorkommen. Für die Erzählüberlieferung kann man immerhin auf die nach Mk 6,30–44 noch einmal in Mk 8,1–9 erzählte wunderbare Speisung einer großen Menge hinweisen. Nuancen bestehen insbesondere in den Zahlenangaben: Werden in Mk 6 5000 Leute von fünf Broten und zwei Fischen satt und bleiben dabei auch noch zwölf Körbe voll übrig, so sind es in Mk 8 „nur" 4000 Leute, die von sieben Broten und ein paar Fischen satt werden, wobei sieben Körbe übrig bleiben.

Mit den Dubletten nicht zu verwechseln sind die *Doppelüberlieferungen*. Diese Nomenklatur kommt dort zur Anwendung, wo zwei Evangelisten dieselbe Geschichte in voneinander abweichender Form berichten. Solches ist z. B. bei der Salbung Jesu der Fall, die Mk 14,3–9 (par Mt 26,6–13) zufolge in Betanien im Haus Simons des Aussätzigen stattfindet, Lk 7,36–50 zufolge aber irgendwo in Galiläa während eines Gastmahls, das der Pharisäer Simon ausrichtet. Weil auch Joh 12,1–8 noch eine Erzählvariante beisteuert, müsste man hier sogar von einer Dreifachüberlieferung sprechen. Eine echte Doppelüberlieferung liegt indessen für das letzte Mahl Jesu vor, deren einer Strang durch Mk 14,22–25 (par Mt 26,26–29), deren anderer durch 1 Kor 11,23–26 repräsentiert wird. Obwohl sich gerade in diesem Fall der Umstand der Doppelüberlieferung für die Suche nach der ältesten Überlieferungsstufe nutzbar machen lässt, sind Doppelüberlieferungen anders als die Dubletten und trotz des ähnlich klingenden Namens literarkritisch nicht auswertbar, weil es sich nicht um Doppelungen innerhalb einer Texteinheit, sondern zweier verschiedener Texteinheiten handelt. Methodisch gehören die Doppelüberlieferungen in den Bereich der Überlieferungsgeschichte.

Doppelüberlieferungen

2.5 Kombination von Gattungen

Kombination von Gattungen

Wenn in einem Textstück verschiedene Gattungen realisiert sind oder Mischgattungen vorkommen, dann ist dies oft ein Indiz für die nachträgliche Kombination ehemals eigenständiger Teiltexte. Zu sehen war dies bereits an Joh 9,1–7, der Heilung des Blindgeborenen, wo in eine Heilungsgeschichte ein Dialog zwischen den Jüngern und Jesus inkorporiert ist.

Als weiteres Beispiel mag die Salbung Jesu durch die Sünderin Lk 7,36–50 dienen. Mindestens vier Gattungen bzw. Elemente derselben lassen sich verifizieren: Als Rahmengattung fungiert das (1) *Symposion* bzw. die *Gastmahlsschilderung*. An Motiven lassen sich hier verorten: die Einladung zum Essen und das Zu-Tisch-Liegen (V. 36), das Auftreten ungeladener, überraschender Gäste (V. 37), das Salben der Füße (V. 38) und das philosophische Gespräch (angedeutet V. 44–47). Die V. 36–43 erinnern darüber hinaus stark an die (2) *Apophthegmen* der synoptischen Tradition. Wie z. B. in Mk 2,15–17 wird uns zunächst eine anstoßerregende Situation vorgestellt (Kontakt Jesu mit der Sünderin, V. 37f.), worauf – hier in Form eines Selbstgesprächs – der Einwand eines Pharisäers folgt (V. 39). Diesen kontert Jesus nicht mit einem Bildwort, sondern mit einem kleinen (3) *Gleichnis* (V. 41f.). Damit ist die dritte Gattung identifiziert. Die Schlussverse (V. 48–50) lassen Elemente von (4) *Wundergeschichten* anklingen. ἀφέωνταί σου αἱ ἁμαρτίαι (V. 48) lautete auch der Zuspruch an den Gelähmten Lk 5,20 par Mk 2,5, und waren es dort die Schriftgelehrten und Pharisäer, die nach der Identität Jesu fragten (Lk 5,21: „Wer ist dieser?"), so sind es hier die Tischgenossen

(V. 49, vgl. auch Lk 8,25 par Mk 4,41 im Chorschluss der Seesturmerzählung). Schließlich entspricht V. 50 wörtlich Lk 8,48, dem Wort Jesu an die blutflüssige Frau nach ihrer Heilung.

Fazit: Das Vorhandensein der diversen Gattungen bzw. Gattungselemente spricht entschieden dafür, dass der Text erst nachträglich in diese Form gebracht wurde. Am ehesten in Frage kommt dafür der Evangelist Lukas.

Was spricht gegen die Einheitlichkeit eines Textes?

1. Doppelungen und Wiederholungen
2. Spannungen und Widersprüche
3. Syntaktische Brüche
   und Wechsel von konkreten zu abstrakten Lexemen
4. Dubletten und Parallelen
5. Kombination von Gattungen

3 Demonstration an Mk 2,1–12

1a Und als er wieder nach Kafarnaum hineinkam,
b wurde nach Tagen gehört,
c dass er im Haus ist.
2a Und es versammelten sich viele,
b sodass nicht mehr Platz war, nicht einmal bei der Türe,
c und er redete ihnen das Wort.
3a Und sie kommen
b und bringen zu ihm einen Gelähmten,
c getragen von Vieren.
4a Und weil sie (ihn) nicht zu ihm bringen konnten wegen der Menge,
b deckten sie das Dach ab,
c wo er war.
d Und nachdem sie (es) aufgegraben haben,
e lassen sie die Pritsche hinab,
f worauf der Gelähmte lag.
5a Und als Jesus ihren Glauben sah,
b sagt er dem Gelähmten:
c Kind, erlassen werden deine Sünden.
6a Es saßen aber dort einige der Schriftgelehrten
b und überlegten in ihren Herzen:
7a Was redet dieser so?
b Er lästert.
c Wer kann Sünden erlassen, wenn nicht der einzige Gott?
8a Und sogleich, als Jesus in seinem Geist erkannte,
b dass sie so bei sich überlegen,
c sagt er ihnen:

d Was überlegt ihr dieses in euren Herzen?
9a Was ist leichter,
b zu sagen dem Gelähmten:
c Erlassen werden deine Sünden,
d oder zu sagen:
e Steh auf
f und nimm deine Pritsche
g und geh umher!
10a Damit ihr aber wisst,
b dass Vollmacht hat der Menschensohn,
c zu erlassen Sünden auf der Erde,
d sagt er dem Gelähmten:
11a Dir sage ich,
b steh auf,
c nimm deine Pritsche
d und geh weg in dein Haus!
12a Und er stand auf
b und sogleich, nachdem er seine Pritsche aufgehoben hatte,
c ging er weg vor aller Augen,
d sodass alle außer sich gerieten
e und Gott verherrlichten,
f indem sie sagten:
g So (etwas) haben wir noch nie gesehen.

3.1 Anwendung der Kriterien und Auflistung der Indizien

3.1.1 Wiederholungen und Doppelungen

Innerhalb unserer kurzen Geschichte werden drei Passagen wortwörtlich wiederholt: Wiederholungen

5b	λέγει	τῷ παραλυτικῷ		
10d	λέγει	τῷ παραλυτικῷ		
	sagt er	dem Gelähmten		
5c	τέκνον,	ἀφίενταί σου αἱ ἁμαρτίαι		
9c		ἀφίενταί σου αἱ ἁμαρτίαι		
	Kind,	erlassen werden deine Sünden		
9e–g	ἔγειρε	καὶ	ἆρον τὸν κράβαττόν σου	καὶ περιπάτει
11b–d	ἔγειρε		ἆρον τὸν κράβαττόν σου	καὶ ὕπαγε εἰς τὸν οἶκόν σου
	Steh auf	und	nimm deine Pritsche	und geh umher
				und geh weg in dein Haus

Natürlich werden diese Sätze in jeweils verschiedener Funktion eingesetzt. Die zweite Redeeinführung in V. 10d ist nötig, weil das Gespräch mit dem Gelähmten unterbrochen wurde. Der Vergebungszuspruch und der Befehl zum Aufstehen werden in V. 9 innerhalb einer Reflexion Jesu vor den Schriftgelehrten ausgesprochen, während sie in den V. 5c bzw. 11b–d direkt an den Gelähmten gerichtet sind. Bei der Sammlung von Indizien für eine literarkritische Operation ist aber nicht die *mögliche* sinnvolle Erklärung des Endtextes entscheidend, sondern die Feststellung der Tatsache, dass hier auf kleinem Raum ganze Sätze *wortwörtlich* wiederholt werden, was aufgrund von Erfahrungswerten mit Kleinliteratur zunächst als stärkstes Indiz dafür verbucht werden muss, dass die entsprechenden Sätze *bei einer schriftlichen Bearbeitung* wieder *aufgegriffen* worden sind.

Doppelungen

In V. 4 wird *zweimal* auf unterschiedliche Weise erzählt, wie das Dach geöffnet wird: Nach V. 4b wird das Dach abgedeckt, nach V. 4d jedoch aufgegraben. Die Termini verweisen auf unterschiedliche Dachkonstruktionen: Im ersten Fall (ἀπεστέγασαν τὴν στέγην) handelt es sich um ein mit Ziegeln gedecktes Schrägdach, wie es in der hellenistischen Welt üblich ist, im zweiten Fall um ein mit Balken, Matten und Lehm (vgl. ἐξορύττω = aufgraben) konstruiertes Flachdach, wie es im Orient üblich ist.

Streng genommen haben wir auch zwei Einleitungen vorliegen. In den V. 1f. und 3 wird ein paralleler Vorgang erzählt, der jeweils den Anfang einer Erzähleinheit markiert: Leute kommen zu Jesus, einmal, um seine Lehre zu hören (V. 1f.), im zweiten Fall, um zu ihm einen Gelähmten zu bringen (V. 3). Unsere Perikope hat auch zwei unterschiedliche Zielsetzungen: Nach V. 10a geht es darum, dass die Schriftgelehrten zur *Erkenntnis* kommen („Damit ihr aber wisst …"), dass der Menschensohn die Vollmacht hat, auf Erden Sünden zu vergeben; nach V. 12d jedoch besteht der Höhepunkt der Geschichte darin, dass alle zum *Staunen* über das Wunder kommen. Von einer Erkenntnis ist nicht mehr die Rede. Damit ist bereits eine inhaltliche Spannung angesprochen.

3.1.2 Spannungen und Widersprüche

Spannungen

Wenn sich in V. 12d *alle* wundern, sind dann auch die Schriftgelehrten miteinbezogen? Sie sollten sich doch nicht wundern, sondern zu einer Erkenntnis gelangen! Sachlich ist zu fragen, ob mit der Zielsetzung von V. 10a–d nicht der Kranke zu einem Demonstrationsobjekt degradiert wird – und das, obwohl es nach V. 5a doch gerade der Glaube des Kranken und seiner Begleiter ist, auf den Jesus reagiert. Ungeklärt bleibt, woher die Schriftgelehrten in V. 6 eigentlich kommen. Sie treten ganz unvermittelt in der Szene auf. Dieser narrativ ungeschickte Zug ist auch antiken Erzählern aufgefallen. Das zeigt sich an der Version bei Lukas, der bereits in seiner Einleitung, also dort, wo normalerweise die handelnden Personen vorgestellt werden, die Schriftgelehrten als Publikum erwähnt (vgl. Lk 5,17).

Etwas überspitzt auf den Punkt gebracht, hat Jesus in den zwölf Versen unserer Geschichte drei unterschiedliche Interaktionspartner, die auf der Erzählebene nur z. T. miteinander in Verbindung gesetzt sind:

V. 1f.	Jesus – viele Leute
V. 3–5	*Jesus – Gelähmter* (und Begleiter)
V. 6–10	Jesus – Schriftgelehrte
V. 11	*Jesus – Gelähmter*

Nur die Passage mit den Schriftgelehrten nimmt auf eine der anderen Interaktionen Jesu Bezug, nämlich auf die mit dem Gelähmten. Umgekehrt scheinen die Verse, die vom Gelähmten erzählen, die Schriftgelehrten überhaupt nicht zu berücksichtigen. Auch das Volk ist erzählerisch weder mit dem Gelähmten noch mit den Schriftgelehrten verflochten. Nach V. 12 jedoch sollen angeblich *alle* ins Staunen geraten, was zu der bereits erwähnten Spannung führt, dass die aufmerksamen Zuhörer der V. 1f. genauso beeindruckt sein sollen wie die scharfen Kritiker der V. 6–10! Dass unser Erzähler diese innere Wandlung der Gegner Jesu keineswegs voraussetzt, zeigt sich daran, dass die Attacken gegen Jesus unvermindert weitergehen (vgl. 2,16.18.24) und in 3,6 sogar im Todesbeschluss gegen Jesus gipfeln.

Widersprüche

Ein offenkundiger Widerspruch steckt in den V. 5c und 10b–c. Nach dem ersten *werden* die Sünden vergeben – offensichtlich von Gott selbst, von dem verhüllend im *passivum divinum* geredet wird. Nach V. 10b–c dagegen soll es der Menschensohn sein, der die Sünden vergibt. Und das ist auch die eigentliche Streitfrage, um die es im Gespräch mit den Schriftgelehrten geht. Merkwürdigerweise kann ihre Erregung durch den Ausspruch Jesu in V. 5c gar nicht veranlasst sein. Denn hier bleibt Jesus völlig im Rahmen dessen, was die Schriftgelehrten in V. 7c ausdrücklich als unerschütterlichen theologischen Grundsatz zu bedenken geben: „Wer kann Sünden erlassen, wenn nicht der einzige Gott?“ Mit anderen Worten: Die Aufregung der Schriftgelehrten ist im Erzählablauf völlig unbegründet. Sie reagieren *im Voraus* auf die Behauptung der Sündenvergebung durch den Menschensohn, die aber erst in V. 10 ausgesprochen wird. D. h. Jesus stellt *nachträglich* die These in den Raum, über die er schon mehrere Verse zuvor mit den Schriftgelehrten debattiert.

Ein weniger subtiler Widerspruch im Erzählablauf findet sich in den V. 3f.: Während es im Versteil 3b heißt, dass die Träger einen Gelähmten zu Jesus bringen, ist in V. 4a zu lesen, dass sie ihn „*nicht* zu ihm bringen konnten wegen der Menge". Beim unvoreingenommenen Lesen scheint nach V. 3b der Zugang zu Jesus ohne Probleme möglich zu sein. Erst V. 4a erinnert an die Menge, die ja nach V. 2 nicht einmal vor der Türe Platz lässt und den Zugang zu Jesus dadurch behindert.

3.1.3 Stilistische Argumente

Syntaktischer Bruch

Einen syntaktischen Bruch haben wir in V. 10d vorliegen. Innerhalb der wörtlichen Rede wird der in V. 10a begonnene Nebensatz „Damit ihr aber wisst ..." nie zu Ende geführt. Stattdessen wird die wörtliche Rede unterbrochen und auf der Erzählebene der Hauptsatz angefügt: „sagt er dem Gelähmten". Sprachlich korrekt hätte Jesus in seiner wörtlichen Rede weiterfahren müssen: „... sage ich (jetzt) dem Gelähmten".

Konkret – abstrakt

Semantisch äußerst auffällig ist der Wechsel von konkret erzählenden Lexemen in den Passagen mit dem Gelähmten zu theologisch abstrakten Lexemen in der Passage mit den Schriftgelehrten. Einmal ist von Alltagsgegenständen und -vorgängen die Rede: von einer Pritsche, auf der ein Gelähmter liegt, der von vier Leuten getragen wird, und von einem Dach, das abgedeckt bzw. aufgegraben wird. Im anderen Fall stehen Verben, die intellektuelle Vorgänge ansprechen (denken, erkennen), es häufen sich anthropologische (Herz, Geist) und theologische Termini (Gott, Menschensohn, Vollmacht, lästern).[4] Das Argument, dass die unterschiedlichen Sprachniveaus den Bildungsschichten der Gesprächspartner entsprechen, greift nicht. Denn in beiden Passagen äußert sich eine gänzlich verschiedene Erzählerhaltung. In der Passage mit den Schriftgelehrten schlüpft der Autor in die Rolle der Figuren und versprachlicht ihre Gedanken (V. 6f. für die Schriftgelehrten; V. 8 für Jesus). In der Passage mit dem Gelähmten dagegen werden nur Tatsachen festgehalten, und es fällt weder ein Wort darüber, welche Absichten in den Trägern des Gelähmten vorgehen, noch darüber, warum Jesus „ihren Glauben sieht".

4 Die Verbindungsbrücke ist V. 5c, wo mit dem Stichwort „Sünde" die theologischen Termini einsetzen.

3.1.4 Dubletten und Parallelen

Parallelen

Dubletten im Sinn der Zwei-Quellen-Theorie liegen in unserem Fall nicht vor. Dagegen sind die Einleitungsverse 1f. voller Parallelen im Markusevangelium. Dass Jesus (und seine Begleiter) nach Kafarnaum hineingehen, wird auch in 1,21 und 9,33 am Anfang einer Perikope in der gleichen Wortstellung und mit nahezu gleichem Wortmaterial erzählt. Analog dazu ist in 1,16 und 2,13 davon die Rede, dass Jesus am Meer vorübergeht. Auffällig ist nun, dass jeweils bei der Wiederaufnahme dieser Wegbeschreibungen ein πάλιν (= wieder) gesetzt wird. Ein bereits bekannter Vorgang soll dadurch den Lesern in Erinnerung gerufen und narrativ eine Verknüpfung erreicht werden:

1,21	καὶ εἰσπορεύονται		εἰς Καφαρναούμ
2,1	καὶ εἰσελθὼν	πάλιν	εἰς Καφαρναούμ
1,16	καὶ παράγων		παρὰ τὴν θάλασσαν τῆς Γαλιλαίας
2,13	καὶ ἐξῆλθεν	πάλιν	παρὰ τὴν θάλασσαν

Wenn es in 1,45 heißt, dass Jesus „nicht mehr öffentlich in eine Stadt hineingehen konnte“, ist das nur scheinbar ein Widerspruch zu 2,1. Bezieht man nämlich die Zeitangabe „nach Tagen“ von 2,1 nicht auf die Wanderung Jesu, sondern darauf, dass seine Anwesenheit bekannt wird (ἠκούσθη), dann entpricht der so verstandene Anfang unserer Geschichte einer typischen Motivkonstellation, die sich im gesamten Markusevangelium beobachten lässt: Jesus versucht, sich zurückzuziehen; das misslingt, denn sein Aufenthalt wird bekannt, was sofort den Zustrom der Menge nach sich zieht (vgl. 1,35–37; 1,45; 6,31–33; 7,24f.).[5] An verschiedenen Stellen des Evangeliums ist mit dem Zustrom der Menge – wie in unserem Fall – auch deren Belehrung verbunden (vgl. 2,13; 4,1f.; 6,34). Offensichtlich geht der Erzähler davon aus, dass auch diese Mechanismen den Lesern allmählich selbstverständlich erscheinen. Wie bei den stereotyp erzählten Ortsveränderungen spricht er nämlich in 3,20 davon, dass die Menge *wieder* zusammenkommt, als Jesus im Haus ist. Und in 10,1 fügt er der Belehrung der Massen in einer Parenthese hinzu: „wie er (sc. Jesus) es gewohnt war“. Die beobachteten Parallelen von Erzählmotiven innerhalb des Evangeliums, die z. T. mit sprachlicher Monotonie vorgetragen werden, lassen auf die gleiche Hand schließen. Umgekehrt setzt der Erzähler z. B. mit dem auffälligen „wieder“ in 2,1.13; 3,20 selbst Signale, die deutlich genug zeigen, wie viel ihm

5 Das Motiv, dass man – wie in 2,1f. – vom Aufenthalt Jesu „hört“ und dann dorthin zusammenströmt, findet sich auch in 6,55.

daran liegt, dass seine Hörer bzw. Leser die Wiederholung dieser Motive erkennen sollen.[6]

3.1.5 Kombination von Gattungen

Kombination von Gattungen

Der Ablauf unserer Geschichte von den vier Männern, die den Gelähmten zu Jesus bringen, dem wunderwirkenden Wort Jesu und der Erzählung vom Heilerfolg samt dem Staunen der Menge entspricht dem gängigen Wundergeschichtenformular, wie es sowohl in biblischen als auch in hellenistischen Wundergeschichten fassbar wird. Untypisch dagegen für eine Wundergeschichte ist das Streitgespräch, das Jesus mit den Schriftgelehrten in V. 6–10 führt. Diese Art der Auseinandersetzung ähnelt den Geschichten, wie wir sie auch sonst noch innerhalb der Passage 2,1–3,6 finden, nämlich in 2,15–17; 2,18–22 bzw. 2,23–28. Obwohl es auch in 3,1–6 zu einem Streitgespräch *anlässlich* einer zu erwartenden Wunderhandlung kommt, ist dort doch das Wundergeschehen und das Streitgespräch darüberhinaus Vers für Vers miteinander verzahnt. In Mk 2,1–12 dagegen beschränkt sich der Streitgesprächscharakter präzise auf die V. 6–10.

3.2 Scheidung der Texteinheiten und Zuordnung in relativer Chronologie

Scheidung

Die Indizien für einen literarkritischen Bruch konzentrieren sich auf die V. 5 und 10f. sowie das dazwischenliegende Textstück. Es ist schlecht verklammert, hebt sich durch unterschiedliche Lexeme und eine unterschiedliche Gattungsprägung ab. Alle Wiederholungen und fast alle Spannungen sowie Widersprüche stehen mit diesem Zwischentext in Verbindung. Präzise an den genannten Indizien orientiert, muss das Textstück V. 6a einschließlich V. 10d herausgenommen werden, um einen Großteil der Unebenheiten in unserer Perikope zu beseitigen. Der Textfluss von V. 5c nach V. 11 ist gewährleistet. Wie der analoge Erzählablauf z. B. in der Geschichte vom Jairustöchterlein (Mk 5,41; vgl. Lk 7,14) belegt, entspricht die Kombination von Zuspruch (V. 5c: „Kind …“) mit folgender persönlicher Anrede (V. 11a: „Dir sage ich …“) vor dem Demonstrationsbefehl (V. 11b: „Steh auf …“) durchaus antikem Erzählempfinden.

Relative Chronologie

Der Zwischentext V. 6–10 nimmt auf die in V. 5c erfolgte Zusage der Sündenvergebung Bezug, macht sie aber zum *Problem* im Blick auf die Vollmacht des Menschensohnes. Mit anderen Worten: Unser Zwischentext *instrumentalisiert* die Wundergeschichte für sein theo-

6 Mit diesen Überlegungen werden die wortstatistischen Beobachtungen zu „Meer“ bzw. „wieder“ als Vorzugswörtern des Markus (s. 2.4) inhaltlich eingeholt.

logisches Interesse: Die Vollmacht des Menschensohnes zur Sündenvergebung soll durch den Wundererfolg *bewiesen* werden. Dieser theologische Kommentar setzt also die Erzählung der Wundergeschichte voraus.[7]

Doppelte Einleitung

Es bleiben nur noch wenige Unebenheiten im Text. Die Spannung zwischen den V. 3b und 4a kann im Zusammenhang mit der doppelten Einleitung gelöst werden: Die erste der beiden Einleitungen, nach der die große Zuhörerschaft Haus samt Eingangsbereich belagert (V. 1f.), ist wegen der Parallelen im Gesamtevangelium auf das Konto des Endredaktors – wir nennen ihn gewöhnlich den „Evangelisten Markus" – zu verrechnen. Nachdem laut V. 4a die Träger den Gelähmten deswegen nicht zu Jesus bringen können, weil die Menge die Tür des Hauses versperrt, muss die Motivation für die Dachaktion ebenfalls aus der Feder des Endredaktors stammen. Nach der ursprünglichen Erzählung dagegen hätte der Kranke, wie es V. 3b auch erzählt, unmittelbar zu Jesus gebracht werden können. Dass trotzdem der Umweg übers Dach gewählt wird, dürfte einen dämonologischen Grund haben: eine Art Rückfallprophylaxe. Nach gemeinantiker Vorstellung sind Krankheiten durch Dämonen verursacht. Ein Dämon, der seinen Kranken verlassen und dann an öden Orten ein einsames Dasein fristen muss, wird – wie es Lk 11,24–26 plastisch belegt – auf nichts anderes aus sein, als wieder zu seinem ursprünglichen „Wirt" zurückzukehren. Wenn er eine Chance wittert, wird er noch weitere sieben Genossen mitbringen. Und der arme Genesene wird noch viel schlimmer dran sein als zuvor. Heute sprechen wir von einem „Rückfall". Die einzige Möglichkeit, dem Dämon den Rückweg in seinen Wirt zu versperren, nutzt folgende im Volksglauben fest verankerte Vorstellung aus: Dämonen folgen – wie Tiere – ihren Instinkten und können folglich nur den Weg zurückgehen, den sie auch gekommen sind. Den Umweg über das Dach zu nehmen, wäre im Sinn dieser dämonologischen Vorstellungen eine Möglichkeit, dem wirtslosen Krankheitsdämon seine Fährte zu blockieren. Gerade das Lehmdach, an das in dieser Erzähllinie gedacht ist (vgl. V. 4d), bietet dafür die beste Voraussetzung. Es lässt sich nach dem „Aufgraben" genauso gut wieder „versiegeln". Dem Dämon ist der Weg zurück versperrt. Der Genesene dagegen kann das Haus ganz normal durch die Türe verlassen.

Bibel heute 137 (1999): Themenheft „Teufel und Dämonen".

7 Wird V. 5c dagegen zum Einschub genommen, bleiben innerhalb dieses Zwischentextes eine Wiederholung (V. 9c) und eine Spannung (V. 10a–c) stehen. Außerdem fehlt der inhaltliche Anknüpfungspunkt für die Einfügung.

In der Linie der Endredaktion soll die Dachaktion dagegen als pfiffiger Umweg erscheinen, der schnell und vor allem präzise ans Ziel führt. Dem von allen Seiten belagerten Jesus wird der Gelähmte von oben herab direkt vor die Füße gelegt („V. 4c: „wo er war") - und er ist sofort an der Reihe. Kaum der Erwähnung wert, dass die hellenistische Dachvorstellung mit dieser Erzähllinie verknüpft ist (vgl. V. 4b). Die letzte Spannung, nämlich das unmotivierte Auftreten der Schriftgelehrten in V. 6, lässt sich nur dann lösen, wenn die erste Einleitung (V. 1f.) und das Streitgespräch (V. 6–10) unterschiedlichen Bearbeitungsstufen zugeteilt werden (vgl. dagegen die „einheitliche" Lösung in Lk 5,17–26!).

Schematisch in Spalten dargestellt, ergibt sich folgende relative Chronologie der Schichten:

	vermutlich von Mk	vormarkinischer Einschub	ursprüngliche kleine Einheit
1a	Und als er wieder nach Kafarnaum hineinkam,		
b	wurde nach Tagen gehört,		
c	dass er im Haus ist.		
2a	Und es versammelten sich viele,		
b	sodass nicht mehr Platz war, nicht einmal bei der Türe,		
c	und er redete ihnen das Wort.		
3a			Und sie kommen
b			und bringen zu ihm einen Gelähmten,
c			getragen von Vieren.
4a	Und weil sie (ihn) nicht zu ihm bringen konnten wegen der Menge,		
b	deckten sie (das Dach) ab,		
c	wo er war.		
d	… (es) …		Und nachdem sie das Dach aufgegraben haben,
e			lassen sie die Pritsche hinab,
f			worauf der Gelähmte lag.
5a			Und als Jesus ihren Glauben sah,
b			sagt er dem Gelähmten:
c			Kind, erlassen werden deine Sünden.
6a		Es saßen aber dort einige der Schriftgelehrten	

	vermutlich von Mk	vormarkinischer Einschub	ursprüngliche kleine Einheit
b		und überlegten in ihren Herzen:	
7a		Was redet dieser so?	
b		Er lästert.	
c		Wer kann Sünden erlassen, wenn nicht der einzige Gott?	
8a		Und sogleich, als Jesus in seinem Geist erkannte,	
b		dass sie so bei sich überlegen,	
c		sagt er ihnen:	
d		Was überlegt ihr dieses in euren Herzen?	
9a		Was ist leichter,	
b		zu sagen dem Gelähmten:	
c		Erlassen werden deine Sünden,	
d		oder zu sagen:	
e		Steh auf	
F		und nimm deine Pritsche	
g		und geh umher!	
10a		Damit ihr aber wisst,	
b		dass Vollmacht hat der Menschensohn,	
c		zu erlassen Sünden auf der Erde,	
d		sagt er dem Gelähmten:	
11a			Dir sage ich,
b			steh auf,
c			nimm deine Pritsche
d			und geh weg in dein Haus!
12a			Und er stand auf
b			und sogleich, nachdem er seine Pritsche aufgehoben hatte,
c			ging er weg vor aller Augen,
d			sodass alle außer sich gerieten
e			und Gott verherrlichten,
f			indem sie sagten:
g			So (etwas) haben wir noch nie gesehen.

H.-J. KLAUCK, Die Frage der Sündenvergebung in der Perikope von der Heilung des Gelähmten (Mk 2,1–12 parr), in: Ders., Gemeinde* 286–312.

4 Theologischer Ertrag

Die literarkritische Arbeit an Mk 2,1–12 ermöglicht einen Einblick in die Vorgeschichte des Markusevangeliums. Treffen unsere Beobachtungen auch nur annähernd zu (über Details lässt sich immer streiten), dann ist das Markusevangelium nicht als fertige Größe vom Himmel gefallen, sondern das Ergebnis eines mehrstufigen Traditionsprozesses, an dessen Anfang in unserem konkreten Fall eine urtümlich anmutende Wundergeschichte steht. Sie wurde im Laufe des Überlieferungsprozesses noch vormarkinisch um ein Streitgespräch erweitert, von Markus mit einer neuen Einleitung (V. 1f.) sowie einer kulturspezifischen Präzisierung (V. 4b) versehen und schließlich in sein Evangelium integriert.

Dieser mit Hilfe der Literarkritik gewonnene Einblick in die Entstehungsgeschichte der Perikope von der Heilung des Gelähmten bzw. – wenn wir die Arbeit auf sämtliche Perikopen ausdehnen würden – des Markusevangeliums insgesamt hat theologische Relevanz. Auch im Neuen Testament, so die erste und grundlegende Folgerung, ist die Rede von Gott zu keiner Zeit abgeschlossen, sondern einem steten Reflexionsprozess unterworfen, der sich in der Neuproduktion und Addition von Texten niederschlägt. Konkret werden wir in Mk 2,1–12 Zeugen einer christologischen Entwicklung. Fungierte nämlich im Zuspruch Jesu (V. 5c) Gott selbst noch als alleiniges Subjekt der Sündenvergebung, so findet in V. 10 eine Übertragung der Vollmacht zur Sündenvergebung auf den Menschensohn statt, mit dem Jesus, ohne dass es explizit thematisiert würde, selbstredend identifiziert wird. Zwar bleibt dessen Vollmacht *auf die Erde* beschränkt (und das Privileg Gottes zur Sündenvergebung *im Himmel* unangetastet), eine Übertragung göttlicher Attribute auf Jesus findet aber doch statt. D. h.: Der in der alten Wundergeschichte präsente implizite Anspruch Jesu, den Willen Gottes zu kennen und ihn hier und jetzt verbindlich auszusprechen, wird im vormarkinischen Einschub in direkte Christologie umgesetzt. Vermittlungsdienste leistet dabei die Menschensohnvorstellung.

Zugleich erfährt die Wundergeschichte im Verlauf des Überlieferungsprozesses eine zweifache Instrumentalisierung:

(1) In den Augen der Tradenten, die für den vormarkinischen Einschub verantwortlich sind, „beweist" die Heilung, dass Jesus wirklich die Vollmacht zur Sündenvergebung hat (vgl. 2,10: „Damit ihr aber wisst …").

(2) Durch die neu geschaffene Einleitung und hier besonders V. 2c („und er redete ihnen das Wort") ordnet der Evangelist das

Wunder der Lehre zu (vgl. schon Mk 1,21–28): Jesu Wunderwirken ist integraler Bestandteil seiner Lehre „in Vollmacht".

5 *Selbstständiger Versuch*

Aufgabe 13

Führen Sie die Literarkritik zu Mk 4,1–9 durch! Besonders ertragreich wird das Kriterium 5 sein. Richten Sie Ihr Augenmerk auch auf die Redeeinführungen und den Beginn der Sämannsgeschichte in V. 3.

Aufgabe 14

Untersuchen Sie Mk 1,21–28 literarkritisch! Achten Sie besonders auf Themenwechsel und lesen Sie im Blick auf das Kriterium „Parallelen" folgende Stellen: Mk 1,29; 2,1; 3,1; 9,33 (Ortswechsel); Mk 2,2; 4,1f.; 6,34; 10,1 (Lehre); 3,21; 5,27; 6,14.16; 7,25 bzw. 2,1; 3,8; 6,55 („Kunde" von Jesus: ἀκοή von ἀκούω = hören).

B. KOLLMANN, Jesus* 201–205.

6 *Literaturhinweise*

6.1 Hilfsmittel

Vollständige Konkordanz zum griechischen Neuen Testament. Unter Zugrundelegung aller modernen kritischen Textausgaben und des Textus receptus (ANTT 4), hrsg. von K. ALAND, Bd. 1–2, Berlin 1978/1983.

Synoptic Concordance. A Greek Concordance to the First Three Gospels in Synoptic Arrangement, Statistically Evaluated, Including Occurrences in Acts. Griechische Konkordanz zu den ersten drei Evangelien in synoptischer Darstellung, statistisch ausgewertet, mit Berücksichtigung der Apostelgeschichte, hrsg. von P. HOFFMANN/T. HIEKE/U. BAUER, Vol. 1–4, Berlin 1999–2000.

Computer-Konkordanz zum Novum Testamentum Graece von Nestle-Aland, 26. Aufl., und zum Greek New Testament, 3rd Edition, hrsg. vom Institut für Neutestamentliche Textforschung und vom Rechenzentrum der Universität Münster, Berlin 1980.

Moulton and Geden Concordance to the Greek New Testament, edited by I. H. MARSHALL, London ^{6}2002.

Konkordanz zum Münchener Neuen Testament, hrsg. von J. HAINZ/M. SCHMIDL/J. SUNCKEL, Düsseldorf 1998.

Neue Konkordanz zur Einheitsübersetzung der Bibel, erarbeitet von F. J. SCHIERSE, neu bearbeitet von W. BADER, Düsseldorf 1996.

L. GASTON, Horae Synopticae Electronicae. Word Statistics of the Synoptic Gospels (SBibSt 3), Missoula (MT) 1973.

R. MORGENTHALER, Statistik des neutestamentlichen Wortschatzes, Zürich 1958.

6.2 *Einführung in die Literarkritik*

W. GROSS, Art. Literarkritik, in: NBL II (1995) 648f.

O. MERK, Art. Literarkritik II. Neues Testament, in: TRE XXI (1991) 222–233.

W. RICHTER, Exegese als Literaturwissenschaft. Entwurf einer alttestamentlichen Literaturtheorie und Methodologie, Göttingen 1971, 49–72.

H. SCHWEIZER, Literarkritik, in: ThQ 168 (1988) 23–43.

6.3 *Auseinandersetzung mit der Methode*

F. J. BACKHAUS, Widersprüche und Spannungen im Buch Kohelet. Zu einem neueren Versuch, Spannungen und Widersprüche literarkritisch zu lösen, in: L. Schwienhorst-Schönberger (Hrsg.), Das Buch Kohelet. Studien zur Struktur, Geschichte, Rezeption und Theologie (BZAW 254), Berlin 1997, 123–154.

E.-M. BECKER, Was ist „Kohärenz"? Ein Beitrag zur Präzisierung eines exegetischen Leitkriteriums, in: ZNW 94 (2003) 97–121.

M. THEOBALD, Der Primat der Synchronie vor der Diachronie als Grundaxiom der Literarkritik. Methodische Erwägungen an Hand von Mk 2,13–17/Mt 9,9–13, in: BZ NF 22 (1978) 161–186.

J. WERLITZ, Studien zur literarkritischen Methode. Gericht und Heil in Jesaja 7,1–17 und 29,1–8 (BZAW 204), Berlin 1992.

6.4 *Ein Klassiker*

K. L. SCHMIDT, Der Rahmen der Geschichte Jesu. Literarkritische Untersuchungen zur ältesten Jesusüberlieferung, Berlin 1919, Repr. Darmstadt 1964.

§ 5 Typik des Textes: Gattung

1 Vorstellung der Methode

Gattung und Alltag

Gattungen gehören zu unserem kulturellen Marschgepäck. Wir setzen sie ganz selbstverständlich ein. Das beginnt mit dem alltäglichen Gruß auf der Straße oder dem „small talk" vor der Vorlesung. Ob wir einen emotional hochgeladenen Liebesbrief schreiben oder ein nüchtern gehaltenes Bewerbungsschreiben, ob wir eine Stellen- oder Todesanzeige aufgeben: ohne es zu merken, aktivieren wir dabei Gattungsvorgaben. Ständig stoßen wir auf Texte, deren Aufbau und Strukturierung sich Gattungsvorgaben verdanken. Das betrifft die Vorlesungsankündigung genauso wie die Titelseite eines Buches oder die sprachliche Form eines Rezeptes.

Wir haben so viele Vergleichstexte im Hinterkopf, dass wir einen konkreten Einzeltext in Sekundenschnelle einer bestimmten Gattung zuordnen können. Ohne lange nachdenken zu müssen, wissen wir: Das ist ein Brief, das eine Todesanzeige, das ein Rezept usw. Schematisiert dargestellt läuft in unserem Kopf – völlig unbewusst – folgender Dreischritt ab:

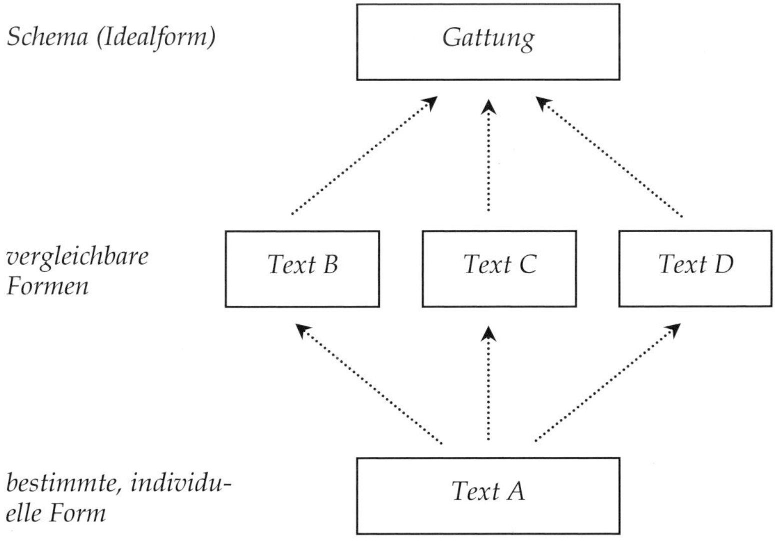

Was eine Gattung ist

Eine Gattung ist ein sprachliches Muster, ein Raster, nach dem Texte aufgebaut sind. Die Gattung selbst ist kein Text, sondern ein virtuelles Schema, das die Produktion von gesprochenen und geschriebenen Texten steuert.

Signale

Signale für die Gattungserkennung finden sich meistens am Anfang und am Ende eines Textes. Sie rahmen den Text. Märchen beginnen mit „Es war einmal" und enden mit „… und wenn sie nicht gestorben sind, dann leben sie noch heute". Eine Todesanzeige erkennt man schon optisch am schwarzen Rahmen, der um sie gelegt ist. Ein Rezept beginnt mit „Man nehme …" und endet mit der Angabe der Backzeit sowie einem Serviervorschlag. Ein persönlicher Brief beginnt in unseren Breiten mit der Anrede „Liebe …" bzw. „Lieber …" und endet mit „Dein …", während ein Geschäftsbrief die Angabe des Anliegens im Fettdruck voranstellt (Betreff) und gewöhnlich mit der Floskel schließt: „Mit freundlichen Grüßen".

Alltäglicher Nutzwert

Gattungen haben einen eindeutigen Nutzwert. Als Strukturvorgaben dienen sie der Bewältigung von typischen Kommunikationssituationen einer Gesellschaft. Sie sind deshalb kulturell und zeitlich je verschieden ausgeprägt. Gattungen werden durch Sozialisation gelernt. Durch ständige Beobachtung liegen die Muster des eigenen Kulturraums intuitiv parat und werden durch den Gebrauch von Fall zu Fall aktiviert. Wir wissen ganz genau, welches sprachliche Muster für welche Situation anzuwenden ist. Würde mein Koautor an mich einen Brief so beginnen: „Bernd dem Martin einen Gruß", würde ich vermutlich schmunzeln. Warum? Weil ich an unser gemeinsames Oberseminar zur antiken Briefliteratur erinnert würde. Dass nämlich der Briefautor, in diesem Fall „Bernd", den Briefadressaten, in diesem Fall „Martin", in der 3. Person grüßt, entspricht der Briefkonvention der griechisch-römischen Antike. Mein Koautor hätte also einen wissenschaftlichen Scherz versucht und zu einer uns beiden bekannten anachronistischen Formel gegriffen.

H.-J. KLAUCK, Die antike Briefliteratur und das Neue Testament. Ein Lehr- und Arbeitsbuch (UTB 2022), Paderborn 1998, bes. 35–41.

Pervertierter Einsatz

Kommt es zu einem unkonventionellen oder gar pervertierten Einsatz einer Gattung, wird das Verblüffung und Kopfschütteln hervorrufen. Wenn ein Verliebter seiner Angebeteten einen Geschäftsbrief mit fettem Betreff „Liebeserklärung", und darunter klein gedruckt „Bezug: Nächtliches Rendezvous am 31.08.1998. Mein Zeichen: Elektrisierte Haut" schreibt, mag das bei einer literarisch sensibilisierten Adressatin vielleicht als kreativer Clou auf erhöhte Aufmerksamkeit stoßen. Ein Bewerbungsschreiben jedoch, das als Gedicht verfasst und mit einem roten Herzchen, das den Namen des Briefschreibers umschließt, signiert ist, wird kaum ernsthaft Resonanz finden und mit allergrößter Wahrscheinlichkeit im Abfallkorb landen.

Allerdings gibt es auch Fälle, in denen der unübliche „falsche" Einsatz einer Gattung bewusst der Provokation dienen soll, wie jene „Todesanzeige", die vor geraumer Zeit an der Würzburger Universität kursierte:

> *Wir tragen nach langem Siechtum unsere gute Freundin zu Grabe, die*
>
> **Hochschulbildung**
>
> Verstorben an den Folgen bildungspolitischer Kunstfehler.
>
> Von Beileidsbekundungen bitten wir abzusehen.
>
> **Die Studierenden**

Der unmittelbare emotionale Effekt, den ein derartig pervertierter Gattungseinsatz auslöst, zeigt umgekehrt, wie tief die korrekte Anwendung von Gattungen im Alltagsbewusstsein der Zeitgenossen verwurzelt ist.

Gattung als hermeneutischer Code

Innerhalb des Kommunikationsvorgangs zwischen Sender (Sprecher) und Empfänger (Hörer) stellt die Gattung den Code dar, der die Kommunikationsabsicht der gesprochenen/geschriebenen Wörter definiert. Der Sender verfolgt eine bestimmte Kommunikationsabsicht, mit der er an den intendierten Empfänger herantritt, und bedient sich dazu einer bestimmten Gattung. Der Empfänger wird qua Gattung über die Kommunikationsabsicht des Senders informiert. Wenn mir jemand „Guten Tag!" sagt, weiß ich, dass mir signalisiert werden soll: Ich habe dich gesehen. Nach der Erwiderung der beiden gleichen Worte und eventuell einer knappen Äußerung über das Wetter, die vom Gegenüber gewöhnlich genauso knapp bestätigt wird, ist dieser „small talk" im Vorübergehen beendet. Wer sein Gegenüber sagen hört: „Es war einmal ...", weiß, dass er ab sofort in der Zuhörerrolle ist, dass jetzt gleich von einem Helden die Rede sein wird, der eine bestimmte Aufgabe bekommt, dass Feen, Hexen oder Zauberer auftreten, Tiere sprechen, Verwünschungen, wunderbare Verwandlungen und viele Verwicklungen geschehen, bis am Ende alles gut ausgeht.

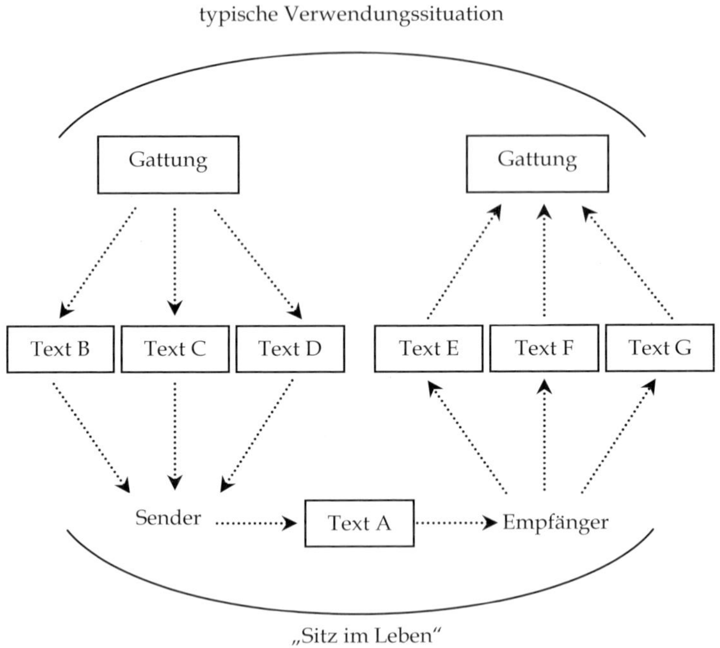

Vorprogrammierung der Hörer

Der Empfänger (Hörer) wird durch die Gattung, sobald er sie erkannt hat, vorprogrammiert. Er stellt sich auf eine bestimmte Art der Kommunikation ein, auf Information, Belehrung, Erzählung, Gespräch … Die „Botschaft", die über eine Gattung vermittelt wird, geht über den reinen Bedeutungsgehalt der einzelnen Wörter, die dabei verwendet werden, hinaus. Die Gattung stellt ein Sinnsystem bereit, innerhalb dessen die einzelnen Wörter gehört und verstanden werden müssen. Der typisch bayerische Gruß „Grüß Gott!" wird von niemandem, der in dieser Region sozialisiert ist, als Optativ oder gar als ernst gemeinter Imperativ aufgefasst, sondern, wie jeder Gruß, als Signal einer kurzen Kontaktaufnahme.

Damit sind wir schon weit über die reine Gattungsanalyse hinausgestoßen und haben bereits in den Blick genommen, was in der

Forschung gewöhnlich „Sitz im Leben“, also die typische Verwendungssituation einer Gattung genannt wird. Doch dazu mehr in § 6.

Feste Verhaftung in Gattungen

Unserer wissenschaftlichen Spurensuche in Sachen „Gattung“ kommt sehr entgegen, dass die antiken Sprech- und Kommunikationsgewohnheiten viel fester in Gattungen verhaftet sind, als das in unserem Kulturraum zu Beginn des 21. Jh. der Fall ist und wir uns vorstellen können. Für das hellenistische Zeitalter belegen die so genannten Progymnasmata, propädeutische Übungen, die in der Kaiserzeit in Handbüchern festgehalten wurden, die strenge Schulung in Sachen Gattung. In der 2. Bildungsstufe, also nach dem Elementarunterricht in Lesen und Schreiben, mussten die Schüler die korrekte Handhabung der grundlegenden Kleingattungen, wie Fabel, Sentenz, Apophthegma u. a., lernen – und zwar im Blick auf deren Anwendung im Zusammenhang von öffentlichen Reden, die zu verfassen schließlich der Rhetorikunterricht Anleitungen gab. Für den jüdischen Kulturraum wäre auf 4 Makk 18,10–19 hinzuweisen, wo davon erzählt wird, wie der Vater als Hauslehrer seine eigenen Söhne mit den wichtigen Texten und den unterschiedlichen Gattungen, die in der Bibel vorkommen, vertraut macht.

Zum Ausprobieren

Man nehme einen Bleistift, zwei Buntstifte, sodann ein Blatt Papier und die jeweilige Tageszeitung. Man schlage sie auf der Seite auf, auf der die Todesanzeigen stehen. Man markiere mit gleicher Farbe diejenigen Strukturelemente und Floskeln, die in allen, mindestens aber in zwei Todesanzeigen wiederkehren: also die schwarze Umrandung, das Emblem, den groß gedruckten Namen mit Angabe des Geburts- und Sterbetages, den Vorspruch, die Namensliste der Familienangehörigen, die Ankündigung der Beerdigung mit Uhrzeit, Ort usw.

Man nummeriere die Todesanzeigen durch und lege auf dem Blatt Papier eine Tabelle an. In der horizontalen Linie trage man als Posten die oben genannten Strukturelemente (Umrandung, Emblem usw.) ein, in der vertikalen Linie die Nummern der Todesanzeigen. Man markiere in der Linie jeder Todesanzeige die jeweils realisierten Strukturelemente mit einem Kreuz.

Die durchgängig oder sehr oft belegten Posten gehören zu den unverzichtbaren Gattungselementen einer Todesanzeige.

2 Vier Arbeitsschritte

Für die Analyse von Gattungen in biblischen Texten werden hier vier Arbeitsschritte vorgeschlagen, die sachlich dem oben beschriebenen (s. § 5/1) Dreischritt beim Erkenntnisvorgang (Einzeltext – Vergleichstexte – Schema) entsprechen, allerdings durch einen vierten vorbereitenden Arbeitsschritt ergänzt werden, der in Rechnung stellt, dass die einzelnen Gattungen in unseren biblischen Texten nicht mehr in ihrem ursprünglichen Alltagskontext angewandt werden, sondern bereits in eine fortlaufende Erzählung oder einen argumentativen Text eingebunden sind.

1. Schritt: „Ausschneiden" des Einzeltextes (Literarkritik)

Genauso wie eine Todesanzeige (zumindest mit den geistigen Augen) aus der Zeitungsseite ausgeschnitten werden muss, um eindeutig als Todesanzeige erkannt werden zu können, müssen auch aus dem laufenden biblischen Text in sich abgeschlossene kleine Einheiten zuerst „herausgeschnitten" werden, bevor sie im Blick auf die Gattungszuordnung analysiert werden können. Denn es kann nicht ohne Weiteres davon ausgegangen werden, dass der erzählerische Kontext des biblischen Textes mit dem ursprünglichen Kommunikationskontext der Gattung identisch ist. Wird die Gattungsanalyse im Zug der diachronen Auslegung vorgenommen, ist für das „Ausschneiden" der kleinen Einheiten die Literarkritik zuständig. Wird die Gattungsfrage jedoch im Rahmen der synchronen Analyse gestellt, dann fällt das „Ausschneiden" der relevanten Texteinheiten mit der Segmentierung des Textes zusammen, wobei Personen-, Zeit- und Ortswechsel als Kriterien für die Texttrennung bei der synchronen Analyse mit den Hauptkriterien der Literarkritik weitgehend übereinstimmen.

2. Schritt: Beschreibung der individuellen Form

In diesem zweiten Arbeitsschritt gilt es, die *strukturellen Eigenheiten* des „ausgeschnittenen" Textes zu erfassen. Dabei sind individuelle Namen von Personen oder Orten sowie präzise Zeitangaben nicht von Bedeutung, wohl aber das *Faktum*, dass ein Name, ein Ort oder eine präzise Zeitangabe genannt werden. Eine Hilfe für die individuelle Formbeschreibung kann die sprachliche Analyse sein, insbesondere die syntaktische und semantische Analyse (vgl. § 2/2.2.2): die syntaktische Analyse für die Beobachtung von Strukturen im Aufbau des Textes, die semantische Analyse um typische Wortfelder oder Floskeln festzuhalten. Wie an verschiedenen Beispielen zu sehen war, werden insbesondere der Anfang und das Ende eines Textes auf ihre Struktur hin zu untersuchen sein. Denn hier lassen sich oft die grundlegenden „Rahmenelemente“ finden, von denen die entscheidenden Signale zur Gattungserkennung ausgehen.

Welche Strukturelemente für die entsprechende Gattung wirklich prägend und kennzeichnend sind, wird nur im Vergleich mit anderen Texten herausgearbeitet werden können, die eine analoge Form aufweisen. In diesem Arbeitsschritt jedoch sollten zunächst die Eigenheiten des vorliegenden Textes wahrgenommen werden, sozusagen die *individuelle Realisierung* der Gattung. Nur dann wird es möglich sein, im Vergleich mit dem *normalen Gattungsschema* die speziellen Interessen in den Blick zu bekommen, die über den untersuchten Text transportiert werden, bzw. die individuellen Gegebenheiten und Bedingungen, unter denen die entsprechende Gattung realisiert worden ist. Das herauszuarbeiten ist Aufgabe der Überlieferungsgeschichte (§ 9).

3. Schritt: Vergleichstexte finden

Jetzt gilt es, *andere Texte* zu finden, die eine ähnliche Form aufweisen, wie sie für den Ausgangstext im Arbeitsschritt 2 festgehalten wurde, um die *gemeinsamen* und offensichtlich *kennzeichnenden Strukturelemente* herauszuarbeiten. Nachdem für die Struktur nicht einzelne Vokabeln entscheidend sind, fallen Konkordanzen oder computertechnische Suchprogramme als Hilfsmittel aus. Es bleibt rudimentär nichts anderes übrig, als in der antiken Literatur nach ähnlich strukturierten Texten zu suchen, und zwar in Schriften, die möglichst in zeitlicher Nähe und im kulturellen Umfeld der Textproduzenten anzusiedeln sind. Für neutestamentliche Texte betrifft das vor allem die frühjüdische und die hellenistische Literatur sowie das Alte Testament als Traditionshintergrund.

Nachdem dieser Vorgang eine kaum einzuholende Belesenheit in der gesamten antiken Literatur voraussetzt, sind wir zunächst auf Vorsondierungen angewiesen, wie sie etwa in den Kommentaren zu den neutestamentlichen Schriften geleistet werden. Als nützliche Hilfsmittel erweisen sich auch die Zusammenstellungen von Gattungen z. B. durch H. Zimmermann, K. Berger, D. Dormeyer u. a. (s. § 6/6.3). Im exegetischen Studium wird es darauf ankommen, mit der Zeit möglichst viele antike Gattungen anhand von Beispieltexten kennen zu lernen, durch eigene Lektüre der antiken Literatur evtl. auf unbekannte Texte zu stoßen und generell eine Sensibilität für Gattungen zu entwickeln.

4. Schritt: Das Gattungsschema erstellen

Die Realisierung einer Gattung im Einzeltext unterliegt immer den konkreten Gegebenheiten. Ganz selten werden sich deshalb in allen Texten genau die gleichen Elemente finden lassen. Im Vergleich einer Reihe von ähnlich strukturierten Texten lässt sich jedoch herausarbeiten und entscheiden, (1) ob ein *gemeinsames Schema* hinter diesen Texten steht, (2) welche *strukturellen Elemente* für dieses Schema unabdingbar sind und (3) welche der vorliegenden Texte diesem Schema *entsprechen* bzw. nicht dafür in Anspruch genommen werden können.

Kann der zur Untersuchung vorliegende Text zusammen mit einigen anderen Texten einem bestimmten Schema zugeordnet werden, müssen dessen bestimmende Elemente festgehalten werden: Dieses *Schema* ist das strukturelle Muster einer *Gattung*. Sie sollte, wenn nicht schon längst geschehen, eine spezifische Benennung erfahren.

Rückblickend auf den zweiten Arbeitsschritt sollte sofort notiert werden, in welchen Punkten der untersuchte Text nicht dem Gattungs*schema* entspricht bzw. dieses verändert. In *gattungsatypischen Elementen* schlagen sich gewöhnlich konkrete Umstände bei der Entstehung eines Textes nieder, bestimmte Interessen, Informationen oder historische Gegebenheiten, die bei der Anwendung der Gattung ihr Eigenleben behaupteten.

Vier Schritte zur Gattungsbestimmung

1. „Ausschneiden“ des Einzeltextes
2. Beschreibung der individuellen Form
3. Vergleichstexte finden
4. Das Gattungsschema erstellen

3 Demonstration an Mk 2,13–17

13a Und er ging wieder hinaus am Meer entlang.
b Und die ganze Menge kam zu ihm,
c und er lehrte sie.
14a Und als er vorbeiging,
b sah er Levi, den (Sohn) des Alfäus,
c wie er bei der Zollstelle saß,
d und er sagt ihm:
e Folge mir nach!
f Und nachdem er aufgestanden war,

g folgte er ihm nach.
15a Und es geschieht,
b dass er zu Tisch liegt in seinem Haus,
c und viele Zöllner und Sünder lagen am Tisch dabei mit Jesus und seinen Jüngern.
d Es waren nämlich viele,
e und sie folgten ihm nach.
16a Und die Schriftgelehrten der Pharisäer,
b als sie sahen,
c dass er isst mit den Sündern und Zöllnern,
d sagten seinen Jüngern:
e Dass er mit den Zöllnern und Sündern isst?
17a Und als Jesus hörte,
b sagt er ihnen:
c Nicht nötig haben die Gesunden einen Arzt, sondern die Kranken.
d Und nicht kam ich, zu rufen Gerechte, sondern Sünder.

1. Schritt: „Ausschneiden" der kleinen Einheiten (Literarkritik)

In den Versteilen 16c und 16e findet sich die Wiederholung eines ganzen Satzes. Innerhalb des Erzählkontextes betrachtet, wird in V. 16c als Beobachtung referiert, was dann in V. 16e in wörtlicher Rede ausgesprochen wird: „Dass er mit den Zöllnern und Sündern isst?"[1] Eine Doppelung ist für die beiden Versteile 17c und 17d zu reklamieren: Jesus gibt zwei Antworten unter Verwendung unterschiedlicher Bildfelder. Hinter V. 17c steht das Bild des Arztes, hinter V. 17d das Bild des Boten. Auch in den Versteilen 13a und 14a liegt eine Doppelung vor: Zweimal wird eine Ortsveränderung Jesu erzählt. Das hat jeweils die Begegnung mit unterschiedlichen Adressaten zur Folge. Die beiden Versteile 13a und 14a fungieren damit als Exposition einer je eigenen Szene. Für die Versteile 15a–b und 15c ist insofern eine Doppelung zu reklamieren, als das „Zu-Tisch-Liegen" Jesu zweimal erzählt wird, in V. 15a–b von ihm allein, in V. 15c im Blick auf seine Tischgenossen: auf der einen Seite die Zöllner und Sünder, auf der andern Seite seine Jünger.

Wiederholungen und Doppelungen

In der Rubrik *Spannungen* ist der auffällig häufige Personen- und Szenenwechsel in diesem kurzen Textabschnitt zu vermerken. In V. 13 steht Jesus „der ganzen Menge" gegenüber. Als Ort ist das Meerufer gedacht. In V. 14 wird von einer Interaktion zwischen Jesus

Spannungen

1 Das pure Wortmaterial der beiden Sätze ist völlig identisch, wie man am bestem im Griechischen sehen kann:
16c ὅτι ἐσθίει μετὰ τῶν ἁμαρτωλῶν καὶ τελωνῶν
16e ὅτι μετὰ τῶν ἁμαρτωλῶν καὶ τελωνῶν ἐσθίει
Lediglich die beiden Objekte „Zöllner" und „Sünder" sind vertauscht, in V. 16e steht das Verb am Ende.

und einer Einzelperson namens Levi erzählt. Die Menge scheint verschwunden. Sie war nur Adressat der Lehre. Als Ort wird jetzt die Zollstelle genannt. Im nächsten Vers haben wir wieder ein größeres Publikum vor uns: viele Zöllner und Sünder, mit denen Jesus und seine Jünger zu Tisch liegen. Ort dieser Szene ist das Haus. Die Personengruppe der Schriftgelehrten, die in V. 16a neu hinzutritt, reagiert auf die in V. 15 beschriebene Szenerie und tritt mit den bereits eingeführten Personen, den Jüngern bzw. Jesus, in Interaktion (V. 16d; 17a). Die Erwähnung der Schriftgelehrten geschieht zwar abrupt, aber es entsteht dadurch keineswegs eine szenische Zäsur, die dem Beginn der V. 14 und 15 vergleichbar wäre.

Hauptperson	Interaktionspartner	Interaktion	Ort	Vers
Jesus	die Menge	Lehre	Meerufer	V. 13
Jesus	Levi	Berufung	Zollstelle	V. 14
Jesus	viele Zöllner und Sünder, Schriftgelehrte	Mahl	Haus	V. 15–17

Eine letzte Spannung ergibt sich im Blick auf die Personalpronomina in V. 15b: Es bleibt unklar, wer in wessen Haus zu Tisch liegt, Jesus im Haus des Levi oder umgekehrt.

Stilistische Argumente

Mit dem Kriterium *stilistische Argumente* ist auf V. 15d–e hinzuweisen. Es handelt sich um einen kommentierend erklärenden Zusatz, dessen Referenzgröße – und das fiele zusätzlich unter die Rubrik *Spannungen* – unklar bleibt: Bezieht sich die Angabe, dass es viele sind, die Jesus nachfolgen, auf die Jünger oder auf die Zöllner? Stilistisch unschön ist schließlich, dass die Namensnennung Jesu in V. 15c nachklappt.

Parallelen

Parallelen, vokabelmäßig verwandte Texte, die im Markusevangelium immer wieder auftauchen und einzelne Perikopen im Sinn eines Raum-Zeit-Kontinuums verknüpfen, finden sich in V. 13. Die Angabe πάλιν („wieder") lenkt inhaltlich auf 1,16 zurück, wo zum ersten Mal erzählt wird, dass Jesus am Meer entlang geht. Das „Herausgehen" (καὶ ἐξῆλθεν) ans Meer in 2,13 wird nur im Zusammenhang mit dem „Hineingehen" nach Kafarnaum verständlich, von dem in 2,1 (καὶ εἰσελθών) die Rede war. Mit dem großen Zustrom zu Jesus, einer Vorstellung, die sich durch das ganze Evangelium zieht,[2] ist auch in 4,1f.; 6,32–34 und 10,1 sogar mit der gleichen ste-

2 Vgl. 2,2; 3,7f.20; 4,1; 5,21; 6,32–34; 8,1 u. a.

reotypen Wendung καὶ ἐδίδασκεν αὐτούς („und er lehrte sie") die Volksbelehrung verbunden (vgl. § 4/3.1.4), wobei die ersten beiden Stellen die gleiche Situation vor Augen haben wie 2,13: die Lehre Jesu am Seeufer.[3]

Zusätzliche Erweiterungen bei der Verknüpfung der Geschichten

Wegen der genannten stereotypen Paralleltexte, die das Gesamtevangelium durchziehen, kann V. 13 also auf das Konto der markinischen Redaktionstätigkeit geschrieben werden. V. 14 ist in sich einheitlich. Mit V. 15 beginnt eine neue kleine Einheit, die in dem Augenblick einige Veränderungen erfahren hat, als sie bei der Komposition der Gesamterzählung mit der Levigeschichte in V. 14 verknüpft wurde. Dazu ist der Kommentar in V. 15d–e zu rechnen, der das Thema der Nachfolge aufgreift, im Kontext also auf den Vorgang von V. 14 anspielt und eine analoge Berufung für eine Vielzahl von Jüngern nachtragen will. Denn bisher wurde eine explizite Berufung nur von vier (1,16–20) bzw. unter Einbeziehung Levis (2,14) von fünf Jüngern erzählt. Im Gegenüber zu den „vielen Zöllnern und Sündern", von denen die kleine Einheit V. 15–17 ursprünglich erzählt, soll im Gesamtevangelium auch von einer großen Anzahl von Jüngern Jesu ausgegangen werden, die genauso berufen wurden, wie das gerade von Levi und zuvor von Simon, Andreas, Johannes und Jakobus erzählt worden ist.[4]

In dieser Spur wird auch die nachklappende Namensnennung Jesu in V. 15c funktional verständlich: Sie geschieht im Blick auf die Jünger, deren erheblich gestiegene Anzahl V. 15d–e gleichsam in Parenthese nachträgt.

Auch die Doppelung in V. 16c „dass er isst mit den Sündern und Zöllnern" scheint durch den Erzählerkommentar von V. 15d–e provoziert. Nachdem nämlich durch diese Zwischenbemerkung die Aufmerksamkeit auf die Jünger Jesu gelenkt wurde, ist es für das Verständnis der empörten Frage der Schriftgelehrten in V. 16e nötig, zuvor erneut auf das eigentliche „Corpus Delicti" zurückzuschwenken und die ursprüngliche Szene wieder in Erinnerung zu rufen, wie es durch V. 16c geschieht.[5]

3 In 4,1f. allerdings vom Boot aus: Die Menge der Zuhörer hat sich gemäß der Erzählung erheblich vergrößert.

4 Auch der Anfang des V. 15 dürfte bei dieser Verknüpfung geringfügig verändert worden sein – und zwar durch Hinzufügung eines einzigen Wortes: Aus einem ursprünglichen „im Haus" (ἐν τῇ οἰκίᾳ) wurde vermutlich „in *seinem* Haus" (ἐν τῇ αὐτοῦ). Durch diese Proform ist (auf grammatikalischem Weg) eine narrative Rückbindung an die Levigeschichte erreicht, zugleich aber für die bereits beobachtete Verwirrung gesorgt.

5 Das wird als Beobachtung der Schriftgelehrten erzählt. Ursprünglich ist dann auch das einleitende ἰδόντες („als sie sahen") in V. 16b entbehrlich. Dieser optischen Wahrnehmung entspricht erzähltechnisch die akustische Wahrnehmung Je-

Auch die zweite Antwort Jesu in V. 17d (Doppelung), die mit dem *Motiv des Rufens*[6] arbeitet, kann im Zusammenhang mit dem *Ruf* Jesu, wie er in V. 14 an Levi ergeht, gesehen werden. Sie wäre dann ebenfalls als Ergänzung auszuscheiden, die im Zug der Zusammenstellung der beiden Einheiten vorgenommen worden ist.

Es schälen sich also zwei kleine Einheiten heraus: die Levi-Geschichte in V. 14 und die Zöllner-Geschichte in den V. 15–17. Durch die erzählerische Verkoppelung hat letztere kleinere sekundäre Eingriffe erfahren. Insgesamt entspricht dieses Ergebnis grob den Abgrenzungen, wie sie sich bereits aufgrund des Personen- und Ortswechsels (2. Kriterium der Literarkritik = Kriterium für die Texttrennung bei der Segmentierung innerhalb der synchronen Analyse)[7] ergeben haben.

2. Schritt: Individuelle Formbeschreibung

a) Die Levi-Geschichte in Mk 2,14

14a Und als er vorbeiging,
b sah er Levi, den (Sohn) des Alfäus,
c wie er bei der Zollstelle saß,
d und er sagt ihm:
e Folge mir nach!
f Und nachdem er aufgestanden war,
g folgte er ihm nach.

Die Geschichte erzählt die Interaktion zwischen zwei Personen. Vom Handlungsablauf her lassen sich drei Schritte unterscheiden: (1) Person A geht vorbei und nimmt Person B wahr (V. 14a–c). (2) Person A wendet sich mit einem Befehl („Folge mir nach!") an Person B (V. 14d–e). (3) Person B führt diesen Befehl aus (V. 14f–g).

Während Person A ohne nähere Kennzeichnung bleibt, wird Person B in zwei Punkten näher charakterisiert: hinsichtlich der Familienzugehörigkeit (V. 14b) und hinsichtlich des Berufes (V. 14c). Im laufenden Text ist diese Schilderung an die Wahrnehmung durch Person A angeschlossen. Bei der Ausführung des Befehls durch Person B wird auf deren Beruf Rückbezug genommen, und zwar im

su in V. 17a (ἀκούσας/„als [Jesus] hörte"), die dann ebenfalls zur Bearbeitung dieser Geschichte zu rechnen wäre.

6 Das Verb καλεῖν (rufen) hat im Gastmahlskontext den präzisen Sinn von „einladen", kann aber im Kontext von Nachfolge (vgl. Mk 1,20) die spezielle Nuance von „berufen" annehmen. Diese semantische Offenheit kommt im Makrotext des Evangeliums zum Tragen.

7 Hier überschneiden sich tatsächlich synchrone und diachrone Analyse zumindest im Ergebnis; vgl. § 2/3.1.1.

Sinn der Aufgabe dieses Berufes: Dem „Sitzen an der Zollstelle" in V. 14c entspricht das „Aufstehen" in V. 14f.

b) Die ursprüngliche Zöllnergeschichte in Mk 2,15–17

15a Und es geschieht,
b dass er zu Tisch liegt in seinem Haus,
c und viele Zöllner und Sünder lagen am Tisch dabei …
16a Und die Schriftgelehrten der Pharisäer …
d sagten seinen Jüngern:
e Dass er mit den Zöllnern und Sündern isst?
17a Und als Jesus hörte,
b sagt er ihnen:
c Nicht nötig haben die Gesunden einen Arzt, sondern die Kranken.

Vom Handlungsablauf her geht es um den Schlagabtausch in einem Konfliktfall. Wiederum lassen sich drei Erzählschritte unterscheiden: (1) In einer Exposition wird der Anlass für den Konflikt geschildert: eine bestimmte Verhaltensweise von Person A (V. 15). (2) Es folgt die Reaktion der Kritiker, in unserem Fall nicht an die kritisierte Person selbst, sondern an deren Anhängerschaft („sagten seinen Jüngern") gerichtet. Das Verhalten von Person A wird negativ beleuchtet und in Frage gestellt (V. 16). (3) Abschließend meldet sich die kritisierte Person selbst zu Wort, in unserem Fall geschieht das durch ein Bildwort, das in Analogie zur vorliegenden Sachlage gebracht werden muss (V. 17). Eine Reaktion der Kritiker auf diesen Ausspruch wird nicht erzählt. Das Ende der Geschichte bleibt offen.

3. Schritt: Vergleichstexte finden

Im Folgenden sind elf Vergleichstexte (nicht nur aus der Bibel) abgedruckt. Viele von ihnen lassen sich in ihrer Struktur entweder der Levi- oder der Zöllnergeschichte an die Seite stellen. Aber es sind auch „Nieten" dabei. Gattungserkennung muss schnell gehen und eindeutig sein. Lesen Sie deshalb die Texte flüchtig durch und entscheiden Sie schnell, ob und zu welcher Geschichte sich Strukturparallelen feststellen lassen. Die korrekten Zuordnungen werden im 4. Schritt sukzessive diskutiert.

A

Und als er (sc. Jesus) am Meer von Galiläa entlang ging, sah er Simon und Andreas, den Bruder Simons, wie sie ihre Netze auswarfen im Meer. Sie waren nämlich Fischer. Und es sagte ihnen Jesus: Hierher, hinter mich, und ich werde machen, dass ihr Menschenfischer werdet. Und sofort ließen sie die Netze liegen und folgten ihm nach.

B

Einem, der ihn (sc. Demonax) fragte, ob er (als Philosoph) auch selbst Leckerbissen esse, sagte er: Denkst du denn, dass die Bienen ihre Waben für die Toren bauen?

C

Zu einem, der ihn (sc. Antisthenes) fragte, was für eine Frau er heiraten solle, sagte er: Wenn eine schöne, hast du sie nicht allein (κοινήν); wenn aber eine hässliche, ist's eine Pein (ποινήν).

D

Er (sc. Jesus) sprach aber zu einem anderen: Folge mir nach! Der aber sprach: Herr, erlaube mir, zuerst wegzugehen, um meinen Vater zu begraben. Jesus aber sprach zu ihm: Lass die Toten ihre eigenen Toten begraben, du aber geh hin und verkündige das Reich Gottes.

E

Zu einem, der ihm (sc. Diogenes) vorhielt, dass er in unreine Orte hineingehe, sagte er: Auch die Sonne geht in die Scheißhaufen hinein, wird aber doch nicht befleckt.

G

Und das Wort des Herrn geschah zu mir so: Ehe ich dich im Mutterschoß bildete, habe ich dich erkannt, und ehe du aus dem Mutterleib hervorkamst, habe ich dich geheiligt: zum Propheten für die Nationen habe ich dich eingesetzt. Aber ich sprach: Ach, Herr, Herr! Siehe, ich verstehe nicht zu reden, denn ich bin (zu) jung. Da sprach der Herr zu mir: Sage nicht: Ich bin (zu) jung. Denn zu allen, zu denen ich dich sende, sollst du gehen, und alles, was ich dir gebiete, sollst du reden. Fürchte dich nicht vor ihnen! Denn ich bin mit dir, um dich zu erretten, spricht der Herr. Und der Herr streckte seine Hand aus und rührte meinen Mund an, und der Herr sprach zu mir: Siehe, ich lege meine Worte in deinen Mund. Siehe, ich bestelle dich an diesem Tag über die Nationen und über die Königreiche, um auszureißen und niederzureißen, zugrunde zu richten und abzubrechen, um zu bauen und zu pflanzen.

Und er (sc. Elija) ging von dort (weg) und fand Elischa, den Sohn Schafats, der gerade mit zwölf Gespannen vor sich her pflügte. Er selbst aber war bei dem zwölften. Und Elija ging zu ihm hin und warf seinen Mantel über ihn. Da verließ er die Rinder und lief hinter Elija her und sagte: Lass mich doch meinen Vater und meine Mutter küssen! Dann will ich hinter dir hergehen. Er aber sagte zu ihm: Geh, kehre um! Denn was habe ich dir getan? Da kehrte er sich von ihm ab, nahm das Gespann Rinder und schlachtete sie, und mit dem Geschirr der Rinder briet er ihr Fleisch und gab es den Leuten, und sie aßen. Dann machte er sich auf und ging hinter Elija her und diente ihm.

H

F

Es wollte einer bei ihm (sc. Diogenes) Philosophie studieren. Der aber gab ihm einen Hering und befahl, (ihm) nachzufolgen. Der aber warf (den Fisch) aus Scham weg und machte sich davon. Als er (sc. Diogenes) nach einiger Zeit ihm begegnete, sagte er lachend: Deine und meine Freundschaft hat ein Hering aufgelöst.

K

Und als ich mit Vollmacht und Erlaubnis der Hohenpriester nach Damaskus reiste, sah ich mitten am Tag auf dem Weg, mein König, vom Himmel her ein Licht, über den Glanz der Sonne hinaus, das mich und die, die mit mir reisten, umstrahlte. Als wir aber alle zur Erde niedergefallen waren, hörte ich eine Stimme in hebräischer Sprache zu mir sagen: Saul, Saul, was verfolgst du mich? Hart ist es für dich, gegen den Stachel auszuschlagen. Ich aber sprach: Wer bist du, Herr? Der Herr aber sprach: Ich bin Jesus, den du verfolgst. Aber steh auf und stell dich auf deine Füße! Denn dazu bin ich dir erschienen, dich auszuwählen als Diener und Zeugen dessen, was du gesehen hast, und dessen, worin ich dir erscheinen werde. Ich werde dich herausnehmen aus dem Volk und den Heiden, zu denen ich dich sende, ihre Augen zu öffnen, sie zu bekehren von der Finsternis zum Licht und von der Macht des Satans zu Gott, damit sie Vergebung der Sünden empfangen und ein Erbe unter denen, die durch den Glauben an mich geheiligt sind.

L

Und als sie auf dem Weg gingen, sagte einer zu ihm (sc. Jesus): Ich werde dir nachfolgen, wohin du auch gehst. Und es sagte ihm Jesus: Die Füchse haben Höhlen und die Vögel des Himmels Nester, der Menschensohn aber hat nicht, wohin er seinen Kopf legt.

Und als er (sc. Jesus) ein wenig weiterging, sah er Jakobus, den (Sohn) des Zebedäus, und Johannes, seinen Bruder, und sie, wie sie im Boot die Netze ausbesserten. Und sofort rief er sie. Und sie verließen ihren Vater Zebedäus im Boot mit den Lohnarbeitern und gingen weg hinter ihm.

I

4. Schritt: Das Gattungsschema erstellen

a) Die Berufungsgeschichte

In der Levi-Geschichte wird – genauso wie in den Texten A (= Mk 1,16–18), H (= 1 Kön 19,19–21) und I (= Mk 1,19f.) – jeweils in einem Dreischritt davon erzählt, wie eine offensichtlich bekannte Persönlichkeit, die nicht vorgestellt zu werden braucht, *unterwegs* andere Menschen aus ihrer normalen Berufstätigkeit herausreißt und sie dazu bringt, ihr Gefolgschaft zu leisten. Das Strukturmuster lässt sich folgendermaßen präzisieren:

Strukturmuster

1. Person A ist unterwegs und nimmt Person B wahr. Von Person B werden Familieneinbindung und Berufsausübung genannt.
2. Person A beruft Person B durch ein Wort (Jesus) bzw. durch eine symbolische Handlung (Elija).[8]
3. Person B hängt den gerade noch ausgeübten Beruf buchstäblich an den Nagel und geht hinter der berufenden Person her.

Der entscheidende Handlungsimpuls geht von Person A aus und wird von Person B positiv beantwortet – und zwar durch eine Handlung: Person B geht hinter Person A her. Als Termini für diese positive Reaktion finden sich: ἀκολουθεῖν/nachfolgen (Mk 1,18; 2,14) bzw. ἀπέρχεσθαι ὀπίσω/gehen hinter (Mk 1,20).[9] Halten wir für die Gattung Berufungsgeschichte folgendes Schema fest:

Gattungsschema der Berufungsgeschichte			
Wahrnehmung	A	→	B
Aktion des Berufenden	A	→	B
Reaktion des Berufenen	B	→	A

Kleinere Schwierigkeiten ergeben sich im Blick auf die Fortsetzung der Geschichte in 1 Kön 19,20c–21, wo eine Verzögerung der unmittelbaren Nachfolge erzählt wird. Verzögerung

8 Eine symbolische Handlung wird auch von Sokrates in der Berufungsgeschichte des Xenophon erzählt: „Xenophon, der Sohn der Gryllus, war ein Bürger Athens … Diesem, sagt man, sei Sokrates in einer engen Gasse begegnet, habe ihm seinen Stab in den Weg gestreckt und daran gehindert, vorüberzugehen. Er habe ihn gefragt, wo man die Nahrungsmittel einkaufen könne – und zwar jedes einzelne. Als er (Xenophon) darauf geantwortet habe, habe er (Sokrates) wiederum gefragt, wo denn die Menschen ethisch gut würden. Als er (Xenophon) darauf aber keine Antwort wusste, habe er (Sokrates) gesagt: Folge (mir) also (ἕπου τοίνυν) und lerne (μάνθανε)! Und von da an (τοὐντεῦθεν) war er ein Hörer des Sokrates" (Diogenes Laertius II 48).

9 Vgl. LXX 1 Kön 19,20: κατέδραμεν ὀπίσω; 1 Kön 19,21: ἐπορεύθη ὀπίσω.

	Mk 2,14		*1 Kön 19,19–21*
14a	Und als er (sc. Jesus) vorbeiging,	19a	Und er (sc. Elija) ging von dort (weg)
b	sah er Levi, den (Sohn) des Alfäus,	b	und fand Elischa, den Sohn Schafats,
c	wie er bei der Zollstelle saß,	c	der gerade mit zwölf Gespannen vor sich her pflügte.
		d	Er selbst aber war bei dem zwölften.
d	Und er sagt ihm:	e	Und Elija ging zu ihm hin
e	Folge mir nach!	f	und warf seinen Mantel über ihn.
f	Und nachdem er aufgestanden war,		
g	folgte er ihm nach.	20a	Da verließ er die Rinder
		b	und lief hinter Elija her
		c	und sagte:
		d	Lass mich doch meinen Vater und meine Mutter küssen!
		e	Dann will ich hinter dir hergehen.
		f	Er aber sagte zu ihm:
		g	Geh, kehre um!
		h	Denn was habe ich dir getan?
		21a	Da kehrte er sich von ihm ab,
		b	nahm das Gespann Rinder
		c	und schlachtete sie,
		d	und mit dem Geschirr der Rinder briet er ihr Fleisch
		e	und gab es den Leuten,
		f	und sie aßen.
		g	Dann machte er sich auf
		h	und ging hinter Elija her
		i	und diente ihm.

Die Verzögerung der Nachfolge in 1 Kön 19,20c–21 lässt sich evtl. literarkritisch als späterer Zusatz zur ursprünglichen Geschichte erklären. Denn im Blick auf die Nachfolgenotiz ist eine *Doppelung* festzustellen. Sie erscheint zweimal in strukturell identischen Wendungen:

V. 20b und lief hinter Elija her — וירץ אחרי אליהו

V. 21h und ging hinter Elija her — וילך אחרי אליהו

In V. 20b wird sie als unmittelbare Reaktion auf das Berufungshandeln des Elija erzählt, in V. 21h dagegen als verspätete Reaktion nach dem Abschiedsfest mit den Eltern und der Sippe. Außerdem ergibt sich eine Spannung zwischen V. 20a–b, wonach Elischa seine Rinder verlässt und hinter Elija herläuft, und der Bitte in V. 20c–e, wonach Elischa erst dann Elija nachfolgen will, wenn er den Eltern den Abschiedskuss gegeben hat. Der Textteil V. 20c–21i scheint also eine spätere Weiterschreibung zu sein, deren Ziel es ist, das Vorbild der schier unmenschlichen Reaktion des Elischa, der ohne Rücksicht auf Eltern und Sippe einfach alles hinter sich zurücklässt, durch ein Mindestmaß an Pietätsgefühl gegenüber Eltern und Heimat, das ja auch vom Propheten erlaubt wird, abzufedern.

Die Korrektur im Blick auf die Familienbindungen und -verpflichtungen, die in 1 Kön 19 der Zusatz zur ursprünglichen Nachfolgegeschichte anbringt, wird in anderen Nachfolgetexten, z. B. in Text D (= Lk 9,59f.), unmittelbar zum Thema gemacht, aber im Rahmen einer anderen Gattung (vgl. unter c). Von der inhaltlichen Tendenz her wird in Lk 9,59f. genauso wie etwa in Lk 9,61f. *gegen* die Erleichterung der Erwartungen an die Nachfolger Stellung genommen.

Realisierung in Mk 1,16–20

Im Markusevangelium wird die Nachfolgegeschichte in ihrem klassischen Schema, also ohne die Erleichterungsbitte von 1 Kön 19,20c–21, realisiert. Inhaltlich wird damit auf die radikale Variante rekurriert. Abweichend vom Gattungsmuster ist allerdings, dass in Mk 1,16–18 und 1,19f. jeweils ein Brüder*paar* berufen wird.

b) Die visionäre/auditionäre Berufungserzählung

Der Berufene erzählt selbst

Auch in den Texten G (= Jer 1,4–10) und K (= Apg 26,12–18) ist von Berufung die Rede, aber hier wird nicht über den Berufenen erzählt, sondern *der Berufene erzählt selbst* - offensichtlich vor einem (imaginären) Publikum. Er spricht in der 1. Person. In Text G ist es Jeremia, in Text K Paulus, hier innerhalb einer Erzählung der Apostelgeschichte, in Gal 1,15f. - um einen weiteren Text dieses Typs zu nennen - im authentischen Selbstbericht.[10] Während in den Nachfolgegeschichten eine *Interaktion zwischen Menschen* stattfindet, erzählt der Typ von Texten, den wir deswegen auch visionäre/auditionäre Berufungserzählung nennen wollen, von einer *Begegnung*

10 Zur Erinnerung: In narratologischer Terminologie handelt es sich durchweg um homodiegetische Erzählungen, aber sie finden auf unterschiedlichen Erzählebenen statt. Jer 1,4–10 und Gal 1,15f. sind extradiegetische Erzählungen, bei Apg 26,12–18 handelt es sich dagegen um eine intradiegetische Erzählung. Sollten Ihnen diese Begriffe nicht mehr präsent sein, schlagen Sie in § 2/2.3.2 nach!

zwischen Gott und Mensch, und zwar durch *Audition* (Jer 1,4–10), evtl. kombiniert mit einer *Vision* (Apg 26,12–18). Während in den Nachfolgegeschichten die Berufung im reifen Mannesalter stattfindet und die Betroffenen aus ihrem Beruf herausreißt, erzählen die prophetischen Berufungsberichte von einer *pränatalen Berufung* („ehe ich dich im Mutterschoß bildete": Jer 1,5; vgl. Gal 1,15). Während in den Nachfolgegeschichten die Berufenen sofort auf die Berufung reagieren, *sträubt* sich im Typ der prophetischen Berufungserzählung der Kandidat gegen das Ansinnen Gottes (Jer 1,6f.: *Einwand/Erschrecken*). Während die prophetischen Berufungserzählungen ihren Höhepunkt im *Sendungsauftrag* erreichen (Jer 1,9f.; Apg 26,16–18; Gal 1,16), bleibt das inhaltliche Ziel der Berufung in den Nachfolgegeschichten völlig offen. Erzählerischer Höhepunkt ist hier die Schilderung der Reaktion des Berufenen, der Familie und Beruf den Rücken kehrt und ab sofort hinter dem Berufenden herläuft.

Gattungsschema der visionären/auditionären Berufungserzählung

- Anspruch Gottes
- Einwand/Erschrecken des Berufenen
- Sendungsauftrag

E.-J. WASCHKE, Art. Berufung II. Altes Testament, in: RGG[4] I (1998) 1347–1349.

c) Das Apophthegma

Jesus hat das letzte Wort

Zu diesem Typ zählen außer dem Zöllnermahl in Mk 2,15–17 die Texte B (= Lukian, Demonax 52), C (= Diogenes Laertius VI 3), D (= Lk 9,59f.), E (= Diogenes Laertius VI 63), F (= Diogenes Laertius VI 36) und L (= Lk 9,57f.). Typisch für all diese Texte, ob kurz oder lang, ist, dass sie mit einem *markanten Ausspruch enden*, der narrativ durch eine kleine Rahmengeschichte an eine bestimmte, bedeutende Persönlichkeit gebunden ist. In unseren Vergleichstexten handelt es sich um Demonax, Diogenes und Antisthenes, alle drei herausragende Vertreter des Kynismus (s. Aktuelles Lexikon). Der Ausspruch wird fast immer mit einer eigenen Redeeinführung („sagte er") eingeleitet und bildet den pointierten Abschluss der Geschichte. Es wird *keine Reaktion* auf diesen Ausspruch erzählt. Als Bezeichnung für diesen Typ von Texten hat sich „Apophthegma" eingebürgert, von griechisch ἀπόφθεγμα = Ausspruch. Die Gattungsbezeichnung nimmt also auf das entscheidende Merkmal dieses Texttyps Bezug, auf den Ausspruch am Ende. Der markante Ausspruch allein allerdings macht noch kein Apophthegma im Sinn der Gat-

Kynismus

Demonax, Diogenes und Antisthenes, Persönlichkeiten, die in einigen Beispieltexten zur Gattungsbestimmung aufgetaucht sind, gehören zur philosophischen Richtung des Kynismus. Diogenes (4. Jh. v. Chr.), der so genannte Fassphilosoph, dürfte die bekannteste Figur dieser Bewegung sein. Er stammt aus Sinope an der Südküste des Schwarzen Meeres, verließ seine Heimat aus dubiosen Gründen und lebte als passionierter Kyniker vor allem in den beiden Städten Athen und Korinth. Demonax ist ein später Epigone aus dem 2. Jh. n. Chr. Der eigentliche „Gründer" des Kynismus ist Antisthenes (5./4. Jh. v. Chr.), ein Sokratesschüler.

Kennzeichen der Bewegung sind: Kampf gegen jede Form von Weichlichkeit und Lust, bewusste Aufnahme von Anstrengung und Mühe, ein Leben gemäß der „Natur" – ohne jegliche Kompromisse. Das hat in letzter Konsequenz die Aufgabe des bürgerlichen Lebens zur Folge.

In der Kaiserzeit erlebt der Kynismus einen neuen Höhepunkt. Kyniker ziehen als Wanderphilosophen, die von Almosen leben, durch die Städte des Imperium Romanum. Im Blick auf die Jesusmissionare (vgl. Mk 6,8f.; Lk 10,4) ist ihre typische Ausrüstung interessant: Sie tragen einen Ranzen, in dem sie erbettelte Nahrung verstauen, einen Stock gegen wilde Tiere und Räuber auf ihren Reisen und verzichten auf ein Untergewand.

Alles was wir von den Kynikern wissen, ist uns in Form von Apophthegmen übermittelt. Die größte Sammlung bietet Diogenes Laertius (3. Jh. n. Chr.) im 6. Buch seiner Philosophenviten.

K. DÖRING, Die Kyniker – eine antike Protestbewegung, in: Der Altsprachliche Unterricht 28,6 (1985) 19–38. – H.-J. KLAUCK, Umwelt* II 107–113. – R. B. BRANHAM/M.-O. GOULET-CAZÉ (Hrsg.), The Cynics. The Cynic Movement in Antiquity and Its Legacy (Hellenistic Culture and Society 23), Berkely (CA) 1996. – P. R. EDDY, Jesus as Diogenes? Reflections on the Cynic Jesus Thesis, in: JBL 115 (1996) 449–469.

tungsbezeichnung aus. Es kommt auf die *narrative Rahmung* und die *Anbindung* des Ausspruchs an eine *bedeutende Persönlichkeit* an. Als Definition speziell für das Neue Testament kann man sich merken: Ein Apophthegma ist eine Geschichte, in der Jesus das letzte Wort hat. Im Neuen Testament besteht sie gewöhnlich aus drei Teilen:

Gattungsschema des Apophthegmas

Situation	als er …
Frage	da kam einer und fragte: „…"
Antwort	und Jesus sagte: „…"

Streitgespräch/ Schulgespräch

Speziell für das Neue Testament lassen sich Geschichten unterscheiden, in denen es die Gegner sind, die eine Frage stellen – wie in der Zöllnergeschichte. Diese Geschichten werden auch als *Streitgespräche* bezeichnet. Wenn es die Jünger sind, die meist eine katechetische Frage an Jesus stellen (vgl. Mk 9,38–40; Mt 18,21f.), handelt es sich um *Schulgespräche*.

Organisch/ anorganisch

Im Blick auf die historische Rückfrage ist schließlich noch eine Differenzierung hinsichtlich des markanten Ausspruchs am Ende wichtig: Ist die Antwort, die dort gegeben wird, nur im Zusammenhang mit der Rahmenerzählung verständlich, was sich z. B. wie in Text C an den rückbezüglichen Personalpronomina zeigt, dann sprechen wir von einem *organischen Apophthegma*, also von einem Text, der vermutlich in einem Guss entstanden ist. Ist dagegen die Antwort nicht auf die Erläuterungen der Rahmengeschichte angewiesen, sondern für sich allein verständlich, sprechen wir von einem *anorganischen Apophthegma*: Hinsichtlich der Genese dürfte der markante Ausspruch erst sekundär mit einer Geschichte verknüpft worden sein, ist also vermutlich älter als die narrative Einbindung. Das ist vor allem dann der Fall, wenn es sich um ein Bildwort aus der Natur oder dem Alltagsleben handelt, wie beim Arztspruch (Mk 2,17) oder beim Spruch von der Sonne, die auf „Scheißhaufen" scheint (Text E). Im Blick auf das Problem, das in der Rahmengeschichte entfaltet wird, ist in diesem Fall eine analoge Anwendung des Spruches nötig.

4 Theologischer Ertrag

Christliche Verkündigung, das zeigt die Gattungskritik, geschieht in den Sprachformen der Zeit. So jedenfalls lautet das Ergebnis für die neutestamentlichen Texte. Die christliche Botschaft war für die ersten Verkündiger nur transportabel, indem sie sich derjenigen Vorstellungen und sprachlichen Muster bedienten, die den Menschen ihrer Zeit verständlich und alltäglich bekannt waren. Für die Auslegung der christlichen Basistexte im Neuen Testament hat das verschiedene Konsequenzen:

(1) Die Form ist der *Code* der Botschaft. Es liefe der Intention der urchristlichen Autoren zuwider, wenn wir aus ihren Texten einzelne Sätze herausgriffen und sie nach unserem Gustus interpretierten. Die „Dogmatische Konstitution über die göttliche Offenbarung"des II. Vatikanischen Konzils belehrt uns diesbezüglich in ihrem 12. Kapitel in höchst beredter Weise:

> „Um die Aussageabsicht der Hagiographen zu ermitteln, ist neben anderem auf die literarischen Gattungen zu achten. Denn die Wahrheit wird je anders dargelegt und ausgedrückt in Texten von in verschiedenem Sinn geschichtlicher, prophetischer oder dichterischer Art, oder in anderen Redegattungen. Weiterhin hat der Erklärer nach dem Sinn zu forschen, wie ihn aus einer gegebenen Situation heraus der Hagiograph den Bedingungen seiner Zeit und Kultur entsprechend – mit Hilfe der damals üblichen literarischen Gattungen – hat ausdrücken wollen und wirklich zum Ausdruck gebracht hat."

Die Gattungskritik zeigt uns: Der Sinn eines Stichwortes oder eines Satzes innerhalb eines Textgefüges wird durch die Gattung vorprogrammiert. Ein Stichwort oder ein Satz haben innerhalb einer Gattung eine bestimmte Funktion. Es ist nicht die Absicht des Märchens, für die Existenz von Feen oder sprechenden Tieren einzutreten, sondern die Botschaft zu vermitteln, dass der hilfsbereite Held ganz unerwartet selbst wieder Hilfe erfährt. Es ist z. B. nicht Absicht des Apophthegmas, eine bestimmte Begebenheit aus dem Leben Jesu zu erzählen, sondern Jesus in einer Streitfrage „siegen" zu lassen und damit eine bestimmte Option zu verstärken.

(2) Die Stoßkraft der christlichen Texte hängt entscheidend davon ab, ob ihre sprachlichen Formen alltagsnah und zeitgemäß sind. Je vertrauter die Form ist, in der etwas ausgesprochen oder erzählt wird, desto weniger muss erklärt werden. Die besondere Nähe der Texte des Neuen Testaments zu den alltäglich gebrauchten Gattungen hat für den heutigen Ausleger natürlich die Schwierigkeit, dass er sich im Abstand von 2000 Jahren der eigentlichen Zielrichtung dieser Texte sehr mühsam nähern muss. Soll die authentische Botschaft der Texte ermittelt werden, führt daran aber kein Weg vorbei. Und im Blick auf heutige Verkündigung gibt es zu denken, dass urchristliche Erzähler schon lange vor der Fixierung der Evangelien zu einem typisch hellenistischen Sprachmuster, nämlich dem Apophthegma, griffen, um den *Juden* Jesus zu portraitieren, oder besser: um von Jesus im kulturellen Horizont der Adressaten zu erzählen bzw. seine Bedeutung für die Situation der Adressaten auszusprechen. Es sind die Denk- und Verständnismuster der Adressaten, die über die Form bestimmen, in der die christliche Botschaft in ihrer

Aktualisierung auf die augenblickliche Situation zur Sprache gebracht werden muss.

(3) Die Gattungskritik lehrt uns, Texte aus der Kommunikationssituation heraus zu verstehen. Texte stehen immer in Kommunikationsbezügen. In diesen Bezügen entfalten sie ihre eigentliche Wirkkraft. Die strukturelle Prägung eines Textes zu erkennen, ist der erste Schritt, um seine typische Kommunikationssituation freizulegen und seinen Gebrauchswert zu ermitteln. Die Gattungskritik hilft, auch neutestamentliche Texte als bewusst gestaltete Medien innerhalb einer Kommunikationssituation zu verstehen und sie als Gebrauchstexte innerhalb des mediterranen Alltags wieder lebendig werden zu lassen. Diese „Praxis", also den Handlungsimpuls unserer neutestamentlichen Texte zu ermitteln, ist Aufgabe des mit der Gattungskritik unmittelbar verbundenen Methodenschritts, der den „Sitz im Leben" eruiert.

5 Selbstständiger Versuch

Aufgabe 15

Rudolf Bultmann, neben Martin Dibelius einer der Ahnväter der Gattungskritik am Neuen Testament, hat die Nachfolgegeschichten in Mk 1,16–18; 1,19f. und 2,14 als „biographische Apophthegmen" bestimmt. Vor allem im Blick auf Mk 1,16–18 gibt es für diese Entscheidung verständliche Anhaltspunkte, deren Gewicht zu prüfen wäre.

📖 R. BULTMANN, Geschichte** 58–64.

Mk 1,16–18

16a Und als er (sc. Jesus) am Meer von Galiläa entlangging,
b sah er Simon und Andreas, den Bruder Simons,
c wie sie ihre Netze auswarfen im Meer.
d Sie waren nämlich Fischer.
17a Und es sagte ihnen Jesus:
b Hierher, hinter mich!
c Und ich werde machen,
d dass ihr Menschenfischer werdet.
18a Und sofort ließen sie die Netze liegen
b und folgten ihm nach.

Impulsfragen

Ist „Apophthegma" als Gattungsbestimmung für Mk 1,16–18 zutreffend?
Wie kommt Bultmann auf diese Gattungszuweisung?
Was sagen Sie zur Spezifizierung „biographisch"?
Welche Gattungsbestimmung nehmen Sie vor?

Aufgabe 16

Welche Gattung liegt auf der ältesten Stufe der Geschichte in Mk 2,1–12 vor (vgl. das Ergebnis der Literarkritik § 4/3.2)?

Biblische Vergleichstexte: Mk 1,29–31; Mk 5,24–34; 2 Kön 5,1–19.
Zwei außerbiblische Vergleichstexte aus der Wundergeschichtensammlung von Epidaurus (4. Jh. v. Chr.):
Euhippos trug eine Lanzenspitze sechs Jahre im Kiefer. Als er im Heilraum schlief, nahm ihm der Gott (sc. Asklepios) die Lanzenspitze heraus und gab sie ihm in die Hände. Als es Tag geworden war, ging er gesund heraus mit der Lanzenspitze in den Händen. (A XII)
Hermodikos von Lampsakos, am Körper gelähmt. Diesen heilte er (sc. der Gott Asklepios), als er im Heilraum schlief, und befahl ihm, wenn er herauskomme, einen Stein in das Heiligtum zu bringen, den größten, den er könne. Da brachte er den, der jetzt vor dem Heiligtum liegt. (A XV)

G. THEISSEN, Wundergeschichten* 53–125, vgl. besonders das Aufbauschema 82f. (vgl. auch § 2/2.1.1).

Aufgabe 17

Welche Gattung liegt vor in Mk 4,3–8? Lesen Sie folgende Vergleichstexte: Mt 5,14b (Stadt auf dem Berg); Mk 4,21; 4,26–29.30–32; Lk 11,5–7; 14,28–30.31f.; 16,1–8; Jes 5,1–6; 2 Sam 12,1–4. Was ist den Texten gemeinsam? Worin unterscheiden sie sich? Halten Sie verbindende sowie unterscheidende Merkmale fest! Achten Sie dabei u. a. auf das Erzähltempus sowie darauf, ob für die Aussagen allgemeine Gültigkeit beansprucht wird, oder ob es sich eher um einen Spezialfall handelt! Schälen sich bestimmte Gruppen heraus? Klärend für die Definition von verschiedenen Gleichnistypen dürfte folgender Artikel sein:

H.-J. KLAUCK, Art. Gleichnis, Gleichnisforschung, in: NBL I (1991) 851–856 (bes. III B ist einschlägig für die Kriterien).

Wie würden Sie die angegebenen Texte aufgrund der hier geltend gemachten Kriterien einstufen? Speziell im Blick auf Mk 4,3–8 ist umstritten, ob ein Gleichnis oder eine Parabel vorliegt. Die unterschiedlichen Positionen werden z. B. von Lohfink bzw. Klauck vertreten. An welchen Daten wird die Entscheidung jeweils festgemacht? Wie urteilen Sie?

G. LOHFINK, Das Gleichnis vom Sämann (Mk 4,3–9), in: BZ NF 30 (1986) 36–69. – H.-J. KLAUCK, Allegorie* 189–191.

Aufgabe 18

Welche Gattung liegt vor bei der Formel in Mk 4,9: „Wer Ohren hat zu hören, der höre!"?

Vergleichstexte: Mk 4,3; Mt 13,43; Lk 14,35; Offb 2,7.11.17.29; 3,6.13.22; 13,9; Jes 28,23; Dan 8,17; 9,23; 4 Esr 5,32.

6 Literaturhinweise

Für „Gattung" und „Sitz im Leben" gemeinsam aufgeführt am Ende von § 6.

§ 6 Typische Verwendungssituation: „Sitz im Leben"

1 Vorstellung der Methode

Gattung und soziale Situation

„Wieder mal eine Schublade gefunden!" Diese empörte Bemerkung fand ich in unserer Seminarbibliothek mit Bleistift an den Rand eines exegetischen Beitrags geschrieben, der sich mit Jesusworten in der synoptischen Tradition beschäftigte und sie von ihrer Gattung her zu erklären versuchte. Tatsächlich kann die Gattungsbestimmung auf den ersten Blick als Auswuchs des Kategorisierungsfanatismus unterbeschäftigter Wissenschaftler erscheinen oder als Versuch, das Originäre einebnen zu wollen. Allerdings wird das eigentlich Originäre nur im Umfeld des ganz Normalen erkannt. Und bei aller Liebe zur Differenzierung und Kategorisierung, die durchaus mitspielen mag, ist Ordnung nicht selten die Voraussetzung für weitergehende Erkenntnisse. In unserem Fall ermöglicht die Gattungsbestimmung einen Durchblick auf die typischen Verwendungssituationen von bestimmten Textsorten. Wer im eigenen kulturellen Umfeld einen konkreten geschriebenen oder gesprochenen Text scheinbar automatisch einer bestimmten Gattung zuordnet, der assoziiert völlig unbewusst ähnlich strukturierte Texte *und* bestimmte soziale Situationen, mit denen diese Texte normalerweise verbunden sind. Es ist die intuitiv erfolgende *Kombination* von konkretem Text, wie er in einer ganz bestimmten Situation gesprochen wird oder geschrieben vorliegt, mit dem dahinter stehenden Texttyp (Gattung) *und* dessen typischem Gebrauch, die den Code für eine gelingende Kommunikation freigibt. Erst wenn diese Verknüpfung von prägendem Strukturmuster und typischer Gebrauchssituation geschieht, können die gesprochenen oder geschriebenen Einzelworte („Grüß Gott!": rein grammatikalisch eine pure Aufforderung) aus ihrem sozial geprägten Kontext heraus (in diesem Fall: Kontaktaufnahme) wirklich verstanden werden. Eine sinnvolle Reaktion auf den im Raum stehenden Text kann erfolgen, wenn die semantischen Signale unter dem Vorzeichen der Gattung im Horizont der damit verbundenen typischen Verwendungssituation entschlüsselt werden. Diese typische Verwendungssituation, in der kulturell gespeicherte Gattungsmuster ihren konkreten Einsatz finden, wird in Anlehnung an Hermann Gunkel „Sitz im Leben" genannt.

Um sich den Sachverhalt plastisch vor Augen zu führen, spielen Sie folgendes Gedankenexperiment durch:

„Liebe Gemeinde, wie wir eben im Evangelium gehört haben …“

- Woran denken Sie?
- Welcher Raum steht Ihnen vor Augen?
- Wer spricht?
- In welcher Position sehen Sie sich als Zuhörerin/Zuhörer?

„Liebe Kommilitoninnen, liebe Kommilitonen, in der vergangenen Vorlesung haben wir …“

- Woran denken Sie jetzt?
- Welcher Raum steht Ihnen vor Augen?
- Wer spricht?
- In welcher Position sehen Sie sich als Zuhörerin/Zuhörer?

„Sitz im Leben“

Der „Sitz im Leben“ ist die typische Verwendungssituation für eine Gattung. Er wird konstituiert durch:

- die Kommunikationspartner
- ihre Stellung zueinander
- die Rahmenbedingungen ihrer Kommunikation
- die vom Sender verfolgte Kommunikationsabsicht

Die Idee von Gunkel

Es war der geniale Einfall von Hermann Gunkel (1862–1932), beeinflusst von Volkskunde- und Märchenforschung, die Verflechtung von typischen Alltagssituationen und prägenden Textmustern erkannt und herausgestellt zu haben. In einem ungeheuer wirkungsreichen Aufsatz von 1913 schreibt er: „Jede alte literarische Gattung hat ursprünglich ihren Sitz im Volksleben Israels an ganz bestimmter Stelle. Wie noch heute die Predigt auf die Kanzel gehört, das Märchen aber den Kindern erzählt wird, so singen im alten Israel die Mädchen das Siegeslied dem einziehenden Heere entgegen; das Leichenlied stimmt das Klageweib an der Bahre des Toten an; der Priester verkündet die Tora dem Laien am Heiligtum; den Rechtsspruch führt der Richter vor Gericht zur Begründung seiner Entscheidung an; der Prophet erhebt seinen Spruch etwa im Vorhof des Tempels; am Weisheitsspruch erfreuen sich die Alten im Tore; usw. Wer die Gattung verstehen will, muss sich jedes Mal die ganze Situation deutlich machen und fragen: wer ist es, der redet? wer sind die Zuhörer? welche Stimmung beherrscht die Situation? welche Wirkung wird erstrebt?“

H. GUNKEL, Die Grundprobleme der israelitischen Literaturgeschichte, in: Ders., Reden und Aufsätze, Göttingen 1913, 29–38 (Zitat: 33).

Wie nah Gunkel mit diesen Einschätzungen den Vorstellungen alttestamentlicher Schriftsteller kommt, zeigt z. B. Jer 18,18, wo geradezu definitorisch die Zuordnung von Person (innerhalb einer Institution) und entsprechender Textgattung festgehalten wird: „Nie wird dem Priester die Weisung ausgehen, dem Weisen der Rat und dem Propheten das Wort."

Der Transfer auf das Neue Testament

Martin Dibelius (1883–1947) und Rudolf Bultmann (1884–1976) haben nur wenige Jahre später die Einsichten Gunkels für das Neue Testament aufgegriffen, allerdings in unterschiedlicher Vorgehensweise. Während Dibelius vom „Sitz im Leben" ausgeht und nach typischen Verwendungssituationen im Urchristentum fragt, denen er dann bestimmte Gattungen zuweist, also einen konstruktiven Weg wählt, geht Bultmann analytisch vor: Er ordnet die neutestamentlichen Texte zuerst bestimmten Gattungen zu und sucht dann für die verschiedenen Textsorten nach einem bestimmten „Sitz im Leben".[1] Es hat nahezu 50 Jahre gedauert bis ein neuer Vorschlag auf dem Markt erschien: In seiner „Formgeschichte des Neuen Testaments" von 1984 geht Klaus Berger von der griechischen Rhetorik aus und ordnet alle neutestamentlichen Gattungen den drei typischen Redeformen der griechischen Rhetorik zu, wie sie in der hellenistischen Welt verankert sind: der Beratungsrede (in der Volksversammlung), der Festrede und der Gerichtsrede.

Das Spannende und das Handicap

Halten wir fest: Die Gattungsanalyse hat die Kategorisierung von Texten mit gemeinsamen Strukturmerkmalen zum Ziel. Der „Sitz im Leben" will die typische Verwendungssituation für eine Gattung freilegen, fragt also nach der Kommunikationssituation, in der bestimmte Textsorten ihren Einsatz finden. Das Interesse der biblischen Exegese an der Gattungsfrage liegt auf der Hand: Wir wollen uns über die vorliegenden Texte an die ursprünglichen Alltagssituationen herantasten, in denen diese Texte normalerweise ihren Einsatz fanden. Über die Gattungsanalyse wollen wir die Signalfunktion und beabsichtigte Intention, also den kulturell vorliegenden Code für das Verständnis bestimmter Textsorten freilegen, wie er in den ursprünglichen sozialen Kontexten gegeben war und im Alltagsleben gelernt wurde. Gleichzeitig liegt unser großes Handicap offen zutage: Uns Spätgeborenen fehlt das kulturelle Wissen, das für die ursprünglichen HörerInnen unserer Texte selbstverständlich war. Während die Gattungsbestimmung durch entsprechende Vergleichstexte (auch aus dem paganen Umfeld) empirisch gut nachvollziehbar ist, bleibt der „Sitz im Leben", also das eigentlich Spannende an dieser Analyse, immer ein Konstrukt.

1 Vgl. das ausführliche Referat dieser beiden Klassiker mit weiterführenden Hinweisen und Arbeitsaufgaben bei H. CONZELMANN/A. LINDEMANN, Arbeitsbuch* § 9,3–4; in Kurzform bei H.-W. NEUDORFER/E. J. SCHNABEL, Studium* I 281f.

Kommunikationssituation mitgeliefert

Selten haben wir es so gut wie in 2 Sam 12,1–8, wo die Verwendungssituation einer Gattung innerhalb des Erzähltextes mitgeliefert wird: Der Prophet Natan erzählt dem König David eine Parabel (vgl. Aufgabe 17), durch die er die emotionale Reaktion des Königs herausfordern will – was dann auch tatsächlich geschieht. Und sie fällt heftig aus (vgl. V. 5f.). Nachdem aber die Parabel das Verhalten des Königs spiegelt, hat er sich damit selbst das Urteil gesprochen. Wie auch an anderen Beispielen gesehen werden kann (vgl. 2 Sam 14,1–20), zielt die Parabel als eine auf einen konkreten Einzelfall zugespitzte „Spiegelerzählung" darauf ab, eine (evtl. höher gestellte) Person zu einer bestimmten Einsicht zu führen, ohne jedoch zu verletzen oder anzuklagen. Mit Hilfe einer „Parallelgeschichte" soll das Gegenüber stimuliert werden, selbst zu der Erkenntnis zu gelangen, der sich der Verstand bisher verweigert hat. Oder wie es in 2 Sam 14,20 als Motivation für die Wahl der Gattung „Parabel" heißt: „Um der Sache ein anderes Gesicht zu geben …"

Hypothetische Erschließung

Meistens müssen wir den „Sitz im Leben" jedoch aus den Texten selbst erschließen, d. h. aus verschiedenen konkreten Realisierungsformen einer bestimmten Gattung. Hilfreich ist es, sich an folgenden Konstituenten zu orientieren: (1) an der Grundsituation, (2) an den am Kommunikationsgeschehen beteiligten Personen, (3) an der Kommunikationsabsicht. Nehmen wir als Beispiel die Todesanzeige. Hier lässt sich sehr schön zeigen, wie sich in spezifischen Punkten der „Sitz im Leben" einer modernen Todesanzeige von dem einer Todesanzeige aus der Alten Welt unterscheidet. Das Muster einer modernen Todesanzeige haben wir vor Augen, ihren „Sitz im Leben" sieht unser „inneres Auge" deutlich vor sich: Die Grundsituation ist ein Todesfall, die am Kommunikationsgeschehen beteiligten Personen sind auf der Senderseite die betroffenen Angehörigen, auf der Empfängerseite die Öffentlichkeit, die über das Medium der Zeitung benachrichtigt wird. Außer der bloßen Mitteilung des Todes besteht die Kommunikationsabsicht in der präzisen Bekanntgabe der Begräbnisrituale: Zeit und Ort von Requiem bzw. Beisetzung sowie gewünschte bzw. nicht erwünschte Verhaltensweisen (Beileidsbezeugung, Spendemöglichkeit).

Eine Todesanzeige aus Ägypten

Nun ein exemplarisches Textbeispiel für eine Todesanzeige aus der römischen Provinz Ägypten (von 141 n. Chr.):

> … eingetragen im Syriakischen Wohnblock. Mein Mann Heron, Sohn von Herakleides, dem Sohne des Patermuthes und der Kastorus, eingetragen in die Liste der Kopfsteuerpflichtigen des obengenannten Wohnblocks, ist gestorben im laufenden Hadriansmonat im 5. Jahre des Kaisers und Herrn Antoninus. Deshalb

bitte ich, dass sein Name eingetragen wird in die Liste der Verstorbenen, da er im gleichen Falle ist, indem ich schwöre beim Leben des Imperators und Kaisers Titus Aelius Hadrianus Antoninus Augustus Pius, dass obige Angaben wahr sind.
(*Von einer zweiten Hand geschrieben*) Gebucht von den Schreibern der Gauhauptstadt betr.: Heron.
(*Von einer dritten Hand geschrieben*) Ich, Leios, auch Dioskoros genannt, habe gestempelt im 5. Jahr des Kaisers und Herrn am 25. im Hadriansmonat.[2]

Auch hier ist die Grundsituation ein Todesfall. Verschiebungen allerdings ergeben sich hinsichtlich der am Kommunikationsgeschehen beteiligten Personen und der präzisen Kommunikationsabsicht. Die Frau des Verstorbenen richtet ihre Mitteilung in der Form eines Briefes offensichtlich an die zuständige Steuerbehörde. Der Text selbst gibt sozusagen das entsprechende Dienstzimmer an: Er soll dort bearbeitet werden, wo die „Liste der Kopfsteuerpflichtigen" bzw. die „Liste der Verstorbenen" geführt wird. Auch die präzise Kommunikationsabsicht kann durch den Text selbst erschlossen werden: Der Verstorbene soll aus der Steuerliste gestrichen werden und damit die nicht mehr nötige finanzielle Belastung für die Familie wegfallen. Genau besehen ist es der größere politisch-ökonomische Rahmen, also das römische Steuersystem in den Provinzen (vgl. die Ausführungen zu „Zöllner" in § 7/4.3), die den eigentlichen Hintergrund für diese Form der Todesanzeige abgeben: Mit dem Tod ihres Mannes will sich die Ehefrau der finanziellen Belastung, wie sie durch den Eintrag in die Steuerlisten gegeben ist, möglichst schnell entledigen. Die Mitteilung des Todes an die „Öffentlichkeit" war nicht das eigentliche Problem. Durch die Trauerriten, allen voran das Geschrei der Klagefrauen, war der Tod innerhalb des Dorfes oder Wohnbezirkes ohnehin sofort bekannt. Die Bestattung fand gewöhnlich am gleichen Tag statt. Jeder wusste, was er zu tun hatte. Besondere Anweisungen, wie etwa in der modernen Todesanzeige, sind nicht nötig. Dagegen entsprechen die beiden Hinzufügungen, die in unserem Beispiel von einer zweiten und dritten Hand geschrieben sind, wiederum der Gesamtintention: Der Tod des Mannes muss für die Steuerbehörde durch zwei Zeugen bestätigt werden. Von der Gesamtfunktion her entspricht diese Art von „Todesanzeige" in unserem heutigen Lebenskontext etwa dem To-

2 Zitiert nach H. THIERFELDER, Unbekannte antike Welt. Eine Darstellung nach Papyrusurkunden, Gütersloh 1963, 172.

tenschein, der vom Arzt ausgestellt wird, die Leiche zur Bestattung freigibt und dann an die verschiedenen Ämter weitergeleitet wird.

Dieses Beispiel von der „Todesanzeige“ in unterschiedlichen Zeiten und kulturellen Zusammenhängen zeigt sehr anschaulich, wie die untersuchte Textsorte selbst Indizien für ihren „Sitz im Leben“ freigibt, sobald entsprechende Suchkriterien eingesetzt werden. Andererseits wird augenscheinlich, wie stark die Ausformung einer Gattung mit den konkreten sozialen, politischen und ökonomischen Gegebenheiten verflochten ist. Die sozialgeschichtlich orientierte Exegese hat in den vergangenen 20 Jahren ein immenses Datenmaterial aufgearbeitet und das Alltagsleben sowohl in Palästina unter römischer Herrschaft als auch in den römischen Provinzen plastisch vor Augen gestellt. Klaus Berger hat in seiner „Einführung in die Formgeschichte“ (vgl. 6.1) exemplarische Beispiele speziell im Blick auf die Methodik der Gattungsfrage vorgestellt und diskutiert.

K. BERGER, Einführung** 144–152 („Nachahmende Gattungen“).

Folgeprobleme

So genial der Vorstoß in Sachen „Gattung“ bzw. „Sitz im Leben“ am Anfang des vergangen Jahrhunderts war, die Pioniere der Forschung haben uns schwer zu lösende Folgeprobleme hinterlassen, die aufzuarbeiten und zu diskutieren die weitere Forschung nicht müde wurde, ohne jedoch die Paradigmen über Bord werfen zu können. Für Gunkel sind „Gattung“ sowie „Sitz im Leben“ prinzipiell Phänomene der *mündlichen* Tradition. Im „Volksleben“, und nur hier, verankerte er die *reine Form* einer Gattung, die beim Aufgreifen der Traditionen durch spätere Schriftsteller verbessert und umgebogen wird. Gebannt von der Frage nach den *Ursprüngen* der Jesusüberlieferung setzten Bultmann und Dibelius die Paradigmen „Gattung“ und „Sitz im Leben“ dazu ein, um auf der Zeitachse *vor* die schriftliche Tradition der neutestamentlichen Überlieferungen und über die schriftlichen Traditionen hinaus auf das Leben der ersten christlichen Gemeinden zu stoßen. Zu Recht wurde in der Kritik herausgestellt, (1) dass die mündliche Überlieferung grundsätzlich völlig anderen Gesetzmäßigkeiten folgt als die schriftliche und deshalb dieser Graben nicht ohne Weiteres und vor allem nicht unreflektiert übersprungen werden kann. Zu Recht wurde (2) der prinzipiell soziologische Charakter des Phänomens „Sitz im Leben“ angemahnt; auch schriftlich fixierte Texte haben einen soziologisch definierten Gebrauchskontext. Folgende gravierende Fragen bleiben: (1) Lassen sich für die neutestamentlichen Überlieferungen überhaupt Verbindungslinien von mündlicher zu schriftlicher Überlieferung ziehen bzw. kann von der vorliegenden schriftlichen Tradition noch auf eine vorausliegende mündliche Tradition begründet zurückgeschlossen werden? (2) Inwiefern verändert sich der „Sitz im Leben" eines (postulierten) mündlichen Textes, wenn er in einen schriftlichen Text überführt bzw. in einen größeren schriftlichen Zusammenhang aufgenommen wird?

Textbeispiel

Führen wir uns diese Probleme an einem Beispiel vor Augen. In seinem Gattungsbuch „Jetzt verstehe ich die Bibel" zitiert Gerhard Lohfink folgenden Text von Wilfred Thesiger, der 1945–1950 Südarabien durchstreifte. Es geht um die Begegnung zweier Karawanen:

> Nun rief Mahsin, den ich an seinem Hinkebein erkannte: „Salam Alaikum." Und wir antworteten im Chor: „Alaikum al-Salam." Dann kamen sie im Gänsemarsch an uns vorüber und begrüßten jeden mit dem dreifachen Nasenkuß, wobei die Nase die des anderen rechts, links und noch einmal rechts berührt, und stellten sich uns gegenüber auf. Tamtaim sagte zu mir: „Frage sie nach Neuigkeiten." Ich aber antwortete: „Nein, tu du das. Du bist der Älteste." Tamtaim rief: „Was habt ihr Neues zu berichten?" Mahsin antwortete: „Nur Gutes." Wieder fragte Tamtaim: „Ist einer gestorben? Ist einer fortgegangen?" Sofort kam die Antwort: „Nein! Sag so etwas nicht!" Frage und Antwort waren so unveränderlich wie die des Wechselgesangs einer Litanei. Ganz gleich, was sich tatsächlich ereignet hatte, sie änderten sich nie. Die Ankömmlinge hätten mit Räubern gekämpft, die Hälfte ihrer Leute verloren und noch immer unbestattet haben können, ihre Kamele hätten geraubt sein, jederlei Unglück, Hunger, Durst oder Krankheit hätte sie getroffen haben können, und doch hätten sie bei dieser ersten offiziellen Begrüßung niemals etwas anderes gesagt als: „Nur Gutes." Nun kehrten sie zu ihren Kamelen zurück, nahmen die Sättel ab, banden die Vorderbeine zusammen und ließen die Tiere laufen. Inzwischen hatten wir Teppiche für sie ausgebreitet, und Tamtaim rief Bin Anauf zu, er möge Kaffee bereiten. Als dies geschehen war, stellte Musallim vor jeden der Männer eine Schale mit Datteln, schenkte stehend den Kaffee aus und reichte Mahsin und den anderen in der Reihenfolge ihres Ansehens den Kaffee. Sie tranken, aßen Datteln und bekamen neuen Kaffee. Nun endlich sollten wir ihre Neuigkeiten erfahren.[3]

3 W. THESIGER, Die Brunnen der Wüste. Mit den Beduinen durch das unbekannte Arabien, München 1959, 103.

Wechselnder „Sitz im Leben“

An diesem Beispiel lässt sich bestens demonstrieren, wie sich ein „Sitz im Leben“ mehrmals verändern kann, wobei der eigentliche Text, um den es geht, aufgrund der Strukturen, die die Gattung vorgibt, vom mündlichen bis zum schriftlichen Einsatz praktisch gleich bleibt. Geschildert wird das Begrüßungszeremoniell zweier Karawanen. Zu diesem Zeremoniell gehört die „Lüge“ als Baustein der Höflichkeit. Funktion dieses Sprachrituals ist offensichtlich, sich behutsam und allmählich einander anzunähern und die wirklichen, eventuell schrecklichen Begebenheiten einander in Ruhe mitzuteilen – nach dem Essen. Abgedruckt ist dieser Text innerhalb eines Reiseberichts, nämlich des Buches von Thesiger, das den Titel trägt „Die Brunnen der Wüste“. Innerhalb dieses Buches dient dieser Text natürlich nicht mehr der Kontaktaufnahme, sondern will vielmehr Informationen über eine exotische Begrüßungsform weitergeben, gerichtet an ein Publikum, das sich für ferne Länder und Gebräuche interessiert. Wenn dieser Text nun in einem Methodenbuch abgedruckt wird (wie bei Lohfink[4] oder hier), dann hat er seine Funktion erneut verändert: Er dient als Beispiel für ein Gattungsmuster und dessen „Sitz im Leben“.

Es ist also jeweils der große literarische Rahmen, der das Vorzeichen vor die Funktion der integrierten Einzeltexte setzt: Der ursprüngliche „Sitz im Leben“ eines Textes wird, sobald er in einen größeren (schriftlichen) Zusammenhang aufgenommen wird, durch die Funktion der jeweiligen Rahmengattung überlagert.[5] In unserem Fall ist dies ganz einfach schon an den Buchtiteln ablesbar, die ihrerseits auf die Gattung der entsprechenden Bücher hinweisen: Reisebericht bzw. Methodenbuch. Für sich gelesen jedoch „bewahrt“ der in einem größeren Zusammenhang aufgenommene Text seinen ursprünglichen „Sitz im Leben“, auch wenn er im neuen Kontext nicht mehr zur Geltung kommt.

Will man den ursprünglichen „Sitz im Leben“ eines Textteils eruieren, muss man genau das tun, was wir für die Gattungsbestimmung als ersten Schritt veranschlagt haben: einen sinnvollen Textabschnitt, wir nannten das eine „kleine Einheit“ (vgl. § 4/1), aus dem Gesamttext „ausschneiden“, also Literarkritik betreiben. Kon-

4 G. LOHFINK, Jetzt verstehe ich die Bibel. Sachbuch zur Formkritik (10 Sachbücher zur Bibel), Stuttgart 1992, 24.

5 W. RICHTER, Exegese als Literaturwissenschaft. Entwurf einer alttestamentlichen Literaturtheorie und Methodologie, Göttingen 1971, 117, hat in diesem Zusammenhang die Rede vom „Sitz in der Literatur“ eingeführt. Das ist eigentlich irreführend: Zum einen muss der übergeordnete Zusammenhang nicht unbedingt in schriftlicher Form vorliegen, zum anderen ist auch der „Sitz in der Literatur“ ein „Sitz im Leben“, ist also durch seine soziologischen Komponenten bestimmt.

kret: das Begrüßungszeremoniell, wie es Thesiger schildert, von seinem sekundären literarischen Kontext isolieren - und dann nach seiner ursprünglichen Intention fragen. So hat das bereits Lohfink getan, und ich habe den Vorgang - im Rückgriff auf den Originaltext - wiederholt.

Mündliche Performance und die Gattung als Rückgrat

Auch der Übergang von mündlicher zu schriftlicher Tradition lässt sich an diesem Beispiel gut verifizieren. Das beschriebene Ritual ist so elementar, dass es sich ganz leicht einprägen lässt und ziemlich unbeschadet in eine schriftliche Form überführt werden kann. Dabei stoßen wir auf ein orientalisches Begrüßungsraster, das uns in seiner Grundstruktur bereits in Gen 18 geschildert wird: zuerst miteinander essen, dann miteinander reden.

Nun haben folkloristische Forschungen ergeben, dass mündliche Tradierung nicht statische Reproduktion bedeutet, sondern jeweils kreative Neuschöpfung - je nach Adressaten und Situation. „Kontinuität besteht nur in den allgemeinen narrativen Strukturen, bestimmten Gattungsmerkmalen, Motiven und Themen."[6] Genau darum geht es: Die Gattung gibt die Struktur vor.[7] Innerhalb der mündlichen Tradition aktualisiert der Sprecher seinen Stoff entlang diesem Geländer. Im Grunde geht der schriftliche Bearbeiter genauso vor. Der Orientreisende Thesiger fügt - für sein Publikum - kommentierende Bemerkungen in das Zeremoniell ein, die dessen Sinn bzw. Besonderheiten erläutern sollen.

Rekonstruktion „mündlicher Vorlagen"

Angesichts der brisanten Fragen an die Gattungsforschung können wir mit der exemplarischen Betrachtung des orientalischen Begrüßungszeremoniells zwei wichtige Erkenntnisse für das methodische Vorgehen an unseren neutestamentlichen Texten gewinnen: (1) Wenn wir einzelne Textteile aus unseren neutestamentlichen Schriften literarkritisch isolieren, dann wollen wir keineswegs behaupten, damit die mündliche Vorlage rekonstruiert zu haben. Vielmehr legen wir das Raster frei, das wohl auch bei der (vorausgehenden) mündlichen Performance im Hintergrund stand. Nicht immer haben wir klare Zeugnisse dafür, dass eine postulierte Gattung auch wirklich in der mündlichen Tradition Einsatz fand. Für manche Kleingattungen ist eine mündliche Vorgeschichte sogar ausgeschlossen, etwa für die Summarien, die vorausgehende Erzählungen

6 G. SELLIN, Gattung** 316.

7 Vor diesem Hintergrund macht es überhaupt keinen Sinn, von einer „reinen Form" zu sprechen. Sie steht weder am Anfang (so Gunkel), noch am Ende der mündlichen Überlieferungsphase (so K. HAACKER, Wissenschaft** 56-63). Die Gattung gibt die Struktur vor, die die je neue, nach Publikum und konkreter Situation verschiedene Ausgestaltung koordiniert.

zusammenfassen und als exemplarische Einzelfälle für eine viel größere Anzahl derartiger Ereignisse darstellen wollen (vgl. z. B. Mk 1,32–34.39; 3,7–12).

Für andere Kleingattungen dagegen, etwa die sogenannten Akklamationen (vgl. Röm 10,9: „Herr [ist] Jesus“), bekommen wir das gemeinantike Fluidum dieser Gattung innerhalb von Schilderungen großer Auftritte von Machthabern und Herrschern, denen von den Publikumsmassen „Akklamationen“ zugerufen werden, plastisch mitgeliefert.

📖 W. EGGER, Frohbotschaft und Lehre. Die Sammelberichte des Wirkens Jesu im Markusevangelium (FTS 19), Frankfurt a. M. 1976. – W. WOLTER, Art. Akklamation, in: NBL I (1991) 69f.

Klein- und Groß-gattungen

(2) Auch im Neuen Testament wird die ursprüngliche Funktion einer Kleingattung durch die Funktion der jeweiligen Rahmengattung, in deren Kontext hinein der ursprüngliche Text integriert wurde, überlagert. Die entscheidenden Großgattungen der neutestamentlichen Überlieferung sind Brief und Evangelium. Paulus z. B. greift in seinen Briefen auf eine ganze Reihe von Kleingattungen zurück, vor allem liturgische Elemente, aber auch Gattungen, die eher im paganen Schrifttum verankert sind wie Haustafeln, Tugend- und Laster- sowie Peristasenkataloge. Innerhalb seiner Briefe, deren Ziel es ist, den Kontakt mit den einzelnen Gemeinden aufrecht zu erhalten und anstehende Probleme zu diskutieren, wird die ursprüngliche Intention der genannten Kleingattungen dieser neuen Intention, also vor allem der paulinischen Argumentation untergeordnet. Die Evangelien werden von der neueren Forschung im Rahmen der antiken Viten gelesen, die in der vor Augen gestellten Hauptfigur dem Leser einen Lebensbegleiter an die Hand geben wollen. Von dieser Gesamtintention der Rahmengattung her fungieren dann die einzelnen Wundergeschichten, Apophthegmen usw. als Beispiele dafür, Jesus als Lebensbegleiter zu charakterisieren. Dabei kann der jeweilige Redaktor natürlich beim Aufgreifen der entsprechenden Traditionen kleinere Veränderungen vorgenommen haben, um seine Intention, die im Horizont der Rahmengattung „Vita“ steht, noch deutlicher zu unterstreichen.[8]

📖 D. FRICKENSCHMIDT, Evangelium als antike Biographie, in: Zeitschrift für Neues Testament 1,2 (1998) 29–39.

8 In Analogie zu den hier verwendeten Kategorien spricht M. REISER, Sprache** 92–194 von „Großformen“ und „Kleinformen“; D. DORMEYER, Formen** trennt zwischen mündlichen Erzählformen bzw. -gattungen und schriftlicher neutestamentlicher Literatur.

2 *Praktisches Vorgehen*

Der „Sitz im Leben" bezieht sich immer auf die typische Verwendungssituation einer Gattung, also eines Texttyps. Trotzdem lässt sich die konkrete Arbeit kaum anders als an einer Gruppe von Einzeltexten durchführen, die exemplarisch für die Gattung stehen.

2.1 Die Gunkel-Fragen …

Die vier Fragen

Hermann Gunkel, der Ahnvater der Gattungsforschung, hat vier Fragen etabliert, die bis heute schnell zu einem brauchbaren Ergebnis führen, wenn es darum geht, den „Sitz im Leben" einer Textsorte grob zu umreißen.

Die Gunkel-Fragen zum „Sitz im Leben"

1. Wer ist es, der redet?
2. Wer sind die Zuhörer?
3. Wie lässt sich die zugrunde liegende kommunikative Situation beschreiben?
4. Welche Wirkung wird erstrebt?

Leider ist die Treffsicherheit dieser Leitfragen an die Intuition des jeweiligen Bearbeiters gebunden. Was den Gunkel-Fragen fehlt, ist einerseits die methodisch kontrollierbare Rückbindung an die Texte, andererseits die Einbeziehung der historischen Entstehungsbedingungen, also die ausdrückliche Verankerung der Textsorte in der sozialen Welt ihrer Produzenten.

2.2 … und ihre methodische Präzisierung

Pragmatische Analyse

Beide Defizite lassen sich durch verfeinerte Verfahren beheben. Zunächst kann auf einen Methodenschritt innerhalb der synchronen Analyse zurückgegriffen werden: auf die pragmatische Analyse (vgl. § 2/2.3.2c). In einem methodisch überprüfbaren Verfahren werden damit nämlich präzise die Gunkel-Fragen 3 und 4 zum Gegenstand der Untersuchung gemacht. Es ist ja das erklärte Ziel der pragmatischen Analyse, nach der kommunikativen Absicht eines Textes zu fragen, einen Text als *Botschaft* zwischen Sender und Empfänger zu verstehen und aufgrund der Textanalyse Rückschlüsse auf Sender und Empfänger zu ziehen, mit einem Wort: die Kommunikationssituation freizulegen, in der ein bestimmter Text als Medium fungiert. Das aber ist genau die Grundkonstellation, von der die gesamte Gattungskritik ausgeht. Die Freilegung der Kommunikationssituation entspricht präzise der Basisdefinition von „Sitz im Leben" als typischer Verwendungssituation eines Textes.

Rückschlussverfahren

Für die spezielle *historische Verortung* der Kommunikationssituation hat Gerd Theißen im Anschluss an die (unterschiedlichen) Vorgehensweisen von Bultmann und Dibelius, also den Altmeistern der Gattungsforschung im neutestamentlichen Bereich (vgl. 1), ein dreigliedriges Rückschlussverfahren entwickelt, dessen Ziel es ist, die soziale Welt, in der die Textsorten ursprünglich gebraucht wurden, klarer in den Blick zu bekommen und damit auch hinsichtlich der ersten beiden Gunkel-Fragen konkretere Informationen zutage zu fördern. Es handelt sich (1) um ein analytisches Rückschlussverfahren, das von den Textstrukturen der Gattung ausgeht, (2) um ein konstruktives, das die Gattung mit immer wiederkehrenden Gebrauchssituationen der urchristlichen Bewegung in Verbindung bringt, sowie (3) um ein komparatives Verfahren, das nach Analogien in jüdischer und hellenistischer Literatur sucht. Alle drei Schritte ergänzen und kontrollieren sich gegenseitig. Je nach Textsorte und Quellensituation werden die Erkenntnisgewinne in den drei Schritten unterschiedlich erhellend sein.

🕮 G. THEISSEN, Die soziologische Auswertung religiöser Überlieferungen. Ihre methodologischen Probleme am Beispiel des Urchristentums, in: Ders., Studien* 35–54.

2.2.1 *Das analytische Rückschlussverfahren*

Das analytische Rückschlussverfahren geht von den typischen Textstrukturen der Gattung aus und sucht nach Daten, die sich evtl. für den Rückschluss auf die zugrunde liegende Kommunikationssituation auswerten lassen.

Soziologische Daten

Das können *soziologische Daten* sein. Entsprechende Fragen wären: Welche soziale Stellung bekleiden die Rollenträger der Texte?[9] Lassen sich typische Konstellationen erkennen, etwa Abhängigkeitsverhältnisse, Gleichrangigkeit, Zugehörigkeit zu bestimmten Gruppierungen der Gesellschaft usw.? Auf welche typischen Interaktionen verweisen prägende Stichworte und Vorstellungsfelder? Welche Lebensbereiche kommen in den Blick, etwa agrarische Verhältnisse bzw. städtische Kultur?

Rhetorische Daten

Von Interesse sind auch *rhetorische Daten:* Liegen erzählende, beschreibende oder argumentative Texte vor? Werden Thesen einander gegenübergestellt, evtl. gebunden an bestimmte Figuren? Oder geht es eher um die Erläuterung eines Sachverhaltes? Werden Ratschläge erteilt oder Anweisungen gegeben? Sind die Texte mit rhetorischen Figuren durchsetzt (sich wiederholende Satzanfänge, Parallelisierungen, Kontrast-

9 Es geht also nicht, wie bei der pragmatischen Analyse, um die *Funktion* der Rollenträger innerhalb der Textwelt!

strukturen)? Schließlich kann nach *wissenssoziologischen Daten* gesucht werden: Von welchen konzeptionellen Voraussetzungen geht der Text aus? Wird das Eingreiqfen göttlicher Macht in den Ablauf der Welt als etwas ganz Selbstverständliches erzählt? Welche Bedeutung wird derartigen Ereignissen beigemessen? Oder bleibt der Text in rein rationalen Begründungszusammenhängen? Welche Wertvorstellungen finden sich im Text? Werden religiöse Kategorien angesprochen? Welche Autoritätsstrukturen werden anerkannt bzw. abgelehnt?

Wissens-soziologische Daten

Mit diesen ersten Vorsondierungen kann bereits das Milieu abgesteckt werden, in dem der Text zum Einsatz kommt bzw. in das der Text hineinsprechen soll.

2.2.2 *Das konstruktive Rückschlussverfahren*

Die urchristliche Bewegung

Das zweite Rückschlussverfahren versucht, das zunächst hypothetisch beschriebene Milieu der Kommunikationssituation mit möglichen Szenarien der urchristlichen Bewegung in Verbindung zu bringen. Dazu gehören vor allem der *Wanderradikalismus* (s. Aktuelles Lexikon) der ersten Anhänger Jesu, die wie er selbst alles verlassen haben und ohne Besitz und sozialen Rückhalt seine Verkündigung weiterführen. Außer dem Ziel, Anhänger für die Botschaft zu finden, im besten Fall Gastfreundschaft in fremden Häusern, stehen Sorgen um das Alleralltäglichste im Vordergrund: um Nahrung und Kleidung, um die Sicherheit unterwegs.

Wander-radikalismus

Haus-gemeinden

Ein zweites Feld sind die *Hausgemeinden*, in denen sich das Leben der frühen, oft sehr kleinen christlichen Gemeinden abspielt.[10] Sind die Wanderradikalen die mobilen, so die Hausgemeinden die stabilen, lokal gebundenen Zentren der urchristlichen Bewegung. Hier wird Gastfreundschaft gewährt: auf der einen Seite den Wanderradikalen bzw. missionierenden Aposteln, denen die Hausgemeinden als eine Art Stützpunkt dienen, auf der anderen Seite den weiteren Anhängern der Bewegung, die vor Ort gewonnen werden konnten. In den Häusern finden die Zusammenkünfte statt, wird das Herrenmahl gefeiert, werden Probleme diskutiert, wird gebetet und dem Wort der Schrift zugehört. Es geht also um die Strukturierung von gemeinsamen Veranstaltungen und die Organisation einer wachsenden Anhängerzahl, d. h. aber gleichzeitig: Es geht um die

10 Nach H.-J. KLAUCK, 1. Korintherbrief (NEB.NT 7), Würzburg [4]2000, 8, hatte die Gemeinde von Korinth kaum mehr als 200 Mitglieder. Sie verteilen sich evtl. auf vier Hausgemeinden. Auf diese Zahl kommt man, wenn man die „Parteien" der korinthischen Gemeinde, deren Slogans Paulus in 1 Kor 1,12 zitiert, jeweils einer Hausgemeinde zuordnet.

nicht immer leichte Kooperation mit anderen Hausgemeinden vor Ort.

Konflikte

Damit ist das Szenario der *Konflikte und Autoritätsfragen* angesprochen. Das betrifft die Frage der Leitungsstrukturen genauso wie die der Streitkultur. Dabei lassen sich noch einmal folgende Felder unterscheiden: Konflikte, die Hausgemeinden bzw. Gruppierungen innerhalb von Hausgemeinden unter sich austragen; Autoritätsansprüche, die von außerhalb an die Hausgemeinden gestellt werden. Das ist z. B. für Paulus der Fall, der seinerseits eher dem Phänotyp der Wanderradikalen zuzurechnen wäre. Er nimmt seinen Gemeinden gegenüber eine Autorität in Lehre und Organisationsfragen für sich in Anspruch. Schließlich gibt es Konflikte unter den Missionaren selbst, sei es, dass sie auf die gleichen Hausgemeinden einzuwirken versuchen, sei es, dass sie unterschiedliche theologische Optionen verfolgen.

Grob gesagt sind es also vor allem drei Aktionsfelder, innerhalb derer sich die Kommunikationsstrukturen der urchristlichen Gemeinden bewegen: Mission (nach außen gerichtet), Strukturierung eines gemeinschaftlichen Lebens (nach innen gerichtet) sowie die Konformität bzw. Abgrenzung von anderen christlichen Gruppen bzw. gegenüber jüdischen Gruppen und heidnischer Umwelt (auf der Schwelle). In allen drei Bereichen spielen Autoritätsfragen und Konfliktbewältigung eine Rolle.

Quellen

Als Quellen für diese Szenarien stehen uns die Apostelgeschichte und vor allem die paulinischen Briefe zur Verfügung. Sie sprechen Gemeindestrukturen und -probleme direkt an. Dass natürlich auch Paulus bzw. Lukas ihre eigenen Absichten verfolgen, kann für unseren Zweck zunächst einmal ausgeblendet werden; dass andererseits die Aktions- und Problemfelder, die in den paulinischen Briefen zur Sprache kommen, paradigmatisch auch für andere Gemeinden gelten, setzen wir grundsätzlich voraus.

2.2.3 Das komparatistische Rückschlussverfahren

Im Kontext der Umwelt

In diesem Schritt werden Analogien für die Gebrauchssituation der entsprechenden Gattung in der jüdischen und der hellenistischen Umwelt gesucht. Ziel ist nicht nur, die bisherigen Ergebnisse durch Material außerhalb des Neuen Testaments zu bestätigen, sondern auch die christlichen Literaturformen bewusst im Kontext des jüdischen Mutterbodens sowie der paganen Umwelt zu lesen und zu verstehen, sie also in die gesellschaftlich üblichen Kommunikationsstrukturen der Antike einzubinden.

Am schlagkräftigsten sind die Analogien natürlich, wenn wir Texte ausfindig machen können, die nicht nur die Gattung belegen, sondern gleich auch noch die typische Gebrauchssituation im erzählerischen Kontext mitliefern, wie das z. B. bei der Heraklesfabel in den *Memorabilia* des Xenophon (vgl. § 0/Lösung 7) oder bei der Parabel des Propheten Natan der Fall war (vgl. 1). Aber wir können uns schon zufrieden geben, wenn wir aus dem Überlieferungskontext wenigstens noch Hinweise auf die Gebrauchssituation entnehmen können, z. B. die Institutionen, die für die Produktion einer bestimmten Gattung in Frage kommen oder die im Zusammenhang mit bestimmten wissenssoziologischen Voraussetzungen stehen, typische Rollenkonstellationen oder Adressatenbezüge. Es genügt eigentlich schon, wenn der Vergleich wenigstens in einem Punkt zu definitiven Konkretisierungen führen kann.

Hinweise auf die Gebrauchssituation

Für die Gattung „Apophthegma" werden die drei skizzierten Rückschlussverfahren im folgenden Punkt exemplarisch durchgeführt. Für die Gattungen dagegen, die das Thema „Nachfolge" bzw. „Berufung" behandeln, sollen in einem abgekürzten Verfahren lediglich die wesentlichen Ergebnisse vorgetragen werden, um zu zeigen, dass das gleiche Thema in unterschiedlichen Kommunikationsstrukturen mit entsprechend unterschiedlicher Zielsetzung versprachlicht werden kann.

3 Demonstration

3.1 Der „Sitz im Leben" der Apophthegmen

3.1.1 Analytisches Rückschlussverfahren

Nehmen wir die Apophthegmen aus dem Textblock Mk 2,1–3,6, also das Zöllnermahl (Mk 2,15–17), die Fastenfrage (Mk 2,18–22) sowie das Ährenraufen am Sabbat (Mk 2,23–28), als exemplarische Beispiele für die Gattung[11] und beginnen mit Beobachtungen zu den *soziologischen Daten*. Auffällig hinsichtlich der Rollenträger erscheint dabei, dass als Opponenten nicht Einzelpersonen, sondern jeweils Gruppierungen auftreten bzw. genannt werden: Johannesjünger (Mk 2,18), Pharisäer (Mk 2,18.24) sowie speziell deren Schriftgelehrte (Mk 2,16). Es geht also um religiöse Gruppierungen im Frühjudentum samt ihren Spezialisten, die für die Lehre und religiöse Praxis zuständig sind (vgl. § 7/4.1 und 4.2). Ihnen gegenüber steht

Soziologische Daten

11 Gemäß der für das Neue Testament üblichen Differenzierung stehen hier also die Streitgespräche (im Unterschied zu den Schulgesprächen) zur Debatte.

ebenfalls eine Gruppe: die Jünger – zusammen mit ihrem Meister, präziser übersetzt: die Jesusschüler mit ihrem Lehrer Jesus.

Die Themen, die zur Sprache kommen, betreffen genau die Felder, die im Zentrum der Praxis dieser religiösen Gruppierungen stehen: Fastenverhalten, Mahlverhalten, Sabbatregeln und Reinheitsvorschriften, wenn wir das Apophthegma Mk 7,1–15 noch hinzunehmen. Auffällig wiederum ist, dass entweder Jesus wegen des Verhaltens seiner Schüler zur Rede gestellt wird (Mk 2,18.24; 7,5) oder die Schüler wegen des Verhaltens ihres Lehrers angefragt werden (Mk 2,16). In beiden Fällen übernimmt er die Verteidigung für das offensichtlich mit anderen Gruppierungen nicht kongruente Verhalten. Jesus stellt sich *vor* seine Schüler und deren abweichende Praxis.

Rhetorische Tiefenstruktur

Obwohl die Apophthegmen über einen erzählerischen Rahmen verfügen (ideale Szene), bestehen sie doch zum allergrößten Teil aus Rede und Gegenrede. In der *rhetorischen* Tiefenstruktur liegen Elemente einer Argumentation vor. Denn mit dem, was die jüdischen Gruppen vertreten, und dem, was Jesus für sich und seine Jünger in Anspruch nimmt, stehen sich These und Antithese gegenüber. Robert Tannehill spricht von *stimulus* und *response*.

Szene und Anfrage	Antwort Jesu
stimulus	*response*
aktuelles Problem, in Frage gestellte Praxis	Argument für die vertretene Option

R. C. Tannehill, Types and Functions of Apophthegms in the Synoptic Gospels, in: ANRW II/25,2 (1984) 1792–1829.

Allerdings wird nicht einfach eine Debatte protokolliert oder nachgezeichnet, sondern es kommt offensichtlich darauf an, mit der Anfrage der jüdischen Gruppen ein offenes Problem zur Sprache zu bringen und mit der Antwort Jesu die Diskussion zu *beenden*. So jedenfalls suggeriert es der Text. Es wird keine Reaktion auf Seiten der Fragesteller erzählt. Nichts davon, ob sie die Antwort Jesu überzeugt oder nicht. Die Reaktion soll offensichtlich in den Reihen der Hörer erfolgen!

Wissens-soziologische Aspekte

Das führt zu einem *wissenssoziologischen Aspekt:* Für die Hörer dieser Geschichte ist Jesus offensichtlich eine Autorität, die fraglose Anerkennung besitzt. Die Gruppe der Täufer oder der Pharisäer, noch dazu deren Schriftgelehrte, hätten sich mit den Antworten Jesu sicher nicht zufrieden gegeben. Dafür muss man nur die schier endlosen Debatten in der talmudischen Literatur (s. Aktuelles Lexikon „Mischna“) nachschlagen, wo die Probleme bis in ihre feinsten Details diskutiert - und eigentlich nie einer endgültigen Lösung zugeführt werden.

Innerhalb der christlichen Gemeinden

Die Antworten Jesu setzen zum einen auf alltäglich einsehbare Überzeugungsarbeit, lassen sich also gar nicht auf die Debattierlust der Schriftgelehrten ein. Manchmal verweisen seine Antworten auf bekannte biblische Geschichten (vgl. Mk 2,25f.; 10,4–8) oder Prophetenworte (Mk 7,6f.), in vielen Fällen, so in unserer Beispielreihe, begegnen jedoch Alltagsweisheiten (Mk 2,17.19.21f.) oder ein Sinnspruch (Mk 2,27), also „Argumente“, die gerade für ein weniger gebildetes Publikum attraktiv sind. Erst in zweiter Linie findet sich eine christologische Verstärkung: „Und nicht kann ich ...“ (Mk 2,17) oder: „Deshalb ist der Menschensohn Herr auch ...“ (Mk 2,28). Ist die eher volkstümliche Ebene der Alltagsweisheit einer wirklichen Debatte mit jüdischen Spezialisten unangemessen, so ist die christologische Ebene für sie ja gerade inakzeptabel. Es scheint so, als wären diese Geschichten für den Gebrauch innerhalb der christlichen Gemeinden gedacht, erzählt und gesprochen von den „Schülern“, die inzwischen selbst „Lehrer“ für andere geworden sind.

3.1.2 Konstruktives Rückschlussverfahren

Jüdische Sonderbewegung

Wir wissen, dass sich Jesus zwar an ganz Israel gewandt hat, aber nur einige wenige sich ihm und seiner Botschaft angeschlossen haben. Was als innerjüdische Reformbewegung begann, wurde bald zu einer Sonderbewegung, die sich zunächst innerhalb des Judentums zu behaupten versuchte, sich dann allerdings immer mehr im Gegenüber zu den jüdischen Gruppierungen und schließlich zum Judentum insgesamt verstand, bevor sie als unterscheidbare christliche Gruppierung innerhalb der paganen Welt das jüdische Erbe zu retten versuchte.

Im Blick auf diese grob gezeichneten Entwicklungsphasen des Urchristentums fallen die Apophthegmen in die Phase der Abgrenzung von anderen jüdischen Gruppierungen. Es geht darum, innerhalb des vieltönigen Konzerts die eigene Stimme erklingen zu lassen, ein eigenes Profil gegenüber anderen Strömungen und etablierten Gruppierungen des Judentums zu gewinnen, die eigene Identität durch Abgrenzung zu sichern.

Konfliktszenarien

Nehmen wir nun die Apostelgeschichte als christliches Zeugnis dieses Weges zur Hand, wird von diesen Abgrenzungsversuchen in zwei unterschiedlichen Konfliktszenarien erzählt. Da sind zum einen die Konflikte mit jüdischen Institutionen: Der Hohe Rat lässt Petrus und Johannes verhaften und will ihnen generelles Lehrverbot erteilen (Apg 4f.); Stephanus wird von Vertretern anderer Synagogengemeinden in Jerusalem zur Rede gestellt (Apg 6f.). Jüdischerseits, so erzählt es die Apostelgeschichte, wird man also auf die öffentlichen Aktivitäten einer neuen Bewegung aufmerksam und versucht, ihr Existenzrecht zu bestreiten. Im Fall des Stephanus endet der Konflikt tödlich.

Das zweite Konfliktszenario spielt sich *innerhalb* der christlichen Gemeinden ab, präziser: zwischen den prominenten Köpfen der urchristlichen Bewegung. Es ist immer der gleiche Vorgang: Einzelne führende Gestalten machen einen bestimmten Vorstoß und müssen sich dafür vor anderen rechtfertigen. Petrus kehrt auf seiner ersten Missionsreise in der Küstenebene Israels in das Haus eines Heiden in Cäsarea ein (Apg 10). Die Mitbrüder in Jerusalem stellen ihn deswegen zur Rede, Petrus muss sich vor ihnen verteidigen (Apg 11,1–18). Als Leute aus dem Kreis des Jakobus in der christlichen Gemeinde von Antiochia in Syrien auftreten, gibt es größte Schwierigkeiten, weil dort christlich gewordene Juden mit christlich gewordenen Heiden an einem Tisch essen. Es kommt, so erzählt es Paulus in Gal 2,11–14, zu schärfsten Auseinandersetzungen zwischen ihm und Petrus, der hier einen Rückzieher macht (s. Aktuelles Lexikon „Antiochenischer Zwischenfall“). Die Reihe ließe sich fortsetzen. Deutlich wird: Es ist dieses Szenario, in dem – hier beispielhaft am Problem der Mahlpraxis vorgeführt – genau die Themen behandelt werden, die auch in den Apophthegmen zur Debatte stehen. Und man gewinnt den Eindruck, dass es die führenden Köpfe der urchristlichen Bewegung sind, die hier theologisch miteinander um die konkrete Praxis streiten.

Tastende Versuche

Nehmen wir hinzu, dass es ja z. T. ehemalige Pharisäer (vgl. Apg 15,5), frühere Johannesjünger (vgl. Joh 1,35–51), vermutlich auch jüdische Schriftgelehrte waren, die Christen geworden sind (vgl. Mt 8,19; 13,52), dann liegt es nahe, dass die Angehörigen dieser Gruppen versuchten, ihre ehemalige rituelle Praxis auch innerhalb der christlichen Gruppen beizubehalten bzw. wieder durchzusetzen. Umgekehrt waren die „Neuerungen“, für die Petrus und Paulus kämpften, nicht dadurch motiviert, einfach „anders“ zu sein als die anderen, sondern ergaben sich durch neue Herausforderungen: nämlich das innerjüdische Milieu zu verlassen und sich der Begegnung mit Heiden zu stellen, die durch ganz andere religiöse und kulturelle Voraussetzungen geprägt sind. Dafür haben führende Köpfe wie Petrus oder Paulus auch neue Wege beschritten. „Ab-

Der Antiochenische Zwischenfall

Der Text in Gal 2,11–14 schildert aus der Sicht des Paulus den so genannten *Antiochenischen Zwischenfall*. Nachdem das Jerusalemer Apostelkonzil (vgl. Gal 2,1–10) für die *beschneidungsfreie* Heidenmission grünes Licht gegeben hatte, trat in Antiochia ein neues, in Jerusalem nicht besprochenes Problem auf: Judenchristen und Heidenchristen pflegen Tischgemeinschaft, vermutlich im Rahmen der Feier des Herrenmahles, das nach den paulinischen Zeugnissen einen dem griechischen Symposion parallelen Verlauf zeigt, d. h. die eucharistische Kulthandlung ist mit einem ganz normalen Sättigungsmahl verbunden. In Antiochia sind bei dieser Herrenmahlfeier Heidenchristen dabei. Sofern dieses Mahl in heidenchristlichen Häusern stattfand, wird auf den Tisch gekommen sein, was für Menschen, die im hellenistischen Milieu aufgewachsen sind und jüdische Reinheitsvorschriften höchstens aus der Ferne kannten, gang und gäbe war. Nach dem religiösen Empfinden orthodoxer Juden, als deren Galionsfigur in Gal 2,12 Jakobus erscheint, bedeutet das aber das Überschreiten einer nicht aufgebbaren Schwelle, geradezu die Preisgabe der eigenen Identität. Obwohl auch Petrus *als gebürtiger Jude* zumindest eine Zeit lang diese offene Tischgemeinschaft praktiziert hat, macht er einen Rückzieher, als sein Vorstoß hinterfragt wird (Gal 2,12). Sein Verhalten macht Schule (vgl. Gal 2,13). Sogar der „Lehrer" des Paulus, Barnabas, wird wankelmütig und gibt die im doppelten Sinn „integrierte" Form der Herrenmahlfeier auf. Paulus lässt es zu einer offenen Auseinandersetzung kommen (vgl. Gal 2,14), kann sich aber offensichtlich nicht durchsetzen. Über den für ihn verständlicherweise schmählichen Ausgang der Auseinandersetzung schreibt Paulus kein Wort. Er reist nach diesem Zwischenfall aus Antiochia ab und betreibt von nun an selbstständig Mission, allerdings ohne seinen ursprünglichen Partner Barnabas. Konsequent verfolgt er den eingeschlagenen Weg weiter (Verzicht auf Beschneidung und Speisegebote für Heiden, die sich bekehren) und kehrt nie wieder nach Antiochia zurück.

L. OBERLINNER, „Kein anderes Evangelium!" Die Auseinandersetzung des Paulus mit seinen „Gegnern" am Beispiel des Galaterbriefes, in: Nach den Anfängen fragen (FS G. Dautzenberg) (GSTR 8), Gießen 1994, 461–499 (großflächig angelegte, präzise Hinführung). – H.-J. VENETZ/S. BIEBERSTEIN, Im Bannkreis des Paulus. Hannah und Rufus berichten aus seinen Gemeinden, Würzburg 1995 (in narrativer Form zum antiochenischen Zwischenfall: 224f.; zum Problem der Tischgemeinschaft zwischen Judenchristen und Heidenchristen: 41–51). – B. WANDER, Auf den Spuren des „Frühen Christentums" – eine Problemanzeige, in: Zeitschrift für Neues Testament 3,6 (2000) 2–10.

grenzung" ist also eher als tastender Versuch zu verstehen, sich auf neue Herausforderungen einzustellen und dabei andere Wege zu gehen, als sie in den Gruppierungen des Judentums bisher üblich waren.

Nehmen wir dieses Szenario als Gebrauchssituation für unsere Apophthegmen, dann wollen die fortschrittlichen Köpfe in der urchristlichen Bewegung bestimmte Schritte und Maßnahmen, die nicht bei allen anderen auf Gegenliebe stoßen, damit begründen, dass sie auf eine analoge Situation im Leben Jesu verweisen. Auch sein Verhalten wurde angefragt, fiel aus dem Rahmen, auch er sollte „auf Linie" gebracht werden. Aber er wusste sich zu rechtfertigen. Mit diesen Geschichten werden also gerade die Zweifel und Unsicherheiten innerhalb der urchristlichen Gruppen ernst genommen und auch die Bestrebungen, doch auf den altbewährten Bahnen der vorhandenen Möglichkeiten zu bleiben, zur Sprache gebracht. Umgekehrt erscheint der umstrittene „neue Weg" in Kongruenz mit Jesus und wird durch seine Autorität abgesichert. Insofern kann gerade diese Art von „Abgrenzung", wie sie schon bei Jesus der Fall war und von einigen seiner Jünger auch nach seinem Tod praktiziert wird, seiner Gruppe spezifische Identität verleihen.

3.1.3 Komparatistisches Rückschlussverfahren

Apophthegmen in Viten

Apophthegmen in Reihenform, wie wir sie in Mk 2,15–28 vorliegen haben, finden sich in noch viel größerer Anzahl vor allem in den Lebensbeschreibungen („Viten")[12] großer Philosophen, wie sie z. B. Diogenes Laertius verfasst hat. Besonders bekannt sind die Apophthegmen, die dort vom kynischen Philosophen Diogenes erzählt werden. Wir haben einige von ihnen als Beispiele für die Gattungsbestimmung in § 5/3 kennen gelernt. Auch in den Viten der großen Griechen und Römer aus der Hand des Plutarch (1. Jh. n. Chr.) spielen Apophthegmen eine große Rolle. Die Lebensbeschreibung des kynischen Philosophen Demonax, verfasst von Lukian (2./3. Jh. n. Chr.), besteht außer einer kleinen Ein- und Ausleitung vollständig aus Apophthegmen. Innerhalb dieser Viten dienen die Apophthegmen dazu, die betreffende Person und ihre Lehren bzw. Handlungsmaximen zu charakterisieren. Diese Anwendung entspricht dem Einsatz der Apophthegmen im Markusevangelium, wo ebenfalls mit Hilfe von diversen Texten dieser Gattung die Lehre und das Wirken Jesu charakterisiert werden soll. In beiden Fällen aber handelt es sich um eine „Zweitverwendung" auf der Ebene der Lite-

12 Von lat. *vita* = Leben.

ratur. Bereits mündlich oder schriftlich kursierende Apophthegmen werden gesammelt und in einer Vita zusammengestellt.

Funktion in Reden

Aber die hellenistische Literatur gibt uns auch einen Hinweis auf die Erstverwendung der Apophthegmen. Er führt in die Rhetorenschule, genauer: zu den Vorübungen des Redners, Progymnasmata genannt (vgl. § 5/1). Hier wird der Umgang mit der Gattung regelrecht gelernt und eingeübt. Es geht darum, einen bestimmten Stoff in die vorgegebene Form, also den bekannten dreigestuften Aufbau (Situation - Frage - Antwort), zu bringen. Ziel dieser Übungen ist es, später in Reden Apophthegmen als Argumente einsetzen zu können. Gemäß den Handbüchern der Rhetorik nämlich dient die „historische Persönlichkeit", von der das Apophthegma erzählt, „als konkrete Autoritätsstütze für die praktische Gültigkeit"[13] der vorgetragenen Option. Genau diese Funktion hatten wir aufgrund des analytischen und konstruktiven Rückschlussverfahrens eruiert.

Szenario

Mit Hilfe dieser Zusatzinformationen können wir nun folgendes Szenario entwickeln: Lehrer innerhalb der urchristlichen Gemeinden bauen Apophthegmen in ihr Plädoyer ein, das sie im Rahmen von Debatten um die Regulierung der religiösen Praxis vortragen. Auch wenn die christlichen Lehrer dabei ausgebildete Redner lediglich imitieren, so muss doch ein gewisses Bildungsniveau vorausgesetzt werden - auch auf Seiten des Publikums. Um den Argumentationswert der Apophthegmen erfassen zu können, muss es mit deren Intention generell vertraut sein. Wenn die Kommunikation gelingen soll, kommen dafür v. a. christliche Gemeinden in einer paganen, von der hellenistischen Kultur geprägten Umgebung in Frage.[14]

3.1.4 Auswertung

Wenn wir diese Rückschlussverfahren summieren, ergibt sich: „Sitz im Leben" von Apophthegmen sind Streitfragen um die konkrete Lebensgestaltung der christlichen Gemeinden - und zwar in Absetzung von anderen Gruppierungen innerhalb des Frühjudentums. Es geht um die Selbstvergewisserung der christlichen Gruppen im viel-

13 H. LAUSBERG, Handbuch der literarischen Rhetorik, Stuttgart ^{3}1990, 536 (= § 1117).

14 Exemplarisch wäre hier Antiochia in Syrien zu nennen, eine Stadt mit hellenistischer Kultur und einem starken jüdischen Bevölkerungsanteil (Kurzinformation findet sich bei J. GNILKA, Paulus von Tarsus. Zeuge und Apostel [HThK.S 6], Freiburg i. Br. 1996, 57–60). Von Paulus wissen wir, dass in dieser Stadt der Streit um die rituellen Bedingungen der Mahlfeiern unter Juden und Heiden ausgefochten worden ist. – Nicht ganz frei von Apologetik weist G. THEISSEN, Lokalkolorit* 129, auf ganz wenige Beispiele hin, die auch für Palästina eine gewisse Vertrautheit mit Apophthegmen annehmen lassen.

fältigen religiösen Umfeld. Ihre Identität soll durch Abgrenzung nach außen gestützt werden – und zwar im erzählerischen Rückgriff auf eine Episode aus dem Leben Jesu. Dabei kann es sein, dass um die Positionen heftig gerungen wird, also hinter *stimulus* und *response* tatsächlich auch die Optionen unterschiedlicher Gruppierungen *innerhalb* der urchristlichen Gemeinden zu Wort kommen. Die narrative Kraft der Apophthegmen, die als Argumente fungieren, liegt zum einen darin, dass Jesus für *alle* Gruppen anerkannter Lehrer ist, und zum anderen darin, dass gleichzeitig Daten aufgerufen und neu erzählt werden, die offensichtlich bekannt sind und von niemandem geleugnet werden können.

Der „Sitz im Leben" der Apophthegmen

Apophthegmen sind Geschichten, die zur Identitätsfindung urchristlicher Gemeinden beitragen. Besonderheiten ihrer religiösen Praxis, die z. T. in den eigenen Reihen nicht unumstritten sind und sich zugleich von den Gebräuchen anderer jüdischer Gruppen abheben, werden durch den narrativen „Rückgriff" und „Rückblick" auf Jesus begründet.

G. THEISSEN, Gewaltverzicht und Feindesliebe (Mt 5,38–48/Lk 6,27–38) und deren sozialgeschichtlicher Hintergrund, in: Ders., Studien* 160–197, hier: 183–191 (Durchführung des gleichen Modells für die Sprüche von der Feindesliebe). – DERS., Lokalkolorit* 102–131 (Durchführung für Wundergeschichten und Apophthegmen).

3.2 Das Thema „Berufung" bzw. „Nachfolge" in verschiedenen Gattungen (kursorische Beispiele)

Innerhalb der Perikope Mk 2,13–17 sind wir in V. 14 auf eine Berufungsgeschichte gestoßen (vgl. § 5/3). Unter den Vergleichstexten für die Gattungsbestimmung fanden sich weitere Texte, die zwar das Thema „Berufung" behandelten, aber dafür andere Gattungen realisierten: das Apophthegma oder die prophetische Berufungsvision. Nach den Überlegungen dieses Kapitels ist unterschiedlichen Gattungen gewöhnlich auch ein unterschiedlicher „Sitz im Leben" eigen. Die spezifischen Funktionen, um derentwillen das Thema „Berufung" in unterschiedlichen Gattungen zur Sprache gebracht wird, seien im Rückgriff auf die zitierten Beispieltexte kurz skizziert.

3.2.1 Die Realisierung der Nachfolge als Streitfrage

Beginnen wir mit dem Bekannten. In Lk 9,57f. (Text L, s. § 5/3) und Lk 9,59f. (Text D, s. § 5/3) wird von Berufung innerhalb eines Apophthegmas erzählt. In diesen narrativen Texten wird ein Problem innerhalb urchristlicher Gemeinden bzw. Gruppierungen zur Sprache gebracht. In unserem Fall steht die Radikalität der Nachfolge zur Debatte. Muss man, wie es durch die Gespräche von Nachfolgewilligen mit Jesus problematisiert wird, wirklich alle materiellen Sicherheiten hinter sich lassen und alle familiären Brücken abbrechen, wenn man Jesus nachfolgen will? Die Option, die in den Antworten Jesu zum Ausdruck kommt, geht eindeutig in diese Richtung.

Zwei Optionen

In diesem für die urchristliche Bewegung offensichtlich entscheidenden Problemfeld haben wir die seltene Gelegenheit, innerhalb der neutestamentlichen Überlieferung auch die gegenteilige Option greifen zu können, und zwar in dem Verheißungsspruch Mk 10,29f.:

> 29 Amen, ich sage euch, es gibt keinen, der Haus oder Brüder oder Schwestern oder Mutter oder Vater oder Kinder oder Äcker meinetwegen und wegen des Evangeliums verlassen hat, 30 ohne dass er Hundertfaches empfängt jetzt in dieser Zeit: Häuser und Brüder und Schwestern und Mütter und Kinder und Äcker (unter Verfolgungen), und im kommenden Äon ewiges Leben.

Hier wird dem Nachfolgewilligen, der *alles* verlassen hat,[15] Hundertfaches als Ersatz versprochen. Das soziologische Modell, das dieses Versprechen einlösen kann, ist die christliche *Hausgemeinde* mit dem Ideal der Gütergemeinschaft. Das sprachliche Indiz für diese Verortung ist: Dem Jesusnachfolger, der einen einzelnen Acker verlassen hat, wird eine *Vielzahl* von (Gemeinschafts)äckern in Aussicht gestellt, der (eigenen) Mutter (Singular!) steht die Verheißung einer *Vielzahl* von christlichen Müttern gegenüber. Auch dem, der nur einzelne Punkte der langen Liste in Mk 10,29 aufgegeben hat („oder"), werden *alle* Komponenten dieser Liste *in cumulo* („und") in Mk 10,30 verheißen.

H.-J. KLAUCK, Hausgemeinde* 56–60. 🕮

Das soziologische Modell, das hinter den Apophthegmen Lk 9,57f. 59f., die aus der Q-Tradition stammen, steht, ist der Wanderradika-

15 Auffälligerweise kommt die Möglichkeit, die Frau zu verlassen, überhaupt nicht in Betracht. Hier scheint ein Charakteristikum des historischen Jesus nachzuwirken; weitere Informationen bei M. EBNER, Jesus – ein Weisheitslehrer? Synoptische Weisheitslogien im Traditonsprozeß (Herders biblische Studien 15), Freiburg i. Br. 1998, 105–110; zur ganz anderen Konzeption des Lukasevangeliums vgl. § 10/4.2.1.

lismus (s. Aktuelles Lexikon). Hier geht es wirklich um die Frage der völligen Aufgabe einer bürgerlichen Existenz – als Vorbedingung für die Nachfolge. Im Gegensatz zum eben besprochenen Verheißungsspruch Mk 10,29f. plädieren die Wanderradikalen mit den genannten Apophthegmen im Namen Jesu dafür, dass „wahre" Nachfolger bereit sein müssen, auf jegliche Absicherung zu verzichten, insbesondere auf die Sesshaftigkeit. Wie diese beiden alten Traditionen zeigen, werden in der frühen urchristlichen Bewegung im Blick auf die Realisierung von Nachfolge durchaus unterschiedliche Optionen vertreten, und das mit unterschiedlichen Gattungen.

3.2.2 Die Legitimierung der behaupteten Berufung

Jer 1,4–10 (Text G, s. § 5/3; vgl. Gal 1,15f.) folgt dem Gattungsmuster der prophetischen Berufungsvision. Hier ist es der Berufene selbst, der in der Ich-Form vor einem Publikum von seiner Berufung spricht. In diesem Fall erfolgt die Berufung nicht durch einen Menschen, ist also nicht menschlich vermittelt, sondern durch Gott selbst. Was besonders auffällig ist: Der Berufene sträubt sich gegen das Ansinnen Gottes, er legt Argumente vor, die Gott von seinen Berufungsabsichten abhalten sollen. Gott aber lässt sich dadurch nicht irritieren. Er verweist seinerseits auf sein unumkehrbares, sozusagen pränatales Erwählungshandeln.

Die Absicht dieser Gattung ist klar: Der Prophet will sich vor seinem Publikum legitimieren. Im Gegensatz z. B. zu den Priestern, deren Aktionen und Entscheidungen durch ihre Einbindung in den Tempelbetrieb legitimiert sind, hat ein Prophet keine Institution hinter sich, die seinen Worten und Handlungen Respekt verschafft. Die Legitimation, als Prophet im Auftrag Gottes zu sprechen, führt der Prophet auf seine unmittelbare Berufung und Erwählung durch Gott zurück. Gerade sein Versuch, sich gegen das Ansinnen Gottes zu sträuben, soll Indiz für seine Glaubwürdigkeit sein. Wer von Gott schon vor der Geburt zur prophetischen Aufgabe auserwählt worden ist, für den ist es zu spät, als erwachsener Mann dagegen anrennen zu wollen. Die Gegenwehr des Propheten und seine pränatale Erwählung fungieren auf der pragmatischen Ebene als Glaubwürdigkeitsindizien. Das Auftreten als Prophet, also im Namen Gottes zu sprechen, ist keine Wunschphantasie des Betreffenden, sondern liegt wie ein göttlicher Zwang auf dem Propheten. Das glaubhaft zu vermitteln, ist Absicht dieser Gattung.

📖 J. L. Berquist, Prophetic Legitimation in Jeremiah, in: VT 39 (1989) 129–139.

Wanderradikalismus

Den Begriff „Wanderradikalismus" hat Gerd Theißen geprägt. Gemeint ist damit der Lebensstil der ersten Nachfolger Jesu, die – wie er selbst – Haus, Familie, Besitz und Rückbindung an ihre Dorfgemeinschaft aufgeben, um die Botschaft von der schon angebrochenen Gottesherrschaft nicht nur unter die Leute zu bringen, sondern auch mit ihrem eigenen Leben zu bezeugen. Es hat sich eingebürgert, sie entsprechend als „Wanderradikale" zu bezeichnen.

Es sind vor allem die Traditionen der Spruchquelle, in denen sich die Lebensverhältnisse einer Wanderradikalengruppe besonders gut spiegeln. In Q 10,2–12 (= Lk 10,2–12 par Mt 9,37f.; 10,9–16) findet sich ihre Ausrüstungsregel (Q 10,4) und ihr Missionsprogramm (Q 10,5–12). Im sozialgeschichtlichen Kontext betrachtet, wird die Mindestausrüstung für Reisende noch erheblich unterschritten: Auf ein zweites Untergewand zum Wechseln, auf einen Beutel für einen kleinen Geldvorrat, auf einen Ranzen für Proviant und vor allem auf den unentbehrlichen Stock zur Notwehr gegen Räuber und wilde Tiere soll verzichtet werden. Diese Leute stehen für ihre gewaltfreie Botschaft von der „Feindesliebe" mit ihrem eigenen Leben ein. Ohne Besitz und verlässliche Unterkunft sind sie ständig darauf angewiesen, als Gäste Nahrung und Herberge zu bekommen. In diesem Kontext spielt sich ihre Mission ab (vgl. Q 10,5–12). Bei solchen Konstellationen ist es allerdings kein Wunder, dass offensichtlich schon Jesus Mühe hatte, die Tag für Tag aufbrechenden Sorgen um Nahrung und Kleidung zu beschwichtigen, wie am Doppelspruch von den Raben (die nicht säen und nicht ernten, wie die Männer, die mit Jesus ziehen) und den Lilien (die nicht spinnen und nicht weben, wie die Frauen, die mit Jesus ziehen) augenscheinlich wird (vgl. Q 12, 24.27f. = Lk 12,24.27f. par Mt 6,26.28–30). 3 Joh 5–8 und Did 11,4–6 belegen die Existenz der Wanderradikalen noch am Ende des 1. Jh. n. Chr.

G. THEISSEN, Wanderradikalismus. Literatursoziologische Aspekte der Überlieferung von Worten Jesu im Urchristentum, in: Ders., Studien* 79–105. – T. SCHMELLER, Brechungen. Urchristliche Wandercharismatiker im Prisma soziologisch orientierter Exegese (SBS 136), Stuttgart 1989. – M. EBNER, Feindesliebe – ein Ratschlag zum Überleben? Sozial- und religionsgeschichtliche Überlegungen, in: From Quest to Q (FS J. M. Robinson) (BEThL 146), Leuven 2000, 119–142. – M. TIWALD, Wanderradikalismus. Jesu erste Jünger – ein Anfang und was davon bleibt (ÖBS 20), Frankfurt a. M. 2002.

3.2.3 Vorbildhafte Reaktion

Ganz anders ist die Funktion der Nachfolgegeschichten Mk 1,16–18 (Text A), Mk 1,19f. (Text I) und 1 Kön 19,19–21 (Text H, s. § 5/3). Sie stellen eine vorbildhafte Reaktion auf den Nachfolgeruf vor Augen. Paradigmatisch an Figuren mit klingenden Namen gezeigt, sollen potentielle Nachfolger, die den Ruf Jesu (in sich) vernehmen, motiviert werden, wie die Männer der ersten Stunde sich ganz auf Jesus zu verlassen und die Bindung an ihn über die Bindung an Familie und Beruf zu stellen.

3.2.4 Die Texte im Überblick

Texte	Lk 9,57f.59f.	Jer 1,4–10	1 Kön 19,19–21; Mk 1,16–18; 1,19f.
Gattung	Apophthegma	prophet.-visionäre Berufungserzählung (schriftprophet. Typ)	prophet.-charismatische Berufungserzählung (elijanischer Typ)
Aufbau/Struktur	Situation Anfrage Ausspruch	Anspruch Gottes Einwand/Erschrecken Sendungsauftrag	Situation Berufung Reaktion
Inhalt	Problemgespräch über Bedingungen der Nachfolge!	Gott selbst zwingt den Menschen zu seiner Berufung	menschlich vermittelte Berufung
„Sitz im Leben"	Radikalität der Nachfolge als Problem	Legitimation für Sprecher	Vorbildfunktion im Blick auf die Hörer
Kommunikative Situation	Auseinandersetzung in der Gemeinde	Einzelner vor kritischem Publikum	an Außenstehende bzw. Interessierte gerichtet
Implizite Botschaft	Jesus will unsere radikale Nachfolge!	Gott hat mich gepackt und autorisiert. Ich *muss* verkündigen!	Mach's genauso!

4 Theologischer Ertrag

Von der Gattungsanalyse und der Frage nach dem „Sitz im Leben" her beleuchtet, ergibt sich: Auch christliche Texte sind Gebrauchstexte. Sie wollen ihre Hörerinnen und Hörer bewegen, bestätigen, wollen Begründungen vorlegen, animieren, motivieren usw. Werden die Vorläufer unserer Evangelienüberlieferungen, also die kleinen Einheiten, in ihre ursprüngliche Kommunikationssituationen versetzt, dann kommen wir nicht daran vorbei zu sagen: Auch die ältesten Überlieferungen in der urchristlichen Bewegung sind *parteiische* Texte. Sie sprechen eine ganz bestimmte Option aus. Sie nehmen für eine ganz bestimmte Seite Stellung. Sie vertreten eine ganz bestimmte Absicht. Vorausgreifend auf die Überlegungen zur Rückfrage nach dem historischen Jesus ist jetzt schon zu sagen: Die ältesten Überlieferungen greifen Erinnerungen an Jesus auf (vgl. § 8), um damit ihren Standpunkt zu begründen. Wie am Beispiel der Frage nach der Radikalität der Realisierung von Nachfolge gezeigt, lassen sich in seltenen Fällen auch innerhalb der neutestamentlichen Überlieferung noch widerstrebende Optionen festmachen. Dass nicht immer und nicht in allen Fällen die gegenteilige Option tatsächlich weiter überliefert und in die Evangelientradition aufgenommen worden ist, lässt sich ganz einfach damit erklären, dass nur die Texte überliefert und weitergetragen worden sind, die überzeugen konnten und die lebbar, also praktizierbar waren. Insofern entscheidet von Anfang an der *Rezeptionsvorgang* darüber, was in den Augen der jeweiligen Nachfolgerinnen und Nachfolger authentische Jesusüberlieferung ist.

5 Selbstständiger Versuch

Aufgabe 19

(1) Versuchen Sie, den „Sitz im Leben" von Wundergeschichten zu eruieren. Wir beschränken uns auf Heilungswunder sowie Exorzismen und nehmen als Beispieltexte Mk 1,21–28; 1,29–31; 7,24–30; 7,31–37. Beginnen Sie mit den Gunkel-Fragen, um in groben Umrissen den typischen Kennzeichen der vorauszusetzenden Kommunikationssituation auf die Spur zu kommen. Wohlgemerkt: Es geht nicht um die Frage, ob und bei welchen Gelegenheiten Jesus Wunder gewirkt hat, sondern darum, wer vor welchem Publikum mit welchem Ziel Wundergeschichten von Jesus erzählt haben könnte.

(2) Für das verfeinerte Rückschlussverfahren sind folgende Hinweise hilfreich:

(a) Führen Sie das analytische Rückschlussverfahren unter den gleichen Gesichtspunkten durch, unter denen es auch für die Apophthegmen demonstriert wurde (3.1.1)! Soziologischer Aspekt: Welchen sozialen Rollen lassen sich die auftretenden Personen zuordnen? Rhetorischer Aspekt: Worin gipfeln die Erzählungen? Wie steht es um die Reaktion auf die Handlung? Wissenssoziologische Aspekte: Von welchem Wirklichkeitsverständnis gehen die Erzählungen aus? Wie steht es um spezifisch christliche Inhalte?

(b) Konstruktives Rückschlussverfahren: Die Erzählungen der Evangelien und der Apostelgeschichte geben selbst Hinweise auf die kommunikativen Wege und die (erwünschte) Wirkung von Wundergeschichten – und zwar in den sogenannten Verbreitungsnotizen. Lesen Sie Mk 1,28 in Kombination mit Mk 1,32–34; Apg 9,42; 19,17f. Auch folgende „Hörnotizen“ mit der erzählten Wirkung sind aufschlussreich: Mk 5,27; 7,24f.; Lk 7,3; Joh 4,47. Man konnte über Jesus nämlich auch anderes hören: Mk 3,21f.; Lk 11,15; Mt 12,24. Und das hätte sicher nicht dazu geführt, sich ausgerechnet ihm anzuvertrauen. Die Erwartungshaltung, die dagegen durch Wundergeschichten geweckt werden soll, zeigt sich sehr gut in Mk 6,2 und Lk 4,23. Dass auch in urchristlichen Hausgemeinden das Charisma der Heilung praktiziert wurde, bezeugt eindeutig z. B. Paulus: 1 Kor 12,8–10.28.29f.; 2 Kor 12,12.

(c) Für das komparatistische Rückschlussverfahren eignen sich am besten die Wundergeschichten von Epidaurus. Auf ursprünglich sechs großen Stelen, von denen drei und das Bruchstück einer vierten bis heute erhalten sind, waren dort vermutlich über hundert Wundergeschichten zu lesen, die vom Aufbau her den neutestamentlichen besonders nahe stehen (vgl. die Textsammlungen von Herzog und LiDonnici, vgl. 6.4). Informieren Sie sich über den dortigen Kultbetrieb und versuchen Sie, aus den verfügbaren Daten die Funktion dieser Wundergeschichten zu eruieren. Was ergibt sich daraus für die Wundergeschichten über Jesus?

📖 A. WEISER, Bibel** 36–39. – A. KRUG, Heilkunst und Heilkult. Medizin in der Antike (Beck's Archäologische Bibliothek), München [2]1993, 120–141. – B. KOLLMANN, Jesus* 73–83.

(3) Vergleichen Sie abschließend die Ergebnisse, zu denen Spezialisten wie G. Theißen, D. Zeller und B. Kollmann kommen – und zwar nur unter dem Gesichtspunkt, welche Trägergruppe die Autoren für die Verbreitung von Wundergeschichten ins Auge fassen. Hier finden sich die größten Divergenzen. Prüfen Sie, welche Informationen

und Texte für die Entscheidung in Anspruch genommen werden. Könnte es sein, dass die unterschiedlichen Ergebnisse damit zusammenhängen, dass eines der drei (implizit vorausgesetzten) Rückschlussverfahren besonders gewichtet wird?

G. THEISSEN, Wundergeschichten* 259–261. – DERS., Lokalkolorit* 102–109. – D. ZELLER, Wunder und Bekenntnis. Zum Sitz im Leben urchristlicher Wundergeschichten, in: BZ NF 25 (1981) 204–222. – B. KOLLMANN, Jesus* 355–362.

Aufgabe 20

„Warum und zu welchem Ende schreibt man *peri basileias*? Überlegungen zum historischen Kontext einer literarischen Gattung im Hellenismus“ – so der Titel eines Aufsatzes aus der Hand von Matthias Haake, Münster. Es geht dabei um nichts anderes als um den „Sitz im Leben“ der sogenannten *peri basileias*-Traktate, die das ideale Königtum zum Inhalt haben. Auch die Klassische Philologie bzw. Alte Geschichte sind am sozialen Funktionswert ihrer Texte interessiert – und kämpfen mit den gleichen Problemen wie die Bibelwissenschaft.

Lesen Sie den genannten Beitrag nur unter folgenden Aspekten: Mit welchen alternativen Formulierungen wird das umschrieben, was wir „Sitz im Leben“ nennen? Welche Kriterien werden herangezogen, um den „Sitz im Leben“ zu bestimmen? Sehen Sie Analogien zu unseren Überlegungen?

M. HAAKE, Warum und zu welchem Ende schreibt man *peri basileias*? Überlegungen zum historischen Kontext einer literarischen Gattung im Hellenismus, in: K. Piepenbrink (Hrsg.), Philosophie und Lebenswelt in der Antike, Darmstadt 2003, 83–138 (reiner Textteil: 83–97).

6 Literaturhinweise

6.1 Allgemeinverständliche Hinführungen

K. BERGER, Einführung in die Formgeschichte (UTB 1444), Tübingen 1987 (mit vielen Beispielen).

K. KOCH, Was ist Formgeschichte? Methoden der Bibelexegese, Neukirchen-Vluyn [5]1989.

G. LOHFINK, Jetzt verstehe ich die Bibel. Sachbuch zur Formkritik (10 Sachbücher zur Bibel), Stuttgart 1992.

6.2 Klassische Autoren der Formgeschichte

R. BULTMANN, Die Geschichte der synoptischen Tradition (FRLANT 29) (1921), Göttingen [10]1995 (mit einem Nachwort von G. Theißen).

M. DIBELIUS, Die Formgeschichte des Evangeliums (1919), Tübingen [6]1971.

6.3 Überblicke zu neutestamentlichen Gattungen

D. E. AUNE, The New Testament in Its Literary Environment (LEC 8), Philadelphia (PA) 1987.

K. BERGER, Formgeschichte des Neuen Testaments, Heidelberg 1984.

–, Hellenistische Gattungen im Neuen Testament, in: ANRW II/25,2 (1984) 1031–1432.1831–1885.

H. CONZELMANN/A. LINDEMANN, Arbeitsbuch zum Neuen Testament (UTB 52), Tübingen [14]2004 (§ 5: Die literarischen Gattungen im Neuen Testament; § 12: Kleinere Formen außerhalb der Evangelien).

D. DORMEYER, Das Neue Testament im Rahmen der antiken Literaturgeschichte. Eine Einführung (Die Altertumswissenschaft), Darmstadt 1993.

–, Art. Formen/Gattungen III. Neues Testament, in: RGG[4] III (2000) 190–196.

M. REISER, Sprache und literarische Formen des Neuen Testaments. Eine Einführung (UTB 2197), Paderborn 2001.

G. STRECKER, Literaturgeschichte des Neuen Testaments (UTB 1682), Göttingen 1992.

H. ZIMMERMANN, Neutestamentliche Methodenlehre. Darstellung der historisch-kritischen Methode, Stuttgart [7]1982, Kapitel 3/III B. 2.

6.4 Spezialuntersuchungen zu einzelnen Gattungen

D. FRICKENSCHMIDT, Evangelium als Biographie. Die vier Evangelien im Rahmen antiker Erzählkunst (TANZ 22), Tübingen 1997 (Kurzfassung: vgl. den letzten Literaturtipp in 6.1).

R. HERZOG, Die Wunderheilungen von Epidauros. Ein Beitrag zur Geschichte der Medizin in der Religion (Ph.S 22/3), Leipzig 1931 (mit dt. Übersetzung aller Wundergeschichten).

R. F. HOCK/E. N. O'NEIL (Hrsg.), The Chreia in Ancient Rhetoric. Vol. I: The Progymnasmata (SBL.TT 27 = GRRS 9), Atlanta (GA) 1986 (zum Apophthegma).

–, The Chreia and Ancient Rhetoric. Classroom Exercises (SBL.Writings from the Greco-Roman World 2), Atlanta (GA) 2002.

H.-J. KLAUCK, Die antike Briefliteratur und das Neue Testament. Ein Lehr- und Arbeitsbuch (UTB 2022), Paderborn 1998.

L. R. LIDONNICI (Hrsg.), The Epidaurian Miracle Inscriptions. Text, Translation, and Commentary (SBL.TT 36 = GRRS 11), Atlanta (GA) 1995 (Einleitung: 1–82).

M. C. MOESER, The Anecdote in Mark, the Classical World and the Rabbis (JSNT.S 227), Sheffield 2002.

R. PESCH/R. KRATZ, So liest man synoptisch. Anleitung und Kommentar zum Studium der synoptischen Evangelien, Bd. 2: Wundergeschichten. Teil 1: Exorzismen, Heilungen, Totenerweckungen, Frankfurt a. M. [2]1982.

–, So liest man synoptisch. Anleitung und Kommentar zum Studium der synoptischen Evangelien, Bd. 3: Wundergeschichten. Teil 2: Rettungswunder, Geschenkwunder, Normenwunder, Fernheilungen, Frankfurt a. M. [2]1982 (zur Gattung Wundergeschichte mit vielen Vergleichstexten aus der Umwelt).
G. THEISSEN, Urchristliche Wundergeschichten. Ein Beitrag zur formgeschichtlichen Erforschung der synoptischen Evangelien (StNT 8), Gütersloh [7]1998.
H. ULONSKA, Streiten mit Jesus. Konfliktgeschichten in den Evangelien (BTSP 11), Göttingen 1995 (zu den Apophthegmen).
A. WEISER, Was die Bibel Wunder nennt. Ein Sachbuch zu den Berichten der Evangelien, Stuttgart [7]1988.
M. WOLTER, Die Pastoralbriefe als Paulustradition (FRLANT 146), Göttingen 1988 (zur Gattung der Pastoralbriefe: 164–170).
D. ZELLER, Geburtsankündigung und Geburtsverkündigung. Formgeschichtliche Untersuchung im Blick auf Mt 1f; Lk 1f, in: K. Berger u. a. (Hrsg.), Studien und Texte zur Formgeschichte (TANZ 7), Heidelberg 1992, 59–134.

6.5 Kritische Auseinandersetzung

E. GÜTTGEMANNS, Offene Fragen zur Formgeschichte des Evangeliums. Eine methodologische Skizze der Grundlagenproblematik der Form- und Redaktionsgeschichte (BEvTh 54), München 1970.
K. HAACKER, Leistung und Grenzen der Formkritik, in: ThBeitr 12 (1981) 53–71.
–, Neutestamentliche Wissenschaft. Eine Einführung in Fragestellungen und Methoden, Wuppertal 1981, 56–63 (zur „reinen Form").
G. SCHELBERT, Wo steht die Formgeschichte?, in: ThBer 13 (1985) 11–39.
J. SCHRÖTER, Erinnerungen an Jesu Worte. Studien zur Rezeption der Logienüberlieferung in Markus, Q und Thomas (WMANT 76), Neukirchen-Vluyn 1997, 1–65.
G. SELLIN, „Gattung" und „Sitz im Leben" auf dem Hintergrund der Problematik von Mündlichkeit und Schriftlichkeit synoptischer Erzählungen, in: EvTh 50 (1990) 311–331.
Kongreßbericht AG-ASS, Thema: Formgeschichte, in: Zeitschrift für Neues Testament 4 (1999) 65 (aktueller Bericht zu Problemen bei der universitären Vermittlung der Formgeschichte).

6.6 Geschichte des Urchristentums

E. DASSMANN, Ämter und Dienste in den frühchristlichen Gemeinden (Hereditas. Studien zur Alten Kirchengeschichte 8), Bonn 1994.
R. W. GEHRING, Hausgemeinde und Mission. Die Bedeutung antiker Häuser und Hausgemeinschaften - von Jesus bis Paulus (Bibelwissenschaftliche Monographien 9), Gießen 2000.
H.-J. KLAUCK, Hausgemeinde und Hauskirche im frühen Christentum (SBS 103), Stuttgart 1981.
G. THEISSEN, Soziologie der Jesusbewegung. Ein Beitrag zur Entstehungsgeschichte des Urchristentums (KT 35), Gütersloh [7]1997.

§ 7 Ideeller und gesellschaftlicher Hintergrund: Zeitgeschichte, Traditionskritik, Religionsgeschichte

1 *Verständnisbarrieren*

Die *crux* offiziöser kirchlicher Dokumente besteht nicht nur darin, dass sie häufig Langeweile produzieren. Die *crux* besteht vor allem darin, dass sie selbst wohlmeinenden Zeitgenossen (und erst recht Genossinnen) unverständlich bleiben. Seien es päpstliche Enzykliken, Rundschreiben der Glaubenskongregation, Hirtenbriefe oder irgendwelche anderen amtlichen oder halbamtlichen Verlautbarungen: Stets bedarf es erst eines Heeres von Interpreten mit dem Vorsitzenden der Deutschen Bischofskonferenz an der Spitze, die der breiten Öffentlichkeit erklären, was mit diesem oder jenem Schreiben, sagen wir aus Rom, „eigentlich gemeint ist". Warum ist das so? Machen wir den Test:

> „In ähnlicher Weise ist auch fest zu glauben, dass es nur eine einzige, vom einen und dreifaltigen Gott gewollte Heilsordnung gibt, deren Quellgrund und Mitte das Mysterium der Fleischwerdung des Wortes ist, des Mittlers der göttlichen Gnade in der Schöpfungs- und Erlösungsordnung (vgl. Kol 1,15–20), in dem alles vereint ist (vgl. Eph 1,10), den Gott für uns zur Weisheit gemacht hat, zur Gerechtigkeit, Heiligung und Erlösung (1 Kor 1,30). Das Mysterium Christi hat eine innere Einheit, die sich von seiner ewigen Erwählung in Gott bis zur Wiederkunft erstreckt: in ihm hat er [der Vater] uns erwählt vor der Erschaffung der Welt, damit wir heilig und untadelig leben vor Gott (Eph 1,4) …
> Es ist deshalb als Wahrheit des katholischen Glaubens *fest zu glauben,* dass der universale Heilswille des einen und dreifaltigen Gottes ein für alle Mal im Mysterium der Inkarnation, des Todes und der Auferstehung des Sohnes Gottes angeboten und Wirklichkeit geworden ist."

Dominus Jesus

Dieses mehr oder weniger zufällig aus der „Erklärung *Dominus Iesus.* Über die Einzigkeit und die Heilsuniversalität Jesu Christi und der Kirche" der römischen *Kongregation für die Glaubenslehre* entnommene Textfragment verprellt nicht nur durch seine geschwollene Sprache („Heilsordnung"; „Quellgrund"; penetranter Gebrauch des Begriffs „Mysterium"; „Schöpfungs- und Erlösungsordnung"). Verständnisbarrieren tun sich auch deshalb auf, weil der Text an mehreren Stellen auf *Traditionen* zurückgreift, die in einer weitgehend postchristlichen Gesellschaft nur mehr kirchlichen *Insidern* vertraut sein dürften. Die Aufnahme solcher Traditionen erfolgt auf zweierlei Weise: Entweder werden (a) in Form direkter oder indi-

Zitate

rekter *Zitate* die heiligen bzw. verbindlichen Texte der Glaubensgemeinschaft in Erinnerung gerufen, in unserem Textbeispiel leicht erkennbar an den in Klammern gesetzten biblischen Verweisstellen: Kol 1,15–20 ist der Gedanke vom „Mittler der göttlichen Gnade in der Schöpfungs- und Erlösungsordnung" entnommen; „in dem alles vereint ist" rekurriert auf Eph 1,10; 1 Kor 1,30 und Eph 1,4 werden

Topoi

direkt zitiert. Oder der Traditionsbezug verläuft (b) über *Topoi*, d. h. gedankliche Konzepte oder Vorstellungen, die in einem Begriff oder einer Wortkombination gebündelt sind. Sie repräsentieren bzw. spielen in der Regel nicht nur (auf) einen heiligen/verbindlichen Text der Glaubensgemeinschaft (an), sondern beziehen sich auf einen ganzen *cluster* von Texten. Im vorliegenden Textbeispiel gilt das etwa für die Topoi „Fleischwerdung des Wortes" und „Wiederkunft": Die erste Formulierung greift zwar sprachlich auf Joh 1,14 zurück, ruft dem Fachmann/der Fachfrau aber auch Texte wie Lk 1,26–38 („jungfräuliche Empfängnis") oder die Symbola der Konzilien von Nizäa bis Chalcedon ins Gedächtnis, in denen die *Inkarnation Christi* (schon wieder ein erklärungsbedürftiges Fremdwort) eine wesentliche Rolle spielt. Und bei dem Terminus „Wiederkunft" denkt der/die religionsgeschichtlich informierte Exeget/in nicht nur an 1 Thess 4,16 oder 1 Kor 15,23–28, sondern auch an die feierliche Ankunft des hellenistischen Herrschers, weil der dafür im Griechischen verwendete Ausdruck παρουσία das eine ebenso gut wie das andere bezeichnet.

Traditionen …

Gerade die beiden letzten Beispiele verdeutlichen, dass es z. T. schon eines sehr speziellen Wissens bedarf, um Texte solcher Couleur (richtig) zu verstehen. Allgemeiner ausgedrückt: Ein Text, der unter Aufnahme von Traditionen entstanden ist, bedarf zu seinem adäquaten Verständnis des Wissens um diese Traditionen auf Seiten der Rezipienten. Solange die Textproduzenten aus einem Fundus an Tradition schöpfen, den sie mit ihren Adressaten gemeinsam haben, macht das Verständnis des Textes keine Probleme:

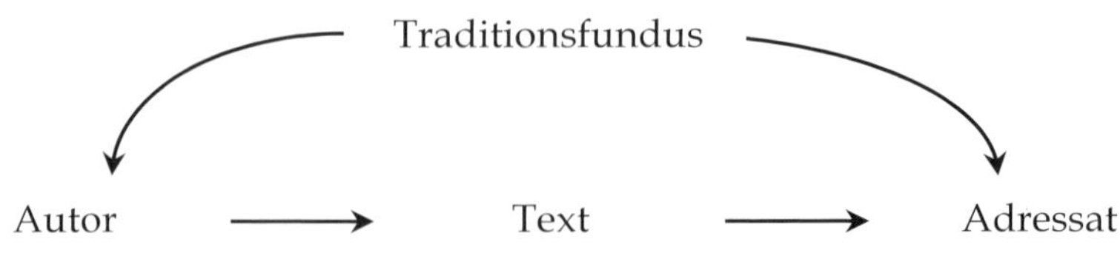

… sind nicht mehr bekannt

Schwierig wird es erst dann, wenn Autor und Adressat unterschiedlichen Kulturen angehören (das Problem aller fremdsprachigen Texte; sie müssen entweder übersetzt werden oder der Leser muss sich die nötigen Sprachkenntnisse aneignen) oder auch nur unterschiedlich sozialisiert sind (das Problem gegenwärtiger kirchlicher Dokumente; sie treffen auf Zeitgenossen, die kaum noch kirchlich sozialisiert sind). Wenn dann noch, wie im Fall der biblischen Texte, der zeitliche Abstand derart gewaltig ist, dass die Welt des Textes mit derjenigen der Leser kaum noch etwas gemeinsam hat, sind dem Verständnis definitiv Grenzen gesetzt. Der Kontakt zur „Tradition" ist „abgerissen":

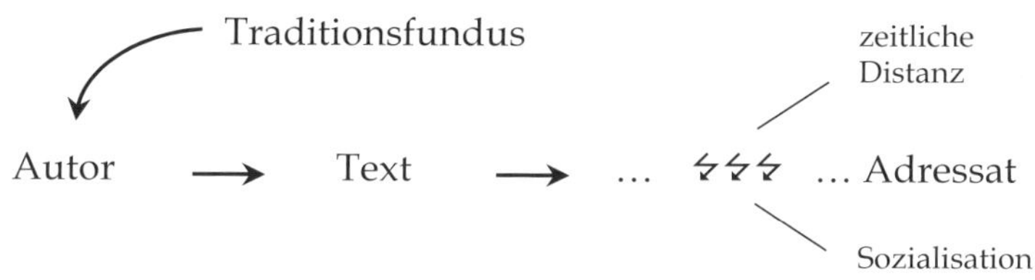

Die skizzierte und für die biblischen Texte typische Kommunikationssituation birgt noch eine weitere Verständnisbarriere in sich. Abgerissen ist ja nicht nur der Kontakt zu den von den Texten vorausgesetzten Traditionen, sondern auch der Kontakt zur Zeit der Entstehung der Texte selbst. Weil gerade gute religiöse Gebrauchstexte neben dem Rückgriff auf die Vergangenheit (via *Tradition*) auch einen Gegenwartsbezug haben (der allerdings, das räumen wir ein, in unserem Textbeispiel der römischen Glaubenskongregation nur mühsam zu finden ist), d. h. sich in ihnen auch die aktuelle *geschichtliche Situation und Lebenswelt* von Autor und Erstadressaten widerspiegelt, bleiben Anspielungen auf damals aktuelle Zeitphänomene oftmals dunkel: Warum regen sich Schriftgelehrte und Pharisäer beispielsweise darüber auf, dass Jesus zusammen mit den Zöllnern Mahl hält? So unehrenhaft ist – aus heutiger Perspektive – der Beruf des Zöllners doch nicht! Oder: Warum ecken die Schüler Jesu dadurch, dass sie nicht fasten, bei ihren Zeitgenossen an? Gibt es auch im Judentum (und nicht nur in der röm.-kath. Kirche) verpflichtende Fasten- und Abstinenzzeiten? Und weiter: Dass der jüdische Sabbat mit allerlei Reglementierungen verbunden ist, mag sich herumgesprochen haben (durch Presse, Fernsehen, Israelreise). Aber dass es am Sabbat auch verboten sein soll zu heilen (Mk 3,1–6!), bedarf doch wenigstens einer Erklärung! Man sieht also sehr schnell: Jeder Text und damit auch jeder biblische Text macht *Prä-*

Geschichtliche Situation und Lebenswelt

suppositionen soziokultureller Art, die von den ursprünglichen Adressaten in der Regel noch verstanden wurden, uns Heutigen aber nicht mehr unmittelbar verständlich sind.

2 Reise in die Vergangenheit: Zeitgeschichte, Traditionskritik, Religionsgeschichte

Um die geschilderten Verständnisbarrieren zu überwinden, bedarf es deshalb einer Art Reise in die Vergangenheit, bei der sich heutige Leserinnen und Leser gleichsam an den Platz der Erstleserinnen und -leser „zurückbeamen". D. h. es braucht einen Methodenschritt, der die auf den Text einwirkende (bzw. die sich im Text spiegelnde) *geschichtliche Situation* und die diese ebenso wie den Text selbst bestimmenden *kulturellen und religiösen Traditionen* erhellt. Untersuchungsgegenstand ist in diesem Fall also nicht so sehr der neutestamentliche Text selbst, sondern die *Umwelt des Neuen Testaments*, wie sie uns in der Literatur des Frühjudentums und des späten Hellenismus bzw. der Kaiserzeit, in Inschriften und Papyri aus dieser Epoche entgegentritt. Auch archäologische Zeugnisse können hier von Hilfe sein. Die Nomenklatur für diesen Methodenschritt fällt innerhalb der exegetischen Fachliteratur durchaus unterschiedlich aus. Liegt der Akzent stärker auf der Erhebung der geschichtlichen Situation, spricht man von *Zeit-* oder *Sozialgeschichte*. Liegt der Schwerpunkt hingegen auf der Erforschung der kulturellen und religiösen Traditionen, spricht man von *Traditionskritik* (auch Begriffsgeschichte, Motivkritik). Der *religionsgeschichtliche Vergleich* oder die *Religionsgeschichte* kann als eine spezielle Variante bzw. Weiterentwicklung der Traditionskritik angesehen werden, insofern sie weniger den Einzeltraditionen als vielmehr den auf diesen ruhenden komplexen religiösen Vorstellungen (über Himmel, Hölle etc.), Sitten und Gebräuchen nachspürt und nach Analogien in der Umwelt des Neuen Testaments sucht. Im Einzelnen differenzieren wir wie folgt:

- *Zeit- und Sozialgeschichte*: Die Zeit- und Sozialgeschichte untersucht das politische, wirtschaftliche und kulturelle Umfeld des betreffenden Textes. Untersuchungsgegenstand sind politische Institutionen (Römisches Reich, römischer Statthalter in Judäa etc.) und Vorgänge (Jüdischer Krieg), soziale Gruppen (Pharisäer, Sadduzäer, Essener), wirtschaftliche Rahmenbedingungen (Zollwesen, Besitzverhältnisse [Pachtwesen]) und Organisationsformen von Kultur und Religion (Schulwesen, Tempelkult). Hier geht es also um die Frage nach den *Realien*, die aus den zeitgenössischen Quellen zu erheben sind.

- *Traditionskritik*: Die Traditionskritik befragt, wie der Name sagt, den Text auf traditionelle Inhalte. D. h. sie geht der Frage nach, an welchen Stellen die Autoren/die Erzähler auf *geprägtes* Gut zurückgreifen: in Form von *Zitaten* (vgl. etwa die matthäischen Erfüllungszitate Mt 1,22f.; 2,15.17f.; u. ö.), von literarischen *Motiven* wie die feindlichen Brüder oder in Form fester *Topoi* wie z. B. die Abhandlungen über Ehefragen in der kynisch-stoischen Diatribe.[1] Wo also geprägte Bilder und Begriffe, Vorstellungen und Themen vermutet werden, geht die Traditionskritik deren Herkunft und Geschichte nach, beschreibt ihre Bedeutung und ihre Funktion im Kontext. Die neuere Literaturwissenschaft verweist in diesem Zusammenhang auf das Phänomen der *Intertextualität* (s. Aktuelles Lexikon). Dies besagt, dass Texte immer wieder in intensiver und produktiver Weise auf andere Texte Bezug nehmen und dadurch in ihrem Thema, ihrer Form (s. § 5) und in ihrem Sinn entscheidend geprägt sind.
- *Religionsgeschichte*: Das Spezifikum der Religionsgeschichte ist der Aufweis von Analogien und Entwicklungszusammenhängen zwischen neutestamentlichen bzw. genuin christlichen Texten und vergleichbaren Traditionen der religiösen Umwelt, d. h. vor allem des antiken Judentums (späte Weisheitsliteratur, Apokalyptik etc.) und der hellenistischen Umwelt (Philosophie der Kaiserzeit, Kaiserkult, Mysterienreligionen, Gnosis) als den beiden entscheidenden Bezugsgrößen des Neuen Testaments. Dabei ist stets die Frage nach den jeweiligen Abhängigkeitsverhältnissen mit zu bedenken, weshalb der Datierung der herangezogenen Vergleichstexte höchste Priorität zukommt.

Selbstverständlich ist die vorgestellte Dreiteilung als idealtypisch anzusehen. In der Praxis, bei der konkreten Arbeit am Text verwischen sich allzu scharf gezogene Trennlinien erfahrungsgemäß schnell. Das Gleichnis vom verlorenen Sohn Lk 15,11–32 mag als Exempel dafür herhalten, wie das Zusammenspiel von sozialgeschichtlicher, traditionskritischer und religionsgeschichtlicher Betrachtung gelingen kann.

Das Gleichnis vom verlorenen Sohn

Die *Sozialgeschichte* untersucht die der Erzählung zugrunde liegenden Rechtsverhältnisse. Erklärt werden muss, wie der Vater seinen Söhnen das Erbe zuteilen kann (Lk 15,12) und dennoch die volle Verfügungsgewalt über Haus und Hof behält: Der ältere Sohn bleibt offenbar weiterhin von

1 Vgl. Musonius Rufus, Fragmente 13 und 14; Epiktet, Dissertationes III 22,67–82 und 1 Kor 7.

ihm abhängig (15,29), den jüngeren stattet er nach seiner Rückkehr erneut mit allen Sohnesrechten aus (15,22–24). Die *Traditionskritik* kann gleich an mehreren Stellen ansetzen. Auf der *Wortebene* könnte sie dem metaphorischen Potenzial des Vater- bzw. Sohn-Begriffs innerhalb der alttestamentlich-jüdischen Tradition nachspüren: Eignet beiden Begriffen (in den Schriften des Alten Testaments, der zwischentestamentlichen Literatur etc.) eine feste bildliche Bedeutung, und wenn ja, welche? Auf der *Satzebene* kämen die beiden Sündenbekenntnisse des jüngeren Sohnes (V. 18f.21) als Untersuchungsgegenstand in Betracht: Sind diese individuell oder gibt es Vorbilder in der Umwelt (Altes Testament, aber auch griechisch-römische Literatur), wo liegen die besonderen Akzente der neutestamentlichen Variante? Nicht ohne Weiteres zu erkennen ist schließlich ein literarisches Motiv, das die Darstellung der beiden Söhne wesentlich mitbestimmt haben dürfte, also auf der *Textebene* anzusiedeln ist: das Motiv von den feindlichen Brüdern oder vom braven und liederlichen Jüngling, das aus der römischen Komödie (Plautus, Terenz) bestens bekannt ist. Wie sehr das lukanische Gleichnis von diesem Oppositionspaar inspiriert ist, geht aus den mit den beiden Figuren assoziierten typischen Charaktermerkmalen hinlänglich hervor: Während der brave Jüngling gewöhnlich auf dem Feld arbeitet, sich durch Sparsamkeit und Sittlichkeit auszeichnet und ihm auch eine gewisse Schroffheit zu Eigen ist, führt der liederliche Jüngling ein dem Vergnügen und Nichtstun geweihtes Leben in der Stadt, braucht das Geld seines Vaters (!) in mannigfachen Ausschweifungen und Liebesverhältnissen auf und dient auf diese Weise geradezu als Paradebeispiel für Verweichlichung und Hilflosigkeit. Endlich ließe sich die via Traditionskritik gewonnene Erkenntnis, wonach in der alttestamentlich-jüdischen Literatur das Verhältnis Gottes zu Israel häufig in die Metaphorik von Vater und Sohn gekleidet wird und somit Lk 15,11–32 auch einen Zugang zum Gottesbild Jesu ermöglicht, noch *religionsgeschichtlich* vertiefen: Welche Konnotationen sind mit dem alttestamentlich-jüdischen Vaterbild in seiner Applikation auf Gott verbunden? Oder anders ausgedrückt: Wie prägt die Verwendung der Vatermetapher das Gottesbild Israels? Steht Jesus in Kontinuität zu dieser Tradition oder modifiziert er sie? Und weiter: Gibt es dazu auch Analogien in der heidnischen Umwelt? Mindestens aus der Stoa ist bekannt, dass sie ihre Allgottheit, die sie auch mit Zeus identifiziert, als *Vater* attribuieren kann.[2]

📖 B. HEININGER, Metaphorik, Erzählstruktur und szenisch-dramatische Gestaltung in den Sondergutgleichnissen bei Lukas (NTA NF 24), Münster 1991, 146–166.

2 Vgl. den so genannten *Zeushymnus* des Kleanthes, einen der berühmtesten Texte des stoischen Systems, wo es gegen Ende hin heißt (nach der Übersetzung bei H.-J. KLAUCK, Umwelt* II 89): „Die (sc. Unerfahrenheit) vertreibe, o *Vater*, aus der Seele; gib, dass wir stoßen auf Einsicht, auf die gestützt du mit Recht alles lenkst, damit wir, geehrt, dir Ehre zurückzahlen".

Intertextualität

Der Begriff *Intertextualität*, der von der russischen Literaturwissenschaftlerin Julia Kristeva eingeführt wurde, geht von der Voraussetzung aus, dass kein Text für sich allein, sondern stets in Beziehung zu anderen Texten steht. Dementsprechend spüren die unter dem Deckmantel des Intertextualitätsbegriffs versammelten Methodenschritte möglichen Beziehungen nach, wobei zwischen *begrenzter* und *unbegrenzter* Intertextualität zu unterscheiden ist. Das Konzept der begrenzten Intertextualität berücksichtigt nur solche Textbeziehungen, die im auszulegenden Text eingeschrieben sind bzw. postuliert werden können, achtet also auf Zitate, die Verarbeitung von Motiven und festen Topoi, die Rezeption von Gattungen usw. und entspricht damit in etwa dem, was wir unter der Erforschung des ideellen und gesellschaftlichen Hintergrundes neutestamentlicher Texte verstehen. Die unbegrenzte Intertextualität sieht hingegen den Text in einem Beziehungsgeflecht zum gesamten Universum der Texte, also auch zu solchen, die noch geschrieben werden müssen.

Drei unterschiedliche Perspektiven charakterisieren den intertextuellen Zugang zum Text: Die *produktionsorientierte* Perspektive fragt im Sinn des begrenzten Intertextualitätskonzepts nach der Verarbeitung benennbarer Texte im zu interpretierenden Text: Welche Texte werden rezipiert, und auf welche Weise geschieht das? Die *rezeptionsorientierte* Perspektive geht den Vernetzungen zweier Texte in historisch nachweisbaren (begrenztes Intertextualitätskonzept) oder historisch möglichen Lektionen (unbegrenztes Intertextualitätskonzept) nach, selbst wenn es für letzteres keine Belege gibt. Die *textorientierte* Perspektive fragt im Sinn des unbegrenzten Intertextualitätskonzepts nach Sinneffekten, die sich aus dem Zusammenlesen zweier beliebiger Texte ergeben; die Möglichkeit der Konstruktion intertextueller Bezüge wird daher zeitlich und kulturell nicht begrenzt, dem Verfahren haftet dadurch aber auch eine gewisse Beliebigkeit an.

S. ALKIER, Intertextualität – Annäherungen an ein texttheoretisches Paradigma, in: D. Sänger (Hrsg.), Heiligkeit und Herrschaft. Intertextuelle Studien zu Heiligkeitsvorstellungen und zu Psalm 110 (BThSt 55), Neukirchen-Vluyn 2003, 1–26. – S. PELLEGRINI, Elija – Wegbereiter des Gottessohnes. Eine textsemiotische Untersuchung im Markusevangelium (Herders biblische Studien 26), Freiburg i. Br. 2000, 123–145.

Analyse des ideellen und gesellschaftlichen Hintergrundes

Drei Methodenschritte helfen den ideellen und gesellschaftlichen Hintergrund neutestamentlicher Texte zu erschließen. Die *Zeit- und Sozialgeschichte* untersucht das politische, wirtschaftliche und kulturelle Umfeld; die *Traditionskritik* geht der Frage nach, an welchen Stellen der Autor auf geprägtes Gut in Form von Zitaten, Motiven und festen Topoi zurückgreift. Das Spezifikum der *Religionsgeschichte* ist der Aufweis von Analogien und Entwicklungszusammenhängen zwischen neutestamentlichen Texten und vergleichbaren Traditionen des Judentums und der hellenistischen Umwelt.

3 Zur Vorgehensweise

Die Erschließung des soziokulturellen Umfeldes neutestamentlicher Texte kann ohne die Einbeziehung außerneutestamentlicher Quellen nicht gelingen. Wichtige Daten liefern nicht nur die jüdische und griechisch-römische Literatur der Jahrhunderte um die Zeitenwende, sondern auch Inschriften und Papyri, die in großer Zahl vorliegen. Der Umgang mit diesen Texten fällt nicht immer leicht, da sie z. T. entlegen und oft auch nur originalsprachlich zugänglich sind. Umso wichtiger ist es deshalb, die einschlägigen Hilfsmittel zu kennen, die das „Handling" außerneutestamentlicher Quellen erheblich zu erleichtern vermögen.

3.1 Bestandsaufnahme

Der erste Schritt besteht darin, sich zunächst einen Überblick „im eigenen Haus" zu verschaffen, d. h. mit Hilfe einer *Konkordanz* und/oder des *Exegetischen Wörterbuchs zum Neuen Testament* (= EWNT) nach Parallelstellen des zur Klärung anstehenden Begriffs innerhalb des Neuen Testaments zu suchen: Wo und in welchem Zusammenhang kommt das betreffende Wort (z. B. „Menschensohn") noch vor, welche zusätzlichen Informationen geben die übrigen Belege noch an die Hand?

3.2 Aufspüren von Parallelen

Elektronische Datenbanken

Wesentlich schwieriger gestaltet sich erfahrungsgemäß der nächste Schritt, das Aufspüren von Parallelen in der Literatur der Umwelt des Neuen Testaments. Ohne die Kenntnis der entsprechenden Texte und vor allem der Zugangswege zu ihnen scheint selbst die sprichwörtliche Suche nach der Nadel im Heuhaufen leichter.

Durch die in den vergangenen drei Jahrzehnten geleistete elektronische Erfassung sämtlicher antiker literarischer griechischer Texte aus der Zeit von ca. 800 v. Chr. – 600 n. Chr. im *Thesaurus Linguae Graecae* (TLG) sowie die zunehmende Bereitstellung von Inschriften und Papyri in Form von elektronischen Daten (seitens der *Duke University* in Zusammenarbeit mit dem *Packard Humanities Institute*) haben sich die Zugriffsmöglichkeiten auf dieses Quellenmaterial erheblich verbessert. Mit Hilfe spezieller Suchprogramme (*Musaios, TLG/PHI-Workplace* ...) ist es möglich, Vorkommen und Verwendungsweise des zur Klärung anstehenden Begriffs nahezu erschöpfend zu eruieren (was zugleich einen immensen Arbeitsaufwand mit sich bringt). Daneben existieren spezielle Konkordanzen und Indizes (in Buchform) zu einzelnen Schriften oder dem Gesamtwerk eines Autors, die ebenfalls mit Gewinn herangezogen werden können. Von überragender Bedeutung für diesen Arbeitsschritt sind die exegetischen und theologischen Lexika, die zumindest dem exegetischen Normalverbraucher einen großen Teil der Arbeit abnehmen. Schon etwas veraltet, aber immer noch unverzichtbar ist das *Theologische Wörterbuch zum Neuen Testament* (ThWNT; im neutestamentlichen Slang auch „der Kittel" nach seinem Herausgeber benannt [und deshalb nicht mit dem gleichnamigen Kleidungsstück zu verwechseln]), nicht minder bedeutsam ist die *Religion in Geschichte und Gegenwart* (RGG), die gerade in neuer Auflage erschienen und deshalb auf aktuellstem Stand ist. Für den englischsprachigen Raum bildet das *Anchor Bible Dictionary* (AncBD) gegenwärtig das Nonplusultra. Exegetische Spezialisten kommen darüber hinaus um die Hinzuziehung von Speziallexika aus dem altertumswissenschaftlichen Bereich nicht herum. Der absolute Klassiker ist hier *Paulys Realenzyklopädie* (PRE) – in der klassischen Philologie gewöhnlich RE abgekürzt –, eine auch durch ihren Nachfolger *Der Neue Pauly* (DNP) unerreichte monumentale Enzyklopädie mit insgesamt 49 Bänden. Wer es kürzer haben möchte, mag sich mit dem *Kleinen Pauly* (KP), einem immer noch fünfbändigen „Exzerpt" des „großen Pauly" begnügen.

Wichtige Nachschlagewerke

3.3 Verifizieren der Parallelen an den Originaltexten/Übersetzungen

Die mittels Konkordanzarbeit bzw. elektronischer Recherche und in den Lexika gefundenen Stellen sind anschließend an den Originaltexten bzw. Übersetzungen zu verifizieren und auf ihre Brauchbarkeit hinsichtlich des Untersuchungsgegenstandes zu bewerten.

Zeitliche Einordnung

Damit einhergehen sollte die *zeitliche Einordnung* des Vergleichsmaterials: Was sind die ältesten Belege, wo haben wir vergleichsweise junge Texte vorliegen etc.? Das bedingt, sich in den zur Verfügung stehenden *Einleitungen, Lexikonartikeln* usw. über Entstehungszeit und – wenn bekannt – auch über den Abfassungsort der betreffenden Schrift zu informieren. Zuweilen, wie bei frühjüdischen Schriften häufig der Fall, ist es auch notwendig, innerhalb der herangezogenen Schriften nach älteren und jüngeren Schichten zu differenzieren, da diese nicht in einem, sondern in mehreren Schüben entstanden sind. Die Überprüfung der Belege an den Originaltexten ist eine mühsame und zeitraubende Angelegenheit. Gerade wenn im religionsgeschichtlichen Vergleich nicht nur das frühjüdische Umfeld, sondern auch die griechisch-römische Literatur, im Fall der Gnosis gar noch die koptische Literatur in die Untersuchung mit einbezogen werden soll, gerät selbst manch gut ausgestattete Universitätsbibliothek (gibt es das in Zeiten des knappen Geldes überhaupt noch?) an ihre Grenzen. Kennen sollte man aber wenigstens die wichtigsten (zweisprachigen) Textausgaben. Für weniger ambitionierte Zwecke gibt es darüber hinaus spezielle Textsammlungen zur Umwelt des Neuen Testaments (in Übersetzung), die das wichtigste Vergleichsmaterial, gleichsam abgepackt in verbraucherfreundliche Häppchen, zur Verfügung stellen. Das ein oder andere eignet sich durchaus zur Anschaffung.

3.4 Beschreibung des Sachverhalts

Nach diesen (zugegebenermaßen umfangreichen) Vorarbeiten kann die eigentliche Arbeit beginnen. Alle herangezogenen Vergleichstexte sind, in chronologischer Reihenfolge, wenigstens in Umrissen nach Situation, Kontext und sachlichem Gehalt zu analysieren; folgende Leitfragen können dabei eine Hilfe sein: In welchen sprachlichen Zusammenhängen begegnet der gesuchte Begriff/das gesuchte Motiv (z. B. Gerichtsaussage, Kult), welche Inhalte sind damit verbunden, wie sieht das geistes- bzw. theologiegeschichtliche Umfeld aus?

3.5 (Phänomenologischer) Vergleich

Schließlich sind in einem letzten Arbeitsgang Gemeinsamkeiten und Unterschiede herauszuarbeiten. Dabei kommt dem phänomenologischen Vergleich speziell im Fall der religionsgeschichtlichen Betrachtungsweise – wie verhält es sich beispielsweise mit dem Fasten im Judentum, wie handhaben christliche Texte diese Problematik? – Vorrang vor der Frage nach irgendwelchen Abhängigkeiten zu. Dennoch ist gerade die religionsgeschichtliche Arbeit am Neuen Testament nicht von der Frage nach den geschichtlichen Zusammenhängen dispensiert; sie muss aber für alle denkbaren Antworten offen sein. Übereinstimmungen können

- zufällig bzw. auf allgemeine anthropologische Wurzeln zurückzuführen sein,
- auf eine gemeinsame Wurzel zurückgehen,
- auf direkte Beeinflussung des Verfassers durch die Parallele in der Umwelt zurückgehen,
- schließlich auch ein Stück Wirkungsgeschichte des biblischen Textes sein.

H.-J. KLAUCK, Religionsgeschichte wider den Strich – ein Perspektivenwechsel?, in: Paradigmen auf dem Prüfstand. Exegese wider den Strich (FS K. Müller) (NTA NF 47), Münster 2004, 117–140.

Wo die Herkunft biblischer Aussagen aus außerbiblischen Quellen behauptet wird, muss das chronologische Verhältnis die Priorität der außerbiblischen Traditionen nahe legen und muss ein konkreter Traditionsweg wahrscheinlich gemacht werden.

4 Praktische Beispiele

Die Beispiele, anhand derer wir im Folgenden die Zugangswege zum ideellen und gesellschaftlichen Hintergrund neutestamentlicher Texte illustrieren wollen, speisen sich aus unserem Basistext Mk 2,1–3,6. Wer den Text zum ersten Mal liest, hat möglicherweise eine Reihe von Fragen: Wie sieht es eigentlich mit der medizinischen Versorgung in Palästina zur Zeit Jesu aus? Gab es neben Jesus noch andere Wunderheiler (Sie erinnern sich doch sicher noch an den Syrer aus Palästina!)? Warum vergibt Jesus dem Gelähmten eigentlich die Sünden? Ist Krankheit etwa eine Sünde? Was hat es damit auf sich, dass Jesus sich zweimal indirekt als „Menschensohn" bezeichnet (Mk 2,10.28)? Und wer sind überhaupt die Schriftgelehrten und Pharisäer, die Jesus so sehr zusetzen, weil er sich mit Zöllnern und Sündern an den Tisch setzt, pardon legt? Zöllner ist doch ein ehrenwerter Beruf, und mit Sündern zu essen ein gutes Werk! Apropos essen: Wie muss man sich das Zu-Tisch-Liegen vorstellen? Und warum soll es etwas Verwerfliches sein, dass Jesus am Sabbat heilt? Unsere Krankenhäuser sperren am Sonntag ja auch nicht ihre Türen zu; schließlich suchen wir uns ja nicht aus, wann wir krank werden! Fragen über Fragen, von denen wir keineswegs alle beantworten können. Zum Teil werden wir Sie deshalb auf die Sekundärliteratur verweisen müssen, in einem Fall bitten wir Sie sogar um Ihre Mithilfe. Nun aber genug der Vorrede, treten Sie ein in die Welt des Neuen Testaments!

4.1 Schriftgelehrte

Bestandsaufnahme

Die Konkordanz verzeichnet unter dem Stichwort γραμματεύς, „Schriftgelehrter", 21 Belege. Damit sind sie die im Markusevangelium am häufigsten genannte jüdische Gruppe. Von einer Ausnahme abgesehen (Mk 12,28–34) treten sie stets im Kollektiv auf und gewinnen ihr besonderes Profil als Kritiker und Gegner Jesu. Streitpunkte sind seine „Vollmacht" (vgl. neben 2,6–10 noch 1,22; 11,27–33) sowie dogmatische Probleme der Messianologie (9,11–13; 12,35–37). Mehrfach werden die Schriftgelehrten als eine der zwei bzw. drei Fraktionen des Jerusalemer Synhedriums angeführt: neben den Ältesten und Hohenpriestern beispielsweise in Mk 8,31; 11,27; 14,43, nur neben den Hohenpriestern etwa in Mk 10,33 oder 11,18. Folglich haben sie auch Anteil an der Ergreifung und Verurteilung Jesu: „Und (es) suchten die Hohenpriester und die Schriftgelehrten, wie sie ihn in List ergreifend töteten" (Mk 14,1). Gerade die letzte Auskunft muss, vorurteilsfrei und nüchtern betrachtet, eigentlich erstaunen: Obwohl aus der Kirchengeschichte einiges gewohnt, denken wir bei der Kombination „Priester" und „Schriftgelehrter" normalerweise eher an ein der Welt abgewandtes, wirklichkeitsfremdes Schriftstudium (Hebräisch? Griechisch? Igitt!) als an Mord und Totschlag. Trifft diese Charakterisierung, wie sie uns im Markusevangelium entgegentritt, deshalb auch den historischen Sachverhalt?

Berufsprofil

Von Haus aus bezeichnet das griechische Wort γραμματεύς ähnlich wie sein hebräisches Äquivalent *sofer* denjenigen, der sich mit den γράμματα, den Buchstaben auskennt, also den *Schreiber* oder *Sekretär*. Schon am Jerusalemer Königshof scheint es solche *soferim* in offizieller Funktion gegeben zu haben; 2 Sam 8,16–18 kennt unter den Beamten Davids neben Heerführer, Kanzler, Priester und Oberstem der Leibwache jedenfalls auch den „Staatsschreiber".[3] Bleibt das Moment der Schriftgelehrsamkeit im Sinne der Torakenntnis zu dieser Zeit notwendig ausgeklammert (weil es eine festverbindliche Tora noch gar nicht gibt), so ändert sich dies in nachexilischer Zeit. Der Priester Esra, vom persischen König offiziell als „Schreiber" eingesetzt (Esr 7,11), „war ein Schriftgelehrter, kundig im Gesetz des Mose" (Esr 7,6). Das hier zutage tretende Verständnis des Schriftgelehrten als eines Fachmanns für die Auslegung des Gesetzes in reli-

3 Vgl. 2 Sam 8,17: „Seraja war Staatsschreiber"; für die Regierungszeit Salomos 1 Kön 4,3: „Elihoref und Ahija, die Söhne Schischas, waren Staatsschreiber".

giösen und rechtlichen Fragen erfährt in Sir 38,34–39,11, „the most famous description of the scribe in Jewish literature" (Saldarini), noch eine Ausweitung. Dabei bilden die Fertigkeiten der Handarbeiter (Ackerbauer, Handwerker usw.) zunächst die negative Folie, vor deren Hintergrund die Spezifika der Schriftgelehrsamkeit dann umso klarer profiliert werden können:

> [34] Anders, wer sich der Gottesfurcht widmet und das Gesetz des Höchsten erforscht. [1] Die Weisheit aller Vorfahren ergründet er und beschäftigt sich mit den Weissagungen; [2] er achtet auf die Reden berühmter Männer, und in die Tiefen der Sinnsprüche dringt er ein. [3] Er erforscht den verborgenen Sinn der Gleichnisse und verweilt über den Rätseln der Sinnsprüche. [4] Im Kreis der Großen tut er Dienst und erscheint vor den Fürsten; er bereist das Land fremder Völker, erfährt Gutes und Böses unter den Menschen; [5] er richtet seinen Sinn darauf, den Herrn, seinen Schöpfer, zu suchen, und betet zum Höchsten; er öffnet seinen Mund zum Gebet und fleht wegen seiner Sünden. [6] Wenn Gott, der Höchste, es will, wird er mit dem Geist der Einsicht erfüllt: Er bringt eigene Weisheitsworte hervor, und im Gebet preist er den Herrn (Sir 38,34–39,6).

Die Verse charakterisieren den γραμματεύς als eine Art Universalgelehrten, als Weisheitslehrer, dessen im „Lehrhaus" (vgl. Sir 51,23) erworbenes Wissen in der Volksversammlung oder Gemeinde genauso gefragt ist wie auf dem Richterstuhl (vgl. Sir 38,33).

Flavius Josephus

In eine etwas andere Richtung führen mehrere Belege aus dem „Jüdischen Krieg" des jüdischen Historikers Flavius Josephus, die gewisse Aufschlüsse über den sozialen Status der Schriftgelehrten geben. Demnach reicht das Spektrum vom „Dorfschreiber" (Bell I 479: κομῶν γραμματεῖς) über den „Ratsschreiber" Aristeas aus Emmaus (Bell I 532: γραμματεὺς τῆς βουλῆς) bis hin zu Diophantos, dem „Schreiber des Königs" (γραμματεὺς τοῦ βασιλέως), einem skrupellosen Mann „und geschickt, jede Handschrift nachzuahmen; nach vielen Fälschungen dieser Art wurde er deswegen hingerichtet" (Bell I 529). Darüber hinaus weiß Josephus auch von Schriftgelehrten, die am Tempel beschäftigt sind (Ant XII 142). Schließlich ist der Titel γραμματεύς mehrfach inschriftlich als Funktionsbezeichnung der Synagoge bezeugt, und zwar vor allem in Rom (vgl. die entsprechenden Einträge unter dem Stichwort γραμματεύς im Corpus Inscriptionum Judaicarum [= CIJ].

📖 D. LÜHRMANN, Die Pharisäer und die Schriftgelehrten im Markusevangelium, in: ZNW 78 (1987) 169–185. – A. J. SALDARINI, Art. Scribes, in: AncBD V (1992) 1012–1016.

4.2 Pharisäer

Neutestamentlicher Befund

Die in unserem Textabschnitt mehrfach als Kritiker Jesu und seiner Anhänger begegnenden *Pharisäer* treten im Markusevangelium stets in Streitgesprächen auf: Mk 2,16 nehmen sie an der Mahlgemeinschaft Jesu mit Zöllnern und Sündern Anstoß, 2,24 erregen sie sich über das Ährenraufen der Schüler Jesu am Sabbat, 3,6 fassen sie zusammen mit den Herodianern einen Todesbeschluss gegen Jesus. Wo es um die „Überlieferung der Alten" geht, also um Fragen des richtigen Essens und der damit verbundenen Reinheitsvorschriften (vgl. neben 2,15–17 noch 7,1–23), der Auslegung des Sabbatgebots, der Ehescheidung (10,2–12) oder des Zensus (12,13–17), sind die Pharisäer als Diskussionspartner Jesu beteiligt. Dabei erscheinen sie als eine Gruppe oder Gruppierung, der das Thema der Reinheit besonders am Herzen liegt, die schon genannte „Überlieferung der Alten" neben der Tora her entwickelt, regelmäßige Fasttage einhält (vgl. noch Lk 18,12) und gegenüber den Zeloten das Problem des Zensus hatte. Aus Logienquelle und lukanischem Sondergut erfahren wir darüber hinaus, dass die Pharisäer das Gebot zur Abgabe des Zehnten genau beachten (Q 11,42; Lk 18,12), ein gewisses soziales Prestige genossen (Q 11,43) und sich um die Prophetengräber bemühten (Q 11,47). Inwieweit stimmt dieses neutestamentliche Pharisäerbild mit den außerneutestamentlichen Zeugnissen überein, bzw. lässt es sich noch erweitern oder präzisieren?

Jüdische Quellen

Vorab ist festzuhalten: Außerhalb des Neuen Testaments werden die Pharisäer nur bei Flavius Josephus und in einigen rabbinischen Quellen erwähnt, die aber aufgrund ihrer problematischen Datierung für die Rekonstruktion der Verhältnisse zur Zeit Jesu nur sehr bedingt in Frage kommen.[4] Diverse Belege aus Qumran (CD 1,11–19; 4QpNah 1,2) bleiben in ihrem Bezug auf die Pharisäer unsicher. Und ob die *Psalmen Salomos* und die so genannte *Himmelfahrt des Mose* als pharisäische Eigentexte anzusprechen sind, bleibt hypothetisch. Hauptzeuge ist deshalb Flavius Josephus, der ausweislich seiner Biographie selbst Pharisäer gewesen sein will (Vita 12). Dieser erwähnt die Pharisäer erstmals im Kontext der Regierungszeit des Hohenpriesters Jonatan (152–143 v. Chr.; vgl. Ant XIII 171–173). Als feste Gruppierung greifbar werden sie spätestens zur Zeit Johannes Hyrkans, der von 134–104 v. Chr. regierte (Ant XIII 293–298). Demnach sind sie vermutlich Mitte des 2. Jh. v. Chr. im Gefolge der Religionskämpfe entstanden (die Makkabäerbücher erwähnen sie noch

4 Vgl. dazu eingehender G. STEMBERGER, Pharisäer, Sadduzäer, Essener (SBS 144), Stuttgart 1991, 40–62.

Flavius Josephus

Wer zumindest literarisch ein wenig in die Zeit Jesu eintauchen möchte, etwas von der politischen und religiösen Stimmung im Palästina jener Tage mitbekommen will, der kommt an *Flavius Josephus* nicht vorbei. Der jüdische Historiker gilt zurecht als der wichtigste neutestamentliche Zeitzeuge. Geboren 37/38 n. Chr. und der Herkunft nach der Jerusalemer Priesteraristokratie zugehörig, schloss er sich nach eigenem Bekunden (Vita 12) mit 19 Jahren den Pharisäern an. Noch vor dem Ausbruch des Jüdisch-römischen Krieges führte ihn sein Weg erstmals nach Rom, wo er die Freilassung einiger jüdischer Priester erreichte. Der unmittelbar nach seiner Rückkehr ausgebrochene Aufstand gegen die Römer trägt ihm eine führende militärische Position in Galiläa ein; er muss sich aber bei der Belagerung von *Jotapata* dem späteren Kaiser Vespasian geschlagen geben und gerät unter dubiosen Umständen in römische Gefangenschaft (vgl. Bell II 568–646; Vita 28–335.368–412). Seine Prophezeiung, Vespasian werde zum Kaiser ausgerufen, rettet ihm nicht nur das Leben, sondern bringt ihm auch die Freiheit, als Vespasian tatsächlich zum Kaiser ausgerufen wird (69 n. Chr.). Im Lager des Titus (des Sohnes Vespasians) erlebt Josephus die Eroberung Jerusalems mit und begleitet diesen nach der Niederschlagung des Aufstandes nach Rom. Dort ließ er sich nieder, erhielt das römische Bürgerrecht, eine Pension vom Kaiser, dessen Namen er fortan tragen durfte (Vespasian und Titus gehören zum Geschlecht der *Flavier*), und widmete sich seiner literarischen Tätigkeit. Josephus war viermal verheiratet und hatte fünf Söhne.

Literarisch war Josephus außerordentlich produktiv. Schon bald nach seiner Übersiedlung nach Rom begann er mit dem auf sieben Bücher angelegten *De bello Judaico*/ Über den Jüdischen Krieg (= Bell), das zunächst in aramäischer Sprache und 75–79 n. Chr. erneut in einer überarbeiteten griechischen Version erschien (nur diese ist erhalten). Darin schildert Josephus die Vorgeschichte und die Geschichte des jüdischen Aufstands bis zu seiner Niederwerfung. Obwohl das Werk von tendenziösen Verzeichnungen nicht frei ist, stellt es dennoch ein Zeitdokument ersten Ranges dar. Die 93/94 n. Chr. erschienene Schrift *Antiquitates Judaicae*/Jüdische Altertümer (= Ant) will die „Griechen" mit den Sitten und Gebräuchen des Judentums vertraut machen. Das Werk verarbeitet zahlreiche, sonst nicht mehr vorhandene Quellen und behandelt die jüdische Geschichte von der Weltschöpfung bis zum Ausbruch des Jüdisch-römischen Krieges. Neben diesen beiden „Mammutwerken" existieren noch zwei kleinere Schriften: die nicht exakt, aber jedenfalls nach den *Antiquitates* zu datierende Apologie *Contra Apionem*/Gegen Apion (= Ap), in der Josephus das Judentum gegenüber zeitgenössischen antisemitischen Angriffen verteidigt, und seine nach 100 anzusetzende *Vita*/Leben (= Vit), mit der er vor allem seine Rolle im Jüdischen Krieg gegen die Angriffe des Justus von Tiberias zu verteidigen sucht. Danach ist Josephus vermutlich in Rom gestorben.

S. MASON, Aufstandsführer, Kriegsgefangener, Geschichtsschreiber: Der jüdische Historiograph Flavius Josephus und seine Bedeutung für das Verständnis des Neuen Testaments, in: Zeitschrift für Neues Testament 3,6 (2000) 11-21. – H. SCHRECKENBERG, Art. Josephus (Flavius Josephus), in: RAC XVIII (1998) 761-801.

nicht), wobei ihr Name – Φαρισαῖος ist Gräzisierung des aramäischen *p^e^rischija*, was soviel wie „Sektierer, Separatisten" heißt (vermutlich eine Fremdbezeichnung) – darauf hinweisen könnte, dass sie sich von den in 1 Makk 2,42; 7,13 erwähnten Chasidim (= Ἀσιδαῖοι) abspalteten. Nach Ant XIII 288–300 besaßen sie anfangs Einfluss auf Johannes Hyrkan, überwarfen sich aber dann mit ihm. Wahrscheinlich gehörten sie auch zur Opposition gegen seinen Sohn Alexander Jannai (103–76 v. Chr.), die dieser mit der Kreuzigung von 800 Menschen grausam strafte (Ant XIII 380). Unter der Regierung von dessen Witwe Salome Alexandra (76–67 v. Chr.) gewannen sie ihren Einfluss zurück und hatten zu dieser Zeit vermutlich auch offizielle Funktionen im Synhedrium. Herodes d. Gr. (40–4 v. Chr.) erließ den Pharisäern den von allen geforderten Treueid (Ant XV 370); weil sie aber später in eine Palastintrige verwickelt waren, wurden einige von ihnen hingerichtet. Ihre Zahl gibt Josephus zur Zeit des Herodes mit 6000 an (Ant XVII 41–43), was angesichts einer vermuteten Gesamtpopulation Palästinas von 500.000 – 1,5 Millionen Menschen um die Zeitenwende nicht gerade viel ist. Die *Zeloten* entstanden als Abspaltung aus den Pharisäern (Ant XVIII 1–10.23–25; vgl. auch Bell II 117f.); man könnte sie gleichsam als deren radikalen Flügel bezeichnen.

Lehre der Pharisäer

Zweimal geht Josephus etwas ausführlicher auf die Lehre der Pharisäer ein, das erste Mal im „Jüdischen Krieg" (II 162–166), später noch einmal in den „Altertümern" (XVIII 11–15). Beiden Stellen ist gemeinsam, dass die Pharisäer jeweils im Zusammenhang mit zwei weiteren jüdischen Gruppierungen, den Essenern und Sadduzäern, portraitiert werden und Josephus diese drei Gruppen nach

Analogie der hellenistischen Philosophenschulen darstellt. Hören wir einfach in den ersten der beiden Texte etwas hinein:

> 162 Von den beiden früher genannten Sekten stehen die Pharisäer im Ruf gewissenhafter Gesetzesauslegung; sie stellen die erste Sekte (αἵρεσιν) dar. Sie schreiben dem Schicksal und Gott alles zu; 163 Rechtes zu tun oder nicht hänge zwar vor allem von den Menschen selbst ab, es helfe aber auch zu jedem Handeln das Schicksal mit. Zwar sei jede Seele unsterblich, es gehen aber nur die der Guten in einen anderen Leib über, die der Schlechten jedoch würden durch ewige Bestrafung gezüchtigt. 164 Die Sadduzäer, der zweite Verband, streichen das Schicksal vollständig; von Gott aber nehmen sie an, er stehe jenseits davon, etwas Böses zu tun oder auch nur mit anzusehen. 165 Sie behaupten vielmehr, der Wahl der Menschen sei das Gute und das Schlechte anheim gegeben, und nur aufgrund einer von jedem Einzelnen zu treffenden Entscheidung trete der Mensch dem einen wie dem anderen bei. Die Fortdauer der Seele und die Strafen und Belohnungen im Hades lehnen sie ab. 166 Auch die Pharisäer sind einander zugetan und halten die Einigkeit zum gemeinsamen Besten hoch; bei den Sadduzäern aber ist auch unter einander das Benehmen gröber, und die Verkehrsformen mit den Volksgenossen schroff wie mit Fremden. Das also ist es, was ich über die Philosophenschulen im jüdischen Volk sagen wollte (Bell II 162–166).

Weil Josephus für ein hellenistisch geprägtes Publikum schreibt, müssen wir die griechischen Kategorien in jüdisches Denken zurückübersetzen: Wo Josephus vom *Schicksal* spricht, dürfte es um die göttliche Vorsehung gehen, und der pharisäische Glaube an die *Unsterblichkeit der Seele* ist wohl so zu interpretieren, dass die Pharisäer im Unterschied zu den Sadduzäern an die Auferstehung der Toten zum Gericht glauben, in dem über die Taten der Menschen befunden wird. Dass es bezüglich der Hoffnung auf die Auferstehung von den Toten derartige Unterschiede zwischen Pharisäern und Sadduzäern gab, wird durch Apg 23,6–8 bestätigt.

S. Mason, Flavius Josephus on the Pharisees. A Composition-Critical Study (StPB 39), Leiden 1991.

4.3 Zöllner

Mk 2,16 zufolge nehmen die Schriftgelehrten der Pharisäer daran Anstoß, dass Jesus mit Zöllnern (und Sündern) isst. Wodurch ist diese Kritik motiviert? Zur Beantwortung dieser Frage stellen wir zunächst die Zöllner vor und behandeln in einem zweiten Durchgang Tischsitten und jüdische Essgewohnheiten. Das griechische Wort τελώνης ist mit „Zöllner" schlecht wiedergegeben. Wir assoziieren damit nämlich – auch nach dem Schengener Abkommen – einen Beamten, der an einer Landesgrenze in seinem Zollhäuschen sitzt und von Zeit zu Zeit Stichkontrollen macht. Das führt uns für den antiken τελώνης auf eine völlig falsche Fährte. Besser übersetzen wir dieses Wort mit „Abgabenpächter". Der Begriff selbst lässt sich noch präziser fassen, wenn wir auf seine Etymologie hören: Mit τέλος, dem ersten Bestandteil von τελώνης, ist die indirekte Steuer gemeint. Im Gegensatz zur direkten Steuer (φόρος), die im Rahmen des Imperium Romanum die Kopf- und Bodensteuer betraf und gewöhnlich über staatliche Beamte eingezogen wurde, gehörten zu den indirekten Steuern, die in Palästina erhoben wurden, z. B. die Brücken- und Wegesteuer, die Marktsteuer und – für die Fischverarbeitung am See Gennesaret besonders wichtig – die Salzsteuer; nicht zu vergessen schließlich die Abgaben, die zu leisten waren, wenn Warentransporte die Landesgrenzen der Kleinfürstentümer in Palästina passierten. Vermutlich ging auch die Vergabe von Fischereirechten am See Gennesaret über die Hand der Abgabenpächter.

📖 K. C. HANSON, The Galilean Fishing Economy and the Jesus Tradition, in: BTB 27 (1997) 99–111.

Steuereintreibung in Pacht

Die Abgabenpächter waren, worauf schon ihr Name hinweist, keine Beamten in fester Anstellung, sondern hatten die Eintreibung der indirekten Steuern gegen Vorauszahlung der erwarteten Summe „gepachtet". Sie kauften, wie ihr Name in seinem zweiten Teil (ὠνέομαι = kaufen) sagt, gewöhnlich für den Zeitraum eines Jahres, das Recht zur Eintreibung der indirekten Steuern, indem sie eine unter verschiedenen Bewerbern ausgehandelte Summe im Voraus leisteten. Ihre „Geschäftspartner" waren die jeweiligen Landesherren – und zwar auf unterster Ebene. Für das Palästina zur Zeit Jesu in Judäa also der römische Statthalter *Pontius Pilatus* (26–36 n. Chr.), in Galiläa dagegen der Herodessohn *Herodes Antipas*, der von 4 v. Chr. – 39 n. Chr. dort als von Rom eingesetzter Tetrarch regierte. Im Blick auf das gesellschaftliche System waren die Abgabenpächter Handlanger der Herrschenden. Obwohl sie in der gesellschaftlichen Pyramide derer, die direkt im Dienst der Herrschenden standen, die unterste Position einnahmen, standen sie trotzdem der steuerzahlenden Bevölkerung als Repräsentanten der herrschenden Schicht gegenüber. In ethnischer Perspektive dagegen gehörten die Abgabenpächter zur steuerzahlenden Bevölkerung: Auch sie sind generell Juden gewesen.

Warum konnte es auf Ablehnung stoßen, mit diesen Abgabenpächtern zu essen? Dazu müssen wir im nächsten Schritt die jüdischen Essgewohnheiten betrachten.

S. R. LLEWELYN (Hrsg.), New Documents Illustrating Early Christianity, Bd. 8, Grand Rapids (MI) 1997, 47–76 (neue Papyri zur Besteuerung in neutestamentlicher Zeit ausgewertet). – E. BADIAN, Zöllner und Sünder. Unternehmer im Dienst der römischen Republik (Übers. W. Will/S. Cox), Darmstadt 1997. – F. HERRENBRÜCK, Wer waren die „Zöllner"?, in: ZNW 72 (1981) 178–194.

4.4 *Jüdische Essgewohnheiten*

Mahlgewohnheiten

Mk 2,15 setzt wie die übrigen neutestamentlichen Mahlszenen voraus, dass die Mahlteilnehmer zu Tisch lagen (vgl. noch Mk 6,26.39f.; Lk 7,37; Joh 12,2; u. ö.). Das entspricht griechisch-römischer Konvention, die zur Zeit Jesu im Judentum längst heimisch war und ältere Sitzordnungen wie das Sitzen auf dem Boden vor einer Matte oder einem niedrigen Tisch verdrängt hatte. Allerdings reflektieren die literarischen Zeugnisse in der Regel das Essverhalten höherer bzw. vermögenderer Schichten. Das in der frühen Kaiserzeit übliche *triclinium* der Privathäuser bestand, dem Namen entsprechend, aus drei Klinen bzw. *lecti*, auf denen jeweils drei Personen Platz fanden. Sie waren im hinteren Teil des Raums um einen in der Regel quadratischen Tisch herum aufgestellt. Die mit Matratzen und darüber gebreiteten Decken gepolsterten Sofas wurden von der Außenseite bestiegen; zuvor legte man aber die Sandalen ab und ließ sich die Füße von einem Bediensteten des Hausherrn waschen (vgl. Lk 7,44). Gegessen wurde entweder mit den Fingern oder mit Löffeln. Servietten waren daher unerlässlich; sie wurden entweder vom Gastgeber gestellt oder der Gast brachte selbst welche mit, um darin nicht verzehrte Speisen mit nach Hause zu nehmen.

Speisegebote

Während die römische Küche für ihre Vielfalt, ja ihren Luxus bekannt war, gab es im Judentum ausgefeilte Speisegebote, die so genannte Kaschrut. Denn die Juden essen nicht alles. Die diesbezügliche biblische Basisstelle Lev 11 unterscheidet zwischen reinen und unreinen, also nicht zum Verzehr erlaubten Tieren. Zum Verzehr erlaubt sind nur Tiere, „die gespaltene Klauen haben, Paarzeher sind und wiederkäuen" (V. 3). Damit ist z. B. das Schwein vom Verzehr ausgeschlossen. Unter den Fischen sind nur diejenigen für rein erklärt, die Flossen und Schuppen haben (V. 9). Zu den Speisegeboten gehört ferner die Vorschrift der rituellen Schächtung, die garantiert, dass kein Blut verzehrt wird (vgl. Lev 17,10–12), sowie die Trennung von Fleisch- und Milchprodukten im Haushalt (vgl. Ex 23,19).

📖 G. STEMBERGER, Jüdische Religion (bsr 2003), München [5]2006 (knappe, präzise Information zum jüdischen Leben).

Und Juden essen nicht mit jedem, vor allem nicht mit Heiden. „Trenn dich von den Völkern, iss nicht mit ihnen!", rät das Jubiläenbuch (s. Aktuelles Lexikon „Apokryphen") in 22,10 lapidar. Diese jüdische Absonderung von heidnischen Mahlzeiten wurde auch von außen wahrgenommen. Der römische Historiker Tacitus (55–116/120 n. Chr.) z. B. kennzeichnet die Juden als *separati epulis*, „getrennt bei den Mahlzeiten" (Hist V 5,2). Der Grund für diese Absonderung hängt ebenfalls mit den Reinheitsvorstellungen zusammen. Es geht um die Vermeidung von Verunreinigung. Heiden halten sich nicht an die jüdischen Reinheitsgebote. Sie sind deshalb unrein. Und weil Unreinheit materiell gedacht wird, also übertragbar ist, macht der Verkehr mit Heiden unrein, ganz abgesehen von den in jüdischen Augen unreinen Speisen, die bei Heiden auf den Tisch kommen und – wie das Schwein – auch noch als besonders gesund gelten.

Signalcharakter der Speisegebote

Spätestens seit der Makkabäerzeit (Mitte des 2. Jh. v. Chr.) haftet der strengen Befolgung der jüdischen Speisegebote ein ideologischer Signalcharakter an, ja fast so etwas wie eine demonstrative Ablehnung jeglicher politischer Fremdherrschaft. In den Makkabäerbüchern wird erzählt, wie der syrische König Antiochus IV. Epiphanes Jerusalem in seine Gewalt bringt und außer Tributzahlungen auch die Aufgabe der jüdischen Gebräuche verlangt (1 Makk 1), wie er im Tempel von Jerusalem den Kult für Zeus Olympios institutionalisiert (2 Makk 6,2) bzw. anordnet, „Altäre, heilige Haine und Götzentempel zu errichten, Schweine und andere unreine Tiere zu opfern" (1 Makk 1,47). Umgekehrt erzählen jüdische Märtyrerlegenden, die auf diese Zeit Bezug nehmen, in einem verherrlichenden Ton von all jenen, die als toratreue Juden standhaft bleiben, als sie vom König (!) unter Androhung der Todesstrafe dazu gezwungen werden, Schweinefleisch zu essen. Wir sehen sie lieber in den Tod gehen, als die väterlichen Gesetze zu übertreten (2 Makk 6,18–7,42; vgl. 4 Makk).

Für die Zeit der römischen Okkupation Palästinas, die mit der Eroberung Jerusalems durch Pompeius im Jahr 63 v. Chr. beginnt, besonders aber unter der Statthalterschaft des Pontius Pilatus (26–36 n. Chr.), sind massive – religiös u. a. durch Reinheitsvorschriften motivierte – Proteste bezeugt, die sich z. T. gegen äußerst vernünftige Aktivitäten der jeweiligen Statthalter richten, z. B. den Bau einer Wasserleitung, allerdings mit Hilfe von Tempelschatzgeldern (vgl. Jos., Ant XVIII 60–62). Schon allein durch ihre Anwesenheit verun-

Die Apokryphen und Pseudepigraphen

Das *Jubiläenbuch* gehört zu den so genannten Apokryphen und Pseudepigraphen des Alten Testaments. Damit sind all jene Schriften gemeint, die nicht in den hebräischen, d. h. jüdischen Kanon der Bibel aufgenommen worden sind. Als „Apokryphen" (= verborgene Bücher) bezeichnet man speziell die Gruppe von Schriften, die von den Reformatoren aus dem bis dahin rezipierten *christlichen* Kanon des Alten Testaments ausgeschieden worden sind. Es handelt sich präzise um diejenigen Schriften, die den „Überstand" zwischen jüdischem und christlichem Kanon des Alten Testaments ausmachen. Denn der christliche Kanon fußt auf der Septuaginta, der griechischen Übersetzung des Alten Testaments samt einiger weiterer Bücher, die nur griechisch erhalten sind bzw. von vornherein auf Griechisch verfasst waren (christlicher Septuagintakanon). Dazu gehören: das Buch Judit, die Weisheit Salomos, das Buch Tobit, das Buch Jesus Sirach, Baruch, das erste und zweite Buch der Makkabäer. In reformatorischen Bibelausgaben fehlen diese Bücher bis heute (z. B. Elberfelder Bibel) oder sind als eigene Gruppe abgesetzt (z. B. Zürcher Bibel).

Mit „Pseudepigraphen" bezeichnet man, wie es dieser aus ψεῦδος (= Lüge) und ἐπιγραφή (= Aufschrift) zusammengesetzte Begriff selbst sagt, diejenigen Schriften, die (fälschlicherweise) unter dem Namen eines berühmten Mannes der Vorzeit im Umlauf sind: Adam, Henoch, Mose, Elija, Salomo, Baruch usw. In einem weiteren Sinn wird unter der Bezeichnung „Pseudepigraphen" das gesamte frühjüdische Schrifttum subsumiert, das weder in den hebräischen noch in den christlichen Kanon Eingang gefunden hat. Im Unterschied zu den „Apokryphen" sind die allerwenigsten Pseudepigraphen in der christlich rezipierten Septuaginta zu finden, eigentlich nur die Psalmen Salomos und das dritte sowie das vierte Makkabäerbuch. Viele der Pseudepigraphen sind uns nur aus Zweit- oder Drittübersetzungen bekannt, was z. T. in ihren Titel Eingang gefunden hat: z. B. das äthiopische und das slavische Henochbuch, die syrische und die griechische Baruch-Apokalypse. Auch das Jubiläenbuch, von dem wir ausgegangen sind, ist nur in äthiopischer Sprache ganz erhalten. Die griechische und lateinische Fassung wird lediglich durch einige Fragmente bezeugt. Weitere wichtige Schriften aus der Gruppe der „Pseudepigraphen" sind die Testamente der zwölf Patriarchen, der Aristeasbrief, das vierte Esrabuch, die Himmelfahrt des Mose, das Martyrium des Jesaja und das Leben

Adams und Evas. Die Abkürzungen für diese Bücher bzw. die Auflösung der Abkürzungen finden sich im EWNT (= Exegetisches Wörterbuch zum Neuen Testament) I, XII–XIII. Für das Studium des Neuen Testaments ist dieses grob zwischen dem 3. Jh. v. und dem 1. Jh. n. Chr. entstandene Schrifttum deshalb so wichtig, weil es uns die rege schriftstellerische Tätigkeit und die unterschiedlichen Stimmungen im Frühjudentum lebhaft vor Augen führt.

E. ZENGER, Heilige Schrift der Juden und der Christen, in: Ders., Einleitung in das Alte Testament (KStTh 1), Stuttgart [6]2006, 11–33.

reinigen die Römer das Land. Ihre Häuser zu betreten und mit ihnen in Kontakt zu kommen, würde Verunreinigung nach sich ziehen. Die für christliche Leser/innen vertrauteste Szene, in der das auch offen ausgesprochen wird, ist Joh 18,28, wo die jüdischen Ratsmitglieder den Amtssitz des Pilatus nicht betreten, um sich nicht zu verunreinigen, was den Ausschluss von der Tischgemeinschaft beim bevorstehenden Pesachfest bedeutet hätte. In der durch Reinheitsvorschriften, also religiös begründeten Distanzierung von den Römern ist immer zugleich auch eine politische Ablehnungsgeste impliziert.

Auf diesem breiteren, religions- und gesellschaftspolitisch aufgefächerten Hintergrund der Speisegebote und Reinheitsvorstellungen im Judentum ist die Anstößigkeit, mit Steuerpächtern Mahlgemeinschaft zu halten, leicht erklärbar und einsichtig zu machen. Als finanzielle Geschäftspartner stehen sie im Dienst der Systemträger bzw. deren aristokratischen Handlanger, eben der Herodessöhne, die als Kleinfürsten von Roms Gnaden in Galiläa und Peräa (Herodes Antipas) bzw. in der Gaulanitis (Philippus) „regieren". Mit solchen Steuerpächtern zu essen, macht (religiös gesehen) unrein bzw. bringt (gesellschaftspolitisch gesehen) in das Zwielicht scheinbarer Sympathie mit den Systemträgern.

4.5 Zur Frage der Sündenvergebung

Die dem Gelähmten seitens Jesu zugesprochene Vergebung der Sünden stößt – wenn wir die Ergebnisse der literarkritischen Analyse für einen Moment hintanstellen und uns auf den markinischen Endtext in seiner jetzigen Form konzentrieren – bei den Schriftgelehrten auf Kritik. Sie empfinden das Verhalten Jesu als Blasphemie, als Gotteslästerung, denn für sie gilt: „Wer kann Sünden erlassen, wenn nicht der einzige Gott?" Gleichsam im Gegenzug hält Jesus an seiner Vollmacht fest, als „Menschensohn" (dazu gleich) auf Erden

Sünden zu vergeben, und unterstreicht dies mit der nachfolgenden Heilung des Gelähmten. Gründe genug also, das Thema Sündenvergebung religionsgeschichtlich noch etwas zu vertiefen.

Sühnevorschriften

Dabei gilt es im Auge zu behalten, dass zur Zeit Jesu der Tempel noch intakt (seine Zerstörung durch die Römer erfolgte erst 70 n. Chr.) und Sündenvergebung eng mit dem dortigen Kultbetrieb verbunden war. Die entsprechenden Anweisungen dafür finden sich in den Sühneritualen von Lev 4f., die die unwissentliche Versündigung „gegen irgendein Gebot des Herrn" regeln (Lev 4,2). Der über längere Zeit im gottesdienstlichen Gebrauch gewachsene Text, dessen Endredaktion vermutlich erst nach dem Exil erfolgte, differenziert nach Personen: Zunächst wird der Fall des gesalbten Priesters verhandelt, „der sündigt und damit Schuld auf das Volk lädt" (4,3–12), dann gibt es Regelungen für die „ganze Gemeinde Israels" (4,13–21), für den Anführer des Clans (4,22–26) und schließlich für den „gewöhnlichen" Israeliten (4,27–35):

> 27 Wenn jemand aus dem Volk ohne Vorsatz sündigt und schuldig wird, weil er etwas vom Herrn Verbotenes getan hat 28 oder man teilt ihm eine Verfehlung mit, die er begangen hat, so bringe er als seine Opfergabe für seine Sünde, die er begangen hat, eine fehlerlose Ziege. 29 Er soll die Hand auf den Kopf des Sündopfers legen und es dort schlachten, wo man das Brandopfer schlachtet. 30 Der Priester soll mit seinem Finger etwas vom Blut auf die Hörner des Brandopferaltars tun und dann das ganze Blut am Sockel des Altars ausgießen. 31 Er soll das ganze Fett ablösen, wie man das Fett eines Heilsopfers ablöst, und der Priester soll es auf dem Altar in Rauch aufgehen lassen als beruhigenden Duft für den Herrn und so diesen Mann entsühnen; dann wird ihm vergeben werden.

Die V. 29–31 halten den Kern des Sühnegeschehens fest: Mittels „Handauflegung" werden die Sünden des Missetäters auf das Opfertier übertragen;[5] die eigentliche Entsühnung erfolgt im Anschluss an die Schlachtung des Tieres, indem der Priester die „Hörner", d. h. vermutlich die vier (hochgezogenen) Ecken des Brandopferaltars mit dem Blut des geschlachteten Tieres bestreicht bzw. dessen Blut an der Altarwand ausgießt. Archaische Basis für dieses Ritual ist die Vorstellung vom Blut als einer zaubermächtigen Materie, die ein dem Tod verfallenes Leben auslösen und darum auch Verunrei-

5 Vgl. auch den Sündenbockritus am Versöhnungstag Lev 16,20–28, wo der Priester nicht nur eine Hand (wie es in Lev 4,29), sondern beide Hände auf den Kopf des Tieres aufstemmt. Dadurch wird die Schuldübertragung noch einmal intensiviert.

nigungen beseitigen bzw. zerbrochene Gemeinschaft wieder herstellen kann.[6] Vorausgesetzt, wenn auch hier nicht erwähnt (vgl. aber Lev 5,5: „wenn also jemand in einem dieser Fälle schuldig wird, so soll er gestehen, wodurch er sich verfehlt hat"), ist wohl in allen Fällen ein Schuldbekenntnis gegenüber dem Priester, das man sich vielleicht nach Art von Ps 32,5 vorstellen kann: „Da bekannte ich dir meine Sünde und verbarg nicht länger meine Schuld vor dir. Ich sagte: ‚Ich will dem Herrn meine Frevel bekennen.' Und du hast mir die Schuld vergeben."

Schuldbekenntnis

Gott vergibt

Der Psalmvers macht im Übrigen deutlich, dass Sündenvergebung im Alten Testament exklusiv Sache Gottes ist. Davon rückt auch Lev 4f. nicht ab, wie die gebetsmühlenartig meist am Ende der jeweiligen Sühnevorschriften wiederholte Wendung „So entsühnt der Priester den Betreffenden und löst ihn von seiner Sünde; dann wird ihm vergeben werden" (Lev 4,26; vgl. noch 4,20.31.35; 5,10.13.16.18.26 mit leichten Variationen) mit dem theologischen Passiv am Schluss (LXX: καὶ ἀφεθήσεται αὐτῷ) bestätigt. Die Formel verrät aber zugleich auch etwas über die zentrale Stellung der Priesterschaft im Sühneritual: Ohne priesterliches Tun ist göttliche Vermittlung nicht zu haben, der Priester ist der unverzichtbare Mittler zwischen Gott und Mensch. Vor dem Exil war das möglicherweise noch anders, herrschte eine offenere Praxis: 2 Sam 12,13 hören wir einen Vergebungszuspruch aus dem Munde des Hofpropheten Natan an David, der zwar ein Sündenbekenntnis, aber wohl keinen besonderen Ritus verlangt. Auch hier ist es aber Gott und nicht der Prophet, der die Sünde vergibt.

Funktion der Priester

Endzeitliche Sündenvergebung

Für die nachexilische Prophetie ist Sündenvergebung eine Gabe der Endzeit: „Ja, du wirfst all unsere Sünden in die Tiefe des Meeres hinab", heißt es in Mich 7,19, einem späten Zusatz zum Michabuch (vgl. auch Jer 31,34). Darauf aufbauend entwickelt sich in der zwischentestamentlichen Literatur das Theologumenon von der Sündlosigkeit der messianischen Zeit. Das besagt nicht, wie verschiedentlich in Anlehnung an den Targum zu Jes 53 vertreten, dass nun der Messias an Stelle Gottes die Sünden vergibt,[7] sondern spiegelt die Erwartung wider, dass der Messias bei seinem Kommen die Sünder vernichtet bzw. vertreibt und auf diese Weise ein reines, heiliges

6 Vgl. Lev 17,11: „Die Lebenskraft des Fleisches sitzt nämlich im Blut. Dieses Blut habe ich euch gegeben, damit ihr auf dem Altar für euer Leben die Sühne vollzieht; denn das Blut ist es, das für ein Leben sühnt."

7 Vgl. die Textsynopse bei H.-J. KLAUCK, Die Frage der Sündenvergebung in der Perikope von der Heilung des Gelähmten (Mk 2,1–12 parr), in: Ders., Gemeinde* 286–312, hier: 302f.

Volk schafft. Zwei Belege aus den *Psalmen Salomos* (PsSal), einer möglicherweise (s. o.) pharisäischen Schrift aus der Mitte des 1. Jh. v. Chr., und dem *Testament Levi*, das in seiner Datierung umstritten ist, aufgrund neuer Textfunde in Qumran aber vermutlich ebenfalls noch in vorchristliche Zeit (2./1. Jh. v. Chr.) gehört, sollen diesen Sachverhalt illustrieren:

PsSal 17,36: „... und er (sc. der Messias) ist rein von Sünde, um über ein großes Volk zu herrschen, Fürsten zu züchtigen und Sünder auszurotten durch die Macht des Wortes."

Test Levi 18,9: „Unter seinem Priestertum (sc. dem Priestertum des messianischen Hohenpriesters) wird die Sünde aufhören, und die Gesetzlosen werden ruhen, Böses zu tun."

Dass nicht nur Jesus, sondern auch sein Zeitgenosse Johannes der Täufer im Bannkreis solcher Erwartungen lebt und davon affiziert ist, belegt der Umstand, dass Johannes eine Taufe der Umkehr *zur Vergebung der Sünden* (εἰς ἄφεσιν ἁμαρτιῶν; vgl. Mk 1,4) verkündet.

E. S. GERSTENBERGER, Das dritte Buch Mose. Leviticus (ATD 6), Göttingen 1993, 49–73.

4.6 Der „Menschensohn"

Im Zusammenhang mit der Vollmacht Jesu, auf Erden Sünden zu vergeben, war uns der Ausdruck „Menschensohn", im Griechischen ὁ υἱὸς τοῦ ἀνθρώπου, bereits begegnet (Mk 2,10). Das Wort fällt im Rahmen unseres Textabschnitts noch einmal, nämlich in 2,28, wo es – wiederum aus dem Munde Jesu – heißt: „sodass der Menschensohn Herr auch des Sabbats ist." Will der markinische Jesus damit einfach sagen: „*Ich* habe die Macht, Sünden zu vergeben" bzw. „*Ich* entscheide, was am Sabbat geht und was nicht", d. h. ist der Ausdruck „Menschensohn" nichts anderes als eine für unsere Ohren etwas seltsam klingende Umschreibung des Personalpronomens in der 1. Person? Der Blick in das übrige Neue Testament zeigt, dass die Sachlage wohl doch etwas komplizierter ist. Denn: Neben Worten vom *gegenwärtigen Menschensohn* wie in Mk 2,10.28 (vgl. etwa noch Mt 8,20 par Lk 9,58; Mt 11,19 par Lk 7,34) gibt es auch solche vom *leidenden Menschensohn*[8] und solche vom *kommenden Menschen-*

Menschensohnworte

8 Vgl. besonders die Passionssummarien Mk 8,31; 9,31: „Der Menschensohn wird den Menschen ausgeliefert, und sie werden ihn töten; doch drei Tage nach seinem

sohn. Am prominentesten ist diesbezüglich sicher Mk 14,62 parr, die Antwort Jesu auf die Frage des Hohenpriesters vor dem Synhedrium, ob er der Messias sei: „Ich bin es. Und ihr werdet den Menschensohn zur Rechten der Macht sitzen und mit den Wolken des Himmels kommen sehen." Hier kommt eine Gestalt in den Blick, die im Unterschied zu den beiden ersten Kategorien von Menschensohnworten gerade nicht irdischen, sondern himmlischen Ursprungs zu sein scheint (vgl. auch Lk 12,8f.; 17,24.30). Liegen hier also ganz unterschiedliche Menschensohnvorstellungen zugrunde, und lassen sich diese mit Hilfe traditions- bzw. religionsgeschichtlicher Erwägungen ein wenig aufhellen?

Jüdische Apokalyptik

Die Spur, die Wörterbücher und Konkordanzen legen, führt in diesem Fall eindeutig in die jüdische *Apokalyptik*. Im Wesentlichen sind es drei, in sich allerdings nicht unproblematische Texte, die uns für das Verständnis des kommenden Menschensohns wichtige Anhaltspunkte liefern:

(1) Dan 7: Die Entstehungsgeschichte des Danielbuches, der einzigen alttestamentlichen Apokalypse, und speziell auch des 7. Kapitels dieser Schrift ist zu kompliziert, als dass sie hier ausreichend beschrieben werden könnte. Uns mag es an dieser Stelle genügen, dass wir mit Dan 7,9f.13, der „Grundvision", die später in die Vier-Reiche-Vision eingebaut wurde, das vermutlich älteste greifbare Dokument für die Menschensohnvorstellung in Händen halten:

> 9 Ich sah immer noch hin; da wurden Throne aufgestellt und ein Hochbetagter nahm Platz. Sein Gewand war weiß wie Schnee, sein Haar wie reine Wolle. Feuerflammen waren sein Thron, und dessen Räder waren loderndes Feuer. 10 Ein Strom von Feuer ging von ihm aus. Tausendmal Tausende dienten ihm, zehntausendmal Zehntausende standen vor ihm. Das Gericht nahm Platz, und es wurden Bücher aufgeschlagen … 13 Immer noch hatte ich die nächtlichen Visionen. Da kam mit den Wolken des Himmels einer wie ein Menschensohn. Er gelangte bis zu dem Hochbetagten und wurde vor ihn geführt.

Gericht

Die Verse schildern die Vorbereitung des endzeitlichen Strafgerichts; um den Thron Gottes, des „Hochbetagten", ist das himmlische Heer versammelt und die Bücher mit den guten und bösen Taten der Menschen werden aufgeschlagen. Der hinzukommende Menschensohn ist offenbar eine besonders hervorgehobene Engels-

Tod wird er auferstehen"; 10,33f., aber auch Mk 10,45: „Denn auch der Menschensohn ist nicht gekommen, um sich dienen zu lassen, sondern um zu dienen und sein Leben hinzugeben als Lösegeld für viele."

gestalt, die bevollmächtigt wird, Gottes Strafgericht zu vollziehen. Im Zuge der Verschmelzung bzw. Einbettung der Grundvision in die Vier-Reiche-Vision – vier Raubtiere, die aus dem Meer aufsteigen, werden abgelöst durch den Menschensohn, der von oben mit den Wolken des Himmels kommt – erhält der Menschensohn vom Hochbetagten über seine Richtervollmacht hinaus unvergängliche Macht und ein unzerstörbares Reich (Dan 7,14). Die anschließende Deutung scheint dazu in einem gewissen Widerspruch zu stehen, insofern sie den Menschensohn – analog zu den vier Raubtieren als Symbolen für die vier Weltreiche – als Symbol für das „Reich der Heiligen des Höchsten", d. h. für Israel verifiziert (7,27). Möglicherweise lässt sich aber auch an einen himmlischen Doppelgänger Israels nach Art der Gemeindeengel in der *Offenbarung des Johannes* denken, sodass es sich beim Menschensohn von Dan 7,27 um den Schutz- oder Beistandsengel Israels handeln würde.

(2) ÄthHen 37–71: Den zweiten wichtigen Beleg der Menschensohnproblematik steuern die so genannten „Bilderreden" des *äthiopischen Henochbuchs* bei, das diesen Namen deshalb trägt, weil erstens Henoch im Mittelpunkt dieser Schrift steht und zweitens dieses umfangreiche Werk nur in einer späten äthiopischen Übersetzung vorliegt. Die Originalsprache war aber vermutlich aramäisch, wie in Qumran gefundene Fragmente nahe legen. Weil solche ausgerechnet für die Bilderreden, also äthHen 37–71 fehlen, ist deren Datierung in vorchristliche Zeit im Unterschied zu den übrigen Partien des äthHen nicht möglich. Ihre zeitliche Ansetzung schwankt vielmehr zwischen der Zeitenwende und dem 3. Jh. n. Chr. (!), wobei letzteres allerdings eine Extremposition darstellt. Konsensfähig erscheint zunehmend eine Datierung in der Mitte bzw. am Ende des 1. Jh. n. Chr.

Die für unsere Zwecke interessanteste Passage der noch einmal in mehreren Schichten gewachsenen Bilderreden findet sich in äthHen 46,1–6. Wieder handelt es sich um einen Visionsbericht, der in einigen Punkten starke Ähnlichkeiten mit Dan 7 aufweist; nur ist der Seher dieses Mal nicht Daniel, sondern der in den Himmel entrückte Henoch, der von einem Deuteengel, dem sog. *angelus interpres*, begleitet wird:

> 1 Und ich sah dort einen, der ein betagtes Haupt hatte, und sein Haupt war wie Wolle so weiß, und bei ihm war ein anderer, dessen Gestalt wie das Aussehen eines Menschen war, und sein Angesicht voller Güte wie das von einem heiligen Engel. 2 Und ich fragte einen der Engel, den, der mit mir ging und mir alle Geheimnisse zeigte, nach jenem Menschensohn, wer er sei und wo-

> her er stamme und weshalb er zu dem betagten Haupt ginge. 3 Und er antwortete und sprach zu mir: Dies ist der Menschensohn, der die Gerechtigkeit hat und bei dem die Gerechtigkeit wohnt, der alle Schätze des Verborgenen offenbart, denn der Herr der Geister hat ihn erwählt, und sein Los ist unübertrefflich durch die Gerechtigkeit vor dem Herrn der Geister in Ewigkeit. 4 Und dieser Menschensohn, den du gesehen hast, wird die Könige und die Mächtigen hochreißen von ihren Ruhelagern und die Starken von ihren Thronen; er wird die Zügel der Starken lösen und die Zähne der Sünder zerschlagen. 5 Er wird die Könige von ihren Thronen und aus ihren Reichen verstoßen, weil sie ihn weder erhöhen noch ihn preisen, noch demütig anerkennen, woher sie das Reich erhalten haben. 6 Und das Angesicht der Starken wird er verstoßen, und sie werden voller Scham sein; und Finsternis wird ihre Wohnung, und Würmer werden ihr Ruhelager sein, und sie (können) nicht hoffen, dass sie von ihrem Lager aufstehen werden, denn sie erhöhen nicht den Namen des Herrn der Geister.

Demnach handelt es sich bei dem Menschensohn ursprünglich nicht um einen Menschen, sondern um ein *himmlisches Wesen*, das von Gott zum eschatologischen Rächer für Israel und zum Strafrichter über die Völker der Erde berufen wurde. Spätere Bearbeitungen dieser als „Grundvision" bezeichneten Textpassage bringen zunehmend menschliche Züge in diese Gestalt ein, sodass sie sich immer mehr dem vom Judentum erwarteten *Messias* annähert. ÄthHen 71 schließlich identifiziert den erhöhten Henoch mit dem Menschensohn.

(3) 4 Esr 13: Das ebenfalls der jüdischen Apokalyptik zuzurechnende und gegen Ende des 1. Jh. n. Chr. entstandene 4. Esrabuch (= 4 Esr) steuert den dritten, wichtigen Beleg für die Menschensohnvorstellung bei. Der in der Forschung als „Sturmvision" bezeichnete Text ist, genau besehen, eigentlich ein Traum (vgl. 4 Esr 13,1: „da träumte ich in der Nacht einen gewaltigen Traum"), den der Seher in 4 Esr 13,1–13 zunächst vorstellt und der dann im Anschluss daran (vgl. 4 Esr 13,21–50) gedeutet wird. Hören wir zunächst wieder etwas in den Traumbericht hinein:

> 2 Siehe, ein gewaltiger Sturm erhob sich im Meer und erregte alle seine Wogen. 3 Ich sah, und siehe, der Sturm führte aus dem Herzen des Meeres etwas wie die Gestalt eines Menschen herauf. Ich sah, und siehe, dieser Mensch flog auf den Wolken des Him-

> mels. Wohin er sein Gesicht wendete und hinblickte, da zitterte alles, was er ansah (4 Esr 13,2f.).

Im weiteren Verlauf seines Traumberichts schildert Esra, wie dieser „Mensch" – der Ausdruck „Menschensohn" fällt weder im Traumbericht noch in der Deutung – ein riesiges feindliches Heer mit aus seinem Mund sprühenden Feuerfunken niederwirft und nach bestandenem Kampf eine friedliche Menge versammelt. Die Deutung verifiziert jene Gestalt als denjenigen, „den der Höchste lange Zeit aufbewahrt, durch den er seine Schöpfung erlösen will" (4 Esr 13,26); später wird er auch noch als „Sohn" des Höchsten bezeichnet (4 Esr 13,32.37), was man aber nicht überbewerten sollte, da im nicht mehr erhaltenen griechischen Original der Schrift vermutlich παῖς stand. Das kann sowohl „Kind, Knabe" wie auch „Knecht" heißen, die uns vorliegende lateinische Übersetzung hat sich für die Wiedergabe mit *filius* entschieden. Unabhängig davon weist die beschriebene Gestalt eindeutig messianische Züge auf: Sie vollzieht das Gericht an den Weltvölkern und führt die versprengten Stämme Israels – dafür steht im Traum die friedliche Menge – wieder zusammen.

Fazit

Fazit: Beim „Menschensohn" handelt es sich nach den ältesten Quellen ursprünglich um ein *himmlisches Wesen,* das seinen großen Auftritt am Ende der Zeit hat, d. h. mit der Vollmacht Gottes ausgestattet das endzeitliche Strafgericht vollzieht. Erst auf späterer Stufe, vermutlich im 1. Jh. n. Chr., wird diese Gestalt zunehmend mit messianischen Zügen ausstaffiert. Das „beißt" sich eigentlich mit der himmlischen Herkunft des Menschensohns, denn der Messias ist nach jüdischer Auffassung niemals etwas anderes als ein Mensch, ist stets irdischer Herkunft.

K. Müller, Studien zur frühjüdischen Apokalyptik (SBAB 11), Stuttgart 1991, bes. 229–305.

4.7 Der Sabbat

Neutestamentlicher Befund

Auseinandersetzungen um die Geltung bzw. Reichweite des Sabbatgebotes kommen nicht nur im Markusevangelium, sondern auch im lukanischen Sondergut (Lk 13,10–17; 14,1–6) und im Johannesevangelium vor (Joh 5,1–18; 9,1–7.13–17). Mit Ausnahme von Mk 2,23–28 parr sind es stets therapeutische Maßnahmen, welche die Kritik der – meist pharisäischen – Gegner Jesu hervorrufen: die Heilung der verdorrten Hand Mk 3,1–6 parr, die Heilungen einer verkrümmten Frau Lk 13,10–17 und eines Wassersüchtigen Lk 14,1–6, schließlich die Heilungen des Gelähmten Joh 5,1–18 (mit dem interessanten Detail, dass hier nicht die Heilung selbst, sondern das Tragen der Bahre als Verletzung der Sabbatruhe interpretiert wird) und des Blinden in Joh 9,1–7.13–17. Offenbar fallen selbst medizinische Hilfeleistungen unter das am Sabbat geltende Arbeitsverbot, wie aus der Antwort des jüdischen Synagogenvorstehers anlässlich der Heilung der verkrümmten Frau hervorgeht: „Sechs Tage sind, an denen man arbeiten muss; an ihnen nun, kommend, lasst euch heilen, aber nicht am Tag des Sabbats" (Lk 13,14).

Sabbatvorschriften

Die ältesten, vermutlich bis in die frühe Königszeit zurückreichenden Belege für die Existenz eines wöchentlichen Ruhetags lauten ganz ähnlich: „Sechs Tage sollst du arbeiten, am siebten Tag sollst du ruhen; selbst zur Zeit des Pflügens und des Erntens sollst du ruhen", heißt es in Ex 34,21, und Ex 23,12, ein Beleg aus dem Bundesbuch, fügt dem noch die Zweckbestimmung hinzu: „damit dein Rind und dein Esel ausruhen und der Sohn deiner Sklavin und der Fremde zu Atem kommen". Darüber gehen die beiden Dekalogfassungen des Sabbatgebots nur insofern hinaus, als sie es mit einer – freilich sekundären und dazu noch unterschiedlichen – Begründung versehen: Ex 20,8–11 verankert den Sabbat im Ruhen Gottes von seinem Schöpfungswerk am siebten Tag, Dtn 5,12–15 bringt die Pflicht zur Einhaltung des Sabbats mit der Herausführung aus Ägypten zusammen.

Bleibt bis dahin die genaue Bestimmung dessen, was am Sabbat zu tun und zu lassen ist, relativ vage,[9] so ändert sich dies mit dem Exil bzw. in nachexilischer Zeit. In der Diaspora hatte man offenbar den Sabbat als ein wichtiges Zeichen zur Unterscheidung von den Heiden schätzen gelernt und darin die Möglichkeit gesehen, die eigene Identität auch in fremder Umgebung festzuhalten. Denn es sind vor allem Texte der exilischen oder nachexilischen Prophetie und Texte priesterlicher Herkunft, die auf die Einhaltung des Sabbats drängen und dabei zunehmend detailliertere Vorschriften machen. Auf der roten Liste stehen das Anzünden von Feuer (Ex 35,3), das Tragen von Lasten (Jer 17,21f.24.27) oder das Zurücklegen weiter Wege und das Geschäftemachen (Jes 58,13). Nehemia verbietet ausweislich Neh 13,15–22 (vgl. auch Neh 10,32) jeden Handel am Sabbat ebenso wie das Treten der Kelter. Die priesterschriftliche Gesetzgebung sieht für einen Sabbatverstoß sogar die Todesstrafe vor (Ex 31,14f.; 35,2); ob dies wirklich praktiziert wurde, steht indessen

9 Vgl. neben dem Verbot des Pflügens und Erntens in Ex 34,21 noch Am 8,5, woraus hervorgeht, dass der Handel mit Getreide am Sabbat verboten war.

auf einem anderen Blatt (vgl. immerhin Num 15,32–36; dagegen aber Jos., Ap II 215-217).

Entwicklung im Frühjudentum

Die weitere Entwicklung zur Zeit des Frühjudentums verläuft eher uneinheitlich und belegt, dass die Diskussion um die Reichweite des Sabbatgebots selbst im 1. Jh. n. Chr. noch lange nicht an ihr Ende gekommen war. Während die Makkabäer aufgrund eigener traumatischer Erfahrungen – eine Gruppe Juden hatte sich am Sabbat von feindlichen Soldaten wehrlos abschlachten lassen – die Selbstverteidigung am Sabbat zuließen (vgl. 1 Makk 2,29–41), vertritt das vermutlich im 2. Jh. v. Chr. entstandene *Jubiläenbuch* bzw. die hinter ihm stehende Trägergruppe eine wesentlich rigorosere Auffassung. Diese Schrift, die sich als Offenbarung des „Engels des Angesichts" an Mose ausgibt und eine Art haggadischen Kommentar zu Gen 1 und Ex 12 darstellt, war in Qumran sehr populär; dort gefundene Fragmente von insgesamt 14 Exemplaren zeugen davon. Die Bestimmungen zum Sabbat finden sich in Jub 50,10–13:

> 10 Denn groß ist die Ehre, die Gott Israel erwiesen hat, dass sie an diesem Festtag essen und trinken und sich sättigen und an ihm ruhen sollen von aller Arbeit, die zu menschlicher Arbeit gehört, außer dass sie Rauchwerk räuchern … 12 Und jeder Mensch, der eine Arbeit tut und auch der, der einen Weg geht, und auch der, der den Acker bebaut, sowohl, wenn es in seinem Hause als auch wenn es an jedem Ort ist, und auch der, der Feuer anzündet, und auch der, der Lasten lädt auf jegliches Tier, und auch der, der im Schiff das Meer bereist, und jeder Mensch, der jemanden schlägt und tötet, und auch der, der ein Vieh schlachtet und einen Vogel, und auch der, der fängt, wenn es ein Tier und ein Vogel und wenn es ein Fisch ist, und auch der, der fastet und Krieg macht am Tage des Sabbats, 13 und ein Mensch, der jegliches davon tut am Tage des Sabbats, soll sterben …

Qumran

Die oben konstatierte Popularität des Jubiläenbuchs in Qumran erklärt sich schnell, wenn man zum Vergleich mit Jub 50,10–13 die in der so genannten *Damaskusschrift* (= CD), einem zentralen Dokument der Qumran-Essener aus der Zeit um 150–50 v. Chr., festgehaltenen Sabbatvorschriften heranzieht (s. den unten stehenden Text). In der Tendenz ähnlich rigoros präzisieren die Qumranleute noch die Entfernung des Weges, den man am Sabbat zurücklegen darf (1000 bzw. 2000 Ellen, wenn man das Vieh zur Weide führt), verbieten nicht nur die Arbeit am Sabbat, sondern auch jedes Wort darüber, und untersagen offenbar sogar die (medizinische) Hilfeleistung: Niemand darf am Sabbat Medikamente mit sich führen, auch soll man dem Vieh beim Werfen nicht helfen bzw. es herausziehen, wenn es in einen Brunnen oder eine Grube gefallen ist (vgl. dagegen Mt 12,11 par Lk 14,5!), und dasselbe gilt in Bezug auf den Menschen!

> 14 Über den Sa[bb]at, dass man ihn halte entsprechend seiner Anordnung. Niemand soll am 15 sechsten Tage eine Arbeit ausführen von der Zeit an, zu der die Sonnenscheibe 16 von dem Tor um die Länge ihres Durchmessers entfernt ist. Denn das ist es, was er gesagt hat: Halte 17 den Sabbattag, um ihn zu heiligen. Und niemand darf am Sabbattag ein 18 törichtes oder eitles Wort sagen. Nicht darf man etwas an seinen Nächsten ausleihen. Nicht soll man über eine Angelegenheit von Besitz und Gewinn richten. 19 Nicht darf man über Fragen der Arbeit sprechen oder das Werk, das am nächsten Tag zu tun ist. 20 Nicht darf man auf das Feld hinausgehen, um eine Arbeit nach seinem Gutdünken zu verrichten 21 am Sabbat. Nicht darf man aus seiner Stadt weiter hinausgehen als tausend Ellen. 22 Niemand soll am Sabbattag etwas essen außer dem, was schon vorbereitet ist, und von dem, was verdirbt 23 auf dem Feld. Man darf nichts essen und nichts trinken außer dem, was sich im Lager befindet.
> 11,1 Auf dem Weg, wenn man hinabsteigt, um zu baden, darf man da trinken, wo man steht, aber man darf nicht schöpfen 2 in irgendein Gefäß. Man darf nicht einen Fremden schicken, dass er seinen Wunsch am Sabbattage ausführe. 3 Niemand darf schmutzige Kleider oder in einer Kammer aufbewahrte tragen, ohne dass 4 sie mit Wasser gewaschen oder mit Weihrauch abgerieben worden sind. Niemand darf nach eigenem Gutdünken einen Erub anlegen 5 am Sabbat. Niemand soll hinter dem Vieh hergehen, um es außerhalb der Stadt zu weiden, es 6 sei denn 2000 Ellen weit. Man soll seine Hand nicht heben, um es mit der Faust zu schlagen. Wenn 7 es störrisch ist, soll man es nicht aus dem Haus führen. Niemand darf etwas aus dem Haus 8 nach draußen bringen oder von draußen in das Haus. Und wenn man sich in einer Hütte befindet, soll man nichts aus ihr hinausbringen 9 und nichts in sie hineinbringen. Nicht darf man ein zugeklebtes Gefäß am Sabbat öffnen. Niemand soll 10 bei sich Medikamente tragen, um damit aus- und einzugehen am Sabbat. Man darf nicht in seinem Wohnhaus 11 einen Stein oder Erde aufheben. Ein Pfleger darf nicht den Säugling tragen, um aus- und einzugehen am Sabbat. 12 Niemand darf seinen Knecht oder seine Magd oder seinen Tagelöhner erzürnen am Sabbat. 13 Niemand soll Vieh beim Wer-

> fen helfen am Sabbattag. Und wenn es in einen Brunnen fällt 14 oder in eine Grube, so soll er es nicht am Sabbat wieder herausholen. Niemand soll den Sabbat an einem Ort in der Nähe 15 der Heiden verbringen. Niemand darf den Sabbat entweihen wegen Besitz oder Gewinn am Sabbat. 16 Einen lebendigen Menschen, der in ein Wasserloch fällt oder sonst in einen Ort, 17 soll niemand heraufholen mit einer Leiter oder einem Strick oder einem (anderen) Gegenstand. Niemand soll am Sabbat etwas auf den Altar bringen 18 außer dem Sabbatbrandopfer; denn so steht geschrieben: ausgenommen eure Sabbate (CD 10,14–11,18).

Mischna

Betrachten wir schließlich noch zwei Texte, die zeitlich wesentlich später anzusetzen und der *Mischna* (s. Aktuelles Lexikon) entnommen sind. Der uns interessierende Traktat *Schabbat* steht bei den „Festzeiten". Die schon in Jub 50,10–13 und CD 10,14–11,18 zu beobachtende Tendenz zur Ausdifferenzierung dessen, was man am Sabbat tun bzw. nicht tun darf, gelangt hier an einen Höhepunkt. Denn es werden nicht nur 39 Hauptarbeiten definiert, die unter das Sabbatverbot fallen, sondern man betrachtet die derart bestimmten Arbeiten dann noch einmal auf konkrete praktische Fälle hin. Das führt im 3. Jh. n. Chr. so weit, dass man die 39 Hauptarbeiten noch einmal in 39 Unterarbeiten zerlegt. Wir begnügen uns an dieser Stelle mit den Hauptarbeiten:

> Hauptarbeiten, die am Sabbat verboten sind, gibt es vierzig weniger eins. Wer sät und pflügt und erntet und Garben bindet; wer drischt und worfelt; wer Früchte reinigt; wer mahlt und siebt und knetet und bäckt; wer Wolle schert; wer sie wäscht und sie klopft (oder ausschüttelt) und sie färbt; und wer spinnt und webt und zwei Fäden aufzieht und zwei Fäden flicht und zwei Fäden trennt; wer einen Knoten schnürt und auflöst und zwei Stiche näht, wer einen Riss macht, um mit zwei Stichen festzunähen; wer eine Gazelle fängt, sie schlachtet und sie enthäutet; wer zwei Buchstaben schreibt und auslöscht, um zwei Buchstaben zu schreiben, wer baut und einreißt; wer auslöscht und anzündet; wer mit dem Hammer schlägt, wer aus einem Bereich in einen anderen trägt – siehe, das sind vierzig Hauptarbeiten weniger eins (mShab 7,2).

Erkennbar ist das Bemühen, möglichst präzise zu definieren, was Arbeit ist und was nicht und dementsprechend unter das Sabbatgebot fällt. Die hier zutage tretende *Kasuistik* (von lat. *casus* = „Fall"), für alle Fälle des Lebens eine dem Gesetz entsprechende Regelung zu finden, mag uns Heutigen übertrieben erscheinen, entspringt aber einem tiefen Respekt vor der Tora und will letztlich dem Wohl des Menschen dienen. Gegenüber den rigoroseren Bestimmungen in Qumran erscheint sie zuweilen geradezu liberal:

> Es ist verboten, an einem Feiertag (und erst recht an einem Sabbat) einem werfenden Tier Beistand zu leisten (durch Entnahme des Jungen), wohl aber darf man es sonstwie unterstützen (durch äußeren Druck und dergleichen). Einer Frau leistet man am Sabbat Geburtshilfe, man ruft für sie eine Hebamme auch von ferne herbei, man entheiligt ihretwegen den Sabbat, und man bindet den Nabel (was als ein Knotenmachen am Sabbat verboten wäre) (mShab 18,3).

📖 L. DOERING, Schabbat. Sabbathalacha und -praxis im antiken Judentum und Urchristentum (TSAJ 78), Tübingen 1999.

5 Theologischer Ertrag

Was bleibt unter dem Strich übrig? Zunächst und vor allem: Ohne den Blick auf die Umwelt Jesu bzw. der neutestamentlichen Erzähler blieben uns viele Details der neutestamentlichen Überlieferungen schlicht verschlossen oder blieben wir sogar auf unseren „Vorurteilen“ sitzen (Stichwort: „pharisäerhaftes Verhalten“; „Zöllner“). Erst durch die Erhellung des ideellen und gesellschaftlichen Hintergrundes gewinnen die Texte an Profil bzw. bekommen wir eine Vorstellung, was es mit diesem oder jenem Sachverhalt „eigentlich“ auf sich hat. Dabei stellt sich rasch heraus, dass Zeit- und Sozialgeschichte, Traditionskritik und Religionsgeschichte ein Potenzial in sich bergen, welches sich durchaus „gegen“ den neutestamentlichen Text selbst richten kann: Dass die Schriftgelehrten den Sündenvergebungszuspruch Jesu, der ja ganz auf der Linie der priesterlichen Formulierungen von Lev 4f. liegt, als *Blasphemie* qualifiziert haben sollen, macht vor dem Hintergrund dessen, was wir nun über die Schriftgelehrten wissen, keinen Sinn. Anstoßerregend ist an dem Zuspruch Jesu allenfalls, dass ihn ein theologischer Laie und kein Priester spricht, und Jesus offensichtlich auf ein vorausgehendes Sündenbekenntnis verzichtet. Das spricht entschieden für die Historizität des Anspruchs Jesu (s. § 8). Wenn andererseits die Schriftgelehrten in einer Weise dargestellt werden, die historisch nur schwer

Mischna

Das Wort *Mischna* leitet sich von dem hebräischen Verb שׁנה, „wiederholen", her und meint im engeren Sinn das Einprägen mündlicher Überlieferung durch Wiederholung. In unserem Sprachgebrauch bezeichnet die Mischna eine Sammlung jüdischer Religionsgesetze, deren Redaktion R. Jehuda ha-Nasi um 200 n. Chr. zugeschrieben wird. Genauerhin handelt es sich um eine Sammlung von Halakhot (Gesetzesvorschriften), die z. T. von der hebräischen Bibel abgeleitet, z. T. aber auch unabhängig von ihr entstanden oder erst sekundär mit ihr verknüpft worden sind. Sie sind in sechs Ordnungen thematischer Natur („Saaten", „Festzeiten", „Frauen", „Schädigungen", „Heiligkeiten", „Reinheiten") mit insgesamt 63 Traktaten organisiert. Die von uns zitierten Texte stehen im Traktat *Schabbat*, der zur Ordnung Mo'ed („Festzeiten") gehört, die noch weitere elf Traktate umfasst: *Erubin* (wie man bestimmte Sabbatgesetze umgehen kann), *Pesachim* (behandelt das Wegschaffen des Sauerteigs, die Zubereitung der ungesäuerten Brote, Bitterkräuter, Schlachtung des Pesachlamms usw.), *Scheqalim* (zur Tempelsteuer), *Joma* (zum Versöhnungstag), *Sukka* (zum Laubhüttenfest), *Betsa* (was man an Festtagen beachten muss), *Rosch ha-Schana* (Neujahrsfest), *Taanit* (Fasten), *Megilla* (besonders zum Estherbuch), *Moed Qatan* (Vorschriften für die Tage zwischen dem 1. und 7. Tag des Pesach bzw. zwischen dem 1. und 8. Tag des Sukkotfestes) sowie *Chagiga* (über die drei großen Wallfahrtsfeste).

Die Mischna greift sicher auf älteres Material zurück, doch haben sich Untersuchungen zur Vorgeschichte der Sammlung und zur präziseren zeitlichen Bestimmung der darin aufbewahrten Traditionen bislang als wenig erfolgreich erwiesen. Das nötigt zu einer gewissen Vorsicht im Umgang mit den Stoffen, wenn es darum geht, auf der Basis von mischnaischen Texten „das Judentum zur Zeit Jesu" zu rekonstruieren. Häufig haben wir aber nichts anderes zur Hand. Als autoritativ festgelegte Auswahl verbindlicher Traditionen steht sie im Rang verbindlicher Offenbarung („mündliche Tora" neben der „schriftlichen Tora" des Mose) und trägt damit wesentlich zur Vereinheitlichung des Judentums im 2. Jh. n. Chr. bei.

G. STEMBERGER, Einleitung in Talmud und Midrasch (Beck'sche Elementarbücher), München [8]1992, 113–152.

vorstellbar ist,[10] dann bestätigt dies nicht nur die Richtigkeit unserer literarkritischen Option – wiqr hatten Mk 2,6–10 als sekundären Einschub identifiziert –, sondern weist auch auf den prinzipiellen Charakter neutestamentlicher Texte hin: Diese geben die geschichtliche Situation nicht 1:1 wieder (das tut im Übrigen auch Josephus nicht und kein Historiker der Welt), d. h. sie sind keine historischen Quellen im strengen Sinn, sondern ein Stück *Tendenzliteratur*, das die erinnerten Worte und Taten Jesu aus einer bestimmten Perspektive, nämlich der Perspektive des Glaubens an den auferweckten Jesus von Nazaret weitertradiert.

6 Selbstständiger Versuch

Aufgabe 21

Wie weiter oben schon einmal angedeutet, möchten wir Sie in einem konkreten Fall um Mithilfe bei der Rekonstruktion des ideellen und gesellschaftlichen Hintergrundes unseres Textes bitten. In Mk 2,19f. beantwortet Jesus die Frage der Schüler des Johannes und der Pharisäer nach dem Nicht-Fasten seiner Schüler mit einem Rekurs auf die damals üblichen Hochzeitsbräuche. Wenn er sich in V. 20 indirekt selbst als Bräutigam attribuiert, greift er darüber hinaus auch die damit verbundene Symbolik auf. Wir möchten von Ihnen wissen: Wie sehen die Hochzeitssitten im Palästina der Zeit Jesu aus, und gibt es Anhaltspunkte für eine metaphorische Verwendung des Bräutigams in alttestamentlichen und frühjüdischen Texten? Außerdem: Wie wurde die Bräutigamsmetapher im frühen Christentum rezipiert (Stichwort: rezeptionsorientierte Intertextualität!)?
Nehmen Sie folgende Stellen zu Hilfe:

a) Rut 4,11f.; 1 Makk 9,37–39; Tob 8,19f.; 10,7.11f.
b) Jes 61,10; 62,5; Jer 2,2.32; 7,34; Ez 16,8; Joel 1,8.
c) Mt 22,4; 25,1–13; Joh 2,1–11; Joh 3,29; 2 Kor 11,2; Eph 5,21–33.

7 Literaturhinweise

7.1 Konkordanzen

P. Borgen u. a. (Hrsg.), The Philo Index. A Complete Greek Word Index to the Writings of Philo of Alexandria, Grand Rapids (MI)/Leiden 2000.

10 Dasselbe gilt für die „Schüler der Pharisäer" in Mk 2,18: Dass die Pharisäer einen eigenen Schulbetrieb aufrecht hielten, lässt sich aus den Quellen nicht belegen.

A.-M. Denis, Concordance grècque des pseudépigraphes d'Ancien Testament. Concordance, corpus des textes, indices, Louvain-la-Neuve 1987.

J. Leisegang, Philonis Alexandrini. Opera quae supersunt, Vol. 7,2: Indices ad Philonis Alexandrini Opera, Berlin 1930.

K. H. Rengstorf (Hrsg.), A Complete Concordance to Flavius Josephus, Bd. 1–4, Leiden 1973–1983.

Die neutestamentlichen Konkordanzen sind in § 4/6.1 erfasst.

7.2 Lexika

Neues Bibel-Lexikon, hrsg. von M. Görg/B. Lang, Bd. 1–3, Zürich 1991–2001 (= NBL).

Exegetisches Wörterbuch zum Neuen Testament, hrsg. von H. Balz/G. Schneider, Bd. 1–3, Stuttgart ^{2}1992 (= EWNT).

Theologisches Wörterbuch zum Neuen Testament, begründet von G. Kittel, hrsg. von G. Friedrich, Bd. 1–10, Stuttgart 1933–1979 (= ThWNT).

The Anchor Bible Dictionary, hrsg. von D. N. Freedman, Bd. 1–6, New York (NY) 1992 (= AncBD).

Der Neue Pauly, hrsg. von H. Cancik/H. Schneider, Bd. 1–16, Stuttgart 1996–2003 (= DNP).

Der Kleine Pauly, hrsg. von K. Ziegler/W. Sontheimer, Bd. 1–5 (dtv 5963), München 1979 (= KP).

Lexikon der antiken christlichen Literatur, hrsg. von S. Döpp/W. Geerlings, Freiburg i. Br. ^{3}2002.

K. Erlemann/K. L. Noethlichs (Hrsg.), Neues Testament und Antike Kultur, Bd. 1–5, Neukirchen-Vluyn 2004–2007 (= NTAK).

7.3 Textausgaben

7.3.1 Jüdische Apokryphen

Jüdische Schriften aus hellenistisch-römischer Zeit (= JSHRZ), hrsg. von W. G. Kümmel, Bd. I-V, Gütersloh 1973ff.

E. Kautzsch, Die Apokryphen und Pseudepigraphen des Alten Testaments, Bd. 1–2, Tübingen 1900, Repr. Hildesheim 1962 (immer noch brauchbar, da man hier auf engstem Raum alles zusammen hat).

J. H. Charlesworth (Hrsg.), The Old Testament Pseudepigrapha. Vol. 1: Apocalyptic Literature and Testaments; Vol. 2: Expansions of the „Old Testament" and Legends, Wisdom and Philosophical Literature, Prayers, Psalms, and Odes, Fragments of Lost Judaeo-Hellenistic Works (= OTP), New York (NY) 1983.

7.3.2 Qumran

J. Maier (Hrsg.), Die Qumran-Essener. Die Texte vom Toten Meer (UTB 1862; 1863; 1916), Bd. 1–3, München 1995/1996.

7.3.3 Philo und Josephus

Philo von Alexandria, Die Werke in deutscher Übersetzung, hrsg. von L. Cohn u. a., Bd. 1–7, Berlin ^{2}1962/1964.

Flavius Josephus, De bello Judaico/Der Jüdische Krieg. Griechisch und Deutsch, hrsg. von O. Michel/O. Bauernfeind, Bd. 1–3, Darmstadt ^{3}1982.

Flavius Josèphe, Les antiquités juives. Texte, traduction et notes, Vol. 1: Livres I à III; Vol. 2: Livres IV et V; Vol. 3: Livres VI et VII, hrsg. von E. Nodet, Paris 1992–1995 (aktuelle kritische Edition der Antiquitates mit französischer Übersetzung; wird fortgeführt).

Flavius Josephus, Jüdische Altertümer. Übersetzt und mit Einleitung und Anmerkungen versehen von H. Clementz, durchgesehen und mit der Paragraphenzählung nach Flavii Josephi Opera recognovit Benedictus Niese (Editio minor), Berlin 1888–1895, versehen von M. Tilly, Wiesbaden 2004.

Flavius Josephus, Kleinere Schriften. Selbstbiographie, Gegen Apion, Über die Makkabäer. Übers. und mit Einleitung und Anmerkungen versehen von H. Clementz, Wiesbaden 1993 (die Übersetzung von Clementz ist zwar veraltet, aber praktisch und vor allem preislich günstig; zur Anschaffung und zum Schmökern eignet sie sich allemal).

Flavius Josephus, Aus meinem Leben (*Vita*). Kritische Ausgabe, Übersetzung und Kommentar, hrsg. von F. Siegert/H. Schreckenberg/M. Vogel, Tübingen 2001.

7.3.4 Mischna

Mischnajot. Die sechs Ordnungen der Mischna. Hebräischer Text mit Punktation, deutscher Übersetzung und Erklärung, hrsg. von A. Sammter u. a., Basel ^{3}1986 (Erstdruck 1889 und insofern veraltet, aber immer noch praktisch; man hat alles zusammen).

7.3.5 Pagane Literatur

The Loeb Classical Library (LCL; nahezu vollständige Edition der griechischen und lateinischen Literatur mit englischer Übersetzung, z. T. allerdings schon sehr veraltet und textkritisch nicht auf dem neuesten Stand).

Collection des Universités de France (CUFr; das französische Pendant zur LCL, weniger umfassend, aber in den meisten Fällen auf neuerem bzw. neuestem Stand, mit Einleitung und Anmerkungen).

Sammlung Tusculum (TuscBü; die deutsche Variante, also griechischer/lateinischer Text mit deutscher Übersetzung, in der Mehrzahl der Fälle ebenfalls mit ausführlicher Einleitung und Anmerkungen versehen).

Scripta Antiquitatis Posterioris ad Ethicam REligionemque pertinentia/Schriften der späteren Antike zu ethischen und religiösen Fragen (= SAPERE), hrsg. von R. Feldmeier/U. Berner/B. Heininger/R. Hirsch-Luipold/H.-G. Nesselrath (jeweils Übersetzung einer Schrift mit Einleitung, Anmerkungen und ergänzenden Essays).

7.3.6 Neutestamentliche Apokryphen und frühchristliche Literatur

W. Schneemelcher (Hrsg.), Neutestamentliche Apokryphen. In deutscher Übersetzung, Bd. 1: Evangelien; Bd. 2: Apostolisches, Apokalypsen und Verwandtes, begründet von E. Hennecke, Tübingen ^{6}1999.

Schriften des Urchristentums. Bd. 1: Die Apostolischen Väter, hrsg. von J. A. FISCHER, Darmstadt [10]1993; Bd. 2: Didache (Apostellehre), Barnabasbrief, 2. Klemensbrief, Schrift an Diognet, hrsg. von K. WENGST, Darmstadt 1984, Repr. 1998; Bd. 3: Papiasfragmente, Hirt des Hermas, hrsg. von U. H. J. KÖRTNER/M. LEUTZSCH, Darmstadt 1998.

7.3.7 Textsammlungen

C. K. BARRETT/C.-J. THORNTON, Texte zur Umwelt des Neuen Testaments (UTB 1591), Tübingen [2]1991.

K. BERGER/C. COLPE, Religionsgeschichtliches Textbuch zum Neuen Testament (TNT 1), Göttingen 1987.

G. H. R. HORSLEY u. a. (Hrsg.), New Documents Illustrating Early Christianity (= NDIEC), Vol. 1–9, Grand Rapids (MI) 1976–2002 (wird fortgesetzt; ab Bd. 6 ist S. R. LLEWELYN Hauptherausgeber).

Historische griechische Inschriften in Übersetzung, hrsg. von K. BRODERSEN/W. GÜNTHER/H. H. SCHMITT, Bd. 1: Die archaische und klassische Zeit; Bd. 2: Spätklassik und früher Hellenismus (400–250 v. Chr.); Bd. 3: Der griechische Osten und Rom (250–1 v. Chr.), Darmstadt 1992–1999.

Griechische Papyri aus Ägypten als Zeugnisse des öffentlichen und privaten Lebens. Griechisch-deutsch, hrsg. von J. HENGSTL (TuscBü), München 1978.

H. L. STRACK/P. BILLERBECK, Kommentar zum Neuen Testament aus Talmud und Midrasch, Bd. 1–6, München [6-8]1986–1994.

7.4 Einleitungen

7.4.1 Einführungen in die apokryphe Literatur

G. W. E. NICKELSBURG, Jewish Literature Between the Bible and the Mishna. A Historical and Literary Introduction, Philadelphia (PA) 1995.

L. ROST, Einleitung in die alttestamentlichen Apokryphen und Pseudepigraphen einschließlich der großen Qumran-Handschriften, Heidelberg [3]1985.

E. SCHÜRER, The History of the Jewish People in the Age of Jesus Christ (175 B.C.–A.D. 135). A New English Version (hrsg. von G. Vermes u. a.), Bd. 1–3, Edinburgh 1973–1987.

M. E. STONE (Hrsg.), Jewish Writings of the Second Temple Period. Apocrypha, Pseudepigrapha, Qumran Sectarian Writings, Philo, Josephus (CRI II/2), Assen 1984.

H.-J. KLAUCK, Apokryphe Evangelien. Eine Einführung, Stuttgart 2002.

–, Apokryphe Apostelakten. Eine Einführung, Stuttgart 2005.

7.4.2 Einführungen in die Qumran-Literatur

P. R. DAVIES/G. J. BROOKE/P. R. CALLAWAY, Qumran – Die Schriftrollen vom Toten Meer, Stuttgart 2002.

J. FREY/H. STEGEMANN (Hrsg.), Qumran kontrovers. Beiträge zu den Textfunden vom Toten Meer (Einblicke 6), Paderborn 2003.

J. MAIER, Zum Stand der Qumranforschung, in: M. Fieger/K. Schmid/P. Schwagmeier (Hrsg.), Qumran - Die Schriftrollen vom Toten Meer. Vorträge des St. Galler Qumran-Symposiums vom 2./3. Juli 1999 (NTOA 47), Freiburg (Schweiz)/Göttingen 2001, 23–95.

S. TALMON (Hrsg.), Die Schriftrollen von Qumran. Zur aufregenden Geschichte ihrer Erforschung und Deutung, Regensburg 1998.

7.4.3 Einführung in Philo und Josephus

P. BORGEN, Philo of Alexandria. An Exegete for his Time (NT.S 86), Leiden 1997.

S. MASON, Flavius Josephus und das Neue Testament (UTB 2130), Tübingen 2000.

7.4.4 Überblicke über pagane Autoren und ihre Werke

Metzler-Lexikon Antike, hrsg. von K. BRODERSEN/B. ZIMMERMANN, Stuttgart 2000.

Metzler Lexikon antiker Autoren, hrsg. von O. SCHÜTZE, Stuttgart 1997.

Hauptwerke der antiken Literaturen. Einzeldarstellungen und Interpretationen zur griechischen, lateinischen und biblisch-patristischen Literatur, hrsg. von E. SCHMALZRIEDT, München 1976.

7.4.5 Einführung in Papyri und Epigraphik

H.-A. RUPPRECHT, Kleine Einführung in die Papyruskunde, Darmstadt 1994.

M. G. SCHMIDT, Einführung in die lateinische Epigraphik (Einführungen Altertumswissenschaft), Darmstadt 2004.

G. WALSER, Römische Inschriftkunst. Römische Inschriften für den akademischen Unterricht und als Einführung in die lateinische Epigraphik, Stuttgart ²1993.

§ 8 Ausgangspunkt: Rückfrage nach Jesus

Dass Berichte, selbst wenn sie in der Zeitung stehen oder im Fernsehen gesendet werden, nicht unbedingt deckungsgleich mit den historischen Tatsachen sein müssen, haben wir spätestens während des Irakkrieges gelernt. Da gab es auf der einen Seite die allabendlichen Verlautbarungen des amerikanischen Verteidigungsministeriums, das seine Darstellung eindrucksvoll mit Live-Bildmaterial unterlegte. Auf der anderen Seite drangen über den arabischen Sender Al Dschasira ganz andere Informationen an unsere Ohren. Weder stimmten die Zahlen der Gefallenen überein noch die Einschätzung der Lage. Was ist eigentlich wahr, fragten wir uns. Welcher Seite kann man trauen? Oder verfolgen beide Seiten ihre je eigenen Propagandaziele?

Auch die Informationen der „unabhängigen" Journalisten halfen nicht viel weiter. Denn sie konnten nur von dem berichten, was die amerikanische Regierung ihnen zu sehen gestattete. „Embedded" wurde das mit einer metaphorischen Umschreibung genannt. Kurz: Alles, was wir erfahren haben, unterlag einerseits bewusst vorgenommenen Filterungen und wurde andererseits von klaren politischen Tendenzen gesteuert. Vieles, was wirklich geschehen ist, wird ohnehin nie oder – wie im Fall der Folterungen im Abu-Ghraib-Gefängnis – per Zufall erst sehr spät ans Tageslicht kommen.

Kriterien der Rückfrage …

In dieser unbefriedigenden Gemengelage haben Kommentatoren wie Leser intuitiv Kriterien der Rückfrage nach dem wirklichen historischen Geschehen entwickelt. Ein Stück näher an den tatsächlichen Gegebenheiten wähnte man sich auf jeden Fall, wenn bestimmte Informationen und Einschätzungen von der offiziellen Lesart der Bush-Administration abwichen, obwohl sie aus diesem Lager kamen. Wenn sich dann auch noch gewisse Konvergenzen mit Darstellungen von Al Dschasira ergaben, ohne mit der Tendenz dieses Senders identisch zu sein, begannen die Daten allmählich vertrauenswürdiger zu klingen.

… vom Feinsten

Kriterien der feinsten Art stellt die historische Jesusforschung zur Verfügung. Seit der Aufklärung werden sie immer von neuem reflektiert und verfeinert. Wer sie beherrscht und anzuwenden weiß, wird nicht nur mit viel wacherem Blick Zeitung lesen und Nachrichten verfolgen, sondern auch – bei allem Respekt vor der Deutung der Jesusgestalt in den Evangelien – der eigenen Tradition kritisch auf die Finger schauen und hartnäckig der Frage auf der Spur bleiben: Was war am Anfang?

J. FREY, Der historische Jesus und der Christus der Evangelien, in: J. Schröter/R. Brucker (Hrsg.), Der historische Jesus. Tendenzen und Perspektiven der gegenwärtigen Forschung (BZNW 114), Berlin 2002, 273–336.

1 Theorieblock: Was ist die „Rückfrage"?

Blick zurück und nach vorne

Die historische Rückfrage nach Jesus von Nazaret will mit Hilfe eines strengen methodischen Verfahrens aus den Jesusüberlieferungen diejenigen Traditionselemente herauskristallisieren, die mit großer Wahrscheinlichkeit auf die Person des irdischen Jesus zurückgeführt werden können. Damit werden die biblischen Texte allerdings gegen den Strich gebürstet. Denn die Evangelien wollen prinzipiell keinen Tatsachenbericht liefern; auch sind sie nicht in erster Linie daran interessiert, ob und wie ein Geschehen *historisch* verlaufen ist bzw. ein Wort in einer bestimmten *historischen* Situation gesprochen worden ist; sondern sie wollen ausbuchstabieren, welche *Bedeutung* die Worte und Taten Jesu für diejenigen haben, die ihn als „Menschensohn", als „Christus", als „Sohn Gottes" bzw. als ihren „Herrn" bekennen. Die ursprüngliche Ausrichtung der Jesusüberlieferungen – und der biblischen Überlieferungen überhaupt – ist nicht, wie die moderne Fragehaltung, *rückwärts* gerichtet, sondern schaut nach *vorne*: Die Erinnerung an Jesu Worte und Taten dient der *Bewältigung* der augenblicklichen Situation, und sie wird so formuliert, dass dadurch Perspektiven für die christliche Lebensgestaltung entstehen.

Faktum und Deutung

Im Blick auf die Suche nach dem historischen Geschehen hinter den Erzählungen hat sich bei der Besprechung der Methoden des synoptischen Vergleichs sowie der Literar- und Gattungskritik inzwischen deutlich gezeigt:

(1) Nicht alles ist *so* passiert, wie es überliefert ist. Sonst ergäben sich unentwirrbare Widersprüche im Blick auf die z. T. geradezu gegensätzlichen Darstellungen in den Evangelien. Man denke nur an die unterschiedlichen „letzten Worte" Jesu am Kreuz bei den Synoptikern und bei Johannes bzw. an die bei jedem Evangelisten ganz unterschiedlich und z. T. konträr erzählte Haltung, in der Jesus stirbt.

Mk 15,34.37	*Lk 23,46*	*Joh 19,30*
„Mein Gott, mein Gott, warum hast du mich verlassen?"	„Vater, in deine Hände lege ich meinen Geist."	„Es ist vollbracht."
Jesus aber stieß einen lauten Schrei aus und starb.	Nach diesen Worten starb er.	Dann neigte er das Haupt und übergab seinen Geist.

Diese ganz unterschiedlichen Darstellungen können nebeneinander bestehen bleiben, sobald wir davon ausgehen, dass das *historische* Faktum der Kreuzigung von den einzelnen Evangelisten in ein *je anderes* gläubiges Licht getaucht wird.

(2) Nicht *alles* ist überliefert, was geschehen ist; ganz abgesehen davon, dass wir keine Biographie Jesu (im modernen Sinn) mehr schreiben können, weil die *Abfolge* der Stoffe, wie sie das Markusevangelium aufreiht, sich der markinischen Rahmenkonstruktion verdankt, also von einem *theologischen Konzept* geleitet ist, das sich am *historischen Ablauf* gerade nicht interessiert zeigt: Die uns überlieferten Daten beleuchten nur einen minimalen Ausschnitt des Lebens und der Persönlichkeit Jesu von Nazaret. Wir wissen nichts von seiner Jugendzeit,[1] wir wissen nichts von seiner Ausbildung, wir wissen nichts von seinem Charakter, von seinen Gesichtszügen, nicht einmal sein Geburtsjahr ist uns bekannt. Selbst sein Todesjahr können wir aufgrund der Amtszeit des Statthalters Pontius Pilatus und des jüdischen Festkalenders nur ungefähr errechnen. Alles, was wir über Jesus von Nazaret wissen, ist durch die Brille des Interesses der ersten Nachfolger gesehen.

Selektion und Mutation

Mit bekannten Termini aus der Evolutionstheorie Darwins können wir sagen, dass die Jesusüberlieferung einer ständigen „Selektion" und „Mutation" unterliegt. Aus der Erinnerung an Jesus wird aufgegriffen bzw. weitertradiert, *was* für die Gestaltung des christlichen Lebens gebraucht wird (Selektion). Und diese Jesuserinnerung wird so gesagt und ausformuliert, *wie* sie gebraucht wird (Mutation). Fünf Schwellen oder Klippen, an denen Selektion und Mutation besonders greifbar werden und zum Tragen kommen, lassen sich unterscheiden.

1 Diese Leerstelle wird von den ab dem 2. Jh. entstandenen *Kindheitsevangelien* gefüllt. Die Texte sind in Übersetzung abgedruckt bei: W. SCHNEEMELCHER, Neutestamentliche Apokryphen. Bd. 1: Evangelien, Tübingen [5]1987, 330–372. Eine sehr schöne Ausgabe findet sich in der Reihe „Fontes Christiani": G. SCHNEIDER (Hrsg.), Evangelia Infantiae Apocrypha. Apokryphe Kindheitsevangelien (FC 18), Freiburg i. Br. 1995.

Schwelle 1: Selektion und Mutation durch die Großevangelisten Matthäus und Lukas

Mutation

Durch den synoptischen Vergleich können erhebliche *Veränderungen* festgestellt werden, die sowohl Matthäus als auch Lukas gegenüber dem ihnen vorliegenden Markusstoff vornehmen. Das Gleiche gilt – in einem etwas komplizierteren Verfahren zu erheben – gegenüber ihrer Quelle Q. Die Redaktionsgeschichte (vgl. § 10) wird die Intentionen und theologischen Leitlinien herausarbeiten, die Matthäus bzw. Lukas zu diesen Veränderungen gegenüber ihrer Tradition bewegt haben.

Selektion

Beide Großevangelisten selektieren auch den überkommenen Stoff. Eindeutig ist das gegenüber dem Markusevangelium nachweisbar. Weder Matthäus noch Lukas nehmen z. B. Mk 3,20f. bzw. Mk 4,26–29 in ihr Evangelium auf. Die erste Stelle ist vermutlich zu anstößig. Sie erzählt davon, dass Jesu Familie ihn für verrückt hält. Der zweite Text könnte im Blick auf die Gemeindesituation eine unerwünschte „Laissez faire"-Haltung unterstützen, wenn ein Bauer, der lediglich die Saat auswirft und ansonsten wie ein Faulenzer bis zum Tag der Ernte schläft, als Vorbild hingestellt wird. Was speziell Matthäus angeht, übernimmt er z. B. die erste Dämonenaustreibung des Markusevangeliums nicht (Mk 1,21–28), bezeugt aber durch die Verwendung der markinischen Motive von Mk 1,22 als Rahmenbemerkung für seine Bergpredigt in Mt 7,28f., dass er diese Geschichte sehr wohl gelesen und registriert hat. Lukas seinerseits streicht für sein Evangelium die ganze Passage Mk 6,45–8,26. Gründe dafür könnten sein: (1) Lukas möchte Doppelungen in seinem Evangelium vermeiden. Das betrifft z. B. die zweite markinische Speisungsgeschichte in Mk 8,1–9 (vgl. Mk 6,35–44) und den zweiten Seesturm in Mk 6,45–52 (vgl. Mk 4,35–41). (2) Lukas zeichnet ein durchweg positiveres Bild von den Jüngern als Markus. Von daher wäre die Streichung der diesbezüglich kompromittierenden Szene in Mk 8,14–21 denkbar. (3) Lukas lässt Stoffe aus, die speziell jüdische Probleme behandeln, z. B. das Streitgespräch über rein und unrein (Mk 7,1–23). Die damit angesprochene, für die urchristlichen Gemeinden lebenswichtige Sachfrage behandelt er an der Stelle seines Doppelwerkes, wo sie historisch gesehen tatsächlich relevant geworden ist: in seiner Apostelgeschichte im Zusammenhang mit dem so genannten Apostelkonzil (Apg 15). Lukas verfolgt dort allerdings die Option der „Jakobusklauseln" (Apg 15,29), also die Kompromisslösung nach dem antiochenischen Zwischenfall (s. Aktuelles Lexikon).

Schwelle 2: Mutation und Selektion der Jesusüberlieferungen durch das Markusevangelium und die Spruchquelle (Q)

Der Nachweis ist in diesem Fall naturgemäß schwieriger. Immerhin gibt es eine ganze Reihe von Logien, die sich sowohl im Markusevangelium als auch in der Spruchquelle (s. Aktuelles Lexikon) finden, die so genannten „overlap texts". Im Rahmen des synoptischen Vergleichs treten sie im Phänomen der *Dubletten* zutage. Markus und Q greifen offensichtlich auf eine ihnen beiden vorausliegende, gemeinsame Tradition zurück.[2] Ein Vergleich im Einzelfall zeigt schnell, wie beide ihre Tradition verändern (Mutation). Ein Beispiel: Mutation

Mk 8,34	*Q 14,27*[3]
Wenn einer hinter mir her nachfolgen will,	Und wer nicht
(1) soll er sich selbst verleugnen	
(2) und sein eigenes Kreuz tragen,	(1) sein eigenes Kreuz nimmt
	(2) und hinter mir her nachfolgt,
und er folge mir nach.	kann nicht mein Schüler sein.

Beide Sprüche rekurrieren auf identisches Gedankengut. Sie basieren übereinstimmend auf den Motiven des Hinter-Jesus-Hergehens und des Kreuztragens, das in beiden Versionen als eine von je zwei Bedingungen erscheint. Aber die Nuancierung und die Zielrichtung sind in beiden Fällen verschieden. Denn die zweite Bedingung, die der Aufforderung zum Kreuztragen jeweils an die Seite gestellt ist und diese wohl interpretieren soll, ist in den beiden Versionen signifikant anders.

2 Mit J. SCHÜLING, Studien zum Verhältnis von Logienquelle und Markusevangelium (FzB 65), Würzburg 1991; C. M. TUCKETT, Mark and Q, in: C. Focant (Hrsg.), The Synoptic Gospels. Source Criticism and the New Literary Criticism (BEThL 110), Leuven 1993, 149–175, und anderen wird hier ein *traditionsgeschichtliches* Modell vertreten – im Gegensatz zum Modell einer *literarischen Abhängigkeit* des Markusevangeliums vom Q-Stoff, für das sich z. B. H. T. FLEDDERMANN, Mark and Q. A Study of the Overlap Texts (BEThL 122), Leuven 1995, ausspricht. Bei Fleddermann findet sich eine instruktive Zusammenstellung und Diskussion aller in Frage kommenden „overlap texts" sowie eine Stellungnahme von F. NEIRYNCK, der die Gegenposition, also das traditionsgeschichtliche Modell, vertritt (ebd. 263–307).

3 Zur Form dieser Stellenangabe, was sie bedeutet und wie sie sich verifizieren lässt s. Aktuelles Lexikon „Spruchquelle".

In der Q-Version des Nachfolgespruches betrifft die zweite Bedingung das Hinter-Jesus-Hergehen. Damit dürfte konkret die Nachfolge im Sinne des Wanderradikalismus (s. Aktuelles Lexikon) gemeint sein. Auch nach Jesu Tod, der mit dem Motiv vom Kreuztragen bereits vorausgesetzt wird, halten die Tradenten, die hinter der Spruchquelle Q stehen, daran fest, wie Jesus als Wanderprediger seine Botschaft weiterzutragen, selbst wenn sie – wie er – mit massiver Ablehnung rechnen müssen. Das ist im Kontext von Q konkret mit der Bereitschaft zum Kreuztragen gemeint. Anders die markinische Tradition: Vor der Bedingung des Kreuztragens wird die Bereitschaft zur *Selbstverleugnung* gefordert. Im Makrokontext des Markusevangeliums gelesen, wird damit vom Nachfolger genau das Gegenteil dessen erwartet, was von Petrus erzählt wird, als er im Hof des Hohenpriesters in die Bredouille kommt (vgl. Mk 14,66–72). Im Ernstfall *verleugnet* nämlich Petrus seine Beziehung zu *Jesus*, anstatt „sich selbst zu verleugnen", d. h. in diesem Bezugsrahmen: sich zu ihm zu *bekennen*. Die markinische Tradition will also das „Kreuztragen" als Bereitschaft zum mutigen Bekenntnis zu Jesus im Ernstfall verstanden wissen. Das kann bzw. konnte in der Geschichte der markinischen Gemeinde tatsächlich zu tödlichen Sanktionen von Seiten der staatlichen Behörde führen (vgl. Mk 13,12).

B. M. F. van Iersel, Failed Followers in Mark. Mark 13:12 as a Key for the Identification of the Intended Readers, in: CBQ 58 (1996) 244–263.

Der Q-Tradition geht es also um eine Definition des *Jüngerseins* (rahmende Textteile), was sich gemäß Q 14,27 auch nach Jesu Tod darin realisiert, als Wanderradikaler Jesu Botschaft weiterzutragen („hinter Jesus hergehen"). Die markinische Tradition dagegen, die bereits im Rahmen einer festen Hausgemeindenstruktur zu denken ist (vgl. Mk 10,29f. und § 6/2.2.2), versucht gerade dieses *Hinter-Jesus-Hergehen* (rahmende Textteile) neu zu fassen, und sieht „Nachfolge" in der Selbstverleugnung, also im positiven Bekenntnis zu Jesus unter widrigen Umständen realisiert.

Selektion

Besonders schwierig nachzuweisen ist die Selektion des vorausliegenden Traditionsstoffes durch Markus und Q, weil wir den präzisen Umfang der Überlieferung definitiv nicht kennen. Immerhin ist es auffällig, dass Q weder das sicher alte Wort von den Hochzeitsgästen, das Markus im Zusammenhang mit dem Apophthegma der Fastenfrage in 2,19 überliefert, noch die beiden Klugheitsregeln vom ungewalkten Flicken bzw. vom jungen Wein (Mk 2,21f.) aufgreift. Umgekehrt sagt das Markusevangelium nichts von dem ebenfalls sicher alten und offensichtlich gar nicht leicht zu überspielenden Vorwurf, den man Jesus gemacht hat und den die Spruchquelle in Q 7,34 überliefert: „Siehe, ein Fresser und Weinsäufer, ein Freund von Zöllnern und Sündern." Letzteres fließt innerhalb der markinischen Tradition immerhin in die Szene des Apophthegmas vom Zöllnermahl ein (Mk 2,15) und kommt im Vorwurf der Schriftgelehrten: „Dass er mit den Zöllnern und Sündern isst?" (Mk 2,16), sachgerecht zur Sprache. In der markinischen Tradition wird der Vorwurf der Mahlgemeinschaft mit Zöllnern als Faktum akzeptiert und sogar verteidigt (Mk 2,17).

Die Q-Tradition geht einen anderen Weg: Sie versucht, den Vorwurf gegen Jesus zu neutralisieren und schreibt ihn der Böswilligkeit „dieser Generation" aufs Konto. Dazu werden die Vorwürfe gegen Jesus in Parallele gesetzt zum negativen Urteil über den Täufer. „Er hat einen Dämon!" lautet nämlich die Reaktion darauf, dass der Täufer, der bekanntlich als Asket gelebt hat (vgl. Mk 1,6), *nicht* isst und *nicht* trinkt, wie es in Q 7,33 heißt. Jesus, so fährt der Text fort, verhält sich genau anders: Er *isst* und er *trinkt.* Aber auch das ist nicht recht: „Siehe, ein Fresser und Weinsäufer, ein Freund von Zöllnern und Sündern!", heißt es diesmal (Q 7,34). Beim Hörer soll durch diese plakative Gegenüberstellung der Eindruck entstehen: Solche Urteile können nicht ernst genommen werden.

Q hat offensichtlich daran Interesse, die nicht besonders asketischen Züge an Jesus, die in der Tradition so leicht nicht zu eliminieren waren, als fragwürdig hinzustellen. Das könnte ein Grund dafür sein, weshalb die diesbezüglich hochexplosiven Aussagen wie der Spruch in Mk 2,19 („Können etwa die Söhne des Brautgemachs *fasten*?") bzw. der Ratschlag in Mk 2,22, der darüber aufklärt, wie man am besten dafür Vorsorge trifft, dass der in einem Schlauch transportierte Wein einem auf der Reise ja nicht verschütt geht, von Q erst gar nicht in die Überlieferung aufgenommen werden. In diesem Fall wäre von einer bewussten Selektion der Jesusüberlieferung zu sprechen.

Schwelle 3: Selektion und Mutation beim Übergang von mündlicher zu schriftlicher Überlieferung

Schriftliche Vorlagen

Jesus selbst hat keine schriftlichen Zeugnisse hinterlassen. Ganz sicher liegt uns schriftliche Überlieferung über Jesus erst im Markusevangelium bzw. in der Spruchquelle vor. Typisches Antriebsmoment für eine Schriftkultur ist der Aspekt des Sammelns, Festhaltens und Ordnens von Tradition, die zunächst noch mündlich im Umlauf ist. Nun hat sich durch die Literarkritik gezeigt, dass Markus bereits auf schriftlich fixierte Vorlagen zurückgreifen kann. Tatsächlich lassen sich in der vormarkinischen Tradition „ältere Sammlungen" festmachen. Die Apophthegmenreihe Mk 2,1–3,6 oder die Gleichnissammlung in Mk 4,1–34 sind Beispiele dafür. In der Spruchquelle lassen sich thematische Zusammenstellungen von Logien zu Logiengruppen feststellen: z. B. die Spruchreihe von der Feindesliebe (Q 6,27–35) und von der Bruderkritik (Q 6,37–42).

J. ASSMANN, Das kulturelle Gedächtnis. Schrift, Erinnerung und politische Identität in frühen Hochkulturen (bsr 1307), München [5]2005, bes. 48–56.87–103.259–272. – H.-W. KUHN, Ältere Sammlungen im Markusevangelium (StUNT 8), Göttingen 1971.

Kompositionsstrukturen

Mit Hilfe der Literarkritik können solche kleinen Sammlungen analytisch ausgegrenzt werden: Spannungen, Doppelungen usw. verweisen auf die *Überarbeitung* von sprachlich fixierten, also offensichtlich schriftlich vorliegenden Überlieferungen. Ein positives, konstruktives Indiz für schriftliche Sammlungen sind übergreifende Kompositionsprinzipien, also Inklusionen, symmetrische Anordnung des Stoffes, Gruppierung des Stoffes unter einer einheitlichen Idee usw. Je gehäufter und verschachtelter diese Kompositionsprinzipien auftauchen, desto sicherer kann von schriftlich fixierter Tradition ausgegangen werden.[4]

… in Sammlungen

Eine deutliche Kompositionsstruktur liegt bereits für die mittleren drei Apophthegmen innerhalb der Reihe Mk 2,1–3,6 vor, also für Mk 2,15–28 (Zöllnermahl – Fastenfrage – Sabbat). Alle drei Geschichten folgen der gleichen Gattung. Die übergreifende Idee ist das Essen: und zwar mit den falschen Personen (Zöllnermahl) und zur falschen Zeit (Sabbat) bzw. das üppige Essen (Zöllnermahl) und der Verzicht auf das Essen (Fastenfrage). In der Mitte der Komposition steht das Doppelbildwort vom ungewalkten Flicken und vom jungen Wein (Mk 2,21f.).

4 Dabei ist mit Wechselwirkungen zwischen mündlichem Vortrag und schriftlicher Fixierung zu rechnen. Dass Verschriftlichung mit kompositioneller Komplexität zu tun hat, versucht I. WORTHINGTON, Greek Oratory and the Oral/Literate Division, in: Ders., Voice into Text. Orality and Literacy in Ancient Greece (Mn.S 157), Leiden 1996, 165–177, aufgrund der Analyse klassischer griechischer Reden empirisch nachzuweisen. Er kommt zu folgendem Ergebnis: „… literacy generates the potential for a certain kind of compositional complexity …" (ebd. 176f.).

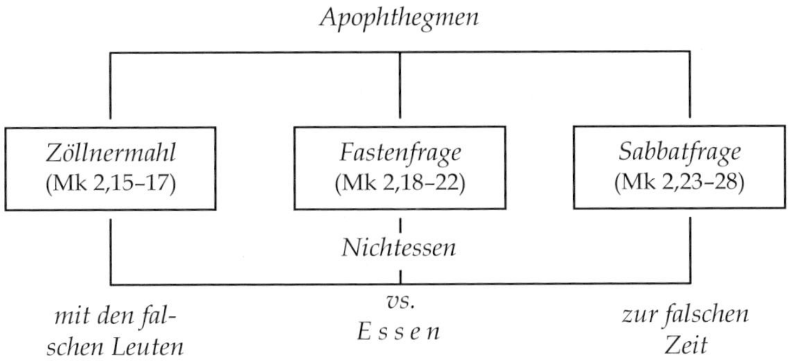

… in Spruchgruppen

In den oben erwähnten Q-Spruchgruppen sind vor allem Inklusionen und Verklammerungen als Kompositionsstrukturen erkennbar. Die Spruchgruppe von der Feindesliebe z. B. beleuchtet das Verhalten gegenüber Außenstehenden (Q 6,27–35). Als Motivation dient das Vorbild des Verhaltens Gottes, der „seine Sonne aufgehen lässt über Schlechte und Gute und regnen lässt auf Gerechte und Ungerechte" (Q 6,35). Die Spruchgruppe von der Bruderkritik (Q 6,37–42) dagegen nimmt die Innenperspektive ein. Es geht um das Verhalten zum „Bruder", also zu einem anderen *Gemeinde*mitglied. Verklammert werden die beiden Spruchgruppen durch die so genannte Barmherzigkeitsregel in Q 6,36: „Werdet barmherzig, wie auch euer Vater barmherzig ist!" Der *Verweis* auf die Barmherzigkeit des Vaters greift das Vorbild des Verhaltens Gottes in der Spruchgruppe von der Feindesliebe auf. Die *Aufforderung* zur Barmherzigkeit wird speziell in der unmittelbar anschließenden Spruchgruppe von der Bruderkritik in den Mahnworten vom Richten inhaltlich expliziert, wenn hier ein Urteil *in bonam partem* erwartet wird: „… Verurteilt nicht, und ihr werdet nicht verurteilt werden! Und sprecht frei, und ihr werdet freigesprochen werden!" (Q 6,37).

Innerhalb dieser beiden Spruchkompositionen lassen sich zudem folgende Inklusionen feststellen: Die Aufforderung zur Feindesliebe in Q 6,27f. wird, zumindest terminologisch, in Q 6,32f. erneut aufgegriffen: „Wenn ihr die liebt …" Könnte man in diesem Fall von einer *semantischen* Inklusion sprechen, so liegt in der Spruchreihe von der Bruderkritik eine *inhaltliche* Inklusion vor: Das Urteilen über andere (Q 6,37f.) wird in Q 6,41f., in den Sprüchen vom Splitter und vom Balken, aufgegriffen und expliziert. In der Spruchreihe von der Feindesliebe schließt die oben genannte Inklusion wiederum eine

Reihe von singularischen Mahnworten ein (Q 6,29f.) sowie eine Regel: die Goldene Regel in Q 6,31. In der Spruchreihe von der Bruderkritik schließt die Inklusion zwei Bildworte ein (Q 6,39f.) sowie ebenfalls eine Regel: die Maxime vom Maß (Q 6,38). Im Blick auf die Gesamtkomposition ergibt sich damit: Die Regeln innerhalb der Inklusionen sind so positioniert, dass sich eine chiastische Verschränkung ergibt. Die explizite Anwendung sowohl der Feindesliebe als auch der Sprüche vom Richten auf den *christlichen Bruder* erfolgt jeweils in der zweiten Spruchgruppe der rahmenden Inklusion (Q 6,32f.; 6,41f.).

Spruchgruppe von der Feindesliebe (Außenstehende): Q 6,27–35

Liebt eure Feinde … (Q 6,27f.)
Und ihr werdet Söhne eures Vaters sein,
der seine Sonne aufgehen lässt über Schlechte und Gute … (Q 6,35)

Wer dich auf die Wange schlägt …
Und wer dir den Mantel wegnimmt … (Q 6,29f.)

Und wie ihr wollt, dass euch die Menschen tun,
so tut auch ihr ihnen. (Q 6,31)

Wenn ihr die *liebt*, die euch *lieben* …
Und wenn ihr nur eure Brüder grüßt … (Q 6,32f.)

Barmherzigkeitsregel (reziprok): Q 6,36

Werdet barmherzig,
wie auch euer Vater barmherzig ist (Q 6,36)

Spruchgruppe von der Bruderkritik (Insider): Q 6,37–42

Richtet nicht, und ihr werdet nicht gerichtet.
Und verurteilt nicht, und ihr werdet nicht verurteilt werden.
Und sprecht frei, und ihr werdet freigesprochen werden. (Q 6,37)

Und mit welchem Maß ihr messt,
wird euch gemessen werden. (Q 6,38)

Bildwort vom Blinden (Q 6,39)
Bildwort vom Schüler (Q 6,40)

Was aber siehst du den Splitter im Auge deines Bruders,
den Balken aber in deinem Auge beachtest du nicht … (Q 6,41f.)

Ein Kriterium

Für die Zusammenstellung bzw. Kombination von mehreren Einzelsprüchen bzw. kleinen Spruchgruppen zu einer Spruchreihe unter einem bestimmten Thema ist ein mündlicher Prozess evtl. noch denkbar. Übergreifende, sich überlappende, vielleicht sogar gegenseitig angenäherte Kompositionsstrukturen, wie sie für die Spruchreihe von der Feindesliebe und die Spruchreihe von der Bruderkritik, die durch die Barmherzigkeitsregel Q 6,36 verklammert sind, erkennbar werden, setzen dagegen unausweichlich ein schriftliches Stadium voraus.

Selektion

Bei diesem Sammlungs- und Kombinationsprozess finden erneut Selektion und Mutation der Jesusüberlieferungen statt: Nicht alles, was an Einzelworten, Logienpaaren, kleinen Logiengruppen bzw. kleinen Jesusgeschichten im Umlauf ist, passt zu den Gesichtspunkten, unter denen Jesustradition gesammelt und verschriftlicht wird, bzw. fügt sich dem leitenden Kompositionsprinzip ein (Selektion).

Mutation

Bei der Zusammenstellung und Verschriftlichung des Überlieferungsstoffes ist (a) unter formalen Gesichtspunkten mit einer Annäherung und Vereinheitlichung in der Formgebung der Stoffe zu rechnen, gegebenenfalls auch mit einer gewissen Straffung. (b) Inhaltlich bewirkt die Zusammenstellung von Traditionen eine gegenseitige Interpretation der ursprünglich selbstständigen Überlieferungsstoffe. Zum Teil werden sie auch unter neuen Gesichtspunkten präsentiert, wie es z. B. für die Barmherzigkeitsregel in Q 6,36 zu beobachten war. Auch die typische Verwendungssituation wechselt: Der soziale Kontext der Überlieferungsstoffe ist nicht mehr eine unmittelbare Gesprächssituation, wie sie mit Hilfe des Instrumentariums zur Eruierung des „Sitzes im Leben" über die *kleine Einheit* erhoben werden kann, sondern die Stoffe stehen jetzt im *literarischen* Kontext einer Sammlung, was ihnen einen prinzipiell *lehrhaften* Charakter gibt (katechetische Ausrichtung). Methodisch muss dieser neue, sekundäre „Sitz im Leben" aus dem literarischen Kontext der jeweiligen Sammlung erhoben werden. Zum Teil werden die „Pointer" auf diesen neuen „Sitz im Leben" direkt in die ursprünglichen Stoffe eingeschrieben.

Pointer

Das ist z. B. bei der Wundergeschichtensammlung im Markusevangelium der Fall, die mit der Seesturmgeschichte in Mk 4,35 beginnt. Am Ende dieser Geschichte steht in V. 41 eine verwunderte Frage: „Wer also ist dieser, dass ihm der Wind und das Meer gehorchen?" Eine explizite Antwort darauf findet sich nicht. Was sich in der erzählten Welt die Jünger gegenseitig fragen, ist auf der pragmatischen Ebene an die Hörerinnen und Hörer gerichtet. Solange diese Geschichte für sich erzählt wurde, sollte mit dieser *katechetischen Frage* vermutlich ein Lehrgespräch über die Bedeutung Jesu eingeleitet werden. In der Position am Anfang einer ganzen Sammlung von Wundergeschichten, die über die Gerasenergeschichte, das Jairustöchterlein und die blutflüssige Frau (Mk 5,1–43) hinaus wahrscheinlich auch die Speisungsgeschichte (Mk 6,35–44) umfasst hat und durch eine zweite Sturmstillung (Mk 6,45–52) gerahmt wurde, wird aus der Frage in Mk 4,41 der entscheidende *Leseimpuls* für alles Folgende. Wenn die Jünger in der abschließenden Sturmstillungsgeschichte den über das Meer schreitenden Jesus für ein Gespenst halten (Mk 6,49), dann sollen unter der Leitfrage „Wer also ist dieser?" die darüber hoffentlich empörten Leser zum christologischen Bekenntnis geradezu herausgefordert werden.

Auch in unserem Basistext, der Streitgesprächsammlung in Mk 2,1–3,6, lässt sich ein solcher „Pointer" finden. Erneut steht er im Eingangstext dieser Sammlung, in der Erzählung vom Geheilten, präzise in Mk 2,10: „Damit ihr aber wisst, dass Vollmacht hat der Menschensohn, zu erlassen Sünden auf der Erde …" In diesem Fall geht es darum, die ἐξουσία („Vollmacht") des Menschensohns zu begründen und ihre Verfügungsbereiche zu definieren (Sündenvergebung, Mahlgemeinschaft, Fastenregeln, Sabbatregeln). Außer den kontextuell bedingten Sinnverschiebungen finden bei der Zusammenstellung von Überlieferungsstoffen also auch direkte Eingriffe in die vorliegende Tradition statt (Mutation).

Schwelle 4: Selektion und Mutation der Jesusüberlieferungen beim Übergang vom aramäischen in das griechische Sprachmilieu

Sprachmilieu

Von Sprach*milieu* und nicht von Sprach*raum* ist hier die Rede. Denn sowohl in Palästina als auch in allen anderen Ländern, die von der Hellenisierungswelle Alexanders des Großen nicht unberührt geblieben sind und im 1. Jh. n. Chr. unter römischer Herrschaft stehen, sind (a) die Sprachgrenzen fließend – sie werden eher durch das soziale Milieu als durch geographische Trennlinien bestimmt – und hängt (b) die Wahl der Sprache als Kommunikationsmittel von den jeweiligen Adressaten ab.

Palästina: aramäisch

Die Alltagssprache im Palästina des 1. Jh. n. Chr. ist Aramäisch. Prinzipiell ist jedoch mit Griechisch als zweiter Sprache zu rechnen, die zumindest verstanden, z. T. auch gesprochen, selten jedoch geschrieben worden ist. Jedenfalls war für die römische Verwaltung im Osten des Reiches Griechisch die *lingua franca*, also die offizielle Verwaltungssprache. Die sichersten Belege für die Kenntnis des Griechischen unter der jüdischen Bevölkerung Palästinas sind die erstaunlich häufigen griechischen Aufschriften auf den Epitaphien (Grabtafeln). Nicht zu übersehen ist, dass damit zugleich auch der Wille zu einer bestimmten Präsentation verbunden ist. Trotzdem wird man folgende soziale Differenzierung berücksichtigen müssen: In höheren sozialen Schichten ist mit mehr und besseren Griechischkenntnissen zu rechnen als in einfachen Verhältnissen, in Städten mehr als auf dem Land. Für Jesus selbst können wir davon ausgehen, dass er normalerweise aramäisch gesprochen hat. Als Bauhandwerker werden seine Griechischkenntnisse nicht über die notwendigsten Berührungspunkte mit der römischen Verwaltung bzw. über eine notdürftige Verständigung mit einem römischen Soldaten oder einem griechischen Händler hinausgegangen sein.

W. BÖSEN, Galiläa als Lebensraum und Wirkungsfeld Jesu. Eine zeitgeschichtliche und theologische Untersuchung, Freiburg i. Br. 1985 (Neuausgabe 1998), 124–127.

Neues Testament: griechisch

Die gesamte neutestamentliche Jesusüberlieferung jedoch liegt ausnahmslos in griechischer Sprache vor. Der Weg der urchristlichen Gemeinden, die für den „mainstream" unserer Traditionen entscheidend geworden sind, ist nach Norden verlaufen, zunächst in die römische Provinz Syrien und von dort über die kleinasiatischen Provinzen nach Griechenland und Rom. Obwohl auch für den syrischen Raum die genannten sozialen Differenzierungen hinsichtlich des Sprachmilieus gelten, kommt in diesem Fall erschwerend hinzu, dass proportional mit der Entfernung vom jüdischen Stammland Aramäisch - also die vertraute alltägliche Umgangssprache - nicht mehr verstanden wird.[5] Sobald die Adressaten, selbst wenn sie Juden waren, nicht mehr oder generell kein Aramäisch verstanden, musste auf die im Römischen Reich verbindende *lingua franca,* also auf das Griechische ausgewichen werden. Einigen Logien haftet noch dieser Übergangsstatus zwischen den Sprachgrenzen an. Das ist daran erkennbar, dass sie sich zwar der griechischen Sprache bedienen, aber von der semitischen Grammatik her denken, z. B. das Logion in Mk 4,25:

> Denn *wer* hat, gegeben werden wird *ihm.*
> Und *wer* nicht hat,
> auch was er hat, wird genommen werden *von ihm.*

Verräterisch ist die Nachstellung des Personalpronomens. Das entspricht der semitischen Sprachstruktur, wonach das Personalpronomen dem Verbum als Suffix angehängt wird. Gutes Griechisch bevorzugt partizipiale Wendungen - genauso wie der Spruch bei Lk 19,26 par Mt 25,29 überliefert wird:

5 Für den Grenzraum um Tyrus mag gelten, dass das dort gesprochene Phönikische dem palästinischen Aramäisch so verwandt ist, dass Josephus (Ap I 173) die „phönikische Sprache" als Sprache der Juden deuten kann; vgl. G. THEISSEN, Lokalkolorit** 71–75.

Jedem Habenden wird gegeben werden,
von dem nicht Habenden aber
wird auch, was er hat, weggenommen werden.

Selektion Beim Übergang vom aramäischen ins griechische Sprachmilieu kommt es, wie bereits angedeutet, schon allein aus sprachlichen Gründen zu Selektions- und Mutationsprozessen. Abgesehen von grammatikalischen Schwierigkeiten, die sich schlimmstenfalls als Übersetzungsgriechisch niederschlagen, sind vor allem semantische Übertragungsschwierigkeiten zu bedenken. Insbesondere Logien, die im Aramäischen auf einem Sprachspiel beruhen, lassen sich nicht ohne Verlust der eigentlichen Pointe ins Griechische übertragen. Vermutlich wurden viele von ihnen „selektiert", fielen also den Übersetzungs- bzw. Verständnisschwierigkeiten zum Opfer. Für manche Logien wurde eine Übersetzung trotzdem versucht. Ihre eigentliche Pointe enthüllt sich uns erst, wenn wir das zugrunde liegende aramäische Sprachspiel (wieder) entdecken, z. B. im Salzspruch Mt 5,13 par Lk 14,34:

Wenn das Salz töricht gemacht wird,
womit soll es gesalzen werden?

Sucht man nach aramäischen Äquivalenten für die semantische Opposition von „dumm gemacht werden" und „gesalzen werden", stößt man tatsächlich auf ein reizvolles Wortspiel zwischen תפל (*tafal* = dumm/schal) und תבל (*taval* = würzen). Matthew Black hat viele solcher Rückübersetzungen versucht. Bei ihm kann man manche Entdeckung machen. Auf jeden Fall wird für viele Jesussprüche offensichtlich, dass theologisches Sprechen auch mit Lust an der Sprache zu tun hat.

M. Black, Die Muttersprache Jesu. Das Aramäische der Evangelien und der Apostelgeschichte (BWANT 115), Stuttgart 1967.

Mutation Eine Mutation des Überlieferungsgutes tritt schon allein dadurch ein, dass es im Gewand einer anderen Sprache erscheint. Übersetzungen können nie völlig adäquat sein. Vor allem aber ergeben sich in der neuen Sprache auch andere Assoziationen, eben diejenigen, die jetzt im griechischen Kulturraum von den verwendeten griechischen Wörtern ausgehen. Falls die ursprünglichen Träger der Tradition auf die Hilfe von Übersetzern angewiesen sind, fließt zusätzlich deren Interpretation mit ein. Selbst wenn die griechischsprachigen Milieus, für welche die aramäischen Jesusüberlieferungen übersetzt werden, noch jüdisch geprägt sind und die Jesusüberlieferungen von *jüdischen* Denkvoraussetzungen her rezipiert werden, sind mit der Übersetzung ins Griechische prinzipiell die Tore für eine Rezeption im griechischen Kulturraum aufgestoßen, die spätestens dann genutzt wird, sobald nicht-beschnittene Sympathisanten des Judentums („Gottesfürchtige“, s. Aktuelles Lexikon), die von ihrer Erziehung und ihrer Bildung her ganz in der pagan-hellenistischen Kultur verwurzelt sind, Christen werden. Das bedeutet aber: Der Wechsel unserer Jesusüberlieferung vom aramäischen zum griechischen *Sprach*milieu ist zugleich die Voraussetzung für die Inkulturation vom jüdischen in den hellenistischen *Kultur*raum, mit all den Folgen, die damit verbunden sind.

Schwelle 5: Selektion und Mutation der Jesuserinnerung: der Ostergraben

Der „garstige Graben“

Auf der einen Seite des „garstigen Grabens“ (Lessing) steht der Jesus der Historie, der in Nazaret geboren ist, ein Bauhandwerker war, sich von Johannes taufen ließ, als Wanderprediger durch Galiläa zog und unter Pontius Pilatus zum Tod durch Kreuzigung verurteilt worden ist. Auf der anderen Seite stehen seine Nachfolgerinnen und Nachfolger, eben die späteren Christinnen und Christen, die ihn als ihren „Herrn“ bekennen. Etabliert wurde diese Plattform durch das, was wir heute abkürzend „Osterereignis“ nennen. Im Blick auf die Wahrnehmung und Rezeption der Gestalt Jesu wurde dadurch so etwas wie ein Quantensprung ausgelöst. Inhaltlich geht es um die Auferweckung des Gekreuzigten. Im Originalton der ältesten Formeln der Briefliteratur: „Gott hat Jesus aus Toten erweckt.“ Das ist die Grundüberzeugung der ersten Christen, der Auslöser dafür, den Wagemut aufzubringen, sich eines Gekreuzigten, der nach Dtn 21,23 von Gott verflucht ist, zu erinnern.

Auferweckung und Apokalyptik

Die Rede von der „Auferweckung aus den Toten“ bedient sich eines Sprachspiels, das der frühjüdischen Apokalyptik entlehnt ist. Es ist innerhalb der apokalyptischen Weltanschauung ein prägendes Moment mit einer bestimmten Signalfunktion: Mit der Auferweckung der Toten beginnen die Endereignisse. Präzise gesagt: Die Auferweckung der Toten dient dazu, diejenigen, deren Schicksal während ihres Erdenlebens keinen adäquaten Ausgleich erfahren hat, die also unschuldig ermordet oder für ihre Schandtaten nicht bestraft worden sind, vor das Tribunal des Endgerichts zu bringen und ihnen Gerechtigkeit widerfahren zu lassen (vgl. Dan 12,2f.).

Mit der Rede vom Ende dieser (Unheils-)Geschichte und dem Anbruch eines neuen Äons, wofür die *allgemeine* Totenauferweckung das Signal ist, ist immer die Vorstellung eines kosmischen Machtwechsels verbunden. Es geht darum, dass sowohl den irdischen Feinden Israels, den Fremdvölkern, die Israel unterdrücken, die Macht entzogen wird als auch den himmlischen Feinden Gottes, den Dämonen bzw. Engelfürsten, die in der parallel gedachten himmlischen Welt die Fremdvölker repräsentieren. Ihre Entmachtung im Himmel ist, genau genommen, sogar das entscheidende „Vorspiel", das die irdischen Vorgänge in ihrem Ablauf absolut verlässlich determiniert. Mit der Entmachtung der himmlischen und irdischen Widersacher Israels, so die frühjüdische Apokalyptik, erweist sich Gott als der wirkliche Machthaber dieser Welt, der dann seinerseits alle Macht seinem Volk Israel, repräsentiert durch den himmlischen „Menschensohn", übergibt (vgl. Dan 7). Dieser universale Machtwechsel ist das eigentliche Ziel des göttlichen Eingriffs.

K. MÜLLER, Die frühjüdische Apokalyptik. Anmerkungen zu den Anfängen ihrer Geschichte, zu ihrem Erscheinungsbild und zu ihrer theologischen Wertung, in: Ders., Studien zur frühjüdischen Apokalyptik (SBAB 11), Stuttgart 1991, 35–173 = TRE III (1978) 202–251.

Die Privilegierung Jesu

Bei der Rede von den Endzeitereignissen geht es im sachlichen Kern um die Durchsetzung eines kosmischen Machtwechsels. Die Behauptung der Auferweckung Jesu signalisiert in diesem Kontext: Diese Endzeitereignisse müssen bereits in Gang gekommen sein. Nachdem Jesus aber *als Erster* (vgl. 1 Kor 15,20) und vor allem *als Einzelner* von den Toten auferweckt wurde, während die *allgemeine* Totenauferweckung auf sich warten ließ, schlossen urchristliche Theologen aus dieser *singulären* Auferweckung eines Einzelnen auf dessen *Privilegierung* durch Gott zurück und schrieben ihm eine entsprechend wichtige Funktion bei der Durchführung des kosmischen Machtwechsels zu (vgl. 1 Kor 15,23–28). Das schlägt sich dann auch in so genannten Hoheitstiteln nieder. In ihrem ursprünglichen jüdischen Kontext stehen sie alle mit institutionellen Machtübertragungen im Zusammenhang:

Titel	Modell der Machtübertragung	AT	NT
Sohn Gottes	Adoption des jüdischen Königs durch Gott und Machtübertragung bei seiner Inthronisation	Ps 2,6f. 2 Sam 7,14	Röm 1,3f.
Messias (hebr.) Christus (gr.)	Ritus der Salbung des Königs	1 Sam 10,1 1 Sam 24,11 Ps 2,2	Mk 14,3–9
Menschensohn	himmlische Repräsentationsfigur Israels, der am Ende alle Macht übertragen wird	Dan 7,13f.	Q 12,8f.40 Q 17,24; Mk 8,38
Herr	eigentlich Bezeichnung für Gott; als Statthalter Gottes wird Jesus für begrenzte Zeit bis zum Ende die Machtfülle Gottes übertragen	Dtn 10,17 Ps 8,2 Jes 51,22	1 Kor 15,24–32 1 Kor 16,22

K. MÜLLER, Das Weltbild der jüdischen Apokalyptik und die Rede von Jesu Auferstehung, in: BiKi 52 (1997) 8–18. – J. MAIER, Messias oder Gesalbter? Zu einem Übersetzungs- und Deutungsproblem in den Qumrantexten, in: RdQ 17 (1996) 585–612. 🕮

„disclosure“

Mit sprachphilosophischen Kategorien kann im Blick auf das Osterereignis von einer *disclosure* gesprochen werden, also einer Erschließungssituation. Ein bestimmtes Erlebnis ist Auslöser für eine rundum neue Sicht des Ganzen. Vorausliegende Fakten und Tatsachen werden aufgrund dieses Erlebnisses in einem neuen, übergreifenden Zusammenhang gesehen, der ihnen eine völlig neue Bedeutung verleiht. Was wir Ostererfahrung nennen, wäre eine solche disclosure. Die eigentliche Erfahrung, die dahinter steckt, können wir mit letzter Sicherheit nicht mehr rekonstruieren. Sie wurde von Anfang an im apokalyptischen Sprachspiel ausgedrückt und in dieser Form offensichtlich auf breiter Basis als adäquate Versprachlichung einer Erfahrung anerkannt, die viele teilen konnten (vgl. 1 Kor 15,5–8). Aufgrund dieser disclosure wird die Gestalt Jesu in völlig neuem Licht gesehen: als von Gott privilegierter und mit Macht ausgestatteter Sonderbeauftragter im endzeitlichen Geschehen. In diesem Licht erscheint auch alles, woran man sich von ihm erinnern konnte, in einer neuen Perspektive: Es sind die Worte und Taten dessen, den Gott als seinen entscheidenden Statthalter ausersehen hat.

O. SCHWANKL, Sadduzäerfrage** 474–480. – B. HEININGER, Paulus als Visionär. Eine religionsgeschichtliche Studie (Herders biblische Studien 9), Freiburg i. Br. 1996 (zur disclosure des Paulus: 182–211). 🕮

Mutation Das ist der generelle Blickwinkel, die neue Optik, unter der zuallererst und ursprünglich Jesus*erinnerung* geschieht. Selektion und Mutation stellen sich in diesem Bezugsrahmen folgendermaßen dar: Mutation betrifft den Blickwinkel, aus dem auf Jesus *geschaut* wird. Jesus wird in der neuen Aura des von Gott mit Macht Ausgestatteten wahrgenommen, und es wird von ihm auch so gesprochen. In den Titulaturen bzw. Erzählungen, in denen diese Macht narrativ zum Ausdruck gebracht wird, schlägt sich Ostern als disclosure nieder. Selektion betrifft vor allem den Blickwinkel, aus dem die Gemeinde Jesuserinnerung *aufgreift:* Der Filter der Wahrnehmung bzw. der Erinnerung ist der aktuelle Lebenskontext der christlichen Gemeinden bzw. der ersten Nachfolgerinnen und Nachfolger. Was zu momentanen Problemen, Fragen, Vorstößen und Entwürfen innerhalb eines christlichen Lebensentwurfs *auf den Spuren des Jesus von Nazaret* aus dessen Leben *in Analogie* gebracht werden kann, wird als Erinnerung aufgegriffen und vergegenwärtigt. Damit wird die eigene Option in eine (fiktive) Linie mit dem Willen des Irdischen (und jetzt Maßgebenden) gestellt.

Selektion

G. THEISSEN, Historical Scepticism and the Criteria of Jesus Research. Or My Attempt to Leap Across Lessing's Yawning Gulf, in: SJTh 49 (1996) 147–176.

Die fünf Schwellen der Jesusüberlieferung

- Die Großevangelien – und ihre Vorlagen
- Mk und Q – und ihre Stoffe
- Von der mündlichen zur schriftlichen Überlieferung
- Vom aramäischen ins griechische Sprachmilieu
- Der Ostergraben

2 Praktisches Vorgehen

Wer die Rückfrage nach dem historischen Jesus von Nazaret durchführen will, muss die Texte „gegen den Strich" lesen. Methodisch gesehen müssen die einzelnen Überlieferungsprozesse Schritt für Schritt abgestreift und muss mit Hilfe spezieller Kriterien ein „Sprung über den garstigen Graben" versucht werden. In der folgenden Darstellung des praktischen Vorgehens versuchen wir, die einzelnen methodischen Schritte mit den vorausgehenden Überle gungen zu den „Klippen" der Jesusüberlieferung zu verzahnen. Der entsprechende Bezug wird jeweils in Klammern angegeben. Inhaltlich geht es darum, die Mutationen auf jeder Überlieferungsstufe in Rechnung zu stellen.

Gottesfürchtige

„Gottesfürchtige" - das kann Bezeichnung sein speziell für diejenigen Nichtjuden, die mit dem Judentum sympathisieren, die fasziniert sind vom biblischen Ein-Gott-Glauben und von der jüdischen Ethik, die enge Kontakte pflegen zu den jüdischen Gemeinden vor Ort und die öffentlichen Gottesdienste besuchen - aber, sofern es sich um Männer handelt, den letzten entscheidenden Schritt *nicht* vollziehen: die Beschneidung, womit die Verpflichtung verbunden wäre, das gesamte jüdische Gesetz, also z. B. auch die Speisegebote (vgl. § 7/4.4) zu halten. Oft hatten die „Gottesfürchtigen" einen hohen sozialen Status. Sie waren z. B. Ratsherren in der Stadt, wie einer Spenderliste aus Aphrodisias in Kleinasien zu entnehmen ist. Neben gebürtigen Juden und Proselyten (durch Beschneidung zum Judentum übergetretene Heiden) wird hier an dritter Stelle eine große Zahl von „Gottesfürchtigen" mit Name, Position bzw. Beruf genannt (3. Jh. n. Chr.).

Lukas, der vielleicht schon im Magnifikat (Lk 1,50: „Er erbarmt sich von Geschlecht zu Geschlecht über alle, die ihn fürchten") die Öffnung zur Heidenwelt im Blick hat, erzählt in seiner Apostelgeschichte, dass die „Gottesfürchtigen" bevorzugte Adressaten des Missionars Paulus waren (vgl. Apg 16,14; 17,4.17; 18,7). Dass der erfolgreiche Prediger Paulus dabei ständig mit der ortsansässigen jüdischen Gemeinde in Konflikte geriet, ist kein Wunder: warben doch die jüdischen Gemeinden genauso wie der christliche Missionar um die gleiche einflussreiche und oft auch sehr reiche Klientel - ein sozialgeschichtliches Faktum, das bei den schmerzlichen Trennungsprozessen zwischen Synagoge und christlicher Gemeinde oft übersehen wird.

F. SIEGERT, Art. Gottesfürchtige, in: NBL I (1991) 931f. - J. REYNOLDS/R. TANNENBAUM, Jews and Godfearers at Aphrodisias. Greek Inscriptions with Commentary (Cambridge Philological Society. Supplementary Volume 12), Cambridge 1987. - H.-J. KLAUCK, Gottesfürchtige im Magnificat?, in: NTS 43 (1997) 134–139. - B. WANDER, Gottesfürchtige und Sympathisanten. Studien zum heidnischen Umfeld von Diasporasynagogen (WUNT 104), Tübingen 1998.

2.1 Literarkritik

Soweit Matthäus und Lukas einen Text aus dem Markusevangelium bzw. der Spruchquelle übernommen haben (Schwelle 1), setzt die Rückfrage beim entsprechenden Markustext bzw. bei der Rekonstruktion des zugrunde liegenden Q-Textes an.[6] Dieser Ausgangstext wird der Literarkritik unterzogen. Ziel dieses Arbeitsschrittes ist es, sekundäre Bearbeitungen wahrzunehmen (Schwelle 2) und die zugrunde liegenden (schriftlichen) Vorlagen (Stichwort: kleine Einheit) herauszuschälen. Dieser Analysevorgang (vgl. § 4) kann zu mehreren Schichten führen, deren relative Chronologie festzustellen ist. In diesem Fall ist mit „Redaktion" auf mehreren Ebenen zu rechnen. Im Fall der Streitgespräche in Mk 2,1–3,6 z. B. ist zu fragen, inwieweit die *Zusammenstellung* dieser Streitgespräche aus der mündlichen Tradition (Schwelle 3) zu bestimmten Angleichungen bzw. übergreifenden Linien geführt hat, die sich wiederum im Text niedergeschlagen haben.

2.2 Gattungstypische Elemente abheben

Verwendungssituation

Wenn Jesuserinnerungen gegenwarts- und problembezogen aufgegriffen werden, werden sie gleichzeitig in die *Form* gebracht und so dargeboten, dass sie für die jeweilige Kommunikationsabsicht möglichst effektiv sind. Die *Verwendungssituation* bestimmt die Wahl der *Gattung* (Schwelle 5).[7] Bei der Rückfrage nach dem historischen Jesus, also bei der Suche nach den *Erinnerungen* hinter den narrativen Darstellungen, sind diese gattungstypischen Elemente in Rechnung zu stellen bzw. abzutragen. Im Fall des Apophthegmas betrifft das gewöhnlich die ideale Szene, also die Situation und die Frage, in der sich üblicherweise der Problemhorizont spiegelt, von dem aus die Jesuserinnerung aufgegriffen wird. Speziell in *anorganischen* Apophthegmen ist die Antwort Jesu nicht auf diesen erzählerischen Rahmen angewiesen und bleibt bei der Dekomposition der Form als

---

6 Einen Spezialfall stellen die Sonderüberlieferungen im Matthäus- und Lukasevangelium dar; meistens bilden sie selbst den Ausgangspunkt für die Rückfrage.

7 Das trifft insbesondere für die *erstmalige* Aufnahme von Jesuserinnerungen zu. Bei der weiteren Verwendung, evtl. für andere Zwecke, bleibt gewöhnlich die Form erhalten, auch wenn der „Sitz im Leben" wechselt. Die Sammlung der Streitgespräche in Mk 2,1–3,6 dient einem katechetischen Zweck. Das ist der sekundäre „Sitz im Leben" der hier vorkommenden Einzelformen. Die Gattung Streitgespräch wird beibehalten, obwohl die *Sammlung* der Streitgespräche nicht mehr der innergemeindlichen *Auseinandersetzung* dient. Ein ähnliches Phänomen liegt vor, wenn Paulus die Abendmahlsworte, deren eigentlicher „Sitz im Leben" natürlich die Kultfeier ist, innerhalb seiner Kritik an der Durchführung des Herrenmahles in Korinth (1 Kor 11,17–34) als *Argument* (V. 23–25) zitiert.

inhaltlich eigenständiges Element erhalten. Gewöhnlich handelt es sich um ein Bildwort, wie etwa in Mk 2,17 (Arztwort) oder in Mk 2,19 (Hochzeitsgäste). In vielen Fällen wird in diesem Element ein Spruch Jesu (prägnant) aufgegriffen und für die jeweilige Streitsituation der Gemeinde durch den narrativen Vorspann *angewendet*.

Formgebung und Sachpunkte

Zwischen der *Formgebung* der narrativen Texte, die auf dieser Stufe abgehoben wird, und den darin erzählten *Sachpunkten* ist streng zu unterscheiden. Auf das Konto der urchristlichen Gemeinde geht lediglich die Wahl der Form und die damit vorgegebene *Komposition* des Stoffes, im Fall des Apophthegmas also der Dreischritt Situation – Frage – Antwort/Gegenfrage. Auch hinter der erzählten Situation, der dadurch ausgelösten Frage (und im Falle des organischen Apophthegmas der entsprechenden Antwort) können historisch zuverlässige Fakten stehen.[8] Entflochten wird auf dieser Dekompositionsstufe lediglich die *narrative Verknüpfung* der erzählten Sachpunkte. In der weiteren Nachforschung wird also nicht geprüft, ob es einen Vorfall gab, bei dem Pharisäer gegenüber den Jüngern den Vorwurf erhoben haben, dass Jesus sich mit Zöllnern einlasse, sondern geprüft werden die angesprochenen *Sachpunkte*: die Tischgemeinschaft Jesu mit Zöllnern, der diesbezügliche Vorwurf sowie der Spruch „Nicht nötig haben die Gesunden einen Arzt, sondern die Kranken" – und zwar ebenfalls im Rahmen dieser Sachproblematik.

Gattungsatypische Elemente

Besondere Beachtung verdienen bei diesem Dekompositionsschritt die gattungs*atypischen* Elemente: wenn etwa in einer Wundergeschichte der Zuspruch der Sündenvergebung referiert wird, wie in Mk 2,5c; oder wenn in einer Nachfolgegeschichte, die ganz parallel zu dem elijanischen Modell erzählt wird, ein Verheißungsspruch mit einem paradoxen Bildmaterial auftaucht, wie das Menschenfischerwort in der ersten Nachfolgegeschichte des Markusevangeliums in Mk 1,17. Gerade diese überstehenden, mit dem Gattungsmuster nicht konform gehenden Elemente geben zu dem berechtigten Verdacht Anlass, dass hier historische Jesuserinnerung vorliegt, die stark genug war, dass sie trotz der Gattungsvorgaben erhalten und erkennbar geblieben ist.

8 Das trifft z. B. sowohl für die in Mk 2,15 *erzählte Situation* zu, wonach Jesus mit Zöllnern isst, als auch für die als Vorwurf referierte, den gleichen Sachverhalt betreffende *Frage* der Pharisäer: „Dass er mit den Zöllnern und Sündern isst?" Beides steht in völliger Übereinstimmung mit dem entsprechenden Vorwurf in Q 7,34.

Nur diejenigen Logien bzw. Sachpunkte, die der beschriebenen Abhebung der gattungstypischen Elemente standgehalten haben,[9] kommen für die eigentliche Rückfrage in Betracht; nur auf diese Elemente dürfen die Rückfragekriterien angewendet werden.

2.3 Die Rückfragekriterien

Eigentlich gibt es nur ein einziges *Echtheitskriterium*, das sog. Unähnlichkeits- bzw. Differenzkriterium (2.3.1). Lange Zeit stand es unter starker Kritik, in modifizierter Form aber gewinnt es zu Recht wieder an Boden und Vertrauen. Weitere Kriterien, wie das Kohärenz- und Konvergenzkriterium (2.3.2), sind diesem Echtheitskriterium *zuzuordnen* oder als der eigentlichen Rückfrage vorausliegende *Quellenkriterien* (vielfache Bezeugung) anzusprechen (2.3.3) bzw. als das Echtheitskriterium zusätzlich unterstützende *Indizien* zu werten, wie das Lokalkolorit bzw. die Milieutreue und philologische Merkmale (2.3.4).

2.3.1 Das Unähnlichkeitskriterium

Klassische Definition

Im Originalton seines scharfsinnigen Erfinders, Ernst Käsemann (1906–1998), lautet das Unähnlichkeitskriterium folgendermaßen: „Einigermaßen sicheren Boden haben wir nur in einem einzigen Fall unter den Füßen, wenn nämlich Tradition aus irgendwelchen Gründen weder aus dem Judentum abgeleitet noch der Urchristenheit zugeschrieben werden kann …“[10] Nach diesem Kriterium ist also die ältest erreichbare Tradition nach zwei Seiten hin zu beleuchten und zu fragen: Setzt sie sich von den gängigen Anschauungen des Judentums und des Christentums ab? Nur wenn beides zutrifft, kann die betreffende Tradition sicher auf Jesus von Nazaret zurückgeführt werden.

Schon Käsemann wollte dieses Kriterium nur als *Echtheitskriterium* verstanden wissen, nicht als Beglaubigungskriterium. Also: Alles, was dem scharfen Zugriff des Unähnlichkeitskriteriums standhält, ist *sicher* jesuanisch. Aber genauso gut gilt: Was der Prüfung durch das Unähnlichkeitskriterium nicht standhält, ist deswegen noch lange nicht unjesuanisch. Aus diesem Grund wird das Unähnlichkeitskriterium auch *negatives Ausgrenzungskriterium* genannt.

---

9 Gewöhnlich „ältest erreichbare Überlieferung“ genannt, was im Blick auf die Sachpunkte nicht ganz zutrifft, weil es sich hier nicht um eine Überlieferung handelt.

10 E. KÄSEMANN: Das Problem des historischen Jesus (1954), in: Ders., Exegetische Versuche und Besinnungen I, Göttingen [6]1970, 187–214, 205.

Bedenken

Trotzdem bleiben Bedenken: (1) Bei einer rigorosen Anwendung des Unähnlichkeitskriteriums destillieren wir einen Jesus heraus, der ohne Wurzeln (im Judentum) ist und keine Wirkung (für das Christentum) hatte. (2) Aus theologischer Sicht wird dem Unähnlichkeitskriterium zu Recht „verkappte Dogmatik“[11] vorgeworfen. Die Einzigartigkeit Jesu ist durch das Kriterium vorprogrammiert. Die vom Unähnlichkeitskriterium her geforderte Abhebung vom Judentum zieht einen antijüdischen Effekt nach sich, der gewöhnlich christologisch verrechnet wird: Jesus bringt das „eschatologisch Neue“.[12] Aus streng historischer Perspektive wird gegen die Einsatzmöglichkeit des Kriteriums zu Recht vorgebracht, dass uns ein entsprechend vollständiges Wissen, wie es für einen korrekten Einsatz des Kriteriums notwendig wäre, sowohl über das Judentum der Tage Jesu als auch über das frühe Christentum fehlt, von den kaum überschaubaren Richtungsdifferenzierungen sowohl innerhalb des Frühjudentums als auch des Christentums im 1. Jh. n. Chr. gar nicht zu reden.

📖 E. P. SANDERS, The Question of Uniqueness in the Teaching of Jesus, London 1990. – L. GASTON, Uniqueness**

Die christliche Traditionsgeschichte

Prinzipiell bleibt das Unähnlichkeitskriterium als Sensorium auf der Suche nach dem historischen Jesus unübertroffen. Es kann seiner negativen Begleiterscheinungen entkleidet werden, wenn es im Blick auf den realen Überlieferungsprozess angewendet wird. Das bedeutet, dass (a) zunächst der Verlauf des *christlichen* Traditionsprozesses beleuchtet werden muss und (b) eine Einschränkung der Analyse auf die betreffende Überlieferungseinheit bzw. das in Frage kommende Überlieferungsmilieu erfolgt. Wenn aufgrund des Ergebnisses der Literar- und Gattungskritik hier festgestellt werden kann, dass die Tendenz der untersuchten Überlieferungseinheit in eine andere Richtung verläuft als das ältest erreichbare Überlieferungsstück, oder sich die argumentative Kraft der Überlieferungseinheit aus anderen Quellen und Überzeugungen speist als aus dem ältest erreichbaren Überlieferungsstück, dann ist das ein Indiz für historische Jesuserinnerung, die an einem bestimmten Punkt einer urchristlichen Gemeinde im Blick auf vorliegende, analoge Probleme eingebracht worden ist. Zusätzlich kann die aus der Überlieferungseinheit erhobene christliche Tendenz am betreffenden Überlieferungsmilieu (markinische Stoffe, Q-Tradition usw.) überprüft werden. Für die Beleuchtung des christlichen Traditionsprozesses

11 G. THEISSEN, Schatten** 199.
12 Vgl. vor allem den einflussreichen Aufsatz von F. HAHN, Überlegungen** 40–51.

und dem Versuch der Abhebung historischer Jesuserinnerungen kann man in der definierten Abwandlung des Unähnlichkeitskriteriums mit G. Theißen auch vom Indiz der *Tendenzwidrigkeit* sprechen – bei gleichzeitiger wirkungsplausibler *Kohärenz.* Statt nur auf die Differenz und Unähnlichkeit zwischen Jesus und den frühen christlichen Gemeinden zu starren, wird der jeweilige „Knick" im Tradierungsprozess einer Gruppe unter die Lupe genommen.

… und der jüdische Kontext

Für die zweite Seite des so genannten Unähnlichkeitskriteriums, also den Vergleich mit den Traditionen des Judentums, ist die jüdische Herkunft und Prägung Jesu ernst zu nehmen. Gerade dann, wenn eine Überlieferung gegenüber dem christlichen Traditionsprozess Tendenzwidrigkeit zeigt *und* an jüdische Überlieferungen anknüpft bzw. typisch jüdische Problemfelder anspricht, ist das ein positives Indiz für eine mögliche Verankerung dieses Stoffes im Leben des historischen Jesus. Im Blick auf die Traditionen des Judentums ist also für einen historischen Jesusstoff zunächst einmal *Kontextplausibilität* (G. Theißen) zu fordern. Das Äußerste an „Abhebung" gegenüber dem Judentum ist erreicht, wenn eine gewisse Nuancierung gegenüber vergleichbaren jüdischen Traditionen festgestellt werden kann (*kontextuelle Individualität).*

Diese differenzierte Weiterführung des Unähnlichkeitskriteriums stellt dreierlei sicher: (1) Durch die Beleuchtung des christlichen Traditions*prozesses* steht die generelle Kohärenz zwischen einem Impuls Jesu und dessen Nachwirkung in den christlichen Gruppen außer Frage. (2) Durch die Forderung, dass ein Stoff, der für den historischen Jesus reklamiert werden soll, sich generell im jüdischen Lebens- und Denkhorizont verankern lassen muss, wird die religiöse und kulturelle Bodenhaftung Jesu ernst genommen. (3) Umgekehrt werden sowohl die besonderen Akzentsetzungen Jesu gewürdigt – als auch der kreative Umgang damit, wie er im christlichen Traditionsprozess sichtbar wird.

Jesusstoff	Kohärenz und Übereinstimmung	Inkohärenz und Nicht-Übereinstimmung
chr. Traditionsprozess Wirkungsplausibilität	wirkungsplausible Kohärenz	wirkungsplausible Tendenzwidrigkeit
jüdischer Kontext Kontextplausibilität	kontextuelle Korrespondenz	kontextuelle Individualität

🕮 G. THEISSEN/A. MERZ, Jesus* 96–122 (historisches Plausibilitätskriterium).

Bleibt die Anwendung des in dieser Weise modifizierten Unähnlichkeitskriteriums bei der Beleuchtung der christlichen Tradition zunächst auf eine einzige Traditionseinheit beschränkt, so setzt das Kohärenz- und das Konvergenzkriterium von vornherein und zusätzlich die Vermittlung mit dem Gesamt*wissen* von Jesu Leben und Lehre (das wiederum durch das Unähnlichkeitskriterium gewonnen ist) voraus, das Quellenkriterium der vielfachen Bezeugung dagegen eine Beurteilung innerhalb der Gesamt*überlieferung*.

2.3.2 Das Kohärenz- und das Konvergenzkriterium

Klassische Definition

In der Definition von Norman Perrin[13] lautet das Kohärenzkriterium folgendermaßen: „Stoffe aus der ältesten Überlieferungsschicht können als echt angenommen werden, wenn sich nachweisen lässt, dass sie mit den Stoffen zusammenhängen, die mit Hilfe des Kriteriums der Unähnlichkeit als echt erwiesen wurden."

Metaphorische Stoffe

In der praktischen Arbeit wird dieses Kriterium vornehmlich auf metaphorische Stoffe angewendet, auf Bildworte oder Gleichnisse bzw. Parabeln. Dabei erzählt die jeweilige Metapher einen oft geradezu belanglosen Sachverhalt, z. B. dass der Plünderer den Hauseigentümer zuerst fesseln muss, bevor er in aller Gemütsruhe die Hauseinrichtung ausrauben kann (vgl. Mk 3,27). Werden die jeweiligen Metaphern jedoch mit Sachpunkten in Beziehung gebracht, die aufgrund des Unähnlichkeitskriteriums für das Leben und die Lehre des historischen Jesus als sicher gelten, können sich darin gegebenenfalls typisch jesuanische Züge spiegeln. So kann z. B. das erwähnte Wort vom Plünderer mit der Überzeugung Jesu in Zusammenhang gebracht werden, dass der Satan beim endzeitlichen Himmelskampf besiegt (vgl. Lk 10,18)[14] und damit die Gottesherrschaft im Himmel bereits durchgesetzt ist. Nachdem – in apokalyptischen Bahnen gedacht – das zeitlich vorangehende himmlische Geschehen das irdische prädestiniert und aus diesem Grund *auch auf* der Erde Schritt für Schritt Platz greifen wird, ist das Ende der Dämonen auch auf Erden besiegelt und nur noch eine Frage der Zeit. In diesen Sachhorizont gestellt, kann das scheinbar banale Wort vom Plünderer ein rechtfertigendes Licht auf die offensichtlich umstrittenen Exorzismen Jesu werfen: Sie basieren nicht auf magischen Kräften oder auf einem Teufelsbündnis (vgl. die entsprechenden Vorwürfe in Mk

13 N. PERRIN, Was lehrte Jesus wirklich? Rekonstruktion und Deutung, Göttingen 1972, 37.

14 Dieses Wort wird als authentisch jesuanisch betrachtet.

3,22 und Q 11,15), sondern erklären sich als Auswirkung des bereits vollzogenen himmlischen Machtwechsels.

Wort und Tat

Eine spezielle Zuspitzung auf die Übereinstimmung von *Wort und Tat* erfährt das Kohärenzkriterium im so genannten *Konvergenzkriterium*.[15] Wenn eine *Wort*tradition, meistens handelt es sich auch in diesem Fall um metaphorische Aussagen, mit einem bestimmten *Verhalten* des historischen Jesus, wie es über das Unähnlichkeitskriterium eruiert werden konnte, übereinstimmt oder darauf Bezug nimmt, darf auch sie zum echten Jesusstoff gerechnet werden. Ein Beispiel: Die Aussage von Mk 2,17, dass Kranke den Arzt nötig haben und nicht Gesunde, ist eine Allerweltsweisheit. Wird diese Aussage jedoch mit dem über den historischen Jesus gesicherten Sachverhalt in Verbindung gebracht, dass er mit von der jüdischen Bevölkerung beargwöhnten Grenzgängern, z. B. den jüdischen Steuerpächtern, Gesellschaft pflegte (vgl. den Vorwurf in Q 7,34), dann kann dieses allgemein weisheitliche Bildwort als Rechtfertigung verstanden und in dieser Sinnrichtung für den historischen Jesus reklamiert werden. Genau genommen geht es also darum, ob ein Spruch in seiner pragmatischen Funktion sinnvoll auf ein (historisch sicheres) Verhalten Jesu bezogen werden kann.

Das Kohärenzkriterium und seine Zuspitzung im Konvergenzkriterium ist besonders hilfreich für metaphorische Aussagen auf der ältesten Traditionsebene. Lässt sich für eine metaphorische Einzeltradition innerhalb des (durch das Unähnlichkeitskriterium) gesicherten Gesamtrahmens von Jesu Leben und Wirken eine einleuchtende Sachanalogie finden, kann diese Rückbindung als Basis dafür genommen werden, für authentisches Jesusgut zu plädieren. Allerdings sollten weitere Indizien unterstützend hinzutreten (vgl. 2.3.4).

Zirkelschluss

Dass bei der Anwendung sowohl des Kohärenz- als auch des Konvergenzkriteriums die Gefahr eines Zirkelschlusses besteht, darf nicht verschwiegen werden. Denn beide Kriterien setzen ein rudimentäres Gesamtwissen um den historischen Jesus voraus. Diese Eckpunkte haben aber ihrerseits hypothetischen Charakter, denn sie sind durch Anwendung des Unähnlichkeitskriteriums auf die Jesustradition gewonnen. Auf der anderen Seite lässt sich ohne die Benennung von solchen „sicheren" Eckdaten – die ihrerseits natürlich generell der Falsifizierung unterliegen – nicht arbeiten. Zu diesen

Historische Eckdaten

15 Eingebracht von E. FUCHS, Jesus. Wort und Tat (VNT 1), Tübingen 1971, 1–9; als Kriterium in den Methodenapparat aufgenommen z. B. von F. MUSSNER, Methodologie der Frage nach dem historischen Jesus, in: K. Kertelge (Hrsg.), Rückfrage nach Jesus. Zur Methodik und Bedeutung der Frage nach dem historischen Jesus (QD 63), Freiburg i. Br. 1974, 118–147, hier 128.

Eckdaten, die in der gegenwärtigen Forschung auf breiter Basis anerkannt werden, gehören z. B. die Taufe Jesu durch Johannes (vgl. Mk 1,9–11; Mt 3,13-15; Lk 3,21f.), Jesu Vorstellung von der präsenten Gottesherrschaft, die sich u. a. in geglückten Dämonenaustreibungen Bahn bricht (Q 11,20), Jesu Wanderpredigerdasein (vgl. Q 14,26) sowie seine exorzistische Tätigkeit und seine Tischgemeinschaft mit gesellschaftlich marginalisierten Personen wie etwa den Zöllnern. Beides hat ihm entsprechende Vorwürfe eingetragen (vgl. Mk 2,16; Q 7,34), gegen die sich frühe christliche Gemeinden mit unterschiedlicher Taktik zur Wehr zu setzen versuchten. Wohlgemerkt: alle diese historischen Fixpunkte sind nur in christlichen Quellen überliefert. Das einzige Faktum, das auch außerchristliche Quellen bezeugen, ist die Kreuzigung Jesu durch Pontius Pilatus. Der entscheidende Satz beim römischen Historiker Tacitus (55–120 n. Chr.) lautet:

> Der Urheber dieses Namens (sc. Christen) ist Christus, der unter der Regierung des Tiberius auf Veranlassung von Pontius Pilatus hingerichtet worden ist (Ann XV 44,3).

M. Ebner, Der Mann aus Nazaret. Was können wir historisch von Jesus wissen?, in: BiHe 141 (2000) 6–11.

2.3.3 *Das Kriterium der vielfachen Bezeugung*

Genau besehen ist dieses Kriterium ein *Quellenwertkriterium*. Deshalb ist es der Anwendung der Rückfragekriterien vorauszuschalten. Als Faustregel gilt: Je häufiger in möglichst alten und voneinander unabhängigen Quellen bzw. Traditionsströmen eine Einzelüberlieferung festzumachen ist, desto größer wird die Chance, auf authentisches Jesusgut zu stoßen.

Evaluierung der Quellen

Das Analysefeld des Kriteriums der vielfachen Bezeugung ist die Gesamt*überlieferung* auf christlicher Seite. Seitenblicke auf das jüdische oder pagane Umfeld bleiben ausgespart. Es geht ausschließlich um die *Evaluierung* der christlichen Quellenlage im Blick auf eine bestimmte Überlieferungseinheit. Die Chance historischer „Zuverlässigkeit" wird unter Einbeziehung der gesamten frühchristlichen Tradition *technisch* geprüft: Als Erstes ist Ausschau zu halten, ob die zur Untersuchung anstehende Überlieferungseinheit noch in anderen frühchristlichen Traditionsströmen zu finden ist. Diese Traditionsströme werden dann unter zwei Gesichtspunkten evaluiert: nach ihrem Alter und ihrer gegenseitigen Unabhängigkeit.

Regel 1

Als erste Regel gilt: Lässt sich eine Tradition in *mehreren* alten, voneinander unabhängigen Quellen finden, so ist diese Tradition älter als die Quellen, die sie bezeugen. Die Quellen basieren auf einer gemeinsamen Erinnerung. Drei Beispiele für die Evaluierung: (1) Wenig besagt es, dass z. B. die Heilung der verdorrten Hand in drei Textzeugen belegt ist (Mt 12,9–14; Mk 3,1–6; Lk 6,6–11). Aufgrund der Zwei-Quellen-Theorie sind Mt und Lk von Mk abhängig. Vom Kriterium der vielfachen Bezeugung her beurteilt, liegt die genannte Tradition demnach nur in einer einzigen alten Quelle vor. (2) Ganz anders verhält es sich beim Spruch von der Lampe, einer synoptischen Dublette. Er findet sich im Markusevangelium (Mk 4,21 par Lk 8,16) und in der Spruchquelle (Q 11,33 = Mt 5,15 par Lk 11,33). Der Spruch wird also in zwei alten und voneinander unabhängigen Quellenschriften bezeugt. (3) Das Logion vom Verlassen des Ehepartners wird nicht nur durch die Spruchquelle (Q 16,18 = Mt 5,32 par Lk 16,18) und das Markusevangelium (Mk 10,11f. par Mt 19,9), sondern auch durch einen Paulusbrief bezeugt (1 Kor 7,10f.). In diesem seltenen Fall liegen also sogar drei alte, voneinander unabhängige Textbelege vor.

Regel 2

Die Wahrscheinlichkeit, auf jesuanisches Urgut zu stoßen, wird zusätzlich vergrößert, wenn der gleiche Stoff in *unterschiedlichen Gattungen* bezeugt ist, etwa der Umgang Jesu mit Ausgestoßenen und Zöllnern: als Vorwurf in Q 7,34 („Siehe, ein Freund von Zöllnern und Sündern!“), als Gleichnis in Q 15,4–7 (verlorenes Schaf) und als Apophthegma in Mk 2,15–17.

Das Kriterium von der vielfachen Bezeugung ist grundsätzlich *nicht inhaltlich* orientiert. Es analysiert weder das Traditions*gefälle* innerhalb einer größeren Traditionseinheit, noch bindet es die zur Untersuchung anstehende Überlieferung in den Gesamtrahmen des Lebens und Wirkens Jesu ein, wie es das Unähnlichkeitskriterium und die ihm zugeordneten Kriterien der Kohärenz bzw. Konvergenz verlangen. Das Kriterium der vielfachen Bezeugung dient also (a) der *Vorsondierung von Traditionen*, die im Blick auf den historischen Jesus untersucht werden sollen; (b) kann es dem Urteil, das aufgrund der Echtheitskriterien gefällt wurde, nachträglich zusätzliches Gewicht verleihen. Auf keinen Fall vermag das Kriterium der vielfachen Bezeugung die Echtheitskriterien zu ersetzen. Denn letztlich sagt eine vielfache Bezeugung einer Tradition in alten und voneinander unabhängigen Quellen nur aus: Den *frühchristlichen Gemeinden* war diese Tradition wichtig.

Keine „mathematische“ Anwendung

Für die praktische Anwendung bedeutet dies: Das Kriterium der vielfachen Bezeugung darf nicht als Echtheitskriterium eingesetzt werden. Weder besagt das *nur einmalige Vorkommen* einer bestimmten Tradition innerhalb der urchristlichen Quellenlandschaft, dass diese Tradition eo ipso nicht auf Jesus zurückgeht, noch besagt ein *häufiges Vorkommen* einer Tradition in den urchristlichen Quellen, also eine tatsächliche vielfache Bezeugung, dass diese Tradition authentisch jesuanisch ist.

Derart statistisch wird das Kriterium allerdings von John Dominic Crossan angewendet.[16] Seine Faustregel lautet: Für den historischen Jesus zu veranschlagen ist eine Tradition nur dann, wenn sie mindestens zweimal in alten und voneinander unabhängigen Quellen vorkommt. Dabei setzt Crossan frühchristliche Schriften, deren Alter und interne Schichtung in der Forschung noch äußerst umstritten sind, wie z. B. das Thomasevangelium oder gar das Hebräerevangelium, generell in die Klassifikation der ältesten Schriften, während das Markusevangelium in der Klassifikation der zweiten Schicht erscheint.

Allerdings trifft auch die häufig geforderte Ergänzungsqualifizierung, die zusätzlich zum Vorkommen in alten und voneinander unabhängigen Traditionsschichten auch noch *verschiedene Gattungen* verlangt,[17] nicht das Spezifikum dieses Kriteriums. Hinter der Forderung nach verschiedenen Gattungen versteckt sich de facto das, was durch das Kohärenzkriterium geleistet wird, nämlich metaphorische Stoffe (Gattung, Bildwort, Gleichnis, Parabel) mit ihren Sachbezügen zu koordinieren, die sich innerhalb des gesicherten Gesamtrahmens von Jesu Leben und Wirken finden.

C. M. TUCKETT, The Historical Jesus, Crossan and Methodology, in: Text und Geschichte (FS D. Lührmann) (MThSt 50), Marburg 1999, 257–279.

Als wirkliches Echtheitskriterium kann das Kriterium von der vielfachen Bezeugung nur zur *negativen Ausgrenzung* von bestimmten Traditionen eingesetzt werden. Wenn nämlich eine Tradition von einer anderen bereits abhängig ist, wie das für die synoptischen Stoffe zutrifft (vgl. Schwelle 1), so kann diese Tradition für den Rückfrageprozess von vornherein ausgeschaltet werden.

2.3.4 *Weitere Indizien*

Milieutreue

Weitere Indizien, die hinzutreten sollten, wenn eine Tradition aufgrund des Unähnlichkeitskriteriums oder des Kohärenz- bzw. Konvergenzkriteriums dem historischen Jesus zugeschrieben werden konnte, sind: Lokalkolorit bzw. Milieutreue und philologische Merkmale. Mit *Lokalkolorit bzw. Milieutreue* ist gemeint, dass sich in

16 J. D. CROSSAN, Jesus** 32–34.

17 So H. K. MCARTHUR, Basic Issues. A Survey of Recent Gospel Research, in: Interp. 18 (1964) 39–55, bes. 48: Bezeugung durch mehrfache Formen. Vgl. auch H.-J. KLAUCK, Allegorie* 154.

der jeweiligen Tradition etwas von der Lebenswelt Galiläas spiegelt: etwa die Welt der Fischer oder Gebräuche, wie sie nur aus dem orientalischen Milieu bekannt sind, z. B. dass Nachrichten von den Flachdächern ausgerufen werden (vgl. Q 12,3); oder dass von Lehmdächern erzählt wird, in die man mit bloßen Händen ein Loch bohren kann (vgl. Mk 2,4).[18] Wenn Mt 5,15 davon ausgeht, dass eine einzige Lampe das ganze Haus erhellen kann, setzt das die Vorstellung von einem Bauernhaus voraus, das aus einem einzigen Raum besteht. Insbesondere Gerd Theißen hat auf diesem Gebiet viele interessante Details zutage gefördert, z. B. dass das schwankende Schilfrohr, von dem in Q 7,24 erzählt wird, mit dem Emblem in Verbindung stehen könnte, das auf der ersten Münze zu sehen war, die König Herodes Antipas für seine Tetrarchie im Jahre 26 n. Chr. prägen ließ.

G. THEISSEN, Lokalkolorit** 26–44.

Philologische Merkmale

Mit *philologischen Merkmalen* sind Idiome oder grammatikalische Eigenheiten gemeint, die im Griechischen merkwürdig klingen und von den griechischen Sprachgewohnheiten her z. T. überhaupt nicht entschlüsselt werden können, in denen sich aber Eigentümlichkeiten vder semitischen Grammatik bzw. aramäische Sprachgepflogenheiten spiegeln, auf deren Hintergrund sich reizvolle Strukturen bzw. Sprachspiele erkennen lassen (vgl. Schwelle 4).

Zu beachten bleibt allerdings: Allein aufgrund dieser Indizien kann keinesfalls eine Entscheidung darüber gefällt werden, ob eine Überlieferungseinheit bzw. ein Motiv auf den historischen Jesus zurückgeht oder nicht. Diese Merkmale besagen lediglich, dass sich in den betreffenden Traditionen das Lebensmilieu spiegelt, in dem auch Jesus gelebt hat.

Die Kriterien der historischen Rückfrage

1. Unähnlichkeit
2. Kohärenz und Konvergenz
3. Vielfache Bezeugung
4. Milieutreue
5. Philologische Merkmale

18 Was bereits auf der Ebene des Markusevangeliums (vgl. Mk 2,4b und dann Lk 5,19) dahingehend verbessert wird, dass von einem mit Ziegeln gedeckten Dach gesprochen wird (vgl. § 4/3.1.1).

3 Demonstration an Mk 2,18–22

18a Und die Jünger (des) Johannes und die Pharisäer fasteten.
b Und sie kommen
c und sagen ihm:
d Weshalb fasten die Jünger (des) Johannes und die Jünger der Pharisäer,
e deine Jünger aber fasten nicht?
19a Und es sagte ihnen Jesus:
b Können etwa die Söhne des Brautgemachs,
c während der Bräutigam bei ihnen ist,
b' fasten?
d Solange Zeit sie den Bräutigam bei sich haben,
e können sie nicht fasten.
20a Es werden aber Tage kommen,
b wann von ihnen entrissen wurde der Bräutigam,
c und dann werden sie fasten
d an jenem Tag.
21a Niemand näht einen Flicklappen eines ungewalkten Stoffes auf einen alten Mantel,
b wenn aber doch, wegnimmt das Füllstück von ihm, das neue vom alten,
c und es entsteht ein schlimmerer Riss.
22a Und niemand wirft jungen Wein in alte Lederschläuche,
b wenn aber doch, zerreißen wird der Wein die Lederschläuche,
c und der Wein geht zugrunde und die Schläuche.
d Sondern jungen Wein in neue Schläuche.

Der Leiter der Seminarsitzung bereitet für die Szene Mk 2,18–22 ein Rollenbuch vor.

Regie:
Ich stelle vor: Sie sehen eine Gruppe von Pharisäern zusammen mit Johannesjüngern. Beide Gruppen fasten gerade. Sie sind auf dem Weg zu Jesus und seinen Jüngern.

Johannesjünger/Pharisäer:
Weshalb fasten die Jünger (des) Johannes und die Jünger der Pharisäer, deine Jünger aber fasten nicht?

Jesus:
Können etwa die Söhne des Brautgemachs, während der Bräutigam bei ihnen ist, fasten? Solange Zeit sie den Bräutigam bei sich haben, können sie nicht fasten. Es werden aber Tage kommen, wann von ihnen entrissen wurde der Bräutigam, und dann werden sie fasten an jenem Tag. Niemand näht einen Flicklappen eines ungewalkten Stoffes auf einen alten

Mantel, wenn aber doch, wegnimmt das Füllstück von ihm, das neue vom alten, und es entsteht ein schlimmerer Riss. Und niemand wirft jungen Wein in alte Lederschläuche, wenn aber doch, zerreißen wird der Wein die Lederschläuche, und der Wein geht zugrunde und die Schläuche. Sondern jungen Wein in neue Schläuche.

Die Studierenden, die als Schauspieler fungieren, prägen sich den Text zunächst gut ein und spielen die Szene dann vor. Ihr Spiel wird von einem Exegetenteam, das auf die Textgemäßheit achtet, und von einem Kommunikationsteam, das die Kommunikationsprozesse im Blick hat, beobachtet und begutachtet. Dabei sollen die Studierenden von selbst darauf stoßen, dass (a) die Fragesteller in V. 18d merkwürdigerweise von sich selbst in der 3. Person sprechen und (b) die Antwort Jesu nur zum geringsten Teil auf die gestellte Frage eingeht. Diese Aporien sollen auf die Literarkritik und die historische Schichtung bzw. Entwicklung des Textes als eine sich geradezu aufdrängende Lösung abzielen.

3.1 Literarkritik

Literarkritik von … V. 18

In diesem Fall wird die Literarkritik nicht nach den üblichen Kriterien geordnet durchgeführt, sondern folgt dem Textfluss. Zwischen der szenischen Einleitung in V. 18a mit der Vorstellung der Gegner und der Frage in V. 18d ergeben sich folgende Spannungen: Werden die in V. 18a genannten Johannesjünger und Pharisäer in V. 18b als Fragesteller gedacht, ist es merkwürdig, dass sie in V. 18d von sich selbst in der 3. Person sprechen.[19] Sind in V. 18b als Fragesteller andere, anonym gehaltene Personen gedacht, was sprachlich („Und *sie* kommen …") möglich ist, ergibt sich zwischen V. 18a und V. 18b ein Personen- und Szenenwechsel. Das sind deutliche Gründe für eine literarkritische Scheidung. V. 18a ist der markinischen Redaktionstätigkeit zuzuschreiben.[20] Markus schafft damit eine szenische Einleitung für die folgende Geschichte, baut speziell die Pharisäer als galiläische Gegnerfront Jesu auf (vgl. 3,6) und verwendet auch in die-

19 Eine Ungereimtheit, die sowohl Matthäus als auch Lukas aufgefallen ist und die beide zu verbessern versuchen: „Weshalb fasten *wir* …" (Mt 9,14); Lukas lässt die erneute szenische Einleitung von Mk 2,18a weg.

20 Mit der Abhebung von V. 18 sind zugleich weitere Ungereimtheiten behoben: (1) dass in V. 18a von Pharisäern, in V. 18d dagegen von den *Jüngern* der Pharisäer die Rede ist, die es so gar nicht gegeben hat; (2) dass V. 18a im Imperfekt steht, wogegen in V. 18b im historischen Präsens weitererzählt wird.

sem Fall die von ihm geliebte coniugatio periphrastica activa.[21] Historisch nicht zutreffend fügt er sie dann auch in V. 18d ein.

In der Antwort Jesu (V. 19–22) finden drei unterschiedliche Bildfelder Verwendung: Hochzeit (V. 19f.), Mantel (V. 21) und Lederschlauch (V. 22). Aufgrund des Bildwechsels und des unklaren Zusammenhangs mit dem Gesamtthema können wir die beiden Bildworte vom Mantel und vom Lederschlauch zunächst abkoppeln. V. 19–22

In den Versteilen 19b–c und 19d–e liegt untrüglich eine Doppelung vor: V. 19

19b	μὴ δύνανται	οἱ υἱοὶ τοῦ νυμφῶνος …		νηστεύειν
19e	οὐ δύνανται			νηστεύειν
19c	ἐν ᾧ	ὁ	νυμφίος	μετ᾽ αὐτῶν ἐστιν
19d	ὅσον χρόνον ἔχουσιν	τὸν	νυμφίον	μετ᾽ αὐτῶν

19b	nicht (etwa)	können	die Söhne des Brautgemachs …	fasten
19e	nicht	können	(sie)	fasten

19c	während	der	Bräutigam	bei ihnen ist
19d	solange Zeit sie haben	den	Bräutigam	bei sich

Beide Versteile benutzen exakt das gleiche Wortmaterial, ordnen die Gedankenfolge lediglich in umgekehrter Reihenfolge an, sodass eine chiastische Struktur entsteht. Der erste Versteil ist eine rhetorische Frage, der zweite führt die erwartete Antwort explizit aus, was rhetorisch gesehen zu einer Abundanz führt, unter literarkritischer Perspektive eine Doppelung ergibt. Eine inhaltliche Ungereimtheit entsteht in beiden Versteilen dadurch, dass die Anwesenheit des Bräutigams bei der Hochzeit als *Bedingung* für das Nicht-Fasten eigens hervorgehoben wird. Nachdem aber die Anwesenheit des Bräutigams bei einer Hochzeit selbstverständlich ist, ja geradezu die definitorische Voraussetzung für eine Hochzeitsfeier bildet, entsteht durch diese Klausel sachlich gesehen eine unnötige Tautologie. Während die Klausel von der Anwesenheit des Bräutigams für den Versteil 19d–e den gewichtigen Auftakt bildet, unterbricht sie im Versteil 19b–c den Satzfluss und wirkt wie eine zusätzlich eingefügte Parenthese.

War die Figur des Bräutigams in den beiden Versteilen 19b–c und 19d–e mit dem Hochzeitsbild tautologisch verknüpft, so sprengt in V. 20 das Motiv vom „Entreißen des Bräutigams" den Spielraum der Realien endgültig (Spannung). Von einer *Bräutigams*entführung V. 20

21 Wörtlich: „… waren fastend". Es handelt sich um die Eigentümlichkeit, die gewünschte Verbform mit Hilfe einer entsprechenden Form des Verbums „sein" zu bilden, obwohl diese Umschreibung nicht nötig wäre; vgl. auch Mk 1,22.33; 6,31.52; 10,32.

weiß der gesamte Orient nichts. Es ist die christliche Deutung des Todes Jesu, die zu dieser Redeweise vorstößt: Der Bräutigam ist Jesus.[22] Mit „Entreißen“ wird verhüllend von seinem Tod und seiner Entrückung gesprochen (vgl. § 9/3.2). Es ist das Interesse an dieser Sachaussage, das dem offensichtlich bereits vorliegenden Bild von der Hochzeit eine Vorstellung implantiert, die den Realien eigentlich widerspricht. Das Hochzeitsbild wird zum Transporteur für eine christologische Aussage: Mit dem Tod Jesu, der als Entrückung gedeutet wird, hat eine neue Periode begonnen.

Schließlich weist V. 20 in sich einen Widerspruch auf: V. 20a–b kündigt Tage (im Plural) an, an denen gefastet werden wird, und hat damit eine *Zeitperiode* vor Augen. In V. 20d jedoch wird abschließend von einem *bestimmten Tag* geredet, an dem gefastet werden wird. Diese zu V. 20a konkurrierende Zeitangabe klappt auch stilistisch nach.

In literarkritischer Perspektive kristallisieren sich also vier Schichten in der Antwort Jesu heraus. Sie seien abschließend inhaltlich charakterisiert:

1. Hochzeit und Fasten schließen sich generell aus. Hochzeitsgäste können nicht fasten: V. 19b–b'.
2. Die Entrückung des Bräutigams eröffnet eine *Periode* des Fastens: V. 20a–c. Diese Aussage wird vorbereitet, indem in V. 19c die tautologische Aussage von der Anwesenheit des Bräutigams als Klausel eingefügt wird.
3. Die Entrückung des Bräutigams eröffnet eine Periode, in der *an einem bestimmten Tag* gefastet wird: V. 20d.
4. Der Versteil 19d–e versucht, den Übergang zu 20 zu glätten. Er wird deshalb auf der sachlich spätesten Ebene, also der markinischen Redaktion angesiedelt.

22 Vgl. den selbstständigen Versuch in § 7.

ursprüngliche kleine Einheit (V. 19b–b')	1. vormk Einschub (V. 19c.20a–c)	2. vormk Einschub (V. 20d)	vermutlich von Markus (V. 19d–e)
19b Können etwa die Söhne des Brautgemachs			
	19c während der Bräutigam bei ihnen ist,		
19b' fasten?			
			19d Solange Zeit sie den Bräutigam bei sich haben, 19e können sie nicht fasten.
	20a Es werden aber Tage kommen, 20b wann von ihnen entrissen wurde der Bräutigam, 20c und dann werden sie fasten,	20d an jenem Tag.	

3.2 Gattungstypische Elemente abtragen

Der Text, der nach Abzug der sekundär in verschiedenen redaktionellen Stufen eingetragenen Elemente übrig bleibt, entspricht der Gattung nach einem Apophthegma. Es liegt folgender dreigestufter Aufbau vor: szenische Einleitung (V. 18b–c) - Frage (V. 18d–e) - Gegenfrage (V. 19a–b).[23]

18b Und sie kommen
c und sagen ihm:
d Weshalb fasten die Jünger (des) Johannes,
e deine Jünger aber fasten nicht?
19a Und es sagte ihnen Jesus:
b Können etwa die Söhne des Brautgemachs fasten?

Form und Stoff

Als „Sitz im Leben“ für die Apophthegmen wurde das Szenario der Abgrenzung und Identitätsfindung in urchristlichen Gemeinden eruiert. Im Gegenüber zu anderen jüdischen Gruppierungen suchen sie ihren eigenen Weg auf der Spur Jesu und begründen ihn mit Geschichten aus seinem Leben. Das heißt aber nicht, dass der erzählte

23 Die Gattung Apophthegma liegt auch für den Endtext Mk 2,18–22 vor. Ziel der Literarkritik war, die inhaltlich querstehenden Elemente, die den Gesprächsverlauf z. T. gequält erscheinen lassen, zu eliminieren und so eine hypothetische Geschichte des Textes zu schreiben, deren inhaltlicher Impetus im Methodenschritt „Überlieferungsgeschichte“ (§ 9) noch näher auszuführen sein wird.

Stoff damit automatisch nicht historisch ist. Im Gegenteil: Die Geschichten greifen ja nur dann, wenn prinzipiell auf historische Sachverhalte bzw. bekannte und anerkannte Daten aus dem Leben Jesu zurückgegriffen wird. Allerdings werden sie durch das Gattungsschema des Apophthegmas in Form gebracht, sodass für die Rückfrage generell nur der erzählte *Stoff* in Frage kommen kann; in unserem Fall wäre das die Begründung des Nichtfastens der Jesusjünger.

Organisch und anorganisch

Für die Apophthegmen steht uns allerdings noch eine weitere analytische Differenzierung zur Verfügung: die Unterscheidung von organischen und anorganischen Apophthegmen. Wenn der Schlusssatz für sich stehen kann und auch ohne die vorausgehende Szenerie verständlich bleibt, dann scheint hier ursprüngliches, älteres Traditionsgut verarbeitet zu sein. Liegt dieser Fall vor, dann wird die Rückfrage auf dieses Traditionselement angewendet. Das trifft auf unsere Erzählung zu: „Können etwa die Söhne des Brautgemachs fasten?“ ist eine in sich verständliche Aussage, die nicht auf die Erklärung durch die Szenerie von Mk 2,18 angewiesen ist.

Wir sind gut beraten, uns bei der Rückfrage auf dieses Element zu beschränken. Denn es ist auffällig, dass die Fragesteller in unserer Geschichte sich gar nicht für das Verhalten Jesu, sondern vielmehr für das seiner Jünger interessieren – und zwar im Gegenüber zu einer anderen Gruppe im Frühjudentum: „Weshalb fasten die Jünger (des) Johannes, deine Jünger aber fasten nicht?“ Genau diese Perspektive entspricht der typischen Gebrauchssituation, wie wir sie für den „Sitz im Leben“ von Apophthegmen eruiert haben (vgl. § 6/3.1). Das heißt aber: Mit einem offensichtlich bekannten Satz Jesu wird eine offene Frage beantwortet und damit eine bestimmte theologische Option *begründet*. Darin besteht das urchristliche Interesse am historischen Jesus. Wir aber wollen (im Zusammenhang mit der Rückfrage) wissen: Lässt sich ein bestimmter Satz oder ein bestimmtes Verhalten auf den historischen Jesus *zurückführen*? Also: Wir beschränken uns für die Rückfrage auf das Logion von den „Söhnen des Brautgemachs“ (Mk 2,19b).

3.3 Die Rückfrage

3.3.1 Die Schwierigkeit: ein Bildwort

Eine Alltagsweisheit

Die Frage: „Können Hochzeitsgäste fasten?“ provoziert als Antwort natürlich „Nein!“ und rekurriert damit auf eine Allerweltsweisheit: Wer zu einer Hochzeit eingeladen ist, bei der Speisen in Hülle und Fülle angeboten, nach Mt 22,4 sogar Mastochsen geschlachtet werden, der langt selbstverständlich kräftig zu – oder geht erst gar nicht hin. Vergleichbare Weisheitssprüche sind auch im Judentum überliefert (vgl. Sir 22,6). Bultmann verweist sogar auf einen indischen Spruch: „Wer isst am Divali-Tag Mehlsuppe?"[24] Das sind Alltagsregeln, die aber von sich aus darauf angelegt sind, auf andere Sachverhalte angewendet zu werden.[25] Hier ist der Ansatzpunkt für die methodisch geleitete Rückfrage: Das Wort von den Hochzeitsgästen könnte jedermann gesagt haben. Wenn es uns aber gelingt, zwischen diesem Logion und den gesicherten Daten über Jesu Wirken einen Sachbezug herzustellen (Kohärenzkriterium), dann erhält dieses Wort nicht nur eine spezifische Stoßrichtung und einen ganz spezifischen Sinn, sondern kann auch in dieser speziellen Relation mit den üblichen Rückfragekriterien überprüft werden.

3.3.2 Suche nach einer Sachreferenz

Kohärenzkriterium

Im Blick auf das semantische Feld des Essens bzw. der unvernünftigen Essensverweigerung, die mit dem Logion aufgerufen wird, kommen zunächst die Mähler Jesu als Sachreferenz in Frage. Zweierlei ist an den Mählern Jesu besonders und von seinen Zeitgenossen als auffällig gebrandmarkt worden: (1) Er isst mit den falschen Freunden, damit sind vor allem die Zöllner gemeint. (2) Jesus wird der Vorwurf gemacht, ein Fresser und Säufer zu sein.

Gesicherte Daten

Das erste ist uns breit und in unterschiedlichen Überlieferungsströmen überliefert (vielfache Bezeugung: Mk 2,15; Lk 15,1–3; Q 7,34). Auf diesen Sachverhalt lässt sich ohne Schwierigkeiten das Unähnlichkeitskriterium anwenden: Christlicherseits ist es, zumindest in bestimmten Strömungen, schon bald mit der Freundschaft zu den Zöllnern zu Ende (vgl. Mt 18,17). Auch jüdischerseits stehen die Zöllner durchweg in einem ungünstigen Licht (vgl. § 7/4.3). Der zweite Vorwurf: „Siehe, ein Fresser und Weinsäufer!" ist uns in der Logienquelle überliefert, und zwar kombiniert mit dem zuerst genannten Sachverhalt, der hier ebenfalls als Vorwurf formuliert ist (Q 7,34): „… ein Freund von Zöllnern und Sündern!" Auf diesen Doppelvorwurf, der den Helden der christlichen Überlieferung in einem schlechten Licht zeigt, trifft das allerhärteste Kriterium zu, das die historische Forschung bereits in der Aufklärung entwickelt hat: Wenn die Tradenten Nachteiliges über ihre eigene Leitfigur erzählen, dann stehen wir sicher auf dem Boden der Tatsachen.[26] Christli-

24 R. BULTMANN, Geschichte* 107 Anm. 1. Der Divali-Tag ist ein Festtag.
25 Vgl. Sir 22,6: Wie Musik zur Trauer ist eine Rede zur falschen Zeit.
26 Es war Hermann Samuel Reimarus (1694–1768), der in seiner „Vernunftlehre" (1766) folgendes Prinzip formuliert hat: „Wenn die erzählte Sache dem Zeugen

cherseits wird dieser Vorwurf zu entkräften versucht, indem man parallel dazu einen Vorwurf gegen den Täufer Johannes zitiert (Q 7,33f.):

> 33 Es kam Johannes, er aß nicht und trank nicht,
> und ihr sagt:
> Er hat einen Dämon!
> 34 Es kam der Menschensohn, er aß und trank,
> und ihr sagt:
> Siehe, ein Fresser und Weinsäufer,
> ein Freund von Zöllnern und Sündern![27]

Die Logik dieser Parallelisierung ist klar: Den Leuten kann man es nicht Recht machen. Ob man asketisch lebt oder nicht, immer wird es einem negativ ausgelegt.[28] Jüdischerseits ist der Vorwurf gegen Jesus sehr wohl denkbar (Kontextplausibilität) und verweist sozialgeschichtlich auf folgende Fakten: „Fresser und Säufer" ist ein geprägter Vorwurf gegen alle, die aus dem genormten Verhalten der kleinen Kommunen herausfallen: keine Vorräte für den Winter anlegen, schlecht mit ihren alten Eltern umgehen bzw. nicht für sie sorgen (Spr 23,19–22; Dtn 31,19–21). Genau das trifft auf Jesus zu: Er ist aus dem Arbeitsprozess ausgestiegen und zieht als Wanderprediger durchs Land; er kommt seiner Versorgungspflicht für die alten Eltern nicht nach; dafür setzt er sich mit den verhassten Zöllnern, die den kleinen Leuten nur das Geld aus der Tasche ziehen, an einen Tisch – und lässt sich durchhalten.

Alltagsweisheit und historisch sicheres Szenario

In diesen Gesamtrahmen, der auf historisch gesicherten Daten beruht, können wir unser Hochzeitslogion einzeichnen, und zwar als Infragestellung insbesondere des Vorwurfs gegen Jesus, ein Fresser und Weinsäufer zu sein. Das Hochzeitslogion besagt in dieser Relation nicht einfach: Wir greifen zu, wenn sich die Gelegenheit bietet. Damit wäre die Pointe des Wortes nicht getroffen. Denn sie besteht darin, dass von einem *Fest* ausgegangen wird, bei dem man kräftig zulangen muss. Der offizielle Festcharakter ist jedoch bei den

---

selbst, oder denen, welchen er wohl will, zu Unehre, Schaden und Unlust gereichen, oder denen, welchen er abgeneigt ist, Ehre, Vortheil oder Lust bringen kann: so ist es ein Zeichen seiner Aufrichtigkeit."

27 Rekonstruktion nach P. HOFFMANN/C. HEIL, Spruchquelle* 51.

28 Aus diesem Grund ist es auch kaum denkbar, dass Leute von außen zu Jesus kommen und ihn fragen, warum die Johannesjünger fasten und seine Leute nicht: Diese Frage setzt voraus, dass das Fasten des Johannes und seiner Jünger als etwas Wertvolles betrachtet wird. Bei der normalen Bevölkerung Palästinas war das aber offensichtlich nicht der Fall. Deshalb setzt die Fragehaltung von Mk 2,18 eigentlich Leute voraus, die zu Johannes ein positives Verhältnis haben und dessen Praxis sich auch innerhalb der Jesusgemeinschaft wünschen.

Alltagsgelagen Jesu nicht ersichtlich[29] – es sei denn, man versteht „Hochzeit" gut jüdisch als Metapher für das große endzeitliche Fest, für das in Jes 25,6 die besten Weine und Speisen versprochen werden und das als eine große Hochzeit gedacht wird (Jes 62,5). Dann besagt die scheinbare Allerweltsweisheit von den Hochzeitsgästen, die nicht fasten können: Nachdem das große Fest bereits begonnen hat, können wir doch nicht trübe Gesichter machen, sondern müssen zugreifen und mitfeiern. Was in den Augen der galiläischen Bevölkerung als Faulenzer- und Schlemmertum verschrieen wird, beleuchtet das Hochzeitslogion als vernünftiges Tun all derer, die bereits das Fest der Gottesherrschaft nach Herzenslust feiern.

Der argumentative Sachpunkt der Alltagsweisheit

So verstanden und in diesen Kontext eingezeichnet, liegt die sachliche Pointe des Hochzeitslogions darin, dass von der bereits gegenwärtigen Gottesherrschaft ausgegangen wird – mit all den Konsequenzen gerade hinsichtlich der Erfüllung der Verheißungen, wie sie etwa bei den Propheten zu finden sind. Dieser Sachpunkt kann nun den anderen Rückfragekriterien unterstellt werden.

3.3.3 Rückfragekriterien

Unähnlichkeitskriterium

Es ist gerade Mk 2,20, also ein späterer kommentierender Zusatz zu unserem Hochzeitslogion (vgl. 3.1), der das Hauptargument für eine eigene christliche Fastenperiode darin sieht, dass die Heilszeit unterbrochen worden ist – und zwar durch das Entreißen, also den Tod des Bräutigams. Deshalb ist Fasten angesagt: „Es werden aber Tage kommen, wann von ihnen entrissen wurde der Bräutigam, und dann werden sie fasten." Dass die Heilszeit erneut und endgültig anbrechen wird, wenn Jesus *wieder* erscheint, ist ein Szenario, das etwa innerhalb der apokalyptischen Rede in Mk 13,24–26 mit der Schilderung der Ankunft des Menschensohnes breit ausgemalt wird. Die Überzeugung des Hochzeitslogions, dass die Heilszeit bereits angebrochen ist und sich in ausgelassenen Feiern Ausdruck verschafft, wird im christlichen Traditionsprozess nicht durchgehalten, sondern speziell der Phase des Wirkens Jesu zugeschrieben. Die Zeit der Gemeinde – nach Jesu Tod – wird davon abgesetzt. Darin zeigt sich zum einen Tendenzwidrigkeit, auf der anderen Seite wirkungsplausible Kohärenz. Die Überzeugung Jesu von der gegenwärtigen Gottesherrschaft wird rückblickend bestätigt, aber im Rahmen der vorgegebenen Metaphorik des Hochzeitsfestes verändert aufgegriffen: Die Anwesenheit des Bräutigams wird zum Kriterium für die Gegenwart der Gottesherrschaft. Und das kann nach

29 Sonst wäre der Vorwurf nicht möglich.

Jesu Tod allenfalls für die Zukunft erwartet werden. Dieser Shift von der offensichtlich typisch jesuanischen Überzeugung, dass die Gottesherrschaft bereits (ganz unspektakulär) begonnen hat, hin zur Erwartung der Gottesherrschaft am Ende der Zeit (unter Begleitung kosmischer Ereignisse), kennzeichnet weite Strecken der christlichen Überlieferung. Außer der bereits erwähnten „kleinen Apokalypse“ in Mk 13 ist dafür der bedeutendste Textzeuge das Buch der Offenbarung (vgl. bes. Offb 20f.).

Im religiösen Vorstellungsrahmen des Frühjudentums ist es grundsätzlich möglich, von der endzeitlich erwarteten Gottesherrschaft als einer gegenwärtig erfahrbaren Größe zu sprechen. Das ist insbesondere in den *Sabbatliedern aus Qumran* (s. Aktuelles Lexikon) der Fall (kontextuelle Korrespondenz). Während die Gegenwartsaussagen hier aber an den Eintritt in die Gemeinde bzw. an den Vollzug des Kultes gebunden sind, bezieht sich das Hochzeitslogion auf die alltägliche Lebenswelt des Wanderpredigers und seiner Leute, die mit ihm ziehen, in unserem Fall konkret auf die glücklichen Zufälle, wenn sie an gedeckte Tische geladen werden (kontextuelle Individualität). Damit kann das Hochzeitslogion in der angedeuteten Verankerung dem historischen Jesus zugeschrieben werden. Es entspricht seinen Lebensverhältnissen und seinem Überzeugungsraster und fungiert als Rechtfertigung seiner Lebensweise, die ihrerseits Ausdruck seiner Grundüberzeugung ist, dass die Gottesherrschaft sich bereits realisiert.

Vielfache Bezeugung

Mit der Überzeugung, dass die Gottesherrschaft bereits präsent erfahrbar ist, steht das Hochzeitslogion innerhalb der synoptischen Überlieferung durchaus nicht allein in der Landschaft. Nicht nur eine Reihe weiterer Gleichnisse in den beiden ältesten Quellen (1. Regel: voneinander unabhängige Traditionen) wollen explizit auf diesen Sachverhalt bezogen sein, sondern es lassen sich auch einige Logien anführen, darunter zwei Seligpreisungen, die genau die gleiche Überzeugung teilen (2. Regel: Gattungsvarianz). Es sind dies z. B. der Spruch Q 11,20, der die gelungene Austreibung der Dämonen als Angekommensein der Gottesherrschaft interpretiert, die erste Seligpreisung in Q 6,20, die davon spricht, dass die Gottesherrschaft den Armen (jetzt schon) gehört, sowie die Seligpreisung all derjenigen, die mit ihren eigenen Augen und Ohren schon jetzt das sehen und hören dürfen, was eigentlich erst für das Ende der Zeit erwartet wird (Q 10,23f.). Zu den Gleichnissen, die in agrarischen Bildern von der bereits gegenwärtigen Auswirkung der Gottesherrschaft zu überzeugen versuchen, auch wenn die Anfänge noch so klein sind, gehören z. B. das Gleichnis vom Sämann (Mk 4,3–8), vom

Sabbatlieder aus Qumran

Im Jahr 1985 wurde die gelehrte Welt Zeuge einer wissenschaftlichen Meisterleistung. *Carol Newsom* war es gelungen, aus über 200, z. T. nur Wortreste bergenden Fragmenten einen Zyklus von 13 Liedern zu rekonstruieren, die offenbar für die ersten 13 Sabbate des Jahres bestimmt waren (daher: *Sabbatlieder*, Abkürzung: ShirShab). Die Fragmente stammen mehrheitlich aus der Höhle 4 in Qumran, in der insgesamt acht Exemplare dieses Liederzyklus untergebracht worden waren (4Q 400–407). Je ein weiteres Exemplar konnte in Höhle 11 (11Q 17) und in Masada (MasShirShab) geborgen werden. Aus paläographischen Gründen können die Lieder nicht später als Anfang des 1. Jh. v. Chr. verfasst worden sein; möglich bleibt aber auch vorqumranischer Ursprung. Auf jeden Fall standen sie in Qumran hoch im Kurs, wie die doch beträchtliche Anzahl der gefundenen Kopien zeigt.

Die Lieder beginnen stets mit einem „Header", der den Termin für das betreffende Lied festlegt („Für den Maskil: Lied des Brandopfers des siebten Sabbats am 16. des Monats"), gefolgt von einer an die himmlischen Scharen adressierten Aufforderung zum Lobpreis Gottes. Im eigentlichen Liedkorpus variieren die Texte dann, die Beschreibung des himmlischen Lobpreises, des himmlischen Tempels und der himmlischen Priesterschaft kehren aber regelmäßig wieder. Innerhalb des Zyklus stellt das 7. Lied mit seinen sieben Aufforderungen an die sieben himmlischen Ratsversammlungen zum Lobpreis Gottes und dem Bericht über den Lobpreis des lebendig vorgestellten himmlischen Tempels eine Art Höhe- und Wendepunkt dar; es ist gerahmt durch die Aufzählung der Loblieder und Segenshandlungen der sieben Engelsfürsten und ihrer „deputies" (6./8. Lied). Besondere Beachtung verdient auch das 12. Lied mit seiner ausführlichen Beschreibung des göttlichen Thronwagens, der *merkabah* (vgl. Ez 1,20). Damit stehen die Sabbatlieder nicht nur in nächster Nähe zu äthHen 14 und TestLevi, sondern auch zur späteren Hekhalotliteratur und der mittelalterlichen Merkabahmystik. Vermutungen im Blick auf eine in Qumran geübte „mystische Praxis" bleiben dennoch spekulativ; es genügt, dass die Lieder als liturgische Agende im Gemeindegottesdienst zur Anwendung kamen.

C. NEWSOM, Songs of the Sabbath Sacrifice. A Critical Edition (Harvard Semitic Studies 27), Atlanta (GA) 1985. – A. M. SCHWEMER, Gott als König und seine Königsherrschaft in den Sabbatliedern aus Qumran, in: M.

Hengel/A. M. Schwemer (Hrsg.), Königsherrschaft Gottes und himmlischer Kult im Judentum, Urchristentum und in der hellenistischen Welt (WUNT 55), Tübingen 1991, 45–118.

Senfkorn (Mk 4,30–32 vgl. Q 13,18f.) und vom Sauerteig (Q 13,20f.). Schließlich geht das Bildwort vom Starken in Mk 3,27 davon aus, dass der himmlische Endkampf, der nach apokalyptischen Vorstellungen im Blick auf die endgültige Durchsetzung der Gottesherrschaft den Ausschlag gibt (vgl. Offb 12,10), bereits positiv entschieden ist und seine ersten Auswirkungen auf Erden u. a. darin zeigt, dass die Dämonen, die Menschen im Bann halten, weichen müssen.

📖 A. LINDEMANN, Art. Herrschaft Gottes/Reich Gottes IV. Neues Testament und spätantikes Judentum, in: TRE XV (1986) 196–218. – G. VANONI/B. HEININGER, Das Reich Gottes. Perspektiven des Alten und Neuen Testaments (Die Neue Echter Bibel. Themen 4), Würzburg 2002, 75–96.124–126.

Philologische Merkmale

Im Rahmen der Rückführung des Hochzeitslogions auf den historischen Jesus kann schließlich ein sprachliches Indiz eingebracht werden, das auf ein semitisches Substrat verweist: Der Ausdruck „Söhne des Brautgemachs" lässt sich im griechischen Sprach- und Kulturraum nicht entschlüsseln. Dagegen ist er als wörtliche Übersetzung eines hebräischen Idioms leicht zu verstehen: Als „Söhne des Brautgemachs" werden gewöhnlich die Gäste bei der Hochzeit oder auch die Freunde des Bräutigams bezeichnet.[30] In unserem Fall liegt also Übersetzungsgriechisch vor; das im Griechischen unübliche Idiom weist auf ein Logion zurück, das im aramäischen Sprach- und Kulturbereich verankert ist (vgl. Schwelle 4).

Aufgrund dieser Überlegungen kann das Hochzeitslogion im beschriebenen Sachbezug für den historischen Jesus veranschlagt werden. Jesus beleuchtet damit seine beargwöhnte Lebensweise, die im Vorwurf „Siehe, ein Fresser und Säufer!" gipfelt, als adäquate Reaktion auf die bereits angebrochene Gottesherrschaft: Geradezu vorbildhaft nimmt er bereits am traditionell erwarteten Festgelage teil.

📖 U. MELL, „Neuer Wein (gehört) in neue Schläuche" (Mk 2,22c). Zur Überlieferung und Theologie von Mk 2,18–22, in: ThZ 52 (1996) 1–31.

30 Vgl. Bill. I 500. Die jüdischen Parallelen aus Mischna und Talmud (s. Aktuelles Lexikon „Mischna") zum Neuen Testament, die in diesem grandiosen Werk aus den 20er Jahren des 20. Jh. von Paul Billerbeck zusammengestellt worden sind (vgl. § 7/7.3.7), liegen zeitlich durchweg viel zu spät (2.–5. Jh.). Die Sachinformationen bleiben aber interessant, solange keine Abhängigkeitsverhältnisse postuliert werden; insbesondere hilfreich sind – wie in unserem Fall – die sprachlichen Indizien.

4 *Theologischer Ertrag*

Wer das mühsame Geschäft der Rückfrage betreibt, wird oft genug stöhnen. Selbst bei bester Vertrautheit mit der Sache bleiben Einzelentscheidungen unsicher, manchmal ganz einfach deswegen, weil wir über Jesus selbst und die konkreten historischen Gegebenheiten in seiner Heimat viel zu wenig Informationen besitzen. Manchmal beschleicht selbst den um Objektivität bemühten Forscher der Verdacht, dass er am Ende nur sein Wunschbild von Jesus rekonstruiert. Das alles stimmt. Aber: Wer sich auf den Weg der Rückfrage begibt, bekundet eine eindeutige theologische Option. Er beharrt darauf: Hinter dem Christus des Glaubens steht ein Mensch mit Fleisch und Blut. Hinter aller Traditionsbildung steckt jesuanisches Urgestein. Hinter den vielen Deutungen lässt sich ein inhaltlicher Anfangsimpuls festmachen. Mit einem Wort: Christentum ist kein Mythos, sondern eine historisch gewachsene Religion, in deren Zentrum jener Mann aus Nazaret steht, der in der ersten Hälfte des 1. Jh. in Galiläa für Aufsehen gesorgt und dessen Kreuzigung die Frage aufgeworfen hat, ob man ihm denn wirklich trauen kann.

Die historische Rückfrage stellt ein auch für Nichtchristen nachvollziehbares Verfahren bereit, um diese historischen Anfangsimpulse im Strom der Tradition auszusondieren, ohne naiv behaupten zu müssen, alles habe sich genau so abgespielt, wie die Evangelien es erzählen.

Und das Verfahren ist nicht aussichtslos. Es entstehen Konturen eines Menschen, der in vielen Dingen zwar die Grundüberzeugungen seiner Zeit teilt, sich aber in durchaus eigenwilligen Zügen und Verhaltensweisen auch deutlich davon abhebt. Die historische Rückfrage gibt sich also mit dem Bultmannschen „Dass des Gekommenseins Jesu“ nicht zufrieden, sondern fragt nach dem *Wie*. Dadurch wird Jesus (a) im Kontext seiner Zeit und in Interaktion mit seinen Zeitgenossen gesehen sowie gleichzeitig (b) eine Anfrage an die „Linientreue“ seiner Nachfolger gestellt. Konkretisieren wir beides an den Erkenntnissen zur Fastenfrage.

(a) Jesus ist nicht unumstritten. Dass er Festgelage feiert und sich mit Menschen an einen Tisch setzt, die andere meiden, erregt Anstoß. Er muss sich für sein Verhalten rechtfertigen: „Können Hochzeitsgäste fasten?“ Nur wer Jesus glaubt, dass Gottes neue Welt schon begonnen hat, kann sich mit ihm und den obskuren Zöllnern fröhlich an den gleichen Tisch setzen. Nur wer Jesu Grundüberzeugung teilt, versteht auch sein Verhalten. Nur wer ihm glaubt, dass die große Wende bereits geschehen ist, obwohl sich rein äußerlich nichts in der Welt verändert hat, kann sich auf seine Praxis einlassen. Und es war bei Jesus offensichtlich diese veränderte Lebenspraxis, die viele zwar den Rücken kehren ließ, manche aber angezogen und angesteckt hat. Die historische Rückfrage legt diese Interaktionen frei. An Jesus scheiden sich von Anfang an die Geister.

(b) Historische Rückfrage bedeutet auf der anderen Seite auch eine ständige Selbstvergewisserung derer, die den festen Willen haben, Jesus zu folgen. Sie besteht in der Frage: Sind wir wirklich „linientreu"? Bekennen wir nicht nur Jesus als unseren „Herrn", sondern nehmen wir ernst, dass dieser „Herr" als Mensch einen bestimmten Lebensstil geprägt und ein bestimmtes Gottesverhältnis praktiziert hat. Wiederum konkretisiert mit den Ergebnissen zur Fastenfrage: Steht im Zentrum christlichen Lebens das Vertrauen auf Gott - und zwar in dem Sinn, dass Gott die entscheidenden Weichen bereits gestellt hat? Setzt dieses Vertrauen eine neue, an Jesus orientierte integrierende Praxis frei, die aufhorchen lässt?

So viel sollte deutlich geworden sein: Historische Rückfrage unterzieht, je absichtsloser sie betrieben wird, die eigene Glaubenspraxis einer scharfen Kontrolle und konfrontiert mit denjenigen Seiten Jesu, die nicht erst seine Nachfolgerinnen und Nachfolger in späteren Jahrhunderten gerne ausgeblendet haben, sondern die von Anfang an die Trampelpfade der Bürgerlichkeit durchkreuzt haben.

5 Selbstständiger Versuch

Aufgabe 22

Führen Sie die historische Rückfrage nach Jesus für den Text Mk 2,1–12 durch!

Orientieren Sie sich an den unter Punkt 2 in diesem Paragraphen angegebenen Arbeitsschritten! Es gibt bereits Vorarbeiten: Die Literarkritik an Mk 2,1–12 wurde beispielhaft in § 4/3 durchgeführt, die Gattungsanalyse in Aufgabe 16 (S. 207). Dort wurde als Ergebnis festgehalten, dass der Zuspruch der Sündenvergebung in Vers 5c im normalen Gattungsmuster der Wundergeschichte nicht unterzubringen ist. Dieses Element, der Zuspruch der Sündenvergebung durch Jesus in einem galiläischen Haus, ist den Rückfragekriterien zu unterwerfen.

Vergleichstexte für das Unähnlichkeitskriterium: Lev 4f. (Sühnerituale), besonders Lev 4,26.35; 5,6.10.13.18.26; 2 Sam 12,13; Mich 7,19; Jer 31,31–34 (vgl. § 7/4.5)

Aufgabe 23

Führen Sie die historische Rückfrage für die Parabel vom Sämann (Mk 4,3–8) durch!

Auch in diesem Fall können Sie auf Vorarbeiten zurückgreifen: zur Literarkritik vgl. Aufgabe 13 (S. 181), zur Gattungskritik Aufgabe 17 (S.207).

Wir haben einen metaphorischen Text vorliegen. In diesem Fall ist das Kohärenzkriterium anzuwenden – und zwar im Blick auf den sachlichen Referenzpunkt der Parabel, der im Blick auf die Pointe der erzählten Geschichte ermittelt werden muss: Dem ungeheuren Misserfolg bei der Aussaat steht ein überwältigender Ertrag gegenüber, der kaum noch erwartet werden konnte, aber tatsächlich bereits vorhanden ist (V. 8!). Als sachlicher Referenzpunkt legt sich die Ausbreitung der Gottesherrschaft nahe (vgl. § 8/3.3.3).

A. Lindemann, Art. Herrschaft Gottes/Reich Gottes IV. Neues Testament und spätantikes Judentum, in: TRE XV (1986) 196–218.

6 Literaturhinweise

6.1 Zur Methodik der Rückfrage

F. Hahn, Methodische Überlegungen zur Rückfrage nach Jesus, in: K. Kertelge (Hrsg.), Rückfrage nach Jesus. Zur Methodik und Bedeutung der Frage nach dem historischen Jesus (QD 63), Freiburg i. Br. 1974, 11–77.

O. Schwankl, Die Sadduzäerfrage (Mk 12,18–27 parr). Eine exegetisch-theologische Studie zur Auferstehungserwartung (BBB 66), Frankfurt a. M. 1987.

G. Theissen/D. Winter, Die Kriterienfrage in der Jesusforschung. Vom Differenzkriterium zum Plausibilitätskriterium (NTOA 34), Freiburg (Schweiz)/Göttingen 1997.

6.2 Exemplarische Durchführung

B. Chilton/C. A. Evans (Hrsg.), Authenticating the Words of Jesus (NTTS 28,1), Leiden 1999.

–, Authenticating the Activities of Jesus (NTTS 28,2), Leiden 1999.

M. Ebner, Jesus – ein Weisheitslehrer? Synoptische Weisheitslogien im Traditionsprozeß (Herders biblische Studien 15), Freiburg i. Br. 1998.

A. J. Mayer-Haas, „Geschenk aus Gottes Schatzkammer" (bSchab 10b). Jesus und der Sabbat im Spiegel der neutestamentlichen Schriften (NTA NF 43), Münster 2003.

M. Trautmann, Zeichenhafte Handlungen Jesu. Ein Beitrag zur Frage nach dem geschichtlichen Jesus (FzB 37), Würzburg 1980.

6.3 Reflexion und kritische Rückfragen

K. BERGER, Kriterien für echte Jesusworte?, in: Zeitschrift für Neues Testament 1,1 (1998) 52–58.

L. GASTON, The Uniqueness of Jesus as a Methodological Problem, in: Origins and Method. Towards a New Understanding of Judaism and Christianity (FS J. C. Hurd) (JSNT.S 86), Sheffield 1993, 271–281.

R. HEILIGENTHAL, Echte Jesusworte? Eine Einführung zur Kontroverse Klaus Berger versus Walter Schmithals, in: Zeitschrift für Neues Testament 1,1 (1998) 48f.

E. P. SANDERS, The Question of the Uniqueness in the Teaching of Jesus, London 1990.

W. SCHMITHALS, Gibt es Kriterien für die Bestimmung echter Jesusworte?, in: Zeitschrift für Neues Testament 1,1 (1998) 59–64.

G. THEISSEN/A. MERZ, Der umstrittene historische Jesus. Oder: Wie historisch ist der historische Jesus?, in: S. M. Daecke/P. R. Sahm (Hrsg.), Jesus von Nazareth und das Christentum. Braucht die pluralistische Gesellschaft ein neues Jesusbild? Neukirchen-Vluyn 2000, 171–193.

6.4 Konstruktive Gesamtdarstellungen

6.4.1 Gediegenste Jesusforschung in erzählender Form

G. THEISSEN, Der Schatten des Galliläers. Historische Jesusforschung in erzählender Form, München [17]2004.

6.4.2 Thematische Zeitschriftenbände

Bibel heute 141 (2000): Themenheft „Der historische Jesus".

Welt und Umwelt der Bibel 10 (1998/4): Themenheft „Jesus. Quellen, Gerüchte, Fakten".

6.4.3 Kompakte Übersichten

C. BURCHARD, Jesus von Nazareth, in: J. Becker u. a. (Hrsg.), Die Anfänge des Christentums. Alte Welt und neue Hoffnung, Stuttgart 1987, 12–58.

M. EBNER, Jesus von Nazaret in seiner Zeit. Sozialgeschichtliche Zugänge (SBS 196), Stuttgart [2]2004.

R. HOPPE, Jesus. Von der Krippe an den Galgen, Stuttgart 1996.

J. ROLOFF, Jesus (bsr 2142), München [3]2004.

D. SÖLLE/L. SCHOTTROFF, Jesus von Nazaret (dtv 31026), München 2000.

6.4.4 Ausführliche Gesamtdarstellungen

J. BECKER, Jesus von Nazaret, Berlin 1996.

J. D. CROSSAN, Der historische Jesus (Übers. P. Hahlbrock), München [2]1995.

J. GNILKA, Jesus von Nazaret. Botschaft und Geschichte (HThK.S 3), Freiburg i. Br. 1990.

J. P. MEIER, A Marginal Jew. Rethinking the Historical Jesus (Anchor Bible Reference Library), Bd. 1–3, New York (NY) 1991–2001.

L. SCHENKE u. a. (Hrsg.), Jesus von Nazaret - Spuren und Konturen, Stuttgart 2004.
G. THEISSEN/A. MERZ, Der historische Jesus. Ein Lehrbuch, Göttingen ³2001.

6.4.5 Spezialfragen zum Lokalkolorit

J. A. FITZMYER, The Languages of Palestine in the First Century A. D., in: CBQ 32 (1970) 501–531.
S. FREYNE, Galilee and Gospel. Collected Essays (WUNT 125), Tübingen 2000.
R. HOPPE, Galiläa als kultureller und religiöser Lebenskontext Jesu, in: Liebe, Macht und Religion. Interdisziplinäre Studien zu Grunddimensionen menschlicher Existenz (FS H. Merklein), Stuttgart 2003, 185–198.
P. W. VAN DER HORST, Ancient Jewish Epitaphs (Contributions to Biblical Exegesis and Theology 2), Kampen 1991.
E. M. MEYERS, Jesus und seine galiläische Lebenswelt, in: Zeitschrift für Neues Testament 1,1 (1998) 27–39.
E. M. MEYERS (Hrsg.), Galilee through the Centuries. Confluence of Cultures (Duke Judaic Studies Series 1), Winona Lake (IN) 1999.
J. L. REED, Archaeology and the Galilean Jesus. A Re-Examination of the Evidence, Harrisburg (PA) 2000.
H. B. ROSÉN, Die Sprachsituation im römischen Palästina, in: G. Neumann/J. Untermann (Hrsg.), Die Sprachen im Römischen Reich der Kaiserzeit. Kolloquium vom 8. bis 10. April 1974 (BoJ.B 40), Bonn 1980, 215–239.
G. THEISSEN, Lokalkolorit und Zeitgeschichte in den Evangelien. Ein Beitrag zur Geschichte der synoptischen Tradition (NTOA 8), Freiburg (Schweiz)/Göttingen ²1992.

§ 9 Die Gemeinde am Werk: Überlieferungsgeschichte

1 Annäherung an die Methode

Wer einmal von den exegetischen Methoden infiziert ist, wird sie auch im Alltag anwenden – und daraus Nutzen ziehen. Nicht nur die (versteckte) Leserlenkung eines Gebrauchstextes wird durchsichtiger, sondern auch Unstimmigkeiten, über die man beim ersten Lesen die Stirn runzelt, können aufgeklärt werden. Sie müssen nicht unbedingt auf eine konzeptionelle Fehlleistung des Autors zurückgehen, sondern können noch etwas über die Entstehungsgeschichte eines Textes verraten. So z. B. beim bekannten Kirchenlied „Ein Haus voll Glorie schauet" (GL 639). Wer alle fünf Strophen des Liedes singt – und sie beim Singen methodisch analysiert –, dem fällt auf, dass hier unterschiedliche, ja konträre Bilder von Kirche gezeichnet werden:

Ein Kirchenlied

1. Ein Haus voll Glorie schauet weit über alle Land,
   aus ewgem Stein erbauet von Gottes Meisterhand.
   Gott, wir loben dich, Gott, wir preisen dich.
   O laß im Hause dein uns all geborgen sein.

2. Auf Zion hoch gegründet steht Gottes heilge Stadt,
   daß sie der Welt verkündet, was Gott gesprochen hat …

3. Die Kirche ist erbauet auf Jesus Christ allein.
   Wenn sie auf ihn nur schauet, wird sie im Frieden sein …

4. Seht Gottes Zelt auf Erden! Verborgen ist er da;
   in menschlichen Gebärden bleibt er den Menschen nah …

5. Sein wandernd Volk will leiten der Herr in dieser Zeit;
   er hält am Ziel der Zeiten dort ihm sein Haus bereit …

Unstimmigkeiten

Nach der ersten Strophe ist die Kirche ein prachtvolles Haus, weithin sichtbar, aus unverwüstlichem Material für ewige Zeiten von Gott selbst gebaut: Dorthin flüchten sich die Menschen, dort fühlen sie sich geborgen. Nach Strophe 5 dagegen ist das Gottesvolk auf Wanderschaft durch die Zeit. Es wird von Gott selbst geführt, der allerdings erst am Ziel der Zeiten ein Haus für sein Volk bereit hält. Bis dorthin ist er nach Strophe 4 in einem Zelt mitten unter seinem Volk unsichtbar anwesend und wird in menschlichen Gebärden erfahrbar. Auch die beiden vorausgehenden Strophen wollen nicht so recht zum „steinernen Haus" der Kirche in Strophe 1 passen: Nach Strophe 2 ist die Kirche gar kein Haus, sondern eine Stadt. Ziel ihrer Bewohner ist nicht der Rückzug in eine geschützte Zone, sondern die Kommunikation mit der Welt. Gemäß Strophe 3 hat die Kirche ein geistiges Fundament, den Glauben an Christus. Das ist der entscheidende „Standort", an dem sie sich orientieren muss, wenn sie „in Frieden" sein will.

Ein schneller Blick auf die Kurzinformationen zum Lied, die das Gotteslob im Kleindruck bietet, bestätigt unseren Verdacht: Die erste Strophe des Liedes hat Joseph Mohr 1876 gedichtet. Die Strophen 2–5 stammen von zweiter Hand, von Hans W. Marx. Sie sind knapp 100 Jahre später entstanden: im Jahr 1972.

Einmal auf dieser Fährte, gibt der methodisch wache Geist keine Ruhe, bis er den ursprünglichen Text dieses Liedes, für dessen Melodie ebenfalls der produktive Lieddichter und Gesangbuchherausgeber Joseph Mohr (1834–1892) - das alles kann man schnell über das LThK erfahren - verantwortlich zeichnet, gefunden hat. Wer genau ist, wendet sich an ein liturgisches Institut,[1] stöbert in alten Gesangbüchern - oder liest, wie ich, ein ekklesiologisches Grundlagenwerk und entdeckt dabei zufällig (!) in einer Fußnote den ursprünglichen Text:[2]

Die ursprüngliche Fassung …

1. Ein Haus voll Glorie schauet weit über alle Land,
   aus ewgem Stein erbauet von Gottes Meisterhand.
   Gott, wir loben dich, Gott, wir preisen dich.
   O laß im Hause dein uns all geborgen sein.

2. Gar herrlich ist's bekränzet mit starker Türme Wehr,
   und oben hoch erglänzet des Kreuzes Zeichen hehr …

1 Im Nachgang habe ich von A. Franz, Bochum, erfahren, dass im Rahmen des Graduiertenkollegs „Geistliches Lied und Kirchenlied interdisziplinär" eine einschlägige Dissertation erstellt wurde: R. SCHMIDT, Gegen den Reiz der Neuheit. Katholische Restauration im 19. Jahrhundert: Heinrich Bone, Joseph Mohr, Guido Maria Dreves (Mainzer Hymnologische Studien 15), Tübingen 2005, bes. 175–184. Hier erfährt man: Mohr seinerseits dürfte auf eine Text- und Melodievorlage zurückgegriffen haben, deren frühester Beleg im Augsburger Andachtsbuch von 1859 zu finden ist („Ein Haus steht wohl gegründet").

2 Vgl. J. WERBICK, Kirche. Ein ekklesiologischer Entwurf für Studium und Praxis, Freiburg i. Br. 1994, 26 Anm. 14. Es war mein Koautor, der mich auf diese Anmerkung aufmerksam gemacht hat.

3. Wohl tobet um die Mauern der Sturm mit wilder Macht;[3]
das Haus wird's überdauern, auf festem Grund es ruht …

4. Ob auch der Feind ihm dräue, anstürmt der Hölle Macht;
des Heilands Lieb und Treue auf seinen Zinnen wacht …

5. Dem Sohne steht zur Seite die reinste der Jungfrau'n;
um sie drängt sich zum Streite die Kriegsschar voll Vertrau'n …

6. Viel Tausend schon vergossen mit heil'ger Lust ihr Blut;
die Reih'n steh'n fest geschlossen in hohem Glaubensmut …

7. Auf, eilen liebentzündet auch wir zum heil'gen Streit;
der Herr, der's Haus gegründet, uns ew'gen Sieg verleiht …

… im Spiegel des Kulturkampfes

Jetzt stimmt alles. Das Hausbild für die Kirche wird in allen Strophen durchgehalten und Stück für Stück entfaltet. Wir erfahren in Strophe 2 folgende Details über die Architektur und die Ausstattung: Es gibt Wehrtürme, das Haus ist also eine Art „Trutzburg". Und es „zeigt Flagge": das Zeichen des Kreuzes. Diese Verteidigungsanlage ist höchst notwendig. Denn das Kirchenhaus wird, so Strophe 3, von mächtigen Feinden bedroht, in denen der Dichter die Ausgeburt der Hölle erkennt (vgl. Strophe 4). Gott sei Dank ist das Haus auf „festem Grund" gebaut. Und vor allem hat es zwei Helden: den Heiland als verlässlichen Wächter (vgl. Strophe 4) und die „reinste der Jungfrau'n" als vertrauenswürdige Heerführerin, um die sich die Kriegsscharen drängen (Strophe 5). Bei solchen Galionsfiguren bleiben die Verteidigungsreihen „fest geschlossen" (Strophe 6) und der Sieg des „Hauses" ist eigentlich absehbar (Strophe 7).

Der Text passt in seine Zeit: Ab 1860 tobt in Deutschland der so genannte Kulturkampf zwischen den liberalen Kräften im Deutschen Bund und der katholischen Kirche. Es geht um die Säkularisierung von Staat und Gesellschaft. Besonders heftig sind die Auseinandersetzungen in Baden und Preußen. In Baden wird 1868 das Gesetz zur Umwandlung konfessioneller Schulen in simultane erlassen, 1876 die Simultanschule obligatorisch eingeführt. 1869 wird

3 Dass an dieser Stelle der Reim nicht stimmt, könnte damit zusammenhängen, dass Kollege Werbick, wie er mir mündlich mitgeteilt hat, diesen ursprünglichen Text nach dem mündlichen Zitat seiner Schwiegermutter aufgezeichnet hat. „Wut" würde besser passen. Ein Blick in das Gesangs- und Gebetbuch für das Bistum Trier, Trier 1955, 142 (Nr. 165), bestätigt die Vermutung: „in wilder Wut".

die Zivilehe offiziell eingeführt, 1872 jegliche Lehrtätigkeit der Orden verboten. Ab 1874 wird die Zulassung zu einem Kirchenamt an das Abitur und ein dreijähriges Studium an einer deutschen Universität gebunden. Nach der Gründung des Deutschen Reiches 1871 kommt es unter Otto von Bismarck insbesondere in Preußen zu einer nochmaligen Verschärfung: 1872 wird das preußische Schulaufsichtsgesetz erlassen. Höhepunkt der Auseinandersetzungen sind die so genannten Maigesetze von 1873. Sie betreffen u. a. die Vorbildung und Anstellung der Geistlichen („Kulturexamen") und die Erleichterung des Kirchenaustritts. 1874 wird die Zivilehe eingeführt, 1875 das „Brotkorbgesetz" erlassen, das die staatlichen Leistungen für die römisch-katholischen Bistümer und Geistlichen einstellt. 1875 werden alle Orden und ordensähnlichen Kongregationen der katholischen Kirche vom preußischen Gebiet ausgeschlossen.

Bei derartigen Anfeindungen von allen Seiten lässt der katholische Widerstand natürlich nicht auf sich warten: Zur Abwehr staatlicher Maßnahmen entstehen 1869 in Baden die katholische Volkspartei und die katholische patriotische Volkspartei in Bayern, nachdem auch dort 1868 die geistliche Schulaufsicht abgeschafft und die Volksschule verstaatlicht worden war. 1870 wird die Zentrumspartei gegründet, die sich zwar überkonfessionell ausgibt, aber, wie an ihren ersten beiden Anträgen im Reichstag zu sehen ist (z. B. sollen Maßnahmen, die die katholische Kirchenhierarchie schützen, als Grundrechte in die Reichsverfassung aufgenommen werden), in Wirklichkeit als Interessenvertretung für die katholische Minderheit im Reich agiert.

Genau in diesen Jahren, auf dem Höhepunkt des Kulturkampfs, dichtet Joseph Mohr das Kirchenlied „Ein Haus voll Glorie schauet". Der geradezu martialische Unterton mag durch Erinnerungen an den gerade beendeten deutsch-französischen Krieg (1870/71) genährt sein, könnte sich aber auch direkt auf die Besetzung des Restkirchenstaates durch italienische Truppen im Jahr 1870 beziehen. Damals haben sich verschiedene Erzbischöfe Hilfe suchend an den preußischen König gewandt, aber keine militärische Intervention Preußens zugunsten des Kirchenstaates erreichen können. Sie mussten sich mit einer Garantieerklärung für die Sicherheit und Unabhängigkeit des Papstes zufrieden geben – sowie mit dem Angebot, dem Papst als Zufluchtsort Fulda zur Verfügung zu stellen. Das Blatt wendete sich erst mit Papst Leo XIII., der 1878 Nachfolger von Pius IX. wurde. Er begann sofort damit, die Beziehungen zum Deutschen Reich zu normalisieren.

O. BLASCHKE, Art. Kulturkampf, in: RGG[4] IV (2001) 1838–1843. – G. BESIER, Art. Kulturkampf, in: TRE XX (1990) 209–230.

Die Fortschreibung im Sinne des Vaticanum II

Zeitschnitt: knapp 100 Jahre später. Auf dem Zweiten Vatikanischen Konzil (1962–65) entwirft die katholische Kirche ein völlig neues Bild von sich selbst. „Aggiornamento" lautet das große Stichwort: die Öffnung der Kirche zur Welt von heute. Das biblische Leitbild wird dem Hebräerbrief entnommen: die Kirche als wanderndes Gottesvolk (vgl. LG 6; 9). In solchen Zeiten kann man natürlich die martialischen Kampfstrophen von „Ein Haus voll Glorie schauet", die die Abwehrhaltung gegen die böse Welt beschwören, nicht mehr singen. Soll man aber deswegen gleich das ganze Lied tilgen? Selbst wenn man es aus den offiziellen Gesangbüchern verschwinden ließe, würde es wegen seiner eingänglichen Melodie den Gläubigen in Erinnerung bleiben. Man wählt einen anderen Weg. Den Traditionsimpuls, die erste Strophe des Liedes, lässt man stehen, aber er wird im Sinn des veränderten Kirchenbilds, das auf dem Zweiten Vatikanischen Konzil entworfen worden ist, fortgeschrieben. Über die Strophen 2–5, im Jahr 1972 von Hans W. Marx gedichtet, fällt neues Licht auf das „Haus voll Glorie" der ersten Strophe: Kirche will weiterhin Anziehungspunkt bleiben, aber nicht als Trutzburg für den Rückzug der letzten Aufrechten, sondern als offene Gemeinschaft, die „Freude und Hoffnung, Trauer und Angst der Menschen von heute" (GS 1) teilt.

Wenn wir uns so auf die Spurensuche nach der Geschichte eines Textes begeben, der wie im Fall des vorliegenden Kirchenliedes vor allem im Gedächtnis der Zeitgenossen gespeichert ist, haben wir begonnen, „Überlieferungsgeschichte" zu treiben.

Anregung für Methodenseminare

Die beiden Liedfassungen synoptisch nebeneinander unter der Überschrift „Ursprüngliche Version (Joseph Mohr, 1876)" bzw. „Revidierte Fassung (Hans W. Marx, 1972)" für die Seminarteilnehmer abdrucken. Die Unterschiede in der Kirchenmetaphorik erarbeiten lassen, evtl. eine zweite Gruppe mit der Spezialaufgabe betrauen, die literarkritischen Spannungen der revidierten Fassung herauszuarbeiten. Nach Sammlung der Ergebnisse Informationen zur jeweiligen Entstehungszeit an die Hand geben.

Impulsfragen

- Inwiefern spiegelt sich in den Liedstrophen das Kirchenbild der jeweiligen Zeit?

- Warum trennt man sich nach dem Zweiten Vatikanischen Konzil nicht einfach von dem Lied, sondern „erhält" die erste Strophe?

Es könnte hilfreich sein zu wissen, dass *tradere* im Lateinischen sowohl „weitergeben" wie „verraten" bedeutet.

2 Vorstellung der Methode

Die mündliche Vorgeschichte

Aufgabe der Überlieferungsgeschichte ist es, den Werdegang der christlichen Stoffe nachzuzeichnen - und zwar bis zu dem Stadium, in dem sie vom jeweiligen Endredaktor einer Schrift aufgegriffen und weiterverarbeitet wurden. Es geht also um die Geschichte von Überlieferungsstoffen, bevor sie in einem schriftlich verfügbaren Dokument greifbar sind. Im Blick auf die synoptischen Stoffe gesagt: Die Überlieferungsgeschichte will die Prägung und Umprägung, also die *Mutation* der Jesusstoffe in den Blick bekommen, *bevor* sie vom Redaktor des Markusevangeliums bzw. der Endredaktion der Spruchquelle in die Fassung gebracht wurden, die uns heute im kanonischen Text bzw. im rekonstruierten Text des Dokuments Q vorliegt.[4] Dabei kann der Überlieferungsprozess bereits von der mündlichen in die schriftliche Phase (Schwelle 3) übergegangen sein, wie wir es für die kleinen Sammlungen von Erzählungen im Markusevangelium bzw. für die Spruchkompositionen mit strukturell übergreifenden Verklammerungen in Q annehmen. Das Material, das die Überlieferungsgeschichte bearbeitet, ist präzise das *Ergebnis* der Literar- bzw. Gattungskritik, also das in relativer Chronologie geordnete Schichtenmodell (Literarkritik) und seine kommunikative Verortung durch die Gattungsanalyse der jeweiligen Stadien („Sitz im Leben").

M. THEOBALD, Herrenworte** 18–20.

4 Analoges gilt für die Briefliteratur: In diesem Fall geht es darum, den Werdegang und die Vorgeschichte derjenigen Stoffe nachzuzeichnen, die vom jeweiligen Briefschreiber für seinen Text aufgegriffen wurden. Wird für das Johannesevangelium mit J. BECKER, Das Evangelium nach Johannes. Kapitel 1–10 (ÖTBK IV/1), Gütersloh/Würzburg ³1991, 53–66, ein dreistufiger Überlieferungsprozess angenommen (Erzählstoffe - Evangelium - Redaktion), so analysiert die Überlieferungsgeschichte die ersten beiden Stufen vor dem kanonischen Endtext.

Mit der Überlieferungsgeschichte beginnen wir, den bisher beschriebenen *analytischen Weg* auszuwerten – und zwar zunächst den Bereich, der durch die Literarkritik freigelegt worden ist. Wir fragen nach den treibenden Momenten für die Produktion des Textes bzw. nach den Interessen, die für seine Veränderungen verantwortlich sind. Wir zeichnen also die *Entwicklung* des Textes nach und fragen nach den *Ursachen* dafür. Mit der Überlieferungsgeschichte beginnt der *synthetische Weg* im diachronen Methodenkranz. Synthetischer Weg

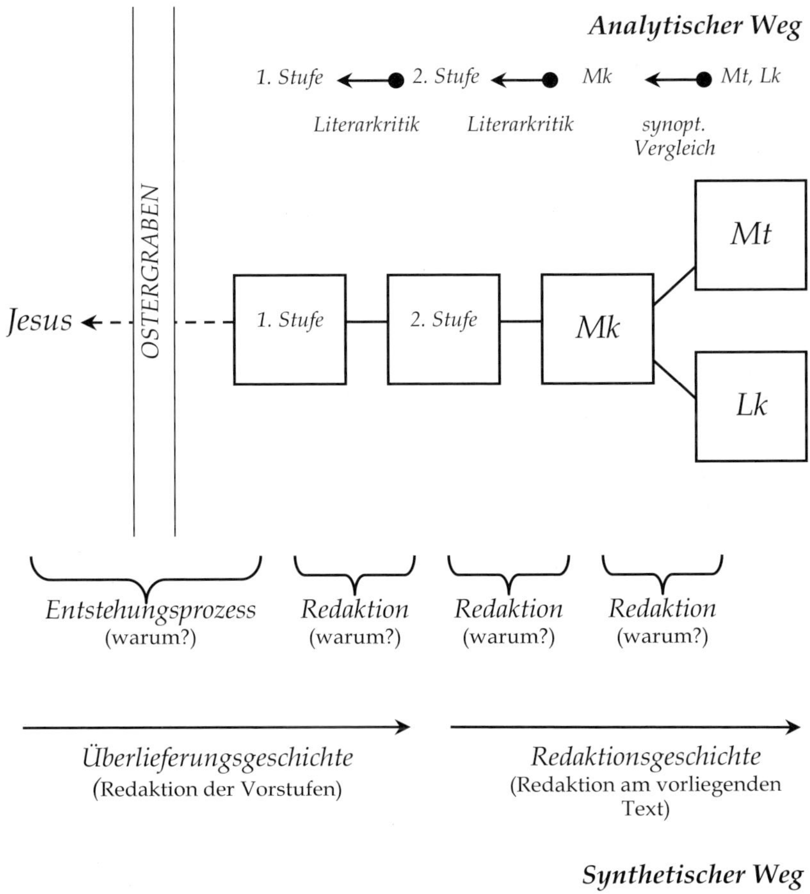

Wurde bei der Gattungsanalyse auf dem analytischen Weg nach *Mustern* gesucht, auf die ein Text zurückgreift bzw. an die er sich anlehnt, so richtet die Überlieferungsgeschichte innerhalb des synthetischen Weges ihre Aufmerksamkeit auf die *Besonderheiten* bei der Ausprägung der jeweiligen Gattung, auf inhaltliche Veränderungen *innerhalb* des durch die Gattung vorgegebenen Rahmens, wie sie durch die literarkritischen Stadien angezeigt werden, bzw. auf den Wechsel der Gattung. Letzteres war z. B. in Mk 2,1–12 zu beobachten, wo in die ursprüngliche Wundergeschichte (1. Stadium) ein kleines Streitgespräch (2. Stadium) eingeschoben worden ist (vgl. § 4/3).

Was auf dem analytischen Weg als „Sitz im Leben" eruiert wurde, dient jetzt auf dem synthetischen Weg dazu, das Kommunikationsinteresse des jeweiligen Traditionsstadiums zu umschreiben. Wurde in der Phase des analytischen Wegs eine „typische Verwendungssituation" eruiert, so kann diese jetzt im Blick auf ein spezifisches Thema konkretisiert werden. Werden Einzelstoffe zu Sammlungen verklammert, wie es für die Streitgesprächesammlung Mk 2,1–3,6 der Fall ist, muss nach neuen Verwendungszwecken Ausschau gehalten werden. Die Überlieferungsgeschichte will die Motive, Absichten und Intentionen des allmählichen *Fortschreibungs- und Sammlungsprozesses* freilegen. Es geht um die Grundfrage: Wie wird Jesuserinnerung in den einzelnen vorsynoptischen Stadien verarbeitet? Warum wird Jesuserinnerung aufgegriffen? Worin besteht die eigentliche Sachproblematik für die vorausgesetzten Analogieansätze? Kurz: Die Überlieferungsgeschichte will die ältesten Phasen des ständigen Verheutigungs- und Aktualisierungsprozesses der Jesusstoffe nachzeichnen.

Die Überlieferungsgeschichte

Ziel der Überlieferungsgeschichte ist es, den Traditionsprozess der Stoffe bis zur Endredaktion der jeweiligen Schrift nachzuzeichnen und dabei die Motivation der Traditionsbildung sowie die Intentionen bei den Umprägungen und Veränderungen herauszuarbeiten. Grundlage für diese synthetische Beschreibung des Traditionsprozesses sind die Ergebnisse, die auf dem analytischen Weg der diachronen Exegese gewonnen wurden.

3 Praktisches Vorgehen

Als Arbeitsgrundlage wird das literarkritische Schichtenmodell und die entsprechende gattungskritische Analyse für die einzelnen Entwicklungsstufen benötigt. Dadurch ergibt sich eine Zeit- und eine Situationsachse: Das literarkritische Schichtenmodell zeigt die Veränderungen von Stufe zu Stufe an (Zeitachse), die dazugehörige gattungskritische Analyse gibt die entsprechende typische Verwendungssituation an (Situationsachse). Auf beiden Achsen kann nun – der Methode nach – ein „synoptischer Vergleich" durchgeführt werden. Er beginnt mit der Beschreibung der ältesten Texteinheit und schreitet dann die jeweiligen Veränderungen auf der Zeit- bzw. Situationsachse ab.

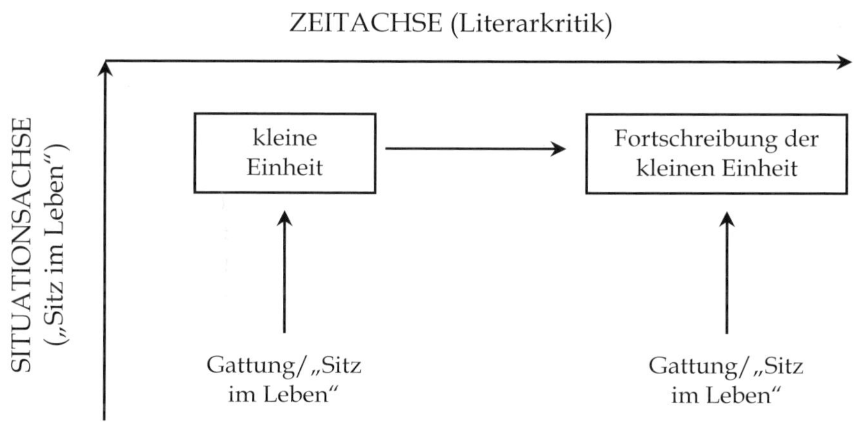

3.1 *Der Ausgangsstoff und seine typische Verwendungssituation*

Der „Sitz im Leben" verweist auf den Impetus für die Textproduktion. Die über die Gattungsanalyse eruierte typische Verwendungssituation erteilt Auskunft darüber, mit welcher kommunikativen Absicht eine bestimmte Jesuserinnerung aufgegriffen worden ist. Ging es bei der Eruierung vom „Sitz im Leben" darum, über entsprechende Analogien die *prinzipielle* Zielsetzung einer Gattung zu benennen, so konzentriert sich die überlieferungsgeschichtlich orientierte Analyse auf das *Besondere* bei der Realisierung der Gattung. Schauen wir uns das an zwei Beispielen an. Impetus für die Textproduktion

Wundergeschichten wollen für den Wundertäter werben. Das ist auch bei den neutestamentlichen Wundergeschichten so. Deswegen greifen sie das kulturell verankerte Gattungsschema auf. Die Frage Jesus in Wundergeschichten ist aber, *wie* sie dieses Erzählmuster *füllen* – außer, dass auch sie von erfolgreichen Heilungen erzählen. Die Überlieferungsgeschichte fragt danach, welches besondere Profil von Jesus als Wundertäter im Rahmen des üblichen Erzählschemas erkennbar wird. Greifen wir nur zwei Differenzpunkte heraus (in diesem Fall ist der religionsgeschichtliche Vergleich hilfreich): Im Unterschied zu den Wundergeschichten aus Epidaurus, dem Lourdes der Antike, oder etwa auch der Schilderung des wundertätigen Syrers aus Palästina (!), von dem Lukian in seiner Schrift „Die Lügenfreunde" erzählt,[5] ist in den christlichen Wundergeschichten nirgends davon die Rede, dass Geld eine Rolle spielt. Die urchristlichen Gemeinden waren sich dieser Besonderheit durchaus bewusst: In Mt 10,8 wird innerhalb der Aussendungsrede die Annahme von Geld für Krankenheilungen ausdrücklich verboten. Und: Auffällig ist die Dominanz der Dämonenaustreibungen innerhalb der Wundergeschichten, die Christen von Jesus erzählen. Darin schlägt sich nieder, dass Jesus Krankenheilungen als Dämonenaustreibungen verstanden hat, wobei er das individuelle Heilungserlebnis in einem großen geschichtstheologischen Zusammenhang gesehen hat, nämlich als Zeichen für den Anfang der Gottesherrschaft, in der die Dämonen weichen müssen (vgl. Lk 11,20).

B. KOLLMANN, Jesus* 362–375.

Positionen in Apophthegmen

Nicht anders verhält es sich bei den Apophthegmen. Sie verhandeln Probleme der konkreten Lebensgestaltung einer bestimmten Gruppe – im Unterschied zu anderen Gruppen der Gesellschaft. Dadurch, dass eine von der Tradentengruppe anerkannte Autorität am Ende das „Machtwort" spricht, dienen diese Geschichten der Selbstvergewisserung für eine bestimmte Option.

Die überlieferungsgeschichtliche Analyse richtet nun ihr Augenmerk darauf, *welche* Sachpunkte angesprochen und *welche* Standpunkte vertreten werden. Aus *stimulus* und *response*, also dem Frage- und Antwortspiel der Apophthegmen (vgl. § 6/3.1.1), lassen sich gewöhnlich noch die unterschiedlichen Positionen, die *innerhalb* der christlichen Gemeinde vertreten werden, erkennen. Dabei ist es durchaus möglich, dass ein Jesuswort, das allen bekannt ist, durch die Szenerie des Apophthegmas in einen neuen Fragehorizont gestellt wird. Damit wird der Traditionsimpuls Jesu aufgegriffen –

5 Vgl. Philopseudeis 16: „Wie vieler Menschen hat er sich angenommen ... Er hat sie wieder auf die Beine gestellt und sie weggeschickt, wieder klar im Kopf, nachdem er sie für ein großes Honorar von ihren Schrecknissen befreit hatte."

und für die gegenwärtige Situation weitergeschrieben bzw. weitergesprochen.

3.2 Veränderungen auf der Situationsachse

Nachdem die Gattung den hermeneutischen Schlüssel für das Verständnis der Semantik eines Textes liefert, müssen zunächst eventuelle Veränderungen in der Gattung beobachtet und berücksichtigt werden. Wenn sich die Gattung verändert, verändert sich gleichzeitig die vorauszusetzende Kommunikationssituation und -absicht. Ein Streitgespräch, das in einer kleinen Sammlung überliefert wird, dient nicht mehr der Auseinandersetzung oder der Rechtfertigung in einer bestimmten Gemeindeproblematik, sondern hält Überlieferungsgut fest, ordnet und kompiliert es. Die Einzeltexte dienen nicht mehr als Argumente in einer Streitfrage zwischen Gruppen unterschiedlicher Meinung, sondern als Mosaiksteine innerhalb einer Selbstdarstellung. Es geht um die Aufreihung von Glaubens- bzw. Lehrgut, das für eine Gemeinde wichtig geworden ist und längst nicht mehr hinterfragt wird.

3.3 Veränderungen auf der Zeitachse

Die literarkritisch beobachteten Veränderungen können sich durchaus innerhalb der gleichen Gattung abspielen, also die gleiche Kommunikationssituation voraussetzen. Innerhalb dieses Rahmens werden dann z. B. die Argumente verändert, der inhaltliche Zielpunkt verschoben usw. Geht es bei den Veränderungen auf der Zeitachse (innerhalb der gleichen Gattung) um die Entwicklung und Veränderung eines *Standpunktes*, so deuten Veränderungen auf der Situationsachse auf einen Wechsel in der *Gebrauchssituation* der Texte. Die kommunikativen Rahmenbedingungen für die Weitergabe eines Überlieferungsstoffes haben sich geändert.

Gegenkontrolle für den analytischen Weg

Der Versuch, die Überlieferungsgeschichte eines Jesusstoffes nachzuzeichnen, ermöglicht zugleich eine praktische Kontrolle für die Plausibilität der auf analytischem Weg erreichten Ergebnisse. Wenn für die Weiterentwicklung des Stoffes auf der jeweils vorausliegenden Überlieferungsstufe ein Ansatzpunkt festgemacht werden kann, der im Blick auf die neue Situation bzw. das neue Problem auf der folgenden Überlieferungsstufe ausgeschrieben und entfaltet wurde, dann spricht das entschieden für die vorgelegte literarkritische Rekonstruktion der Überlieferungsstufen. Ein Paradebeispiel dafür ist das Wort von der Sündenvergebung innerhalb der ältesten Schicht von Mk 2,1–12, also der Wundergeschichte. Dieses innerhalb des Musters Wundergeschichte an sich ungewöhnliche Wort in

V. 5c: „Kind, erlassen werden deine Sünden", konnte den inhaltlichen Ausgangspunkt für das auf der nächsten Stufe eingefügte Streitgespräch liefern, das die Möglichkeit und die Instanzen der Sündenvergebung diskutiert.

4 Demonstration an Mk 2,18–20

Ausgangsbasis für die Nachzeichnung der Überlieferungsgeschichte bildet das literarkritische Schichtenmodell, wie es in § 8/3 im Zusammenhang mit der Durchführung der Rückfrage erstellt worden ist. Im Rahmen der Überlieferungsgeschichte werden dabei die Grundfassung sowie der erste und der zweite vormarkinische Einschub behandelt, also die Schichten *vor* der markinischen Bearbeitung.

4.1 Die Grundfassung

18b Und sie kommen
c und sagen ihm:
d Weshalb fasten die Jünger (des) Johannes …
e deine Jünger aber fasten nicht?
19a Und es sagte ihnen Jesus:
b Können etwa die Söhne des Brautgemachs … fasten?

Auseinandersetzung um die Fastenpraxis

Von der Gattung her liegt ein Apophthegma vor, situativ geht es also um eine Auseinandersetzung *innerhalb* einer christlichen Gemeinde. In diesem Fall ist es die Frage in V. 18d–e, die einen ausgesprochenen Pointer für die Verortung bereitstellt. Das *Jünger*verhalten hinsichtlich der *religiösen* Fastenpraxis ist angefragt. Die Problemformulierung, die aufgrund der Fastenpraxis der Täuferjünger nach dem Grund einer *fehlenden* Fastenpraxis bei den Jesusjüngern fragt, lässt folgende historische Verortung *auf Gemeindeebene* zu: Jesus selbst war Täuferschüler, hat sich von ihm taufen lassen und sehr wahrscheinlich eine längere Zeit mit ihm zusammen gewirkt (vgl. Joh 3,22f.). An einem bestimmten Punkt hat er sich von seinem Lehrer getrennt und ist in seine galiläische Heimat zurückgekehrt. Den Berufungserzählungen des Johannesevangeliums (Joh 1,35–40) zufolge sind ihm weitere Täuferschüler gefolgt, sodass sich von Anfang an *innerhalb* des Jesuskreises auch eine kleine Gruppe ehemaliger Täuferschüler befand, zu denen Jesus ursprünglich auch selbst gehört hatte.

Die Strukturierung des ersten Abschnitts der Logienquelle (Q 3–7) und insbesondere die Szene von Q 7,18–23, wonach Täuferschüler bei Jesus anfragen, ob er der vom Täufer verkündete „Kommende“ sei, vermitteln den Eindruck, dass nach dem Tod des Täufers und nach dem Tod Jesu weitere ehemalige Täuferjünger in die Jesusgruppierung übergewechselt sind. Q 7,18–23 reflektiert diesen Annäherungsversuch und leistet die inhaltliche Vergewisserung für diesen Schritt.

Diese Rahmenbedingungen vorausgesetzt, wird die Problemformulierung unseres Apophthegmas sehr handgreiflich. Die ehemaligen Täuferschüler werden ihre gewohnte Praxis des Bußfastens beibehalten haben, in der Jesusgruppe war eine derartige Praxis nicht üblich. Unterschiedliche religiöse Bräuche *innerhalb* der gleichen Gruppierung müssen zu Konflikten führen. Unser Apophthegma Mk 2,18f. kann als ein Argument innerhalb der Auseinandersetzungen in diesem Konfliktfall verstanden werden. Die Gruppe, die sich gegen die täuferische Bußpraxis zu wehren versucht, beruft sich auf ein Jesuswort, verlegt den Konflikt fiktiv in die Jesuszeit zurück und lässt ihre eigene Option aus dem Mund Jesu verteidigen. Erneut (vgl. § 8/3.3) wird also das Jesuswort in einen Streitkontext verlagert und fungiert als entscheidendes Argument. Ging es auf der Jesusebene um die umstrittene Mahlgemeinschaft mit Zöllnern und die damit verbundenen Festgelage, so geht es jetzt auf der Gemeindeebene um die Frage, ob die Jesusgruppe fasten soll. Spielte das Hochzeitslogion ursprünglich als Argument innerhalb einer Auseinandersetzung zwischen Jesus und seinen Zeitgenossen eine Rolle, deren präzise Konturen wir nicht mehr kennen, so ist es jetzt eine Gruppe von Jesusjüngern (Gruppe A), die in der Form eines Apophthegmas einen solchen Streit *erzählt*. In narratologischer Perspektive ist der ursprüngliche Akteur und Sprecher Jesus zu einer Figur auf der ersten Erzählebene geworden. Das Hochzeitslogion, das ursprünglich Vorwürfe im Umfeld Jesu außer Kraft setzen sollte, wird jetzt anonymen Gegnern („sie kommen …“) entgegengehalten, in denen sich die aktuellen Hörer, eben jene ehemaligen Täuferjünger (Gruppe B), die ihre eigene Fastenpraxis im Jesuskreis durchsetzen wollen, erkennen sollen.

aktualisierte Jesuserinnerung

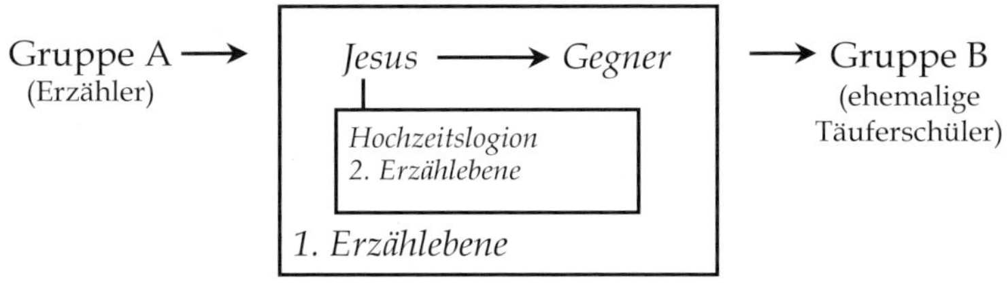

Bei dieser Anwendung des Jesuslogions wird die im ursprünglichen Streitkontext *metaphorisch* gemeinte Rede vom „Fasten" als unangemessenem Verhalten bei einer Hochzeitsfeier semantisch im Sinn einer *religiösen Praxis* verstanden – entsprechend der Vorgabe in der Frage von V. 18d–e, die den neuen Verständnisrahmen für das Jesuswort vorgibt. In der Figurenrede des Apophthegmas verteidigt sich Jesus nicht mehr gegenüber bürgerlichen Moral- und Lebensvorstellungen seiner Zeitgenossen (alttestamentliche Weisheit), sondern rechtfertigt eine fehlende Fastenpraxis bei seinen eigenen Schülern gegenüber einer ausgeprägten Fastenpraxis bei den Täuferschülern. Geradezu listig ist in diese Figurenkonstellation ein emotionaler Widerhaken eingebaut – und zwar im Blick auf die aktuellen Adressaten, die sich in den Gegnern wiedererkennen sollen. Jesus verteidigt *seine Jünger*. Wenn auch die ehemaligen Täuferschüler wirklich *Jesus*jünger sein wollen, müssen sie sich auf seine Seite stellen. Und das heißt: Sie müssen sich *von* ihm *gegen* ihre eigene Fastenpraxis „verteidigen" lassen.

4.2 Die erste vormarkinische Erweiterung (V. 19c.20)

18b Und sie kommen
c und sagen ihm:
d Weshalb fasten die Jünger (des) Johannes …,
e deine Jünger aber fasten nicht?
19a Und es sagte ihnen Jesus:
b Können etwa die Söhne des Brautgemachs,
c **während der Bräutigam bei ihnen ist,**
b' fasten? …
20a **Es werden aber Tage kommen,**
b **wann von ihnen entrissen wurde der Bräutigam,**
c **und dann werden sie fasten.**

Auf der Situationsachse ist keine Veränderung zu verzeichnen. Nach wie vor handelt es sich um ein Apophthegma. Die antike Rhetorik hat derartige Erweiterungen des Apophthegmas im Sinn möglicher *Expandierungen* ausdrücklich reflektiert. Sie sind für alle Elemente des Apophthegmas möglich. Wir haben also mit den prinzipiell gleichen Kommunikationsstrukturen zu rechnen wie für die Urfassung: die argumentative Behandlung eines Problemfalls innerhalb der christlichen Gemeinde.

Christliche Begründung einer Fastenpraxis

Hinsichtlich der Veränderungen auf der Zeitachse (Einschub von V. 19c und V. 20a–c) lässt sich eine differenzierte Argumentation beobachten. Innerhalb des Bildes vom Hochzeitsfest wird eine Periodisierung der Zeit vorgenommen, festgemacht am „Entreißen des Bräutigams". Vor dieser Zäsur, solange der Bräutigam mitten unter den Hochzeitsgästen weilt, wird nicht gefastet, aber danach. Mit Hilfe dieser Konstruktion kann das Faktum aufrechterhalten werden, dass es im Kreis um den irdischen Jesus offensichtlich keine Fastenpraxis gab. Zugleich eröffnet sich aber die Möglichkeit, davon eine Periode abzusetzen, in der sehr wohl gefastet wird - und zwar deswegen, weil der „Bräutigam" Jesus den Hochzeitsgästen „entrissen" worden ist.

De facto wird damit natürlich die zunächst abgewiesene Option der Täuferjünger in Kraft gesetzt. In diesem Stadium plädiert das Apophthegma tatsächlich *für* eine Fastenpraxis, allerdings mit einer spezifisch *christlichen* Begründung. Es geht nicht um die Übernahme von Bräuchen aus dem Täuferkreis, sondern um das Verhalten der vom „Bräutigam" Jesus verlassenen Hochzeitsgäste. In der Figurenrede wird Jesus ein *prophetischer* Spruch in den Mund gelegt, der ihn schon über die Zeit nach seinem Tod sprechen und eine Fastenzeit begründen lässt. Auf der Erzählerebene handelt es sich natürlich um ein *vaticinium ex eventu*.

Theologische Reflexion: Entrückung …

Im Hintergrund steht allerdings erhebliche theologische Reflexion. Sie setzt bei der Rede vom „Entreißen des Bräutigams" ein. Der Brauch einer Bräutigamsentführung ist im gesamten Alten Orient nicht nachweisbar. Bildspender ist in diesem Fall die frühjüdische Vorstellung von der „Entrückung": Gott versetzt besonders auserwählte Menschen von der Erde in den Himmel und hält sie dort bereit, damit sie eine wichtige Aufgabe bei den apokalyptischen Endereignissen übernehmen können, vornehmlich bei dem zu erwartenden Endgericht. Beispiele dafür sind Elija (vgl. 2 Kön 2,1.11) und Henoch (vgl. Gen 5,24). Ihre Karriere bei den Endereignissen wird in den späten Schichten des Alten Testamentes (vgl. Mal 3,23f.; Sir 48,10) und vor allem in der apokryphen Literatur (vgl. Aktuelles Lexikon) ausführlich geschildert (vgl. ApkEl; äthHen 71). Biblisches Modell für Jesus könnte Jona sein, der vor den Augen der Menschen scheinbar getötet (ins Meer geworfen: vgl. Jona 1,3–16), aber in Wahrheit von Gott gerettet wurde (großer Fisch: vgl. Jona 2,1–11). Es ist die Spruchquelle, die diesbezüglich etwas deutlicher wird: Wie Jona - vom Fisch an Land gespuckt - den Niniviten ein Zeichen wurde, so wird auch der Menschensohn für „diese Generation" ein Zeichen sein, wenn er im endzeitlichen Szenario plötzlich erscheint (vgl. Q 11,29f.).

… und abgebrochene Hochzeitsfeiern als Auswirkung des Gerichts

Dass mit dem „Entreißen" Jesu (als Bräutigam) zugleich eine fröhliche Hochzeit unterbrochen wird, ist ebenfalls eine biblisch aufgeladene Aussage, insbesondere wenn man bedenkt, dass dieser jähe Abbruch der Feierlichkeiten in der vorliegenden Erzählung von Jesus *prophetisch* vorausgesagt wird. Genauso sagt z. B. der Prophet Jeremia den Einwohnern von Jerusalem voraus, dass Gott den fröhlichen Hochzeitsfeierlichkeiten in ihrer Stadt ein jähes Ende bereiten wird (vgl. Jer 7,34; 16,9; 25,1–14). Der Grund: Sie haben nicht auf die prophetische Umkehrbotschaft gehört - und müssen jetzt das göttliche Gericht über sich ergehen lassen. Gemeint ist konkret die bevorstehende Eroberung Jerusalems durch Nebukadnezar und der Gang ins Exil.

Äußerlich erkennbar am Abbruch der Hochzeitsfeierlichkeiten verweist auch das erweiterte Apophthegma in Mk 2,18–20* auf das bevorstehende Gericht Gottes. Im größeren biblischen Hintergrund gehört, ist in diesem Fall das Nichthören auf die Botschaft des (Propheten) Jesus, das sich in dessen Tötung äußert, Grund für die Zäsur. Allerdings steht, wie an der Deutung des Todes als „Entrückung" zu erkennen ist, nicht einfach ein innerweltliches Gericht in dem Sinn bevor, dass Gott Israel einer Übermacht von Feinden überlässt, sondern das Endgericht als Pforte in eine neue Zeit, eben die vollendete Gottesherrschaft. Diese Ereignisfolge hat mit dem Tod Jesu begonnen!

Der argumentative Ertrag

In der Perspektive der urchristlichen Gruppenlandschaft gesehen, ist es den (ehemaligen) Täuferschülern gelungen, über die theologische Reflexion des Todes Jesu ihre Praxis des Bußfastens in die Jesusgruppe einzubringen. Dabei wird der ursprüngliche Bezugspunkt, nämlich Fasten als adäquate Reaktion auf das unmittelbar bevorstehende Endgericht, jetzt speziell auf die *Funktion Jesu* in diesem Endgericht bezogen. Auch in der Jesusgruppe tut man gut daran, (wie die ehemaligen Täuferschüler) zu fasten, sofern man denn davon überzeugt ist, dass Gott Jesus im Tod entrückt hat, weil er für ihn eine wichtige Rolle im Endgericht vorgesehen hat. Damit ist zwar die „Hochzeit" unterbrochen, das Gericht steht vor der Tür, aber der „Bräutigam" Jesus lässt hoffen. Die Anerkennung dieses theologischen Zusammenhangs findet, dahin möchte das Apophthegma seine Hörer führen, seinen adäquaten Ausdruck in der Praxis des Fastens.

G. HAUFE, Entrückung und eschatologische Funktion im Spätjudentum, in: ZRGG 13 (1961) 105–113. – D. ZELLER, Art. Entrückung, in: RGG[4] II (1999) 1332f.

4.3 Die zweite vormarkinische Erweiterung (V. 18d.20d)

18b Und sie kommen
c und sagen ihm:
d Weshalb fasten die Jünger (des) Johannes **und die Jünger der Pharisäer,**
e deine Jünger aber fasten nicht?
19a Und es sagte ihnen Jesus:
b Können etwa die Söhne des Brautgemachs,
c während der Bräutigam bei ihnen ist,
b' fasten?
20a Es werden aber Tage kommen,
b wann von ihnen entrissen wurde der Bräutigam,
c und dann werden sie fasten,
d **an jenem Tag**.

Fixierung der christlichen Fastenpraxis

Wir gehen davon aus, dass Markus unser Streitgespräch bereits im Rahmen einer kleinen Sammlung in sein Evangelium aufgenommen hat. Das aber besagt für die Beurteilung der Situationsachse: Wir haben einen „Shift" vom Einzelapophthegma zur *Sammlung* zu verzeichnen. Für den „Sitz im Leben" bedeutet das: Es geht nicht mehr um einen Streitpunkt, nicht mehr um Argumentation, sondern um die *Darstellung* der eigenen Praxis, um eine Kompilation der Tradition im Licht der aktuellen, innergemeindlich längst nicht mehr hinterfragten und prinzipiell akzeptierten religiösen Praxis. Der kleine Nachtrag in V. 20d: „an jenem Tag", dürfte im Zuge dieser Sammlungstätigkeit erfolgt sein. Vermutlich wird damit ein spezieller, liturgischer Fasttag avisiert, der in der Gemeinde längst Brauch ist. Im kontextuellen Rückbezug auf das Entreißen des Bräutigams könnte mit „jenem Tag" der Todestag Jesu gemeint sein.[6]

Absetzung

Die Didache, eine frühchristliche Schrift zu Beginn des 2. Jh., rät ihren Adressaten, am Mittwoch und Freitag zu fasten - und zwar im ganz bewussten Gegensatz zu den Pharisäern, also der einzigen Gruppierung des Judentums, die die Tempelzerstörung 70 n. Chr. überdauert hat, die am Montag und am Donnerstag fasten (Did 8,1; vgl. Lk 18,12). Diese Notiz ist ein typisches Beispiel dafür, wie das Identitätsgefühl einer Gruppe gestärkt werden soll, dadurch, dass sie sich auf dem gleichen Bezugsfeld von einer anderen, nahe verwandten Gruppe absetzt. Vom Phänomen her dürfte Vergleichbares auch für unsere Phase des Apophthegmas vom Fasten zutreffen: Die Sammlung der Apophthegmen zeigt eine innere Konsolidierung der Trägergruppe an. Unterstützt wird diese durch eine nach außen bewusst demonstrierte Absetzung, in unserem Fall durch die Wahl eines spezifisch *christlichen* Fasttages.

F. BÖHL, Das Fasten an Montagen und Donnerstagen. Zur Geschichte einer pharisäischen Praxis (Lk 18,12), in: BN 31 (1987) 247–250.

Variation auf dem gleichen religiösen Bezugsfeld

Eine letzte Beobachtung: In der Problemfrage des Apophthegmas V. 18d–e werden *zwei Gruppierungen* des Judentums genannt, die im Kontrast zu den Jesusjüngern eine ausgesprochene Fastenpraxis aufweisen: die Jünger des Täufers und die Jünger der Pharisäer. Ganz abgesehen davon, dass es historisch gesehen eigentliche „Jünger", d. h. Schüler der Pharisäer gar nicht gegeben hat, driften beide Gruppierungen hinsichtlich der Motivierung und der Durchführung ihrer Fastenpraxis erheblich auseinander.[7] Außerdem spielen

6 So H. W. KUHN, Ältere Sammlungen im Markusevangelium (StUNT 8), Göttingen 1971, 63–71; anders dagegen U. MELL, „Neuer Wein (gehört) in neue Schläuche" (Mk 2,22c). Zur Überlieferung und Theologie von Mk 2,18–22, in: ThZ 52 (1996) 1–31, hier 21–23, der daran denkt, dass mit „jenem Tag" ein *Ersatz* für den Yom Kippur beabsichtigt sei.

7 Täuferjünger: generelles Bußfasten; Pharisäer: persönliche Frömmigkeitsübung, beschränkt auf bestimmte Tage.

die Pharisäer in dem Konflikt, der für die erste Überlieferungsstufe rekonstruiert worden ist, überhaupt keine Rolle. Auf der literarischen Ebene der vormarkinischen Apophthegmensammlung dagegen erscheinen „die Pharisäer" als *die* Gegner Jesu schlechthin (Mk 2,16.24). Das beschriebene Phänomen hinter der Notiz Did 8,1 hinzugenommen, könnte sich der soziologische Sachverhalt folgendermaßen darstellen: Die christliche Gemeinde hinter unserem Text steht in der Phase der Konsolidierung. Sie sammelt ihre Überlieferungen, trägt ihre religiöse Praxis ein (Sündenvergebung, Mahlgemeinschaft, Fasten, Sabbat) und versucht gleichzeitig, sich gegenüber denjenigen Gruppierungen in der Umwelt abzusetzen, mit denen sie am leichtesten verwechselt werden könnte: eben den jüdischen Brüdern und Schwestern, die als „Pharisäer" apostrophiert erscheinen. Das einfachste und augenscheinlichste Mittel dafür ist eine bewusste *Variation* auf dem gleichen religiösen Bezugsfeld, in unserem Fall ein anderer Fasttag. Die Gruppierung, der gegenüber man sich absetzen will, um dadurch die eigene Identität zu stärken, wird in die Figurenwelt der jetzt gesammelten Erzählungen eingeschrieben: die Pharisäer. Vermutlich ist das auch in unserer Geschichte so passiert. Wegen der Vorgabe der *„Jünger* von Johannes" in V. 18d ist entsprechend auch von den *„Jüngern* der Pharisäer" die Rede. Auf der Ebene der kleinen Sammlung geht es hinsichtlich der Fastenpraxis nicht mehr um eine *Auseinandersetzung* mit einer innerchristlichen Gruppierung (wie im Fall des ursprünglichen Apophthegmas), sondern um eine *Absetzung* nach außen – und zwar von einer Gruppierung, mit der man nicht verwechselt werden möchte.

Der überlieferungsgeschichtliche Prozess, den das Apophthegma von der Fastenfrage Mk 2,18–20 durchlaufen hat, kann schematisch folgendermaßen dargestellt werden:

	Grundfassung	*erste vormk Erweiterung*	*zweite vormk Erweiterung*
Fastenpraxis	kein Fasten	Fastenpraxis generell	Fasten auf einen *bestimmten* Tag beschränkt
Begründung	Bei einer Hochzeitsfeier kann man nicht fasten! (weisheitliches Sprichwort)	Der Bräutigam ist den Hochzeitsgästen „entrissen" worden. (christologisch)	Erinnerung an den Tod Jesu (liturgisch)

Zeitperspektive	generell	Differenzierung zwischen Jesuszeit (kein Fasten) und Jüngerzeit (Fasten)	Konzentration auf *einen* bestimmten Tag
„Sitz im Leben"	Auseinandersetzung mit der Fastenpraxis der Johannesjünger (vgl. Q 7,33)	Begründung einer eigenständigen *christlichen* Fastenpraxis	Absetzung von der Fastenpraxis der Pharisäer (vgl. Did 8,1)

R. ZIMMERMANN, Geschlechtermetaphorik und Gottesverhältnis. Traditionsgeschichte und Theologie eines Bildfeldes in Urchristentum und antiker Umwelt (WUNT II/122), Tübingen 2001, 276-299.

5 Theologischer Ertrag

Vergangenheit, die nützt

Traditionsprozesse, wie wir sie mit Hilfe der Methode der Überlieferungsgeschichte beleuchten können, haben mit Lebensbewältigung zu tun. Die Gegenwart wird von der Vergangenheit her beleuchtet. Gegenwärtige Institutionen und Bräuche, Problemlagen und Fragestellungen werden mit anerkannten Figuren der Vergangenheit in einen ursächlichen Zusammenhang gebracht, indem von der Vergangenheit so erzählt wird, dass darin – per Analogie – die Gegenwart erkannt werden kann und gleichzeitig in einem anderen Licht erscheint. Sie profitiert von der Bedeutung und dem Gewicht, das den Gestalten und Autoritäten der Vergangenheit gezollt wird. Was in der aktuellen Gegenwart in Frage steht, kann durch Berufung auf anerkannte Autoritäten der Vergangenheit entschieden und „befestigt" werden.

Abstecken eines theologischen Feldes

Speziell die Apophthegmen zeigten den theologischen Willen, die jeweiligen Optionen, die augenblicklich vernünftig erscheinen, in eine Linie mit der Vergangenheit zu bringen, indem sie durch den Mund Jesu begründet werden. Überlieferung schaut in diesem Sinn *zurück*, um einen Schritt nach *vorne* gehen zu können. Die analytischen Schritte der Literar- und Gattungskritik sowie der Rückfrage nach dem historischen Jesus dienen letztendlich dazu, diesen Prozess zutage zu fördern. Dass im Laufe dieses Prozesses für die gleichen Fragen unterschiedliche, ja konträre Lösungen angeboten werden, scheint für die urchristliche Überlieferung kein Problem zu sein. Was durch ein ursprüngliches Traditionsstück abgesteckt wird, ist ein bestimmtes *Lebensfeld*, das innerhalb der Gruppe, die diese Tradition weiterpflegt, nicht mehr betreten werden kann, ohne dass das Verhalten auf diesem Lebensfeld *diskutiert* und *argumentativ gerechtfertigt* werden muss. Also: Mit der Geschichte von der Fastenfrage wurde das Fastenverhalten der Jesusjünger zum Thema gemacht und damit ein verpflichtendes Terrain für theologische Diskussionen abgesteckt. Wir haben die theologischen Bewegungen auf diesem Feld beobachtet. Das Entscheidende ist: Damit wurde der Gang der Diskussion angekurbelt, nicht deren Ende oder gar definitiver Ausgang festgelegt.

Gedeutete Jesusworte

Vielleicht wäre es uns manchmal lieber, wir hätten das originale Jesuswort *ad verbum* aufgezeichnet. Aber: Das originale Wort Jesu würde (a) nur den irdischen Wanderprediger festhalten, der zu seiner Zeit im Zwielicht vieler Fragen und Anfeindungen stand; das originale Jesuswort ist (b) im strengen Sinn des Wortes nicht christlich. Denn christlich wird ein Jesuswort erst durch die Brille von Ostern, d. h. so wie Jesus mit den Augen der ersten Glaubenden gesehen wurde. Das originale Jesuswort wäre schließlich (c) jeder beliebigen Deutung ausgeliefert. Indem die originalen Jesusworte und -taten in den Geschichten der späteren Evangelien durch die Brille von Ostern christlich gefasst und in eine sprachliche Form gebracht wurden, bekamen sie einen klaren Richtungssinn. Sie sind in diesem Sinn *Nachfolgemodelle*, Versuche, konkretes christliches Gemeindeleben zu strukturieren. Dass dabei die augenblickliche Gegenwart sowohl die Auswahl (Selektion) als auch die Aufbereitung (Mutation) der jeweiligen Jesuserinnerung bestimmt, gehört zu den Kennzeichen verantworteter Nachfolgeversuche.

6 Selbstständiger Versuch

Aufgabe 24

Zeichnen Sie die Überlieferungsgeschichte von Mk 2,1–12 nach!

Gehen Sie gemäß den in Punkt 2 beschriebenen Arbeitsschritten vor! Sie können auf das literarkritische Ergebnis (§ 4/3.2), auf die Gattungsbestimmung der ältesten Schicht (vgl. Aufgabe 16, S. 207) sowie auf den dafür eruierten „Sitz im Leben" (vgl. Aufgabe 19, S. 235) zurückgreifen. Arbeiten Sie für die erste Traditionsstufe die speziellen Interessen heraus, die im Rahmen der typischen Verwendungssituation verfolgt werden. Gehen Sie den Veränderungen auf der Zeit- und Situationsachse nach: Warum wird die ursprüngliche Geschichte durch einen Einschub erweitert? Welche Gattung ist für den Einschub prägend? Welche Intention steckt also dahinter?

Die dritte Stufe (markinische Redaktion) ist Gegenstand der Redaktionsgeschichte (§ 10/3.2.1).

Aufgabe 25

Diese Aufgabe beschäftigt sich mit einem anderen großen jüdischen Wundertäter, der etwa ein Jahrhundert vor Jesus vermutlich ebenfalls in Galiläa gewirkt hat und in Jerusalem durch Steinigung zu Tode gebracht worden ist, weil er nicht bereit war, sich in den Parteikämpfen der Hasmonäer auf eine Seite ziehen zu lassen (65 v. Chr.). Von Choni, dem Kreiszieher, ist die Rede. Die Überlieferungen von ihm finden sich bei Flavius Josephus (Ant XIV 22–24), vor allem aber in der rabbinischen Literatur. Bis sie dort Eingang finden konnten, haben sie eine lange Geschichte hinter sich gebracht. Und darum geht es hier. An einem exemplarischen Textbeispiel sollen Sie den Spuren dieser Überlieferungsgeschichte nachgehen.

Der Text, den Sie bearbeiten werden (mTaan 3,8), steht im Mischnatraktat Taanit („Fasttage"), der wie der Traktat Schabbat zur Ordnung Moed („Festzeiten") gehört (s. Aktuelles Lexikon „Mischna"). Er handelt von einem Regenwunder Chonis und verrät etwas über den Hintergrund seines Beinamens „der Kreiszieher". Die Aufgabe selbst ist als Kooperation mit einem erfahrenen Spezialisten auf diesem Feld gedacht: Michael Becker hat diesen prominenten Mischnatext über Choni in seiner Dissertation „Wunder und Wundertäter im frührabbinischen Judentum" (s. 6.2) ausführlich auf seine Überlieferungsgeschichte hin analysiert (298–329). Ihn können Sie einerseits nach Belieben konsultieren, andererseits steht es Ihnen frei, aufgrund Ihrer Methodenkenntnisse und entlang der Impulsfragen eigenständig Ihren Weg zu gehen, wobei Sie das Vorgehen, die Argumente und die Ergebnisse ständig gegenseitig kontrollieren können.

Aber nun ans Werk: Sie finden den Mischnatext bei M. BECKER, Wunder** 298f., in Sinnabschnitte gegliedert (A–R). Am besten kopieren Sie sich den Text, damit Sie ihn nach Herzenslust bearbeiten können.
Impulsfragen:

1. Führen Sie zunächst die literarkritische Analyse durch und erstellen Sie ein Schichtenmodell! Hilfreich ist es dabei, auf Personenwechsel zu achten, auf die unterschiedlichen Interaktionen sowie auf das eigentliche Mittel, durch das das Regenwunder bewirkt wird – oder bewirkt werden soll!

2. Welche Gattung hat die älteste Schicht? Welches Ziel verfolgt diese (fragmentarisch erhaltene) Geschichte? Wer sind vermutlich die Tradenten? Wie stehen sie zu Choni?
3. Welche Gattung entsteht durch die Anlagerung der Textelemente B–D sowie M–O auf der zweiten Überlieferungsstufe? Wer wird auf dieser Stufe (noch) als Autorität anerkannt? Was bedeutet das im Blick auf die Einstellung der Tradenten zu Choni?
4. Welche Gattung liegt für die dritte Überlieferungsstufe vor? Wer hat jetzt das „letzte Wort"? Aus welcher Perspektive wird Choni auf dieser Überlieferungsstufe beäugt?
5. Welche Interessen haben die Redaktoren der Mischna am vorliegenden Traditionskonglomerat? Welchen „Wert" hat für sie das Regenwunder?
6. Vgl. Sie die Überlieferungsgeschichte des Choni-Wunders mit der des Jesus-Wunders in Mk 2,1–12! Welche Unterschiede ergeben sich hinsichtlich der Verhältnisbestimmung von schriftgelehrter Norm und Wunder?

7 Literaturhinweise

7.1 Zur Methode

E. Blum, Art. Überlieferungsgeschichte, in: NBL III (2001) 941f.

S. Kreuzer/D. Vieweger u. a., Proseminar I. Altes Testament. Ein Arbeitsbuch, Stuttgart 1999 (§ 6: Überlieferungskritik und Überlieferungsgeschichte).

O. H. Steck, Exegese des Alten Testaments. Leitfaden der Methodik. Ein Arbeitsbuch für Proseminare, Seminare und Vorlesungen, Neukirchen-Vluyn [12]1989 (§ 5: Überlieferungsgeschichtliche Fragestellung).

7.2 Exemplarische Durchführungen

M. Becker, Wunder und Wundertäter im frührabbinischen Judentum. Studien zum Phänomen und seiner Überlieferung im Horizont von Magie und Dämonismus (WUNT II/144), Tübingen 2002.

M. Theobald, Herrenworte im Johannesevangelium (Herders biblische Studien 34), Freiburg i. Br. 2002.

M. Waibel, Die Auseinandersetzung mit der Fasten- und Sabbatpraxis Jesu in urchristlichen Gemeinden, in: G. Dautzenberg u. a. (Hrsg.), Zur Geschichte des Urchristentums (QD 87), Freiburg i. Br. 1979, 63–96.

§ 10 Theologische Relecture: Redaktionsgeschichte

1 *Von der Information zur Publikation*

Die Aufbereitung und Weitergabe von Nachrichten bildet das Rückgrat der modernen Informationsgesellschaft. Ob wir eine Zeitung aufschlagen, *Tagesschau, Heute-Journal* oder eine andere Nachrichtensendung ansehen, uns im *World Wide Web* online informieren oder mit Hilfe eines speziellen Magazins in die Hintergründe eines Themas vertiefen - selten erhalten wir die Nachrichten „pur", sondern von einem Heer von Mitarbeitern aufbereitet und für die jeweilige Zielgruppe „schmackhaft" gemacht. Diesen Vorgang bezeichnet die moderne Publizistik als *redigieren* bzw., mit dem Substantiv, als *Redaktion;* die Personen, die mit dieser Arbeit betraut sind, heißen dementsprechend *Redakteure.*[1] Was genau sie tun, verrät uns Martin Schwab, Redakteur „Kirche und Welt" des *Würzburger Katholischen Sonntagsblatts,* der Kirchenzeitung der Diözese Würzburg:[2]

Interview mit einem Redakteur

ENT (Exegese des Neuen Testaments): Gibt es ein Symbol, ein Bild, mit dem Sie Ihre Tätigkeit als Redakteur beschreiben würden?

Schwab: Vielleicht zwei. Ich nehme Ereignisse aus dem kirchlichen Leben genauer unter die Lupe und stelle manche davon mit einem Scheinwerfer in helleres Licht.

Wo kommen die Themen her?

ENT: Sie suchen wöchentlich nach Themen für das Bistumsblatt, die interessant für eine Leserschaft aus ganz Unterfranken sein sollen. Woher beziehen Sie Ihre Informationen?

Schwab: Im Lokalressort versorgen uns rund 100 freie Mitarbeiterinnen und Mitarbeiter aus dem ganzen Bistum mit Stoff - vom Schriftführer des Pfarrgemeinderats bis zum Journalisten von Tageszeitungen. Termine von besonderer Bedeutung für das ganze Bistum, beispielsweise die Vollversammlung des Diözesanrats der Katholiken, besetzen wir auch selbst mit einem Redakteur. Im Bereich „Kirche und Welt" ist die Hauptquelle die

1 *Redigieren,* von frz. *rédiger* = „zurückführen, spez. einen Manuskripttext auf eine druckfertige Form zurückführen, einen Text in Ordnung bringen", gehört zu einer Reihe von Fremdwörtern aus dem Bereich der Publizistik und des Zeitungswesens (wie Feuilleton, Annonce etc.), die im 18. Jh. in die deutsche Sprache übernommen wurden. Ein *Redakteur* ist dementsprechend „jemand, der Beiträge für die Veröffentlichung (in Zeitungen, Zeitschriften, Sammelwerken u. ä.) bearbeitet und eigene Artikel verfasst" (Duden).

2 Das Interview führte *Birgit Pottler,* freie Mitarbeiterin beim *Würzburger Katholischen Sonntagsblatt* und ehemalige studentische Hilfskraft am Lehrstuhl für Neutestamentliche Exegese der Universität Würzburg.

Katholische Nachrichtenagentur (KNA) und die entsprechende Bildagentur. Für die theologischen Themen haben wir feste freie Mitarbeiter mit den entsprechenden theologischen Qualifikationen, die auf Anfrage arbeiten. Sie stammen hauptsächlich aus dem Bistum. Manche kommen aber auch von außerhalb, beispielsweise aus Rom.

Nach welchen Kriterien wird ausgewählt?

ENT: Nach welchen Kriterien wählen Sie aus?

Schwab: Die Themen müssen über den eigenen Kirchturm hinaus von Interesse sein. Sie sollen die Vielfalt der Kirche widerspiegeln und anregend sein. Die eigenen Vorlieben kann man da zwar nicht ganz ausschalten, doch zu professioneller journalistischer Arbeit gehört es dazu, sie im Zaum zu halten und zu minimieren. Entscheidend ist …

ENT: … die Zielgruppe?

Schwab: Genau. Die Zielgruppe sind kirchlich interessierte und engagierte Frauen und Männer in ihrer ganzen Bandbreite – vom stockkonservativen Katholiken bis zum Kirchenreformer.

ENT: Spielen Kirche und Theologie eine große Rolle in Ihrer Tätigkeit?

Schwab: Kirche und Theologie sind da klar zu trennen. Die Bedeutung ist ressortabhängig. In meinem jetzigen Ressort spielt Theologie die Hauptrolle, als Bistumsredakteur waren theologische Fragen eher untergeordnet. Kirche ist natürlich wegen der klaren Zielgruppe immer von Bedeutung. Im Lokalressort die Ortskirche, das Leben im Bistum, in den anderen Teilen der Zeitung eher die deutsche Kirche oder die Weltkirche.

Welche Rolle spielen die Leserinnen und Leser?

ENT: Erscheinen die Leserinnen und Leser bei der Themen- und Textauswahl vor dem geistigen Auge des Redakteurs?

Schwab: Ich persönlich stelle mir einfachere Menschen vor, weil diese, wie wir aus einer Leseruntersuchung wissen, den Hauptteil der Leserinnen und Leser bilden. Ein kleines Beispiel: In der aktuellen Ausgabe habe ich eine kleine Reportage über „Königin Elisabeth besucht den Papst" gebracht. So im Stil „Große alte Königin besucht großen alten Kirchenmann und beide mögen sich." Das ist einfach etwas für das Herz des Katholiken, egal ob in der Rhön, am Untermain oder in den Hassbergen. Man könnte auf die Seite auch eine moraltheologische Bewertung der Menschenrechtscharta der EU stellen, aber das ginge meiner Ansicht nach etwas an der Lesergruppe vorbei. Nicht dass ich jetzt missverstanden werde: Die Charta und ihre theologische Bewertung haben auch ihren Platz, aber sie sollten angesichts der Zielgruppe nicht den Schwerpunkt bilden. Auf den Seiten über die Ortskirche ist das etwas anders. Da ist vieles – zumindest für die Menschen aus der entsprechenden Region oder aus dem Dorf – interessant, weil es einen lokalen Bezug hat.

ENT: Das Bearbeiten der Themen erledigen Sie allein, oder gibt es da eine Art Mitarbeiterstab?

Schwab: Im Lokalressort gab es einen kleinen Mitarbeiterstab, beispielsweise die Volontärin oder einen Kollegen, der mitgeholfen hat. Darüber hinaus beauftragt man freie Mitarbeiterinnen, beispielsweise Studentinnen, die einmal im Sonntagsblatt ein Praktikum absolviert und damit eine Art journalistische Grundausbildung erhalten haben, Termine zu besuchen und darüber zu schreiben.

Nach welchen Regeln wird redigiert?

ENT: Bearbeiten und Redigieren der Artikel funktioniert sicher nicht beliebig …

Schwab: … sondern nach den klassischen journalistischen Grundregeln für verschiedene Gattungen. Bei Berichten also immer das Wichtigste zuerst, bei Reportagen muss ein roter Faden und ein spannender Einstieg sowie ein origineller Schluss gefunden werden. Je nach Qualität der Mitarbeiter reicht die Bearbeitung von kleineren Verbesserungen und einer anderen Überschrift bis zum Völlig-neu-Schreiben.

ENT: Was macht eine gute Überschrift aus?

Schwab: Sie reizt zum Lesen und gibt eine Erstinformation.

ENT: Was braucht der Redakteur, um Artikel auf einer Seite druckreif zu gestalten?

Die Bedeutung der Bilder

Schwab: Große, schöne Bilder, technisch okay mit einem ausdrucksstarken Motiv. Wieder ein Beispiel aus der neuen Ausgabe: Ich habe dort auf den Seiten Weltkirche ein großes Bild platziert, auf dem sich in Jerusalem ein Palästinenser und ein israelischer Soldat ganz dicht gegenüberstehen. Der israelische Soldat schreit den Palästinenser an und zeigt mit dem Finger „Du sollst verschwinden". Der Palästinenser drückt seine Faust in die kugelsichere Weste des Soldaten und schreit zurück. Beide sind umringt von Menschen. Die Situation steht kurz vor der Eskalation. In diesem Motiv drückt sich fokussiert der ganze Nah-Ost-Konflikt aus. So ein Bild vermittelt mehr als jeder Artikel.

ENT: Das heißt, Bilder sind notwendig, um den Lesern eine Botschaft zu vermitteln …

Schwab: … ja. Das wird mir immer mehr bewusst.

ENT: Ein Vorteil für den Redakteur gegenüber den Evangelisten …

Schwab: … unbedingt. Aber die Evangelisten hatten ja auch nicht gerade mit medialer Reizüberflutung zu kämpfen.

Redaktionsprozesse in einer Kirchenzeitung

Die Aufbereitung kirchlicher Nachrichten für den Druck in der Kirchenzeitung lässt sich demnach grob so skizzieren: Am Anfang steht das *Sammeln* von Informationen, die aus verschiedenen *Quellen* stammen: aus dem Ticker der Nachrichtenagenturen (KNA, *kathpress*), von hauseigenen oder freien Mitarbeitern. Auch unverlangt eingesandte Beiträge und Manuskripte landen auf dem Redaktionstisch. Der nächste, sehr weit reichende Schritt betrifft die *Auswahl* der Informationen. Die Frage lautet: Welchen Beitrag bringe ich, welchen nicht? Die Abwägung für oder gegen einen Beitrag ist nicht nur von sachlichen Gründen bestimmt („Vielfalt der Kirche widerspiegeln"), auch persönliche Vorlieben des Redakteurs fließen mit ein. Entscheidend aber ist die Zielgruppe, im Fall des *Würzburger Katholischen Sonntagsblatts* also „einfachere kirchlich interessierte und engagierte Frauen und Männer". Schließlich dürften auch äußere Faktoren bei der Auswahl der Beiträge eine Rolle spielen, wenngleich sie im Interview nicht zur Sprache gebracht werden: Je nachdem, ob ich mehr oder weniger Seiten für mein Ressort zur Verfügung habe, können mehr oder weniger Artikel im *Sonntagsblatt* erscheinen. Die dritte Phase der Redaktionsarbeit gilt der *Modifikation* der Beiträge. Manchmal, so erfahren wir, genügen kleinere Verbesserungen, es kommt aber auch vor, dass ganze Artikel komplett neu geschrieben werden müssen. Der Normalfall sieht die sprachliche und inhaltliche Überarbeitung „nach den klassischen journalistischen Grundregeln für verschiedene Gattungen" (bei Berichten: das Wichtigste zuerst; bei Reportagen: roter Faden, spannender Einstieg, origineller Schluss) vor; dazu gehört es auch, Artikel gegebenenfalls zu kürzen (bei geringem Platzangebot) bzw. sie unter Hinzuziehung weiterer Informationen zu ergänzen bzw. zu erweitern. Endlich gilt es, für die einzelnen Beiträge passende Überschriften zu finden. Sie brauchen einen gewissen Pepp, damit sie die Aufmerksamkeit des Lesers und der Leserin auf den entsprechenden Artikel lenken. Eine gute Überschrift „reizt zum Lesen und gibt eine Erstinformation". Mit der Formulierung der Überschriften ist die Arbeit aber noch nicht zu Ende. Als vierter und letzter Schritt steht noch die *Platzierung* der ausgewählten und überarbeiteten Artikel auf den zur Verfügung stehenden Seiten an: Welcher Beitrag erscheint auf der ersten Seite, welcher evtl. mit Bild, welcher eher am Rande. Skizziert sieht das Ganze so aus:

Der Prozess der Redaktion

INFORMATION
Sammeln
Auswählen
Bearbeiten
Anordnung
PUBLIKATION

} REDAKTION

2 Die Redaktion der Evangelien

Nun ist das *Würzburger Katholische Sonntagsblatt* kein Evangelium und hat der Redakteur „Kirche und Welt“ des besagten Blattes (bei aller persönlichen Wertschätzung) einen anderen Rang als die *(End)Redaktoren* der Evangelien, die wir unter den Namen Matthäus, Markus, Lukas und Johannes kennen. Dennoch ist beider Arbeit vergleichbar, und zwar viel besser, als es auf den ersten Blick scheinen will. Denn auch die Evangelisten bereiten „kirchliche Nachrichten“ für den „Druck“ (der damals noch kein Druck war, s. § 1) bzw. die Veröffentlichung auf, und die Mechanismen, die dabei zur Anwendung gelangen, sind im Wesentlichen dieselben wie heute:

(1) *Sammeln*: Lukas hält im Vorwort seines Evangeliums, dem so genannten *Proömium*, ausdrücklich fest, dass er allem von Anfang an genauestens nachgegangen sei (Lk 1,3). Wie Matthäus hat auch er nicht nur das Markusevangelium und die Logienquelle als Quellen benutzt, sondern weitere „Nachrichten“ über Jesus ausfindig gemacht und sie in sein Evangelium eingearbeitet (z. B. Kindheitsgeschichten, Ostererzählungen). Möglicherweise unterstützten ihn auch „freie Mitarbeiter“. Falls das „Wir“ in den „Wir-Berichten“ der Apostelgeschichte nicht literarische Fiktion ist, greift Lukas dort aller Wahrscheinlichkeit nach auf das Reisetagebuch eines Paulusbegleiters (Silas?) zurück. Sammeln

J. WEHNERT, Die Wir-Passagen der Apostelgeschichte. Ein lukanisches Stilmittel aus jüdischer Tradition (GTA 40), Göttingen 1989.

Auswählen

(2) *Auswählen*: Nicht alles, was an Informationen über „die Ereignisse, die sich bei uns erfüllt haben" (Lk 1,1) vorlag, fand Eingang in die Evangelien. Lukas selbst lässt - trotz gegenteiliger Absichtserklärungen (vgl. Lk 1,3) - beispielsweise Mk 6,45–8,26 komplett unter den Tisch fallen, weil er offenbar Doppelungen (das zweite Speisungswunder Mk 8,1–10) oder anstößige Aussagen (Mk 6,52; vgl. auch Mk 3,20f.) vermeiden möchte und Auseinandersetzungen über Reinheitsfragen der jüdischen Religion zur Zeit, da Lukas schreibt, nicht mehr aktuell bzw. für seine Leserschaft nicht mehr von Interesse sind! Ähnlich geht Matthäus im Fall der beiden Aussendungsreden vor, die ihm sowohl in einer markinischen (vgl. Mk 6,6–13) wie in einer Q-Fassung (vgl. Lk 10,1–16) vorlagen und die er zu *einer* Aussendungsrede verschmolz (Mt 10,1–42). Ausgelassen hat er z. B. die Dämonenaustreibung in der Synagoge von Kafarnaum (vgl. Mk 1,23–28) oder die Perikope vom fremden Exorzisten (vgl. Mk 9,38–41).

Überarbeiten

(3) *Überarbeiten*: Synoptischer Vergleich und Literarkritik haben gezeigt: Keiner der Synoptiker übernimmt seine Traditionen unverändert, selbst Markus nicht. Dabei reicht die Spannweite von stilistischen Verbesserungen, wie sie Lukas häufig an seiner Markusvorlage anbringt, über Umstellungen innerhalb einer Perikope (vgl. Mt 4,3–11 par Lk 4,3–13) bis hin zu kleineren oder auch größeren Kürzungen und Erweiterungen der vorgefundenen Überlieferung. Matthäus beispielsweise zeigt in den Wundergeschichten eine klare Tendenz zur Konzentration auf das (von Jesus) gesprochene Wort; dementsprechend werden die erzählerischen Elemente massiv beschnitten (vgl. Mt 9,1–3 par Mk 2,1–5; Mt 3,18–26 par Mk 5,21–43 u. ö.). Andererseits fügt er gerne Schriftzitate ein,[3] während Lukas des Öfteren Ergänzungen geographischer (vgl. Lk 5,17 diff Mk 2,1) und historiographischer Art (Lk 3,1f.: der berühmte lukanische Synchronismus!) einbringt. Topographische Angaben zu Beginn der Perikopen stammen in der Regel ebenfalls vom Evangelisten (vgl. Mk 2,1f.13; 4,1.35; 5,1.21 u. ö.); gängig sind weiter erläuternde Zusätze in Form von Erzählerkommentaren, wie sie häufig im Johannesevangelium (Joh 2,17.21 u. ö.; in 12,38–41 in Verbindung mit einem Schriftzitat [s. § 2]), aber auch bei Markus zu finden sind (Mk 2,15d–e; 7,3). Selbst „Überschriften" fehlen nicht: Lukas stellt sowohl dem Gleichnis von Richter und Witwe (Lk 18,1: „Er sagte ihnen aber ein Gleichnis mit Bezug darauf, dass sie allezeit beten und nicht müde werden sollten") wie dem darauf folgenden Gleichnis vom Pharisä-

3 Vgl. nur die so genannten Erfüllungszitate in Mt 1,23; 2,6.15.18; 4,15f.; u. ö.

er (18,9: „Er sagte aber auch zu einigen, die zu sich selbst das Vertrauen hatten gerecht zu sein und die anderen verachteten") eine Art Zweckbestimmung voraus. Verschiedentlich kommt es sogar vor, dass ganze Stücke aus der Feder des Evangelisten stammen wie im Fall der *Summarien*, generalisierender Berichte der Heilungstätigkeit Jesu (Mk 1,32–34) oder des Gemeindelebens (Apg 2,44–47; 4,32–35).

Anordnen

(4) *Anordnen*: Die entscheidende Leistung der Evangelisten bestand darin, Einzelüberlieferungen, kleinere Sammlungen und umfangreichere Quellen (wie den Passionsbericht oder die Logienquelle) zu einem größeren Ganzen zusammenzufügen. Dabei gehen sie durchaus unterschiedlich vor. Während Markus seine Traditionen vor allem in einen chronologischen und topographischen Rahmen spannt,[4] legen Matthäus und Lukas eine stärker systematisierende Vorgehensweise an den Tag. Beide Seitenreferenten stellen thematisch verwandte Texte z. B. durch Stichwortanschluss zusammen (Lk 11,1–13 zum Thema Bitte und Gebet; Lk 12,13–34 zum Thema Besitz; Mt 18,1–35 zum Thema Gemeinde), speziell Matthäus verbindet einzelne Logien und Spruchkompositionen zu (fünf) langen Reden.[5] Wie Lukas (vgl. Lk 15: drei *Gleichnisse*) liebt es auch Matthäus, Geschichten nach Gattungen zu gruppieren; das neben der Gleichnisrede Mt 13 bekannteste Beispiel ist der Zyklus von zehn Wundergeschichten in Mt 8f.

Erzählerisch profilieren

(5) *Erzählerisch profilieren*: Im Unterschied zur Kirchenzeitung (und anderen Zeitungen) erzählen die Evangelisten allerdings eine fortlaufende Geschichte, d. h. die einzelnen „Artikel" stehen nicht jeweils für sich abgeschlossen nebeneinander, sondern bilden durch die angesprochene chronologische und topographische Rahmung eine *Story*, die von den Verfassern der Evangelien auf ihre je eigene Weise erzählerisch profiliert und in Texte gegossen wird. Die im Rahmen der narratologischen Analyse notierten Prolepsen und Analepsen, die Erzählerkommentare und die bei der Analyse der Pragmatik eines Textes eruierte Leserlenkung muss deshalb mit berücksichtigt werden.

---

4 Abzulesen an den topographischen Hinweisen und Zeitangaben am Beginn und Ende der einzelnen Perikopen, vgl. etwa Mk 1,21 („am Sabbat"); 1,32 („am Abend, nach Sonnenuntergang"); 1,35 („in der Frühe, als es noch völlig Nacht war"); 2,1 („nach Tagen") sowie 1,39 („in ganz Galiläa"); 1,45 („an einsamen Orten"); 2,1 („in Kafarnaum").

5 Mt 5–7: Bergpredigt; Mt 10: Aussendungsrede; Mt 13: Gleichnisrede; Mt 18: Gemeinderede; Mt 23–25: Weherede gegen Pharisäer und Schriftgelehrte/Endzeitrede. Alle Reden enden stereotyp mit der Formel: „Und es geschah, als Jesus alle diese Worte beendet hatte …" (vgl. Mt 7,28; 11,1; 13,53; 19,1; 26,1).

3 Redaktionskritik: Definition und Vorgehensweise

3.1 Definition

Man könnte sagen, die Redaktionskritik[6] stellt eine Antwort auf unterschiedliche Leseeindrücke dar: Warum akzentuiert Lukas die Geschichte Jesu denn anders als es noch Markus tut, und was ist wiederum für Johannes bzw., genauer, den Evangelisten und die johanneische Redaktion der Anlass für die im Vergleich mit den Synoptikern so völlig anders geartete Relecture der Geschichte Jesu? Darauf antwortet die Redaktionskritik, indem sie

(1) das theologische Profil des jeweiligen Werkes (Matthäus, Markus ...) bzw., allgemeiner, die Intention des (impliziten) Autors in methodisch sauberer Weise zu erfassen sucht und

(2) nach den Faktoren fragt, die bei der Bearbeitung des vorgegebenen Materials und seiner Anordnung (Komposition) bestimmend waren.

Autor – Leser

Ziel ist die Erklärung des Werkes in seiner jetzigen Gestalt, wozu die Angabe des historischen und theologischen Standortes des Verfassers (Evangelisten) ebenso gehört, wie die Situation der angesprochenen Adressaten mit einzubeziehen ist („dritter Sitz im Leben"). Die Redaktionskritik widmet sich also dezidiert dem Erzählkontext, d. h. geht der Relation zwischen Autor und Leser unter historischen Gesichtspunkten nach (s. § 2/2.3.1).

3.2 Die Arbeitsweise der Redaktionskritik

Vom Einzel- zum Gesamttext

Die redaktionelle Arbeit eines Evangelisten wird am besten erfasst, wenn man vom Einzel- zum Gesamttext voranschreitet, also das Interesse zunächst stets auf die einzelne Perikope konzentriert und von da aus die Betrachtung auf das gesamte Evangelium ausweitet. Damit ist die Arbeit aber noch nicht zu Ende. Weil auf diese Weise rein deskriptiv das theologische Profil des jeweiligen Werkes erhoben würde, die bei der Relecture wirksamen Motive und einflussreichen Faktoren aber außer Acht blieben, bedarf es noch eines Blicks über den Tellerrand des Textes hinaus: Der „historische und kultu-

---

6 An Stelle des Begriffs *Redaktionskritik* findet sich in der einschlägigen Literatur häufig der Terminus *Redaktionsgeschichte*. Der Begriff passt m. E. besser auf das *Ergebnis* des hier zu verhandelnden Methodenschritts, also den Aufweis einer oder mehrerer Redaktionen des ursprünglichen Textes und die Nachzeichnung dieses Prozesses bis hin zum Endtext. Das Verfahren selbst heißt Redaktionskritik, oder anders formuliert: Die Anwendung der Redaktionskritik führt zum Aufweis der Redaktionsgeschichte.

relle Außer-Rede-Kontext"[7] ist mit zu berücksichtigen, d. h. es ist nach möglichen politischen und kirchengeschichtlichen Entwicklungen, nach kulturellen Prägungen und Mustern, denen Verfasser (Evangelist) wie Adressaten (Gemeinde) ausgesetzt sind, zu fragen. Im Einzelnen sind es vier Aspekte, die bei der Analyse der Redaktion zu beachten sind und die wir im Folgenden, soweit möglich, jeweils an unserem Beispieltext Mk 2,1–3,6 parr veranschaulichen.

3.2.1 Die Bearbeitung vorgegebener Materialien durch den Redaktor

Voraussetzung: Scheidung von Tradition und Redaktion

Die Basis aller Redaktionskritik ist das Wissen darum, was an einem konkreten Text *materialiter* auf den Redaktor zurückgeht und was er aus der Tradition übernommen hat. D. h. die Redaktionskritik setzt die Scheidung von Tradition und Redaktion durch die Literarkritik voraus bzw. beruht, soweit es Matthäus und Lukas betrifft, auf den Ergebnissen des synoptischen Vergleichs. Damit partizipiert die Redaktionskritik natürlich auch an den Unsicherheiten, die allen literarkritischen Hypothesen von Haus aus zu Eigen sind.

Literarkritik von Mk 2,1–3,6

Unter diesen Prämissen lässt sich für Mk 2,1–3,6 als Minimum festhalten: Die ihm vorliegende apophthegmatische Wundergeschichte 2,1–12* hat Markus mit einer Einleitung versehen (V. 1f.), die das Geschehen in Kafarnaum lokalisiert und eine Volksmenge bereitstellt („und es versammelten sich viele"), an die Jesus „das Wort" richten kann. Darüber hinaus hat der älteste Evangelist die Öffnung des Daches um die Information, es sei abgedeckt worden (V. 4b), erweitert. Das Motiv von der Volksmenge und der Lehre Jesu kehrt in dem ebenfalls redaktionellen V. 13 wieder, der die nachfolgende Berufungsgeschichte (2,14) und das Zöllnergastmahl (2,15–17) einleitet. Beider Verbindung dient der markinische Erzählerkommentar V. 15d–e („es waren nämlich viele, und sie folgten ihm nach"). In 2,18–22 dürfte wiederum die Einleitung (V. 18a: „und die Jünger [des] Johannes und die Pharisäer fasteten") ebenso von Markus stammen wie die Präzisierung des Fastentermins in V. 20d („an jenem Tag"). Bezüglich der nachfolgenden, literarkritisch traditionell kontrovers diskutierten Perikope vom Ährenraufen am Sabbat (2,23–28) sprechen wohl doch die besseren Argumente für das Schriftzitat (V. 25f.) als markinischem Einschub. Relativ einig sind sich die Ausleger dann wieder beim Schlussstück unseres Textsegments, der Heilung der vertrockneten Hand am Sabbat Mk 3,1–6, wo mindestens der Tötungsbeschluss am Ende (V. 6), vielleicht auch das Umherblicken und die Gefühlsregung in V. 5 („betrübt über die Verhärtung ihres Herzens") sowie das „wiederum" in V. 1 auf die Hand des Redaktors zurückgehen könnten.

7 Vgl. E. COSERIU, Textlinguistik. Eine Einführung, hrsg. und bearb. von J. Albrecht, Tübingen [3]1994, 128–134.136f. Für Coseriu wird der Außer-Rede-Kontext durch *alle* nicht-sprachlichen Umstände konstituiert. Für unsere Zwecke können wir aber die von Coseriu noch genannten physikalischen, empirischen und natürlichen Kontexte vernachlässigen.

Markus als Redaktor

Aus den Einzelbeobachtungen ergibt sich zumindest ansatzweise bereits ein erstes Bild der Redaktionstätigkeit des jeweiligen Evangelisten. In unserem Fall: Markus benutzt offenbar besonders die Einleitungen (2,1f.; 2,13; 2,18a) und – mit Abstrichen – auch die Ausleitungen (3,6), um ursprünglich isolierte Überlieferungsstücke mit einem topographischen (2,1: „in Kafarnaum"; 2,13: „am Meer") und chronologischen Rahmen (2,1: „nach Tagen") zu versehen. Dabei fällt auf, dass der älteste Evangelist im Vergleich zu seiner Vorlage Jesus weitaus deutlicher als Lehrer konturiert, der die Massen anzieht und sich seinen schriftgelehrten Gegnern nun auch im Zitieren der Schrift als überlegen erweist (2,25f.). Gewisse Aufschlüsse über den historischen Standort des Verfassers liefern der Tötungsbeschluss in 3,6 sowie die Information, dass die Jünger des Johannes und die Pharisäer fasteten (2,18a). Letzteres lässt schon einen gewissen Abstand zum Erzählten erkennen, und auch die Beteiligung der Pharisäer am Tod Jesu erscheint unter historischem Blickwinkel extrem unwahrscheinlich. Zweifelhaft bleibt, ob man darüber hinaus das Abdecken des Daches 2,4b, das ja einen anderen kulturellen Kontext voraussetzt (hellenistisches Ziegeldach, vgl. Literarkritik!), sowie den Latinismus in 2,23 (zusammen mit anderen Latinismen im Markusevangelium) dahingehend auswerten darf, Markus habe sein Evangelium in Rom oder Italien geschrieben. Solche Beobachtungen bedürfen der Vertiefung und Bewertung durch den historischen und kulturellen Außer-Rede-Kontext (s. u.).[8]

3.2.2 Thematische Schwerpunkte

Der Zustrom der Menge und die damit einhergehende Belehrung sind ein Motiv, das bei Markus nicht nur in 2,2 und 2,13, sondern auch in 4,1f.; 6,34 und 10,1 vorkommt. Genau diesen Umstand machte sich ja die Literarkritik zunutze, um die genannten Verse bzw. Teile davon der Hand des Evangelisten zuzuweisen (Stichwort: Parallelen). Daran knüpft die Analyse *thematischer Schwerpunkte* an, bleibt aber nicht bei der Zuschreibung der betreffenden Textelemente an den jeweiligen Evangelisten stehen, sondern bemüht sich um deren Beschreibung und Interpretation. Nicht nur, wie oft Markus, Matthäus oder Lukas eine bestimmte sprachliche Wendung einsetzen, ist hier der Gegenstand des Interesses, sondern mehr noch, wo und wie sie es tun. Neben der Wortstatistik schlägt also

8 Vgl. § 2/3.3 (zum intendierten Leser des Markusevangeliums und seinem Setting).

hier die Stunde der Konkordanz und der biblischen bzw. theologischen Wörterbücher.

3.2.3 Auswahl und Anordnung der Stoffe

Auswahl der Stoffe

Thematische Schwerpunkte zeigen auf positive Weise, wo die (theologischen) Vorlieben eines Autors liegen. Das gilt nicht minder für die *Auswahl der Stoffe*, die freilich auch - unter dem Gesichtspunkt der Auslassung betrachtet und damit gleichsam als negatives Gegenstück - das mangelnde Interesse an einem bestimmten Thema offen legen kann. Speziell für den kulturellen und zeitgeschichtlichen Standort eines Werkes können Auslassungen wichtige Indizien liefern. Wenn etwa Lukas Mk 6,45–8,26 komplett übergeht (vgl. S. 356) lässt sich das auch als Hinweis auf die veränderte zeitgeschichtliche Situation auswerten: Zur Zeit, da Lukas schreibt, sind Auseinandersetzungen über Reinheitsfragen der jüdischen Religion (vgl. Mk 7,1–23) offenbar nicht mehr aktuell bzw. für seine Adressaten von geringem Interesse. Das lässt auf eine heidenchristliche Leserschaft schließen (wofür es natürlich noch weitere Argumente gibt).

Anordnung

Neben der Auswahl der Stoffe ergeben sich auch aus deren *Anordnung* Aufschlüsse über die Absicht der Redaktoren. So hatte die sprachliche Analyse zu Mk 2,1–3,6 bereits gezeigt, dass die ursprünglich isoliert überlieferten Wundergeschichten und Apophthegmen nicht einfach planlos nebeneinander gestellt, sondern unter semantischen Gesichtspunkten und Aspekten der Gattung miteinander verbunden wurden: Drei Streitgespräche zum Thema Essen bzw. Nicht-Essen werden von zwei apophthegmatischen Wundergeschichten gerahmt, um die Vollmacht Jesu über Sabbat und zur Sündenvergebung zu demonstrieren.

Allerdings ist es gerade im Markusevangelium nicht immer leicht zu entscheiden, was in der Anordnung der Texte auf den Evangelisten zurückgeht und was ihm bereits durch die Tradition vorgegeben war. Ähnlich liegt der Fall ja auch bei Johannes. Entschieden einfacher gestaltet sich die Sache hingegen bei Matthäus und Lukas, weil wir hier die Anordnung der Stoffe ebenso wie ihre Auswahl anhand der von ihnen benutzten Quellen (Mk; Q) kontrollieren können. Nach welchen Kriterien dies geschieht, erhellt ein Blick in das Parallelenverzeichnis der Synopse: Beide Seitenreferenten stellen thematisch verwandte Texte z. B. durch Stichwortanschluss zusammen.

3.2.4 Zeitliche und theologische Einordnung

Ist geklärt, welche Bestandteile des Textes *materialiter* auf den Redaktor zurückgehen, und hat man sich einen Überblick über seine thematischen Vorlieben sowie die Auswahl und Anordnung der Stoffe verschafft, steht die theologische und historische Bewertung der Redaktionstätigkeit an, d. h. es ist nach dem historischen und theologischen Standort des Verfassers zu fragen. Methodisch kann man hier z. T. auf die Ergebnisse zurückgreifen, welche die Analyse des gesellschaftlichen und ideellen Hintergrundes erbracht haben, wobei es jetzt speziell um jene kulturellen Prägungen und Muster geht, die den redaktionellen Textanteilen zu eigen sind. Darüber hinaus sind auch kirchengeschichtliche Daten mit einzubeziehen, soweit sie sich aus dem Neuen Testament erheben lassen (die Gefahr des Zirkelschlusses ist hier natürlich besonders groß).

Wir illustrieren den Sachverhalt wieder am Markusevangelium. Im Zusammenhang mit der Frage nach dessen intendierten Lesern war uns schon das „römische Setting" dieses Evangeliums aufgefallen, abzulesen an einer Reihe von Latinismen sowie an der Übersetzung griechischer in römische Währungseinheiten. Darüber hinaus hatten wir aufgrund von Mk 13,1f. die Leserschaft (und damit selbstredend auch den Autor) in die Zeit nach 70 n. Chr. datiert, da die genannten Verse die Zerstörung Jerusalems durch die Truppen Vespasians bzw. seines Sohnes Titus vorauszusetzen scheinen. Für diese Datierung des Markusevangeliums nach 70 n. Chr. gibt auch die *Anordnung der Stoffe* weitere Argumente an die Hand, wenn man sie vor der Folie zeitgeschichtlicher Entwicklungen liest. Schon immer ist ja aufgefallen, dass die Reiseroute Jesu im Markusevangelium z. T. recht seltsam verläuft: Mit Jerusalem als Reiseziel vor Augen (vgl. Mk 8,31; 9,31; 10,33) bricht Jesus von Betsaida am See Gennesaret (Mk 8,22) zuerst in den Norden nach Cäsarea Philippi auf (Mk 8,27), um dann in den Süden nach Jerusalem zu reisen (Mk 8,31–11,11). Warum dieser Umweg? Dass Jesus ausgerechnet in Cäsarea Philippi als Messias, als jüdischer König, bekannt wird (Mk 8,29), könnte in direktem Zusammenhang mit der Reiseroute Vespasians im Jüdischen Krieg zu tun haben. Nach der Niederwerfung Galiläas 67 n. Chr. hatte Vespasian über den Winter hinweg eine Verschnaufpause in *Cäsarea Philippi* eingelegt, um von da aus den Zug nach Jerusalem vorzubereiten. Unmittelbar zuvor hatte ihm Josephus, der sich freiwillig gestellt hatte und sich von da an in Kriegsgefangenschaft befand, die Kaiserwürde prophezeit.[9]

Die hier bereits mit Händen zu greifende Vermutung, dass das Markusevangelium in unmittelbarer zeitlicher Nähe zum Aufstieg Vespasians zum Kaiser anzusiedeln ist, findet durch Mk 1,1 eine Bestätigung. Der Vers ist redaktionell, stammt also vom Evangelisten selbst, und fungiert als eine Art Überschrift für das gesamte Evangelium: Wieder lassen sich leicht Bezüge

9 Vgl. Jos., Bell III 443–446 (zum Aufenthalt des Vespasian in Cäsarea Philippi); die Voraussage der Kaiserwürde in Bell III 402.

zu Vespasian bzw., allgemeiner, zur römischen Kaiserideologie herstellen. Wenn Markus gleich zu Beginn und sehr prononciert vom *Evangelium* von Jesus Christus spricht, so konkurriert dies mit der im römischen Kaiserkult üblichen Verwendung des Begriffs, wo der Geburtstag des Kaisers, dessen Thronbesteigung oder auch die Heilung des Kaisers von einer Krankheit als *Evangelien*, als „frohe Botschaften" gefeiert werden.[10] Speziell im Fall Vespasians berichtet Josephus davon, dass die Proklamation Vespasians zum Kaiser im Osten des Reiches durch das Gerücht schneller als der Flug des Gedankens verbreitet wurde, „und jede Stadt feierte die guten Nachrichten (εὐαγγέλια) und brachte zu seinen Gunsten Opfer dar".[11] Auch die Titulierung Jesu als Sohn Gottes, die wir von einem christlichen Vorverständnis her vielleicht mit der jungfräulichen Empfängnis oder gar der Präexistenz Christi verbinden, gewinnt vor diesem Hintergrund ein ganz anderes Profil. Weil römische Kaiser seit Augustus nach ihrem Tod durch die so genannte Kaiserapotheose in der Regel in den Rang einer Staatsgottheit erhoben wurden - Augustus hatte dies an seinem Adoptivvater Julius Cäsar erstmals praktizieren lassen -, konnten ihre Söhne sich fortan mit dem Titel *divi filius*, d. h. frei übersetzt „Sohn Gottes" (eigentl. „Sohn eines Vergöttlichten"), schmücken (z. B. auf Münzen, Inschriften etc.). Für Vespasian traf dies gerade nicht zu, da er niederer Herkunft war (sein Vater war Steuereintreiber) und aufgrund militärischer Erfolge an die Macht gekommen war. Er tat daher alles, um sich mit der Aura göttlicher Herkunft zu umgeben. Dem hält das Markusevangelium noch am Ende, beim Tod Jesu, aus dem Mund eines Heiden (!) entgegen: „Wahrlich, dieser (sc. Jesus) war ein Sohn Gottes" - und nicht Vespasian, möchte man spontan ergänzen!

G. GUTTENBERGER, Why Caesarea Philippi of All Sites? Some Reflections on the Political Background and Implications of Mark 8:27-30 for the Christology of Mark, in: M. Labahn/J. Zangenberg (Hrsg.), Zwischen den Reichen. Neues Testament und Römische Herrschaft (TANZ 36), Tübingen 2002, 119-131. - M. EBNER, Evangelium contra Evangelium. Das Markusevangelium und der Aufstieg der Flavier, in: BN 116 (2003) 28-42.

Es spricht demnach viel dafür, dass der Evangelist Markus bei der Abfassung seines Evangeliums nicht nur die Zerstörung Jerusalems, sondern mehr noch den Aufstieg und den Triumph Vespasians vor Augen hatte. Zeitlich führen uns die historischen Daten damit an den Anfang der 70er Jahre des 1. Jh. n. Chr., d. h. in eine Zeit, in der Vespasian die Verbreitung des Kaiserkults deutlich forcierte. In diese Situation hinein schreibt Markus ein „Gegenevangelium", das nicht nur klarstellt, *wer* in Wirklichkeit der Sohn Gottes ist, sondern

10 Vgl. die dem Kaiser Augustus gewidmete Inschrift von Priene (= OGIS Nr. 458) aus dem Jahr 9 v. Chr., in der der „Geburtstag des Gottes" (damit ist Augustus gemeint!) als „Anfang der durch ihn verursachten Freudenbotschaften (εὐαγγελίων)" bezeichnet wird.

11 Jos., Bell IV 618; vgl. auch Bell IV 656, wo von „guten Nachrichten" aus Rom die Rede ist: Das römische Volk feiert die Wahl Vespasians zum Kaiser.

auch „wes Geistes Kind" der Sohn Gottes ist: Wenn die Dämonen in den Wundergeschichten die Hoheit Jesu bekennen und dennoch mit einem Schweigegebot belegt werden (vgl. Mk 1,23–25), wenn Petrus bei Cäsarea Philippi ein korrektes Messiasbekenntnis ausspricht und ihm dennoch Schweigen auferlegt wird, ja er sich sagen lassen muss, der Menschensohn müsse viel leiden (Mk 8,29–33).

Die Arbeitsweisen der Redaktionskritik

Die Redaktionskritik spürt dem literarisch-theologischen Profil eines Werkes nach und fragt nach den Faktoren, die bei der Bearbeitung des vorgegebenen Materials und seiner Anordnung bestimmend waren. Im Einzelnen fragt sie

- nach der Bearbeitung vorgegebener Materialien durch den Redaktor; das setzt die Scheidung von Tradition und Redaktion mittels der Literarkritik bzw. des synoptischen Vergleichs voraus;
- nach den thematischen Schwerpunkten eines Textes;
- überprüft Auswahl und Anordnung der Stoffe
- und fragt schließlich nach dem historischen und theologischen Standort des Verfassers bzw. seiner Adressaten.

4 Praktische Übung: Gastmahlszenen im Lukasevangelium

Das Lukasevangelium ist Gegenstand der folgenden praktischen Übung. Ausgehend von Lk 5,27–39, der lukanischen Fassung von Zöllnergastmahl (Mk 2,13–17) und Fastenfrage (Mk 2,18–22), wollen wir ein Spezifikum lukanischer Jesusdarstellung, die Gastmahlszenen, genauer unter die Lupe nehmen. Sie ermöglichen zumindest einen Einblick in das theologische Profil des dritten Evangelisten, dem gemeinhin und, wie wir sehen werden, mit einigem Recht das Attribut „hellenistischer Schriftsteller" anhaftet. Entsprechend den vorgestellten Arbeitsschritten erheben wir zunächst den Anteil der Redaktion mit Hilfe des synoptischen Vergleichs.

4.1 Synoptischer Vergleich von Lk 5,27–39 par Mk 2,13–22

Exposition

a) Die Exposition: Dem Gastmahl geht die Berufung des Levi (5,27f.) als Exposition voraus. Im Vergleich mit Mk 2,13f. hat Lukas deutlich gestrafft – die Lokalisierung am See und die Belehrung der Volksmenge fallen bei ihm unter den Tisch; zudem wird die gesamte Szene in Mk 2,13f. durch das einleitende μετὰ ταῦτα mit der vorausgehenden Gelähmtenheilung chronologisch enger verknüpft. Die entscheidenden inhaltlichen Änderungen nimmt Lukas in V. 28 vor.[12] Über Markus hinaus fügt Lukas καταλιπὼν πάντα („und alles zurücklassend") hinzu. Außerdem überführt er den ingressiven Aorist ἠκολούθησεν in das durative Imperfekt ἠκολούθει. Beideseides verleiht der Nachfolge Levis etwas Definitives und somit Vorbildhaftes.

Das Gastmahl …

b) Das Gastmahl: Wie in den beiden vorangegangenen Versen bringt Lukas im folgenden, dem Gastmahl selbst gewidmeten Abschnitt eine Reihe von sprachlichen und stilistischen Änderungen an der Markusvorlage an. Wo Markus das historische Präsens benutzt, setzt Lukas konsequent den Aorist (Mk 2,15.17.18 diff Lk 5,29. 31.33), und nicht weniger konsequent tilgt er auch das bei Markus nach den Verba dicendi übliche Dativobjekt (vgl. Mk 2,17: λέγει αὐτοῖς) zugunsten des von ihm favorisierten Präpositionalausdrucks πρὸς mit Akkusativ (vgl. Lk 5,31: εἶπεν πρὸς αὐτούς; weiter 5,30.33.34.36). Die für Markus so typische Beiordnung der Sätze korrigiert er allerdings nur in 5,34 (δέ statt καί). Dazu kommen noch einige Änderungen im Wortschatz[13] und Straffungen: den markinischen Erzählerkommentar 2,15d–e lässt Lukas ebenso unter den Tisch fallen wie die in Mk 2,16 erzählte Beobachtung der pharisäischen Schriftgelehrten, dass Jesus mit den Sündern und Zöllnern isst, da sie ja Gegenstand ihrer Frage an Jesus ist (vgl. Mk 2,16d par Lk 5,30c).

… des Levi

Was sind die wichtigsten inhaltlichen Änderungen? An erster Stelle sicher der Verzicht auf die markinische Einleitung zur Fastenfrage Mk 2,18a–b („Und die Jünger [des] Johannes und die Phari- säer fasteten. Und sie kommen …"), wodurch die bei Markus jeweils in sich abgeschlossenen Perikopen vom Zöllnergastmahl (Mk 2,15–17) und von der Fastenfrage (2,18–22) bei Lukas zu einer einheitlichen Szene verschmolzen werden (Lk 5,29–39). Das Ergebnis dieses Kunstgriffs ist ein Gastmahl (Lk 5,29: δοχὴ μεγάλη), das *Levi* ausrichtet und bei dem *Jesus* neben einer großen Menge von

12 Daneben finden sich noch einige kleinere sprachlich-stilistische Änderungen. Anstelle von εἶδεν Mk 2,14 schreibt Lukas ἐθεάσατο; typisch lukanisch ist auch die namentliche Präsentation Levis mit ὀνόματι. Außerdem korrigiert Lukas das historische Präsens λέγει in den Aorist εἶπεν.

13 Als da sind: ποιεῖν δοχὴν μεγάλην ersetzt zunächst das einfachere κατακεῖσθαι, weshalb Lukas in der Folge dann markinisch συνανέκειντο wieder durch ἦσαν κατακείμενοι variieren kann (Lk 5,29 diff Mk 2,15); statt ἀκούσας schreibt er V. 31 ἀποκριθείς, statt ἰσχύοντας – wie an früherer Stelle schon einmal erwähnt – ὑγιαίνοντας. „Nicht fasten" weicht V. 33 der positiven Formulierung „essen und trinken", V. 36 zieht er ἐπιβάλλει markinischem ἐπιράπτει vor.

Zöllnern und anderen als Gast anwesend ist (Lk 5,29). Damit hat Lukas die ungenauen markinischen Angaben präzisiert: die Formulierung „in seinem Haus“ (Mk 2,15) ließ offen, ob das Mahl im Haus Levis oder im Haus Jesu stattfand. Die Gesprächspartner Jesu sind ab V. 30 bis zum Ende der Szene in V. 39 „die Pharisäer *und ihre* Schriftgelehrten“ (Markus: „die Schriftgelehrten *der* Pharisäer“). Erst sie und nicht, wie bei Markus, der Erzähler selbst, machen nach lukanischer Darstellung unter den Tischgenossen Jesu Sünder aus (5,30c). Lukas erreicht das, indem er die „Sünder“ (Mk 2,15c) durch „andere“ (Lk 5,29b) ersetzt und, wie erwähnt, Mk 2,16b–c („als sie sahen, dass er isst mit den Sündern und Zöllnern“) tilgt. Deshalb „murren“ sie auch (Lk 5,30a).

Charakterisierung der Pharisäer

Dennoch portraitiert Lukas die pharisäischen Gesprächspartner Jesu weniger negativ, als das noch bei Markus der Fall ist. Anders als dort fragen sie bei Lukas *nach dem Grund* der Tischgemeinschaft Jesu mit Zöllnern und Sündern (Lk 5,30: διὰ τί!) und erhalten darauf auch eine Antwort: Jesus ist gekommen, um die Sünder *zur Umkehr* zu rufen (Lk 5,32 diff Mk 2,17, s. o.). Ähnlich „verständigungsorientiert“ (Löning) reagiert der lukanische Jesus auf die Feststellung, die Jünger des Johannes und die Schüler der Pharisäer fasteten *häufig und verrichteten Gebete* (lukanischer Zusatz): Zum einen nimmt die direkte Adressierung („Könnt *ihr* … fasten lassen?“) das pharisäische Bemühen um die rechte Auslegung des Gesetzes und ihre Umsetzung in die Praxis ernst, und zum anderen lässt Lukas den apodiktischen Vers „Solange Zeit sie den Bräutigam bei sich haben, können sie nicht fasten“ (Mk 2,19d–e) einfach unter den Tisch fallen.

Lk 5,36–39

Dass Lukas zwischen Jesus und seinen pharisäischen Antipoden keine unüberbrückbaren Gräben aufrichtet, zeigt schließlich auch die Umgestaltung der kleinen Gleichnisreihe Lk 5,36–39, die durch ἔλεγεν δὲ καὶ παραβολὴν πρὸς αὐτούς eigens markiert ist (V. 36). Insbesondere in das erste Bildwort hat Lukas stark eingegriffen: Der Flicken stammt nun „von einem neuen Gewand“ (V. 36), folglich würde der geschilderte Nähvorgang auch das neue Gewand zugrunde richten und wäre von daher völlig unsinnig. Darüber hinaus wird „der neue Flicken“ mit dem „alten“ nicht zusammenstimmen (οὐ συμφωνήσει) (V. 36). Darf damit die Integrität des Neuen nicht zugunsten des Alten aufs Spiel gesetzt werden, so hat andererseits auch das Alte seine Berechtigung, wie der von Lukas hinzugefügte V. 39 beweist: „Keiner, der alten trinkt, will jungen; denn er sagt: Der alte ist gut.“ Geringfügiger Natur sind dagegen die Änderungen in V. 37: Von der wiederholten Qualifizierung des Weines als „neu/ jung" abgesehen handelt es sich um stilistische Verbesserungen.[14]

Fassen wir zusammen: Durch die redaktionellen Eingriffe des dritten Evangelisten entsteht eine Gastmahlsszene, die den Rahmen für einen Disput zwischen Jesus und den Pharisäern mitsamt ihrer Schriftgelehrten bereitstellt. Diskussionsgegenstand ist das Essverhalten *der Jünger Jesu* (beachte bes. den Unterschied zur markinischen Version in der ersten Pharisäerfrage: „Weshalb *esst und trinkt ihr …*"), das im Verlauf des Gesprächs der Praxis der Schüler des Johannes und der Pharisäer gegenübergestellt wird. Jesus verteidigt die Praxis seiner Jünger, indem er zunächst die positive Motivation zur Tischgemeinschaft mit Zöllnern und Sündern offen legt („zur Umkehr") und mit seinen Bildworten Konturen einer (friedlichen) Koexistenz zwischen Alt (Pharisäer) und Jung (Jesusbewegung) aufzeigt: Beide haben ihre je eigene Identität, die es zu respektieren gilt.

K. LÖNING, Das Geschichtswerk des Lukas. Bd. 1: Israels Hoffnung und Gottes Geheimnisse (Urban-TB 455), Stuttgart 1997, 185–195.

4.2 *Stichproben im Evangelium*

Sind die beobachteten Änderungen, Hinzufügungen und Auslassungen redaktionelle Eintagsfliegen oder spricht sich in ihnen ein übergreifendes theologisches Interesse aus? Gibt es Hinweise auf die Person des Verfassers, des Evangelisten Lukas, oder auf die Situation der Gemeinde, für die er schreibt? Anknüpfend an die via synoptischem Vergleich entdeckten lukanischen Besonderheiten machen wir im Folgenden die Stichprobe: Tauchen Themen wie der mit der Nachfolge verbundene Besitzverzicht (V. 28: καταλιπὼν πάντα) auch an anderen Stellen des Evangeliums nochmals auf? Welchen Stellenwert haben Umkehr und Gebet für Lukas? Wie erklärt sich die vergleichsweise positive Pharisäerdarstellung, wie das besondere Interesse an Gastmahlsszenen, die im Lukasevangelium ja nicht auf Lk 5,29–39 beschränkt bleiben?

4.2.1 *Nachfolge und Besitzverzicht*

„Alles verlassen"

Das lukanische Additum καταλιπὼν πάντα in V. 28 ließe sich bei isolierter Betrachtung des Verses bzw. der Perikope gut so verstehen, als ob Levi einfach alles stehen und liegen, will sagen Arbeit Arbeit

14 Statt εἰ δὲ μή schreibt Lukas wie schon im vorhergehenden Bildwort εἰ δὲ μή γε; anstelle des Substantivs οἶνος gebraucht er in V. 37c das Personalpronomen (αὐτός) und differenziert den Vorgang weiter aus: der Wein wird ausgeschüttet werden, die Schläuche gehen kaputt.

sein lässt, um Jesus nachzufolgen. Wer allerdings den Anfang von Kapitel 5 schon gelesen hat, wird spätestens hier stutzig: Schon bei seiner Version der Berufung der ersten Jünger (Lk 5,1–11), einer Kombination aus Mk 1,16–20 und der Sondertradition vom reichen Fischfang (vgl. Joh 21,1–11), hatte Lukas das mit der Nachfolge einhergehende Zurücklassen der Netze bei Markus (1,19: „lassend die Netze") in ἀφέντες πάντα, „lassend *alles*", umgeändert. Jesusnachfolge, so Lukas, bedeutet offenbar mehr als nur die Aufgabe des Berufs, es bedeutet auch die Aufgabe familiärer Bindungen und den völligen Besitzverzicht. Dass Levi im Anschluss an das καταλιπὼν πάντα noch ein großes Gastmahl gibt, ist nur ein scheinbarer Widerspruch. Es handelt sich – in der Tradition von 1 Kön 19,19–21 (Elija beruft Elischa) – um ein *Abschiedsmahl* und ist zugleich ein *Liebesmahl* für soziale *outcasts*, die nicht in der Lage sind, eine Gegeneinladung auszusprechen (Lk 14,12f.).

Blick ins Evangelium

Der hier vertretene Kausalzusammenhang zwischen Nachfolge und völligem Besitzverzicht findet durch weitere Belege aus dem Lukasevangelium seine Bestätigung. Während die an die Zwölf adressierte Aussendungsrede Mk 6,6b–13 wenigstens noch einen Stock (zur Verteidigung?) und Sandalen auf der Wanderschaft erlaubt, verbietet die lukanische Parallele (9,3; vgl. auch 10,4) neben Bettel- oder Provianttasche, Brot, Geld und zweitem Gewand selbst Stock und Sandalen! Nicht minder deutlich ist Lk 14,33, eine refrainartige Sentenz (vgl. Lk 14,26.27: „… kann nicht mein Schüler sein"), die Lukas selbst gebildet haben dürfte und welche die Summe aus den vorangehend thematisierten Nachfolgeforderungen zieht: „So also kann jeder von euch, der sich nicht trennt von *all* seinem Besitz, nicht mein Schüler sein." Auf derselben Linie liegt schließlich noch Lk 18,18–30, die lukanische Variante der Geschichte vom reichen Jüngling, der bei Lukas allerdings ein ἄρχων, ein Vorsteher oder führender Stadtbeamter ist (vgl. Lk 18,18). Wiederum bringt Lukas bei der Aufforderung Jesu an den Reichen, seinen Besitz zu verkaufen und das Geld an die Armen zu verteilen, eine geringfügige und doch weit reichende Änderung ein:

Mk 10,21	Lk 18,22
Eines fehlt dir: Geh fort, wie viel du hast, verkaufe und gib (es) [den] Armen, und du wirst haben Schatz im Himmel, und hierher folge mir!	Noch eines mangelt dir: *Alles*, wie viel du hast, verkaufe und teile (es) aus (den) Armen, und du wirst haben einen Schatz in [den] Himmeln, und hierher folge mir!

Radikalisierung der Nachfolge

Man mag es drehen und wenden, wie man will: Verglichen mit Markus radikalisiert Lukas die Nachfolgeforderungen Jesu noch! Soweit es jedenfalls die von uns herangezogenen Stellen betrifft – man denke aber auch an die gegen die Reichen gerichteten Weherufe Lk 6,24f., an die reichtumskritischen Gleichnisse vom törichten Kornbauern Lk 12,16–21 oder vom reichen Prasser und armen Lazarus Lk 16,19–31 und andere einschlägige Texte –, für Lukas ist die Nachfolge Jesu offenbar unabdingbar mit dem *völligen* Verzicht auf Besitz und – so ließe sich ergänzen – auch mit dem Abbruch *aller* bisheriger familiärer Beziehungen verbunden.[15]

Neben diesen Radikalisierungstendenzen kennt Lukas freilich auch noch andere Weisen des Umgangs mit dem Besitz. Mehrfach ergeht im Evangelium die Mahnung, man solle mit seinem Vermögen Gutes tun und Almosen geben (Lk 12,33; 16,9). Die Frauen, die Jesus auf seinem Weg folgen und ihn und seine Schüler aus ihrem Vermögen unterstützen (Lk 8,2f.), setzten diesen Ratschlag ebenso in die Tat um wie die von Petrus wiederbelebte Witwe Tabita oder der heidnische Hauptmann Kornelius in der Apostelgeschichte. Beiden attestiert Lukas, dass sie reichlich Almosen geben (Apg 9,36; 10,2.4). Im Fall von Lk 8,2f. handelt es sich um Sondergut, das aller Wahrscheinlichkeit nach erst von Lukas selbst geschaffen wurde, also redaktionell ist. Das gilt auch für Lk 3,10f. und 19,8, zwei Stellen, die das lukanische „Verteilungsmodell" besonders schön illustrieren. Auf die Frage der Volksmassen, „was zu tun sei", d. h. wie Umkehr konkret auszusehen habe (s. u.), antwortet der Täufer in Lk 3.10f.: Wer zwei Gewänder hat, soll dem eins geben, der keines hat; ebenso solle man es mit den Nahrungsmitteln halten. Dieselbe Konzeption kommt auch in Lk 19,8 zum Tragen: Zachäus, bei dem Jesus eingekehrt ist, will von sich aus die Hälfte seines Besitzes den Armen geben. Was er als Oberzöllner betrügerisch zusammengerafft hat, will er sogar vierfach zurückerstatten. Das kommt schon wieder nahe an den oben herausgearbeiteten völligen Besitzverzicht heran, doch liegt der Ton hier wie in Lk 3,10f. auf dem *Modell eines innergemeindlichen Ausgleichs* (50%-Modell): Der Besitzende hat alles, der Arme nichts; wenn der Besitzende die Hälfte von seinem Besitz abgibt, haben beide gleich viel. Im Ergebnis dürfte das dann nicht weit

15 Vgl. diesbezüglich Lk 18,29 par Mk 10,29: Über Markus hinaus verlassen die Jünger zugunsten der Nachfolge Jesu neben Haus, Geschwistern, Eltern und Kindern auch die *(Ehe-)Frau;* dieselbe Beobachtung ist an dem aus Q übernommenen Logion Lk 14,26 par Mt 10,37 zu machen: auch hier hat Lukas gegen Matthäus die *(Ehe-)Frau* in die Liste derer aufgenommen, die es zu „lassen" gilt, wenn man Jünger Jesu sein will.

von dem entfernt sein, was Lukas in Apg 2,42–47 und 4,32–35 der Kirche ein für alle Mal ins Gedächtnis eingeschrieben hat: der Gütergemeinschaft, wie sie die Jerusalemer Gemeinde vorbildlich praktiziert.

H.-J. KLAUCK, Die Armut der Jünger in der Sicht des Lukas, in: Ders., Gemeinde* 160–194. – P. F. ESLER, Community and Gospel in Luke-Acts. The Social and Political Motivations of Lukan Theology (MSSNTS 57), Cambridge 1987.

4.2.2 Umkehr und Gebet

Statistischer Befund

In Mk 2,17 par Lk 5,32 erbringt der synoptische Vergleich beider Verse, dass Lukas die jesuanische Antwort auf den Vorwurf der schriftgelehrten Pharisäer bezüglich der Tischgemeinschaft mit Zöllnern und Sündern um den Zusatz εἰς μετάνοιαν erweitert hat: „Ich bin nicht gekommen, um Gerechte zu rufen, sondern Sünder *zur Umkehr*." Die daraus resultierende Vermutung, Lukas habe an der Umkehrthematik ein besonderes Interesse, bestätigt ein Blick in die Wortstatistik: Von den insgesamt 22 neutestamentlichen Belegen für μετάνοια entfallen allein die Hälfte auf das lukanische Doppelwerk (2/1/5/-/6/Pls: 4/Hebr: 3/2 Petr: 1). Ähnlich stellt sich der Sachverhalt für das Verb dar (μετανοεῖν: 5/2/9/–/5/Gesamt: 34). Bezieht man darüber hinaus ἐπιστρέφειν mit ein, das Apg 3,19 synonym mit μετανοεῖν gebraucht wird, verstärkt sich der Eindruck noch. Damit findet der auf der Jesusstufe überraschend selten belegte und vermutlich von Johannes dem Täufer übernommene Ruf zur Umkehr bei Lukas eine deutliche Ausweitung.

Die Umkehrpredigt des Täufers …

Die Umkehrpredigt des Täufers ist in Mt 3,7–12 par Lk 3,7–9.16f. wenigstens noch in Umrissen erhalten. Überzeugt, dass sich der Zorn Gottes in Bälde offenbaren und in Form eines Feuergerichts über Israel hereinbrechen wird, fordert Johannes von seinen Zeitgenossen „Frucht, würdig der Umkehr" (Mt 3,8). Intendiert ist damit die Abkehr von einem als „Sünde" deklarierten Verhalten, die ihren symbolischen Ausdruck in der vom Täufer praktizierten „Umkehrtaufe zur Vergebung der Sünden" (Mk 1,4) findet. Sie soll vor der Feuertaufe des Kommenden (vgl. Mt 3,11; im jetzigen Kontext Jesus, bei Johannes urspr. Bezeichnung für Gott) schützen (Wasser löscht Feuer!). Im Unterschied zu Johannes ist bei Jesus das Thema Umkehr vom Zentrum an den Rand gerückt. Soweit man überhaupt Stellen wie Mt 11,21 par Lk 10,13 oder Mt 12,41 par Lk 11,32 für den historischen Jesus reklamieren darf, kritisiert Jesus die mangelnde Bereitschaft seiner Adressaten zur Abkehr von ihrem bisherigen sündigen Leben sehr scharf. Noch härter klingt Lk 13,3.5: Beide Verse drohen den Hörerinnen und Hörern den Untergang im Gericht an, wenn sie nicht umkehren. Die Neuakzentuierung der Umkehrpredigt Jesu im Vergleich zum Täufer dokumentiert Mk 1,15. Zwar ist der Vers in der gegenwärtigen Form kaum authentisch, er dürfte

… und die Umkehrpredigt Jesu

aber in der Sache den Ton Jesu treffen.[16] Während der Täufer seine Umkehrforderung mit dem drohenden, unmittelbar bevorstehenden Gericht Gottes motiviert, liegt Jesus zufolge die entscheidende Motivation zur Umkehr in der *bereits nahe gekommenen Gottesherrschaft*: „Die Zeit ist erfüllt und die Herrschaft Gottes ist nahe herbeigekommen; kehrt um und glaubt an das Evangelium."

B. HEININGER, Die Option für die Armen. Soziale Verteilungsmodelle im lukanischen Doppelwerk, in: Verantwortete Exegese. Hermeneutische Zugänge, Exegetische Studien, Systematische Reflexionen, Ökumenische Perspektiven, Praktische Konkretionen (FS F. G. Untergaßmair) (Vechtaer Beiträge zur Theologie 13), Berlin 2006, 195-203.

Bei Lukas verschieben sich die Koordinaten noch einmal. Erkennbar ist das alleine schon daran, dass er Mk 1,15 einfach übergeht. Charakteristisch für sein Verständnis von Umkehr ist vielmehr, was der (lukanische) Petrus am Ende der „Pfingstpredigt" seinem Publikum ins Stammbuch schreibt: „Kehrt um, und jeder von euch lasse sich auf den Namen Jesu taufen, zur Vergebung der Sünden; dann werdet ihr die Gabe des Heiligen Geistes empfangen" (Apg 2,38; vgl. auch Apg 3,19). War für Jesus Umkehr eine *Folge* der hereingebrochenen Gottesherrschaft und der mit ihr verknüpften Sündenvergebung, dreht Lukas das Verhältnis gerade um: Für ihn ist Umkehr unverzichtbare *Voraussetzung* der Sündenvergebung und diese wiederum Bedingung für den mit der Taufe verknüpften Geistempfang. Umkehr meint deshalb bei Lukas eher den die Bekehrung einleitenden Gesinnungswandel, dem allerdings entsprechende Taten folgen müssen.

Ethisierung

Insofern erfährt der Begriff der μετάνοια bei Lukas auch eine *Ethisierung*. Schlagend ist dies in Lk 3,8, wo der dritte Evangelist gegenüber der Q-Vorlage (vgl. Mt 3,8) eine kleine, aber bedeutende Änderung anbringt: Aus der „Frucht, würdig der Umkehr" werden bei Lukas, „Früchte der Umkehr", die er mit der nachfolgenden „Standespredigt des Täufers", einer nur von Lukas überlieferten und vermutlich redaktionellen Komposition (3,10–14), sogleich konkretisiert: Der großen Menge wird die Bereitschaft zum Teilen ans Herz gelegt, speziell den Zöllnern und Soldaten ist gesagt, niemanden zu übervorteilen bzw. zu schikanieren. Wer sich dem Ruf zur Umkehr verweigert – da hält es Lukas mit Jesus bzw. den Tradenten der Logienquelle –, verfällt dem Gericht (Lk 10,13f.; 11,32; vgl. auch Lk 16,27–31). Nachösterlich wird dann Umkehr praktisch gleichbedeutend mit der Hinwendung zum Glauben an Jesus von Nazaret als

16 Vgl. zuletzt H.-J. KLAUCK, Vorspiel im Himmel? Erzähltechnik und Theologie im Markusprolog (BThSt 32), Neukirchen-Vluyn 1997, 73–75.

den Messias. Lukas nennt das die Abkehr von der bisherigen „Unwissenheit"; das gilt sowohl für Juden (Apg 3,17.19) wie für Heiden (Apg 17,23.30).

Lukas als Theologe des Gebets

Ähnlich liegt der Sachverhalt auch in Lk 5,33, wo Lukas den zweiten Einwurf der Pharisäer und ihrer Schriftgelehrten und das darin propagierte Fasten um das „Gebetemachen" erweitert. Das dafür im Griechischen gebrauchte Substantiv (δέησις) kommt innerhalb der Evangelien überhaupt nur bei Lukas vor (vgl. noch 1,13; 2,37), und auch beim dazugehörigen Verb (δέομαι) liegt Lukas in der Statistik vorn (1/–/8/–/7/Pls: 6). Nimmt man noch das ungleich häufiger gebrauchte προσεύχομαι (15/10/19/–/16/Pls: 19) mitsamt dem davon abgeleiteten Substantiv προσευχή dazu (2/2/3/–/9/Pls: 14), legt sich der Eindruck nahe: Unter den Evangelisten ist Lukas der eigentliche Theologe des Gebets!

Eine eingehendere Betrachtung einzelner, durch synoptischen Vergleich als redaktionell ausgewiesener Stellen zeigt das geradezu systematische Interesse des dritten Evangelisten am Gebet: Auf das Gebet Jesu hin öffnet sich der Himmel und der Geist steigt auf ihn herab (Lk 3,21f.), ebenso betet Jesus die Nacht hindurch auf dem Berg, bevor er die Zwölf auswählt (Lk 6,13). Nur Lukas motiviert den Aufstieg Jesu auf den Berg der Verklärung mit der Absicht zu beten (9,28); beinahe zwangsläufig vollzieht sich dann seine Verwandlung vor den Jüngern, während er betet (9,29). Es überrascht deshalb kaum, wenn der lukanische Jesus seine Jünger auffordert, „allzeit zu beten und nicht nachzulassen" (18,1). Das ist notwendig im Blick auf die Parusie, „um zu bestehen vor dem Sohn des Menschen" (21,36) bzw. um nicht in Versuchung zu kommen (22,40.46). Zugleich kritisiert Jesus die Gebetspraxis von Pharisäern und Schriftgelehrten: Im Gleichnis vom Pharisäer und vom Zöllner Lk 18,9–14 findet nur das Reuegebet des letzteren und nicht das Dankgebet des ersteren den Beifall Jesu, und 20,47 unterstellt den Schriftgelehrten unter Aufnahme von Mk 12,40, sie verrichteten zum Schein lange Gebete, handelten aber egoistisch und betrügerisch. Schon an früherer Stelle, nämlich in Lk 11,1–13, also etwa in der Mitte des Evangeliums, hatte Lukas die rechte Art und Weise des Betens in einer kleinen Komposition zum Thema gemacht: Auf die einleitende Bitte eines Jüngers (11,1: „Herr, lehre uns beten, wie auch Johannes seine Schüler beten lehrte") folgen in 11,2–4 das Vaterunser, in 11,5–8 das Gleichnis vom bittenden Freund und in 11,9–13 noch die Sprüche zur Erhörungsgewissheit („Bittet, und es wird euch gegeben …").

G. SCHNEIDER, Das Evangelium nach Lukas, Bd. 2: Kapitel 11–24 (ÖTBK III/2), Gütersloh/Würzburg ²1984, 262–264.

4.2.3 Essen und Trinken

Gastmähler im Lukasevangelium

Der Umbau der beiden Perikopen vom Zöllnergastmahl (Mk 2,15–17) und von der Fastenfrage (Mk 2,18–22) zu einer einheitlichen Gastmahlsszene ist zweifelsohne die gewichtigste Änderung, die Lukas an der Markusvorlage vorgenommen hat. Die zu diesem Zweck eingebrachten Vokabeländerungen bzw. Neuakzentuierungen sind wortstatistisch allerdings kaum auffällig. Zwar kommt das für den großen Empfang des Levi in Lk 5,29 benutzte griechische Wort δοχή im Neuen Testament überhaupt nur zweimal bei Lukas vor (vgl. noch Lk 14,13), die Verteilung der übrigen, dem Wortfeld „Essen und Trinken" zuzuordnenden Wörter in den neutestamentlichen Schriften zeigen jedoch keine signifikanten lukanischen Präferenzen.[17] Dennoch hat der dritte Evangelist ein besonderes Interesse an diesem Thema. Lk 5,29–39 ist nämlich beileibe nicht die einzige Gastmahlsszene, die Lukas zu bieten hat: 7,36–50 ist Jesus zu Gast bei dem Pharisäer Simon (jawohl!), 11,37–54 erneut zum Frühstück bei einem nicht näher genannten Pharisäer eingeladen, 14,1–24 isst er gar im Haus eines Vorstehers der Pharisäer am Sabbat Brot (ob es dabei geblieben ist?, vgl. Lk 7,34), Lk 19,1–10 kehrt er bei dem Oberzöllner Zachäus ein, obwohl hier explizit von einem Mahl nicht die Rede ist. Nicht vergessen darf man auch das von Lukas erheblich ausgeweitete letzte Mahl Jesu (22,14–38). Auch nach Ostern kann der Auferstandene bei Lukas vom Essen nicht lassen: Die beiden Emmausjünger erkennen ihn an der Art und Weise, wie er das Brot bricht (24,28–31); selbst für das Neue Testament surrealistische Züge trägt 24,41–43, wo der auferweckte Jesus vor den Augen der ungläubigen und staunenden Jünger ein Stück gebratenen Fisch verspeist.[18] In der Mehrheit handelt es sich bei den genannten Stel-

17 κατακεῖμαι: –/4/3/2/2/Pls: 1/Gesamt: 12; ἐσθίειν: 11/11/12/–/1/Pls: 29/Gesamt: 65; πίνειν: 15/8/17/11/3/Pls: 15/Gesamt: 73; οἶνος: 4/5/6/6/–/Pls: 5/Gesamt: 34.

18 Damit sind noch keineswegs alle Stellen erfasst, die das *besondere* Interesse des dritten Evangelisten am Thema *Essen und Trinken* widerspiegeln. Lk 15,1f., in der von Lukas geschaffenen Einleitung zur Gleichnistrilogie vom Verlorenen, zeigen sich Pharisäer und Schriftgelehrte erneut als Kritiker der Mahlgemeinschaft mit Zöllnern und Sündern, im Gleichnis vom verlorenen Sohn selbst wird dessen Rückkehr mit einem Festmahl gefeiert (15,23f.). Am Anfang des Gleichnisses vom reichen Prasser und vom armen Lazarus steht eine Mahlszene (16,19–21), und auch im Gleichnis vom Knechtslohn (17,7–10) geht es vornehmlich ums Essen und Trinken (wobei V. 8 vermutlich von Lukas selbst gebildet wurde).

len um Material aus dem lukanischen Sondergut, sodass sich nicht auf Anhieb sagen lässt, ob der Mahlkontext erst von Lukas eingebracht bzw. – wie im Fall von Mk 2,15–22 – von ihm deutlicher konturiert wurde oder ihm dieser schon durch die Tradition vorgegeben war. In jedem dieser Fälle bedürfte es erst einer sorgfältigen Bestimmung von Tradition und Redaktion (durch Literarkritik etc.), um hier zu präziseren Erkenntnissen zu gelangen. Doch zeigt sich stets dann, wenn – wie in Lk 5,29–39 – der synoptische Vergleich möglich ist, dass erst der Evangelist für eine ausgeprägte Mahlszenerie sorgt. In Lk 11,37–54, der lukanischen Version der Weherede gegen Pharisäer und Schriftgelehrte (vgl. Mt 23), haben die beiden einleitenden Verse (V. 37f.) keine Parallele bei Matthäus. Und genau hier und nur hier stellt Lukas die Weichen auf eine Mahlsituation hin: „Während er redete, bat ihn ein Pharisäer, dass er bei ihm frühstücke. Und er traf ein und ließ sich nieder. Der Pharisäer aber bemerkte es und wunderte sich darüber, dass er sich nicht vor dem Frühstück (die Hände) wusch."

Die Gestaltung der Mahlszenen

Die Gestaltung der Mahlszenen erfolgt nicht ohne System. Anhand eines Strukturvergleichs der drei prägnantesten Beispiele, Lk 5,29–39, 7,36–50 und 14,1–24, lassen sich Gemeinsamkeiten im Aufbau der lukanischen Mahlszenen rasch erkennen.

Den Anfang macht stets eine *Mahlnotiz*. Sie nennt den Gastgeber (5,29: Levi; 7,36: „einer der Pharisäer"; 14,1: ein führender Pharisäer) und macht häufig auch Angaben zur Art und Weise des stattfindenden Essens (5,29: ein großes Mahl; 7,36: „dass er mit ihm essen möge"; 14,1: „Brotessen" am Sabbat). Als *Mahlteilnehmer* stets mit von der Partie sind die Pharisäer; in Lk 7,36–50 und 14,1–24 fungieren sie sogar als Gastgeber (s. o.). Mit anwesend sind aber auch Zöllner (Lk 5,29f.), „Sünder" (5,30; 7,37: eine stadtbekannte Sünderin) oder Kranke (14,2; vgl. auch 14,13). An ihrer Anwesenheit entzündet sich regelmäßig die *Kritik der Pharisäer*, sei sie nun direkt geäußert (5,30), als Selbstgespräch formuliert (7,39) oder implizit vorausgesetzt (14,1: „dass sie auf ihn lauerten"; vgl. auch 14,4.6). Die Antwort Jesu markiert bei Lukas stets den Beginn eines *Dialogs*, an dem sowohl die gastgebenden Pharisäer (7,39–50; 14,12) wie auch die Gäste (14,7.15) beteiligt sind. Durchweg kommen dabei Themen zur Sprache, die mit der Situation selbst, also dem Essen, zu tun haben: In 5,33–35 geht es um die Alternative Fasten oder Essen und Trinken, in 7,44–46 um das „Vorspiel" zum Essen mit Wasser zum Waschen der Füße, Begrüßungskuss und Salböl, in 14,7–14 wird geradezu ein neutestamentlicher „Knigge" für die Wahl des richtigen Platzes und die Auswahl der Gäste formuliert: Wer eingeladen ist, soll sich stets auf den schlechtesten Platz legen, wer einlädt, soll dies nicht mit der Aussicht auf eine Gegeneinladung tun. Und noch etwas fällt auf. Immer präsentiert der dritte Evangelist in seinen Gastmahlsszenen Jesus in einer ganz bestimmten Rolle, nämlich als Gleichniserzähler: 5,36 geschieht das explizit dadurch, dass Lukas den markinischen Bildworten vom alten Flicken auf dem neuen

Gewand und von dem neuen Wein in alten Schläuchen ein „Er sagte ihnen aber auch ein Gleichnis" vorausschickt, in 7,41–43 durch die „Gleichnisskizze" vom Gläubiger und den beiden Schuldnern. 14,1–24 kommt dasselbe Verfahren gleich doppelt zur Anwendung: V. 7 bringt wieder den schon aus 5,36 bekannten, hier aber wenig passenden Hinweis auf ein Gleichnis Jesu ein („er sprach aber zu den Geladenen ein Gleichnis"), obwohl in den folgenden Versen Gastmahlsregeln, aber keine Gleichnisse erzählt werden; die zur Nomenklatur παραβολή passende Geschichte – das Gleichnis vom großen Gastmahl – folgt dagegen erst in den V. 16–24. Im Überblick sieht das Ganze so aus:

	5,29–39	7,36–50	14,1–24
Mahlnotiz/Mahlteilnehmer	V. 29	V. 36	V. 1
Anstoßerregende Situation	V. 29	V. 37f.	V. 2–5
Kritik der Pharisäer	V. 30	V. 39	V. 1.4.6
Dialog	V. 31–39	V. 40–50	V. 7–24
– „Tischsitten"/Gastmahlsregeln	V. 33–35	V. 44–46	V. 7–14
– Gleichnis(se)	V. 36–39	V. 41–43	V. 15–24

Vorbild Symposion

Grob betrachtet zeigt Lukas also ein besonderes Interesse an Mahlszenen, in denen Jesus sein Verhalten gegenüber Zöllnern, Sündern und Kranken gegen pharisäische Kritiker zunächst verteidigen muss. In der Folge entwickelt sich ein Gespräch (Dialog), in dem zwei Themen im Vordergrund stehen: Diskutiert werden Fragen über das Essen im weitesten Sinn; außerdem präsentiert sich Jesus als (exzellenter) Gleichniserzähler. Das Gewicht, das der *Dialog* erst bei Lukas bekommt und mit dem er den apophthegmatischen Charakter seiner Vorlagen sprengt, erinnert aber nun mit Macht an eine Institution, die ihren Ursprung bei den Griechen hat und auch heute noch in akademischen Kreisen fröhliche Urstände feiert (auch wenn es hier weitaus trockener als bei den Griechen zugeht): das *Symposion*. Charakteristisch für dieses ist die Kombination von *Essen und Trinken*, was in diesem Fall bedeutet, dass das Mahl nach einer Trankspende für die Götter mit einem Trinkgelage fortgesetzt wird, in dessen Verlauf es zu philosophischen Gesprächen (Dialog!) kommt oder kommen soll, soweit die Teilnehmer zu vorgerückter Stunde dazu noch in der Lage sind. Dass Lukas die Assoziation zum griechischen Symposion bei seinen Leserinnen und Lesern ganz bewusst wecken will, dürfte zumindest für 5,29–39 außer Zweifel stehen. Gegen Mk 2,16 („Dass er *isst* mit den Sündern und Zöllnern") bringt er zusätzlich zum Essen noch das Trinken mit ein (Lk

5,30: „Weshalb *esst und trinkt ihr* mit den Sündern und Zöllnern?"), und auch die eingangs gewählte Wendung δοχὴ μεγάλη (5,29) deutet an, dass es Levi durchaus „krachen" lässt: Levi stellt sich damit nicht nur in die Tradition Abrahams (Gen 21,8: „Als Isaak entwöhnt wurde, gab Abraham ein großes Gastmahl [LXX: ἐποίησεν Αβρααμ δοχὴν μεγάλην]), sondern erinnert den bibelkundigen Leser auch an das von Artaxerxes veranstaltete siebentägige Festmahl (δοχή!) im Hofgarten seines Palastes, zu dem alle Beamten und Fürsten seines Reiches eingeladen waren (Est 1,3–12) und bei dem es offenbar sehr freizügig zuging: „Bei dem Gelage sollte keinerlei Zwang herrschen. Denn der König hatte seinen Palastbeamten befohlen: Jeder kann tun, was ihm beliebt" (Est 1,8). Zwar sind die Anspielungen auf den feuchtfröhlichen Teil des Symposions in Lk 7,36–50 und Lk 14,1–24 nicht mehr so deutlich zu greifen bzw. allenfalls noch mitzudenken, doch könnte dahinter durchaus System stecken. Einmal für diese Thematik sensibilisiert, könnte Lukas seinen Adressaten im weiteren Verlauf seines Evangeliums, gleichsam peu à peu über immer wieder eingestreute Mahlszenen, zu verstehen geben, wie er sich eine christliche Mahlkultur vorstellt.

R. von Bendemann, Liebe und Sündenvergebung. Eine narrativ-traditionsgeschichtliche Analyse von Lk 7,36–50, in: BZ NF 44 (2000) 161–182.

4.2.4 Gegner und Gastgeber: Die Pharisäer

Pharisäerdarstellung im Lukasevangelium …

Wir hatten gesehen: Verglichen mit Markus kamen die Pharisäer im Zöllnergastmahl bei Lukas besser weg. Sie fragten nach dem *Grund* der Tischgemeinschaft mit Zöllnern und Sündern, sie fasten *häufig und verrichten Gebete* (lukanischer Zusatz), die Änderungen in den Bildworten scheinen der friedlichen Koexistenz von Alt und Jung das Wort zu reden. Andererseits fällt das Pharisäerbild in Lk 5,29–39 auch nicht nur positiv aus: Erst sie bezeichnen die Tischgenossen Jesu als *Sünder*, und das tun jetzt nicht nur die pharisäischen Schriftgelehrte, sondern *alle* Pharisäer. Dieser durchaus ambivalente Befund bestätigt sich, wenn wir die Streitgesprächesammlung als ganze (Lk 5,17–6,11) in den Blick nehmen. Über die von Markus vorgegebenen Schriftgelehrten hinaus bringt Lukas in der Heilung des Gelähmten die – aus allen Ecken und Enden des Landes angereisten – Pharisäer als Antagonisten Jesu ein (Lk 5,17 diff Mk 2,1; 5,21 diff Mk 2,6). Ähnlich verhält es sich bei der Heilung des Gelähmten: Hier macht Lukas von Anfang an klar, dass es *Pharisäer* und Schriftgelehrte sind, die darauf „lauern", ob Jesus am Sabbat heilt (Lk 6,7 diff Mk 3,2). Den in Mk 3,6 festgehaltenen Todesbeschluss seitens der Pharisäer und Herodianer lässt Lukas dagegen fallen; bei ihm heißt es nur, dass sie (= Schriftgelehrte und Pharisäer, nicht Herodianer) untereinander beratschlagen, „was sie mit Jesus täten" (Lk 6,11).

Dieses Bild hat auch im übrigen Evangelium Bestand. Während Matthäus die Pharisäer zusammen mit den Schriftgelehrten ausnahmslos unter die Gegner Jesu rechnet, ist der Befund bei Lukas zumindest differenzierter. Neben dem nun schon zur Genüge bekannten Umstand, dass Jesus bei ihnen mehrfach zu Gast ist, verdient hier vor allem Lk 13,31 Erwähnung, ein Vers aus dem lukanischen Sondergut, demzufolge einige der Pharisäer Jesus vor Herodes warnen, da dieser ihn töten wolle. Ebenfalls dem lukanischen Sondergut zugehörig ist Lk 17,20f., die Frage der (hier ganz lernwilligen) Pharisäer nach dem Termin der Ankunft von Gottes Königsherrschaft. Zeigt sich der lukanische Jesus hier den Pharisäern gegenüber gesprächig, kann er andernorts, selbst als geladener Gast, geradezu schroff werden: Anlässlich des Pharisäerfrühstücks wirft er ihnen vor, ihr Inneres sei voller Raub und Bosheit (11,39) und dass sie selbstgefällig seien (11,42), in 16,14 unterstellt er ihnen Geldgier. Selbstgefälligkeit und Selbstgerechtigkeit charakterisiert schließlich auch den Pharisäer aus dem Gleichnis vom Pharisäer und vom Zöllner (Lk 18,9–14), weshalb nur der letztere gerechtfertigt von dannen zieht (18,14). Vielleicht liegt darin für Lukas der Grund, dass sich Pharisäer (und Gesetzeslehrer) nach seiner Darstellung die Umkehrtaufe des Johannes nicht gefallen lassen (Lk 7,30; vgl. schon 3,7: die bei Matthäus an Pharisäer und Sadduzäer gerichtete Bußpredigt des Täufers gilt bei Lukas den Volksmassen). Allerdings dürfte gerade im Blick auf die negativen Charakterisierungen der Pharisäer im Lukasevangelium eine narratologische Beobachtung nicht ganz uninteressant sein. Es handelt sich nämlich durchweg um indirekte Charakterisierungen aus dem Munde anderer Erzählfiguren (*characterization by speech*), genauer aus dem Munde des intradiegetischen Erzählers Jesus und nicht des extradiegetischen Erzählers Lukas. Vielleicht reflektiert die nach Erzählebenen differierende Charakterisierung der Pharisäer eine zeitliche Verschiebung: Was für Jesus noch galt, muss zur Zeit des Lukas nicht mehr unbedingt gelten.

… und in der Apostelgeschichte

Der Blick in die Apostelgeschichte widerspricht dieser Vermutung zumindest nicht. Wiederholt präsentiert Lukas hier pharisäische Synhedriumsmitglieder in einem ausgesprochen christenfreundlichen Licht: Apg 5,34–39 rät der Pharisäer Gamaliel zu einem milden Umgang mit Petrus und den Aposteln, Apg 23,6–10 schlägt sich die pharisäische Fraktion auf die Seite des Paulus, Apg 15,5 zufolge haben sogar einige Pharisäer zum christlichen Glauben gefunden. Auf dem Jerusalemer Apostelkonvent nehmen sie die Position der *Hardliner* ein, d. h. sie fordern von den Heidenchristen die Beschneidung und die Einhaltung des mosaischen Gesetzes, was hier in erster Linie auf die Speisegebote zielen dürfte. Nicht vergessen darf man, dass der entscheidende Protagonist der frühen Kirche, Paulus, nach Darstellung der Apostelgeschichte Pharisäer war (vgl. Apg 23,6–10; 26,5).

J. D. KINGSBURY, The Pharisees in Luke-Acts, in: The Four Gospels 1992 (FS F. Neirynck), Vol. II (BEThL 100-B), Leuven 1992, 1497–1512.

4.3 Zeitliche und geographische Verortung

Wie der synoptische Vergleich zeigt, benutzt Lukas das Markusevangelium als Quelle. Daraus ergibt sich, dass er sein Evangelium frühestens ab der Mitte der 70er Jahre geschrieben haben kann. Das gilt auch dann, wenn es sich bei Lukas wirklich um den in Phlm 24; Kol 4,14 und 2 Tim 4,11 genannten Mitarbeiter des Paulus gleichen Namens handeln sollte (kirchengeschichtliche Information!), was aber von der Mehrheit der Forscherinnen und Forscher aufgrund der Differenzen in der Paulusdarstellung bezweifelt wird.[19] Ob sich die Abfassungszeit des Evangeliums darüber hinaus noch präzisieren lässt, ist fraglich. Eventuell weist die oben herausgearbeitete Betonung des Gebets („allezeit!"), die auf ein zunehmendes Schwinden der Naherwartung reagiert und den Wechsel hin zu einer Stetserwartung dokumentiert, auf einen etwas größeren zeitlichen Abstand zu Markus hin, der ja noch im Bann der Naherwartung steht (vgl. Mk 13!). Das wäre dann ein weiteres Argument für die in der Forschung meist vertretene Abfassungszeit des Evangeliums in die Jahre 80–85 n. Chr.

Dass Lukas in einer Zeit schreibt, in der die Christen sich zunehmend in der Welt einrichten, legt sich auch aus anderen Gründen nahe. Der hohe Stellenwert, den er der Frage nach dem Besitz ein-

19 Lukas berichtet z. B. in der Apostelgeschichte von *drei* Jerusalembesuchen des Paulus nach seiner Bekehrung (vgl. Apg 9,26; 11,30; 15,2f.), während Paulus selbst im Galaterbrief nur von *zwei* Aufenthalten erzählt (Gal 1,18; 2,1). Außerdem weist die Darstellung des so genannten „Apostelkonzils" signifikante Unterschiede auf (vgl. Gal 2,1–10; Apg 15,1–29). Auch das theologische Profil des Völkerapostels differiert: In der Apostelgeschichte wächst Paulus mehr und mehr in die Gestalt eines θεῖος ἀνήρ, eines „göttlichen Menschen" hinein (z. B. als mächtiger Wundertäter), in den Briefen rühmt sich Paulus hingegen gerade seiner Schwäche (vgl. 2 Kor 12,9!).

räumt, und vor allen Dingen die Art, wie er damit umgeht, deuten auf konkrete Gemeindeprobleme diesbezüglich hin. Offensichtlich zielt gerade das lukanische Modell des innergemeindlichen Ausgleichs auf eine Gemeindesituation, in der der von Jesus geforderte und von den Wanderradikalen gelebte völlige Besitzverzicht nicht mehr von allen zu realisieren war. Gerade Figuren wie der heidnische Hauptmann Kornelius oder die Purpurhändlerin Lydia aus Thyatira, der Paulus in Philippi begegnet und die er für den neuen Glauben gewinnen kann (Apg 16,14f.), zeigen, dass das Christentum mit zunehmender Dauer finanziell potentere Gemeindeglieder für sich akquirieren konnte, und zwar vermutlich vor allem in den kleinasiatischen und europäischen Städten. Andererseits war die Mehrheit der frühen Christen auch noch zu Zeiten des Lukas auf einem sozial niedrigen Level angesiedelt, wie 1 Kor 1,26–28 für die korinthische Gemeinde bestätigt: „Nicht viele Weise nach dem Fleische, nicht viele Mächtige, nicht viele Leute von vornehmer Geburt [sind berufen], sondern was vor der Welt töricht ist, hat Gott erwählt, damit er die Weisen zuschanden mache, und was vor der Welt schwach ist, hat Gott erwählt, damit er das Starke zuschanden mache, und was vor der Welt niedrig geboren und was verachtet ist, hat Gott erwählt, das, was nichts gilt, damit er das, was gilt, zunichte mache." Stellt man darüber hinaus in Rechnung, dass die frühchristlichen Gruppierungen durch die Abnabelung vom Judentum aus dem sozialen Sicherungssystem des Synagogenverbands herausfielen, war ein tragfähiges Sozialmodell dringend von Nöten. In diese Lücke stößt Lukas mit seinem Modell des innergemeindlichen Ausgleichs hinein, und er entwickelt es möglicherweise in direkter Auseinandersetzung mit der jüdischen Synagoge.

Falls man die Aussagen der z. T. allerdings sehr späten rabbinischen Quellen zur jüdischen Armenfürsorge in die Zeit des Neuen Testaments zurückprojizieren darf, ergibt sich folgendes Bild: Die öffentliche Armenfürsorge lag in den Händen eines Dreierkollegiums, das vermutlich aus einem Mitglied des Gemeindevorstands und den beiden „Almosenerhebern" bestand. Alle Ortsbewohner hatten zum Unterhalt der Armen beizutragen, die beiden genannten Almosenerheber zogen die Armenabgaben einmal pro Woche ein. Die Verteilung der Almosen geschah am Vorabend des Sabbats, d. h. am Freitag. Zu dieser organisierten Armenpflege trat die private Wohltätigkeit. Im Tempel (vgl. Mk 12,41–44!) und in den Synagogen wurden Almosen gesammelt, außerdem stand es jedem Einzelnen frei, Bedürftige zu unterstützen. Die Rabbinen setzten dafür aber eindeutige Grenzen: Das Minimum sollte sich auf 3%, das Maximum auf 20% des Jahreseinkommens belaufen. Letzteres beugt der Verarmung des Gebers vor!

H. BOLKESTEIN, Wohltätigkeit und Armenpflege im vorchristlichen Altertum, Utrecht 1939, Repr. New York (NY) 1979.

Sollte Lukas um diese Quotierung des Almosengebens gewusst haben, so stellt sein 50%-Modell den ganz bewussten Versuch einer Überbietung dar: Die christliche Gemeinde ist noch ein wenig „besser" als die jüdische Synagogengemeinde und zeigt sich in ihrer Sozialverfassung, wie wir gleich sehen werden, auch der hellenistischen Polis überlegen. Das beste Beispiel dafür ist die Jerusalemer Urgemeinde: Was Israel zum letzten Mal bei der Landnahme erlebt hat (nämlich dass keiner Not litt, vgl. Dtn 15,4), was es an Träumen und Wunschgebilden in den griechisch-römischen Sozialutopien gibt (z. B. dass alles allen gemeinsam ist, vgl. Platon, Leg 739C), das alles ist in der Jerusalemer Urgemeinde in vorbildlicher Weise realisiert. Oder *war* realisiert. Denn diesen Idealzustand, dessen Goldglanz zu einem Gutteil auf Lukas selbst zurückgeht,[20] gab es nur in den Zeiten des Anfangs. Die Gemeinde und die Polis, für die Lukas schreibt, ist sozial geschichtet; insbesondere den Begüterten in ihr (zu denen z. B. auch der Widmungsträger des Werkes, Theophilus, zählen könnte), muss Lukas klar machen, dass Besitz kein Wert an sich ist und erst recht kein Zeichen für Gottes besondere Gunst. Zum Christsein gehört vielmehr die handgreifliche Solidarität mit den Minderbemittelten und Notleidenden; wo es gravierende soziale Unterschiede gibt, muss eine Form des Ausgleichs zwischen den verschiedenen Schichten gesucht werden.

Die bisher schon deutlich gewordene Rolle des Lukas als eines Grenzgängers zwischen Judentum und Heidentum, die sich auch darin dokumentiert, dass er einerseits bestens mit der Septuaginta vertraut ist, ja ihren Stil nachzuahmen versteht, und andererseits zugleich über eine hohe hellenistische Bildung verfügt (vgl. das Proömium Lk 1,1–4!), zeigt sich nicht zuletzt auch in den Mahlszenen. Wie im synoptischen Vergleich sehr schön zu sehen war, kleidet Lukas die Tischgemeinschaften Jesu in das Gewand hellenistischer Symposien und reiht sich damit selbst unter die antiken Symposienschriftsteller ein. Ein Zeitgenosse des Lukas, Plutarch von Chaironeia, war diesbezüglich außerordentlich produktiv – er schrieb ein „Gastmahl der sieben Weisen" und umfangreiche „Gastmahlgespräche" –, das schon fast kanonische Vorbild dieser Art von Literatur war Platons „Gastmahl des Sokrates". Lukas schreibt damit aber nicht nur auf Augenhöhe mit griechischen

20 Vgl. H.-J. KLAUCK, Gütergemeinschaft in der klassischen Antike, in Qumran und im Neuen Testament, in: Ders., Gemeinde* 69–100.

Schriftstellern, sondern leistet auch einen wesentlichen Beitrag zur Inkulturation der Jesusüberlieferung in die hellenistische *Stadtkultur*. Denn Symposien sind ein spezifisch städtisches Phänomen; sie spielen in einer Kultur, die ihr soziales Ranking wesentlich durch Einladungen und Gegeneinladungen ausdrückt (vgl. Lk 14,7–14; dort verbunden mit einer deutlichen Kritik an dieser Form von hellenistischer Gegenseitigkeitsethik), eine zentrale Rolle.[21] Das lässt zugleich darauf schließen, dass die Adressaten in einer der damaligen Metropolen zu suchen sind; ob dies nun Rom, Ephesus oder Antiochia ist, wie immer wieder vermutet wird, muss jedoch völlig offen bleiben.

5 Theologischer Ertrag

Die Einsichten, die wir auf den vorangehenden Seiten bezüglich der markinischen und vor allem der lukanischen Redaktion gewinnen konnten, fügen sich trefflich zu dem Bild, das die Redaktionsgeschichte seit ihren Anfängen – diese liegen, soweit es jedenfalls das Neue Testament betrifft, inzwischen schon ein halbes Jahrhundert zurück (s. u. die „Klassiker" in der Lit.) – von den Evangelisten zeichnet. Entgegen dem anders lautenden Urteil der Formgeschichte sind diese eben nicht nur „Sammler" und „Tradenten", sondern (zusammen mit Paulus) vielmehr die ersten „Theologen" in der Geschichte der Kirche: Kein Evangelist erzählt die Geschichte Jesu „stur" so, wie sie sich ihm aus den überlieferten Traditionen darstellt, sondern *richtet* die Geschichte Jesu im doppelten Sinne des Wortes *neu aus*: indem er ihr sein individuelles, ureigenes theologisches Profil verleiht und bei dieser Neuausrichtung vor allem darauf achtet, *für wen* und *für welche Zeit* er sein Evangelium schreibt (soziokultureller Kontext). Markus schreibt sein Evangelium für römische Christen, die die neronische Christenverfolgung gerade hinter sich haben und denen der Aufstieg Vespasians zum Kaiser

21 Der dezidiert städtische Bezug des Lukasevangeliums (und der Apostelgeschichte) wird an einer ganzen Reihe weiterer Stellen sichtbar. So findet nach Lukas das große Gastmahl im gleichnamigen Gleichnis in der Stadt statt (vgl. Lk 14,21 diff. Mt 22,8) oder spielt das Gleichnis von Richter und Witwe ebenfalls in einer Stadt (Lk 18,2). Die treuen Sklaven im Gleichnis von den Talenten werden über zehn bzw. fünf *Städte* gesetzt (Lk 19,17.19 diff. Mt 25,21.23). Interessant ist diesbezüglich auch Lk 17,34 par Mt 24,40: Während nach Matthäus zwei auf dem Feld sind und einer von ihnen mitgenommen, der andere aber zurückgelassen wird, liegen die zwei bei Lukas „auf einem Bett" – d. h. in diesem Fall wohl auf einer Liege beim Essen oder beim anschließenden Trinkgelage!

nun als Evangelium verkauft wird. Dagegen hilft nur eins: Das Evangelium vom Abstieg eines Menschen bis zum Tod am Kreuz, der gerade dort, an diesem nicht mehr zu überbietenden Tiefpunkt menschlicher Existenz, als Sohn Gottes bekannt wird – gegen den Anspruch des Kaisers bzw. seiner Propaganda, ein irdischer Superstar mit göttlicher Aura zu sein! Lukas schreibt sein Evangelium für Christen in den großen Städten des Römischen Reiches und er schreibt gerade den Begüterten unter ihnen ins Stammbuch, dass mediterranes Leben mehr ist als nur gut Essen und Trinken – jedenfalls dann, wenn man sich an Jesus von Nazaret orientiert. Entscheidend für christliche Gemeinden, die sich in der Welt einrichten müssen und überleben wollen (!), ist ein solidarischer Lebensstil mit einer gerechten Güter- und Chancenverteilung, dem zugleich – um ein Modewort unserer Zeit aufzugreifen – spirituelle Tiefe eignet (Gebet!).

Von Markus und Lukas (wie natürlich auch von Matthäus und Johannes, aber diese beiden Evangelisten haben wir weniger behandelt) können wir Heutigen daher noch eine ganze Menge lernen. Das Erste ist: Theologie muss zeitgemäß sein! D. h. sie muss zuallererst ihre Adressaten und deren Lebensverhältnisse in den Blick nehmen. Tut sie das nicht (und gegenwärtig sprechen eine Reihe von Gründen dafür, dass es sich so verhält), reißt die Verbindung zur Tradition unweigerlich ab (s. § 7). Dazu gehört zweitens, dass theologisches Reden die richtige Sprache findet. Theologische Verkündigung muss die Geschichte Jesu so erzählen, dass sie im Leben heutiger Menschen ankommt (oder doch zumindest ankommen kann), sich in gegenwärtige Lebensentwürfe und Biographien inkulturiert, und zwar gerade dort, wo diese scheitern oder in Frage gestellt werden. Das kann dann durchaus dazu führen, sich sprachlicher Formen zu bedienen bzw. „Texte“ zu generieren, die uns auf den ersten Blick fremd sind oder doch zumindest ungewohnt scheinen, wie es z. B. Serge Bramly und Bettina Rheims mit ihrem I.N.R.I.-Projekt vorgemacht haben oder Denys Arcand mit seinem preisgekrönten Film „Jesus von Montreal“. Der Kreativität, zumal von Theologinnen und Theologen, sind diesbezüglich aber keine Grenzen gesetzt – nicht umsonst betont Lukas schließlich die Rolle des Geistes für die Geschichte der Kirche!

📖 S. Bramly/B. Rheims, I.N.R.I., München 1998. – R. Mack/C. Ramsperger/D. Volpert, Jesus – Neue Aspekte der Christologie. Der Spielfilm „Jesus von Montreal“ im Unterricht (calwer materialien), Stuttgart [2]1997.

6 Selbstständiger Versuch

Wir bitten Sie ein letztes Mal um Ihre Mithilfe und führen dazu die Jüngerthematik weiter, die im Rahmen der sprachlichen Beschreibung schon einmal unser Interesse geweckt hatte. Damals hatten wir Sie nach der Charakterisierung der Jünger im Markusevangelium gefragt und hatten Ihnen zu diesem Zweck einige einschlägige Texte genannt. Jetzt fokussieren wir unser Interesse auf das Lukasevangelium. Hier interessiert uns besonders die Charakterisierung des Petrus und das Frauenbild des dritten Evangelisten.

Aufgabe 26

Das Petrusbild des Markus ist, zumal gegen Ende des Evangeliums in der Passionsgeschichte, rabenschwarz. Wie die übrigen Jünger läuft auch er davon, als es auf ihn ankommt; in seinem Fall wiegt das deshalb besonders schwer, weil er Jesus gegenüber den Mund ziemlich voll genommen hatte: Wenn auch alle Anstoß nähmen, so doch nicht er; notfalls werde er mit ihm in den Tod gehen (Mk 14,29.31). Unsere Frage lautet: Übernimmt Lukas dieses Petrusbild oder bringt er Korrekturen daran an? Vergleichen Sie zu diesem Zweck folgende Stellen synoptisch:

a) Mk 8,31–33 par Lk 9,22;
b) Mk 14,29–31 par Lk 22,33f. (beachten Sie auch die beiden unmittelbar vorausgehenden V. 31f.!);
c) Mk 14,66–72 par Lk 22,56–62.

Aufgabe 27

Lukas gilt unter Exegeten nicht nur als Evangelist der Armen, sondern auch als „Evangelist der Frauen“. Darin kommt zum Ausdruck, dass der dritte Evangelist in seinem Evangelium Frauen ein besonderes Augenmerk schenkt und ihnen mehr Platz einräumt, als es die anderen Evangelisten tun (mit Ausnahme vielleicht des Johannes). Was lässt sich zum lukanischen Frauenbild sagen, wenn Sie folgende Arbeitsaufträge ausführen:

a) Lukas zieht die traditionelle Frauenliste unter dem Kreuz (Mk 15,40f. par Mt 27,55f.) nicht nur nach vorne (Lk 8,2f.), sondern ändert sie in einigen Punkten auch signifikant ab. Notieren Sie die Unterschiede!
b) Eine weitere Eigenheit der lukanischen Frauendarstellung ist die Anordnung von Stoffen nach Geschlechterpaaren. Sehen Sie sich Lk 1,5–25 und 1,26–38; 1,46–55 und 1,68–79; 2,25–35 und 2,36–38

unter diesem Aspekt näher an und werten Sie die Texte für das lukanische Frauenbild aus!

7 Literaturhinweise

7.1 Zur Methode

U. BAUER, Art. Redaktionsgeschichte, in: NBL III (2001) 300–302.
D. R. CATCHPOLE, Source, Form and Redaction Criticism of the New Testament, in: S. E. Porter (Hrsg.), Handbook to the Exegesis of the New Testament (NTTS 25), Leiden 1997, 167–188.
J. R. DONAHUE, Redaction Criticism. Has the Hauptstrasse become a Sackgasse?, in: E. S. Malborn/E. V. McKnight (Hrsg.), The New Literary Criticism and the New Testament (JSNT.S 109), Sheffield 1994, 27–57.
R. G. KRATZ/O. MERK, Art. Redaktionsgeschichte/Redaktionskritik, in: TRE XXVIII (1997) 367–384.
J. ROHDE, Die redaktionsgeschichtliche Methode. Einführung und Sichtung des Forschungsstandes, Hamburg 1966.
R. H. STEIN, Gospels and Tradition. Studies on Redaction Criticism of the Synoptic Gospels, Grand Rapids (MI) 1991.
G. STRECKER, Redaktionsgeschichte als Aufgabe der Synoptikerexegese, in: Ders., Eschaton und Historie, Göttingen 1979, 9-32.
P. WEIMAR, Art. Redaktionskritik, in: NBL III (2001) 302.

7.2 Klassiker der Redaktionsgeschichte

H. CONZELMANN, Die Mitte der Zeit. Studien zur Theologie des Lukas (BHTh 17), Tübingen [7]1993.
J. GNILKA, Die Verstockung Israels. Isaias 6,9–10 in der Theologie der Synoptiker (StANT 3), München 1961.
W. MARXSEN, Der Evangelist Markus. Studien zur Redaktionsgeschichte des Evangeliums (FRLANT 67), Göttingen [2]1959.
W. TRILLING, Das wahre Israel. Studien zur Theologie des Matthäusevangeliums (StANT 10), München [3]1964.

7.3 Das Lukasevangelium im Überblick

W. RADL, Art. Lukasevangelium, in: RGG[4] V (2002) 546–550.
–, Das Lukasevangelium (EdF 261), Darmstadt 1988.
G. SCHNEIDER, Art. Lukasevangelium, in: NBL II (1995) 671–675.
H.-J. VENETZ, Der Evangelist des Alltags. Streifzüge durch das Lukasevangelium, Freiburg (Schweiz) 2000.

7.4 Wichtige Kommentare zum Lukasevangelium

F. BOVON, Das Evangelium nach Lukas. 1. Teilband: Lk 1,1–9,50; 2. Teilband: Lk 9,51–14,35; 3. Teilband: Lk 15,1–19,27 (EKK III/1–3), Zürich/Neukirchen-Vluyn 1989/1996/2001.
J. ERNST, Das Evangelium nach Lukas (RNT), Regensburg [6]1993.

J. A. FITZMYER, The Gospel According to Luke. Introduction, Translation, and Notes. Vol. 1: I–IX; Vol. 2: X–XXIV (AncB 28/28A), Garden City (NY) [6]1986/1985.
J. NOLLAND, Luke 1–9:20; 9:21–18:34; 18:35–24:53 (WBC 35A–C), Dallas (TX) 1989/1993.
W. RADL, Das Evangelium nach Lukas. Kommentar. Erster Teil: 1,1–9,50, Freiburg i. Br. 2003.
G. SCHNEIDER, Das Evangelium nach Lukas. Bd. 1: Kapitel 1–10; Bd. 2: Kapitel 11–24 (ÖTBK 3/1–2), Gütersloh/Würzburg [3]1992/[2]1984.
W. WIEFEL, Das Evangelium nach Lukas (ThHK 3), Berlin 1989.

§ 11 Der ultimative Methodentest: eine Preisfrage

Dieses Buch stammt aus der Feder von zwei Autoren (nicht Erzählern!), die sich die einzelnen Paragraphen aufgeteilt haben. Ein Paragraph wurde zusammen verfasst, gelegentlich haben sie gegenseitig redaktionelle Änderungen vorgenommen. Wenn Sie das Buch gründlich durchgearbeitet haben und mit den Methoden vertraut sind, müssten Sie eigentlich die Verfasser der einzelnen Paragraphen identifizieren und die Entstehungsgeschichte des Buches in groben Zügen rekonstruieren können. Dazu geben wir Ihnen im Folgenden einige Hilfen an die Hand:

1. Vielleicht ist Ihnen aufgefallen, dass eine gewisse Spannung darin besteht, dass einzelne Paragraphen stärker auf Beispiele aus dem Markusevangelium rekurrieren, andere Paragraphen dagegen stärker auf Beispiele aus dem Lukasevangelium zurückgreifen. Lässt sich diese Spannung literarkritisch auswerten? Nehmen Sie sich dazu die Qualifikationsschriften der beiden Autoren zur Hand und versuchen Sie eine erste Zuordnung der Paragraphen!

2. Sie können die Sicherheit Ihres Ergebnisses erhöhen, wenn Sie direkte Hinweise der Autoren auf ihren jeweiligen Partner auswerten. Hilfreich dürften dafür die Paragraphen 2 und 5 sein!

3. Erstellen Sie abschließend eine relative Chronologie. Einige Paragraphen enthalten Anspielungen auf zeitgeschichtliche Ereignisse bzw. unmittelbare Datierungen, die Ihnen eine zeitliche Einordnung der entsprechenden Dokumente ermöglichen. Schlagen Sie dazu noch einmal die folgenden Stellen nach (Fußballspiel in § 2/1; Liebesbrief in § 5/1; Dokument *Dominus Jesus* in § 7; Irakkrieg in § 8; Kirchenlied „Ein Haus voll Glorie schauet“ in § 9).

4. Die Idee, dieses Buch zu schreiben, geht nicht auf die beiden Autoren zurück. Lesen Sie dazu das Vorwort! Zwar liegen die Anfänge schon weit zurück, solider historisch-kritischer Forschung sind sie aber immer noch zugänglich. Die ältesten Quellen finden Sie, wenn Sie den Aufsatz „Die Frage der Sündenvergebung …“ und die erste Qualifikationsschrift des Widmungsträgers (darin bes. § 24–26.29) zur Hand nehmen und mit unserem Methodenbuch synoptisch vergleichen! Welche Gemeinsamkeiten fallen Ihnen auf, insbesondere in § 4 und im Hinblick auf den Basistext unseres Buches Mk 2,1–3,6?

5. Mehrfach haben wir uns von anderen Methodenbüchern inspirieren lassen. Die Idee, Symbole an den Rand zur besseren Identifizierbarkeit der didaktischen Hinweise zu setzen, hat uns ein jüngerer Kollege vorgemacht; die Idee, Nestle-Aland samt textkritischem Apparat 1:1 ins Deutsche zu übertragen, stammt von einem älteren Kollegen. Das Aktuelle Lexikon ist einer großen deutschen Tageszeitung abgeschaut. Können Sie die Aufnahme dieser „Zitate" traditionskritisch präzise verorten?

6. Zum Schluss noch eine eher leichte Übung: Welcher Gattung ordnen Sie das vorliegende Buch zu? Welche gattungstypischen Elemente können Sie benennen (wir sind gespannt!)? Bestimmen Sie den „Sitz im Leben"!

Wenn Sie uns Ihre selbstständig erarbeitete Lösung zuschicken, winkt Ihnen ein Preis: Sie bekommen ein nagelneues Methodenbuch von uns geschenkt! Nachdem Sie Ihr altes gründlich durchgearbeitet haben und dieses sicher schon stark in Mitleidenschaft gezogen ist, brauchen Sie vermutlich ein neues Exemplar. Sie können es aber auch einer Kommilitonin oder einem Kommilitonen schenken, um damit eine neue Jüngerin oder einen neuen Jünger für die historisch-kritische Methode zu gewinnen. Viel Erfolg!

§ 12 Lösungen der Arbeitsaufgaben

Lösung zu Aufgabe 1, S. 51

„Inhaltliche Gründe" sind bei textkritischen Entscheidungen grundsätzlich hintan zu stellen. Entscheidendes Gewicht hat vielmehr zunächst die äußere Bezeugung. Diese fällt für Lk 23,34a folgendermaßen aus: Eine Reihe sehr alter und bedeutender Textzeugen, darunter der Papyrus 75, der Vaticanus und der Codex Bezae (D), außerdem einige alte Übersetzungen wie der Sinaisyrer (sy^{s}) oder die koptischen Übersetzungen (sa bo) bieten den betreffenden Halbvers *nicht*. Dagegen ist er Teil des Sinaiticus (und zwar des Originals und einer zweiten Abschrift [$\aleph^{*.2}$]; die erste Abschrift [$\aleph^{1}$] hat im Sinne der o. g. Handschriften korrigiert und ausgelassen), einer Reihe weiterer Majuskelhandschriften (u. a. eine Kopie von D, D^{2}) sowie der bedeutenden Minuskelfamilien f^{1} und f^{13}. Auch der spätere Mehrheitstext führt den Halbvers. Gründete man sein Urteil allein auf die Anzahl der Zeugen, so dürfte man den fraglichen Halbvers wohl im Text belassen; kommt freilich die Qualität der Zeugen als weiteres und wichtigstes Kriterium hinzu, dürfte der Halbvers kaum für den ursprünglichen Text in Frage kommen. Unterstützung für die zweite Alternative liefert darüber hinaus Regel 7: Die kürzere Lesart ist ursprünglich.

Lösung zu Aufgabe 2, S. 51

Der Apparat zu 1 Kor 14,34f. weist aus, dass die betreffenden Verse zwar in allen wichtigen Handschriften und Handschriftengruppen (mit leichten textlichen Nuancen) überliefert sind, aber nicht alle platzieren sie an derselben Stelle. Während die Majuskeln ℵ, A, B, Ψ, 0243, die Minuskeln 33, 81, 104, 365, 1175, 1241^{s}, 1739, 1881, 2464 sowie die altlateinischen und koptischen Übersetzungen die heute übliche Versabfolge bieten, bringen einige Vulgatahandschriften, der Ambrosiaster und die Majuskeln D, F, G die beiden Verse erst *nach* V. 40 (im Apparat: *vss* 34/35 *pon. p.* 40 D F G a b vg^{ms}; Ambst: das ist aufzulösen in: Verse 34/35 *ponuit post* [= hat gestellt nach] 40 ...). Das spricht für die These, bei den beiden Versen handele es sich um eine nachpaulinische Glosse oder Interpolation, d. h. um die ursprünglich an den Rand geschriebene Bemerkung eines Sammlers oder Herausgebers der Paulusbriefe, die beim Abschreiben des Briefes in den Text geraten ist, aber eben an unterschiedlichen Stellen: Der Schreiber des Archetyps, dem ℵ, A, B usw. folgen, fügte die

Glosse zwischen V. 33 und 36 ein, der Schreiber, dem D, F, G usw. ihren Text verdanken, nach V. 40.

G. D. FEE, Excursus. On the Text of 1 Corinthians 14:34–35, in: Ders., God's Empowering Presence. The Holy Spirit in the Letters of Paul, Peabody (MA) 1994, 272–281.

Lösung zu Aufgabe 3, S. 51

Eine Verwechslung von An- und Ausziehen ist den Übersetzern der Einheitsübersetzung sicher nicht unterlaufen. Vielmehr folgen sie $\mathfrak{P}^{46}$, א, B, C, D^2 und einer ganzen Reihe weiterer Handschriften, darunter die bedeutenden Minuskeln 33 und 1739 sowie der Mehrheitstext ($\mathfrak{M}$), die allesamt ενδυσαμενοι statt εκδυσαμενοι lesen. Die von NA^{27} in den Text genommene Lesart wird dagegen lediglich vom Codex Bezae (im Original und in einigen Kopien: $D^{*,c}$) sowie etwa Markion oder Tertullian geboten. Wieder greift Regel 1: Die am besten bezeugte Lesart ist ursprünglich, und das ist im vorliegenden Fall eindeutig ενδυσαμενοι. Warum NA^{27} dennoch εκδυσαμενοι in den Text genommen haben, bleibt ein Rätsel, zumal offensichtlich für die 28. Auflage eine Revision der Entscheidung ansteht, wie ein Schreiben Barbara Alands an Erich Gräßer nahe zu legen scheint (s. Lesetipp).

E. GRÄSSER, Der zweite Brief an die Korinther. Kapitel 1,1–7,16 (ÖTBK VIII/1), Gütersloh/Würzburg 2002, 187.

Lösung zu Aufgabe 4, S. 128

Als Faustregel gilt: Pro Verb eine Zeile bzw. ein Halbvers. Da die Partizipien im Griechischen unterschiedlich wiedergegeben werden können (als Adverbialbestimmung, in Form eines Nebensatzes etc.), können die Ergebnisse etwas differieren. Ihre Lösung müsste aber in etwa so aussehen:

29a Und sogleich, als sie aus der Synagoge herauskamen,
b kamen sie in das Haus des Simon und des Andreas mit Jakobus und Johannes.
30a Die Schwiegermutter des Petrus aber lag mit Fieber da,
b und sogleich sagen sie ihm über sie.
31a Und hinzukommend richtete er sie auf,
b indem er sie an der Hand fasste.
c Und es verließ sie das Fieber.
d Und sie diente ihnen.

Lösung zu Aufgabe 5, S. 128

Die *Story* der Heilung der Schwiegermutter des Petrus (Mk 1,29–31) besteht aus folgenden *Events* (Basis sind die in der Erzählung präsenten Tätigkeitswörter): 1. Die Schwiegermutter hat Fieber. 2. Sie (= Jesus und seine Begleiter) gehen aus der Synagoge. 3. Sie kommen ins Haus. 4. Die Schwiegermutter liegt da. 5. Jesus wird informiert. 6. Jesus tritt hinzu. 7. Jesus richtet die Schwiegermutter auf. 8. Jesus ergreift die Hand. 9. Das Fieber verschwindet. 10. Die Schwiegermutter bedient.

Die Anwendung des Motivgerüsts von Pesch/Kratz führt zu folgendem Ergebnis: 1. Auftritt des Wundertäters (M 1). 2. Auftritt von Begleitern des Wundertäters (M 4). 3. Auftritt der Hilfsbedürftigen (M 2). 4. Charakterisierung der Not (M 11). 5. Information des Wundertäters (M 17). 6. Szenische Zurüstung (M 29). 7. Berührung (M 30). 8. Konstatierung des Wunders (M 37). 9. Demonstration (M 39).

Unterschiede bestehen im Abstraktionsgrad und in der Reihenfolge: Weil die Auflistung der *Events* in streng chronologischer Reihenfolge zu erfolgen hat, rückt die Angabe von der Fiebererkrankung der Schwiegermutter (ein statisches Motiv!) an den Beginn; das Verlassen der Synagoge, das Betreten des Hauses, das Liegen der Schwiegermutter gehen bei Pesch/Kratz (und ebenso bei Theißen) in das *Auftreten* diverser Personen (Wundertäter, Begleiter, Schwiegermutter) ein. Die Nomenklatur „Szenische Zurüstung" (M 29) verdeckt, dass es sich um mehrere Vorgänge handelt: die Annäherung des Wundertäters an die Kranke sowie deren Aufrichten durch den Wundertäter.

Lösung zu Aufgabe 6, S. 128

Der zeitliche Standpunkt des Erzählers liegt nach Ostern. Das geht explizit aus Joh 2,21f. hervor, wo er das Erinnern und den Glauben der Jünger „nach der Auferweckung" der Toten in den Blick nimmt (ähnlich Joh 20,9). Noch präziser, nämlich in die Zeit nach 70 n. Chr., ließe sich der Erzähler verorten, wenn die in Joh 9,22 erwähnte Praxis des Synagogenausschlusses wirklich in diese Zeit verortet werden könnte. Auf jeden Fall darf Joh 9,22 (im Verein mit Joh 12,42; 16,2) als Beleg für einen zunehmenden Trennungsprozess zwischen Juden und Christen gelten.

Was die Charakterisierung Jesu und seiner Jünger angeht, so präsentieren die genannten Stellen Jesus durchweg als jemanden, der über ein souveränes Wissen verfügt und den Menschen bis ins Herz zu schauen vermag. Daher weiß er „von Anfang an", wer unter seinen Jüngern nicht an ihn glaubt und wer ihn letztlich ausliefern wird (Joh 6,64), ja selbst die Art seines Sterbens sieht er voraus (Joh 12,33; vgl. auch Joh 13,1). Dem stehen die Jünger als Nichtwissende, ja Unverständige gegenüber, die erst nach Ostern zu einem tieferen Verständnis ihres Meisters gelangen. Voraussetzung dafür ist, aber das deutet der Erzähler in Joh 7,39 nur an, die Gabe des Geistes, welche die Gläubigen erst nach dem Tod Jesu empfangen. Erzählerisch eingelöst wird dies in Joh 20,22, wo der auferweckte Jesus in die Mitte seiner Jünger tritt, sie anhaucht und spricht: „Empfangt heiligen Geist!"

Lösung zu Aufgabe 7, S. 128

Der Rahmendialog zeigt Tychiades im Dialog mit Philokles (§ 1–5; 39f.); ersterer erzählt letzterem von seinem Besuch am Krankenbett des Eukrates (§ 6–39), wo sich eine illustre Runde versammelt hat: der Platoniker Ion, der Peripatetiker Kleodemos, der Stoiker Deinomachos, der Hausarzt Antigonos; etwas später stößt auch noch der Pythagoreer Arignotos hinzu. Diese kommen in der Erzählung des Tychiades der Reihe nach zu Wort und erzählen ihrerseits wieder jede Menge wunderbarer Geschichten: Ion von der Heilung des Midas (§ 11) und dem Syrer aus Palästina (§ 16), Kleodemos von einem Liebeszauber für Glaukias (§ 14) und von einer Hadesreise (§ 25), Eukrates mehrfach von den Aktionen einer Statue, die des Nachts von ihrem Sockel steigt (§ 19f.; eine ähnliche Geschichte vom Arzt Antigonos in § 21), von der Erscheinung der Hekate (§ 22–24) und der nächtlichen Erscheinung seiner verstorbenen Frau (§ 27) sowie von einer Ägyptenreise, bei der er auf den Magier Pankrates stößt und sich in dessen Zauberkünsten versucht, aber kläglich scheitert (§ 33–36), schließlich Arignotos von einem Totengeist in Korinth, den er selbst vertrieben habe (§ 31). Haben Sie bemerkt, dass es noch eine dritte Erzählebene gibt? In der Geschichte von der wunderbaren Heilung des Midas, die Ion zum Besten gibt, meldet „einer" dem Vater, wie Midas von der Natter gebissen wurde. Applizieren wir unsere narratologische Terminologie auf diese Textbeobachtungen, so ergibt sich folgendes Schema:

extradiegetische Ebene	intradiegetische Ebene	metadiegetische Ebene
Tychiades		
↑	Ion	„einer“ → Vater
	Kleodemos	
	Eukrates	
	Arignotos	
↓	Antigonos	
Philokles		

Lösung zu Aufgabe 8, S. 129

Wir schlagen vor: Als Beispiel für die symbouleutische Rede käme etwa die *Vorlesung* in Frage; sie will Ihnen im weitesten Sinne raten, nämlich wie Sie z. B. einen biblischen Text auslegen können. Die augustinische Nomenklatur *docere* trifft in diesem Fall den Sachverhalt besonders gut. Als ein Beispiel für das dikanische Redegenus könnte man eine richtig feurige *Umkehrpredigt* anführen, die sich das kompromisslose Schwarz-Weiß-Denken des Apokalyptikers zu Eigen gemacht hat. Die epideiktische Redegattung kommt auch in Universitäten noch häufig vor: Wenn etwa ein Ehrendoktor verliehen wird, ist dies stets mit einer *laudatio* der/des zu Ehrenden verbunden; ähnlich liegt der Fall, wenn ein verdientes Mitglied der Fakultät in den Ruhestand verabschiedet wird. Bei Reden zu diesem Anlass hat man häufig den Eindruck, als hätten sich die Redner ein Vorbild an der *laudatio funebris* genommen.

Lösung zu Aufgabe 9, S. 129

Schon im ersten Speisungswunder ist die Rolle der Jünger ambivalent; nach anfänglichem Widerstand (V. 35–37 schlagen sie vor, die Menge zu entlassen) werden sie am Ende zu Mittlern zwischen Jesus und dem Volk, insofern sie die Rolle von Diakonen ausfüllen. Im Folgenden verstärken sich aber eindeutig die negativen Konnotationen. Mk 6,52 zufolge, ein Erzählerkommentar zur Reaktion der Jünger auf den Seewandel und zugleich eine direkte Charakterisierung, waren sie „nicht zur Einsicht gekommen, als das mit den Broten geschah; ihr Herz war verstockt“. Ähnlich begriffsstutzig präsentieren sich die Jünger dann auch im zweiten Speisungswunder (vgl. Mk 8,4: „Woher soll man in dieser unbewohnten Gegend Brot bekommen, um sie alle satt zu machen?"), eine Reaktion, die nach dem ersten Speisungswunder mehr als seltsam anmutet. Den Höhepunkt des Jüngerunverständnisses in diesem Teil des Markusevangeliums bildet aber zweifellos ihre in Mk 8,14.16 ausgesprochene und angesichts der beiden vorausgehenden Speisungswunder absolut lächerliche Sorge, dass sie nur *ein* Brot dabei haben. Dementsprechend scharf fällt der Tadel Jesu in 8,17f. aus, wo die Jünger in die Nähe von Außenstehenden gerückt werden (vgl. dazu die Verstockungsaussage in Mk 4,11f.). Jesu Schlussfrage in 8,21 lautet: „Versteht ihr immer noch nicht?"

Aufgabe 10, S. 134

Ihre mit Hilfe eines Textprogramms oder einer Tabellenkalkulation erstellte Textsynopse der beiden „kleinen" Johannesbriefe, im Fachjargon auch Presbyterbriefe genannt, können Sie anhand jener Synopse der beiden Briefe kontrollieren, die Hans-Josef Klauck seiner Kommentierung beigelegt hat (als Faltblatt am Ende des Kommentars):

📖 H.-J. KLAUCK, Der zweite und dritte Johannesbrief (EKK XXIII/2), Zürich/Neukirchen-Vluyn 1992.

Abgesehen von dem Umstand, dass beide Schreiben über die für Briefe typischen Formelemente Präskript, Proömium, Briefkorpus und Briefschluss verfügen, finden sich noch eine Reihe von wörtlichen Gemeinsamkeiten. Im Präskript sind „Der Alte" und „die/den ich liebe in Wahrheit" wörtlich identisch, im Briefproömium die Freudenäußerung „ich freute mich sehr" sowie das Substantiv „Wahrheit" und die Vergleichspartikel „so wie" (2 Joh 4; 3 Joh 3). Im Korpus gehen die Briefe am weitesten auseinander bzw. weisen kaum wörtliche Gemeinsamkeiten auf; an Parallelen festhalten lassen sich hier eigentlich nur der Topos der Bruderliebe (2 Joh 5d: „dass wir einander *lieben* sollen"; 3 Joh 6a: „die Zeugnis geben für deine *Liebe*") sowie die Erwähnung Gottes in 2 Joh 9 und 3 Joh 11. Im Briefschluss gehen die Briefe wieder stark parallel: Die Besuchsabsicht fällt über weite Strecken identisch aus (unterstrichen müssten sein: „vieles hätte ich euch/dir zu schreiben"; „ich wollte/will nicht mit Tinte"; „ich hoffe"; „von Mund zu Mund reden"; vgl. 2 Joh 12a–e; 3 Joh 13f.), in 2 Joh 13 und 3 Joh 15 werden die Schlussgrüße jeweils mit „Es grüßen dich die ..." eingeleitet.

Die wichtigsten Unterschiede sind: 2 Joh ist an eine Gemeinde (die hier metaphorisch als „auserwählte Herrin und ihre Kinder" angesprochen ist) adressiert, 3 Joh an eine einzelne Person; außerdem geht dem Präskript von 3 Joh im Gegensatz zu 2 Joh eine *salutatio* ab. Stattdessen weist 3 Joh im Proömium einen so genannten Wohlergehenswunsch auf, auch ist die Freudenäußerung in 3 Joh deutlich ausgebaut (V. 4). Die bereits erwähnten Differenzen im Briefkorpus erklären sich natürlich daher, dass die beiden Briefe unterschiedliche Sachverhalte thematisieren: 2 Joh 5–11 rekurriert erneut (nach 1 Joh) auf das Liebesgebot, das Auftreten der Irrlehrer mit ihrem falschen Christusbekenntnis und ermahnt die Gemeinde dann, in der Lehre Christi zu bleiben; als Schutzmaßnahme empfiehlt der Presbyter, Irrlehrern nicht nur die Gastfreundschaft zu verweigern, sondern auch den Gruß, damit man mit solchen Leuten ja nicht ins Gespräch kommt. 3 Joh 5–12 rühmt hingegen zunächst das Wirken des Gaius und verrät nebenbei auch etwas über die Art und Weise der Kommunikation zwischen frühchristlichen Gemeinden - offensichtlich ziehen Wandermissionare von Hausgemeinde zu Hausgemeinde (s. Aktuelles Lexikon: Wanderradikalismus)! Diese waren auf die gastfreundliche Aufnahme durch ortsansässige Christen angewiesen, was Gaius vorbildlich tut, ein gewisser Diotrephes aber gerade nicht, was der „Alte" zum Anlass einer Rüge nimmt (3 Joh 9f.). Schließlich findet in 3 Joh 12 noch ein Demetrius Erwähnung, der Gaius offenbar wärmstens empfohlen werden soll. Aus dem Briefschluss ist vielleicht noch hervorzuheben, dass 3 Joh 15 über 2 Joh hinaus über einen Grußauftrag verfügt: „Grüße die Freunde namentlich."

Lösung zu Aufgabe 11, S. 143

Vgl. S. 144f.

Lösung zu Aufgabe 12, S. 164

Folgende sprachlich-konzeptionellen Spannungen sind zu erkennen: Im ersten und am Anfang des zweiten Abschnitts ist von „Kirche" und „Welt" die Rede, sie werden wie gleichberechtigte Größen behandelt, die allerdings auseinander zu brechen drohen. Dem gegenüber sprechen die letzten Zeilen des zweiten Abschnitts von „Kirche" und „Gesellschaft", für die ein Lehrer-Schüler-Verhältnis abgelehnt und ein Dialog-Verhältnis propagiert wird. Mit dem Wörtchen „also" wird eine Argumentation abgeschlossen, die im vorliegenden Text gar nicht geführt wurde; ein Lehrer-Schüler-Verhältnis wurde nämlich bisher überhaupt nicht thematisiert.

Das Titelbild mit den beiden Bergspitzen „Kirche" und „Welt", die durch eine Klammer zusammengehalten werden, die ihrerseits wiederum ein Ohr bildet, greift nur der erste Absatz und der Anfang des zweiten Absatzes auf. Ohne Bezug dazu steht, was dann folgt, also die Vorstellung vom Lehrer-Schüler-Verhältnis bzw. der gleichberechtigte Dialog. Die Textvorlage begann also vermutlich mit: „Die Kirche braucht den Dialog mit der Gesellschaft ..."

Der nachprüfbare Produktionsvorgang des vorliegenden Textes ist in drei Stufen verlaufen: (1) Die Karikatur aus einer Pfarrbriefvorlage hat den Pfarrer zu seinem Text angeregt und ihm bestimmte Äußerungen von treuen Kirchgängern bzw. bewussten Nichtkirchgängern in den Sinn kommen lassen. (2) Daraufhin hat er begonnen, seinen Text zu verfassen. (3) Den „theologischen Schluss" hat er sich aus einer Vorlage geliehen, die in diesen Tagen erschienen war. Das verknüpfende Leitwort dürfte die dort zu lesende Mahnung zum Aufeinander-Hören gewesen sein, womit tatsächlich eine Klammer zum gewählten Titelbild hergestellt wird.

Hier nun der Vorlagentext im Originalton: „Die Kirche hat der Gesellschaft *dialogisch* zu begegnen. Das Verhältnis der Kirche zur Gesellschaft ist also nicht in die Formel ‚Lehrer-Schüler' zu fassen, als ob die Kirche immer in aktuellem Besitz der ganzen Wahrheit und die Gesellschaft ihr gegenüber immer im Defizit wäre. Dialog heißt vielmehr: auf den anderen hören, im gemeinsamen Bemühen die Wahrheit des Lebens finden" (Bischöfliches Ordinariat Würzburg [Hrsg.], Wir sind Kirche. Wege suchen im Gespräch. Hilfen zur Orientierung 2, Würzburg 1993).

Lösung zu Aufgabe 13, S. 181

Unter Kriterium 5 lassen sich für Mk 4,1f. viele Parallelen im Markusevangelium anführen. Mit πάλιν/wieder streicht der Erzähler eigens heraus, dass diese Szenerie dem Leser bekannt sein muss. Es ist an Mk 2,13 gedacht: Dort hat Jesus am Meer das Volk belehrt. Auch die folgenden Elemente sind bekannt und werden in Mk 4,1f. noch gesteigert: das Zusammenströmen der Menge, die erneut so groß ist, dass wie in Mk 3,9 ein Boot zu Hilfe genommen werden muss. In Mk 4,1f. wird es allerdings als „Seekanzel" benutzt.

Der Anfang der Sämannsgeschichte in V. 3 weist eine Doppelung auf: Mit ἀκούετε/„hört" und ἰδού/„siehe" stehen zwei Aufmerksamkeitsaufforderungen nebeneinander. Für V. 9 ist eine Spannung zu verzeichnen: Der Aufmerksamkeitsruf ist von der Geschichte durch eine neue Redeeinführung („und er sagte") getrennt.

Schichtenmodell und chronologische Zuordnung: Die ursprüngliche Einheit beginnt in V. 3 mit ἰδού/„siehe" und endet mit V. 8 (Stufe 1). Die Formel „Wer Ohren hat zu hören, der höre!" in V. 9 greift semantisch das „hört!" von V. 3 auf. In beiden Fällen handelt es sich um erste Ergänzungen, die der Geschichte am Anfang und am Ende angegliedert wurden (Stufe 2). Die markinische Einbindung in die Jesusgeschichte geschieht durch die V. 1f. (Stufe 3).

Lösung zu Aufgabe 14, S. 181

Es sieht zunächst nach einer Doppelung aus, wenn sowohl in V. 22 als auch in V. 27 davon die Rede ist, dass das Publikum über die Lehre Jesu, deren Vollmacht betont wird, in Staunen versetzt wird. Jedoch wird diese Reaktion in V. 22 vom Erzähler *beschrieben*, in V. 27 dagegen als *wörtliche Rede* dem Publikum in den Mund gelegt. Diese stilistische Variation zeigt, dass es sich nicht um eine „Doppelung" handelt, die als Indiz für die Uneinheitlichkeit des Textes ausgewertet werden könnte, sondern vielmehr um einen literarischen Kunstgriff: Der Sachverhalt, dass das Publikum über die vollmächtige Lehre Jesu staunt, soll betont werden.

Literarkritisch relevant dagegen ist die Spannung zwischen dem Thema „Lehre in Vollmacht" und der Erzählung einer Dämonenaustreibung (ab V. 23), die von Haus aus nichts miteinander zu tun haben. Man kann es noch schärfer sagen: In V. 22 wird Jesus als Lehrer in Kontrast zu den Schriftgelehrten gestellt, obwohl diese im gesamten Text keine aktive Rolle spielen (und bisher im Evangelium überhaupt nicht vorkamen). In V. 27 wird die Vollmacht der Lehre Jesu damit begründet, dass die „unreinen Geister" seinem Befehl gehorchen, obwohl in der unmittelbar zuvor erzählten Dämonenaustreibung (V. 23–26) mit keinem Wort von der *Lehre* die Rede ist. Auch das lässt sich noch differenzieren: Streicht man in der wörtlichen Rede von V. 27 „eine neue Lehre mit Vollmacht", so ist die Reaktion des Publikums völlig plausibel und mit dem zuvor Erzählten völlig kongruent: „Und sie erschraken alle, sodass sie miteinander zu streiten begannen, indem sie sagten: Was ist das? Auch den unreinen Geistern befiehlt er, und sie gehorchen ihm."

Unter dem Kriterium „Parallelen" zeigt sich, dass es für den Erzähler des Gesamtevangeliums typisch ist, Jesus überall dort lehren zu lassen, wo er auf eine Volksmenge trifft, vgl. Mk 2,1f.; 4,1f.; 6,34; 10,1. In Mk 1,22 geschieht das zum ersten Mal. Wie an allen anderen Stellen wird nicht gesagt, was Jesus lehrt. Jedoch wird die Lehre Jesu an unserer Stelle durch den Zusatz „mit Vollmacht" qualifiziert. Jesus lehrt in der Autorität Gottes. Die Lehre Jesu ist also ein Leitmotiv in der markinischen Jesusgeschichte, das in Mk 1,22 erstmals thematisiert wird. Von daher ist es sehr wahrscheinlich, dass es der Erzähler Markus selbst war, der das für ihn wichtige Thema der Lehre Jesu mit der Erzählung einer Dämonenaustreibung (V. 23–27) bewusst verknüpft hat. Dadurch gelingt es ihm, die Behauptung zu begründen, dass Jesus mit *göttlicher Vollmacht* lehrt, in seiner Lehre *Gottes Wort* zu hören ist. Denn diese Lehre zeitigt, wie an der Dämonenaustreibungsgeschichte zu sehen ist, ihre Wirkung. Wo Jesus lehrt, werden die unreinen Geister aufgescheucht und müssen weichen, nicht ohne zuvor Jesus bescheinigt zu haben, dass er von Gott kommt (vgl. V. 24: der Heilige Gottes). Wenn man den weiteren Aufriss des Markusevangeliums vor Augen hat, verwundert es auch nicht, dass die Lehre Jesu in V. 22 in Kontrast zu den Schriftgelehrten gestellt wird, obwohl sie in Mk 1,21–28 sonst überhaupt keine Rolle spielen. Denn: In den einzelnen Szenen des Abschnitts Mk 2,1–3,6 muss sich Jesus ständig mit den Schriftgelehrten (der Pharisäer) auseinander setzen. Unabhängig von den Argumenten, die Jesus in unserem Paradeabschnitt vorbringt, sollte allen, die Mk 1,21–28 gründlich gelesen haben, klar sein, dass es die Lehre Jesu ist, die durch die göttliche Autorität gedeckt ist.

Von den hochtheologischen Problemen im Zentrum der Geschichte nun zu den eher erzähltechnischen Fragen hinsichtlich der Einbindung unseres Textes in den Gesamtzusammenhang des Evangeliums. Literarkritisch gefragt: Wo stoßen wir auf weitere Parallelen? Es geht um den Anfang und den Schluss unseres Textabschnittes. Dass Jesus (und seine Begleiter) nach Kafarnaum hineinkommen, wird auch in Mk 2,1 und 9,33 am Anfang einer Perikope in der gleichen Wortstellung und mit nahezu gleichem Wortmaterial erzählt. Dass Jesus gemäß dem zweiten Satzteil von Mk 1,21 in die *Synagoge* hineingeht, findet sein Pendant darin, dass er im unmittelbaren Anschluss an unsere Perikope in ein *Haus* geht, nämlich in das der Schwiegermutter von Simon Petrus (Mk 1,29). Im weiteren Kontext lassen sich zwei hintereinander geschaltete, im Blick auf die Szenarien „Synagoge“ und „Haus“ spiegelbildlich aufgebaute Kafarnaum-Zyklen erkennen: Gemäß Mk 1,21 kommt Jesus nach Kafarnaum und geht zunächst in die Synagoge, dann in ein Haus. Nach seinem Rückzug in eine menschenleere Gegend (vgl. Mk 1,35.45) kommt er gemäß Mk 2,1 *wieder* nach Kafarnaum. Diesmal findet man ihn gleich am Anfang in einem Haus (Mk 2,1–12) und erst am Ende des Abschnitts in der Synagoge (Mk 3,1–6). Um sicher zu stellen, dass die Leser den Rückbezug zum ersten Synagogenbesuch auch tatsächlich herstellen können, spricht der Erzähler in Mk

3,1 (ähnlich wie in Mk 2,1) ausdrücklich davon, dass Jesus *wieder* in die Synagoge kommt. Auch bei diesem zweiten Synagogenbesuch wird der Tag eigens genannt: Es ist Sabbat. Im Unterschied zu Mk 1,21f., wo der Kontrast zu den Schriftgelehrten lediglich virtuell hergestellt wird, liegen die Gegner im Wiederholungsfall Mk 3,1–6 höchstpersönlich auf der Lauer. Aufgrund dieser Parallelen und der offensichtlich bewusst gestalteten kompositionellen Einbindung in den Gesamtduktus der Erzählung dürfen wir davon ausgehen, dass der Erzähler selbst den Eingangsvers Mk 1,21 gestaltet hat.[1]

Nicht ganz so eindeutig fällt die Entscheidung im Blick auf den Abschlussvers Mk 1,28 aus: Die *Kunde* (ἀκοή von ἀκούω = hören) von Jesus breitet sich überallhin aus. Als gewisse Parallelen zu dieser Aussage kommen diejenigen Stellen des Evangeliums in Frage, die davon erzählen, dass einzelne Menschen (vgl. Mk 3,21; 5,27; 6,14.16; 7,25) oder eine unspezifizierte Menge (vgl. Mk 2,1; 3,8; 6,55) von Jesus *hören*. Sieht man in diesen Notizen eine Personalisierung bzw. Individualisierung der generellen Aussage von Mk 1,28, dann darf man ebenfalls von einem Leitmotiv der Gesamterzählung sprechen und V. 28 auf das Konto des Evangelisten schreiben.

Insgesamt ergibt sich: Der Redaktor hat die ihm vorliegende Dämonenaustreibungsgeschichte Mk 1,23–27 durch V. 22 und den Einschub „eine neue Lehre mit Vollmacht“ in V. 27 theologisch interpretiert sowie durch die Einleitung V. 21 (und den Schluss V. 28) erzählerisch in die Komposition seines Evangeliums eingebunden.

Lösung zu Aufgabe 15, S. 206

Jesus hat in diesem Fall eben nicht das letzte Wort, vielmehr wird die *Reaktion* auf Jesu Wort *erzählt*. Darin besteht sogar der Höhepunkt unserer Geschichte. Wir können also nicht von einem Apophthegma reden.

In der Nachfolgegeschichte Mk 1,16–18 findet sich tatsächlich ein drastisches, metaphorisches Wort, also ein Logion der Art, wie es für den Abschluss eines Apophthegmas erwartet wird: das Menschenfischerwort in V. 17c–d. Innerhalb des Gattungsmusters einer Nachfolgegeschichte jedoch ist ein derartiges Wort ungewöhnlich,

1 Dass die Ortsangabe Kafarnaum evtl. ursprünglich mit der Geschichte von der Schwiegermutter des Petrus verbunden war und vom Erzähler als Rahmenangabe auch für die Dämonenaustreibungsgeschichte vorgezogen wurde, ist eine überlegenswerte Hypothese, vgl. R. PESCH, Ein Tag vollmächtigen Wirkens Jesu in Kapharnaum (Mk 1,21–34.35–39), in: BiLe 9 (1968) 114–128.177–195.261–277, hier: 117.

wenn nicht atypisch. Dieses überstehende Element lässt evtl. eine Brücke schlagen zum Charakteristikum der Apophthegmen.

Jedes Apophthegma ist *per definitionem* „biographisch", insofern es zu den Gattungsmerkmalen gehört, dass ein markanter Ausspruch durch den narrativen Erzählrahmen an eine bestimmte Persönlichkeit gebunden wird.

In Mk 1,16–18 liegt von der Gattung her eine Berufungsgeschichte vor (vgl. das Memo auf S. 199).

Lösung zu Aufgabe 16, S. 207

In der ältesten Schicht von Mk 2,1–12 liegt eine Wundergeschichte vor, genauer: eine Therapie.

Konstitutiv für eine Wundergeschichte sind folgende vier Elemente, die unterschiedlich stark ausgebaut sein können: Nennung der beteiligten Personen (Einleitung), Schilderung der Not (Exposition), Wunderhandlung (Zentrum), Erfolgsdemonstration (Schluss).

Auf der Basis des Motivgerüsts von Pesch/Kratz (vgl. § 2/2.1.1) kommen folgende Einzelmotive zum Einsatz: 1. Auftritt von Begleitern des Hilfsbedürftigen (M 5). 2. Auftritt des Hilfsbedürftigen (M 2). 3. Auftritt des Wundertäters (M 1). 4. Charakterisierung der Not (M 11). 5. Erschwernis (M 12). 6. Vertrauensäußerung, allerdings in der Interpretation des Wundertäters (M 16). 7. Zuspruch (M 25). 8. Wunderwirkendes Wort/Anrede – Machtwort – Entlassungsbefehl (M 32). 9. Demonstration (M 39). 10. Admiration (M 42). 11. Akklamation (M 43).

Was in der Wundergeschichte hinter Mk 2,1–12 nicht in das „normale" Schema passt, ist die Zusage der Sündenvergebung in V. 5c.

Lösung zu Aufgabe 17, S. 207

Alle Texte haben gemeinsam, dass sie ein Phänomen aus der Natur oder dem Alltag so präsentieren, dass es Analogien freisetzt, die auf einen anderen Sachverhalt neues Licht werfen können. Nur selten wird der angezielte Bezugspunkt direkt genannt, wie etwa in Mk 4,26.30 („So ist es mit der Herrschaft Gottes ..."). Sofern von einem ganz alltäglichen bzw. immer wiederkehrenden Vorgang die Rede ist, sind diese Texte für verschiedene Anwendungsmöglichkeiten offen. Sie ergeben sich aus dem jeweiligen Gesprächskontext bzw. werden durch den vorliegenden literarischen Kontext festgelegt.

Mk 4,26–29.30–32; Lk 11,5–7; 14,28–32 sind Gleichnisse im engeren Sinn: Sie stehen im Präsens und erzählen von alltäglichen, immer wiederkehrenden Begebenheiten. Mt 5,14b und Mk 4,21 sind Bildworte, sozusagen Metaphern auf Satzebene, die (noch nicht) zu einer Geschichte ausgebaut worden sind. Parabeln liegen vor in Lk 16,1–8; Jes 5,1–6 und 2 Sam 12,1–4. Die Texte stehen in der Vergangenheitsform; es wird ein *nicht* alltäglicher Vorgang erzählt. Auch Mk 4,3–8 steht in der Vergangenheitsform, erfüllt also formal die Kriterien für eine Parabel. Allerdings ist umstritten, ob ein außergewöhnlicher Vorgang oder eher eine alltägliche Begebenheit erzählt wird. Klauck verweist darauf, dass der 30- bis 100fache Ertrag, von dem in Mk 4,8 die Rede ist, für antike Verhältnisse utopisch klingen muss (vgl. Gen 26,12). Lohfink dagegen meint, mit Hilfe der „Bestockung", einer speziellen agrarischen Technik, die bewirkt, dass der Haupthalm sich unter der Erdoberfläche in zwei bis fünf Halme verzweigt, sei ein derart hoher Ertrag auch in der Antike möglich und sogar an der Tagesordnung gewesen. In diesem Fall läge ein Gleichnis im engeren Sinn vor.

Lösung zu Aufgabe 18, S. 208

Bei der Formel in Mk 4,9 handelt es sich um einen Weckruf. Er steht besonders häufig am Anfang oder am Ende von metaphorischen Texten und richtet sich direkt (Jes 28,23) oder indirekt (Mk 4,9) an die Adressaten. Die Formulierung ist z. T. stereotyp („wer Ohren hat zu hören …"). Die kürzest mögliche Form liegt in Mk 4,3 vor: „Hört!"

Lösung zu Aufgabe 19, S. 235

(1) Aufgrund der Gunkel-Fragen ergibt sich: Der Sprecher bzw. die Sprecherin des Textes will die Zuhörer für Jesus, der sich des Kranken oder der Bittstellerin annimmt, neugierig machen. Sie sollen, wie der geheilte Kranke oder die Bittstellerin, zu Jesus Vertrauen fassen. Die Adressaten wissen also von Jesus nichts oder noch nicht viel, der Sprecher dagegen ist für Jesus engagiert und hofft, durch seine Erzählung auf entsprechende Resonanz zu stoßen.

(2a) Im Unterschied zu den Apophthegmen treten in Wundergeschichten nicht Vertreter religiöser Gruppen, sondern anonym bleibende einzelne Hilfesuchende an Jesus heran, oder Jesus trifft auf sie. Es handelt sich um Individuen, die für sich oder für andere bei Jesus Heilung suchen. Die Jünger Jesu dagegen werden nur nebenbei erwähnt und bleiben bei der eigentlichen Interaktion zwischen Jesus und den Hilfesuchenden auffälligerweise im Hintergrund. Im Gegensatz zu den Apophthegmen wird in den Wundergeschichten die Reaktion auf das Sprechen und Handeln Jesu erzählt: Es äußert sich im Staunen (Admiration) oder im begeisterten Zuruf (Akklamation) der Menge, die als Zuschauer bei dem Geschehen gedacht ist.

Auch wenn die erfolgten Heilungen als äußerst staunenswert herausgestellt werden, gehen die Geschichten stillschweigend von der Voraussetzung aus, dass durch die Hände und Worte Jesu göttliche Kraft wirksam werden kann. Denn die Kranken werden ja zu Jesus gebracht bzw. auf sie wird aufmerksam gemacht in der Hoffnung, dass sie bei ihm Heilung finden. In diesem Sachpunkt teilen die Wundergeschichten eine gemeinantike Überzeugung: Die Wirkung göttlicher Heilkraft kann sich in besonders auserwählten Menschen (z. B. Elija bzw. Elischa oder Apollonius von Tyana) oder im Kult bestimmter Götter (Asklepios, Sarapis) an ganz bestimmten Orten (vgl. Punkt c) verdichten. Von typisch christlichen Lehrinhalten, etwa von Tod und Auferweckung Jesu oder gar von der kommenden Gottesherrschaft, ist in Wundergeschichten dagegen nicht die Rede.

R. ALBERTZ, Religionsgeschichte Israels in alttestamentlicher Zeit. Teil 1: Von den Anfängen bis zum Ende der Königszeit (GAT VIII/1), Göttingen [2]1996, 231–244. – G. THEISSEN, Wundergeschichten* 262–273. – B. KOLLMANN, Jesus* 89–118.137–154. – M. FREDE, Art. Apollonios von Tyana, in: DNP I (1996) 887.

Wundergeschichten richten sich offensichtlich an interessierte Außenstehende. Es wird keine rationale Überzeugungsarbeit wie etwa in den Apophthegmen geleistet, sondern eine emotionale Spannung aufgebaut: Die Hörer sollen sich über das wundern, was von Jesus erzählt wird. Offensichtlich fungieren die Zuschauer als Vorbild für die Hörer: Sie reagieren genau so (Admiration), wie es der Erzähler von seinem Publikum erhofft, und sie sprechen in der Akklamation genau das aus, was auch die Hörer im Blick auf Jesus sagen sollten.

(2b) Die Verbreitungsnotizen gehen davon aus, dass Wundergeschichten weitererzählt werden und eine entsprechende Bumerangwirkung auslösen: Alle, die davon hören, kommen zu Jesus bzw. zu „seinem Haus“; auf die inhaltliche Ebene gerückt: Viele, die davon hören, kommen zum Glauben (vgl. Apg 9,42). Nehmen wir hinzu, dass urchristliche Gemeinden sich in Häusern versammeln, dann könnten Wundergeschichten dazu motivieren, in diese Häuser einzutreten, zunächst vielleicht einfach deshalb, um selbst Heilung zu erfahren (vgl. 1 Kor 12). Ist aber einmal der Kontakt mit einer Hausgemeinde hergestellt, kann zugleich mehr über Jesus und die typisch christlichen Inhalte vermittelt und vielleicht ein Anschluss an die Gemeinde erreicht werden. Im Blick auf die negativen Gerüchte über Jesus, die sein Wunderhandeln als schwarze Magie disqualifizieren, betreiben die Wundergeschichten offensiv für seine Sache Werbung, machen neugierig und wecken positive Erwartungen.

(2c) Die Funktion, die die Wundergeschichten in Epidaurus erfüllen sollten, liegt auf der Hand: Sie sollen alle, die an körperlichen Gebrechen leiden, einladen und motivieren, ihrerseits Vertrauen auf Asklepios zu setzen – und das heißt gleichzeitig: sich dem Kultbetrieb von Epidaurus anzuvertrauen. Also ein Opfer für Asklepios darbringen, sich in die Liste derer einschreiben, die Zugang zum Abaton haben, sowie im Falle einer Genesung den Heildank versprechen.

Wir können ziemlich sicher annehmen, dass es die Priester von Epidaurus waren, die aufgrund von ursprünglichen Votivtafeln Geheilter diese Wundergeschichten (in immer der gleichen Form) formulierten und so zusammenstellten, dass zunächst die häufigen Leiden, sodann die selteneren vorkommen: Jeder Hilfesuchende sollte sich identifizieren können – und wissen, dass er hier am richtigen Ort ist. Wundergeschichten propagieren also immer auch das eigene Haus, d. h. die Institution, die im Namen dessen handelt, von dem in den Wundergeschichten die Rede ist.

Nehmen wir diese Daten zusammen, können wir folgendes Szenario entwerfen: Wundergeschichten werden aufgrund von Erfahrungen Geheilter in christlichen Gruppen erzählt und unter die Leute gebracht. Sie dienen im Vorfeld der Mission dafür, auf die christlichen Gruppen aufmerksam zu machen und das Publikum anzulocken, das dann in den Häusern Näheres erfährt und vielleicht für die volle Mitgliedschaft gewonnen werden kann.

Der entscheidende Unterschied zwischen den urchristlichen Häusern und den bis weit ins 5. Jh. n. Chr. bestehenden Asklepiosheiligtümern besteht darin, dass bei den Jesusmissionaren und in den christlichen Häusern die Heilungen umsonst waren, ein Punkt, der z. B. in der Aussendungsrede Mt 10,8 eingeschärft wird.

B. Kollmann, Jesus* 362–375.

(3) Die drei genannten Autoren kommen im Blick auf die Trägergruppen von urchristlichen Wundergeschichten zu unterschiedlichen Ergebnissen: Während Theißen in Wundergeschichten volkstümliche Überlieferungen sieht, bindet Kollmann sie unmittelbar an die christlichen Wandercharismatiker, die darin sogar Anleitungen für die eigenen Wunderheilungen finden können (Gebete, Formeln). Zeller dagegen sieht „interessierte Funktionäre" in den Ortsge-

meinden am Werk. Sie sind es, die die Erfahrungen Geheilter in das übliche Wundergeschichtenschema gießen und damit die Geschichten prägen, die dann unter die Leute gebracht werden. Die Daten, die für diese unterschiedlichen Entscheidungen ausschlaggebend sind, hängen mit der Gewichtung der unterschiedlichen Rückschlussverfahren zusammen: Für Zeller steht die Analogie zu Epidaurus im Vordergrund (komparatistisches Rückschlussverfahren), Kollmann dagegen beruft sich verstärkt auf Zeugnisse aus der Alten Kirche sowie auf die Erzähltraditionen der Apg (konstruktives Rückschlussverfahren), während Theißens Hauptargument sich auf den Sachverhalt stützt, dass gemäß der Evangelientexte urchristlichen Wandercharismatikern zwar aufgetragen ist, Wunder zu *tun* (vgl. Mt 10,8; Lk 10,9; Mk 6,7), nirgends aber davon die Rede ist, dass sie Wundergeschichten *erzählen* sollen (analytisches Rückschlussverfahren).

Lösung zu Aufgabe 20, S. 237

Anstelle von „Sitz im Leben“ spricht H. (= Haake) davon, „die mit *peri basileias* titulierte Literatur historisch zu kontextualisieren, ihre soziale Verortung zu eruieren sowie die ihr immanente Semantik und die ihr zuzuschreibende Funktion zu analysieren“ (84). Grundlage für dieses Unternehmen ist, dass es sich bei den behandelten Texten um eine „eigenständige literarische Gattung“ (84) handelt. Was deren „Sitz im Leben“ angeht, sucht auch H. zunächst nach Texten, die über die typische soziale Gebrauchssituation der Gattung unmittelbaren Aufschluss geben. H. wird fündig. Eine einzige Aussage kann er anführen, aber sie ist aussagekräftig: „Was nämlich die *philoi* (i. e. die Freunde) den Königen nicht zu raten wagen, das ist in den Büchern geschrieben“ (83). Um diese Aussage auf ihren Verlässlichkeitswert hin zu überprüfen, nennt H. folgende fünf Untersuchungsfelder: die Frage nach Autor und Adressat, nach Form und materiellem Gehalt sowie nach dem impliziten Leser (84). Wenn H. die Frage nach dem Autor stellt, der – im Unterschied zu vielen neutestamentlichen Texten und ihren Vorstufen – in den meisten Fällen „nicht als Individuum, sondern als Teil einer definierbaren sozialen Gruppe mit typischen Rollencharakteristika“ bekannt ist, dann sind hier Parallelen zum analytischen Rückschlussverfahren zu erkennen. Das gilt auch für den nächsten Schritt: nämlich über die im Text explizit angegebene Kommunikationssituation (ein Philosoph spricht zu einem König) nach den *impliziten Lesern* zu fragen. Im Vordergrund steht das konstruktive Rückschlussverfahren: Über Textfunde und verstreute Notizen können die impliziten

Leser (wiederum in ihrer typischen sozialen Rolle) erschlossen werden: die Öffentlichkeit der hellenistischen Städte (90f.). Damit ist als soziales Kommunikationsfeld die im Hellenismus schwierige Verhältnisbestimmung zwischen König und Stadt anvisiert, wobei der Philosoph in beratender Funktion die Interessen der freien Bürger vertritt und den König, der darauf hört, gleichzeitig als idealen Monarchen im Gegensatz zum Tyrannen erscheinen lässt (91–95). Die Untersuchung von Form und Gehalt (typische Themenfelder) gehört eigentlich zur Gattungsbestimmung und sichert den von anderen Textsorten unterscheidbaren Texttyp. In diesem Beitrag aber wird darin das komparatistische Rückschlussverfahren erkennbar: Die so genannten *peri basileias*-Traktate werden von anderen Schriften abgehoben, die zwar das gleiche Thema behandeln, nämlich das Königtum, aber in einer anderen Form und mit anderen Intentionen (85–88). Genau so gingen wir unter 3.2 mit den Texttypen um, die das Thema Berufung und Nachfolge behandeln.

Lösung zu Aufgabe 21, S. 276

Unter der Voraussetzung, dass die wenigen Belege aus der alttestamentlichen und frühjüdischen Literatur für die Zeit Jesu noch in Anspruch genommen werden dürfen und man diese spärlichen Angaben andererseits mit den zeitlich später zu datierenden rabbinischen Texten auffüllen darf, ergibt sich folgendes Bild: Das Hochzeitsritual beginnt mit der Heimführung der Braut im festlichen Zug. Bräutigam, Brautführer und Freunde des Bräutigams erscheinen, um die Braut vom Haus ihres Vaters in das des Bräutigams zu geleiten (1 Makk 9,37–39); die gesalbte und geschmückte Braut wird mit Segenswünschen aus dem elterlichen Haus verabschiedet (Gen 24,60; Rut 4,11f.; Tob 10,11f.). Das im Haus des Bräutigams stattfindende Hochzeitsmahl bildet den Mittelpunkt der jüdischen Hochzeitsfeierlichkeiten; seine Dauer wird mit sieben (Gen 29,27; Ri 14,12) bzw. vierzehn Tagen (Tob 8,19f.; 10,7) angegeben. Innerhalb des üppigen Festmahls (Mt 22,4!) kommt dem Wein eine besondere Bedeutung zu (Joh 2,1–11; mSot 9,11), über einen Becher Wein sprach der Vater des Bräutigams an jedem Tag der Hochzeit den fünfgliedrigen Hochzeitssegen (mMeg 4,3). Das Brautgemach, das der Bräutigam (evtl. begleitet von den Brautführern) gleich am ersten Abend des Festes betrat, um mit seiner Braut zu schlafen, ist den talmudischen Quellen zufolge ein gesonderter, kostbar geschmückter Raum, der für die Brautnacht im Haus des Bräutigams eigens errichtet wurde.

Die metaphorische Verwendung der Braut-Bräutigam-Symbolik wurzelt in der prophetischen Kritik an Israel; Hosea erscheint Jahwe als der gehörnte Ehemann, dessen Frau Israel sich mit einem anderen (Baal) aus dem Staub gemacht hat und der sie deshalb als Dirne verunglimpft (Hos 2,4–17). Früher war alles besser, deshalb gilt die Zeit des Wüstenzugs bis zum Bundesschluss als die Zeit der bräutlichen Liebe zwischen Jahwe und Israel (Jer 2,2.32; Ez 16,8), während das Gericht mit dem jähen Ende der Brautzeit verglichen wird (Joel 1,8; Jer 7,34; u. ö.). Freude und Jubel von Bräutigam und Braut geben in Jer 61,10; 62,5 das Bild für die messianische Heilszeit ab.

Innerhalb des Neuen Testaments findet sich die Metapher vom Bräutigam ebenfalls mehrfach. Nur besetzt jetzt nicht mehr Jahwe die Rolle des Bräutigams, sondern Jesus Christus. Neben Mk 2,20 gilt das z. B. noch für Mt 25,1–13, wo der sich verzögernde Bräutigam (in mt Perspektive) zur Allegorie für die Verzögerung des Bräutigams Christus wird. Paulus bestimmt in 2 Kor 11,2 seine Rolle gegenüber Christus als dem Bräutigam und der Gemeinde als der Braut als die des Brautführers, ein Bild, das Joh 3,29 für den Täufer reserviert. Eph 5,21–33 sieht die universale Kirche als Braut Christi!

R. ZIMMERMANN, Das Hochzeitsritual im Jungfrauengleichnis. Sozialgeschichtliche Hintergründe zu Mt 25.1–13, in: NTS 48 (2002) 48–70.

Lösung zu Aufgabe 22, S. 324

Das Prinzip des Unähnlichkeitskriteriums greift. Der Zuspruch der Sündenvergebung, wie er in Mk 2,5c erzählt wird, steht in Kontinuität zu jüdischen Vorstellungen und Bräuchen, zeigt eine deutliche Wirkung auf das Christentum, unterscheidet sich aber dennoch in spezifischen Punkten. Jesus greift im Grunde eine ähnliche Formel auf, wie sie vermutlich der Priester im Tempel beim Sühnopfer dem Opfernden zugesprochen hat – jedoch ohne Opferhandlung im Tempel, sondern im galiläischen Alltag, und ohne Priester zu sein, dem allein dieser Zuspruch der Sündenvergebung im Kontext des Tempelbetriebes zustand. Vom prophetischen Zuspruch der Sündenvergebung unterscheidet sich Jesus dadurch, dass bei ihm gerade kein Bekenntnis vorausgesetzt wird, worauf z. B. 2 Sam 12,13 so großes Gewicht legt. Schließlich wird die Sündenvergebung unmittelbar in der Gegenwart zugesprochen – und nicht erst für das Ende der Zeit, wie es z. B. die nachexilische Prophetie erwartet. In völliger Übereinstimmung mit dem Judentum steht die Zusage der Sündenvergebung in Mk 2,5c darin, dass es Gott ist, der die Sünden vergibt (*passivum divinum*, vgl. § 4/3.1.2). Das ist ein Grundaxiom des Judentums. In der christlichen Wirkungsgeschichte dagegen ist es der zum Menschensohn erhöhte Jesus, der kraft verliehener Vollmacht die Sünden vergibt. Genau diese Umorientierung wird im Einschub Mk 2,6–10 diskutiert. In anderen Traditionssträngen wird die Sündenvergebung mit dem Kreuzestod Jesu in Verbindung gebracht (1 Kor 15,3; Gal 1,4), evtl. gebunden an den rituellen Akt der Taufe (vgl. Apg 2,38).

H.-J. KLAUCK, Die Frage der Sündenvergebung in der Perikope von der Heilung des Gelähmten (Mk 2,1–12 parr), in: Ders., Gemeinde* 286–312.

Lösung zu Aufgabe 23, S. 324

Wird die Geschichte vom Sämann auf die Gottesherrschaft als sachlichen Referenzpunkt bezogen, stoßen wir erneut auf die präsente Vorstellung von der Gottesherrschaft, wie sie für den historischen Jesus typisch ist. Hier aber erscheint diese Überzeugung unter einem speziellen Blickwinkel: Die Geschichte versucht den Anfragen von enttäuschten Engagierten zu begegnen. Die Parabel gibt die Ergebnislosigkeit und Nutzlosigkeit von Propaganda und Verkündigung unumwunden zu. Drei Viertel der Bemühung fällt auf den Weg, auf Steine und geht nicht auf. Durch die Parabel wird aber der Blick auf das letzte Viertel gelenkt, das utopische Erträge einbringt. Offensichtlich gab es Fakten im Umfeld des historischen Jesus und seiner Begleiter, die das ohne Widerspruch belegen konnten. Zu denken wäre vor allem an die gelungenen Dämonenaustreibungen.

Milieutreue liegt hinsichtlich des Sävorgangs vor (vgl. Aufgabe 17, S. 207).

Lösung zu Aufgabe 24, S. 348

Die Dachabdeckaktion in der alten Wundergeschichte (auf dieser Erzählstufe fehlt die Menge, die den Weg versperren könnte: Sie kann also nicht der Auslöser für die Aktion sein) charakterisiert die Träger des Gelähmten als Menschen, die aufgrund von dämonologischen Vorstellungen handeln. Sie wollen dem Dämon den Rückweg versperren, sehen also die Krankheit durch einen Dämon verursacht und erwarten von Jesus, dass er diesen Dämon austreibt. Die alte Geschichte nutzt diese Vorgaben und lenkt sie gleichzeitig in eine andere Richtung.

Auf der einen Seite führt Jesus gerade keinen Exorzismus durch, sondern gibt einen (wohl historisch verankerten) Zuspruch der Sündenvergebung. Damit legt er die tiefen Schichten des Problems frei:

Sünde (im Rahmen des Judentums immer als objektive Verfehlung gegen die Tora gedacht) ist die eigentliche Ursache dafür, dass Dämonen einen Menschen mit Krankheit befallen können. Durch die Verfehlung gegen die Tora, also eine Sünde, distanziert sich ein Mensch aus der Machtsphäre Gottes, die gerade durch die Einhaltung und Beobachtung seiner Gebote gekennzeichnet ist. Auf der anderen Seite wird durch V. 5a die eigentlich dämonologisch motivierte Dachaktion von Jesus als *Vertrauen* interpretiert. Auch in diesem Fall wird die Tiefenschicht freigelegt: Die eher als Rückfallprophylaxe gedachte Sicherheitsmaßnahme, den Weg zu Jesus über das Dach zu nehmen, resultiert schließlich aus der Überzeugung, dass Jesus den Dämon tatsächlich vertreiben kann. Dieses Vertrauen setzt die entsprechenden Aktionen frei, von denen die Dachabdeckung nur eine unter vielen ist. Schließlich sind außer dem Kranken noch vier Träger vom Gelingen dieser Aktion überzeugt, eine Pritsche wird beschafft und ein Plan ausgeheckt. Konkret wirbt unsere alte Wundergeschichte also in einem volkstümlich vom Dämonenglauben geprägten Horizont für Jesus. Dabei kann intendiert sein, Jesus von zwei Richtungen bzw. Berufsgruppen positiv abzuheben: (a) von anderen Wunderheilern: Jesus ist nicht auf magische Formeln angewiesen und nimmt auch kein Geld; das wäre eine Absetzung von der Magie; (b) von den Priestern im Tempel: Jesus spricht – wie sie – die Sündenvergebung durch Gott zu, allerdings ohne dass ein Opfer oder die lange Wallfahrt zum Tempel verlangt wäre; das wäre eine Absetzung vom Kult.

Mit der Zusage der Sündenvergebung (im Namen Jesu) ist die Vorlage für die Erweiterung gegeben. Auch wenn der Zuspruch in V. 5c völlig klarstellt, dass es *Gott* ist, der die Sünden vergibt, übersteigt Jesus dennoch seine Rolle. Wenn die Gemeinde selbst praktiziert, was sie von Jesus erzählt, muss die Frage auftauchen, in wessen Namen und in welcher Vollmacht sie das tut. Darüber wird im Einschub V. 6–10 gestritten.

Die Erweiterung der Wundergeschichte in den V. 6–10 hat apophthegmatischen Charakter (Situation: V. 6; Frage: V. 7; Antwort Jesu V. 8–10). Typische Verwendungssituation für eine derartige Textstruktur ist der Streit um ein Sachproblem *innerhalb* der christlichen Gemeinde. In unserem Text stehen sich zwei Positionen gegenüber. Die erste wird in V. 6 mit Rekurs auf das „Schema Israel" formuliert: Nur Gott kann Sünden vergeben. Das ist ein unumstößliches Grundaxiom des Judentums. Jesus hat es mit seinem Zuspruch, wie er in V. 5c tradiert wird, nicht überschritten. Auf dieser theologischen Linie weitergedacht, ergibt sich allerdings als Konsequenz:

Die Gemeinde ist für die Sündenvergebung an den Tempel verwiesen bzw. muss die Sündenvergebung eschatologisch erwarten, wie es die prophetische Tradition vorzeichnet. Was von Jesus erzählt wird, bleibt exzeptionelle Ausnahme. Die Alternative zu dieser Position wird in V. 10 formuliert: Jesus hat auch *gegenwärtig* – und zwar als der Menschensohn – die Vollmacht zur Sündenvergebung. Nach dem, was in § 8 unter Schwelle 5 (S. 295f.) dargelegt wurde, zieht diese Position die Konsequenzen aus dem Glauben an die Auferweckung Jesu von Nazaret aus den Toten. Der Machttransfer, der damit verbunden ist, wird ausgelotet und ausgenutzt. Als Menschensohn handelt Jesus in der Vollmacht Gottes, kann also auch *zur Stunde* in der Gemeinde Sünden vergeben.

Die Erzähler, die für den Einschub Mk 2,6–10 verantwortlich sind, nehmen die alte Wundergeschichte als *Beweis* für ihre Position. Das ist mehr als geschickt. Denn die alte Wundergeschichte ist eine gemeinsame Tradition innerhalb der Gemeinde, die auf unserer Überlieferungsebene gerade um die Sachfrage der Sündenvergebung streitet. Diejenige Position, die von den Gegnern eigentlich abgelehnt wird, wird ausgerechnet mit einer Tradition bewiesen, gegen die sie sich kaum stellen können, ohne ihre eigene Identität zu verletzen bzw. ihre eigene Geschichte zu verleugnen.

Auf dieser Überlieferungsebene, die die Wundergeschichte mit dem Apophthegma verbindet, wird der Werbecharakter der Wundergeschichte für ein bestimmtes Interesse instrumentalisiert: Die Wundergeschichte wirbt für eine theologische Position.

Lösung zu Aufgabe 25, S. 349

Alles, was hier in stenographischer Kürze dargestellt werden muss, können Sie bei M. BECKER, Wunder** 298–329, ausführlich nachlesen. Lediglich unter Punkt (3) bestehen Differenzen zu Beckers Ergebnissen.

(1) Folgende Spannungen sind festzuhalten: (a) Personenwechsel in P (Schimon ben Schetach); (b) nach B–D soll Regen durch Gebet erfleht werden, was ohne Erfolg bleibt. Nach M–O nutzt das Gebet auch nicht, um den offensichtlich zu starken Regen zu stoppen. Dagegen zeigen der magische Ritus des Kreisziehens sowie die hartnäckigen Drohgesten im Abschnitt E–L einen sich steigernden Erfolg. (c) Während die Sinneinheit L ausdrücklich festhält, dass der Regen „ordentlich" fiel, suggeriert die Sinneinheit M, dass der Regen so stark ist, dass die Israeliten einen Bittgang deswegen zum Tempelberg machen müssen. (d) Während in den Texteinheiten B–D und M–O anonym bleibende Israeliten mit Choni in Interaktion treten,

bleibt im Textstück E–L, das davon gerahmt wird, die Interaktion Chonis ganz auf Gott beschränkt. Außerdem ist nur in B–D und M–O vom Gebet die Rede. Dabei folgen beide Textteile einer eigenen Logik, die sich von der in E–L deutlich unterscheidet: Regen soll durch Gebet von Gott erfleht werden. Obwohl dieser Vorgehensweise kein Erfolg beschieden ist (D), geht (N) vom Gegenteil aus: „Wie du um Regen gebetet hast, dass er falle, so bete jetzt, dass er sich verziehe!" Das heißt aber: Die Textelemente M–O setzen zwar das Faktum des einsetzenden Regens voraus (das wird in E–L durch magische Handlungen erreicht), denken aber in der Gebetslogik von B–D. (e) Der rabbinische Grundsatz, mit dem die Texteinheit in A beginnt, dass nämlich bei jeder Notlage das Schofarhorn geblasen wird, außer bei einem Übermaß an Regen, wird durch die Geschichte, die sich in B–R anschließt, nur zum Teil eingelöst. Als nach M der Regen übermäßig stark fällt, wird tatsächlich kein Schofarhorn geblasen. Aber konnte man das schon wissen, als man Choni um Regen bat (B)? Eigentlich hätte in dieser Situation das Schofarhorn geblasen werden müssen! Der gesamte Text B–R dient also lediglich als Beispiel für die *Ausnahme* des rabbinischen Grundsatzes in A. Deshalb ist es kaum denkbar, dass die Redaktoren der Mischna den Text B–R als Beispiel für ihren Grundsatz aus älteren Materialien selbst zusammengestellt und erzählt haben; viel wahrscheinlicher ist es – und es würde den Beweisbruch erklären –, dass sie den in sich differenzierten und sperrigen Text B–R bereits als Gesamttradition übernommen haben.

Folgendes Schichtenmodell ergibt sich: Erste Stufe: E–L (Grunderzählung, in der das Gebet noch keine Rolle spielt; Interaktion Choni – Gott); zweite Stufe: B–D sowie M–O (Anlagerung der Gebetsproblematik; Interaktion Choni – Israeliten); dritte Stufe: P–R (Choni bekommt eine neue Autorität gegenübergestellt: Schimon ben Schetach); vierte Stufe: A (rabbinischer Grundsatz, für den die vorliegende Tradition partiell als erläuterndes Beispiel dient).

(2) Auf der ältesten Schicht liegt eine Wundergeschichte vor. Ihre gattungskonstitutiven Elemente werden von M. BECKER, Wunder** 326f., benannt. Erzählt wird diese Geschichte von Bewunderern Chonis. Sie wollen sein souveränes und erfolgreiches Wirken herausstellen.

(3) Durch die Anlagerung der Textelemente B–D sowie M–O entsteht ein Apophthegma. Choni gilt in dieser Überlieferungseinheit (noch) als Autorität: ihm kommt es zu, das letzte Wort zu sprechen (O). Das Problem, mit dem sich die Fangemeinde des Wundertäters offensichtlich auseinander zu setzen hat, besteht darin, dass von au-

ßen (von offizieller Seite?) das Gebet als eigentliche Form der Hinwendung zu Gott eingefordert wird - im Gegensatz zur geradezu magisch anmutenden Praxis des Kreiseziehens, die offensichtlich so sehr zum Markenzeichen für Choni geworden ist, dass er den entsprechenden Beinamen bekommen hat. Dass die Tradentengruppe ihren Held und seine Praxis in Schutz zu nehmen versucht, kann man daran erkennen, dass sie beide Gebetsforderungen (B; N) ins Leere laufen lässt und die Befürchtungen wegen des Übermaßes an Regen durch die gut weisheitliche Antwort Chonis der Lächerlichkeit preisgibt: Der Stein der Irrenden, eine offensichtlich bekannte Örtlichkeit, hat sich noch nicht aufgelöst - und solange besteht kein Grund zur Besorgnis!

(4) Von der Form her liegt für den Textabschnitt B–R ein erweitertes Apophthegma vor. Diesmal hat die andere Seite das letzte Wort: Schimon ben Schetach, einer der führenden Pharisäer in Chonis Tagen, der hier sozusagen als Sprecher der bisher gegenüber Choni erfolglosen Israeliten auftritt. Erst auf dieser dritten Überlieferungsstufe bekommt die Opposition gegen Choni die Oberhand. Nur um ein Haar entgeht Choni wegen seiner magischen Praktiken der Exkommunikation. Es ist sein offensichtlich kindliches Gottesverhältnis (Choni wird mit einem verzogenen Kind verglichen, dem der Vater keine Bitte abschlagen kann), das ihn rettet. Im Blick auf die Überlieferungsträger gesprochen: Es ist nun die offiziell schriftgelehrte Seite, die sich der Choni-Tradition in ihrem Sinn „angenommen" hat.

(5) Die Redaktoren der Mischna übernehmen die mit einem Warnschuss versehene Choni-Tradition nicht deshalb, weil sie kein besseres Beispiel für ihren Grundsatz hätten finden können, sondern weil sie mit dieser Indienstnahme der Choni-Geschichte demonstrieren können: Auch der überaus erfolgreiche und gegenüber dem Einspruch der Schriftgelehrten hartnäckige Wundertäter Choni kann nicht verhindern, dass das, was man über seine Wunder und ihre Folgen erzählt, genau ihren Grundsätzen entspricht. Der „Wert" des (ohne Gebet) erreichten Wunders besteht für die Schriftgelehrten darin, dass es ein Beispiel für die Befolgung ihrer Grundsätze abgibt: Bei der Überfülle des Regens wird kein Schofarhorn geblasen.

(6) In beiden Fällen wirft die Wundergeschichte Fragen auf: im Fall Jesu nach der Vollmacht zur Sündenvergebung, im Fall Chonis nach der Bedeutung des Gebetes für das Wunder. In beiden Fällen wird das Problem in der Form eines Apophthegmas zur Sprache gebracht. Während in der Jesusüberlieferung das Wunder das

Streitgespräch „in die Zange" nimmt, bemächtigt sich in der jüdisch-rabbinischen Tradition die apophthegmatische Form des Wunders. In der Überlieferungsgeschichte des Jesus-Wunders wird der Schriftgelehrtendialog durch den Verweis auf das Wunder einfach abgebrochen. Das Wunder entscheidet die von den Schriftgelehrten aufgeworfene Frage eindeutig: Ja, der Menschensohn hat Vollmacht zur Sündenvergebung. Ganz anders in der rabbinischen Tradition. Spätestens ab der dritten Überlieferungsstufe hat der schriftgelehrte Mainstream des Judentums die Wundertradition von Choni fest im Griff. Das Wunder wird zunächst aus offiziell pharisäischer Perspektive beurteilt und schließlich zum Beispiel für die Gültigkeit eines Schriftgelehrten-Grundsatzes degradiert.

W. S. GREEN, Holy Men. Charismatic Leadership and Rabbinic Tradition, in: ANRW II/19,2 (1979) 619–647 (Untersuchung, auf die sich Becker vor allem stützt). – J. D. CROSSAN, Der historische Jesus (Übers. P. Hahlbrock), München 1994, 204–211 (populärwissenschaftliche Auswertung von Green).

Lösung zu Aufgabe 26, S. 383

Aufs Ganze gesehen nimmt Lukas die negative Zeichnung des Petrus im Markusevangelium doch deutlich zurück. Die bei Markus auf die erste Leidensweissagung (Mk 8,31) folgende Auseinandersetzung zwischen Petrus und Jesus (Mk 8,32f.), die Matthäus im Übrigen übernimmt und vielleicht sogar noch etwas verschärft[2] – Petrus „fährt" Jesus zunächst „an" (Mk 8,32; im Griechischen ἐπιτιμᾶν, dasselbe Wort, mit dem Jesus die Dämonen anfährt!), darauf reagiert Jesus sehr harsch und nennt Petrus einen Satan! –, fällt bei Lukas komplett unter den Tisch. Das gilt zwar nicht für die Ansage der Verleugnung Jesu durch Petrus (Lk 22,33f.), aber auch hier relativiert Lukas die Härte der markinischen Aussagen. Durch die Vorschaltung der V.31f. wird letztlich nicht Petrus, sondern Satan für die Verleugnung verantwortlich gemacht, und werden Leserin und Leser außerdem schon einmal darüber informiert, dass Petrus „umkehren" wird. Auf seine Ankündigung, mit Jesus in Gefängnis und Tod gehen zu wollen, fällt dadurch ein ganz anderes Licht: Er wird es zwar jetzt, in der Passion, nicht tun, aber später! Dem korrespondiert, dass Lukas auf die wiederholte und in heftiger Erregung ausgesprochene Beteuerung Petri Jesus niemals zu verleugnen (Mk 14,31), verzichtet. Entschärft hat Lukas schließlich auch die Verleugnung Jesu durch Petrus Lk 22,56–62. Besonders deutlich tritt

2 Vgl. Mt 16,23: Petrus wird von Jesus als σκάνδαλον, als „Ärgernis", bezeichnet.

das in der dritten Verleugnung zutage, wo Lukas auf das bei Markus überlieferte Verfluchen und Abschwören verzichtet und Petrus wieder „nur" (wie in den beiden Verleugnungen vorher) Nicht-Wissen vorschützt. Andererseits gelingt Lukas gerade mit der Verleugnung eine Szene von großer menschlicher Tiefe, insofern er einen Blickkontakt zwischen Jesus und Petrus einbringt (Lk 22,61f.; das ist deshalb möglich, weil Lukas die Verleugnung vorgezogen hat und der Prozess ja noch nicht stattgefunden hat) und Petrus dadurch schlagartig zur Besinnung kommt: Er erinnert sich des Wortes, das der Herr im Abendmahlssaal zu ihm gesprochen hat, geht nach draußen und weint bitterlich. Genau das ist die Art Umkehr, wie Lukas sie sich vorstellt!

Lösung zu Aufgabe 27, S. 383

a) Lukas ändert nicht nur die Namen der Frauen im zweiten und dritten Glied der Dreierliste - an die Stelle Marias, der Mutter Jakobus' des Kleinen und des Joses, sowie Salomes treten „Johanna, die Frau des Chuza, eines Verwalters des Herodes, und Susanna" - sondern er fügt auch „viele andere", nicht namentlich genannte Frauen hinzu und sagt, warum diese Frauen Jesus nachfolgten und worin ihre spezifische Art der Nachfolge bestand. Sie waren von bösen Geistern und Krankheiten geheilt worden, insbesondere aus Maria von Magdala seien „sieben Dämonen herausgekommen", und „sie dienten ihnen aus ihrem Besitz". Das gibt vermutlich schon einen Blick frei auf die Verhältnisse der lukanischen Gemeinde, wo wir mit der Präsenz von vermögenden, vielleicht auch hochstehenden Frauen rechnen dürfen, denen der dritte Evangelist mit Lk 8,2f. ein Modell rechter weiblicher Nachfolge an die Hand gibt.

b) Das lukanische *doing gender* in den Kindheitsgeschichten erweckt den Eindruck, als ob sich der dritte Evangelist den paulinischen Gleichheitsgrundsatz aus Gal 3,28 („da ist nicht männlich noch weiblich") in besonderer Weise zu eigen gemacht habe. Das entscheidende Charakteristikum ist für den Erzähler die Frömmigkeit einer Person, und diesbezüglich sind Männer und Frauen gleich. Zacharias und Elisabeth beschreibt Lukas in Form einer direkten Charakterisierung als „gerecht vor Gott, wandelnd in allen Geboten und Rechtssprüchen des Herrn untadelig" (Lk 1,6; vgl. auch 2,25 von Simeon), nicht nur Zacharias, sondern auch Maria und Josef (2,21–24) oder Simeon und Hanna (2,25–38) halten sich am Tempel auf (indirekte Charakterisierung). Die Frau Maria findet zum Magnificat, der Mann Zacharias zum Benedictus, beide werden in besonderer Weise ausgezeichnet durch eine Angelophanie (Lk

1,8–20; 1,26–38). Sowohl Elisabeth wie auch Zacharias sind vom Geist erfüllt (Lk 1,41.67), dasselbe gilt von Maria (1,35.47) und Simeon (2,25). Ihre besondere Note erhält die an den genannten Personen erhobene Frömmigkeit durch den ihr beigegebenen asketischen, ja fast schon enkratitisch zu nennenden Zug. Hält man sich vor Augen, dass Lukas in den Kindheitsgeschichten das Panorama möglicher Geschlechterverhältnisse unter Absehung von homoerotischen Beziehungen zur Gänze präsentiert – Zacharias und Elisabeth sind verheiratet, Maria und Josef verlobt, Simeon und Hanna leben allein –, fällt auf, dass Lukas die sexuelle Komponente mehr oder weniger ausblendet. Von Maria (und Josef) einmal abgesehen, sind die dargestellten Personen alle in einem Alter, in dem man eher über den Tod als über das andere Geschlecht nachdenkt, insbesondere Hanna lebt ihre sexuelle Enthaltsamkeit geradezu vorbildlich, indem sie sie mit Fasten und Gebet kombiniert.

Aktuelles Lexikon

Mit * abgekürzt zitierte Literatur

R. Bultmann, Die *Geschichte* der synoptischen Tradition (FRLANT 29) (1921), Göttingen [10]1995 (mit einem Nachwort von G. Theißen).

W. Egger, *Methodenlehre* zum Neuen Testament. Einführung in linguistische und historisch-kritische Methoden, Freiburg i. Br. [5]1999.

P. Hoffmann/C. Heil (Hrsg.), Die *Spruchquelle* Q. Studienausgabe. Griechisch und Deutsch, Darmstadt/Leuven 2002.

H.-J. Klauck, *Gemeinde* - Amt - Sakrament. Neutestamentliche Perspektiven, Würzburg 1989.

–, *Allegorie* und Allegorese in synoptischen Gleichnistexten (NTA NF 13), Münster [2]1986.

–, Die religiöse *Umwelt* des Urchristentums II. Herrscher- und Kaiserkult, Philosophie, Gnosis (KStTh 9/2), Stuttgart 1996.

–, *Hausgemeinde* und Hauskirche im frühen Christentum (SBS 103), Stuttgart 1981.

B. Kollmann, *Jesus* und die Christen als Wundertäter. Studien zu Magie, Medizin und Schamanismus in Antike und Christentum (FRLANT 170), Göttingen 1996.

H.-W. Neudorfer/E. J. Schnabel (Hrsg.), Das *Studium* des Neuen Testaments, Bd. 1–2, Wuppertal/Gießen 1999/2000.

G. Theissen, *Lokalkolorit* und Zeitgeschichte in den Evangelien. Ein Beitrag zur Geschichte der synoptischen Tradition (NTOA 8), Freiburg (Schweiz)/Göttingen [2]1992.

–, *Studien* zur Soziologie des Urchristentums (WUNT 19), Tübingen [3]1989.

–, Urchristliche *Wundergeschichten*. Ein Beitrag zur formgeschichtlichen Erforschung der synoptischen Evangelien, Gütersloh [7]1998.

G. Theissen/A. Merz, Der historische *Jesus*. Ein Lehrbuch, Göttingen [3]2001.

Erste Anschaffungen für den eigenen Bücherschrank

Die Titel sind unter einem sachlichen und einem wirtschaftlichen Gesichtspunkt ausgesucht: (1) An erster Stelle stehen die Quellen, dann Hilfsmittel - erst dann folgt die Sekundärliteratur. Anders gesagt: Die Urtexte selbst genießen die höchste Autorität. Was andere dazu sagen, ist von tatsächlich sekundärer Bedeutung. (2) Den Taschenbüchern bzw. preisgünstigen Ausgaben wurde bei der Aufstellung der Vorzug gegeben.

1 Quellen und Hilfsmittel

1.1 Bibelausgaben

Die Bibel. Altes und Neues Testament. Einheitsübersetzung, Freiburg i. Br. 1999.

Elberfelder Bibel. Revidierte Fassung, Wuppertal ^{5}2000 (ganz wörtlich).

Novum Testamentum Graece, hrsg. von B. ALAND/K. ALAND et al., Stuttgart ^{27}1994.

The Greek New Testament, hrsg. von K. ALAND/M. BLACK et al., Stuttgart ^{4}1993.

Münchener Neues Testament. Studienübersetzung, hrsg. von J. HAINZ, Düsseldorf ^{5}1998 (wortgetreue Übertragung des griechischen Urtextes).

1.2 Synopsen

J. HAINZ (Hrsg.), Synopse zum Münchener Neuen Testament, Düsseldorf ^{2}1998.

J. SCHMID (Hrsg.), Synopse der drei ersten Evangelien mit Beifügung der Johannes-Parallelen, Regensburg ^{13}2002.

1.3 Hilfsmittel

Das Neue Testament. Interlinearübersetzung Griechisch-Deutsch, hrsg. von E. DIETZFELBINGER, Neuhausen ^{6}1998.

R. KASSÜHLKE, Kleines Wörterbuch zum Neuen Testament, Stuttgart 1997.

W. HAUBECK/H. VON SIEBENTHAL, Neuer sprachlicher Schlüssel zum griechischen Neuen Testament, 2 Bde., Gießen 1994/97 (= neuer „Rienecker").

Konkordanz zum Münchener Neuen Testament, hrsg. von J. HAINZ/M. SCHMIDL/J. SUNCKEL, Düsseldorf 1998.

P. HOFFMANN/C. HEIL, Die Spruchquelle Q. Studienausgabe. Griechisch und Deutsch. Studienausgabe, Darmstadt/Leuven 2002.

2 Einleitungen

G. THEISSEN, Das Neue Testament (bsr 2192), München [3]2006.
H. CONZELMANN/A. LINDEMANN, Arbeitsbuch zum Neuen Testament (UTB 52), Tübingen [14]2004.
I. BROER, Einleitung in das Neue Testament, Bd. 1–2 (Studienausgabe), Würzburg 2006.
U. SCHNELLE, Einleitung in das Neue Testament (UTB 1830), Göttingen [5]2005.
K.-W. NIEBUHR, Grundinformation Neues Testament. Eine bibelkundlich-theologische Einführung (UTB 2108), Göttingen 2000.

3 Einzelne Themen

3.1 Judentum und Jesus

G. STEMBERGER, Jüdische Religion (bsr 2003), München [5]2006.
J. ROLOFF, Jesus (bsr 2142), München [3]2004.
G. THEISSEN/A. MERZ, Der historische Jesus. Ein Lehrbuch, Göttingen [3]2001.

3.2 Urchristentum

E. W. STEGEMANN/W. STEGEMANN, Urchristliche Sozialgeschichte. Die Anfänge im Judentum und die Christusgemeinden in der mediterranen Welt, Stuttgart [2]1997.
G. LOHFINK, Jetzt verstehe ich die Bibel. Sachbuch zur Formkritik (10 Sachbücher zur Bibel), Stuttgart 1992.
A. WEISER, Was die Bibel Wunder nennt. Ein Sachbuch zu den Berichten der Evangelien, Stuttgart [7]1988.
B. KOLLMANN, Neutestamentliche Wundergeschichten. Biblisch-theologische Zugänge und Impulse für die Praxis (Urban-Taschenbücher 477), Stuttgart 2002.
E. P. SANDERS, Paulus. Eine Einführung (recl 9365), Stuttgart 1995.
G. THEISSEN, Die Religion der ersten Christen. Eine Theorie des Urchristentums, Gütersloh [3]2003.
F. WINKELMANN, Geschichte des frühen Christentums (bsr 2041), München [3]2005.
O. WISCHMEYER (Hrsg.), Paulus. Leben – Umwelt – Werk – Briefe (UTB 2767), Tübingen 2006.

3.3 Umwelt

K. ERLEMANN/K. L. NOETHLICHS (Hrsg.), Neues Testament und Antike Kultur, Bd. 1–5, Neukirchen-Vluyn 2004–2007 (= NTAK).
H.-J. KLAUCK, Die religiöse Umwelt des Urchristentums. Bd. 1: Stadt- und Hausreligion, Mysterienkulte, Volksglaube; Bd. 2: Herrscher- und Kaiserkult, Philosophie und Gnosis (KStTh 9/1–2), Stuttgart 1995/96.
D. ZELLER, Christus unter den Göttern. Zum antiken Umfeld des Christusglaubens, Stuttgart 1993.

H. KLOFT, Mysterienkulte der Antike (bsr 2106), München [3]2006.
C. MARKSCHIES, Die Gnosis (bsr 2173), München [2]2006.

4 Weitere Methodenbücher

W. EGGER, Methodenlehre zum Neuen Testament. Einführung in linguistische und historisch-kritische Methoden, Freiburg i. Br. [5]1999.
W. FENSKE, Arbeitsbuch zur Exegese des Neuen Testaments. Ein Proseminar, Gütersloh 1999.
T. SÖDING, Wege der Schriftauslegung. Methodenbuch zum Neuen Testament, Freiburg i. Br. 1998.
H.-W. NEUDORFER/E. J. SCHNABEL (Hrsg.), Das Studium des Neuen Testaments, Bd. 1–2, Wuppertal/Gießen 1999/2000.
H. UTZSCHNEIDER/S. A. NITSCHE, Arbeitsbuch literaturwissenschaftliche Bibelauslegung. Eine Methodenlehre zur Exegese des Alten Testaments, Gütersloh 2001.
S. KREUZER u. a., Proseminar I. Altes Testament. Ein Arbeitsbuch, Stuttgart 1999.
M. MEISER u. a., Proseminar II. Neues Testament – Kirchengeschichte. Ein Arbeitsbuch, Stuttgart 2000.

5 Exegese einmal anders: Lese-Tipps

M. EBNER, Nachdem die Worte des Briefes verklungen waren … Ein narrativer Versuch zur Erstrezeption des Galaterbriefs, in: Verantwortete Exegese. Hermeneutische Zugänge, Exegetische Studien, Systematische Reflexionen, Ökumenische Perspektiven, Praktische Konkretionen (FS F. G. Untergaßmair) (Vechtaer Beiträge zur Theologie 13), Berlin 2006, 109–116.
G. THEISSEN, Der Schatten des Galiläers. Historische Jesusforschung in erzählender Form, München [17]2004.
H.-J. VENETZ/S. BIEBERSTEIN, Im Bannkreis des Paulus. Hannah und Rufus berichten aus seinen Gemeinden, Würzburg 1995.

römischer Kaiser/ syrischer Legat	Herrscher in Judäa/Samaria	Herrscher in Galiläa/Peräa	Herrscher in Gaulanitis	Hohepriester
Augustus (27 v.–14 n. Chr.) M. Titius (11?–10) Sentius Saturnius (9–6) P. Quinctilius Varus (6–4)	Herodes der Große (37–4 v. Chr.)			Ananel (37–36) Aristobul (35) Ananel (erneut) Jesus, Sohn des Phiabi Simon, Sohn des Boethos (25–24) Matthias, Sohn des Theophilus (5–4)
	Archelaus (4 v.–6 n. Chr.)	Herodes Antipas (4 v.–39. n. Chr.)	Philippus (4 v.–34 n. Chr.)	Josef, Sohn des Ellem Joasar, Sohn des Boethos (4v.) Eleasar, Sohn des Boethos (4v.) Jesus, Sohn des Seë (4v.–5n.) Joasar (erneut) (5–6)
Quirinius (6–9?)	Coponius (6–10)			Hannas, Sohn des Sethi (6–15)

römischer Kaiser/ syrischer Legat	Herrscher in Judäa/Samaria	Herrscher in Galiläa/Peräa	Herrscher in Gaulanitis	Hohepriester
Tiberius (14–37)	Marcus Ambibulus (10–13)			
	Annius Rufus (13–15)			
	Valerius Gratus (15–26)			Ismael, Sohn des Phiabi (15–16)
				Eleasar, Sohn des Ananos (16–17)
Marcus Calpurnius Piso (17–)				Simon, Sohn des Kamithos (17–18)
				Josef, genannt Kajaphas (18–36)
	Pontius Pilatus (26–36)		(zu Syrien 34–41)	
Vitellius (36)	Marcellus (36–37)			Jonatan, Sohn des Ananos (36–37)
Caligula (37–41)	Maryllus [Marullus] (37–41)			Theophilus, Sohn des Ananos (37–41)
Petronius (39–41)		Herodes Agrippa I (40 bzw. 41–44)		Simon Kantheras, Sohn des Boethos (41)
Claudius (41–54)				Matthias, Sohn des Ananos (41–44)

römischer Kaiser/ syrischer Legat	Herrscher in Judäa/Samaria	Herrscher in Galiläa/Peräa	Herrscher in Gaulanitis	Hohepriester
	Cuspius Fadus (44–46)			Elionaios, Sohn des Kantheras (44–46)
	Tiberius Alexander (46–48)			Joseph, Sohn des Kami (46–48)
	Ventidius Cumanus (48–52)			
Nero (54–68)	Marcus Antonius Felix (52–60/61)		Agrippa II (53–ca. 100)	Ananias, Sohn des Nebedaios (59)
Corbulo (60–63)	Porcius Festus (60–62)			Ismael, Sohn des Phiabi (59–61) Joseph Kabi, Sohn des Simon (61–62) Ananos, Sohn des Ananos (62)
Cestius Gallus (63–66)	Clodius Albinus (62–64)			Jesus, Sohn des Damnaios (62–63) Jesus, Sohn des Gamaliel (63–65)
Galba (68–69) Otho (69) Vitellius (69) Vespasian (69–79)	Gessius Florus (64–66)			Matthias, Sohn des Theophilus (64–66) Ananus, Sohn des Ananus (66–68) Phannias, Sohn des Samuel (68–70)

Register